ÉTUDE
SUR LES
LIVRES A FIGURES
VÉNITIENS

CHARTRES. — IMPRIMERIE DURAND, RUE FULBERT.

BIBLIOGRAPHIE

DES

LIVRES A FIGURES

VÉNITIENS

DE LA FIN DU XVe SIÈCLE

ET DU COMMENCEMENT DU XVIe

1469-1525

PAR

Le Duc DE RIVOLI

PARIS

LIBRAIRIE TECHENER

H. LECLERC et P. CORNUAU

219, RUE SAINT-HONORÉ, 219

MDCCCXCII

Venise, devenue le centre de l'imprimerie, surpassa toutes les autres villes d'Italie par l'abondance de ses productions typographiques : « De 1491 à « 1500, on y imprimait 1491 ouvrages, tandis que « Rome n'en fournissait que 400, Milan 228, et Flo- « rence 179. Dans les dix années suivantes, Venise « tient encore la tête avec 536 ouvrages, contre 99 à « Milan, 47 à Florence, et 41 à Rome (1). » Mais la supériorité des Vénitiens ne s'affirme pas seulement par le nombre : cette même époque, en effet, marque l'apogée de l'art de l'illustration des livres, dont on peut faire remonter l'origine à 1469.

* *
*

En dehors des illustrations proprement dites, les éditeurs de Venise mettaient en œuvre, pour embellir leurs livres, tout ce que pouvait leur suggérer le goût de l'époque : magnifique papier, caractères irré-

(1) Müntz, *Histoire de l'Art pendant la Renaissance,* t. II, p. 286.

prochables, lettres ornées et marques d'imprimeurs traitées avec le plus grand soin.

Les lettres ornées se voient dans presque tous les volumes. Elles sont généralement au trait, de formes très diverses, enfermant en leur milieu un sujet souvent aussi bien exécuté que les autres estampes. Elles se composent d'entrelacs très habilement agencés, de feuilles d'acanthe, de fleurs, de fruits, et de bêtes. Parfois, elles sont sur fond noir, uniforme ou au pointillé ; le sujet du milieu ressort sur le tout de manière à produire un ravissant effet. Dans certains cas, la lettre n'a que peu d'importance, tout l'intérêt étant concentré sur le sujet qui la remplit presque entièrement.

Les volumes qui nous donnent les plus beaux spécimens de cette sorte de lettres sont : le *Postillæ* de 1489 ; — le *Opera diui Hieronymi* de 1497-98, où nous voyons des lettres, soit à entrelacs se détachant sur fond noir, soit au simple trait, formées de rinceaux, de feuilles dans lesquelles se jouent des oiseaux, soit enfermant un sujet au trait, d'une agréable facture ; — le *Sabellicus* de 1498, avec un alphabet presque complet de délicieuses compositions ; — le *Natalibus* de 1506, avec un grand A sur fond noir contenant une exquise figure de roi ; — et nombre d'autres.

Quant aux marques des imprimeurs, elles sont de différentes sortes. Le plus souvent, c'est un rectangle où est inscrite une circonférence, soit à fond noir, soit à fond blanc, portant les initiales de l'imprimeur. Quelquefois, pour donner, même dans sa marque, une preuve de goût artistique, l'imprimeur remplaçait les initiales par un bois. Nous en voyons un spécimen dans l'*Eusèbe* de 1497, où Benali a représenté un saint Jérôme assis, son lion près de lui, dans le style des estampes au trait : la taille est fine et élégante, les détails très soignés, la tête a une expression remarquable de tristesse réfléchie, pleine d'onction. C'est une œuvre qui va de pair avec les meilleures gravures.

Telle est encore la marque de Cereto de Tridino dans le *Juvénal* de 1492. Ce dernier bois se rapproche beaucoup, par la facture des terrains et des animaux, des œuvres du graveur *b* dont nous parlerons plus loin.

Ces exemples seront suivis surtout après 1500, où le rectangle contenant les initiales fera place aux emblèmes, infiniment variés, choisis par les imprimeurs et les éditeurs : tels, le saint Jean-Baptiste, signé *bM*; l'archange Raphaël avec Tobie, signé *b* (marque de Bindoni, dont l'enseigne était : *A l'archange Raphaël*) ; le saint Nicolas (marque de Zopino).

*
* *

L'art de l'illustration des livres doit être considéré comme absolument distinct et même exclusif ; car les dessinateurs et les graveurs qui s'y adonnèrent en firent un métier dont les exigences ne leur permettaient guère d'en pratiquer aucun autre (1).

Il s'était formé à Venise, dans le dernier quart du xve siècle, une famille d'artistes qui, sous les dénomi-

---

(1) « Les arts mineurs restent plus souvent une spécialité ; les listes et les statuts des corporations en offrent la preuve ». Yriarte, *Autour des Borgia*, p. 157.

nations d'*impressor, stampador, intagliador, miniator,* etc., s'employaient uniquement à l'ornementation des ouvrages fournis par les presses vénitiennes. Des actes authentiques, conservés dans les archives de Venise, — requêtes adressées au Doge et au Sénat, privilèges accordés par l'Illustrissime Seigneurie, — ne laissent subsister aucun doute à cet égard. Nous y apprenons d'abord que certains éditeurs firent eux-mêmes les dessins des gravures destinées à tel ouvrage sorti de leur atelier. Dans une supplique datée du 22 avril 1516 (1), Gregorius de Gregoriis demande qu'il soit interdit à tout autre que lui, sur le territoire de l'État vénitien, de reproduire « *li disegni che lui fara...* » ; et, comme confirmation de cette expression significative, on peut voir les deux initiales G. G. au bas de plusieurs bois du *Missale aquilejensis Ecclesie..... Anno* 1519 *die* 15 *septembris. Venetiis ex officina libraria Gregorii de Gregoriis.*

Un autre imprimeur, Georgius de Rusconibus, réclame aussi un privilège pour des bois du *Supplementum chronicarum* qu'il a copiés de sa main sur l'édition de 1490 (2).

Parmi ces imprimeurs-illustrateurs, se range le célèbre Luc-Antonio Giunta, dont le nom figure en toutes lettres sur la gravure de titre d'un *Virgile* sorti de ses presses en 1515. Dans un autre *Virgile,* publié par lui en 1536, un encadrement porte, non plus sa signature entière, mais ses initiales LA, que nous retrouverons, dans les *Bréviaires* de 1521 et

---

(1) *Notes sur les xylographes vénitiens des* xve *et* xvie *siècles,* par le Duc de Rivoli et Charles Ephrussi (Extrait de la *Gazette des Beaux-Arts,* 1890).

(2) *Notes sur les xylographes vénitiens,* etc., op. cit.

1541, au bas de gravures copiées sur des originaux signés *ia*.

Benedetto Bordone, qui s'intitule *miniator*, dessine également lui-même les illustrations de plusieurs livres par lui imprimés (1).

Zuan de Brexa (Jean de Brescia), qui se qualifie *dipentor*, exécute le dessin et commande la gravure d'un bois destiné à une *Histoire de Trajan* (2).

Dominico delli Greci, qui prend la dénomination de *pictor*, expose, dans une supplique, qu'il a fait un long et pénible voyage jusqu'à Jérusalem, et qu'il a « *dessegnato tutti quelli santi lochi* (3). »

D'autres libraires-éditeurs ont été en même temps graveurs sur bois, et ceux-là s'appellent *intagliatori* : tels Ugo da Carpi, l'inventeur en Italie d'impressions en clair-obscur; Vavassore; Enea de Parme; Serlio de Bologne. On voit, dans plusieurs requêtes, ces *intagliatori* chercher à prévenir la contrefaçon en adoptant une marque garantie par l'obtention de privilèges.

*
* *

L'espace de cinquante-six ans — de 1469 à 1525 — que nous nous proposons d'examiner ici, peut être divisé en deux périodes distinctes : la première, de 1469 à 1500, est celle de la gravure au trait ; la seconde, de 1500 à 1525, celle de la gravure ombrée (4).

---

(1) *Notes sur les xylographes vénitiens*, etc., op. cit.
(2) *Id., ib.*
(3) *Id., ib.*
(4) Nous nous arrêtons à 1525, notre cadre ne nous ayant pas permis d'aller au delà de cette date.

Dans la gravure au trait, sans hachures, la représentation se réduit au seul contour ; les fonds sont figurés par des paysages extrêmement simples ou par une architecture très sobre d'ornements ; souvent même, le second plan fait défaut.

Pour quelques-unes de ces estampes — par exemple, celles de l'*Officium romanum beate Marie Virginis* de 1523 — on est en droit de se demander si le travail a été exécuté sur bois ou sur métal. Cette question a soulevé bien des controverses. Passavant et Piot ont reconnu qu'un certain nombre de vignettes ont été gravées sur métal, et le fait est indéniable, puisqu'on a retrouvé des plaques ayant servi à l'impression de ces gravures. Mais comment affirmer, de prime abord, que telle ou telle estampe est de l'un ou de l'autre genre (1) ? On prétend que le bois n'a jamais donné de vignettes aussi fines que le métal : c'est une erreur, que suffisent à démentir, entre autres, les gravures des *Simulachres de la Mort* d'Holbein (2). On ajoute que l'on peut distinguer le travail sur bois ou sur métal à la façon dont la taille est faite dans les parties ombrées : dans le métal, chaque copeau enlevé par le burin serait très ténu à l'endroit où l'outil attaque le bloc, puis s'élargirait à l'épaisseur voulue ; dans le bois, au contraire, l'échoppe, pénétrant plus facilement, donnerait des ombres d'une épaisseur égale sur toute leur étendue. Est-il vraiment si aisé de faire cette différence ? Nous ne le croyons pas. Peut-être aurait-on un indice dans la

---

(1) Il est bien entendu qu'il est question ici de gravures tirées typographiquement et non point en taille-douce.

(2) Nous citons celles-là, au lieu de prendre des exemples chez les Vénitiens, parce que les blocs en sont très connus et qu'ils sont d'une finesse sans égale.

dureté et la sécheresse de l'empreinte lorsqu'elle est produite par un relief sur métal ; encore voyons-nous souvent des bois durs, où le trait est ferme, net et bien arrêté. En somme, s'il est certain que les graveurs ont employé des blocs de bois ou de métal indifféremment, il est moins sûr qu'on puisse distinguer sans peine les uns des autres.

Les illustrations n'avaient pas toutes la même destination : les unes devaient apporter au livre un embellissement artistique ; les autres ajoutaient seulement au texte un élément explicatif, une sorte de commentaire graphique qui le rendait plus facile à saisir. Presque toujours, le volume commençait par une vignette, plus grande que les autres, entourée d'un ornement. De 1469 à 1472, cet ornement n'est pas un encadrement proprement dit : ce sont des blocs juxtaposés qui n'occupent que deux ou trois côtés de la page, le reste du rectangle étant formé par une bordure peinte (1). Le vrai encadrement n'apparaît, à notre connaissance, qu'avec l'*Appien* de Ratdolt, de 1477, car l'ornement du *Monteregio* de 1476 n'entoure pas complètement la page. Les encadrements sont généralement au trait ; nous n'en rencontrons qu'un très petit nombre avec ornements blancs sur fond noir, tels que les arabesques employés par Ratdolt(2). Un des rares artistes qui se soient affranchis de l'usage adopté à Venise, nous a donné deux chefs-d'œuvre du genre : l'encadrement

---

(1) Cette sorte d'ornement ne se voit que sur des exemplaires en papier, à cause de l'impossibilité de faire un tirage au frotton sur une matière aussi résistante que le vélin.

(2) Ratdolt tire quelquefois ses ornements, — encadrements et lettres — sur fond rouge.

sur fond noir de l'*Hérodote* imprimé par Gregorius de Gregoriis en 1494, et celui d'un *Lucien* imprimé la même année par Simon Bevilacqua. Le second, quoique moins important, puisqu'il se trouve sur un petit in-4°, n'est inférieur au premier ni par la beauté ni par la richesse de l'ornementation. Il est à remarquer que le dessinateur, dans ces encadrements, se conforme au style, fort en honneur à cette époque, des motifs architecturaux qui décoraient les églises et les monuments funéraires : on y retrouve sans cesse les mêmes feuilles d'acanthe, les mêmes génies montés sur des chevaux ou d'autres animaux (1), les mêmes anges musiciens, qui figurent dans les compositions de tous les artistes de la fin du xve siècle, tels que Mantegna, Bellini, etc.

Pour le style, les dessinateurs des vignettes au trait s'inspirent généralement des Bellini, de Carpaccio, de Mantegna : les attitudes sont pleines de dignité, l'allure est élégante sans maniérisme, le geste a de l'ampleur et de la distinction ; l'extrême sobriété de la technique donne à ces représentations un charme indéfinissable, qui n'a jamais été surpassé dans aucun pays, à aucune époque.

Je viens de nommer Mantegna et Carpaccio comme ayant fourni le plus à l'imitation des faiseurs de vignettes. Au premier, ils prennent surtout le dessin, la disposition des personnages, les fonds architecturaux ; au second, les costumes et tous les détails purement vénitiens. Certains sujets sont empruntés à Bellini ; tel le San Lorenzo, copié sur le tableau de

---

(1) Monument Vendramin à SS. Giovanni e Paolo, etc.

l'Académie de Venise, — le seul exemple peut-être que l'on ait à citer d'une copie absolue de tableau.

Quant aux attributs, qui se reproduisent souvent, on trouve parfois des chiens, des chats et des lapins, usités d'ailleurs dans les compositions religieuses de cette époque (1).

*
* *

La seconde époque — de 1500 à 1525 — est de beaucoup inférieure à la première ; nous y assistons, pour ainsi dire, à une décadence qui va s'accentuant surtout dans les quinze dernières années. Cette dégénérescence, il est vrai, ne va pas sans comporter un assez grand nombre d'heureuses exceptions. Mais, du moment où la gravure ombrée s'est substituée à la gravure au trait, le souci de l'art a disparu presque complètement, et l'ornementation des livres est tombée dans la fabrication commerciale.

*
* *

Abordons maintenant la question, très controversée, des signatures que portent un très grand nombre d'illustrations de la fin du xvᵉ et du commencement du xviᵉ siècle.

A plusieurs reprises déjà, nous avons émis cette opinion, que les marques qui figurent au bas de tant de bois, dans les ouvrages des premiers temps de l'imprimerie vénitienne, ne doivent pas être consi-

---

(1) Muntz, *Histoire de l'Art pendant la Renaissance*, t. II, p. 654.

dérées comme des signatures de peintres ou de dessinateurs ; nous apportons aujourd'hui de nouvelles preuves à l'appui de cette opinion.

C'est aller au devant d'une erreur gratuite que de vouloir reconnaître, dans les illustrations du *Songe de Poliphile,* de la *Bible* de Mallermi, ou de tout autre livre comtemporain, la main de Giovanni Bellini, de Jacopo de Barbarj, de Benedetto Mantegna, ou de quelque autre grand maître de la peinture dont le nom commence par un *b.* Notre avis est que les initiales, sur lesquelles on a si souvent discuté, ne pouvaient être que de simples marques en usage dans les ateliers xylographiques, et adoptées peut-être pour distinguer entre eux, à première vue, les bois façonnés par les différents ouvriers qu'on employait à cette tâche.

Très rarement, parmi ces signatures, on rencontre un nom entier. Par exemple, dans un livre de Corvus : *Excellentissimi et singularis viri...* (Venise, chez Georgius de Rusconibus, 1520 ; petit in-8°, gothique, orné de 158 vignettes), on voit, au bas de la gravure du recto *Aij : Matio da Treviso F.,* inscrit sur une tablette. Deux *Missale Romanum,* l'un de 1549 et l'autre de 1561, nous offrent, le premier, la signature : MATHEUS F sur une Crucifixion et le monogramme .M.F. sur une Annonciation ; le second, la signature : MATIO F sur une Crucifixion ; mais il ne nous semble pas qu'on doive y reconnaître le même graveur. Le Matio da Treviso dont il est question ici a dû tailler les bois du Dione : *Historico delle guerre e fatti de Romani* (Zopino, 1533), dont quelques-uns portent le monogramme M. F ; il serait possible que le beau frontispice du *Triumpho di Fortuna di Si-*

gismundo Fanti de 1526, fût également son œuvre.
— Les deux frères Vavassore, Zuan Andrea et Florio, ainsi que Giunta, — sur lesquels nous reviendrons — signent quelquefois de leurs noms entiers, par exemple dans le *Thesauro spirituale volgare in rima et hystoriato* (Venise, 1524, Nic. Zopino et Vicentio), dans l'*Esemplario di Lavori* (Venise, 1543, Vavassore) ; mais, le plus souvent, ils ne mettent que leurs initiales au bas des gravures sorties de leurs mains. — Encore est-il à remarquer que, dans les livres que nous venons de citer, le nom de l'artiste n'est accompagné d'aucune indication particulière. Nous ne connaissons que peu de volumes où l'auteur d'une estampe ait mis, avec son nom, une mention explicite visant sa profession de graveur. Le premier est un ouvrage de Giov-Anton Tagliente : *Il modo de temperare le Penne con...* de 1523, où le quinzième feuillet porte : *Stalata in Venetia per Ludouico vicentino Scrittore e Eustachio Celebrino Intagliatore*. Cette signature se retrouve sur le : *Lo presente libro Insigna la uera arte delo Excellente scriuere de diuerse sorti de litere lequali se fano p geometrica Ragione ;* au feuillet 64, on lit dans un cartouche à fond noir : *Intagliato per Eustachio Cellebrino da Vdeni*. Cet Eustachio a signé également le frontispice du *Duello libro de Re, Imperatori, Principi...* composé par Paris de Puteo et publié en 1525 par *Marchio Sessa e Piero de la Serena* (1). Enfin dans : *Li stupendi et maravigliosi miracoli de glorioso Christo de Santo Roccho,*

---

(1) Cf. *Zoan Andrea et ses homonymes*, par le Duc de Rivoli et Charles Ephrussi (Gazette des Beaux-Arts, 1ᵉʳ mai 1891).

sans date, mais d'environ 1525, se trouve, au-dessous du titre, un bois avec la signature *Evs. F*, et, au bas du dernier feuillet, cette mention : *Evstachius Utinensis fecit*.

De même Ugo da Carpi mentionne sa qualité de graveur sur bois sur le titre du *Thesauro Descrittori opera artificiosa*..... de Tagliente daté de 1523, 1525, etc...

En dehors de Venise, nous trouvons un *Viazo da Venesia al sancto Jherusalem et al monte Sinai sepulcro di sancta Chaterina*... (Bologne, 1500); une bordure (1) entourant la première page — imitation de l'encadrement du *Dante* de 1491 (Benali et Capcasa) — porte cette inscription : *Piero Ciza Fe Questo Int*.

Ce sont là, encore une fois, de très rares exceptions; tous les artisans en gravure sur bois signent leurs œuvres de modestes initiales : *b*, *.b.*, *F*, *i*, *L*, *iā*, etc. ou de leur nom sans autre indication.

Si les bois marqués de ces majuscules ou de ces minuscules accusaient toujours une différence de composition et de dessin correspondant à la diversité des lettres, il serait légitime de chercher sous chacune d'elles un dessinateur distinct. Mais il en va tout autrement. Lorsque, en effet, on regarde avec attention quelques vignettes de la *Bible* de Mallermi, des *Vite di Santi Padri* ou des *Deche di Tito Livio*, on n'a pas de peine à reconnaître, quelle que soit la lettre signante, la main du même dessinateur : composition, attitudes, mouvements et gestes des personnages,

---

(1) Cette bordure a été reproduite dans les *Notes sur les xylographes vénitiens*, etc., op. cit.

sont identiques. Les différences ne proviennent que des inégalités de la taille, inégalités très sensibles dans le trait, dans les accessoires, dans le paysage, mais qui n'altèrent en rien la similitude fondamentale des dessous. Tel bois, signé *b* ou .*b*., semble d'un art plus accompli que tel autre signé *F*; mais cette supériorité lui est communiquée seulement par le soin plus minutieux et la dextérité plus grande du tailleur sur bois. Ainsi, certaines vignettes, signées d'initiales différentes, présentent une telle ressemblance entre elles, qu'il faut bien nécessairement les attribuer à un seul et même dessinateur. Par contre, des gravures revêtues d'une marque semblable, et qu'on serait tenté par cette raison d'attribuer à un seul artiste, offrent des différences telles, dans la disposition générale et dans les détails, qu'on doit nécessairement aussi y discerner le faire de plusieurs dessinateurs ayant chacun une originalité propre et un talent tout personnel.

En d'autres termes, et pour poser plus nettement la question, nous voudrions établir : 1° qu'un même graveur a pu tailler et marquer de sa signature des bois de style différent, c'est-à-dire dessinés par différents artistes ; 2° qu'une suite de vignettes, fournies par un dessinateur pour orner un ouvrage déterminé, et, par conséquent, affectant toutes le même style, ont été souvent gravées par plusieurs tailleurs sur bois, qui mettaient sur les blocs leurs monogrammes.

Sans multiplier les exemples qui viennent à l'appui de notre dire, nous nous bornerons à recourir aux plus concluants.

Comparons d'abord la vignette du chapitre VIII du premier livre de la troisième décade du *Tite-Live* avec la vignette du chapitre XXIX du même livre : la première paraît d'une facture assez grossière ; la seconde, au contraire, est nette et d'un déchiffrement facile ; pourtant, dans les deux vignettes, les attitudes des combattants, surtout le mouvement des jambes, trahissent la même main.

Arrêtons-nous maintenant à plusieurs vignettes de la *Bible de Mallermi* qui portent la signature *.b.* ; cette initiale reparaît, agrandie à cause du format de la gravure, à l'angle de l'un des bois du *Songe de Poliphile*. Est-il possible de reconnaître le même dessinateur dans les bois de la *Bible* et dans l'estampe du *Songe ?* Par la composition grandiose et luxueuse, par la majesté des personnages, par le bel' arrangement des costumes et des draperies, par la beauté des motifs d'architecture et d'ornement, par le style même du dessin, les gravures de l'*Hypnérotomachie* n'ont rien de commun avec les vignettes populaires de la *Bible* de Mallermi.

La conclusion qui s'impose est que le *.b.* de la grande gravure du *Poliphile* et du modeste bois de la *Bible* de Mallermi est une signature de graveur ou d'atelier de gravure. Mais, dira-t-on, comment expliquer que ce graveur se soit montré tellement supérieur à lui-même dans les bois du *Songe ?* Tout d'abord, qu'on veuille bien considérer que le *Songe* parut en 1499, neuf ans après la *Bible,* et que, dans l'intervalle d'années qui les sépare, l'ouvrier pouvait avoir acquis plus d'expérience et de talent dans son métier. Il n'est pas inutile, d'autre part, de faire ressortir que, de ces deux ouvrages, l'un était un livre parfait, de haute valeur artistique, tandis que, dans l'autre, les vignettes ne devaient être qu'un commentaire du texte. Peut-être aussi le xylographe, en présence des beaux modèles du *Songe*, fournis par un dessinateur de premier ordre, s'est-il élevé, en les suivant de près sans trop d'effort, à la hauteur des originaux. Peut-être enfin la rétribution plus importante allouée aux illustrations du *Poliphile* doit-elle entrer en ligne de compte : on sait, en effet, combien le salaire, à cette époque, influait sur la qualité de l'œuvre produite.

D'autres ouvrages importants vont nous fournir des comparaisons non moins péremptoires. La *Bible* de Mallermi, éditée en 1490 avec des bois signés *b* et .*b*., reparaît en 1492 avec quelques vignettes absolument du même style, mais signées F.

L'*Ovide* de 1497 contient une quantité de grands bois au trait : les uns sont anonymes ; d'autres, signés *N* (1); d'autres encore, marqués *ia;* tous semblent bien, cependant, émaner du même dessinateur, car tous sont exécutés dans le même style. En 1509, paraît une nouvelle édition de l'*Ovide* avec quelques gravures copiées sur celles de la première édition, provenant par conséquent du même illustrateur ; or, celles-là sont marquées d'autres monogrammes, soit I, soit .10.G. Avons-nous affaire, ici encore, à un dessinateur — sinon d'une valeur remarquable, tout

---

(1) Le graveur N, dont il est question ici, et qui a signé cinq bois de l'*Ovide* de 1497, retourne son monogramme dans quatre de ces bois : Mort d'Ancée (Liv. VIII); les Pommes d'Atalante (Liv. X); Anaxarète regardant passer le convoi d'Iphis (Liv. XIV); Fondation de Rome (Liv. XIV); tandis que le N, dans le sens normal de la lettre, ne figure qu'au bas des Noces d'Orphée (Liv. X). Le même N retourné se voit dans *Incominciano le deuote meditatione sopra la passione del nostro signore Jesu christo cauate...* de 1500, sur une Crucifixion, bois fortement ombré, reproduit dans une édition de 1523 des mêmes *Méditations* (Joanne Tacuino de Trino.)

au moins d'un certain talent — qui aurait apposé sa marque sur de simples copies ? Cette hypothèse ne peut sérieusement se soutenir. Si, au contraire, l'on admet la proposition que nous défendons, l'énigme devient facilement explicable. Un même artiste aurait été chargé de fournir tous les dessins destinés à l'ouvrage ; et, comme l'œuvre de la gravure devait prendre un temps fort long, l'entreprise en aurait été confiée à différents tailleurs sur bois qui signaient leur travail d'une ou de plusieurs initiales. Dans la suite, quelques-uns de ces bois ayant été égarés, comme il arrivait si souvent à cette époque, un autre graveur les aurait reproduits à sa façon ; — et c'est précisément parce que ce sont des copies, que nous voyons, cette fois, les bois retournés.

Notons encore que le monogramme *ia*, qui se trouve dans l'*Ovide* pour la première fois, signe d'autres vignettes, d'un style essentiellement différent, dans un *Missel* de 1506. Là, le travail du tailleur, beaucoup plus habile, accuse des progrès sensibles ; son outil, plus sûr et plus expérimenté, couvre les ombres de tailles fines et déliées, et rend les contours avec une délicatesse charmante. On le retrouve encore au bas de gravures liturgiques au simple trait, d'une exécution très soignée : entre autres, un David en prière, un violon près de lui, dans un *Compendium orationum* de 1559 (1).

Dans les *Bréviaires*, quelques bois du même *ia* peuvent donner lieu à des remarques analogues. Ces

---

(1) Il va sans dire qu'il ne peut s'agir ici que d'une réimpression, et que cette vignette a déjà paru dans un ouvrage de la fin du xv° ou des premières années du xvi° siècle.

bois ont été copiés et recopiés dans le même style, mais avec diverses signatures, quand ils ne sont point anonymes comme dans le *Bréviaire* de 1519 ; nous y voyons les marques : *VGO* (*Bréviaire* 1516), probablement le Ugo da Carpi dont nous avons déjà parlé, *LA* (*Bréviaire* 1521), *L* et *.1.A* (*Bréviaire* 1524). Peut-on s'imaginer, dans ce cas, plusieurs dessinateurs copiant successivement les mêmes vignettes, avec beaucoup moins de talent que l'original, et y mettant quand même leurs signatures ? Où sont d'ailleurs, indépendamment de ces illustrations de livres, les autres œuvres, tableaux ou gravures isolées, où nous rencontrions ces initiales ? Jusqu'à ce jour, on n'en a pas connaissance.

C'en est assez, croyons-nous, pour bien établir que les monogrammes, objet de tant de commentaires, n'ont jamais été que des marques individuelles de tailleurs sur bois ou des marques d'ateliers de gravure. Nous ne discuterons donc pas les attributions que leur donnent les différents auteurs, puisque nous sommes en désaccord avec ces derniers sur le point essentiel du problème à résoudre ; les noms de Mantegna, de Bellini, de Montagna, de Barbarj et de tant d'autres, gratuitement devinés au bas de ces gravures, disparaissent tous devant la nouvelle interprétation qu'il convient de donner à ces mystérieuses signatures.

*
* *

S'il faut maintenant se prononcer sur les noms de graveurs que dissimulent ces signatures, nous reconnaissons que la plupart du temps il est impossible de désigner l'artiste, l'artisan ou l'atelier dont elles sont la marque.

Parmi la quantité de marques que nous aurons à citer, il en est fort peu dont on puisse nommer avec certitude le titulaire ; nous n'avons guère à signaler que Zuan Andrea, les deux frères Vavassore, Luc-Antonio Giunta, — sur l'existence desquels nous avons peu de renseignements, — et enfin Marc-Antoine, à propos duquel nous renvoyons au travail si complet de M. Delaborde.

Les autres marques que nous allons énumérer, en essayant de classer toutes les gravures éparses dans tant de volumes, serviront à constituer des groupes, auxquels viendront se rattacher les similaires pour former des écoles. Nous ne nous dissimulons pas la difficulté de cette tentative de classement ; car les types nettement définis font défaut, et nous n'avons affaire, la plupart du temps, qu'à des œuvres de second ordre. Néanmoins, on rencontre souvent un type de gravure adopté par une série d'artistes qui se bornèrent à suivre, en quelque sorte, la mode imposée, à imiter la manière de celui qui avait le plus de vogue au moment de la publication du volume. Certaines estampes restent en dehors de toute école, et de ce nombre sont quelques véritables chefs-d'œuvre, où dessinateur et graveur ont su s'élever à une telle hauteur au-dessus de leurs contemporains, qu'ils sont restés inimitables.

Dans un des deux livres imprimés à Venise en 1469 (1), le *Pline* de Jean de Spire, apparaît

---

(1) Ces deux ouvrages sont : *Epistolæ ad familiares* de Cicéron et *De Naturali Historia* de Pline (Cf. *La stampa in Venezia dalla sua origine alla*

la première bordure gravée sur bois, composée de plusieurs blocs. Un de ces blocs offre une vignette à personnages (60 mm. de haut), gravée au trait, représentant un écusson flanqué de deux enfants ailés ; les autres blocs sont à rinceaux. C'est donc avec l'imprimerie elle-même qu'est importé à Venise l'art de la xylographie, et dès le premier essai cet art se révèle avec toutes les qualités qu'on admire dans les illustrations de la fin du xv° siècle. Cette bordure du *Pline* de 1469 se retrouve, soit entière, soit en partie, dans plusieurs ouvrages publiés par Vindelin, frère et successeur de Jean de Spire, mort en 1470. Elle reparaît dans le *Virgile* de 1470 ; dans le *Tite-Live* de la même année, l'imprimeur y a introduit quelques blocs nouveaux, gravés tout exprès; la même combinaison est offerte par le *Valère-Maxime* de 1471 ; enfin, en 1472, Vindelin fit graver des blocs du même style, composés d'enfants et de lapins, qui, joints aux blocs inférieurs de la bordure du *Pline,* formèrent l'encadrement des *Grands Orateurs* de Cicéron et du *Georgius Trapezuntius*. Nicolas Jenson, qui avait établi aussi une imprimerie à Venise en 1470, donna en 1471 le *M. Tullii Ciceronis epistolarum familiarium liber primus,* orné également d'une bordure très élégante, mais d'un style différent et d'une autre main que les précédentes.

La partie inférieure de la bordure gravée du *Pline* n'étant pas assez large pour la justification de la page, on a ajouté trois petits feuillages dessinés à la

morte di Aldo Manuzio Seniore, par M. Carlo Castellani, préfet de la bibliothèque de Saint-Marc, p. 12 et 13. — Dictionnaire bibliographique choisi du xv° siècle, par de la Serna, p. 175-179.)

plume. Ces trois additions ne montrent naturellement pas au verso l'empreinte du foulage qui est la caractéristique de cette sorte d'impression. Si, en effet, la couleur pâle de l'encre et l'aspect particulier de ces images pouvaient laisser quelque doute sur la manière dont elles ont été produites, ce foulage que l'on aperçoit distinctement au verso, suffirait à prouver que ce sont là des gravures sur bois, et qu'elles ont été imprimées au moyen du *frotton,* en usage alors pour toutes les images xylographiques.

M. le Vicomte Delaborde, dans son bel ouvrage sur *La Gravure en Italie avant Marc-Antoine* (p. 252), a le premier décrit les bois de la bordure du *Valère Maxime;* il fait remonter l'origine de la xylographie vénitienne à l'année 1471. Voici en quels termes il s'exprime : « Sur le recto du troisième
« feuillet, au commencement du premier livre du
« *Valère Maxime,* on trouve, outre une grande
« lettre ornée, une autre gravure en bois placée
« dans la marge du bas, au-dessous du texte, et
« représentant deux enfants ailés, deux génies,
« dont les bras soutiennent des rinceaux qui se dé-
« roulent à droite et à gauche. Entre ces deux en-
« fants, au pied d'un écusson qui occupe le centre
« de la composition, se jouent deux lapins. Le tout
« est dessiné avec une véritable élégance et beau-
« coup plus habilement gravé qu'aucun des ouvrages
« du même genre publiés jusqu'alors en Italie. » Et dans une note consacrée à la bordure du *Georgius Trapesuntius* de 1472, M. Delaborde ajoute : « De
« plus, par un procédé dont on n'aurait pas cru
« l'origine aussi ancienne et qui paraissait n'avoir
« été employé qu'à partir du xvie siècle ou des der-

« nières années du xvᵉ siècle tout au plus, l'ensemble
« de la décoration imprimée sur cette marge résulte
« de l'insertion successive, à des places différentes,
« du même bloc ou des mêmes blocs. En d'autres
« termes, tel fragment qui forme la base de la com-
« position se trouve reproduit, au milieu ou au som-
« met, par l'application qu'on en a fait sous la presse
« une seconde ou une troisième fois. C'est là, outre
« la délicatesse et la grâce de cette décoration, ce
« qui rend particulièrement dignes d'attention les
« ornements et les sujets gravés au commencement
« du livre que nous venons de mentionner. »

La bordure du *Pline* de 1469 qui nous a été signalée par M. Thierry, le savant conservateur des imprimés à la Bibliothèque Nationale, fait, comme on le
voit, remonter de deux ans en arrière les origines de
la gravure sur bois à Venise.

Nous nous attarderons pas aux livres imprimés
de 1469 à 1479, qui ne contiennent généralement
que des encadrements. Dans les six années suivantes,
les bois sont d'un art peu élevé; quelques ouvrages,
pourtant, comme les *Hyginius*, sont intéressants par
leurs gravures au trait, d'un style primitif, mais où
l'exécution aisée des détails et le jet hardi de l'esquisse font pressentir le talent d'écoles qui seront
plus tard si brillantes. A ces bois l'on peut rattacher
tous ceux qui furent employés jusqu'à 1500 pour des
représentations du même genre, reproductions, copies
ou imitations.

En 1486, parut le *Supplementum chronicarum*,
avec de nombreuses vues de villes, sans cesse rééditées. L'intérêt particulier de ce volume réside dans
trois gravures d'une très grande valeur (la *Création*

du Monde; Adam et Eve; Caïn et Abel), au style un peu brutal — l'école vénitienne ne possédant pas encore la grâce à laquelle elle atteindra, — mais remarquables par l'énergie et la puissance d'expression du dessin, qui rappelle l'école de Pollajuolo. Parmi les vignettes qui nous occupent, ce sont les seules qui affectent cette manière, et nous inclinerions volontiers à croire qu'elles ne proviennent pas d'un dessinateur de Venise. En 1503, la main d'un copiste médiocre les alourdit, en les ramenant à la manière vénitienne, et, pour leur donner de l'agrément, en gâta le style. Cette nouvelle édition fut réimprimée un grand nombre de fois, jusqu'au milieu du XVIe siècle.

En 1488, parurent les *Triomphes* de Pétrarque. Le dessin y est fort beau, mais la taille des bois laisse tellement à désirer, que l'œuvre originale est entièrement dénaturée.

Enfin, en 1489, nous voyons apparaître un vrai graveur, celui qui signe *b*, doué de qualités tout à fait supérieures, du moins dans le genre des illustrations de petite dimension. D'autres œuvres pourront avoir une allure plus magistrale, parfois même un caractère plus artistique; mais peu de graveurs posséderont, à un pareil degré, la finesse élégante, la délicatesse exquise, que celui-là sut mettre dans les petites vignettes dont il a orné plusieurs volumes. Il eut, de plus, le rare mérite de créer une école, dont les abondantes productions, pour n'être pas absolument à la hauteur des siennes, sont encore souvent des plus estimables. Pour les livres qu'il fut chargé d'illustrer, il s'adjoignit des collaborateurs, les uns anonymes, les autres signant leurs œuvres.

D'autre part, à côté de lui, plusieurs artistes, reproduisant sa manière, ont laissé un grand nombre de bois, sans signature.

Les *Postillæ* de Nicolas de Lyra (1489) sont le premier livre dont on puisse lui attribuer avec certitude presque toutes les illustrations. Aucune vignette n'est signée, il est vrai ; mais la taille en est si fine, exécutée avec une telle sûreté de main, les personnages sont si habilement interprétés, qu'il n'est pas possible de se tromper sur leur origine.

A cette même date (1489), c'est-à-dire au moment où florissait l'illustration au trait, parut l'*Augustinus de civitate dei cum commento,* orné de charmants bois d'un style tout particulier. Ce sont aussi des gravures au trait, mais avec de légères ombres obtenues par des hachures très fines dans les parties peu éclairées. Cette façon de traiter les bois donne aux vignettes un relief et une saveur que n'ont pas celles où le contour seul est indiqué, ni celles où les ombres sont fortement accusées. La main de l'auteur de ces illustrations se reconnaît dans un petit nombre d'autres œuvres, par exemple la figure du grand-prêtre des *Postillæ* — sorties la même année, comme nous venons de le voir, de chez le même imprimeur Scotto. Si l'on compare, en effet, la facture de ce personnage du grand-prêtre avec celle du saint Augustin revêtu du costume sacerdotal, la similitude entre les deux gravures apparaît frappante. Ne pourrait-on aussi attribuer au même tailleur sur bois la figure de la Sybille du *Valerius Probus* de 1499 ? Nous n'osons aller jusqu'à l'affirmative, bien que cette opinion soit assez autorisée par la constatation des mêmes qualités et surtout du procédé caractéristique des hachures discrètement placées pour rehausser les reliefs. Cette dernière gravure a, en outre, attiré spécialement l'attention par sa signature *bM*, qui a exercé si vivement la curiosité des bibliographes. Nous n'avons plus à réfuter les diverses hypothèses émises sur ce sujet; rappelons seulement que ce monogramme ne se retrouve, à notre connaissance, que sur un seul autre bois : le saint Jean-Baptiste de l'*Aulu-Gelle* de 1509, de l'*Ovide* de 1512, et du *Juvénal* de la même année; cette figure, du même style que les précédentes, mais un peu inférieure, est la marque de Tridino, qui édita ces différents ouvrages ainsi que le *Probus*.

Quant au graveur *b,* il illustra, en 1490, la *Bible* de Mallermi ; en 1491, le *Dante* de Cremonese, le *Dante* de Benali et Capcasa, et les *Vite di Santi Padri,* où il s'adjoignit les tailleurs sur bois *i* et *j* (1) ; en 1492, le *Boccace* et le *Masuccio ;* en 1495, les *Epistole evangelii vulgare et Istoriate*. Le bois du titre de ce dernier ouvrage est de beaucoup le plus grand de ceux qui portent la marque *b;* mais il est loin d'être le meilleur, surtout comparé aux grands bois du *Dante* et des *Vite di Santi Padri,* où l'artiste s'est réellement surpassé. Le *Tite-Live* de 1493 contient encore des vignettes signées *b,* tirées de la *Bible,* à côté d'autres portant un *F,* signature d'un graveur qui fut certainement son élève ; ce dernier monogramme apparaît pour la première fois, à notre connaissance, dans : *Diui Augustini Episcopi Et doctoris ecclesie Sermones ad heremitas et ad alios*

---

(1) Ces deux lettres, qui se confondent dans l'ancien alphabet, ne désignent peut-être qu'un seul et même graveur. On sait, d'ailleurs, combien était variable l'orthographe, surtout des noms propres ; cf. *Zuan, Joan Zova.*

Feliciter Incipiunt, imprimé par Vicentius Benali, le 26 janvier 1492, et dans la *Biblia uulgare historiata* (*Bible* de Mallermi) de la même année.

A l'école de *b* appartiennent les artistes qui illustrèrent le *Sphœra Mundi* de 1488, les *Méditations* de Nicolas de Lyra (1), et le *Guido bonatus de forlivio* de 1489 ; le *Fior di Virtu* de 1490 ; la *Legenda delle Sante Martha et Magdalena*, les *Fables d'Esope* et le *Plutarque* de 1491 ; la *Vita de la preciosa uergene Maria* de 1492, le *Legendario* de 1494. Beaucoup d'autres ouvrages, de moindre importance, peuvent encore être rangés dans cette catégorie, certainement la plus riche et la plus belle de cette heureuse époque.

Nous rattacherons à ce même groupe les quatre gravures au trait de l'*Officium beate virginis :* ... imprimé par Hieronymus Venetus de Sanctis (2) en 1494 : l'*Annonciation*, *David jouant du violon*, une *Crucifixion*, et la *Pentecôte* ; non pas qu'il soit possible de les attribuer à *b* ; mais par leur caractère et l'absence complète d'ombre, elles doivent trouver place dans cette série. Quant à leur valeur, elle est considérable ; la taille est surprenante de finesse, et il faut y regarder avec la plus grande attention pour s'assurer qu'on n'a pas sous les yeux des dessins à la plume. Il est fort possible que les blocs aient été

---

(1) Les *Méditations* furent rééditées sans date (1491) avec d'autres bois sur lesquels nous nous sommes longuement étendu dans notre *A propos d'un livre à figures vénitien de la fin du* xv* siècle* (1886). Les nombreuses éditions qui en furent données postérieurement contiennent, soit les bois de 1489, soit un mélange des bois de 1489 et de l'édition sans date avec des bois tirés d'autres ouvrages.

(2) Hieronymus de Sanctis Venetus (Hieronimo di Sancti, Panzer, 247, 1034). — Castellani, *La Stampa in Venezia...* op. cit., p. 41.

gravés en relief sur métal ; on a peine à comprendre, en effet, que des reliefs de bois aussi minces ne se soient pas écrasés à l'impression des gravures sur une matière aussi résistante que le vélin ; aucune des nombreuses vignettes de ce volume, dans les deux exemplaires que nous avons vus, ne montre ni manque, ni cassure, ni empâtement, même dans les parties où les traits sont le plus fins et le plus rapprochés. Ce graveur si peu connu a atteint la perfection, à notre avis, dans les petites vignettes ; il est supérieur à *b* lui-même, qui a quelquefois des défaillances, et qui, dans les personnages, néglige assez souvent les extrémités (1).

Indépendamment des élèves que forma le graveur *b,* il y eut aussi des artistes qui, non seulement affectèrent sa manière, mais encore copièrent absolument ses bois, soit en les retournant, soit en les laissant dans le même sens : parmi ceux-là, il faut citer le graveur *N* (2), qui produisit beaucoup et qui n'est pas sans mérite. Quelques-unes des vignettes qu'il fit pour les *Epistole* de 1495 sont d'un style agréable et souvent fort gracieux ; tout copiste qu'il fût, il a eu une manière assez personnelle. Plusieurs volumes de cette époque contiennent de ses bois.

Les gravures du *Pétrarque* de 1490, légèrement ombrées, imitées au trait en 1492, n'étaient elles-

---

(1) Cet ouvrage, imprimé sur vélin, et qui doit contenir six gravures, n'a pas été décrit, parce qu'il nous a été impossible de le trouver complet. Nous en connaissons deux exemplaires : dans le premier, il manque quatre gravures; dans le second, celui de la Bibliothèque Nationale (Vélin, B 1474), il manque deux gravures et deux feuillets dont l'un porte une vignette un peu plus petite : la Vierge avec l'Enfant Jésus sur ses genoux.

(2) Le monogramme de ce tailleur sur bois est de plus petite dimension que le N de l'*Ovide* de 1497.

mêmes, comme on le verra dans la description détaillée des diverses éditions du poète, que des imitations des cuivres florentins.

En 1491, Ketham donne un livre célèbre, le *Fasciculus Medicinæ*, qui peut passer pour un modèle irréprochable dans le style mantegnesque. Nous n'indiquons cette édition que pour suivre l'ordre chronologique, car la taille des estampes y est médiocre et rend mal le dessin. Dans l'édition de 1493 seulement, le graveur s'est montré digne du dessinateur. Ce volume est resté seul dans son genre (1).

L'année 1494 mérite une mention particulière à cause des charmantes gravures publiées par les frères Gregorius. Deux artistes de grand talent travaillèrent pour leur compte et ornèrent quelques volumes d'œuvres de premier ordre. Ces bois sont au simple trait, sans aucune ombre; mais le contour et l'allure sont incomparables. Le plus beau, sans contredit, est le San Lorenzo. Les mêmes éditeurs ont donné le *Zardino de Oration*, le *Monte dell' Oratione*, le *Trattato della confessione de San Bernardino*, le *Incomincia la vita et li miracoli del glorioso confessore Sancto Antonio de padoa*, et enfin le *Chi vuol cōdo-*

---

(1) M. Torre nous communique une gravure in-folio faite pour un volume imprimé à Florence en 1486 par *Nicholo di Lorenzo della Magna*. Ce bois des plus intéressants n'est pas de 1486; il n'aurait été gravé que postérieurement, à la fin du xve siècle. Il représente *Sanctvs Gregorius*, assis sur une sorte de stalle, bénissant de la main droite, et tenant de la main gauche l'Eglise symbolique qui repose sur son genou; près de son oreille droite, le Saint-Esprit sous la forme d'une colombe. Cette gravure, quoique florentine, nous rappelle les bois du *Ketham* de 1493 par la manière dont sont traités les plis du vêtement et surtout par le style hardi de la figure. Sauf des noirs très accusés, on pourrait croire qu'elle est de la même main et d'origine vénitienne. — Cf. *Bibliografia dei testi di lingua a stampa citati dagli accademici della Crusca*, etc.; Bologna, 1878; p. 175.

lerse de la passiō de christo. Tous ces volumes, outre une estampe particulière à chacun d'eux, sont ornés de deux autres bois, toujours les mêmes, un au commencement et un à la fin, exécutés par les mêmes artistes. Nous n'aurons plus à signaler d'autres œuvres de ces maîtres.

En 1497, parut l'*Ovide*, déjà cité à propos des monogrammes *N*(1), *ia,* ɪ et .ɪo.ɢ. Cet ouvrage ne semble devoir être rattaché à aucune école. Le ou les dessinateurs étaient fort habiles assurément ; mais les tailleurs de bois leur étaient inférieurs, et *ia,* qui devait par la suite se mettre au premier rang, est resté ici lourd et inapte à traduire des estampes d'aussi grande dimension. Les détails sont très négligés, les figures grossières, les extrémités mal rendues. On peut s'étonner de voir ce volume paraître la même année que le *Térence,* où se trouvent deux gravures in-folio, comparables à celles du *Songe de Poliphile,* le plus accompli des livres à figures sur bois.

Des petites vignettes de ce *Térence,* nous ne dirons rien, tant elles sont médiocres ; mais le « Théâtre antique » et « Térence entre ses commentateurs » sont deux œuvres capitales, où la composition, le groupement et les attitudes des personnages accusent un art consommé et un talent hors de pair. L'habileté du tailleur sur bois n'a pas été moindre que celle du dessinateur ; la taille est magistrale, nette, exempte des tâtonnements qui décèlent une main inexpérimentée. Le style a même plus d'ampleur que dans les estampes du *Songe,* qui l'emportent par la grâce et le fini. Ces deux bois, empreints du sentiment de l'anti-

---

(1) Il ne s'agit pas du *N* copiste mentionné plus haut.

quité, tel qu'on le comprenait à Venise à la fin du xve siècle, sont, avec ceux du *Poliphile,* les chefs-d'œuvre de la xylographie vénitienne. Quant au *Poliphile* même, nous n'insistons pas sur la beauté de ces bois qui sont devenus pour ainsi dire populaires (1).

*
* *

En 1500, le style change brusquement pour entrer dans une nouvelle phase, celle de la gravure ombrée.

Avant de suivre pas à pas les écoles qui vont se former à partir de cette date, jetons un regard sur les autres villes d'Italie d'où sont sortis des livres illustrés. Une seule est comparable à Venise : c'est Florence, qui a donné aussi de ravissantes productions. Mais ici, le style est tout différent : les encadrements sont à fond noir ; noirs également, les terrains, les coiffures, les ombres, ce que nous ne rencontrons jamais chez les Vénitiens. Les attitudes fières, le mouvement à l'antique, chers à Carpaccio et à Mantegna, font place à la grâce un peu affectée de Botticelli ; au lieu de la raideur parfois guindée de nos primitifs, c'est l'élégance poussée jusqu'à la morbidesse. L'art florentin, cependant, s'est infiniment distingué dans l'illustration des livres ; s'il n'a pas fourni la même quantité que Venise, il compte quel-

---

(1) Voir la traduction du *Songe de Poliphile,* précédée d'une très remarquable étude sur les humanistes italiens du moyen âge et du début de la Renaissance, par M. Claudius Popelin (2 in-4, avec figures sur bois ; Paris, Liseux, 1883), et la brochure consacrée au même ouvrage par M. Charles Ephrussi (Paris, Techener, 1888).

ques chefs-d'œuvre qu'on peut mettre à bon droit auprès de ceux des Vénitiens.

Les Ferrarais ont produit quelques rares volumes (1), où se reconnaît l'inspiration vénitienne, tels que le *Saint-Jérôme* de 1497. Le *De claris mulieribus* de la même année est d'un style mixte : pour certaines parties, il se rapproche des Vénitiens, tandis que pour d'autres — les ombres, par exemple, — il emprunte les procédés des artistes de Florence. Signalons encore Vérone, Milan, Rome, comme centres importants de la gravure sur bois en Italie ; et laissons de côté les autres villes où il n'a été publié qu'un petit nombre de volumes illustrés, la plupart sans grand intérêt.

*
* *

La dégénérescence de l'illustration des livres à partir de 1500 est d'autant plus faite pour nous étonner, que la période que nous allons parcourir a mérité d'être qualifiée « l'âge d'or » de l'art en Italie. Nous n'avons pas à essayer d'analyser les causes de cet abaissement ; nous nous bornons à constater le fait, qui contraste si étrangement avec le goût général de tout un pays à une époque déterminée. L'Italie entière, pendant la dernière moitié du xv° siècle, avait travaillé avec une ardeur sans égale ; à toutes les branches de l'art, chargées de la sève féconde du génie, s'épanouissait la plus luxuriante floraison qu'il ait jamais été donné à l'homme de contempler.

---

(1) Gustave Gruyer, *Les livres publiés à Ferrare avec des gravures sur bois*. Gazette des Beaux-arts, 1889.

L'époque éblouissante décrite avec tant de talent par M. Müntz, « l'âge d'or » était arrivé, et l'esprit reste confondu devant tant de beauté, de grandeur et de perfection.

Pourquoi faut-il qu'une seule note détonne dans ce merveilleux concert ? Seuls, en effet, les illustrateurs restèrent en dehors du prodigieux élan qui emportait tous les autres artistes. En ce qui concerne l'ornementation des livres, le terme de « l'âge d'or » est précisément le début du xvie siècle. Quel charme avaient ces délicates estampes, avec leurs contours aux lignes antiques ! et quelle lourdeur, au contraire, auront trop souvent ces vignettes surchargées de hachures que la main du tailleur sur bois jette avec plus ou moins de discernement ! Au lieu des silhouettes élégantes, légères, presque aériennes, créées par les anciens maîtres, voici venir les vêtements aux plis épais, pesants, aux cassures métalliques, sous lesquels se perd la forme humaine. Il faudra parcourir bien des volumes pour trouver quelques compositions qui nous rappellent nos gravures tant aimées de la fin du xve siècle.

En même temps qu'ils changent de manière — peut-être pour obéir à une mode, — les illustrateurs s'évertuent, au détriment de l'art, à satisfaire les exigences de la clientèle, de plus en plus nombreuse, des lecteurs ; ils veulent trop entreprendre à la fois, et, comme il arrive presque toujours, la quantité des productions porte préjudice à la qualité. Il n'est pas d'ouvrage, même de mince importance, qui ne doive être illustré, ne fût-ce que d'un seul bois placé en titre. S'il n'y a pas lieu d'enrichir de gravures le texte du livre, le tailleur sur bois entoure les pages d'un ornement, souvent des plus médiocres, où la feuille d'acanthe joue le principal rôle, unie à des entrelacs imaginés par des artistes sans tradition et sans goût. Les frais d'invention sont aussi restreints que possible ; car nous voyons sans cesse les mêmes ornements reparaître dans une infinité de volumes, par exemple dans les nombreuses éditions des classiques latins.

Ce qui importe avant tout, alors, c'est de produire vite et de fournir un aliment au public lettré, qui s'arrache les ouvrages populaires, petits livres de piété, publications d'actualité, divers ouvrages de poètes et conteurs, et particulièrement les romans de chevalerie. A la fin du xve siècle, ces œuvres si pleines de mouvement, si attrayantes par leurs récits d'aventures et d'exploits qui répondaient aux passions de ces temps tourmentés, n'avaient eu que peu d'éditions et presque toutes sans figures ; au xvie siècle, au contraire, elles se succèdent sans interruption, contenant généralement un bois de titre et une petite vignette par chapitre ou par chant. Le résultat de cette publication hâtive, c'est la négligence dans tous les détails de la confection des livres : choix du papier, impression, mise en pages, dessin et gravure. Il peut arriver que l'estampe du titre, qui occupe quelquefois toute la page, soit bonne ; mais les petites vignettes, puisées de droite et de gauche, tirées indéfiniment et sans aucun soin, sont loin d'être satisfaisantes. Tantôt, elles sont simplement ombrées ; tantôt, nous y voyons les terrains noirs, à la manière florentine ; trop souvent elles sont informes et indéchiffrables. Il faut dépasser 1525 pour retrouver des éditeurs soucieux de donner des œuvres dignes de leurs ancêtres, comme les Giolito, les Marcolini les Valgrisi.

A côté des romans de chevalerie — dont le caractère éminemment populaire pourrait excuser dans une certaine mesure cette absence de style et ce manque de goût, — il convient de placer les publications des Giunta (1), dont les presses, travaillant sans relâche, fournirent une quantité énorme de volumes. L'art s'y relève sensiblement, malgré les défectuosités du style et de la gravure, et les compositions, plus soignées, n'y sont pas dénuées de charme. Il est regrettable que cet effort ne se soit pas soutenu.

Ces éditeurs, dont le premier, Luc-Antonio Giunta, commença en 1489 à imprimer à Venise des livres ornés de remarquables gravures au trait, ont publié, dans les années postérieures à 1500, de très nombreuses éditions d'ouvrages religieux, notamment des *Missels* et des *Bréviaires*. Les *Missels* atteignent à un chiffre si élevé (2), que nous avons dû les écarter de cette étude ; nous n'en avons décrit qu'une seule édition ; ils méritent, à eux seuls, un travail spécial. Dans ces ouvrages de liturgie de toute sorte et de tous formats, l'invention était singulièrement bornée par la similitude des sujets ; il faut convenir cependant que les illustrateurs s'en tirèrent à leur honneur, et cette catégorie de livres est encore digne de notre admiration. Toutefois, l'Italie n'a pas produit d'ouvrages analogues à nos magnifiques Livres d'Heures français.

*
* *

(1) Nous avons eu l'occasion de citer (page viii) Luc-Antonio Giunta.
(2) Plus d'une centaine.

A part les grandes lignes que nous venons d'indiquer, et quelques exceptions constituées par des ouvrages d'un caractère peu tranché, il a été impossible d'établir un classement absolu des écoles dans la seconde période. Nous avons relevé toutes les marques des graveurs dans les livres qui ont passé sous nos yeux, en faisant ressortir leurs caractères distinctifs. Mais, dans cette préface, nous n'insistons que sur les artistes vraiment remarquables, soit par leur originalité, soit par l'abondance de leurs productions.

Parmi ceux-là, signalons tout d'abord un groupe de graveurs étrangers à Venise, et vraisemblablement florentins, qui travaillèrent pour Marchio Sessa. Presque tous les ouvrages sortis de chez cet éditeur jusqu'à 1506, et quelques-uns encore postérieurs à cette date, sont ornés de gravures où les noirs très accusés, dans les terrains et les parties ombrées, dénotent la manière florentine. A cette exception s'en ajoute une autre, peut-être plus curieuse : nous voulons parler des œuvres de quelques graveurs imitant à un tel point le style français qu'on pourrait se méprendre sur l'origine des estampes. Ces artistes étaient-ils des Français établis à Venise, ou des Vénitiens ayant passé quelques années en France et conservant les procédés appris hors de leur patrie? L'une et l'autre hypothèse sont également admissibles. De ces gravures, les unes sont entièrement du genre français, comme l'Adoration des Mages et l'Annonciation signées vGo dans un *Bréviaire romain* de 1518 (Pentio de Leuco) ; dans les autres, la composition et la taille sont traitées à la française, sans aller toutefois jusqu'à l'imitation servile. Pour ces dernières, il y a lieu de s'arrêter un instant, car le seul livre de ce genre que nous connaissions est fort remarquable. C'est un *Officium romanum beate Marie Virginis...*, publié en 1523 par Gregorius de Gregoriis, et qui contient, croyons-nous, huit grands bois : Dieu dans sa gloire avec le Christ et la Vierge, la Création de la femme, une Chasse, deux batailles différentes, représentant la mort d'Urie, l'arbre de Jessé, David et Bethsabée, les Trois Morts. L'exécution de cet ouvrage, tant par les gravures que par les encadrements des pages, se rapproche de celle de nos Livres d'Heures. Le dessin n'est pas excellent ; mais la beauté réside surtout dans le faire de la gravure, qui joint au charme des bois français la grâce des Vénitiens : la taille est souple et légère ; les corps sont pleins de mouvement et de vie ; les figures, fines et délicates ; l'aspect général, des plus séduisants ; ces qualités ressortent surtout dans la gravure du feuillet 94 : David et Bethsabée. L'auteur anonyme de ces estampes avait, assurément, un grand talent, et ses œuvres, pour faire exception aux illustrations vénitiennes, n'en sont pas moins dignes d'être rangées parmi les meilleures (1).

Stagnino avait employé, en 1512 pour une édition de *Dante*, en 1513 pour un *Pétrarque*, un graveur dont la taille est assez correcte, bien qu'il ait le trait sec et peu gracieux, et qui ne craint pas de s'attaquer à des sujets assez vastes, comme ceux des *Triomphes*. La raison qui nous le fait citer ici est

---

(1) Cet *Office de la Vierge* ne figure pas dans ce volume. Nous ne l'avons vu indiqué nulle part ; et, tout en supposant qu'il renferme huit bois de page, nous ne saurions affirmer qu'il n'en contient pas davantage, le seul exemplaire que nous en ayons pu voir étant incomplet.

la singularité de sa signature qui nous avait échappé d'abord. Elle consiste en une sorte de petit bloc rectangulaire, analogue à un balustre ; dans le *Dante,* cette marque est au coin de la gravure ; dans le *Pétrarque,* elle ne se voit que deux fois : dans le « Triomphe de l'Amour », elle est placée au coin ; et, dans le « Triomphe de la Chasteté », elle figure sur le trône où la Chasteté est assise. Un tel signe, que n'accompagnait aucune lettre, pouvait passer inaperçu. Mais nous le retrouvons, dans une édition de 1515 du *Lotharius* de Zopino, entre les deux initiales *I. C,* et cette adjonction le rend parfaitement déchiffrable. Le même ouvrage contient des bois de la même main, signés *C ;* on peut en conclure que les vignettes marquées du balustre sans lettres, du monogramme *I. C,* et de la majuscule *C* n'ont qu'un seul auteur (1). Les mêmes lettres se voient sur la bordure du *Auli Flacci Persij Satyrographi* de 1520, réimprimée en 1526 dans le *Triompho di Fortuna* de Sigismondo Fanti.

Parmi tous ces graveurs, il en est deux — à moins que leurs marques ne soient des marques d'ateliers — qui méritent une mention particulière par la qualité de leurs œuvres et par leur grande variété : ce sont *L* et *.z.a.*

Le premier, dont la signature paraît pour la première fois, croyons-nous, dans un *Horace* de 1505, est très irrégulier dans son faire. Assez médiocre en général, sans style, lourd, les détails peu soignés, les ombres empâtées, il s'élève cependant parfois au-

---

(1) Il ne faut pas confondre ce *C* avec celui qu'on aperçoit au bas de bois au trait dans le *Merlino* de 1516 et dans différents volumes de Giunta.

dessus de lui-même, comme dans le grand bois du *De claris mulieribus* de 1506, où il se montre élégant et d'une allure qui ne lui est pas ordinaire. Notons encore le bois de titre du *Suétone* de la même année, publié par Rubeus Vercellensis, gravure assez bonne où L — qui est avant tout un imitateur — a traité les fonds à la manière florentine. Du même genre, mais meilleur et plus important, est le bois in-folio du *Pratica musica* de Gafforius de 1512, qui porte sa signature. Il a beaucoup produit, et son monogramme se rencontre presque jusqu'à la fin de l'époque qui nous occupe. Nous inclinons à croire qu'il est aussi l'auteur du bois de titre du *Cecco d'Ascoli* (Marchio Sessa et Piero di Ravani, 1516), signé *L F*, le *F* signifiant alors simplement : *fecit*. Ce graveur abordait tous les genres, et peut-être cette médiocrité que l'on constate chez lui est-elle le fait même de la quantité des travaux qu'il embrassait à la fois. Ne le voyons-nous pas copier les bois donnés dans le *Virgile* de Grüninger de 1502, et les imiter si bien que cette contrefaçon pourrait à première vue — si l'on n'y reconnaissait sa marque — passer pour un mauvais tirage de l'édition allemande ? Cette œuvre capitale est, à vrai dire, la meilleure qu'il ait exécutée ; car, si les copies en elles-mêmes n'ont pas grand charme, on ne peut s'empêcher de constater un certain talent dans cette reproduction d'un style et d'une facture si peu en rapport avec les publications de Venise.

Le *.z.a.*, au moins aussi fécond que le *L*, lui est parfois très supérieur. Il travailla, lui aussi, dans tous les genres ; et, comme il signait de différents monogrammes, on a cru avoir affaire à plusieurs graveurs ;

mais, en réalité, .z.a., I.A (1), et *Zova andrea* sont un seul et même artiste, Zuan Andrea (2). En 1515, il met la main à son œuvre capitale, l'*Apocalypse*. Son premier bois, signé .z.a., le révèle bien tel que nous le retrouvons sans cesse, peu soigneux et dépourvu d'élégance. Dans les autres estampes, il n'est que copiste, et copiste servile, s'efforçant de rendre de son mieux les admirables bois de Dürer, mais incapable d'égaler jamais ce maître. L'intérêt de ce volume réside aussi dans la réunion des diverses signatures dont s'est servi l'artiste, réunion qui nous permet de le suivre dans toutes ses illustrations, malgré la différence apparente des monogrammes. Il illustra encore des *Bréviaires*, des *Missels*, où il ne donne souvent que des copies, le *Secreto de Francesco Petrarcha* (N. Zopino et Vicentio, 1520), et fit les bois de titre d'un grand nombre d'autres ouvrages publiés par les mêmes éditeurs. Les copies de Dürer avaient eu une certaine influence sur son style ; il y avait contracté l'habitude de traiter les vêtements à l'allemande, avec des cassures rigides, des plis conventionnels et sans élégance. Mais, à mesure qu'il se rapproche de 1520, on voit sa manière se transformer ; il s'inspire des exemples qu'il a sous les yeux, il reprend un faire plus italien,

---

(1) Dans le manuscrit Moschini, conservé au Musée Correr, il est dit que l'*Office de la Vierge* de 1511 contient certaines gravures signées .z.a., et une avec la marque *ia*. Ce renseignement qu'il nous a été impossible de contrôler nous semble inexact, .z.a. n'ayant pas gravé à notre connaissance avant 1516.

(2) Ce Zuan Andrea n'a rien de commun, que le nom, avec l'artiste de très grande valeur qui vivait à la fin du xve siècle, et qui grava tant de planches au burin. Il faut également le distinguer de Zoan Andrea Vavassore. (Voir *Zoan Andrea et ses homonymes*, dans la *Gazette des Beaux-Arts*, juin et septembre 1891, par le duc de Rivoli et Charles Ephrussi.)

qui donnerait quelque agrément à ses estampes s'il n'y manquait avant tout le soin et l'application. Un seul bois, revêtu de sa marque, est digne de tous les éloges : c'est un portrait de Tite-Live, copié d'après un morceau de sculpture et placé en tête d'une édition de 1520. Là, il est maître de son sujet ; la taille est sûre et déliée, le visage a de l'expression ; les détails de la physionomie sont rendus par des traits profonds et hardis, peut-être un peu durs, mais dénotant un graveur plein d'initiative et capable de donner à un portrait tout le sentiment désirable.

Cet artiste a formé une école plus remarquable par l'abondance que par le mérite de ses productions. Il est à croire que, de son vivant, il avait sous ses ordres quelques ouvriers dont il signait parfois les œuvres. Nous voyons, en effet, dans quelques volumes, à côté de gravures revêtues de sa signature, d'autres estampes du même style, mais exécutées par une autre main, et sans aucune marque. Cette école subsista longtemps après le moment où cesse de paraître le monogramme .z.a.

On a souvent confondu avec Zuan Andrea un imprimeur-graveur que nous avons nommé précédemment : Zuan Andrea Vavassore. Celui-ci se fait connaître à nous dans un livre sans date, *La conversione de Santa Maria Madalena*, où se trouve un bois signé *Jovan Andrea de Vavassori F.* et l'on peut presque affirmer que ce volume n'est pas antérieur à 1520 ; car c'est à partir de cette date seulement que nous trouvons son nom, soit sur des livres imprimés par lui, soit sur des estampes. Son monogramme figure sur une vignette du *Libro de la perfectione humana* (N. Zopino e Vincentio, 1522), représentant le Chemin de la Croix ; dans le bas, à droite : Z.A.D.V, les trois lettres A.D.V. assemblées et surmontées d'une croix. Nous le voyons encore sur le bois de titre de *La vita del glorioso apostolo e Euāgelista Joanni* (N. Zopino e Vincentio, 1522). Ce fut un artiste assez élégant, mais péchant, comme tous ses contemporains, par le manque de soin dans les détails. Comme nous l'avons vu, son frère Florio fut aussi graveur.

.·.

Nous avons terminé avec les graveurs de 1500 à 1525 ; et si nous ne nous étendons pas davantage sur les marques relevées et indiquées par nous dans le corps de cet essai, c'est qu'il nous a paru inutile de répéter et de reproduire sous une autre forme les descriptions des bois faites pour chaque volume. Quelques-unes de ces marques sont données par Nagler ou par Passavant, avec des attributions qui semblent parfois arbitraires ; cependant, les appréciations de ce dernier sont souvent pleines de justesse quant à la qualité de la gravure et à la classification du style auquel elle appartient. Nous avons trouvé aussi de précieuses indications dans la remarquable étude que M. Lippmann a consacrée à la gravure sur bois en Italie, bien que nous ayons le regret de n'être pas toujours de son avis sur les attributions.

Il reste assurément d'autres marques qui nous ont échappé ; quelque autre, plus heureux, les découvrira. Il en est aussi quelques-unes postérieures à 1525 ; celles-là, nous les passons sous silence à dessein, puisqu'elles excèdent la limite que nous nous sommes imposée.

Peut-être nous accusera-t-on de trop de sévérité à l'égard des illustrateurs de la seconde période (1500-1525). Nous ne voudrions pas laisser le lecteur sous une impression trop fâcheuse à l'endroit de tous ces maîtres actifs, intelligents et laborieux. Mais nous avons dû, embrassant dans leur ensemble tous les travaux compris entre 1469 et 1525, établir une démarcation entre la grande manière d'avant 1500 et le style plus lourd des années postérieures ; il convenait d'apprécier toutes ces œuvres sans parti pris, mais aussi sans tenir compte ni du milieu où vivaient les artistes, ni de la mode qu'ils subissaient, ni de la nécessité qui s'imposait à eux d'une production abondante et hâtive. Nous estimons qu'une œuvre d'art doit être jugée sans circonstances atténuantes, sauf à évoquer ensuite, s'il en est besoin, les motifs qui l'ont empêchée d'arriver à la perfection. D'ailleurs, dans ce rapide historique de l'illustration des livres à Venise, des ouvrages médiocres sont susceptibles d'offrir quand même un grand intérêt : car si le dessin laisse à désirer, le travail du graveur peut être de nature à mériter notre attention, comme aussi le contraire peut se présenter et n'être pas moins attachant.

.·.

En terminant cette préface, nous devons nous excuser de livrer aux bibliophiles et aux amateurs une œuvre nécessairement incomplète. La difficulté était grande ; nous avions réellement à créer de toutes pièces. Nous ne possédions, pour ainsi dire, aucune indication, les catalogues de bibliothèques, les ouvrages de bibliographie auxquels nous devions nous rapporter ne mentionnant presque jamais l'existence de bois dans un volume. Nous avons dû, par conséquent, nous mettre en quête des innombrables publications de Venise, et les examiner les unes après les autres. Nous avons longtemps travaillé à la Marciana, dont MM. les bibliothécaires ont mis les trésors à notre disposition avec une amabilité sans égale. Nous avons trouvé le même accueil à Munich, à Vérone, dans toutes les autres villes de l'étranger, et, cela va sans dire, à Paris, où les facilités les plus grandes nous ont été données pour nos recherches. Nous avons fait relever tous les catalogues des bibliothèques de Florence. Nous devons beaucoup aussi aux obligeantes communications de M. Rödiger, l'érudit bibliothécaire de M. de Landau dans cette même ville, et au Chevalier Torre à qui nous sommes redevable de bien des renseignements précieux. Enfin, les libraires de Paris et de l'étranger ont bien voulu nous prêter tous les volumes qui pouvaient nous intéresser. Malgré le concours de tant d'auxiliaires, nous n'avons pu réussir qu'à faire un essai, un cadre où devront s'intercaler bien des omissions (1).

Qu'il nous soit permis d'offrir cet essai aux bibliographes en le recommandant à leur bienveillante indulgence.

---

(1) Disons, à ce propos, que cet ouvrage n'est qu'une réunion d'articles parus dans le *Bulletin du Bibliophile*, et dont le tirage à part a été fait en même temps que celui des fascicules mêmes du *Bulletin*, ce qui a rendu impossibles les corrections et l'introduction de documents nouveaux.

LIVRES VÉNITIENS
A FIGURES SUR BOIS
1469 - 1525

1469 (1)

Plinius secundus nouocomensis equestribus militiis industrie functus...

In-folio ; caractères ronds, sans chiffres ni réclames ; 50 lignes par page. Le titre est entouré, dans les parties supérieure et intérieure, de bandes d'entrelacs gravés sur bois, dont le dessin en formes elliptiques se détache en blanc sur des fonds enluminés de tons divers et d'or, et, dans le bas, d'un bloc prenant toute la largeur de la justification, où se voit une ravissante composition au trait (60^{mm}): deux enfants ailés, un de chaque côté d'un écu, tenant des branchages de riches fleurons ; aux pieds des enfants, de chaque côté de l'écu, un lapin ; le tout sur fond de différentes couleurs, et des ors dans les fleurons. Cet ornement étant insuffisant pour la justification, on a ajouté des deux côtés trois petits feuillages dessinés à la plume.

Le texte commence par un grand *L* à la plume, et contient un grand nombre de lettres ornées. Elles sont peintes

---

(1) Les éditions postérieures du *Pline*, du *Tite-Live* et du *Cicéron*, qui devraient se trouver à la suite de celles-ci, seront décrites plus loin ; les éditions *princeps* ne nous ont été connues qu'après le tirage à part de cette étude fait au fur et à mesure que paraissaient les articles dans le *Bulletin du Bibliophile*

en or sur un fond de fleurons et entrelacs gravés sur bois. La partie extérieure de l'encadrement est réunie aux parties inférieure et supérieure par une étroite bande vert et or ornée, sur la droite, de deux cornes d'abondance dont les embouchures sont accolées et d'où s'échappent des fruits verts. A la fin ; *Quem... Restituit Venetis me super Spira Ioannes..... M CCCC LX VIIII.* (Bibliothèque Nationale, Réserve S.)

1470

T. LIVII. PATAVINI. HISTORICI. AB. VRBE. CONDITA. DE I. LIBER. P. ICIPIT.

In-folio ; titre manuscrit en lettres d'or; 418 feuillets à 49 lignes ; 23 feuillets préliminaires, qui renferment l'épître de Jean André au pape Paul II, l'épitomé des Décades et le registre des chapitres de Tite-Live. Le 24e feuillet est entouré de l'encadrement du *Plinius* de 1469, ou plutôt des blocs supérieur, intérieur et inférieur. L'exemplaire de la Bibliothèque Nationale est en deux volumes, et le deuxième commence par la 3e décade. Cette page a un encadrement composé des blocs supérieur et intérieur du *Plinius* de 1469, tandis que le bas est un bloc nouveau dont le milieu est occupé par des circonférences concentriques ; de chaque côté, des entrelacs placés horizontalement formant un grand fleuron. La page de la 4e décade est entourée des mêmes blocs, mais les fleurons sont placés verticalement. Treize grandes initiales peintes en or, entourées d'entrelacs gravés sur bois, à fond peint, du style de l'encadrement. A la fin, la date *M. CCCC. LXX,* suivie de 46 vers occupant le verso du 418e feuillet et le recto du suivant qui est le dernier. Les 7e et 8e portent: *Et Vindelino debebis tu quoqz : formis Egregie impressit has modo qui decadas :* (Brunet, T. III, col. 1102. Bibliothèque Nationale, Réserve J 199, J. 600. 2.)

1470

*Publij Virgilij Maronis bucolicorum Liber ĩcipit.
Aegloga p̄ma Tityre et Melibee.*

In-folio ; titre en lettres d'or peintes à la main ; ni réclames ni numéros. La page du titre est entourée d'une bordure laurée peinte à la main aux tons naturels. L'intérieur de cette bordure est orné d'une bande formée d'entrelacs, celle du *Plinius secundus* de 1469, placée en bas et à droite ; dans la partie inférieure de cette dernière se voit une ove dont le centre est ombré de hachures entrecroisées. Au dernier feuillet, la date *M. CCCC. LXX.* Imprimé à Venise *per Vindelinum de Spira,* le frère de Jean de Spire, l'imprimeur du *Plinius* de 1469. (Brunet, T. V, col. 1267. Bibliothèque Nationale, Réserve Y+808. B).

1471

M. TVLLII CICERONIS EPISTOLARVM FAMILIARIVM LIBER PRIMVS INCIPIT AD LENTVLVM PROCONSVLEM.

Petit in-folio de 203 feuillets, à 33 lignes par page (et non 35, comme l'indique Brunet, T. II, col. 41). La première page est entourée d'un encadrement formé, à droite, à gauche, et en haut, d'entrelacs qui sortent de deux cornes d'abondance occupant les extrémités de la partie inférieure ; celle de gauche, de 22^{mm}, y compris les doubles traits placés de chaque côté, se continue pour former le haut ; celle de droite est de 37^{mm} avec les doubles traits. La partie inférieure, la plus importante (51^{mm}), est ainsi composée : au milieu, un écu placé entre des cornes d'abondance entrelacées, d'où s'échappent des branchages chargés de feuilles ; il est soutenu, à droite et à gauche, par un putto ailé : celui de droite maintient l'écu de la main droite et porte de la main gauche une tige terminée par une sorte de fleur ; disposition inverse pour le putto de gauche ; autour de leurs bras et de leurs jambes s'enroulent les branchages sortis des cornes d'abondance. Viennent ensuite un tronc d'arbre sans branches ni feuilles ; puis, de chaque côté, un putto aux ailes étendues, le corps penché en avant dans l'attitude de la lutte, tenant de la main gauche une branche avec deux fleurs et de la droite un bouclier formé d'une carapace de tortue. Les entrelacs sont d'une très grande élégance. Dans la partie inférieure, les putti sont traités avec une extrême simplicité ; les contours seuls sont indiqués et le visage est fait à l'aide de cinq traits pour le menton, la bouche, le nez, les yeux et les sourcils ; pour les yeux un point est ajouté au trait. Malgré cette sobriété de détail, ces figures un peu grasses, aux cheveux raides indiqués par quelques traits, aux formes potelées, nous rappellent les putti que nous sommes habitués à rencontrer chez les primitifs, si naïfs parfois, mais toujours pleins de charme dans leur simplicité. La physionomie de ces enfants est expressive ; le contentement illumine ceux qui soutiennent l'écu, tandis que le visage des deux autres, leurs yeux pleins de colère, expriment la menace ; les ailes étendues pour hâter leur course, ils serrent leur arme, la branche chargée de fleurs, de leur petite main crispée.

Le texte commence par un grand E où l'on voit un enfant se terminant en queue de poisson et tenant un tambour de basque. Le corps du volume contient en outre plusieurs majuscules entourées d'entrelacs du même style que ceux qui ornent le titre, auxquels sont ajoutées des fleurs et des feuilles.

A la fin : *M. CCCC. LXXI. Opvs Praeclarissimvm. M. T. Ciceronis epistolarvm familiarium a Nicolao Ienson Gallico viventibvs necnon et posteris impressvm feliciter finit.* (Bibliothèque Nationale, Réserve Z, 563. A ; Brunet, T. II, col. 41).

1471

Valerii Maximi liber primus.

In-folio de 122 feuillets à 41 lignes, sans réclames ni numéros. Deux feuillets préliminaires pour la table des rubriques. Le feuillet 3 commence par : *Valerii Maximi liber primus ;* il est entouré d'une bordure composée de la bande d'entrelacs du *Pline* de 1469, de deux légers montants enluminés et dorés et de la partie inférieure du même *Pline.* Au haut de la page, après *Valerii Maximi liber primus,* une grande lettre fleuronnée, gravée sur bois, un V (commencement de *Vrbis*), composée dans le principe de la bande à entrelacs, mais de plus grande dimension. A la fin : *M. CCCC. LXXI. Hoc Vindelinus condidit artis opus* (Brunet, T. V, col. 1047 ; Bibliothèque Nationale, Z. n. p).

1472

MARCI TVLII CICERONIS ARPI*natis : consulisqz* **Romani.** *Ac oratorum maximi. Ad. M. Tulium Ciceronem filium suũ Officiorum. Liber primus.*

In-4° ; 133 feuillets non chiffrés ; 30 lignes par page (non 33 comme l'indique Brunet, T. 2, col. 19). La page est entourée des blocs supérieur, intérieur et inférieur du *Pline* de 1469 ; la bande extérieure de 33^{mm}, du même style que le bas, est formée d'entrelacs où se trouvent mêlés, en partant de la rosace placée dans le coin à droite en bas, un putto couché sur le côté, la tête à droite et un lapin au-dessous de lui ; plus haut, deux lapins debout, leurs pattes de devant appuyées sur un ornement vertical qui les sépare ; au-dessus, un putto couché sur le côté, la tête vers la gauche ainsi que le lapin placé au-dessous de lui ; viennent ensuite deux cigognes et enfin deux putti assis côte à côte, chacun sur un branchage d'ornement; au-dessous, entre eux, un lapin de face. Cet entourage est absolument du style de celui de 1469 : les enfants sont faits de même, ainsi que les lapins et les entrelacs. Mais ici, l'on a ajouté à la plume certains détails, des sourcils à l'enfant tourné vers la droite, des yeux aux lapins, des traits pour la figure des deux enfants assis, etc., qui n'ont fait qu'alourdir le dessin. A la fin : *Anno Christi. M. cccclxxii. Die uero iiii. Mensis Iulii. Venetiis. E Spira nato Ciceronis opuscula quinqz Hec Vindelino formis impressa fuere.* (Bibliothèque Nationale, Réserve *E. 16. *E. 68. A.)

Vers 1472

GEORGII TRAPEZUNTII VIRI DOCTISSIMI ATQUE ELOQUENTISSIMI RHETORICORUM LIBER PRIMUS.

In-folio de 156 feuillets non chiffrés, à 41 lignes par page. La première page offre les blocs supérieur, intérieur et inférieur du *Pline* de 1469, et le bloc extérieur du *Cicéron* de 1472. Ici, le volume étant plus haut et plus large, le bloc extérieur commence en bas par le putto horizontal regardant à droite ; viennent ensuite les deux lapins, l'autre putto, les cigognes, et enfin les deux putti ; au-dessus, les entrelacs se prolongent un peu, comprenant un lapin couché se grattant la tête de sa patte droite de derrière ; ensuite les figures par lesquelles l'encadrement a commencé se superposent dans l'ordre primitif jusqu'au haut, où la rosace, avec le putto et le lapin regardant à gauche, est coupée par la moitié, ne laissant voir que le lapin. A la fin :

Quæ superat reliquas artes est facta georgi
Ars bene dicendi munere nostra tuo.
Correxit ueneta rhetor benedictus in urbe.
Hanc emat orator qui bonus esse uelit.

Si nescis ubi sit uenalis: quœre lemanum
Spiram: qui precii codicis auctor erit.
Coradinus.

(Bibliothèque Nationale, Réserve, X. 636 ; Brunet, T. II, col. 1543).

1476

Monteregio (Johan. de) (Muller). — *Qvesta opra da ogni parte e un libro doro. Non fu piu preciosa gemma mai Dil Kalendrio..... Venetijs,* 1476. *Bernardus pictor de Augusta Petrus loslen de Langencen Erhardus ratdolt de Augusta.*

In-folio ; lettres rondes ; 32 feuillets non numérotés. Le titre est entouré d'un encadrement au trait d'un style charmant : un vase à droite et à gauche d'où sort une tige donnant naissance à des feuilles et à des fruits ; la partie supérieure est composée des mêmes ornements, qui se réunissent en formant au centre une circonférence où se trouve un écu ; un fleuron de chaque côté des noms des imprimeurs. Nombreuses lettres ornées de la même main. Feuillet 30 : *Lo instrvmento del vero moto de la lvna*, représentation d'une figure astronomique inscrite dans un carré ; aux quatre angles de ce dernier, ornements blancs à fond noir d'une très grande élégance et rappelant tout à fait l'encadrement du titre. (Bibliothèque nationale, Réserve V+261. A ; Bibliothèque de l'Arsenal, In-4° S. A. 9013.— Voir pour les éditions postérieures l'*Appendice*).

1477

Ad diuum Alfonsum Aragonum et utriusque Sicilie regem in libros ciuiliũ bellorũ ex Appiano Alexandrino in latinũ traductos Prefatio incipit felicissime.

Grand in-4º divisé en deux parties, presque toujours mises en deux volumes séparés. 211 feuillets, plus un blanc *a* pour la première partie ; 131 feuillets, plus un blanc *a* pour la seconde. Les titres sont placés sur les feuillets *a*.2. Le feuillet *a*. 2 de la première partie est orné d'une bordure à trois côtés, faite de branchages et de feuilles, sur fond noir. Le texte commence par un fort beau P orné sur fond noir. La première page de la seconde partie est entourée d'un encadrement du même style que la bordure ci-dessus, mais formé de quatre côtés. Dans le haut, grand A orné. Ces bois sont parfois tirés en rouge. La seconde partie a pour titre : *P. Candidi in libros Appiani sophiste Alexandrini ad Nicolaum quintũ summũ pontificem Prefatio incipit felicissime.* Au commencement de chaque livre, de belles lettres ornées. Le colophon est le même pour les deux parties : *Impressum est hoc opus Venetiis per Bernardũ pictorem et Erhardum ratdolt de Augusta una cum Petro loslein de Langencen correctore ac socio. Laus Deo. M. CCCC. LXXVII* (Librairie Techener; Brunet, T. I, col. 357 ; Hain, T. I, 1307 ; Bibl. Nat., Rés. I. 186).

1477

Coriolanus Cepio Clarissimo Uiro Marco Antonio Mauroceno equiti apud illustrissimũ ducem Burgundie Venetorũ oratori felicitatem.

Petit in-4º de 54 feuillets, dont deux (probablement) blancs, le premier et le dernier. Le titre occupe le haut du feuillet *a*-2, entouré d'un encadrement, à fond noir, formé de feuillages ; dans le bas, au milieu, une circonférence où se trouvent deux écus se croisant comme les branches d'un X. A la fin, le colophon : *Impressum est hoc opusculum Venetiis per Bernardum pictorem et Erhardum ratdolt de Augusta una cum Petro loslein de Langencen correctore ac socio. Laus Deo. M. CCCC. LXXVII.* (Bibliothèque Nationale, Réserve 641 ; Hain, T. II, 4849.)

Vers 1477

Pro facillima Turcorum expugnatione epistola. Serenissimo Principi et Excellentissimo Domino D. Andreæ Vendramino Dei gratia Inclyto Duci Venetiarũ. Celsus Veronensis canonicus regularis. S. Pl. Dicit.

In-4° de 8 feuillets ; lettres rondes ; le titre et la dédicace en lettres rouges. Encadrement du *Cepio* de 1477. Le professeur Pietro Sgulmero, de Vérone, pense que cet ouvrage de Maffeus a été imprimé en novembre 1477, sans aucun doute par Erh. Ratdolt (Cf. *Archivio Veneto*, T. XXV, année 1883, p. 195 ; Hain, T. III, 10444.)

1478

Pomponij Melle Cosmographi de situ orbis liber primus.

In-4° de 48 feuillets non chiffrés ; 26 lignes par page. Au deuxième feuillet, encadrement xylographique. Au dernier feuillet : *Impressum est hoc opusculum ·Venetiis per Bernardũ pictorem et Erhardum ratdolt de Augusta una cũ Petro loslein de Langencen correctore ac socio. Laus Deo. M. CCCC. LXXVIII.*

Brunet remarque que cette édition est faite sur celle de 1478 de Renner de Hailbrun. A-t-elle aussi l'encadrement, le même nombre de feuillets et le même nombre de lignes par page? Dans tous les cas, Hain qui a vu, à Munich, ce volume, n'indique pas l'encadrement. (Hain, Tome III, 11016 ; Brunet, T. IV, col. 800.)

1482. — *Pomponij Mellae Cosmographi Geographia.*

Prisciani quoqz ex dionysio Thessalonicensi de situ orbis interpretatio.

In-4° de 48 feuillets ; registre A-F ; 8 feuillets par cahier ; caractères gothiques noirs ; titre gothique rouge en tête du feuillet A-2. Recto du feuillet A-1, blanc ; au verso, une carte du monde connu des anciens, finement taillée, sous un portique à colonnes élégantes. Lettres ornées, grandes et petites. L'ouvrage de P. Mela finit au feuillet D-viii. Puis vient le poème de Priscianus en hexamètres latins. A la fin : *Pomponij melle vna cū priscia-ni ex dionysio de orbis situ interpretatione finit. Erhardus ratdolt Augustēsis impressit Venetijs. 15 Calen. Augusti Anno salutis nostre. 1482. Laus deo.* (Librairie Techener ; Marciana ; Hain, T. III, 11019 ; Brunet, T. IV, col. 800.)

1478

MAFFEI CELSO. — *Monumentum compendiosum pro confessionibus Cardinalium...*

In-4°. Le recto du premier feuillet est orné d'un très bel encadrement à fond noir, formé de feuilles de chêne et de glands, du même style que celui de l'*Euclide* de Ratdolt. A la fin : *Explicit breue scrutatoriolum seu monumentū compendiosum pro confessionibus a Celso Mapheo ueronensi canonico regulari congestum. M.CCCC. LXXVIII.*

Fossi, après avoir décrit cette édition (T. III, p. 108), termine par ces mots : « *Cl. Denis (Supplem., p. 96) hujus meminit opusculi et Erhardo Ratdolto recte adscribit.* » Le professeur Sgulmero pense que cet ouvrage est le second de Maffeus et que le premier est celui que nous avons cité en lui assignant la date *vers* 1477. (*Archivio Veneto*, T. XXV, année 1883, p. 198.) (Hain, T. III, 10438).

1478

Gerardi cremonensis uiri clarissimi Theorica planetarū feliciter incipit.

In-4°; lettres rouges; fig. d'astronomie. A la fin: *Impressa Venetiis per Franciscū renner de Haibrun. M. CCCC. LXXVIII.* L'auteur de cet ouvrage serait Gérard de Sabbionetta. (Marciana; Brunet, T. II, col. 1548.)

1479

Werner Rolewinck. — *Tabula breuis et utilis super libello quodā q dicitur fasciculus tēporum: et ubi inuenitur punctus ante numerum est in p̄mo latere: vbi vero post in secūdo latere: incipit felicit̄.*

In-folio; gothique; le premier feuillet blanc au recto et au verso; 7 feuillets pour les tables et 64 chiffrés: trois colonnes par page. Le titre se trouve au commencement de la table, à la première colonne. Figures bibliques et vues de villes, très médiocres. Au recto du dernier feuillet, le colophon: *Chronica q̄ dx̄ fasciculʹ temporum... et impssa Uenetijs singulari industria atqz impensa Georij* (sic) *Walch almani āno dn̄i 1479. Sixto quarto pontifice maximo: finit feliciter.* (Bibl. Nat., Rés. G 238. — Voir pour les éditions postérieures l'*Appendice*).

Vers 1480

Liber uite. Biblia cum glosis ordinarijs: et interlinearibus: excerptis ex omnibz ferme Ecclesie sancte doctoribz: simulq cum expositiōe Nicolai de Lyra: et cum concordantiis in margine.

In-folio, 2 volumes; 14 feuillets non chiffrés et 470 chiffrés; caractères gothiques. S. l. n. d. Titre en rouge, orné d'un bois représentant saint Pierre. Très belle impression ; nombreuses gravures au trait. Cette bible ne contient que l'ancien Testament, imprimé peut-être par Renner de Hailbrun. Nous ajoutons à ces indications du catalogue Olschki, 1888-89, les renseignements suivants communiqués par le savant préfet de l'Ambrosiana de Milan, le chanoine Ceriani : « Les bois de cette édition sont d'un type tout différent de ceux de 1489, quoique les sujets soient les mêmes. Je vous indique au nombre des principaux ceux des pages 5, 8, 9, 11, 12, 13, 26, 30, 31 et 32. Cette édition a en propre un bois de la dimension de celui qui, dans l'édition de 1489, représente le temple de Salomon dans le sens de la longueur. »

1489. — *Postilla clarissimi doctoris Nicolai de lyra... sup vetus et novũ testamẽtũ cũ libello qodã pulcherrimo ab eodez cõtra iudaicã.*

In-folio (quatre volumes), gothique, à deux colonnes. Le texte de la page *a*-2 commence par la grande lettre au trait, contenant un religieux assis à son pupitre et lisant dans un livre placé à droite. Au verso *a*-3, seconde initiale au trait : un autre religieux, de profil, écrivant à son pupitre. Recto *c*, la *Création* : à gauche, Dieu debout, la main droite levée ; à droite, Dieu créant la femme ; tout à fait à droite, des animaux ; dans le fond, au milieu, le Saint-Esprit, à gauche le soleil, à droite la lune. Au-dessous de cette gravure, un petit bois : Adam et Eve et le serpent. Recto *d*-5 : coupe de l'Arche. Verso *l*-2, recto *l*-3, verso *l*-3, recto *l*-4, verso *l*-4, recto *l*-5, verso *l*-5 : différents bois de la même main, représentant le *propitiatoire*, la *table des pains*, le *chandelier*, etc. Toutes ces vignettes sont, sans aucun doute, du graveur *b*, et égalent les meilleures que nous connaissions de cet habile tailleur. Verso *l*-6 : grand bois représentant un grand-prêtre, Figura sũmi sacerdoṭ cu suis *vestibus*, debout, les bras étendus. Ce bois, d'un dessin très soigné, surtout le visage, est traité avec une finesse de détails remarquable ; il est ombré, ce qui est rare à cette époque. Il nous semble être de la même main que celui du *Valerius Probus* de 1499 signé *bM*, et celui de l'*Augustinus de civitate dei* de la même année et du même imprimeur. Verso *l*-10 : les *tables de la Loi.* Recto *m*-9 : *plan du Tabernacle.* Recto *o*-10 : *Campement des Israélites.* Verso *z*-3 : *une des villes de refuge.* Verso *Aa*-7 : *plan du temple de Salomon.* Recto *Aa*-9 : *palais de Salomon sur le Liban.* Au verso *Aa*-10, recto *Bb*-1, verso *Bb*-1 et recto *Bb*-2 : détails de l'*intérieur du temple de Salomon.* Les gravures des feuillets *Aa* et *Bb* sont traitées comme la figure du grand-prêtre, c'est-à-dire ombrées. Recto *Dd*-6 et verso *Dd*-7 : cadrans solaires d'Achaz.

Tome II sans gravures.

Tome III. Recto *AA*-8 : *Dieu le Père dans sa gloire.* Recto *DD*-6 : *cadrans solaires d'Achaz.* *LL*-5, magnifique bois, toujours de *b*, représentant *la gloire de l'Eternel* ; il prend toute la page ; la taille en est exquise. Recto *LL*-10 : *plan du temple.* *NN*-10, *OO*-1, *OO*-3, verso *OO*-3, verso *OO*-4, *OO*-5, *OO*-VIII, *OO*-IX, verso *OO*-X : vues de la *maison d'Israël.* *PP*-3 : plan de la *ville où seront les douze tribus :* « le nom de la ville, depuis ce jour-là, sera l'*Eternel est là* ». Verso *RR*-5 : rois de Syrie et d'Egypte descendant d'Alexandre le Grand.

Tome IV sans gravures. Colophon : *Venetiis, opere et sumptibus Octaviani Scoti Modoëtiensis.* 1489. *Sexto Idus sextilis*, et la marque rouge de Scotto. (Titre et colophon du catalogue Piot, 2ᵉ partie, page 3. — Voir, pour l'édition de 1495, l'*Appendice*.)

1481

INTER CETEROS NOSTRI *temporis iurisconsultos excellentissimos : Baptista de scō Blasio vtriusqz iuris doctor eximius : in p̄sentariū legēs iura canonica ad lecturaz decreti : post iura ciuilia : in felicissimo studio Patauino preclarissimus habetur :*

Grand in-folio, à deux colonnes, en six parties ; caractères gothiques rouges et noirs ; 81 feuillets ; 3 feuillets préliminaires pour les rubriques, etc. (ce cahier commence sans doute par un feuillet blanc) ; les 78 autres feuillets registrés ainsi : *a-d*, 6 feuillets par cahier, sauf *d* qui n'en a que quatre ; le colophon, au verso *d-4*, porte..... *tertio nonas. madij.* (sic) ; — A, cahier de 8 feuillets ; colophon, verso A-8 :...... *xij. calen. iunij.* ; — AA-BB. cahiers de 6 et 8 feuillets ; colophon, verso BB-8 :... *vj. calen. iunij.* ; — A*a*-B*b*, cahiers de 6 et 8 feuillets ; colophon, verso B*b*-7 :... *pridie calen. iunij.* (le 8ᵉ feuillet est blanc) ; — *aa-cc*, cahiers de 6 feuillets, sauf *cc* qui en a 8. Grandes et petites initiales fleuronnées rouges et noires, fréquentes dans les ouvrages imprimés par Ratdolt. Au troisième feuillet, à gauche, en haut, une très jolie figure de femme debout, tenant une branche de lys, finement gravée au trait et d'un charmant style ; le vêtement porte quelques hachures (1). Verso *cc-8* : *Explicit solennissimus tractatus... Mccclxxxj. die. xxv. mensis Maij padue. Regnante illustrissimo ducali dominio Venetiarum feliciter. Impressum quoquz est p̄ Erhardum ratdolt de Augusta iiij non. Iunij Venetijs felicit. Laus deo.* (Hain, T. I, 3237.)

1482

Clarissimi Viri Iginij Poeticon Astronomicon Opus vtilissimmu (sic) *Foeliciter incipit.....*

In-4 ; gothique ; 57 feuillets ; registre *a-g* ; le titre se

---

(1) M. Lippmann reproduit ce bois, que, par erreur, il place dans l'*Apparatus decretalium Innocentii quarti.*

trouve en tête du feuillet a 2. ; très belles lettres ornées et figures légèrement ombrées des Constellations et des Planètes. Ces bois, quoique archaïques, sont loin d'être sans charme. A la fin : *Anno salutis, 1482. Pridie Idus. Octdobris* (sic) *Venetijs.* (Bibl. Nat, Rés., V. 987 ; Hain, T. III, 9062.) (Voir les pour éditions postérieures *l'Appendice*).

1482

Oratoriae artis Epitomata : Siue quae ad consumatū spectant Oratorem... per Jacobum Publicium...

Petit in-4 ; lettres gothiques ; registre A-E, a-d. Manuel d'art oratoire, traitant spécialement des lieux communs et des moyens mnémoniques d'en user aisément. Le livre est orné de curieuses figures relatives à ces procédés de mnémotechnie ; d'abord une sorte d'arbre du discours (*forensis, sermocinativi, concionalis*) ; puis un alphabet figuré, représenté par un cercle à fond noir contenant la lettre de l'alphabet et un objet dont le nom commence par cette lettre, d'une jolie exécution ; une espèce de damier avec des figures d'animaux dans chaque case, d'une bonne facture ; un carré noir encadrant plusieurs cercles concentriques au milieu desquels se trouve un autre carré noir, entouré de lettres ; au centre de ce carré, une rondelle d'où une figure mobile, en forme de poisson, traversée par un fil, peut se mouvoir dans tous les sens. Aux quatre côtés du grand carré, *septentrio, ortus, meridies, occasus*. Au dernier feuillet, un échiquier avec les trente-deux figures rangées en ordre. Au-dessous : *Iacobi publicii Florentini lucubratione in lucem editus foelici numine explicata sunt. Erhardus ratdolt augustensis. 1482. pridie caleñ. decembris impressit Uenetiis* (Bibl. Nat., Inv. Rés., X, 1527 ; Hain, T. IV, 13545 ; Brunet, T. IV, col. 956. — Voir, pour l'édition de 1485, l'*Appendice*.)

1482

Preclarissimus liber elementorum Euclidii perspicacissimi : in artem Geometrie incipit quã faelicissime.

In-folio ; au recto du premier feuillet: *Erhardus ratdolt Augustensis impressor. Serenissimo alme orbis venete Principi Ioanni Mocenico. S.;* le verso blanc. Registre *a-r;* tous les cahiers de 8 feuillets, sauf *a* qui en a 10. Le titre, placé au feuillet *a-*2, est entouré d'un très bel encadrement à fond noir qui n'est autre que celui de l'*Appien* (seconde partie) de 1477, du même imprimeur, auquel ont été aussi empruntées les lettres ornées. Nombreuses figures de mathématiques, peut-être les premières de ce genre. Au 7ᵉ feuillet du cahier *r* (le dernier étant blanc) : *Opus elementorũ euclidis... Erhardus ratdolt Augustensis impressor solertissimus. venetijs impressit. Anno salutis. M. CCCC. LXXXij. Octauis. Caleñ. Iuñ. Lector Uale.* (Bibl. Nat., Rés., V. 103 ; Hain, T. II, 6693.)

L'exemplaire en vélin n'a pas d'encadrement ; de même que dans les volumes de 1469, 1470, 1471 et 1472, les exemplaires sur papier offrent seuls les bois. La difficulté d'imprimer ces blocs sur vélin, était telle alors que ces typographes, pourtant très habiles, n'osaient l'affronter ; ils avaient recours aux miniaturistes pour peindre un encadrement qui parfois rappelait le bois. (Voir, pour les éditions postérieures, l'*Appendice*).

1483

Dialogo de la Seraphica uirgine santa Catherina da siena de la diuina prouidentia.

In-4°. Le titre, au feuillet AAi ; au verso, un grand

Frontispice du Dialogo de la Seraphica vergine Santa Catharina da Siena
(Venise, 1482).

bois tenant toute la page et représentant sainte Catherine de Sienne sur un trône, les bras tendus vers la terre, un livre ouvert dans chaque main. Au-dessus d'elle, dans les cieux, le Père éternel, entouré de chérubins ; très semblable à celui qui figure dans le tympan du frontispice des *Vite di santi Padri*. Il tient des deux mains une couronne au-dessus de la tête de la sainte ; à sa gauche, un moine tenant une couronne et une palme ; à sa droite, une religieuse avec une couronne et une branche de lys. Autour du trône une balustrade sur laquelle sont posés des livres ouverts ou fermés. A côté de sainte Catherine, deux jeunes femmes, Isabelle d'Aragon et Béatrice d'Este, tendant les bras pour recevoir un livre qu'elle leur présente. Fort belle gravure tout à fait du même style et de la même taille que celles du *Fior de Virtu*, du Dante, etc. Les plis des vêtements, les cheveux et tous les menus détails des premiers et des derniers plans portent l'empreinte d'une même école et peut-être d'un même artiste. Dans tous les cas, ces compositions sont traitées avec beaucoup d'habileté. De AA1 à a1, *Dédicace à Isabelle d'Aragon, femme de Galeas Sforza, duc de Milan et à Béatrice d'Este, femme de Ludovic Sforza, duc de Barri*. Registre de a1 à y4 ; a1, bois prenant la moitié de la page, dans le même style, mais d'une moins bonne taille que le précédent : sainte Catherine dictant, à trois écrivains assis devant elle, son dialogue avec Dieu le Père, que l'on voit dans le haut de la gravure, entouré d'une auréole ; il a une très grande ressemblance avec celui qui bénit dans la gravure placée au-dessous du colophon des *Méditations* de 1492. Ce bois est bordé de deux côtés d'une bande formée de rinceaux, de fleurs, d'animaux et d'un oiseau dans un médaillon, bordure qui reparaît sur une page du *Missale romanum* (Johannis Emerici de Spira), Venise, 1494 (Bibl. Nat. Rés. Inv. B, 2678), dont les initiales rappellent de très près le style de celles des *Postilles* de Nicolas de Lyra. Au verso du x7, sainte Catherine de Sienne priant devant un autel, bien inférieure au bois du verso AA1. (Reproduit dans : la *Gravure en Italie avant Marc-Antoine*, par le vicomte H. Delaborde, page 249.) Au verso *y*4 : *Impressa in uenetia per mathio di codeca da parma ad instantia de maestro lucantonio de zōta fiorentino de lanno del. M.CCCCLXXXIII adi. XVII de Mazo*. Au-dessous, la marque en noir de Giunta. (Musée Correr à Venise et librairie Morgand).

Une édition de 1494 est l'exacte reproduction de la précédente sans autre changement que la substitution de la seconde date à la première; le mois et le jour du mois, *Adi. XVII de Mazo*, sont les mêmes dans les deux livres (Bibl. Nat. Rés. H-968 H). Cette étonnante similitude ne laisse-t-elle pas supposer quelque supercherie ? C'est l'opinion de l'éminent *prefetto* du musée Correr, M. Nicoletti, qui pense que l'édition de 1494 est la seule authentique; les exemplaires datés 1483 n'auraient eu d'autre but que de faire croire à une édition antérieure, que son ancienneté eût rendue plus précieuse ; petite fraude assez usitée en ces temps. Du reste le style des gravures accuse une date sensiblement plus avancée que 1483 et est bien celui des années 1490 à 1500. Toutefois Ferri dans sa *Biblioteca femminile* (Padova, 1842, in-8, p. 49) donne, sur l'autorité de Gamba, une édition de la fin du xve siècle, in-folio, sans date, dont l'impression est attribuée à Baldassore Azzoguidi (1) de Bologne. Quelques bibliographes lui assignent la date de 1472. C'est là une indication bien vague. Mais Hain (p. 68, t. II) donne trois éditions de Codeca : 1482, 17 mars ; 1483, 17 mars, et 1494, 17 mars. Toujours ce même 17 *mars* qui semble un peu suspect. En somme, il faut admettre, avec M. Nicoletti, que l'édition de 1494 est la seule authentique, les

---

(1) Azzoguidi établit l'imprimerie à Bologne en 1471; il imprima jusqu'en 1480 (*Dict. bibliogr. choisi du* xve *siècle*, La Serna, 1805, t. I, p. 252).

autres ayant été antidatées par supercherie. Ce *Dialogo* est cité dans l'*Archivio Veneto*, fasc. 60, p. 451.

1484

Missale secundum morem romane ecclesie. A la fin : *Impressum Venetiis arte et impensis Georgii de riuabenis mantuani : et Paganini de paganinis brixiani sociorum.* 1484.

In-folio, lettres gothiques. « La magnifique gravure en bois, d'après Mantegna, se trouve dans cet ouvrage » (Tross, 1878, n° IV, page 179, n° 1403).

On sait qu'il était de mode d'attribuer à Mantègne ou à Bellini les meilleures gravures sur bois vénitiennes de ces années ; inutile de dire que nous faisons toutes nos réserves sur la désignation « d'après Mantegna ».

1486

Supplementum chronicorum Iacobi Philippi de Foresta. Venetiis 1486. *Bernardus de Benaliis.*

In-folio ; lettres gothiques. Onze feuillets chiffrés pour la table ; un feuillet pour le Prologue ; 195 feuillets chiffrés pour les quinze livres ; lettres ornées. Au bas du dernier feuillet : *Impssus aut Venetiis p Bernardũ de Benalis bergomẽsẽ eodẽ anno videlicet 1486 die 15 decẽbris.* Au commencement du volume, trois grands bois : 1° la *Création du monde*, avec la *Naissance d'Eve* au centre ; 2° *Adam et Eve tentés par le Serpent* et leur *Expulsion du paradis terrestre* ; 3° *Sacrifice de Caïn et Abel* et la *Malédiction de Caïn* ; puis des vues de villes, tantôt inspirées par quelques documents plus ou moins authentiques, tantôt entièrement imaginaires ; souvent la même vue porte des noms de capitales différentes (Bibliothèque Nationale).

Ainsi le palais ducal de Venise est représenté tel qu'il était à une époque très reculée, et comme la gravure a été faite de fantaisie, sans aucun souci de l'exactitude, le dessinateur a mis deux colonnes sur la Piazzetta, et le Lion

Marque de Bernardino Benali.

de saint Marc et la statue de saint Georges à droite, au lieu de les placer à gauche. Cet artiste s'est inspiré du *Fasciculus temporum* de 1481 (Venise, Ratdolt) (1).

1490. In-folio; lettres gothiques. 11 feuillets chiffrés pour la table; un feuillet chiffré (12) pour le *Prologus*; puis 15 livres chiffrés de 1 à 261. Au dernier feuillet *Fi*-

(1) Lippmann, 71.

nis et, au-dessous : *Impressum autem Venetiis per Bernardum Rizum de Nouaria anno a Nativitate domini MCCCCXXXX die decimoquinto Madie* (sic) *regnante inclito duce Augustino Barbadico.* Au verso, le registre et la marque sur fond noir de l'imprimeur. Après *Prologus, Liber Primus* avec la *Création du monde* (feuillet 1); verso du feuillet 2, *Adam et Eve tentés par le Serpent* et leur *Expulsion du Paradis terrestre;* feuillet 3, *Sacrifice de Caïn et d'Abel* et la *Malédiction de Caïn;* ces trois grands bois sont empruntés à l'édition de 1486. Verso du feuillet, un grand bois original, la *Tour de Babel.* Puis, à partir de *Liber Tertius,* les vues de villes de l'édition de 1486, dont quelques-unes revues et corrigées, telles que celles de Venise, Florence et Rome et d'autres vues ajoutées (Bibliothèque Nationale, Réserve, G 766).

« Venise, dit M. Lippmann, dans l'édition de 1490, est représentée sur une assez grande échelle, par une vue très bonne et fort bien exécutée du Palais des Doges et de la Piazzetta. Selon nous cette gravure a été copiée d'après un grand panorama publié dans les *Peregrinationes* de Bernhard de Breydenbach (Mayence 1486). A la vue de Vérone de 1486 on a substitué une autre gravure où l'amphithéâtre et les maisons sont bien à leur place. Nous ignorons de quel original on s'est servi.

« La vue la plus remarquable est celle de Rome, qui se trouve pour la première fois dans l'édition de 1490, et qui, à notre connaissance, est la plus ancienne représentation de cette ville. Dans le grand ouvrage de de' Rossi sur les vues de Rome, cette gravure n'est pas mentionnée ; il donne celle qui se trouve dans la *Chronique de Nuremberg de Schedel* (1493) comme la plus ancienne, et faite d'après un dessin qui n'existe plus, mais dont la copie, à la *tempera,* est conservée au musée de Mantoue. C'est un panorama long de deux mètres et haut d'un mètre qui paraît être, d'après une inscription presque effacée, l'œuvre de Salanzio Rusconi, un artiste inconnu de Mantoue. Nous ne savons pas la date de cette copie, mais elle ne peut pas être antérieure à 1534, car elle offre les statues de saint Pierre et saint Paul qui n'ont été placées que cette année-là sur le pont du château Saint-Ange. La *Chronique* de Schedel montre ce pont avant cette époque, avec deux petits bâtiments à coupole à la place des statues. La gravure du *Supplementum* a également ces deux petits bâtiments. De' Rossi croit que la copie de Mantoue a été faite d'après un dessin plus ancien et que ce fut le copiste qui introduisit la modification du pont, tandis que les artistes de la *Chronique* de Schedel prirent pour modèle l'image primitive. Le dessinateur de cet original est, selon de' Rossi, le même qui, sous le pseudonyme de « *Prospettivo milanese depictore* », composa au xve siècle un poème sur Rome. Les vues de la *Chronique* et du *Supplementum* contiennent la même portion de la ville et sont prises du même point de vue; il paraît certain qu'elles ont eu un modèle commun » (1). M. Lippmann pense que le modèle original fut non une peinture, mais une gravure sur cuivre.

Ce *Supplementum Chronicarum* a été réimprimé nombre de fois à Venise, avec d'importantes modifications pour le titre, le fond du livre et les gravures.

1491. — *Supplementum Chronicarum. Venise* 1491.

Il est à supposer que les figures et les vues de villes sont les mêmes que celles que nous décrivons à propos des éditions de 1490 et de 1492.

1492. — *Supplementum chronicarum..*

In-folio. Au verso du premier feuillet les Six jours de la création de la Bible de Mallermi avec un encadrement qui

(1) Lippmann, 72.

reparaîtra dans la *Vie des Saints*, de 1493 ; même encadrement au feuillet suivant ; le tympan contient le Saint-Esprit. *Liber primus;* les pages sont numérotées à partir du feuillet A 3. Verso A 3 et verso A 4, *Adam* et *Eve* et *Caïn* et *Abel* de l'édition de 1486. — Verso A 5 ; *Noé dans son arche;* au-dessus ; *Arca Noé*, bois nouveau. — Verso A 8 ; La Tour de Babel ; au-dessus : *Turris Babylonis*, de l'édition de 1490. 44 vues de villes, entre autres Rome, Vérone, etc., également empruntées à l'édition de 1490. — Verso 256 : *Ac sic demū Deo auxiliante et sancte supplemēti Chronicha 4... Impressum autem Venetiis per magistrum Bernardinum ricium de Nouaria : Anno a. natiuitate dñi. M.CCCC.LXXXXij. die decimoquinto Februaris : regnante inclyto duce Augustino barbadico.* — Registre et marque noire B. R. 12 feuillets pour la table et un prologue. Ces bois au trait sont bien dessinés et traités avec talent, quoique les proportions ne soient pas parfaitement gardées ; les têtes, par exemple, sont trop grosses ; cependant ces productions égalent presque les bois de la *Bible* et du *Dante;* ils furent même attribuées, ainsi que les encadrements de l'édition de 1506, sans raison, croyons-nous, au maître qui illustra le *Poliphile* (M. W. B. Scott cité par Cohn, catalogue CLXXV, n° 7). Ils ne sont pas également bons ; le second est inférieur au premier et la Tour de Babel est médiocre. Quant à la gravure, elle est lourde et épaisse; les traits sont accusés trop vigoureusement, et dénotent un tailleur sans grande habileté (Bibl. Mazarine, n° 4958).

1503. — *Nouissime hystoriarum omnium repercussiones nouiter a Reuerendissimo patre Jacobo Philippo Bergomense...* A la fin : *explicit supplementum Chronicãrum... Venetiis Impressuz Per Albertinum de Lissona Vercellensem... A Natiuitate Christi M.CCCCC iii. Die iiii Maii. Cum gratia Et Priuilegio.*

In-folio, goth. 451 ff. plus 10 ff. non paginés pour l'index. Sur le titre, les armes du cardinal Pallavicini. — (Deschamps, *Supplément du Manuel*, col. 111.) Nous supposons que les belles gravures dont parle Deschamps, à propos de ce volume, sont celles que nous retrouvons dans l'édition de 1506, avec ces mêmes armes du cardinal Pallavicini.

1506. — *Nouissime historiarum..... Venetiis..... Georgii de Rusconibus anno a natiuitate Christi M.D.VI.*

In-folio. Les bois qui ornent cette édition sont des copies de ceux de l'édition de 1492 : ici les terrains sont noirs et quelques ombres discrètes cherchent à donner plus de relief aux formes ; cette tentative n'a eu d'autre résultat que d'alourdir l'ensemble de la gravure en lui ôtant sa grâce et sa vigueur. Les cheveux des personnages sont longs et traités sans élégance ; les nuages dans lesquels Dieu apparaît à Caïn sont noirs, épais et dans le style qui a commencé avec le xvie siècle ; enfin nous avons ici un de ces nombreux exemples de copistes maladroits dénaturant leurs modèles afin de les mettre au goût de leur époque. Encadrements au trait et à fond noir, dont un remarquable, représentant une sirène dans la partie supérieure et deux dauphins dans la partie inférieure ; à proprement parler, ce sont plutôt deux grands bois de la dimension de la gravure centrale, l'un placé au-dessus, l'autre au-dessous, qui ont pour objet d'encadrer le sujet principal en le plaçant au milieu de la page.

1513. — *Explicit Supplementum Supplementi Chronicarum. A la fin: Venetiis impressuz Opere et impensa Georgii de Rusconibus Anno a Natiuitate Xpi. M.D.XIII. Die XX Augusti. Regnante Leonardo Lauredano Venetiarum Principe.*

In-folio. Marque noire avec *G. I. M.* La création, dans l'encadrement à la sirène ; le bois suivant dans l'encadrement au trait ; les autres gravures n'ont pas de bordures et sont les mêmes que nous avons décrites pour l'édition de 1506.

1520. — *Supplementum Supplementi* etc.... A la fin : *Impresso in Venetia per Georgio di Rusconi A di XXV. d. Magio. M. D. XX. regnando Leonardo Lauredano di Venetia inclyto Principe.*

In-folio. VIII et 356 feuillets, lettres rondes ; titre gothique, imprimé en rouge et noir et entouré d'une bordure ; nombreuses figures sur bois.

La gravure du titre porte le monogramme (1) *F. V.*

1524. — *Supplementum Supplementi,... Venetia J. Francesco et J. Ant. fratelli de Rusconi* 1524. *Figures sur bois* (Deschamps, col. 111).

1535. — *Supplementum supplementi delle chroniche. Novamente revisto, vulgarizato et historiato; con la gionta del* 1534 *insino al* 1535. *Veneti (sic) Bernardino Bindone* 1535.

In-folio, « avec les planches sur bois de l'édition de 1503 et de larges bordures » (Deschamps col. 111). Deschamps ne s'explique pas sur les gravures de cette édition et des deux précédentes ; mais sans doute celles de 1520 et de 1524, données par Rusconi et les frères Rusconi, contiennent les mêmes bois que les éditions parues en 1503 et 1506.

(1) Tross, 1875, n° IV, p. 250, n° 2289.

1487

Æsopus..... A la fin, au recto du feuillet m III : *Impressum uenetiis per Bernardinum de Benalis Bergomensem anno domini M.CCCC.LXXXVII, die XX Novembris;* au verso m III, le registre; au feuillet m IV, *finis;* le feuillet m v, blanc (1).

Cet ouvrage ne nous étant pas connu et n'étant cité que par M. Lippmann, nous donnons ici sa description :

Ce volume in-4, sans doute le premier avec figures donné par cet imprimeur, contient 61 bois inspirés de ceux de l'édition de Vérone de 1479. Le dessinateur vénitien, souvent, ne prit de son original que le motif, se livrant pour le reste à son imagination. Le style, généralement raide et anguleux, donne à ce volume l'aspect d'un livre à bon marché.

La première page et par suite le titre manquent à l'exemplaire, le seul connu, consulté par M. Lippmann.

1491. — *Lepidissimi Aesopi Fabule.* Verso du 2ᵉ feuillet : *Accii Zuchi summa cāpanee veronensis viri eruditissimi in Aesopi Fabulas interpretatio per rhythmos in libellum zucharinum inscriptum cotexta fœliciter incipit.* A la fin : *Impressum Venetiis p. Bernardinum benalium et Matheum parmensem. Nel M.CCCC. LXXXXI. a di primo Aprile.*

In-4°; 78 feuillets non numérotés; avec signatures a. a. iiii — , k k iiii; caractères gothiques (2). Cette édition contient les gravures de l'édition de 1487.

(1) Lippmann, 79.
(2) Communication du savant M. Donati, préfet de la Bibliothèque de Sienne.

1491. — *Aesopus ;* au-dessous, un scribe écrivant sous la dictée d'Esope ; de chaque côté deux personnages assis. Au verso du premier feuillet : *Accuzuchi summa companee (da Summa compagna) veronensis viri eruditissimi in Aesopi Fabulas interpretatio per rhythmos in libellum Zucharinum inscriptum contexta fœliciter incipit Prohemio.*

Viennent ensuite plusieurs sonnets italiens. 72 feuillets non numérotés ; 8 feuillets par cahier ; verso du 71me feuillet : *Impressum Venetiis per Manfredum de Monteferato de Sustreno M.CCCC.LXXXXI a di ultimo zenaro* (1492 suivant le calendrier Vénitien).

Chaque fable commence par une jolie vignette au trait, qui, tout en étant inspirée par le même sujet que dans l'édition de 1487, est une composition nouvelle. L'habile dessinateur de ces bois a su y mettre de l'esprit et une grande élégance ; quelques-uns même sont tout à fait dignes d'être comparés aux meilleures productions vénitiennes de la fin du xve siècle ; les animaux y sont bien dessinés et les personnages ont l'allure fine et gracieuse que nous remarquerons dans les personnages des *Méditations* sans date. (Fables IIII-VIII-XXII-XXXIIII-XXXIX-XLV-LI). Ces gravures sont entourées de charmants encadrements, au trait, se répétant. (Communication de M. Castellani, le savant préfet de la *Marciana*. — Lippmann, p. 98).

Du même éditeur :

1492. = *Æsopi vita, latine et italice, a Franc. Tuppo historiado.* A la fin : *Venetiis, per Manfredum de Monteferato,* 1492, 22 mars (1).

In-4° fig. sur bois (Communication de M. Donati, préfet de la bibliothèque de Sienne).

---

(1) *Esopo con la sua historiale e vulgare...*, in-4°. A la fin : *Impressum*

1493. — *Æsopus*. — Cette édition, à quelques petites différences près, est la même que celle que nous venons de décrire (1491, de Monteferato). A la fin : *Impressum Venetiis per Manfredum de Monteferato de Sustrevo M.CCCC. 93 (sic) a di 17 Agosto* (Communication de M. Castellani).

1493. — *Esopi vita* de Francisco del Tuppo Neapolitano.

Petit in-4°; lettres gothiques. Au recto de la première page, un frontispice occupant toute la page : dans une riche bordure, avec fronton à bas-relief, représentant un combat d'hommes nus à cheval et à pied, un personnage, au-dessus duquel on lit ESOPUS, dans une chaire, dicte ses œuvres à un scribe; de chaque côté deux personnages assis; bois ombré, médiocre. Dédicace de Tuppo. A la page 3, au milieu, le titre : *Libistici fabulatoris Esopi vita feliciter incipit*. Un grand nombre de bois, encadrés de jolies bordures, représentant diverses scènes de la vie d'Esope, intéressants par les costumes vénitiens des personnages et par un certain sel caricatural, mais très grossièrement gravés. A la fin : *Impressum Venetiis per Manfredũ de Monteferato de sustreuo de bonellis, MCCCCLXXXXIII die VIII Novẽbris regnante domino Augustino Barbadico inclito Venetorum principe* (Bibliothèque Nationale, réserve Y).

1497. — *Æsopo historiado*. A la fin : *Stampato in Venetia per Maestro Manfredo de Bonello de Streuo da Mojera nel anno del signor M.CCCC.LXXXXVII a di XXVII Zugno*.

Mediolani per Guillermum le signesse Rothomagensem. Anno Domini Millesimo CCCC nonagesimo octauo die octauo Julii mense. Titre noir avec encadrement; les figures sont des copies de l'édition vénitienne de 1492, de Monteferrato (Padoue, Bibliothèque de l'Université, n° 494)

In-4 de 71 feuillets, lettres rondes. Edition ornée de jolies figures sur bois ; le frontispice gravé porte les deux premiers mots du titre ci-dessus. Mêmes gravures que dans l'édition de 1491 du même imprimeur. (Brunet, vol. I, col. 98).

1502. — *Esopo historiado de Accio Zucho...* A la fin : *Stampado i Venetia per Maestro Manfredo di Bonello de Streuo da Monteferato nel anno del signore. M.CCCCCII. a di XXV de Feuraro. Finis.*

In-4°. A la première page, copie de la gravure de l'édition Monteferato du 17 août 1493, avec un encadrement à fond noir : Esope dans sa chaire. Mêmes bois et mêmes encadrements que l'édition précitée, sauf l'encadrement du bois de la fable V qui manque en 1502.

1508. — *Esopo historiado.* A la fin : *Venetia per Manfr. de Bonello* 1508.

In-4, fig. sur bois (Brunet, vol. I, col. 98).

1517. — *Æsopus constructus moralisatus et hystoriatus...* etc... A la fin : *Venetiis per Bernard. Benalium*, 1517.

In-4°; fig. sur bois (Brunet, vol., I col. 92). Cette édition contient, sans doute, les gravures déjà données par ce même éditeur en 1487 et 1491.

1528. — *Fabule de esopo hystoriate (sive Accii Zuchi... Æsopi).* A la fin : *Venetiis, per Augustinum de Zannis,* 1528.

Petit in-8° de 75 feuillets avec figures sur bois au simple trait. (Brunet, vol. I, col. 98).

Sans date. — *Fabule de Esopo historiate (Accii Zucchi summa Campanee Veronensis in Œsopi fabulas interpretatio per rythmos).*

Sans lieu ni date : in-4° figures sur bois (Brunet, vol. I, col. 97).

Sans date. — *Fabule de Esopo historiate.*

Au-dessous la vignette représentant le professeur dans sa chaire ; au verso : *Accii Zucchi summa campanee veronensis viri eruditissimi in Esopi fabulas...* 80 feuillets ; au dernier : *Intēdi figliol mio questo lavoro. FINIS* Petit in-8° ; caractères romains, sauf le premier feuillet qui est goth. ainsi que le mot *finis*. 66 bois, les mêmes que ceux de l'édition de 1492 de Manfredo de Monteferato. Nous ne pensons pas que cette édition soit celle que cite Brunet (vol. I, col. 97), les deux titres n'étant pas tout à fait semblables. Nous ne saurions dire si l'édition du *Manuel du Libraire* est antérieure ou postérieure à celles qui sont datées, mais quant à celle-ci, nous la croyons soit des toutes dernières années du xv° siècle, soit des premières du xvi°. Les bois sont un peu fatigués, et les cadres présentent des cassures qui ne se rencontrent pas en aussi grand nombre dans les premiers tirages. Les gravures, quoique encore belles d'épreuve, n'ont plus la fraîcheur des tirages de 1492 (Bibliothèque de M. le vicomte de Savigny).

1488

Arithmetica Boetij. Impresa per Erhardū ratdoll mira imprimendi arte : qua nup. Venetiis, nunc Auguste excellit, 1488.

In-4°, lettres gothiques à 2 colonnes, figures sur bois (Tross. 1875 ; page 47, n° 417).

1488

Avienus. Opera, scilicet Arati Phœnomena, lat...
A la fin : *Impressum Venetiis, arte Antonii de Arata,*
1488.

In-4°; figures sur bois (Tross. 1875, n° IV, page 273,
n° 2475).

1488

Spaerae mvndi cōpendiũ foeliciter inchoat..., etc.

Même figure que dans l'édition suivante. — Cahiers de
4 feuillets, sauf BB qui en a 6. Au feuillet G-VI:
*Aprilis | Anno salutis | M.CCCC.LXXXVIII | completũ
est | Venetiis.* — Au-dessous, marque à fond noir avec
IH. Mêmes bois que dans l'édition suivante :

1490. — *Sphæra mundi.*

Petit in-4°. Au feuillet *a*, au milieu de la page, le titre;
au verso de ce feuillet, une gravure occupant la page :
Astronomia assise dans une stalle, tenant la sphère d'une
main et de l'autre un instrument de précision. A gauche,
Urania musa cœlestis, presque nue, portant sa main
gauche à ses yeux pour mieux observer le ciel; ses longs
cheveux flottants tombent jusqu'à ses pieds. A droite,
Ptolemœus, princeps astronomorum, vêtu d'une longue
robe et coiffé d'un bonnet pointu, tient de la main droite
un livre ouvert où se voient des caractères et des sphères.
Au premier plan, un parterre d'herbes, de plantes avec
des animaux (lapins(1) et cerf) rappelant de très près

---

(1) On retrouve les mêmes lapins gravés par la même main dans la marque (que nous donnerons ici) de Johannes de Cereto de Tridino, un rectangle en hauteur contenant un écu debout avec un chêne chargé de feuilles et de glands; de chaque côté de l'arbre, sur une banderolle, les lettres P et C; plus bas, I. T.

Frontispice de la *Sphæra Mundi* (Venise, 1490).

ceux de *Fior de virtu*. Dans la partie supérieure, le soleil, la lune et les étoiles.

Quoique le livre soit tout à fait contemporain de la *Bible de Mallermi* publiée la même année et le même mois, le frontispice ne semble point de la même main que celui de la Bible. Il a plus de parenté avec celui du *Dialogo de la seraphica Virgine santa Catherina da Siena*.

Belles lettres ornées dans le style que la bordure de l'*Hérodote* portera à son apogée. Quelques figures astronomiques très finement gravées, de la même main que le frontispice. Registré de *a*8 à *f*8. Au verso du feuillet *f*7 : *Hoc quoq sideralis scientie singulare opusculum Impressum est Venetiis mandato et expensis nobilis uiri Octauiani scoti ciuis modoetiensis Anno salutis M.CCCC.LXXXX. Quarto nonas octobris*. Au feuillet *f*8, le registre, *Finis*, et au-dessous, la marque d'Octaviano Scotto, un rectangle en hauteur à fond rouge, au bas duquel une circonférence contient les trois lettres O S au-dessus du diamètre, et M au-dessous.

Ce livre se compose de trois opuscules, dont les auteurs sont Sacrobusto, Johannes de Monteregio et Georges Purbach. Ratdolt avait déjà publié à Venise en 1482, 1485 ou 1488, les traités réunis de ces deux derniers. Quant à Sacrobusto, l'édition princeps de son ouvrage fut donnée en 1472 à Ferrare par Andreas Belfortis Gallus ou Gallicus, le premier qui établit une imprimerie dans cette ville dont il devint bourgeois.

1491. — *Sphaera Mvndi*... in-4. A la fin : *Impressum est Venetiis per Magistrum Gullielmum de Tridino de Monteferrato Anno Salutis M.CCCCLXXXXI die xiiii. Ianuari*.

Les lapins se trouvent dans la verdure des angles inférieurs; dans les angles supérieurs, des oiseaux. Cette marque orne, entre autres livres, un *Juvénal* imprimé à Venise par Tridino en 1492.

Mêmes figures que dans l'édition originale (Musée Correr H, 164-166).

1488.

Triumphi del Petrarcha, sur le recto a-I. — *Finisse il commento delli Triumphi del Petrarcha composto per il prestantissimo philosopho | Misser Bernardo da monte illicinio da Siena. Impresso in Venitia con grãde diligentia per Bernardi | no da Nouara nelli anni del nostro Signore M CCCC LXXX VIII. adi XXIII. Aprile,* au f. 149 b. — *Prohemio del prestante Oratore et poeta Messer Francesco Philelpho al illustrissimo et inuictis | simo principe Philippo Maria Anglo Duca de Milano... | Finisse gli sonetti di Messer Francesco Petrarcha impressi in Venesia per Bernardino da Noua | ra nelli anni M CCCC LXXXVIII adi XII zugno. Imperante il Serenissimo Augustino barbadico.*

Registre de a à t; 8 feuillets par cahier, numérotés de a-I à t-8 en chiffres arabes de 1 à 149. Verso t-8 : *Finisse...* etc. — Au-dessous, le registre. Un feuillet blanc. Verso A-I: *Prohemio.* Recto A-II : *Incominciano li sonetti con canzoni....,* etc. Registre de A à O ; 8 feuillets par cahier. Recto O-8 : *Finisse....* etc. — Au-dessous, le registre. Figure du triomphe de l'Amour, verso a-III ; — de la Chasteté, verso f-II ; — de la Mort, verso g-VI ; — de la Renommée, verso t-VII ; — du Temps, verso r-I ; — de la Divinité, verso f-III.

Triomphe de l'Amour. Le char marchant de gauche à droite, vers l'angle inférieur à droite de la gravure, est traîné par quatre chevaux. Il est richement orné et se termine en forme de coupe, d'où s'échappent des flammes environnant une boule sur laquelle est l'Amour se tenant sur le pied droit. Le dieu a l'arc en main et le carquois au côté ; ses grandes ailes sont déployées, et ses yeux bandés. Sur le devant du char est attaché, nu, un vieillard à longs cheveux. Le char est entouré de nombreux personnages. Le fond représente des montagnes. Sur le premier plan, des herbes et deux lapins. Les chevaux sont bien dessinés et assez bien taillés. Le reste n'est pas d'un dessin trop incorrect ; mais la taille en est grossière et généralement peu soignée.

Triomphe de la Chasteté. Un char allant de gauche à droite, traîné par deux licornes. Laure y est assise, tenant dans ses mains une corbeille pleine, sans doute, de lauriers. Des vierges l'accompagnent, marchant à la gauche du char, et précédées de Lucrèce, qui tient un étendard portant l'image de la blanche hermine. Dans le fond, deux villes. Sur le premier plan, des herbes et deux lapins. Ce sont les licornes qui sont le mieux rendues. Les personnages sont médiocres, et comme dessin et comme taille.

Triomphe de la Mort. Laure, percée d'une flèche, et ses compagnes, revenant de leur victoire, rencontrent le char de la Mort. Il se dirige de gauche à droite, traîné par deux buffles, écrasant sous ses roues des papes, des évêques, des princes, etc. La Mort fait face au lecteur ; elle regarde à droite, du côté de Laure, qu'elle vient de rencontrer ; elle tient sa faux de la main droite, la main gauche étant posée sur sa poitrine ; elle est enveloppée d'un vêtement noir, un peu flottant par derrière. Le fond est montagneux. Le char et la Mort sont d'un dessin meilleur que celui des précédentes gravures.

Triomphe de la Renommée. La déesse est assise sur un char allant de gauche à droite. Ses longs cheveux flottent au gré des vents. De la main gauche, elle tient une trompette gigantesque, qui touche presque au bord supérieur de la gravure. Sur la caisse du char faisant face au lecteur, le mot FAMA en lettres blanches sur fond noir. Des guerriers marchent sur la gauche du char, qu'ils accompagnent,

Dans le fond, des collines; deux arbres et une ville à droite. Sur le premier plan, des herbes et un lapin. Gravure assez mauvaise.

Triomphe du Temps. Un char, traîné par deux griffons ailés, allant de gauche à droite. A sa gauche, un moine tenant un sablier. Assis sur le devant du char, un moine tenant le globe du monde. Assis sur le côté qui fait face au lecteur, un moine tenant une banderolle sur laquelle est écrit en noir : TENPO. Cortège de moines : celui qui est sur le premier plan tient un long bâton. Au sommet du char, un enfant nu, regardant vers la gauche, et tenant de sa main droite le fléau d'une balance. Dans le fond, une ville. De chaque côté, sur le second plan, un bouquet d'arbres. Sur le premier plan, des herbes. Cette gravure est assez médiocre.

Triomphe de la Divinité. Le char est brisé; les cerfs qui le traînaient sont à terre mourants. Sur la caisse, qui est fendue, on lit en lettres noires : TDIVINITATIS. Au-dessus, contre le cadre, dans un demi-cercle dont la convexité est tournée vers le bas, Dieu le Père dans toute sa gloire, regardant à droite, bénissant de sa main gauche, et tenant de la droite un livre ouvert qui laisse voir les deux lettres M et A renversées. Il est entouré de chérubins. Quatre anges volent vers lui, deux à droite, deux à gauche. Sur le premier plan, des herbes et un grand et un petit canards. (Librairie Morgand.)

Ces gravures sont toutes entourées du même encadrement. Il est dans le style de ceux de l'édition de 1490, ornements blancs sur fond noir des deux côtés ; en haut, deux dauphins se faisant face ; en bas, deux centaures enlevant chacun une femme, se faisant face également, et tenant un médaillon renfermant une tête d'homme couronnée.

Toutes ces figures sont très inférieures à celles de l'édition de 1492, non pas tant par le dessin que par la taille des gravures. On trouve déjà un certain style dans la composition, dans la façon de traiter le nu et de draper les vêtements. On sent qu'une école se forme, et que, le jour où les tailleurs seront plus habiles à manier leur couteau, ces bois, qui semblent un peu négligés, deviendront des chefs-d'œuvre.

Sans aucun doute, ces gravures au simple trait ont servi de types à ceux qui ont dessiné les figures pour les éditions suivantes, et l'essai d'ombre qu'on peut constater dans l'édition de 1490 ne fut pas imité; les artistes reprirent leur manière alors préférée, le dessin au trait. Les bordures au trait remplacèrent aussi les encadrements noirs, et cette transformation s'accomplit en deux ans; le dessin devint plus serré, l'anatomie mieux observée, le groupement des personnages plus étudié; les artistes, pour cela, d'ailleurs, n'avaient qu'à copier les œuvres magnifiques de leurs peintres.

Les figures de l'édition de 1488 — première édition avec gravures — sont différentes de toutes les compositions que nous connaissons : elles sont originales, et l'inspiration même en appartient au dessinateur.

Nous y voyons les mêmes animaux symboliques que dans les autres représentations, sauf pour le *Triomphe du Temps*, où l'artiste a substitué aux cerfs deux griffons ; mais, dans le *Triomphe de la Divinité*, qui représente le char du Temps renversé et fracassé, l'attelage classique reparaît sous la forme de deux cerfs couchés à terre et mourants.

1490-1491. — *Petrarcha*.

In-folio. Caractères ronds. Le feuillet a-1 est blanc, aa-2 commence par la table, suivie du prologue, et forme le premier cahier de 8 feuillets. 8 feuillets par cahier. aa-8 verso, *Triomphe de l'Amour*. Char marchant de gauche à droite, traîné par quatre chevaux blancs de front, galopant. Sur le premier plan, à droite du char, à la hauteur des roues, deux personnages : un homme, nu-tête, revêtu d'une armure, tenant par la main une femme qui a le bras gauche passé sous le sien ; ils sont suivis d'un autre couple. A la gauche du char, cortège de personnages s'avançant jusqu'à la hauteur de la tête des chevaux : hommes, femmes, guerriers, cardinaux, etc., massés et suivant le triomphe. Le char est richement orné de guirlandes. Sur la caisse, d'où s'échappent des flammes, au-dessus des ornements, une tête de Méduse ; enfin, un riche candélabre surmonté d'une coupe d'où sortent encore des flammes environnant une boule où se tient l'Amour, debout sur le pied gauche, en train de bander son arc ; il a de grandes ailes et les yeux couverts d'un bandeau. Au dernier plan, des collines et deux petites villes. A droite, Pétrarque s'entretenant avec l'ombre qu'il avait rencontrée. Sur le devant du char, est attaché un vieillard couronné. Dans le coin, à droite, en bas, un lapin. Encadrement à fond noir (d'environ 2 cent.), d'arabesques de fleurs, de fruits, et dans le bas, au milieu un médaillon entouré de palmes de chaque côté duquel est un Amour, celui de gauche jouant de la flûte, celui de droite du violon. Aux angles de la partie supérieure deux bustes.

Jolie gravure, où des ombres légèrement indiquées adoucissent un peu la raideur et la dureté qu'ont parfois les gravures au simple trait. Composition riche et présentée avec talent.

E-2 verso. *Triomphe de la Chasteté*. — Char allant de gauche à droite, traîné par deux licornes. Sur le premier plan à droite, sept jeunes femmes marchant l'une derrière l'autre et conversant entre elles ; la première porte la bannière sur laquelle est l'hermine (1), symbole de la pureté. Un groupe de femmes, à gauche, à la hauteur de l'attelage, et un autre groupe suivant. La caisse du char, enguirlandée, supporte un motif ornemental évasé en

---

(1) Une tradition voulait que l'hermine, poursuivie par des chasseurs, aimât mieux se laisser tuer que de chercher un abri où la blancheur de son pelage pouvait être souillée.

coupe, différent du précédent, et sur lequel la Chasteté, couronnée, personnifiée par Laure, est debout, une palme dans la main droite, regardant vers le lecteur. De la main gauche, elle s'appuie sur un bouclier (1). L'Amour, prisonnier, à genoux, est attaché, sur le devant du char, à la colonne sur laquelle se tient Laure ; son arc brisé est devant lui. Paysage montagneux, une ville à gauche. Même style que la précédente gravure.

Triomphe de la Mort. — Char marchant de gauche à droite, traîné par quatre buffles. Le bas de la caisse porte trois croix ; au-dessus, des os brisés ; un ornement ; trois crânes ; enfin, une croix au-dessus du crâne du milieu. Au centre de la plate-forme, un crâne, sur lequel un squelette dansant pose le pied droit ; il tient en l'air, de ses deux mains, une faulx. Sur le premier plan, couchés à terre, le guerrier que nous avons vu dans le Triomphe de l'Amour, des évêques, des femmes, des cardinaux, etc. Au second plan, d'autres personnages sur lesquels passe le char ; à gauche, d'autres encore, étendus à terre. Le paysage est désolé : roches arides, arbres sans feuilles, partout les traces des ravages de la Mort. Dans le coin, à droite, trois anges emportent des âmes vers le ciel ; à gauche, au contraire, des démons armés de fourches précipitent d'autres âmes dans l'enfer, d'où l'on voit s'échapper des flammes. Même style que les précédentes gravures.

Triomphe de la Renommée. — Char traîné par deux éléphants entièrement de face. Sur la plate-forme, un pied, formé de trois sirènes, surmonté d'une boule, sou-

---

(1) Faut-il voir dans ce bouclier, enlevé par la Chasteté à son ennemi désarmé, cet « écu de l'amour » dont nous trouvons une si curieuse description dans les *Emblèmes d'Alciat* (Lyon, 1549) ? Ou bien est-ce le bouclier à tête de Méduse qu'on prêtait à la Chasteté se défendant contre les traits de l'Amour ? C'est ainsi que la représente une petite vignette de l'*Hécatomgraphie* (Paris, Denys Janot, 1543) C-V : *Chasteté vaincq Cupido*, avec ces vers :

... Comme a bien sçeu coucher en son histoire
Ton grand ami le tressçavant Petrarque.

tient un disque représentant la terre entourée de mers. Au milieu, la Renommée, assise, tient un glaive, la pointe en l'air, de la main droite, et un Amour bandant son arc, de la main gauche. Cortège de personnages de tous rangs, hommes et femmes, suivant à cheval. Même style que les précédentes gravures.

Triomphe du Temps. — Char allant de gauche à droite, traîné par deux cerfs, et précédé, sur la droite, par un chien. Sur la plate-forme, le Temps, un vieillard ailé, à grande barbe, soutenu par deux béquilles ; un sablier à sa droite ; quatre oiseaux voltigeant au-dessus de sa tête. A droite, des cerfs, un enfant. Sur le premier plan, un moine, la tête couverte d'un capuchon, suivi d'hommes et de femmes. A droite, un cardinal, un évêque et d'autres personnages ; un château en ruines.

Triomphe de la Divinité. — Char vu de face, surmonté d'une croix sur laquelle est le Christ. Au dessus de lui, Dieu le Père ; le groupe est environné d'une auréole et de chérubins. Sur le devant du char, IHS dans un double cercle. Au pied de la croix, quatre anges agenouillés, sonnant de la trompette. Le char est traîné par les quatre évangélistes, portant le nimbe au-dessus de la tête. A gauche, Saint-Jean-Baptiste, le bœuf et l'aigle ; à droite, Saint-Paul, l'ange et le lion. Cortège de personnages, comme dans les autres Triomphes. A gauche, à la hauteur de la branche horizontale de la croix, le soleil ; à droite, la lune.

Les sonnets sont paginés à part. Verso 102 : *Finisse gli sonetti di Misser Francesco Petrarcha coreti et castigati per me Hieronymo Centone Paduano Impressi in Venetia per Piero Veronese nel M.CCCC.LXXXX. Adi. XXII. di Aprile Regnante lo inclito et glorioso principe Augustino Barbadico.* — Page 128, la dernière des *Triomphes : Finit Petrarca..., etc. emēdatus año dñi. 1491, die 10 maii.*

Au-dessous, le registre (collection de M. Georges Duplessis et bibliothèque communale de Padoue).

M. Hortis signale, sous la date du 1er avril 1492, une édition des *Sonnets* dont le colophon est, sauf la différence de date, l'exacte reproduction de celui de 1490.

[Il paraît certain que les estampes de l'édition de 1490-1491 sont, non seulement des imitations des célèbres gravures sur cuivre du fameux florentin anonyme de la fin du xve siècle (Bartsch, t. XIII, p. 277 et Passavant, t. V. p. 11 et 71), mais même des copies, serrant parfois de très près les sujets originaux.

Triomphe de l'Amour. — L'analyse des détails montre de toute évidence que le graveur de 1490 a copié l'autre. Des deux parts, en effet, les quatre chevaux de l'attelage ont une attitude et une allure identiques ; — le personnage enchaîné sur le devant du char est habillé et coiffé presque de même ; — les mêmes flammes s'échappent des parties supérieure et inférieure du char ; — le candélabre repose sur le même motif ornemental formé de figures de dauphins ; — l'Amour est appuyé sur le même pied et se tient dans la même position en tendant son arc ; — enfin, le paysage à collines est semblable, ainsi que les plis du terrain du premier plan. — La taille même, dans les plis des étoffes et dans les crinières des chevaux, est exactement imitée.

On saisit une différence dans le groupement des personnages. La disposition en est plus habile et plus gracieuse sur le cuivre, où les femmes du premier plan dansent en se tenant la main ; sur le bois, elles marchent à pas comptés, ce qui est, pour ainsi dire, un contre-sens, du moment que les chevaux sont représentés caracolant. — Le personnage portant la colonne a été reproduit, mais moins apparent. — Le char est sans ornements.

Triomphe de la Chasteté. — Ici l'imitation est encore plus complète, si possible. Même direction du char ; — même attitude triste de l'Amour vaincu et attaché par deux traits qui passent sur son corps ; — même cortège de sept jeunes femmes accompagnant le char, avec plus d'animation toutefois sur le cuivre ; — même attitude de celle qui porte la bannière, la main droite appuyée sur la hanche, et regardant ses compagnes. Il n'est pas jusqu'aux costumes qui ne soient semblables, bien que les premières gravures soient de Florence et les autres de Venise.

Une légère différence est à noter dans le personnage de la Chasteté. Sur le cuivre, elle porte la palme de la main gauche; le graveur sur bois la lui a mise dans la main droite; il lui a posé aussi sur la tête une couronne qui n'existe pas dans le modèle; sauf ces détails, elle est vêtue de la même façon. — Le char est sans ornement.

Triomphe de la Mort. — L'estampe a été retournée : le char se dirige de droite à gauche, au lieu d'aller de gauche à droite; mais il a la même forme. Les croix, les ossements, les crânes, sont copiés exactement. Dans les deux gravures, le personnage étendu à terre au premier plan est un chevalier, et celui qui est couché sous les roues du char, un évêque.

Il y a une différence dans l'attitude donnée à la Mort, qui est sur le char, vêtue d'une tunique, de longs cheveux flottant en arrière, tenant de la main droite une faux, la lame en avant : dans la gravure sur bois, elle se tient sur un crâne, d'un seul pied, tandis que, dans la gravure sur cuivre, elle est debout sur la plate-forme du char.

Le graveur sur bois a fait encore une autre modification : il a mis à droite les trois anges qui figuraient à gauche, emportant des âmes; et quant aux démons qui, dans le haut de l'estampe, à droite, remplissaient le même office, il les a représentés à gauche, précipitant avec des fourches les damnés en enfer.

Dans les deux compositions, même paysage désolé, mêmes arbres desséchés.

Triomphe de la Renommée. — Le char est sans ornements; mais le pied — très orné au contraire — qui supporte la Renommée, est exactement copié, même dans les moindres détails, de la gravure sur cuivre. La similitude n'est pas moins frappante dans le cercle qui encadre la Renommée, dans la déesse elle-même tenant un Amour de la main gauche, et dans l'attelage des éléphants au poitrail orné de clous.

Les personnages du cortège sont plus soignés dans le cuivre, chacun d'eux ayant un caractère et un costume définis ; dans le bois, ce n'est qu'une masse confuse où il est difficile de distinguer les détails et même les têtes.

Triomphe du Temps. — Même direction du char, que précède un chien ; même allure des deux cerfs ; même attitude de l'enfant qui marche à la hauteur de l'attelage, les mains croisées sur sa poitrine. Le Temps aussi est exactement copié : même barbe, même vêtement, même posture, et quatre oiseaux planant au-dessus de sa tête ; le graveur sur bois n'a fait que supprimer un des deux sabliers placés à ses pieds.

Le moine du premier plan, appuyé sur un bâton, a été remplacé par un personnage vêtu à la florentine, mais s'appuyant également sur un bâton ; tous les autres personnages sont devenus aussi des Florentins et des Florentines. L'enfant qui figure à gauche a été conservé, ainsi que l'Evêque, ce dernier placé un peu en arrière. — Plusieurs arbres ont été ajoutés au dernier plan.

Triomphe de la Divinité. — Le char, très simple et sans ornements, les saints qui le traînent, les quatre anges à genoux sur la plate-forme, les emblèmes des Evangélistes, saint Jean-Baptiste à gauche et saint Paul à droite, tout a été copié d'une façon identique. Il n'y a de différence à relever que dans le bonnet qui couvre la tête de Dieu le Père. — Le soleil et la lune figurent également sur la droite et la gauche de l'estampe.

La comparaison détaillée des gravures sur cuivre florentines et des *Triomphes* sur bois de 1490 dénote donc dans ces derniers, comme nous le disions en commençant, non seulement une imitation très proche, mais une copie parfois servile des premières. D'ailleurs, Veronese, qui a donné le premier *Dante* avec gravures sur bois, n'avait-il pas fait imiter les cuivres florentins de Botticelli ? Il en fit autant pour le *Pétrarque*, la même année ; et le copiste, pour être plus fidèle, a ombré ses bois sur le modèle des cuivres, de façon à produire un effet presque semblable. Par surcroît, Veronese encadra ces bois d'un ornement florentin, à fond noir, alors qu'à Venise, à cette époque, encadrements et bois étaient faits entièrement au trait. Cet entourage, en effet, est peut-être le seul qu'on puisse citer de Venise en 1491, c'est-à-dire précédant de plusieurs années celui de l'*Hérodote*. — Ajoutons que ces bois de 1490, bien qu'inégaux entre eux, sont certainement les meilleurs que nous connaissions pour le *Pétrarque*.]

1492-1493. — *Petrarcha.*

Registre de a à q (8 feuillets). — aa-I : titre. — De aa-II à aa-8, table et prologue. Feuillets numérotés à partir de a-I, de I à CXLVII, qui est, par une faute d'impression, marqué CLVIII. Au-dessous de *amen*, feuillet 98 : *Finit Petrarcha...*, etc. MCCCCLXXXXII. *die. XII. Ianuarii.* Sonnets, de a à n 6. — Formes de 8 pages, sauf pour n. a-I : table. — Pages numérotées de 1 (a I) à CI (n 5). Verso n 5 : *Finissse gli sonetti di Misser Francesco Petrarcha.... Impressi in Venetia per Joanne di co de ca da Parma Nel. MCCCCLXXXXIII. Adi. XXVIII. de Marzo Regnante lo inclito et glorioso principe Augustino Barbadico.*

Ensuite, vient le registre, suivi de la marque, avec M et C au-dessus du diamètre horizontal, et P au-dessous. La marque est à fond noir ; le cercle et les lettres, blancs, ainsi que les raies ; le diamètre vertical se prolonge jusqu'au haut du cadre.

[Les gravures de l'édition de 1492-1493, si souvent

employées pour les éditions qui suivirent, sont, sinon des copies au trait, du moins des imitations de celles de 1490-1491. Parfois le sujet est serré d'assez près ; parfois aussi le dessinateur s'est borné à y puiser son inspiration. Il est donc intéressant d'en faire la comparaison et d'en indiquer les similitudes comme les différences.

Triomphe de l'Amour. — Les quatre chevaux, au lieu d'être de front, comme dans le modèle, sont attelés par couples. Au lieu de la foule qui suivait le char, il n'y a que deux personnages à droite et neuf à gauche. L'Amour, au lieu de se tenir sur une boule, est debout, le pied au milieu des flammes, sur le char même qui va se rétrécissant à la partie supérieure.

Triomphe de la Chasteté. — Le char, traîné par deux licornes, est presque le même. La Chasteté, la palme dans la main droite, l'appuie sur son épaule au lieu de la tenir le bras étendu. Elle regarde devant elle, tandis que, dans le modèle, son regard est dirigé vers la droite. La jeune fille à la bannière est à gauche au lieu d'être à droite, et la ville à droite au lieu d'être à gauche.

Triomphe de la Mort. — Le char, bien que plus grand, a la même structure. Sur la face qui nous regarde, il n'y a qu'un crâne au lieu de trois, pas d'ornements, et une seule croix. La Mort a les deux pieds posés sur la plate-forme et tient la faux verticalement des deux mains.

Triomphe de la Renommée. — Ici, la copie est presque servile pour le char; il n'y a que de légères différences dans le pied du disque.

Triomphe du Temps. — Là aussi la copie est complète, sauf l'absence d'oiseaux voltigeant dans le ciel et quelques détails différents dans les costumes, les coiffures des personnages et les ornements du char.

Triomphe de la Divinité. — Le char est traîné dans la même direction; mais les anges à genoux ne figurent pas, non plus que le soleil et la lune. L'Ange symbolique est à gauche derrière l'aigle, et le bœuf derrière le lion.

Les personnages sont moins nombreux que dans le modèle.

Les gravures du *Pétrarque* de 1492-1493 sont entourées uniformément d'un encadrement à fronton. Au centre de ce fronton, Dieu le Père, en buste, bénissant. Dans les coins, deux lions assis. Au-dessous, une corniche soutenue par les chapiteaux de deux colonnes cannelées formant les côtés de la bordure. Sur chacun des chapiteaux, un enfant nu tenant un vase. Autour de chaque colonne s'enroule la queue d'une sirène servant de base. Dans la partie inférieure, une frise au centre de laquelle est un médaillon à écu accoté de deux génies ailés nus, posant le pied sur un dauphin dont la queue s'enroule autour d'un buste d'empereur romain.]

[Cette édition de Codecha a été copiée en 1494, à Milan, par Ulrich Scinzenzeler et par Antonio Zaroto. L'édition de Scinzenzeler comprend deux parties. La première, de 7 feuillets non chiffrés et de 128 chiffrés, se termine par le colophon : *finit Petrarca nup sūma diligentia ac maxio studio emēdatus Mediolāi āno dñi 1494. die 10 februarii*, au f. 128. La seconde partie compte 102 pages chiffrées. Elle a pour colophon : *Finisse gli Sonnetti di Misser Francesco Petrarca Impressi in Milano per Magistro Ulderico Scinzenzeler Nel anno del Signore M. CCCC. LXXXXIIII A di XXVI di Marzo*

Triomphe de l'Amour. Copie plus soignée de l'édition de 1492-93 ; mais, quoique supérieure à l'autre, elle est très médiocre. — *Triomphe de la Chasteté*. Même observation. L'encadrement diffère, sans être meilleur. — *Triomphe de la mort*. Même observation. Même encadrement qu'au *Triomphe de l'Amour*. — *Triomphe de la Renommée*. Même observation. Même encadrement qu'au *Triomphe de la Chasteté*.— *Triomphe du Temps*. Très mauvaise copie. Même encadrement qu'au *Triomphe de la Chasteté*. — *Triomphe de la Divinité*. Mauvaise copie, de la main du graveur qui a fait les moins médiocres. Même encadrement qu'au *Triomphe de l'Amour*. A la fin des Sonnets, au-dessous du registre, la marque de Ulderico Scinzenzeler : un rectangle noir ; dans le bas, un cercle avec les lettres V et S ; une ligne blanche traversant le centre et coupée dans la partie supérieure du rectangle par deux lignes obliques d'inégale longueur (1).

L'édition de Zaroto se compose également de deux parties, la première, consacrée aux *Triomphes*, de 135 feuillets ; la seconde, de 183 feuillets, comprenant les *Sonnets*. A la fin de celle-ci : *Finisse gli Sonetti et Canzoni di Misser Francesco Petrarca coreti et castigati per il Basilico. Impressi ī. Milano per Antonio Zaroto Parmense nel. M. CCCC. LXXXXIIII. A. Di Primo di Augusto.*

Triomphe de l'Amour. Copie très médiocre du cadre et de la gravure de l'édition de 1490. — *Triomphe de la Chasteté.* Même observation. — *Triomphe de la Mort.* Copie informe, tant par le dessin que par la gravure : il ne reste rien de la composition qui a servi de modèle. — *Triomphe de la Renommée.* Mauvaise copie. L'encadrement est changé : les deux côtés et la partie supérieure imitent ceux de l'édition de 1490 ; mais le bas, composé de dieux marins et de déesses, toujours sur fond noir, est d'une très mauvaise facture. — *Triomphe du Temps.* Détestable copie. Même encadrement qu'au *Triomphe de la Renommée*. — *Triomphe de la Divinité.* Même observation que pour le *Triomphe du Temps*.]

1492-1494. — *Tabula | Per informatione et dechiaratione di questa | Tabula...* au f. 2 a — *Finit Petrarcha nuper summa diligētia a reuerendo. P. ordinis minorū magistro Gabriele bruno uene | to terrae sanctae minis-*

---

(1) Scinzenzeler réédite ces bois dans une édition du 8 mars 1512.

tro emendatus anno domini. M. CCCCLXXXXII. (sic) *die XII. Januarii.* au f. cxxvııı *b.* — *Tabula | Azo che tu el qual ne lopera...* au f. 1 *a* — *Finisse gli soneti di Misser Frācescho Petrarcha coreti et castigati p̄ me Hieronymo Centone Padoua | no. Impressi ī Venetia p̄ Piero de Zohane di quarēgi Bergamascho. Nel. M. CCCCLXXXXIIII. | Adi XVII. Zugno. Regnante lo inclito et glorioso principe Augustino Barbadico.* au f. C. I. *b*.

In-folio ; caractères romains. Première partie : 8 feuillets non chiffrés et 128 feuillets chiffrés. Seconde partie : 101 feuillets chiffrés. Figures de l'édition de 1488 (Bibliothèque communale de Padoue).

1497. — *Per informatione...* — *Finit Petrarca nuper summa diligentia a reuerendo. p. ordinis minorum magistro Gabriele bruno uc | neto terre sanctae ministro emendatus Impressum Venetiis per Bartholamaeum de Zanis de Portesio an | no domini. 1497. die. XI. Julius* au f. 128 *a* — *Tabula | Azo che tu elqual ne lopera...* au f. 1 *a* — *Finisse li sonetti di Misser Francescho Petrarcha coreti et castigati per me Hieronymo Cētone Padoua | no. Impressi in Venetia per Bartholamio de Zani da Portese Nel 1497 Adi 30 Agosto Regnante lo inclito | et glorioso principe Augustino Barbadico* au f. 97 *b*.

In-folio, 128 feuillets pour la première partie, 97 pour la seconde. Figures de l'édition de Codecha.

1500 (1). — *Triumphi de Misser Fran | cescho Petrarcha con li | Sonetti : correcti | nouamente* — *Finit Petrarca. Impressum Venetiis per Bartholameum de | Zanis de Portesio : Anno domini. M. CCCCC. die. VI. Marci* au f. 128 *a* — *Tabula | Tabula... deli So-*

neti au f. 2 *a* — *Incominciano li sonetti cō cāzoni dello egregio poeta Misser Frācesco Petrarcha cō la interptatione del | lo eximio et excellente poeta Mis. Fran. Philelpho allo inuictissimo Philippo Maria duca di Millano.* au f. 5 *a* — *Finisse li sonetti de Misser Francescho Petrarcha corretti et castigati per me Nicolo | Peranzone altramente Riccio Marchesiano li quali sonetti incominciando dal | prīcipio insino al sonetto Fiamma dal ciel su le tue trezze pioua : sono expo | sti per el degno poeta Misser Frācesco philelpho et dali indrio insino | qui sonno exposti per lo Spectabile homo Misser Hierony | mo squarciafico Alexādrino. Impressi in Venetia per Bartho | lomeo de Zani da Portese : nel. M.CCCC. a di. XXVIII. | de Aprile : Regnante lo Inclyto et glorioso prīn | cipe Augustino Barbadico. Finis.* au f. 100 *a* (1).

In-folio. Pour la première partie, 128 feuillets chiffrés et 10 non chiffrés ; pour la seconde, 100 feuillets chiffrés et 4 non chiffrés. Figures de l'édition de Codecha.

1500. — *Triomphi | di Messer Francesco | Petrarcha | Istoriati. | Con le Postile Et con la sua | Vita improsa vulgare | Nouamente | Stampati.* au f. 1 *a* — *Finiscono I triomphi di M. F. PETRAR | CHA insieme con lauita sua cō som | ma diligētia ben corecti et īm | pressi in Venetia p Nicolo | ditto Zopino e Vicē | zo cōpagno nel | M.D. xxi | de Mar | zo.* | au f. 48 *a.*

In-8. Le titre de la première partie est entouré d'un encadrement. 48 feuillets non chiffrés;

(1) Voir à la fin de ce catalogue des éditions vénitiennes de Pétrarque, la nomenclature de quelques éditions florentines dont la première est de 1499.

Le char de l'Amour va de droite à gauche, tiré par quatre chevaux, dont on ne voit que les deux derniers ; à gauche, Pétrarque causant avec l'Ombre. Bois médiocre, ombré. — Le char de la Chasteté va de gauche à droite : la Chasteté tient une palme ; nombreuses jeunes filles suivant ; l'une d'elles porte la bannière à l'hermine blanche. — Le char de la Mort va de gauche à droite : la Mort sous les traits d'un homme desséché, dans l'attitude d'un faucheur ; nombreux personnages fuyant à gauche, d'autres sous les roues du char. — La Renommée se présente de face sur son char. Elle souffle dans une trompette immense. — Le char du Temps s'avance de gauche à droite. Le Temps, sous les traits d'un vieillard aux longues ailes, est suivi par une grande foule de tout âge. — Triomphe de la Divinité : dans les nuages, Dieu le Père et le Christ assis, au-dessus d'eux le Saint-Esprit, traînés par les quatre Evangélistes. En avant de chacun des *Triomphes*, la marque Z. A., qu'on croit être celle de Zoan Andrea.

Un exemplaire de l'ancienne bibliothèque du Louvre, reproduisait, sauf de légères différences, cette édition que nous venons de décrire. Au lieu de *XXI de Marzo*, elle portait *XXIIII de Luio*. D'ailleurs, les deux éditions comptaient le même nombre de pages ; elles ne différaient que par la justification et la grosseur des types, les caractères de l'édition du Louvre étant plus petits et le texte comportant moins d'abréviations. Enfin on remarquait dans l'exemplaire du Louvre, aux gravures sur bois, des cassures qui n'existent pas dans l'exemplaire précité (1).

1503. — *Petrarcha con Doi Comenti Sopra Li Sonetti et Canzoni. El Primo del Ingeniosissimo Misser Francesco Philelpho..., etc. cō infinite Noue acute Et Excellēti Expositione.*

(1) Voir catalogue des *Pétrarques* de la *Rossettiana*, par M. Hortis, p. 23

In-folio. A la fin des sonnets, verso 113 : *Finisse li sonetti... Stāpadi in Venesia p Albertin Vercellese.* La table jusqu'à verso 116. Les Triomphes commencent à a ɪ par un petit prologue : la table et le prologue, dix feuillets sans chiffres, jusqu'à a 10. — La seconde partie a 128 p. chiffrées. Caractères ronds. Page 128, au bas du commentaire : AMEN. Au-dessous : *Anno domini M.CCCCCIII. adiuintisei di septembrio.* Au-dessous : *Finisse il Petrarca con tre Commenti Stampado In Venesia Per Albertino Da Lissona Vercellese.* Mêmes gravures que dans l'édition de 1492.

Au-dessous du titre, un grand bois représentant, au milieu du premier plan, un homme vêtu d'une longue robe ombrée, la partie qui recouvre les épaules portant des ornements à fond noir. Il a la tête couverte d'un bonnet noir plat à petits bords, au-dessous duquel se voit une couronne de laurier. Les cheveux tombent de chaque côté de la figure ; la barbe est courte. Il tient de la main droite un livre avec fermoirs, et lève la main gauche, le pouce et l'index en l'air, vers une cité qui se trouve à sa gauche et au-dessus de laquelle est écrit : FIORENZA. A sa droite, un arbre, de la hauteur du personnage, et portant de grosses touffes noires de feuilles. Le terrain est noir, avec des herbes en blanc. Cette gravure est entourée d'un cadre d'environ un centimètre, à fond noir avec ornements en blanc. Dans les coins du haut, une tête de femme sur fond noir, entourée d'ornements. Ce travail, dans le style florentin, est assez bon, bien que la figure soit d'une taille un peu dure.

Marsand, dans sa *Biblioteca* de 1820, décrit cette planche en disant que le personnage n'est autre que Pétrarque. Dans son édition de 1826, il change d'avis et le donne comme Saint Albertino bénissant Florence. M. Hortis[1] se demande pourquoi il a ainsi modifié son

---

[1] *Catalogo delle opere di Francesco Petrarca esistenti nella Petrarchesca Rossettiana di Trieste, aggiuntavi l'iconografia della medesima, per opera di Attilio Hortis.* — Trieste, 1874.

opinion sans en donner aucune raison. Nous partageons, sur ce point, l'étonnement du savant italien.

1508. — *Opera del preclarissimo Poeta Miser Francesco Petrarcha.....*

Au-dessous, S. BARTH OLAMEVS, bois ombré, le nom est coupé entre l'H et l'O par la tête du saint; il est debout et tient son couteau de la main droite. In-folio; feuillets numérotés jusqu'à 128 bois; de l'édition de 1492. A la fin: *Qui finisse... Stampadi in Venetia per Bartholomeo de Zanni da Portese nel M. D. VIII. adi. xv. Febrario.* Le registre, au-dessous. Suivent les *sonetti* paginés de 1 à 113. *Finisse... Stāpadi...* même indication; table registre et marque sur fond noir avec les lettres B. Z. (Bibliothèque Communale de Padoue.)

1508. — Première partie : *Petrarcha con Doi Commenti sopra li Sonetti et Canzone... finisse li Sonetti et Canzone... ben corretti per Nicolo Peranzone... Stampadi in Venesia per Gregoriũ de Gregoriis.* — Seconde partie : *Tabula per informatione et declaratione... Finit Petrarca nup sũma diligẽtia corretto et impressum Venetiis per Gregorium de Gregoriis. Sumptibus Egregii viri Domini Bernardini de tridino. Anno dñi. M.D. VIII. Die XX. nouēbris Registro...*

In-4°. Le triomphe de l'Amour va de gauche à droite (comme tous les triomphes de cette édition) traîné par deux chevaux; Pétrarque, assis à droite, regarde passer le char. Bois très légèrement ombré, assez bien dessiné, mais mal gravé. — Le char de la Chasteté est traîné par deux licornes; la Chasteté tient elle-même la bannière. — Le char de la Mort. La Mort, sous les traits d'un homme desséché, portant une couronne, tient la faux de la main gauche. — Le char de la Renommée (1). La Renommée, aux grandes ailes éployées, souffle dans une trompette qu'elle tient de la main gauche. — Le char du Temps, traîné par des cerfs. Le Temps, sous la forme d'un vieillard drapé, tient la faux de la main gauche et de la main droite un serpent qui se mord la queue. Cet attribut (la faux) donné au Temps est des plus rares dans les Triomphes, où il est réservé à la Mort. — Le char de la Divinité est précédé de l'aigle, du lion et du bœuf. Dieu le Père tenant le globe du monde est porté sur les épaules des quatre Evangélistes, des papes et des cardinaux (2).

1515. — *Opera del preclarissimo Poeta misser Francescho Petrarcha con el cōmento de misser Bernardo Lycinio sopra li triūphi...* A la fin : *Qui finisse li triumphi... Stampadi in Venetia per Augustino de Zanni da Portese nel M.D.XV. adi XX Mazo.* — Seconde partie : *Sonetti et Canzone de misser Francescho Petrarcha... Finisse li Soneti et Canzone,* même date.

In-folio. La première partie comprend 10 feuillets non chiffrés et 128 chiffrés ; la seconde, 113 chiffrés et 3 non chiffrés pour la table, et le registre des Sonnets et Canzone. Frontispice de l'édition publiée par Bartolomeo de Zanni, en 1508, et les mêmes six bois tirés de l'édition de 1492.

1519. — *Li Sonetti Canzone triumphi del Petrarcha...* A la fin, feuillet 150 *a* : *Finiscono e Sonetti et*

---

(1) Dans les deux exemplaires de la *Rossettiana*, le triomphe de la Renommée prend la place ordinairement occupée par le triomphe du Temps.

(2) Les gravures de cette édition sont grossièrement copiées dans une édition florentine de 1515 : *Canzioniere et Triumphi di Messer Francesco Petrarcha... Impresso in Florentia per Fhilippo di Giunta nel M.D.XV. di Aprile Leone decimo Pontifice.* Le premier bois est signé I. A. A la place ordinairement occupée par le Temps, Pétrarque, assis à terre, deux livres devant lui, est couronné par Apollon. Le même éditeur publie en 1522 une réimpression de cette édition.

Canzoni de Meser Francesco Petrarcha con li soi comenti stampadi per Gregorio de Gregorij in Venesia del mese Maggio. M. D. XIX. regnante Inclyto Principe Leonardo Laureduno. — Seconde partie : *Triomphi di Meser Francesco Petrarcha con la loro optima opositione... Finiscono in Venegia impressi nel anno M. D. XIX. del mese di Zugno...*

In-4°. La première partie contient 158 pages, la seconde 184. Au verso du 3ᵉ feuillet, un bois représentant Pétrarque couronné par Apollon, bois qui se trouve en petit dans l'édition de Giunta de 1515 (voyez plus haut). Au feuillet 178 verso, triomphe de l'Amour, de l'édition de Gregorius, publiée en 1508. Le triomphe de la Chasteté est une copie de celui de 1508 avec le fond surchargé de hachures ; on lit sur la bannière P. D. V. C. — Triomphe de la Mort, même bois qu'en 1508. — Après le triomphe de la Renommée, reparaît le triomphe de la Chasteté. De même le triomphe de la Renommée reparaît après le triomphe du Temps. — Même triomphe de la Divinité qu'en 1508.

1521. — *Canzoniere et triomphi di messer Francesco Petrarcha. Historiato et diligentemente corretto.* — *Imresso in Venetia per Nicolo Zopino e Vincentio compagno nel M. CCCCC. XXI. Adi IIII. di Decembrio.*

In-octavo. 193 feuillets chiffrés. Bois de l'édition du 21 mars 1500. La marque de Zopino diffère dans les deux éditions.

1522. — *Petrarcha con doi commenti sopra li sonetti et Canzone... Finisse li sonetti et canzone... Stampadi in Venetia per il No. Misser Bernardino Stagnino als de Ferrarijs. M. CCCCC. XXIJ. die. VIIJ Mensis Martij.* — Deuxième partie... A la fin : *Finit... Impressum Venetiis p dñm Bernardinũ Stagninũ Alias de*

Ferrarijs de Tridino Mōtifferrati Anno. M. D. XXII. die XXVIIJ. Martij... (Marciana, 46775.)

In 4°. La première partie comprend 118 feuillets chiffrés et un feuillet non chiffré ; la seconde, 140 chiffrés. Bois de l'édition de 1508.

Outre ces éditions vénitiennes, sans parler des copies qui en ont été faites à Milan ou à Florence (voir plus haut), il convient de signaler deux éditions florentines et une édition d'Ancône avec des bois originaux.

1499. — *Triomphi di Messer Francesco Petrarcha* (au recto du premier feuillet). Verso du feuillet 34 : *Finiscono i Triomphi di M. F. Petrarcha insieme cō la vita sua cō sōma diligētia correcti et impressi ī Firēze P. S. A. et Lorēzo Venetiano et A. G. Ad instantia di Ser Piero Pacini. Adi XVI, di Dicembre. M.CCCC.LXXXXIX.* A-dessous, la marque de l'imprimeur : un dauphin rampant, portant une couronne sur la tête, et, de chaque côté, les lettres : S, P, le P surmonté d'un petit o; au dessous, le mot : *Pescia* (Piero Pacini a Pescia). (Castellani, *Notizia di alcune edizioni del secolo XV,* Roma, 1877, page 1.) Sur le recto du feuillet 2 : *Triompho dello amore di Messer Francesco Petrarcha excellentissimo poeta Fiorentino comincia. cap. primo.* Au recto du feuillet 11 : *Triompho dello amore finisce.* Au verso du feuillet 11 : grand char, de face, traîné par quatre chevaux blancs sans mors, marchant au pas ; il est surmonté d'une vaste coupe portée sur un pied d'où jaillissent des flammes. Au milieu de la coupe, un pied en forme de candélabre supportant une boule enflammée. Sur ce globe, l'Amour ailé, les yeux bandés, le carquois en bandoulière, tenant son arc de la main droite, et, de la gauche, une lance terminée par une flamme, l'extrémité de la hampe appuyée contre son pied. Sur le devant du char, assise entre les deux couples de chevaux, une femme couronnée, le sceptre à la main. En avant, deux couples se suivant, enchaînés deux à deux par les jambes et les mains liées derrière le dos. A droite et à gauche du char, nombreux personnages, hommes et femmes; des deux côtés, cette suite est précédée par un couple. Dans le fond, montagnes, arbres et ville. Au premier plan, herbes et cailloux. Costumes florentins de la fin du xve siècle.

Triomphe de la Chasteté. — Le char, traîné par deux licornes, marche de gauche à droite. En haut, la Chasteté tient une palme de la main droite levée, et de la gauche un livre et les liens qui enchaînent les mains de l'Amour agenouillé sur le devant du char, les yeux bandés; six femmes suivent à droite dans des attitudes semblables à celles de la célèbre gravure sur cuivre florentine; à gauche, une autre femme portant la bannière; puis de nombreux groupes.

Triomphe de la Mort. — Le char, traîné par quatre buffles aux attitudes fantastiques, s'avance de gauche à droite. En haut, une femme décharnée, drapée, aux longs cheveux, tient une faux de la main gauche et de la droite indique le chemin que doit suivre le cortège funèbre. Nombreux personnages gisant à terre; à droite, en haut, des anges emportant des armes au ciel; à gauche, des démons précipitant d'autres armes dans les Enfers (comme dans la gravure sur cuivre florentine et dans l'édition de Codeca).

Triomphe de la Renommée. — Le char, traîné par deux éléphants, vu de face, supporte un grand disque où la Renommée est représentée assise, tenant un livre de la main gauche et une épée de la main droite. De nombreux cavaliers de tous rangs lui servent d'escorte.

Triomphe du Temps. — Un vieillard ailé, s'appuyant sur deux béquilles, le sablier à sa droite, est traîné par deux cerfs; en avant un chien; à droite deux enfants; dans le ciel quatre oiseaux; nombreux personnages suivant.

Triomphe de la Divinité. — Dans les nuages, Dieu le Père, tenant le Christ, sur un char traîné par les quatre Evangélistes précédés de leurs emblèmes, suivis de saints et de saintes.

Les Triomphes de la Renommée, du Temps et de la Divinité sont inspirés par les gravures sur cuivre florentines. Les six bois sont très remarquables de style et d'exécution ; les détails sont d'un fini exquis ; les têtes surtout ont une expression pleine de grâce.

1508. — *Triomphe de Messer Francisco Petrarcha. ...Adi VII di ottobre. MCCCCVIII.* Cette édition n'est qu'une réimpression de la précédente.

1520. — *Le cose volgari di Messer Francesco Petrarcha.* — *Impresso in Ancona per Bernardino Guerralda Vercellese nel anno M. D. XX. del mese de Settembro et correcto secõdo la copia p meser Aldo Romano.*

In-12, 186 feuillets chiffrés, précédés de 1 feuillet non chiffré portant le frontispice et suivis de 7 feuillets non chiffrés pour la table. Six mauvais bois légèrement ombrés, le premier et le dernier sont signés C. S.

Nous ne poursuivons pas, pour ne pas sortir de notre cadre, cette nomenclature au delà du premier quart du xvie siècle. Mais, avant de quitter Pétrarque, nous devons adresser nos plus vifs remercîments à l'érudit et aimable *prefetto* de la Bibliothèque de la ville de Trieste, M. Hortis, qui, par son savant catalogue de la Rossettiana et par son concours personnel, a si puissamment secondé nos recherches sur cette importante partie de notre travail.

1488.

Fragmentū arati phœnomenon per germanicum in latinū conuersi cum cōmento nuper in sicilia repertum.

In-4°. Lettres rondes. A la fin du *M.TVLII CICERONIS FRAGMENTUM ARATI PHAENOMENON* qui suit l'opuscule qui nous occupe : *Hoc opus impressum Venetiis et ingenio Antonii de strata Cremonensis Anno salutis. M.CCCCLXXXViii. Octauo calendas nouembres.*

On retrouve la plupart de ces bois dans le *Firmicus* de 1499; la carte du ciel avec les principales constellations, d'une très bonne exécution dans le *Firmicus* et rappelant des gravures du Poliphile, n'est dans l'*Aratus* qu'une médiocre petite vignette.

1488.

Albumasar. Flores albumasaris.

Figures sur bois. A la fin : *Opus florū Albumasaris... qua nūp Venetiis : nūc Augusti Vindelicor... excellit nominatissim. XIII Kal Decēbris M.CCCCLXXXVIII.*

1489. — *Introductorium in astronomiaz Albumasaris abalachi octo continens libros partiales.*

In-4°; caractères gothiques; figures de l'édition suivante du même Ratdalt. A la fin : *Opus... Erhardi ratdalt mira imprimendi arte : qua nuper Venetiis nunc Auguste Vindelicor |.excellit notatissimus 7. Idus Februarij.* 1489. (*Bib. seminarii* KK. II. 34. Udine.)

1489. — *Albumasar de Magnis coniunctionibus . annorum reuolutionibus ac eorum profectionibus octo continens tractatus.*

In-8, 8 feuillets par cahier; mêmes bois pour les planètes et les signes du zodiaque que dans l'édition d'*Hyginus* de 1482. D'autres gravures, allemandes, ayant trait aux mêmes sujets, se trouvent aussi dans ce volume. A cette époque Ratdolt était retourné à Augsbourg ; et tout en se servant des anciens bois qu'il avait apportés de Venise, il en ajouta de nouveaux exécutés par des artistes allemands. Au dernier feuillet : *Opus Albumazaris... Erhardiqz ratdolt... ; qua nup. Venetiis: nunc auguste vindelicorũ excellit notatissim'pridie Kal! Aprilis MCCCCLXXXIX.* (Bibliothèque Nationale, *Réserve*, V. 1427).

1506. — *Jntroductionum in Astronomiam Albumasaris...*

Goth. in-4. Au-dessous du titre, un grand bois légèrement ombré, avec un terrain noir (style florentin). Albumazar, la figure noire, debout, au milieu, regardant à droite ; il tient le globe du monde de la main droite et un compas de la main gauche ; trois volumes, à ses pieds ; le soleil dans le coin à droite, les étoiles au milieu, à gauche la lune. Le texte commence par un charmant grand A au trait. Lettres ornées à fond noir, et petits bois médiocres, ombrés et représentant les planètes et les signes du zodiaque. Au verso du dernier feuillet, *Opus ĩtroductorij iastronomiã Albumasaris. Venetiis : mandato et inpensis Melchioris Sessa : per Jacobum pentium Leucensez. Anno dñi 1506. Septembris..* Puis le registre et la grande marque de Sessa.

1515. — *Albumazar de Magnis...*

In-4° ; lettres gothiques. Au-dessous du titre, Albumazar tenant le globe et le compas et les montrant à un personnage ; signé L. F. Nombreux bois, médiocres, ombrés et représentant des planètes, des signes du zodiaque, etc., dans le style des gravures à la marque Z. A. — *Opus Albumazaris de Magnis coniunctionibus... Impressum Ve-*

netiis mandato et expensis Melchiorum Sessa per Jacobum pentium de Leucho. Anno domini 1515. *Pridie Kal: Junii.* Au-dessous, la grande marque de Sessa. (Bibliothèque nationale, *Réserve*, V. 1427, H. 1.)

Sans date. — *Albumazar Flores Astrologie.*

In-4°. Lettres gothiques. Sur le premier feuillet, au-dessous du titre, la grande marque de Sessa. Feuillet *a*2, beau et grand D au trait. Nombreux et très mauvais petits bois ombrés. *Impressum Venetiis Per. Jo. Baptistam Sessa;* au-dessous la marque noire à Sessa. (Marciana; et Museo Civico et Correr G. 1, 2.)

1489.

Incominciano le deuote meditatione sopra la passione del nostro signore cauate et fundate originalmente sopra sancto Bonauantura cardinale del ordine minore sopra Nicolao de Lira : etiam dio sopra altri doctori et predicatori approbati.

Petit in-4. Lettres latines; 39 lignes par page avec le registre *a, b, c, d, e* (*a*8, *b*8, *c*6, *d*6, *e*6); au-dessus du colophon, *Finis* et dix vers. Le colophon : *Finisse le meditatione del nostro signore iesu christo con li misterii posti in figura impresse in Venetia per Matheo di co de cha da Parma del. MCCCCLXXXIX. a di XXVII. de Februario.* Au-dessous de cette indication, la marque typographique de Matheo : un rectangle à fond noir encadrant dans sa partie inférieure un cercle divisé en deux sections, la supérieure contenant les lettres majuscules M C séparées par un rayon vertical, l'inférieure une maisonnette et la majuscule P ; la sécante est coupée hors du cercle par deux lignes horizontales d'inégale longueur qui forment avec elle une croix de Lorraine. Selon l'usage des imprimeurs de ces temps, qui traduisaient volontiers leur nom en rébus, la maisonnette (*casa*) figure évidemment la dernière partie du mot Capcasa ; les trois majuscules et cette maisonnette signifiant Matheo Capcasa Parmensis.

Cette édition est le premier type d'une série de *Devote Meditatione*, publiées (de 1489 à 1494) au nombre de sept par Matheo Capcasa appelé aussi di Codeca (1) da Parma, établi à Venise. Elles sont toutes, à quelques détails près, semblables pour le texte et ornées des mêmes bois. Une seule de ces éditions se distingue nettement des autres pas la qualité supérieure et l'exécution plus soignée des vignettes. Elle ne porte aucune date ; mais comme elle est donnée par Matheo da Parma et Bernardino Benali réunis, et qu'on sait que l'association de ces deux imprimeurr commença dans les derniers mois de 1490 et finit en 1491, cette édition doit être de l'année 1491. C'est d'ailleurs la date que lui assigne Affò, le seul qui la cite, en ces termes : « In-4 con figure intagliate in legno a puri contorni di buona maniera ». Elle est d'une extrême rareté : nous n'en avons rencontré qu'un exemplaire, malgré nos minutieuses recherches dans les bibliothèques publiques et dans certaines collections privées. Elle comprend 34 pages à 41 lignes (enregistrées a8, b6, c6, d8, e6) en caractères latins, sans initiales, et a le même titre que l'édition de 1489. A la fin, dix vers répartis en deux colonnes, sur la faute de nos premiers pères, la douloureuse expiation de cette faute, et cette souscription : *Finisse le meditatione del nostro signore impresse in Venetia per Bernardino di Benali et Matheo da Parma. A honore de lo omnipotente Dio. E della gloriosa Virgine Maria. Amen.*

Les méditations qui composent ce livre sont les suivantes :

Jésus-Christ à Béthanie, annonçant sa prochaine Passion.

---

(1) Malgré la différence de ces noms de Capcasa et de Codecha, le second n'est que l'altération vénitienne du premier.

Méditation sur l'humble entrée de Notre Seigneur à Jérusalem, et comment il montra une très grande humilité.

Méditation du retour de Notre Seigneur Jésus à Jérusalem après le jour des Rameaux.

Méditation comment Notre Seigneur Jésus fit la cène avec ses disciples et du lavement des pieds. Et de l'institution du Sacrement.

Du sermon que fit Jésus à ses disciples après la cène.

Méditation comment Notre Seigneur alla au jardin pour faire une oraison à son Père céleste.

Méditation comment Notre Seigneur fut pris et de la Passion qu'il supporta jusqu'à l'heure de prime.

Méditation comment Notre Seigneur fut présenté à Pilate et de la Passion qu'il souffrit jusqu'à l'heure de tierce.

Méditation comment Notre Seigneur fut battu et flagellé à la colonne.

Meditation comment Notre Seigneur Jésus couronné fut montré au peuple et de la sentence donnée par Pilate et de la Passion qu'il souffrit depuis l'heure de tierce jusqu'à l'heure de sexte.

Méditation comment Notre Seigneur Jésus porta la croix et comment il fut conduit au mont Calvaire pour être placé sur le bois de la croix; et des choses qui arrivèrent dans le chemin.

Méditation de la cruelle crucifixion de Notre Seigneur Jésus faite sur le mont Calvaire.

Méditation comment la croix fut dressée en l'air et des sept flammes d'amour qui sortirent de la fournaise de l'aimant Jésus placé sur le bois de la croix.

Méditation du gémissement de la Vierge Marie et du disciple chéri ensemble avec les deux Marie; et de la troisième flamme sortie de l'ardente fournaise de l'aimant Jésus.

Méditation de l'obscurcissement du soleil vers l'heure de none et de la quatrième flamme sortant du cœur de l'aimant Jésus.

Méditation de la cinquième et de la sixième flamme sortie de la fournaise de l'aimant Jésus, c'est-à-dire sitio *et* consummatum est.

Méditation sur le dernier soupir de Notre Seigneur Jésus et des choses qui arrivèrent à l'heure de sa mort.

Méditation de ce qui arriva après la mort de Jésus et du gémissement de Marie avec les autres Marie quand le Christ fut mort et quand elles l'enlevèrent de la croix.

Méditation comment les disciples retournèrent à la mère de Jésus.

Méditation comment les Juifs placèrent un gardien au sépulcre. Et comment son âme descendit aux limbes et comment il délivra son peuple.

Méditation comment les Marie allèrent au sépulcre et comment elles trouvèrent que Notre Seigneur était ressucité.

Le texte des *Devote Meditatione* est orné de quatorze gravures sur bois qui représentent :

1° La *Résurrection de Lazare* (a 1) ; — 2° L'*Entrée à Jérusalem* (verso a 2) ; 3° La *Cène* (a 5) ; 4° Le *Jardin des Oliviers* (verso b 1) ; — 5° Le *Baiser de Judas* (verso b 3) ; 6° Le *Christ devant Pilate* (c 1) ; — 7° La *Flagellation* (verso c 3) ; 8° Le *Couronnement d'épines* (c 5) ; — 9° Le *Portement de croix* (d 1) ; — 10° Le *Christ en croix entre les deux larrons* (verso d 3) ; — 11° Le *Crucifiement* (d 4) ; — 12° La *Pieta* (verso e 1) ; — 13° La *Mise au Tombeau* (verso e 3) ; — 14° La *Résurrection* (verso eb).

Ces vignettes, entourées tantôt d'un simple cadre à deux filets, tantôt d'un double cadre à deux filets, occupent toute la largeur de la page et ont une dimension d'environ 105 millimètres de largeur sur 102 environ de hauteur, sauf trois d'entre elles : la petite *Crucifixion* (verso de la page d 3), la *Pieta* (verso e 1) et la *Mise au tombeau* (verso e 3), qui n'excèdent guère 45 ou 50 millimètres. Tous ces bois, sentant l'école des Bellini, non sans quelque influence mantegnesque, sont remarquables par un soin délicat qu'on relève rarement dans les illustrations contemporaines de ce genre. Malgré l'exiguïté du format, l'ordonnance aisée des scènes, le dessin souple des figures, la grâce savante des mouvements, l'instinct des combinaisons ornementales leur méritent une place à part. Les têtes, pleines de caractère, expriment éloquemment les sentiments qui animent les acteurs ; les draperies, simples et belles, tombent en plis aisés et élégants ; le décor surtout, formé de paysages, de détails d'architecture, dans le pur style de la Renaissance, est toujours en parfaite harmonie avec le sujet représenté, et permet un heureux agencement des figures et des fonds. Les motifs d'architecture où, comme dans beaucoup de bois vénitiens de l'époque, l'arcature joue un rôle prépondérant, sont choisis avec une rare sûreté de goût et produisent sans effort l'effet le plus pittoresque. Il est évident que les dessins de ces bois ont été exécutés par un artiste de premier ordre ; le tailleur en bois n'a pas, si l'on songe aux moyens limités de son interprétation, trop altéré la composition originale ; la taille est fine et nette, au simple trait indiquant seulement les contours selon la mode vénitienne, sans aucun emploi des ombres ; le tirage est soigné. En somme, ces bois sont de beaucoup supérieurs aux vignettes contemporaines les plus estimées, et égalent les meilleures de la *Bible de Mallermi* et du *Boccace* de Venise de 1492. Ils rappellent de très près les bois des *Postillae perpetuae* de 1489. Ce petit ouvrage de S. Bonaventure eut un tel succès que nous en connaissons au moins une vingtaine d'éditions publiées de 1480 à 1517, à Milan, à Florence et surtout à Venise (1).

Nous en notons quelques-unes :

1492. — *Jncominciano le deuote meditatione sopra*

---

(1) Pour les autres éditions des *Méditations*, nous renvoyons à notre étude, *A propos d'un livre à figures vénitien de la fin du xve siècle*, publiée par la *Gazette des Beaux-Arts* en 1885. Nous ne signalons ici que celles dont il n'est pas parlé dans cette étude.

la passione del nostro signore Jesu Christo cauate et fundate originalmente sopra sancto Bonauentura cardinale del ordine minore sopra Nicolao de Lira : etiamdio sopra altri doctori et predicatori approbati.

In-4. — Même registre. — Les dix lignes commençant le verso du dernier feuillet sont sur deux colonnes, cinq sur chacune, comme dans l'édition de 1494. — Au-dessous, le colophon : *Finisse le deuote meditatione del nostro Signore impresse in Venetia per Matheo da parma ad instantia de Mestro Luchantonio de Zōta. Ad honore de lo omnipotente Dio e della gloriosa uergine Maria Del M.CCCCLXXXXii. Adi. XXI. de Februario.* FINIS. Au-dessous, figure tirée de la *Bible* de Mallermi : Don Nicolo à son bureau, écrivant ; au-dessous de lui : DV̄ NICOLO ; en haut, à gauche : SILENTIVM. Mêmes figures que dans les autres éditions de 1492.

1500. — Une édition tellement rare que nous n'en connaissons qu'un exemplaire ; encore est-il incomplet du titre et d'un feuillet se rapportant à l'Entrée du Christ dans Jérusalem.

Au lieu de commencer comme toutes les autres éditions par la Résurrection de Lazare, celle-ci débute par la *Meditatione come il nostro signore Jesu intro cosi humilmente in Hierusalem mostrando una grandissima humilitade,* ornée d'un grand bois de 115^{mm} sur 110^{mm} de hauteur, qui mérite une description particulière à cause de sa magnifique facture, la taille étant, cette fois, de la même valeur que le dessin. La scène représente le Christ, sur un âne, la main droite levée ; un homme le conduit, tenant l'âne par une longe ; il tourne la tête vers le Seigneur ; à la suite, marchent une foule de personnages nimbés. Tout, dans cette gravure, nous rappelle le *Songe de Poliphile* et, dirions-nous volontiers, en égale les plus belles parties. Non seulement c'est le même style, ce qui paraît se rencontrer quelquefois, mais c'est le même faire, le même sentiment, les mêmes attitudes, les mêmes draperies ; et, quant à la taille, l'on est frappé par une similitude telle qu'un copiste, même le plus habile, ne saurait l'atteindre. Rapprochons-la maintenant du bois du *Songe,* verso LIII, *Triumphus quartus* : ne voyons-nous pas qu'une partie de la scène semble en être une copie? Même posture de l'âne, mêmes pieds levés, même allure, même expression de la tête portée par le même cou très allongé, même bosse faisant saillir l'arcade sourcillière gauche. Les deux personnages montant l'âne ont, eux aussi, la même attitude penchée en avant ; leurs vêtements font les mêmes plis sur la jambe, du côté droit. Les cheveux sont traités d'une manière identique dans les deux gravures ; et si l'on examine la femme qui a la main droite posée sur la croupe de l'âne, ne reconnaît-on pas dans son port de tête une des attitudes préférées des illustrateurs du *Songe,* une de celles qu'on y trouve presque à chaque page ? Les palmes, enfin, sont bien celles que nous voyons constamment dans le *Poliphile*(1). Ce qui peut paraître singulier pour une gravure vénitienne de 1500, c'est le terrain au pointillé à fond noir ; pourtant, nous en trouvons des exemples dans l'*Ovide* de 1497, verso XL et verso XCVII. Quant à la bordure, qui a l'aspect florentin, nous la rencontrons assez souvent, après 1500, à Venise, notamment dans le Saint Jean-Baptiste du *Tullii de Officiis, Amicitia, Senectute, Paradoxa ejusdem* de 1506(2), ainsi que dans l'*Hérodote*. On peut donc dire que, si cet usage n'est pas fréquent, on ne doit pas pour cela nier la provenance vénitienne de la gravure, eu égard à l'époque ; à mesure que l'on avance dans le XVI° siècle, ce fait, qui était assez rare tout d'abord, devient au contraire la généralité.

---

(1) Les deux ouvrages sont de la même époque, puisque l'un est de décembre 1499 et l'autre d'avril 1500.

(2) *Italian wood-engraving in the fifteenth century;* Lippmann, 1888, p. 120.

Quant aux autres gravures, elles ont un aspect tout particulier, qui n'offre aucun rapport avec la première et s'écartent absolument du genre employé à cette époque. La taille en est assez grossière, et, pour le dessin, il n'est même pas à la hauteur des compositions analogues des autres *Meditatione*. Notre artiste les connaissait cependant, car il s'en est inspiré pour un certain nombre de ses gravures ; d'autres fois, il s'en est écarté, et d'une façon assez malheureuse, il faut le reconnaître. Ces bois ne sont pas au simple trait, ce qui est également singulier pour l'époque : ils sont ombrés à l'aide d'une taille simple, rappelant seulement de loin le faire de *L* qui apparaît vers 1505 ; c'est le même système de hachures, avec l'habileté en moins. — Feuillet *a-ii* : la Résurrection de Lazare ; — verso *b-i* : la Cène ; — verso *b-vii* : le Jardin des Oliviers, sont des imitations plus ou moins fidèles de l'édition de 1489. — Verso *c-ii* : le Baiser de Judas ; — *c-viii* : le Christ devant Pilate ; — *d-iv* : la Flagellation ; — verso *d-vi* : le Couronnement d'épines ; — *e-i* : le Portement de croix, sont des compositions originales ; — *e-iii* : la Mise en croix, manque dans l'édition de 1489. — *e-v* : le Christ en croix entre les deux larrons ; pour ce sujet, l'artiste a connu le petit bois de l'édition s. d. — *F-viii* : la Descente de croix, manque dans les autres éditions. — Verso *g-iii* : la Mise au tombeau, composition originale. — *g-vi* : la Résurrection, peu de points de ressemblance avec l'édition de 1489.

Tous ces bois sont entourés d'un encadrement à fond noir, dans le style de celui de la première gravure. — A la fin, *g-viii* : *Finisse le deuotissime meditatione del nostro Signor Misser Jesu Christo ad honore e gloria sua stampate in Venetia Adi iiii de Aprile del Mille cinquecento.*

Sans date. — *Incominciano le diuote meditationi so | pra la passione del nostro Signore, Chauate | e fundate originalmente sopra sancto Bo | nauentura Chardi-*

nale..... A la fin : *Finite sono le diuote meditationi del nostro Signor Giesu X po.*

Sans date; mais imprimées vers la fin du xv⁰ siècle; 42 ff. avec signature *a-f; a-d* par 8 ff.; *e* de 6; *f* de 4 ff.; lettres rondes, 38 lignes par page, avec 12 fig. gravées sur bois.

Nous signalons cette édition que nous croyons vénitienne sans pouvoir l'affirmer, ne l'ayant pas vue. (*Catalogue des livres manuscrits et imprimés composant la bibliothèque de M. Horace de Landau*, 1ʳᵉ partie. Florence, 1885, page 322.)

Sans date. — *Incominciano le deuote meditatiōne sopra la passione del nostro Signore cauate e fundate originalmente sopra sancto Bonauentura cardinale del ordine minore sopra Nicalao del Ira* (sic)...

In-4⁰. 13 petits bois au trait (64 sur 60 de hauteur), copiés sur les éditions de Codeca; dessin et taille médiocres. Ces bois sont de deux mains; quelques-uns avec personnages à grosses têtes, comme certains de la *Bible de Mallermi*. Le feuillet A-I. manque. S. l. n. d. Mais cette édition est certainement de Venise, de la fin du xv⁰ ou du commencement du xvɪ⁰ siècle. (Bibliothèque de Vérone.

Sans date. — *Incominciano le deuote meditatiōe sopra la passione del nostro Signore...*

In-4⁰; lettres rondes; 11 grands bois empruntés aux *Méditations* sans date; les petits bois manquent. A la fin : *Finisse le meditatione del nostro signore impresse in Venetia per Bernardino di benali a honore del omnipotente dio Amen.* (Museo Civico e Correr G. 79.)

1513. — *Incominciano le deuote Meditatione sopra | la passione del Nostro Signore Jesu Xpo ca | uate et fundate originalmente sopra San | cto Bonaventura Cardinale...* — A la fin : *Finisse le deuotissime meditatione... Stāpate in Venetia per | Georgio di Rusconi Milanese | . del Mille cinquecento e trede | ci. Adi. XXVIII. di Aprile.*

In-4° de 48 ff. avec signatures *a-f* (par 8 ff.); lettres rondes ; quinze gravures sur bois d'une exécution remarquable. (Catalogue de M. Horace de Landau, p. 322.) (1)

1489.

Augustinus de ciuitate dei cum commento.

Titre en lettres gothiques sur le recto A-I. In-folio. — Cahiers de huit feuillets, sauf les trois derniers, qui n'en ont que six. Verso A-I : une gravure grand in-4°, divisée en deux parties par deux traits horizontaux. Dans la partie supérieure, Saint Augustin, en habits sacerdotaux, la mitre sur la tête, écrit assis à son bureau ; deux livres sont ouverts devant lui. A gauche, un ange debout tient un livre ouvert ; à droite, un autre tient de la main droite une crosse d'évêque. — A gauche, à la hauteur de la tête de Saint Augustin : *Aurelius* ; à droite : *Augustinus*, en lettres gothiques. Entre les deux traits horizontaux : *Insultat babylon syon urbs ut sancta resultet.* — Dans la partie inférieure, à gauche, une église, au sommet de laquelle se tiennent des anges ; devant le monument, Abel assis, une houlette à la main, gardant des moutons ; à droite, une prison d'où s'échappent des flammes et au sommet de laquelle sont postés des diables qui regardent les anges et leur lancent des projectiles. Sur le premier plan, faisant face à Abel et lui parlant, Caïn, misérablement vêtu, une pioche à la main. Au-dessus de la tête

(1) A la vente Cheney à Londres (1886) figurait sous le n° 14 du catalogue un exemplaire de la même édition vénitienne de 1513.

d'Abel, en lettres gothiques : *Urbs dicata do' abel fundatur sanguine iusti ;* au-dessus de la tête de Caïn : *In sathane sedez cayn istam condidit urbem.* — Ce sont les deux cités du bien et du mal, dont l'antagonisme est personnifié, d'une part, par les anges et les démons combattant, d'autre part, par Caïn et Abel se querellant.

Ces estampes, un peu ombrées par des traits légers, d'un dessin et d'une gravure très soignés, nous rappellent les *Postilles* de Lyra (Scotto, 1489) ; et, si l'on étudie avec attention le vêtement de Saint-Augustin et le personnage du grand-prêtre des *Postilles,* on acquiert la conviction que les deux estampes sont de la même main. Toutefois, si nous reconnaissons dans ces gravures le même style que dans celles dont nous nous sommes occupé, nous devons ici constater une différence qui distingue les œuvres sorties des presses de Scotto : ce sont, d'abord, quelques ombres sobrement ménagées, placées dans les parties les moins éclairées, de manière à augmenter le relief ; puis, une extrême finesse dans les contours. Ce procédé fut imité dans le *Pétrarque* de 1490, mais par un artiste sans habileté. — Verso DD, en lettres gothiques, comme tout le livre : *Aurelii Augustini de ciuitate dei liber explicit : impressus Venetiis iussu impensisqz Habilis viri Octauiani scoti ciuis modoetienus : Anno salutiferi virginalis part octogesimonono supra milesimū et quatercētesimum : duodecimo Klendas Martias.* — Dernier feuillet : le registre, et au-dessous, la marque de Scoto sur fond noir. Verso du dernier feuillet. la reproduction du titre.

(Bibl. nat., réserve, Inv. C. 499 ; au bas du volume : C. 657, t. A. e).

1490.

Questa sie vna vtilissima acaduno fidel | Cristiano Chiamata fior de virtv. | Lavs Deo semper | dio padre.

In-4° (a-8, b-8 et c-8). Au-dessous du titre, grand bois au trait du plus beau style et de la meilleure taille, que l'on peut comparer à ceux du Dante de 1491, de Matheo da Parma et Benali; dans le tympan, le Père éternel qui se trouve dans l'encadrement de la Vie des Saints de 1491, de Ragazo. Ce bois représente le frère Cherubino da Spoleto, parcourant son jardin peuplé d'animaux et recueillant dans les plis de sa robe les fleurs de vertu qu'il veut voir adorer par ses lecteurs. En haut, à gauche, une étoile; au-dessus un nuage; un peu à droite un autre nuage.

Telle est l'explication très judicieuse que donne de ce bois le savant M. Castellani (1). Verso c-8, la table et au-dessous le *DV NICOLO* de la *Bible de Mallermi*. A la fin : *Impresso in Venexia (sic) per Zan Raga | zo da Pomale : del. MCCCLXXXX. | Adi XXX Decembrio | FINIS*. Ce bois est donc très vraisemblablement du maître qui a dessiné et gravé les illustrations de la Bible à Mallermi, publiée en cette année par le même Ragazo.

1492. — *Questa sie una utilissima opereta acaduno fidel christiano chiamata fior de virtu* — *Laus Deo semper* — *Dio Padre.*

In-4°. Au-dessous du titre, le beau bois de l'édition originale un peu modifié; l'étoile et les nuages ont disparu; la fenêtre à gauche de la tour qui forme le motif central de la composition a été retouchée. Registre de *a* à *a*8, jusqu'à D6; 36 petites vignettes, non signées, inférieures à celles qui ornent les autres publications de Codecha, la plupart représentant des animaux et des oiseaux; la dernière vignette, saint Jérôme avec son lion, est placée au-dessous du FINIS, au verso D6. Au recto D6: *Impresso in Venetia per Matheo di co de cha da Parma.*

(1) *Notizia di alcuni edizioni del secolo XV*. Roma, 1877.

Nel. M.CCCC.LXXXXII. Adi. XIIII. de Luio. (Bibl. Nat. Ré . D-5003.)

1493. — *Questa sie vna operetta acaduno chiamata fior de virtu. III zugno* 1493. *Venetia* (1).

Même figure que dans l'édition de 1492. Au verso du feuillet 30, la table des chapitres qui se termine à la ligne 21; au-dessous, deux bois, la *Crèche* et la *Fuite en Egypte*. Le grand bois se trouve au recto du feuillet 1.

1503. — *Opera deuotissima del reuerendo padre Frate Cherubino da Spoliti* : *de la vita spirituale bellissima*.

In-4 ; lettres rondes. Au-dessous du titre, petite réduction au trait, de la figure de *Fior de Virtū*, parue dans l'édition originale. A la fin : *Impresso in Venetia per Io. Baptista Sessa Nel anno del nostro signore.* 1503. *A di. XX. Aprile.* (Museo Civico e Correr. H, 49-52).

1511. — *Opera deuotissima chiamata | Fior de Virtu historiato | Nouamente Impresso.*

In-8 ; lettres gothiques ; au-dessous du titre, petite crucifixion ombrée, de trois personnages ; bois médiocres ; au verso, bois du *Crescentius*, plus 35 mauvaises petites vignettes. Au dernier feuillet, après la table : *Venetiis per Alexandrum de Bindonis* 1511? le dernier chiffre coupé. (Francfort, librairie Baer).

Commencement du 16ᵉ siècle. — *Frate Cherubino da Spoleto : homo deuotissimo.*

In-4, gothique. Au-dessous du titre un bois, au trait, très singulier, mais mauvais de composition, de dessin et de taille, qu'on est étonné de rencontrer dans un ouvrage du commencement du xvıᵉ siècle. Le saint nimbé tient un

(1) Castellani. *Notizia...* Roma, 1877.

gros livre de la main droite et un lys de la gauche ; il est, à ce qu'il semble, dans un jardin ; de chaque côté, à terre, quelque chose qui ressemble à des feuilles et à des fruits. A la fin : *Impressa in Venetia*. (Marciana, 41341.)

1515. — *Opera deuotissima chiamata Fior de Virtu. Historiato e de nouo impresso.*

In-12. Au-dessous, petit bois ombré; copie du saint Jérôme de 1492; au-dessous un autre petit bois, un personnage nu entre le diable et un ange. Au verso, une Crucifixion légèrement ombrée, d'un assez joli style. Puis de mauvais petits bois, légèrement ombrés. A la fin : *Stampato per Ioanne Tacuino da Trino Nel anno. M.CCCCC. XV*.

1490.

Divi Bernardi doctoris clarissimi et abbatis clarevallensis. Venise, Bernardino Benali et Mateo Capcasa. (Voir *A propos...* p. 10 note. 4.)

1490.

Clarissimi sacre pagine doctoris Fratris Stephani Bruleser ordinis minorum.

In-4º. Titre gothique. Quatre parties; à la fin de la première : *Reportata... Anno dñi. Millesimo quadringētesimononagesimo...* — Plus bas, le registre. Au-dessous du titre, feuillet a-1 : Le frère dans sa chaire parlant à un auditoire de dix personnes assises : cinq à droite, cinq à gauche. Ce bois, au trait, est d'un style charmant; le dessin est aussi correct que la gravure soignée, et la tête du frère, pleine d'expression, est empreinte de sérénité. Les vêtements et tous les détails sont traités avec autant de soin que de sobriété. Le même bois se trouve en tête de chaque partie.

1490.

Montibus (Johannes Crispus de). Repetitio tit. institutionum de heredibus... Impressum Venetiis impensis atque diligentiori cura Johannis hammam de Landoia Alemani dicti Herzog. 1490.

N'ayant pas vu cet ouvrage, nous traduisons la description donnée par M. Lippmann. « Ce volume contient un grand arbre généalogique, occupant deux pages, l'arbre de Jessé, prenant naissance dans un personnage couché. L'ensemble de l'homme et surtout sa tête dessinés avec beaucoup de vigueur, sont, malgré le peu de charme du sujet, empreints d'un goût artistique très caractérisé. La figure est imprimée en brun, les feuilles en vert et l'inscription en rouge. » (Lippmann..... page 68).

1490

Biblia vulgare historiata (si connue sous le nom de Bible de Mallermi).

In-folio. Titre au feuillet a-1. Huit feuillets pour le registre, la table et le prologue. Recto av et verso avi, petit bois représentant Nicolo de Mallermi et saint Jérôme écrivant ; ce dernier (av) avec le lion couché à ses pieds. Au recto a8, six petits bois (58 mill. sur 56), *les six jours de la création*, entourés d'un magnifique encadrement qui est répété sur le feuillet suivant, *b*. Cet encadrement, figurant un monument funéraire appliqué aux murs des églises italiennes du style de la Renaissance(1), est composé

(1) A comparer avec la belle pierre tumulaire de San Giovanni e Paolo à Venise, couvrant les restes du grand navigateur Lodovico Diedo (1460). L'ornementation de cette pierre forme un ensemble, en partie gravé en blanc sur fond noir, analogue aux grands encadrements de page de nos livres veni-

d'un bas-relief formant soubassement au milieu duquel se détache un écu vide, attaché par une cordelette sur laquelle s'enroule la queue de deux monstres marins, flanqués de deux cavaliers nus, sonnant de la trompe ; de chaque côté un satyre musicien. Sur ce soubassement s'élève un motif architectural de deux pilastres sur piédestaux, couronné d'une corniche architravée sur laquelle s'appuie un tympan semi-circulaire ne couronnant qu'une partie de la corniche et accoté de deux têtes de dauphins, se terminant en enroulements de feuillages. Ce tympan renferme un arc d'un autre diamètre où se trouve le Saint-Esprit en forme de colombe éployée ; deux chérubins soufflant remplissent les champs triangulaires entre les deux cercles. Un aigle sur une boule, placé de chaque côté du tympan, sert d'antéfixe au couronnement. Une succession de mascarons barbus, reliés par des bandelettes et des rinceaux, occupe le champ de l'architrave qui s'appuie sur deux chapiteaux d'ordre composite. La face de chaque pilastre est ornée d'un médaillon elliptique contenant un buste d'empereur romain et de légers rinceaux. Les faces des piédestaux qui supportent cet ordre sont en partie cachées par un groupe de deux dieux marins dont l'un, une main posée sur le sol, s'appuie de l'autre sur la hampe d'un trophée autour de laquelle s'enroule la queue de l'autre dieu marin. Un feston de fleurs, de fruits, de masques, suspendu au-dessus du trophée, passant derrière les aigles, vient remplir les vides de l'encadrement, ainsi que deux boucliers lunaires dont l'ombos est formé par deux mufles léonins. Entre le filet typographique et l'ensemble du motif architectural, une indication de plan de terrain. Au verso du feuillet *b*, en tête, un N encadré (58 m. m. sur 58), Dieu le Père entouré de chérubins, bénissant de la main droite et tenant le globe de la main gauche. Le même encadrement, sauf le

---

tiens. Dans le même goût, une petite porte de bronze de Briosco de Padoue, à l'Académie de Venise (salle VI, n° 4).

tympan, servira pour le *Tite-Live* de 1492. — Formes de huit pages registrées, pour la première partie, de *a* à *a*8 jusqu'à *g*8, puis de *aa* à *aa*8 jusqu'à *cc*6 et, pour la seconde, de AA à AA8 jusqu'à PP8 et de A à A8 jusqu'à M6. — Lettres ornées, soit à fonds noirs, soit au trait, dans le genre des vignettes; 205 bois pour la première partie et 175 pour la seconde, dont plusieurs répétés ; ces bois sont inspirés de ceux de la Bible de Cologne de 1480, réimprimée en 1483 par Koburger de Nuremberg. — La seconde partie commence AA1 par un très beau grand bois de 122 sur 115 m. m. représentant Salomon dormant sur un lit de repos. Même bordure (sauf Dieu le Père bénissant et remplaçant le Saint-Esprit comme ci-dessus). Au feuillet L8, après l'*Apocalypse*: *a Laude et gloria. . . . . . .
. . . . Qui finisse la Bibia uulgare hystoriata stampata nel alma citta de Venetia per Giouanne Ragazo A in stantia di Luchantonio di Giunta Fiorentino Sotto gli añi de la nostra redētione. M.CCCCLXXXX. A di. XV de Octubrio Sotto el pontificato Maximo Innocentio octauo Regnante Agustino Barbarigo Inclito Principe de Venetia.* FINIS. Au-dessous de FINIS commence la *Vie de saint Joseph* ; au verso M1, la table de la seconde partie. A la fin de la table, la fleur de lys rouge de Giunta. Depuis l'*Évangile de saint Mathieu* A111 jusqu'à C111, les bois sont moins bien taillés et certainement d'une autre main ; ils ressemblent, par la grosseur des têtes et les formes communes des personnages, à quelques vignettes de l'édition des *Méditations* de 1497 et à celle qui suit le colophon des *Méditations* de 1492. A partir du verso C111, le petit *b* reparaît, mais mélangé avec les vignettes dont on vient de parler. Le verso du feuillet D11, le recto et verso D111 et Dv portent pour la première fois la marque .*b*. très différente du petit *b* que l'on voit si souvent dans cette Bible, dans le Dante, dans Boccace, etc. Elle est moins finement taillée, les contours sont anguleux et le *b* est entre deux gros points, tandis que le petit *b*, d'une taille très fine,

placé soit dans un angle soit près du cadre, est souvent à peine visible. Cette marque se trouve sur peu de vignettes ; il semble que l'auteur, qui cherche à imiter les bois signés petit *b*, ait voulu, en adoptant la même lettre pour signature, se confondre avec son modèle. La *Résurrection de Lazare* (Évangile de saint Jean, Evi) est une réduction de celle des *Meditatione* de 1489, mises à contribution par cette Bible pour plusieurs bois de la Passion. Au verso D8, le *Christ devant Pilate*, le même que celui des *Méditations* de 1512. Les bois des deux auteurs s'entremêlent à la fin de l'ouvrage. (Bibl. Nat. Inv. A. n° 359. A. 191.) Cette première édition de la *Bible de Mallermi* a été utilisée avec plus ou moins de changements pour un certain nombre d'éditions postérieures, parmi lesquelles nous ne signalerons que les suivantes. Beaucoup de vignettes de cette bible, mal dessinées et mal gravées, reparaissent dans une édition milanaise des *Epistole et Euangilii ualgari Et historiate*. A la fin : *Qui finisse... la triumphante cipta di Milano per Ioañe Iacobo et Fratelli da Legnano M.CCCCCVII adi XV di Februario.*

1492 (?) — *Biblia vulgare historiata...*

Caractères gothiques rouges ; au-dessous le grand lys rouge de Giunta. In-folio. Le titre est sur le feuillet *a*-1 ; les huit premiers feuillets sont occupés par la table et le *Prologus* ; verso du huitième feuillet, les six jours de la Création avec l'encadrement du *Supplementum* ; le recto du feuillet suivant est entouré du même encadrement avec Dieu le Père bénissant. Le texte commence par le grand N orné, représentant Dieu dans sa gloire. La pagination commence à 6. 439 bois jusqu'à la page 199, chapitre XIX de l'Apocalypse. Ces vignettes sont, pour la plupart, signées *b*, et les mêmes que nous rencontrons toujours dans la *Bible de Mallermi* ; mais cette édition offre cette particularité fort remarquable que dans la première moitié plusieurs vignettes un peu plus grandes que les *b* sont signées de l'F que nous rencontrons dans le *Tite-Live;* d'autres vignettes, celle des *Epîtres,* se trouvent aussi dans le *Tite-Live;* une autre est signée *i;* enfin, verso 152, une plus petite, non signée, est copiée sur une des vignettes de l'édition originale. Les bois de la première partie du volume, plus grands que les *b,* sont d'une facture un peu plus anguleuse et moins soignée; les têtes sont peu faites; tous ces bois nous semblent de la même main que ceux qui portent la marque F. Cette édition est indiquée par une note à la plume, sur la garde, comme étant de 1492. (Bibliothèque du séminaire de Venise, t. VII, 27.)

1498. — *Biblia cum tabula nupes impressa e cum summariis nouiter editis.*

In-4°. A la fin : *Impressum Venetiis p Symonem dictuz beuilaqua* 1498. *Die octauo Maii,* avec les gravures de l'édition originale (bibliothèque communale de Vérone).

1502. — *Biblia vulgare historiada.*

In-folio. — La table et le prologue précèdent les six vignettes représentant *les six jours de la création* qui sont entourés, ainsi que le feuillet *b,* première page du texte, d'un encadrement vénitien que nous retrouvons dans le *Tite-Live* de 1511, du même imprimeur. La première partie (208 ff.) comprend 242 vignettes tirées de l'édition de 1490, auxquelles on en a ajouté d'inférieures. La seconde partie (201 ff.) commence par le *Salomon endormi* encadré de la bordure ci-dessus. Elle comprend 185 vignettes tirées de l'édition de 1490 et quelques autres bois médiocres ; les lettres ornées sont toutes à fond noir. Au feuillet LL : *A Laude et gloria* ....
...... *Qui finisse la Bibia uulgare hystoriada stampata in Venetia per Bartholamio de Zanni da Portese.*

Nel M.CCCCCII. Del mese de Aprile a di uintiuno. (Bibl. Nat. Inv. A. n° 360. A. 192).

1503. — *Fioreti de la Bibia Historiati | in Lingva Fiorentina.*

In-4°; lettres rondes. Le titre sur le feuillet a-i; 59 petits bois au trait, copiés généralement sur ceux de la *Bible de Mallermi;* cinq sont signées N. Ces vignettes ne sont pas toutes de la même main, et, quoique généralement elles soient d'une taille assez négligée, il s'en trouve quelques-unes traitées avec soin et rappelant leurs modèles. Nous avons déjà fait remarquer que cet *N* est un copiste dont nous ne connaissons, jusqu'à présent, rien d'original; il rentre dans cette catégorie d'artistes qui n'ont fait que copier les bonnes gravures pour des volumes plus communs et de prix inférieurs. A la fin: *Qui finisse... Stampato in Venetia per Georgio di Rusconi Milanese nel M.D.III. Adi. xv. del mese Aprile.*

1507. — *Biblia vulgare historiata.*

Titre en rouge au feuillet *a-i;* au-dessous, le grand lys rouge des Giunta. Même justification et mêmes vignettes que dans l'édition précédente. Après le prologue, et au commencement de la seconde partie, même encadrement que dans le *Supplementum chronicarum* de 1506, feuillet *a.* Après la table, au dernier feuillet: *Stampata in Venetia per Bartholamio de Zanni da Portes. Ad instantia di Luca Antonio de Giunta Fiorentino nel. M.D.VII. a di primo del mese di decembrio.* (Bibl. Nat. Inv. A. n° 361. A. 193.)

Le vicomte H. Delaborde (la *Gravure en Italie avant Marc-Antoine,* page 236) cite les éditions de 1494 et 1498 comme contenant les mêmes gravures. Nous en avons signalé une de 1498, in-4° de Bevilaqua, avec les mêmes vignettes, mais en plus petit nombre; une, seulement, pour chaque partie de la *Bible.*

1511. — *Biblia cuz concordātijs veteris noui testamenti et sacrorum canonuz...*

Titre gothique rouge, in-4° goth. Au-dessous, marque rouge de Giunta; dans le haut de la page, au-dessus du titre, petit bois en hauteur, ombré, représentant saint Jérôme à genoux; au-dessus *Sanctus hieronymus interpres biblii*, en gothiques rouges. 20 feuillets préliminaires comprenant les tables, sommaires, etc. — Au verso du feuillet 20, les six jours de la Création de la *Bible de Mallermi* de 1490. Le feuillet suivant commence par le saint Jérôme avec *Epistola Sancti hieronymi;* puis trois feuillets; au bas du verso du troisième, le saint Jérôme reparaît; verso du feuillet suivant, de nouveau les six jours de la Création; recto suivant *a* page 1, le grand N orné avec Dieu le Père dans sa gloire. 128 petits bois tirés de la *Bible de Mallermi* pour l'ancien testament. Au verso 117, une de ces vignettes est signée, dans le haut à droite, *F;* lettre qu'on ne rencontre pas dans l'édition originale, bien que cette vignette soit de la même facture que certains bois de 1490. Au verso 194, grand L orné, d'un beau style, mais postérieur à 1490; au verso 231, vignette en hauteur, assez bonne, plus grande que les autres, ombrée : David à genoux à l'entrée d'une grotte, un ange lui parlant. Au recto 270, petit bois au trait, en hauteur, un personnage assis écrivant; au verso 410, l'Adoration des bergers, copie de la gravure de Springinklee; au recto 411, le premier saint Jérôme. Pour les Evangiles, les premiers bois ont été remplacés par de petites vignettes en hauteur, ombrées, d'un assez bon style dont quelques-unes sont signées *C* (verso 438). A la fin, page 519 : *Biblia cū cōcordantijs veteris et noui testamenti...: ac per nobilem virum dominum Lucamantonium de giunta florentinum diligenter. Venetijs impressa Leonardo... Anno domini. M.D.XI.V. Calēdas Junij. Laus Deo.* Puis le registre et *Interpretationes* (1). (Bibliothèque de l'abbé Bailo, à Trévise.)

1515. — *Biblia.*

Passavant cite Zani (*Enciclopedia metodica delle belle arti,* t. I, pag. 11) d'après lequel les Bibles de Mallermi publiées de 1490 à 1515 contiennent les mêmes gravures signées, non seulement *b* mais aussi *IBV* ou encore *ibv*. Nous avons examiné toutes les éditions citées, sauf celles de 1494 et de 1515 et, dans aucune, nous n'avons rencontré cette signature. Ce serait alors sans doute dans ces dernières qu'on trouverait ces signatures (Passavant, t. I, page 137).

1517. — *Biblia.*

Le volume que nous avons examiné commence seulement au feuillet *b*, *De la creatione e productione de la creature corporale,* par un grand N orné à fond noir : Dieu le Père assis dans sa gloire, le globe dans la main gauche et bénissant de la droite. Il est probable que le cahier *a* comprend les feuillets préliminaires ; cela dit, 217 petits bois pour la première partie et 207 pour la seconde qui s'ouvre par le Roi Salomon — *RE SALO*. Ce grand bois, ainsi que les petits, est dû au copiste *N* dont les vignettes sont généralement médiocres, mais qui a, par exception, bien exécuté le grand bois, non pas qu'il soit d'une grande finesse, mais son style est supérieur à sa taille ; certains personnages même sont fort bien posés et sont tout à fait copiés sur les grands maîtres de la fin du xve siècle. Une bonne partie de ces bois, copiés sur la *Bible de Mallermi,* avaient déjà paru dans de nombreux ouvrages, entre autres dans *Expositione sopra euangelii*

---

(1) Le catalogue Rosenthal cite une édition de ce même Giunta, de la même année 1511, avec 100 figures seulement, qu'il attribue (?) à G. Bellini et à Benedetto Montagna. Serait-ce un exemplaire incomplet de notre édition ?

imprimé à Florence en 1496. Ces bois avaient donc voyagé entre Florence et Venise, où nous les retrouvons ici en 1517. Cet *N* était très fécond, puisque, rien que dans ce volume, nous trouvons de lui 424 vignettes, plus le grand bois. La *Bible de Mallermi*, son modèle, ne contient que 380 gravures. A la fin : *A Laudi... fu impresso questo uolume ne lalma citta di Venetia per Lazaro de Soardi et Bernardino Benalio... M.CCCCCXVII. Adi. X. de Luio.*

1519. — *Biblia cum concordātijs Veteris et noui testamēti...*

In-8°. Titre en lettres gothiques rouges. Au-dessous, un petit bois ombré, copié des bois au trait correspondants; au-dessous la marque de Giunta. Après la table, au verso du dernier feuillet, les six jours de la Création copiés de la Bible originale, dans le coin à gauche en bas, *z-a*. Mauvais petits bois dont quelques-uns signés c. Précédant le Prologue des Evangiles, un bois qu'on retrouve dans un des *Missale* de Giunta. A la fin : *Biblia... Venetiis mādato et expēsis nobilis viri Lūce Antonij di Giunta... 1519. Die 15. Mēsis Octobris. Laus Deo.* Après, le registre. (Bibliothèque du séminaire d'Udine. Cat. A, *Xb.*)

[1520. — *Biblia cum cocordantijs veteris et novi testamēti... Lugdunum : per Ioannem Marion. Expensis notabilis viri Antonij Koburger... Anno... Millesimo quīngentesimo vigesimo. Die vero Decimo nono Mensis Augusti.*

En tête d'*Epistola*, Saint Jérôme copié de la *Bible de Mallermi* et précédant les six jours de la création, emprunté à cette même Bible.]

1523. — *El fiore de tutta la Bibbia hystoriato e di nouo in lingua Tosca correcto.*

In-8, titre gothique rouge, 8 ff. par cahier ; lettres gothiques. Au-dessous du titre, bois ombré, médiocre, prenant toute la page : les six jours de la création copiés de la grande gravure de la *Bible de Mallermi* originale et signée Z. A. dans le coin inférieur à gauche. 61 mauvais bois ombrés, de très petite dimension, sauf deux, un peu plus grands ; ces derniers occupent environ en hauteur la moitié d'une des deux colonnes de la page ; un de ces deux bois, l'*Annonciation*, est au trait. A la fin, après la table : *Stampato in Venetia per Francesco Bindoni. Nel anno. 1523. Adi. 18. del mese di Nouēbre.* (Marciana, 46660.)

1525. — *Biblia vulgare Nouamente impressa. Corretta e Hystoriata. Con le Rubrice e Capitulatione.*

In-folio ; bordure dans le style de celle du *Spechio de la fede* de 1517. Sous le titre en gothique rouge, un bois ombré : saint Georges de face, à droite, tuant le dragon, placé dans le coin au bas du même côté ; dans le coin à gauche, en haut, un château-fort d'où un roi et une reine regardent la scène ; à droite, leur fille à genoux ; dans le coin à gauche : FV. — Les petits bois sont de mauvaises copies de la première édition. — Au commencement de la seconde partie, riche encadrement ombré : dans le haut, Dieu entouré d'anges, bénissant ; de chaque côté, des bustes de saints avec leurs attributs, entourés de tiges garnies de feuillage ; au-dessous, les quatre évangélistes. Le bois de milieu de la grandeur de celui de la première édition : Salomon sur son trône, vu de face, à gauche, entouré de nombreux personnages, dans une salle voûtée ; à ses pieds, à genoux, une femme ; au-dessous, l'inscription : *Audientia Salomonis*. A gauche, Salomon écrivant. — Ensuite, le registre. — A la fin : *Stampata in Vineggia per Helisabetta de Rusconi. Nel anno del nostro signore. M.D.XXV. Adi. XXIII. del mese di Decēbrio, Regnante lo īclyto Principe Andrea Griti.* (Bibl. Nat., A. 362, Réserve, A. 194.)

Ces bois de la *Bible de Mallermi*, empruntés et pillés sans cesse et partout, reparaissent encore dans le livre suivant imprimé à Lyon, sans date, TEXTVS BIBLIE.... etc. (goth. rouge; le reste du titre en rouge et noir). Au-dessous du titre, mauvaise copie de « Dum Nicolaus » de la *Bible* de Mallermi, le tout entouré d'un encadrement ombré; le tympan: Dieu le Père bénissant, tenant le globe du monde dans la main gauche, un ange de chaque côté; au-dessus: *Ad laudem. et gloriam. sanctissime. trinitatis.* De chaque côté, trois scènes de la création, copies de la *Bible* de Mallermi. Au-dessous, la Cène. — *aa*-8 et 66-10 pour les tables. *a*: les Six jours de la création, copie de la *Bible* de Mallermi. — 123 bois (174 mm. sur 146), y compris le titre et la Création; jusqu'aux Evangiles, ils sont copiés sur ceux de la Bible italienne, et de la même grandeur. Le grand bois: Songe de Salomon (162 mm. sur 137) qui précéde les Proverbes, est également copié et à peu près de la grandeur de l'original. — Précédant les Evangiles: l'Adoration des mages (1), grand bois de 168 mm. sur 200, mal dessiné et mal gravé. — Les petits bois des Evangiles sont originaux et très médiocres. — Page CCLXVIII: *BIBLIA cum concordātiis......* etc. *Impressa autez Lugduni per Iounnem Moylin al's de Cambray Feliciter explicit.* Ensuite, le registre.

1490.

Fioretti di S. Francesco. Opera deuotissima e utilissima a tutti li fideli christiani : Laqual se chiama li fioreti di misser sancto frācesco assimi | liatiua ala uita e ala passiōe del nostro signore iesu christo e | tutte le sue sancte uestigie.

In-4. 72 feuillets signés a-i (par 8); le premier feuillet

(1) Copie d'un bois de Springenklee qui se trouve dans la Bible de 1520, citée plus haut.

est blanc au recto et contient au verso une figure gravée sur bois. A la fin : *A honore de dio... e impressa questa deuota operetta in Venesia nel mille quatrocento nouanta A di quindice del Mese di Decembrio. Deo gratias Amen.* (Catalogue de M. Horace de Landau, p. 195.)

1493. — *Fioretti de Santo Francesco. Opera devotissima e utillissima a tutti li fideli christiani : Laqual se chiama li fioreti.....*

In-4 ; figures sur bois. Venise, 1493. (Brunet (1), Vol. 2, col. 1265, d'après le catalogue de la vente Riva.)

1490.

Officium B. M. V.

In-64, rouge et noir, caractères gothiques sans numéros ni réclames au registre *a-u*. Six gravures sur bois. Au commencement, le calendrier, sans frontispice ; 12 ff. *Initiu. sacti. euangelii sm. iohanne.* 5 feuillets de prières. *Incipit officiũ.* etc. A la fin : *Impressum Uenetiis per Joannem hamanum de Landoia : dictũ. Herzog. Anno incarnationis christi Millesimo quadrĩgetesimo. nonagesimo. Pridie nos. Decembris. Laus Deo.* (*Operette...* Molini, p. 124.)

1492. — *Officia beate... Joannem Hamman.*

Grandes et petites gravures sur bois et bordure à chaque page, les quatre derniers bois représentant *la tauola vulgar*.

1493. — *Officia beate Marie secunduz vsum Romane*

---

(1) Brunet distingue cet ouvrage de l'*Opera devotissima et utilissima... se chiama li fioretti de misser sancto Fracesco de 1495.*

ecclesie. A la fin : *Venetijs p ioānē hāman dictū hertzog.*
Anno M.CCCCXCIIJ.

In-8, gothique ; 136 feuillets. Jolie édition en caractères rouges et noirs avec des encadrements en arabesques et des figures très curieuses ; celle qui est en tête des sept psaumes de la Pénitence représente David jouant de la harpe. (Brunet, vol. 4, col. 167.) Didot, dans son *Catalogue raisonné,* col. 117, s'exprime ainsi :

« Ces heures sont ornées de 5 grandes figures et de plusieurs petites. Les encadrements des pages sont au simple trait et par pièces rapportées. Quelques-unes de ces pièces représentent des figures de personnages bibliques ; d'autres pièces sont imitées des arabesques des manuscrits italiens d'une époque antérieure ou de la même époque, telles que celles des manuscrits de Girolamo da Verona, de Clovio, etc... — Elles ont pu servir de type à Geoffroy Tory, qui, trente ans plus tard, puisa avec tant de succès aux mêmes sources. Ce volume est de la plus grande rareté. »

1501. — *Officium beate Marie sm vsum Romanum nouiter impressum.*

In-4, titre gothique rouge. Au-dessous, la marque rouge de Giunta. Le cahier de huit feuillets. Vingt feuillets préliminaires. Les pages sont toutes encadrées par de petits bois à fond noir au pointillé représentant des scènes de l'Ancien et du Nouveau Testament. Au verso du vingtième feuillet, l'*Annonciation,* figure sur bois, ombrée, d'un bon dessin et d'une bonne taille. Ce volume contient 13 grandes gravures ombrées généralement bien traitées. Les ombres sont fines et habilement distribuées, les contours se ressentent encore du xve siècle. Il existe certaines analogies entre les compositions de ces bois et ceux du *Vigerius,* de 1507. (Voir la descente du Saint-Esprit, verso p. 1). Nombreuses et très jolies lettres ornées au simple trait. A la fin, quelques petits bois. — *Finit officiũ beate Marie. Impressum Venetiis : impensis Luce antonii giũta Florentini Anno natal' dñi M.CCCCCJ. VJ. Kl. Julii.* (Trévise, Bibliothèque communale, 11530 et Bibliothèque Nationale, réserve B 4402 et B 345.)

1504. — *Officium beate Marie Virginis sm consuetudinem romane curie.*

In-16, caractères gothiques rouges et noirs. Sur le frontispice, le lis de Giunta avec les lettres *L.-A.* Figures de l'édition de 1501. A la fin : *Impressum Venetiis impensis Luce antonii de giunta Florentinũ Arte aũte. Jacobi pentii de Lucco. Anno a natiuitate dñi. M.CCCC. IIIJ die IX Kal augusti.* (Molini... Operette, p. 156, et Brunet.)

1505. — *Officium beate Marie...*

In-8, 196 feuilles gothiques ; 13 grandes et belles gravures en bois, bordures variées à chaque page. (Tross. 1878, n° 11, page 79, n° 648.)

1511. — *Explicit offm ordinariũ Bte Marie Vgis. Impressuz Venetiis ĩpensis nobilis viri Bernardini stagnini de Monteferrato anno salutis* 1511. *die* 15. *decembris.*

In-8. « Plusieurs sujets historiques dont un, la *Conception de Sainte Elisabeth* est marquée *.i-a.* Ces productions, qui diffèrent dans l'exécution de celle des plus anciennes gravures vénitiennes, sont traitées avec des hachures diagonales, et le dessin est dans le style du xv° siècle. » (Passavant, peintre-graveur, vol. 1, page 141.)

D'autre part, nous lisons dans Moschini, manuscrit inédit conservé au musée Correr, à propos de cette édition, ce qui suit : « *Officium ordinarium. B. M. Virginis..... Venetiis impensis Bernardini Stagnini.* 1511. Il y a des gravures avec les marques *Z.-A.*, et une avec *i-a*, feuillet 96, *Concezione d'Elisabeth*. Nous ajouterons que quelques bois ont la marque *D* que nous ne pouvons interpréter. »

1512. — *Officium beate Marie sm usuz | Romanum noviter impressum...*

In-8, goth. rouge et noir, 136 ff. (16-120). A la fin : *Finit officium beate Marie Vir | ginis quam diligentissime corre | ctum. Venetiis Impressum : impēsis nobilis viri Bernardini Stagnini* (1) *de Monteferrato. Anno a salutifera incarnatione.* 1512. *die XV Klendas maij.* « La justification est totalement environnée d'ornements simples dans les marges supérieure et intérieure, mais formée de sujets dans les marges inférieures et de gouttière. Ces sujets sont empruntés aux deux Testaments, distribués par trois à la page et séparés par des légendes rouges ; ils se répètent naturellement, mais ils sont si nombreux et la répartition en est si habilement irrégulière, que la multiplicité des compositions semble réelle. Il y a en outre des capitales à figures et quatorze grandes planches hautes, tirées sur des verso. — *Annonciation*, p. 8 et 40. — *Visitation*, p. 10. — *Nativité*, p. 17 et 40. — *Etoile des bergers*, p. 20. — *Adoration des Mages*, p. 26. — *Circoncision*, p. 23. — *Fuite en Egypte*, p. 29. — *Christ*, p. 74. — *Descente du Saint-Esprit*, p. 76. — *David pénitent se confessant à Gad*, p. 42. — *Mort de la Vierge*, p. 53. — *Massacre des Innocents*, p. 37. — Le roi David est représenté rapportant l'arche d'alliance, composition fréquente dans les éditions juntines. La deuxième et la onzième sont marquées des initiales *I.-A.*, très communes dans les impressions vénitiennes et attribuées tantôt à Jean-André Vavassore, tantôt à Lucas-Antoine Junte. Brulliot cite à ce propos une édition de ces Offices, parue le 15 décembre précédent, également *impensis B. Stagnini*.

(1) Bernard Stagnini de Montferrat imprimait à Venise dès 1483.

Au-dessous du titre est un petit moine portant le viatique. A la fin du livre, au-dessous de la souscription, la marque du libraire : un cœur avec un *B* au centre ; le montant du *B* se prolonge par le haut et au-delà du cœur, pour se terminer par une croix sur laquelle s'accroche un *S* ; dessin blanc sur fond rouge. » (Catalogue... Alès, p. 281.)

1522. — *Officium hebdomade sancte : secundum Romanam curiam.* Venet., Jo. Ant. et fratres de Sabio, 1522 *mensis April.*

Vign. au titre, 6 fig. de la grandeur de la page et beauc. d'initiales ornées. 139 ff. ch., car. goth. rouge et noir. (Librairie Rosenthal, Munich.)

1490 (circa).

Astrolabii quo primi mobilis motus deprehenduntur canones.

In-4, gothique, de 30 feuillets à 36 lignes. Figures sur bois et initiales fleuronnées. S. L. N. D. Edition qui paraît avoir été imprimée chez E. Ratdolt à Venise, vers 1490. (Brunet, vol. 1, col. 532.)

1494. — *Astrolabum planum in tabulis ascendens : continens qualibet hora atque minuto equationes domoz celi...*

In-4. Av. des fig. de mathématiques. Au verso du titre, une belle xylographie au trait : l'auteur assis à gauche, tenant de sa main gauche la Sphère, signée *N*, comme certains bois de l'Ovide de 1497. — Sous le titre imprimé en gros caractères gothiques, la marque typographique de Luca Ant. Giunta ; à la fin, celle de Jean Emericus. A la fin : *Opus astrolabij plani in tabulis : a Johāne Angeli a nouo elaboratum explicit feliciter. Impressum venetijs per iohannē Emericum de Spira. Anno sal. 1494. V. id. Junij.*

1512. — *Astrolabii quo primi mobilis motus deprehenduntur Canones.*

In-4, caractères gothiques, non chiffré et registre de *a-d.*, figures sur bois. Sur la page du titre qui sert de frontispice : *Instrumentum Astrolabii etiam Impressum Uenetiis in officina Petri Liechtenstein Caloniesis Germani ano.* 1512. A la fin le mot *FINIS*. (Molini, *Operette*, p. 203.)

1490 (circa)

Questo e el castello de este elquale anticamente si chiamaua Ateste etc. S. l. n. d. (*Venetia* circa 1490.)

Petit in-4° de 12 feuillets, dont le dernier blanc ; lettres gothiques, gravures sur bois au titre (catalogue Tross, 1874, n° 3212). Nous citons ce rare volume (quoiqu'il ne soit pas indiqué si la gravure est au simple trait) à cause de la date supposée qui nous fait croire qu'il doit rentrer dans notre cadre.

1491.

Comento di Christophoro Landino fiorentino sopia la comedia di Danthe Alighieri Poeta fiorentino.

In-folio. En tête du premier feuillet, le titre en caractères romains ; 292 feuillets paginés en chiffres romains ; majuscules et minuscules ornées à fond noir. Six feuillets pour le *proemio*. En tête de l'*Enfer*, une gravure occupant toute la page (Dante et Virgile au sortir de la forêt, effrayés par les trois monstres), dans une belle bordure ; la gravure est à fronton : au centre du fronton, Dieu le Père, en buste, bénissant ; dans les coins, deux lions assis ; au-dessous, une corniche soutenue par les chapiteaux de deux colonnes cannelées formant les côtés de la bordure ; sur chacun des chapiteaux, un enfant nu tenant un vase ; autour de chaque colonne s'enroule la queue d'une sirène servant de base. Dans la partie inférieure, une frise au centre de laquelle un médaillon à écu, accoté de deux génies ailés nus, posant le pied sur un dauphin dont la queue s'enroule autour d'un buste d'empereur romain. En tête de chaque chant du poème, une vignette. Avant le prologue du *Purgatoire,* une gravure occupant toute la page avec la bordure ci-dessus, gravure répétée au verso et montrant Dante et Virgile à l'entrée du purgatoire. Entre le prologue et le premier chant du *Paradis,* une gravure de même dimension dans la même bordure, Dante et Béatrix à l'entrée du paradis, inférieure aux deux autres. Au verso de la page CCLXXXXI : *Finita e lopa delīclyto et dīvo dāthe alleghieri poeta fiorētino,* etc., etc... *impressi i uenesia p Bernardino benali et Matthio da parma del MCCCCLXXXXI. adi. III. Marzo,* etc., etc. ; au bas du feuillet suivant qui est le dernier, au-dessous d'*Amen,* la marque de Benali et Matheo : un rectangle en hauteur sur fond noir au bas duquel un cercle divisé par un diamètre horizontal ; dans la partie inférieure du cercle, un M sur fond blanc ; dans la partie supérieure, un B dont la verticale se prolonge jusqu'au sommet du rectangle, cette ligne étant coupée dans le haut par deux traits d'inégale longueur qui forment avec elle une croix de Lorraine.

1491. — *Comento di Christophoro Landino fiorentino sopra la comedia di Danthe alighieri poeta fiorentino.*

In-folio ; titre au haut du feuillet verso *a;* bois copiés sur l'édition précédente, mais agrandis et heureusement corrigés. En tête du feuillet III, *Comento di christophoro Landino fiorentino sopra la comedia di Danthe alighieri poeta fiorentino,* puis neuf feuillets jusqu'à *a*10, puis la table de AAIII jusqu'à B, puis enfin 319 pages y compris *le Canzone,* la pagination commençant à B par le chiffre arabe 11 jusqu'à 315. Formes de huit pages registrées de A à A8 jusqu'à Z8 se continuant de *a* à *a*8 jusqu'à *z*6.

Cent bois de 82 sur 82 mm. Un en tête de chaque chant ; le bois du chant xx porte la marque *b*. Au verso z11 : *Et fine del comento di Christoforo Landino Fiorentino sopra la comedia di Danthe poeta excelletissimo. E impresso in Vinegia per Petro Cremonese dito Veronese : A di. XVIII. di nouebro. M.CCCC.LXXXXI emendato per me maestro piero da fighino dell ordine de frati minori;* viennent ensuite les *Canzone* finissant au verso z6 : *Qui finisse le canzone de Danthe.* (Bibl. Nat. Rés. Y + n. p.)

1493. — *Danthe alighieri Fiorentino.*

In-folio. Sur le feuillet *a*-1, le titre en lettres gothiques. Registré *a*8, *b*8, etc., se continuant par A8, etc., jusqu'à O6. Chiffré depuis *a*1 jusqu'à CCXCIX, plus le registre (O6). Au verso *a*1, même gravure que dans le *Dante* de 1491 de Benali et Matheo da Parma, avec le même encadrement qui, ici, est entouré d'une charmante bordure faite de fleurs, de fruits, d'arabesque, d'oiseaux et de masques. Cette bordure, d'environ deux centimètres de largeur, est tout à fait dans le style de l'encadrement de la gravure. Au feuillet *a*11, le texte commence par une très belle N ornée, au simple trait. La page offre la même bordure que la page précédente. Les vignettes et les grandes gravures sont les mêmes que dans l'édition de Benali et Matheo. Nombreuses lettre ornées au trait. Une seule grande gravure pour le Purgatoire, mais sans la bordure ; de même pour le Paradis. La grande gravure qui précède le Paradis est moins fine et moins belle que les deux autres. Du reste il en est de même dans l'édition de 1491. Au feuillet O5 : *Finita e lopa dellinclito et divo Dāthe alleghieri, etc.... Impressa in Venetia per Matheo di chodeca da parma Del MCCCCLXXXXIII. Adi. XXIX de Novembre.* O6, Registre. (Collection de M. Georges Duplessis.)

1497. — *Dante alighieri fiorentino.*

In-folio. Titre au feuillet *a*, le titre en gothiques. Verso *a*-I. *Proemio, Comento di Christoforo Landino* de dix feuillets; au verso *a*, le frontispice de l'*Enfer*, tiré de l'édition de Benali et Matheo de 1491; le champ central du tympan est en blanc; feuillet *a*-II. bordure de l'encadrement du frontispice de l'*Enfer*, empruntée à l'édition de 1493, publiée par Matheo da Parma seul. Grandes et petites majuscules sur fond noir. Bois de l'édition de Veronese. Le *Purgatoire* et le *Paradis* sans frontispice. A partir du feuillet *a*II, jusqu'à l'avant-dernier feuillet du volume, CCXCVII, pagination en chiffres romains. Au recto du feuillet CCXCVII, *fine del comento di Christoforo Landino..... Impresse in Venetia per pietro de Zuanne di quarengii da palazago bergamasco. Del MCCCC. LXXXXVII. Adi XI octubrio;* sur la seconde moitié de la page, *il credo di Danthe;* au verso du même feuillet, la suite du *Credo*, puis le *Pater nostro di Danthe* et l'*Ave Maria di Danthe*, au-dessous duquel AMEN. Au recto du dernier feuillet, le registre. (Bibl. Nat. Rés. *g. Yd.* 1).

1507. — *Dante Alighieri fiorentino historiado.*

In-folio; caractères gothiques. Au-dessous du titre : *Cum gratia et priuilegio*. A la fin : *Impressa in Venetia per Bartholomeo de Zanne da Portese. Del M.D. VII. Adi. XVII de Zugno.* Figures de l'édition de 1491 de Codeca et Benali, ainsi que le premier grand bois de cette édition; les deux autres grandes gravures ont été supprimées. Le *Paradis* est orné du premier petit bois du *Paradis* de l'édition de Vercellese, parue en 1491. (Bibliothèque du Grand Séminaire, n° 57, Mayence.)

1512. — *Opera del Divino poeta con suoi comenti.*

In-4°; lettres rondes. Au-dessous du titre, bois au trait,

représentant saint Bernardino, nimbé, une mître à droite, à la hauteur de la tête; à ses pieds, du même côté, une autre mître; il tient un livre dans la main gauche; à gauche de la gravure *In Bibliotheca*; à droite *sancti Bernardini*. Encadrement ombré. La partie inférieure représente la Création. En tête du premier chant de l'*Enfer*, bois ombré, copié en partie sur l'édition de 1491. Tous les autres petits bois, placés en tête de chaque chant, sont ombrés et imités de ceux de cette même édition; les grands bois, précédant le Purgatoire et le Paradis, manquent. Ces vignettes sont médiocres et de mains différentes; un certain nombre sont signées *C* sans qu'on puisse les attribuer au même *C*, qui a signé certaines vignettes au simple trait du *Merlino*. A la fin : *Fine... Impressa in Venetia per Miser Bernardino Stagnino da Trino de Monferra. Del. M.CCCC.XII. Adi XXIIII. Nouembrio.*

Deux autres éditions du même Bernardino Stagnino, 1516 et 1520, sont des réimpressions de cette dernière. Elles contiennent cent bois, placés dans le texte au commencement des chants, outre un premier grand bois qui occupe toute la page.

1491 (1).

Guido bonatus de forlivio. Decem | continens tractatus Astronomie.

In-4°; titre au premier feuillet; caractères gothiques;

---

(1) Nous avons trouvé une édition du même livre publié en 1489, trop tard pour le placer à sa date. Nous en donnons ici une courte description. 1489. *Guido Bonatus de Foligno, decem continens tractatus astronomiæ. Venetiis, 1489.* In-folio. A la page du titre un grand bois un peu ombré, représentant *Guido Bonatus*, assis dans une sorte de stalle, vêtu en chiromancien, le chapeau pointu sur la tête; il regarde à droite et tient élevé de la main gauche un instrument d'astronomie; à sa gauche *Astronomia*, vue de face, demi-nue, tenant un livre d'astronomie de la main gauche; a droite *Urania musa celestis* nue, vue de dos, élève la main gauche a la hauteur de ses yeux pour mieux voir; dans le haut de la gravure, les signes du zodiaque et des étoiles; la gra-

belles lettres ornées à fond noir ; nombreuses figures sur bois dont quelques-unes avaient déjà paru dans divers ouvrages publiés à Venise par Ratdolt, entre autres les signes du Zodiaque dans plusieurs livres d'astronomie; les autres sont des bois allemands très médiocres. A la fin, au verso de l'avant-dernier feuillet : *Liber astronomicus Guidonis bonati de forliuio explicit feliciter... Erhardiqz ratdolt viri solertis : eximia industria et mira imprimendi arte: qua nuper venetiis : nunc Auguste vindelicorum excellit nominatissimus. Septimo Kal Aprilis. M.CCCC.LXXXXj.* Au recto suivant la marque de Ratdolt, en partie rouge, avec ces mots placés au-dessus : *Erhardi ratdolt foelicia conspice signa.* | *Testata artificis qua valet ipse manum.*

1506. — *Guido Bonatus de Forliuio. Decem continens tractatus Astronomie.*

In-folio; titre en lettres gothiques; sous le titre le bois de l'édition de 1489. Ce grand bois a été souvent reproduit et copié. Nombreuses petites vignettes dans le texte. A la fin : *Venetiis Mandato et expēsis Melchionis sesse : Per Jacobū pētiuz Lencēsez. Anno dñi. 1506. die 3 Julii...* — Au-dessous, marque de Sessa.

vure est encadrée d'un ornement à fond noir. Ce beau bois, d'un très bon style, est ombré avec soin. Cette gravure, pour la composition, peut être comparée à la figure du commencement du *Sphaera mundi* de 1488; les personnages sont un peu modifiés et changés de place. Passavant, qui la cite (*Le Peintre-graveur*, t. I, p. 135), ne se trompe-t-il pas en parlant d'une gravure sur *métal ?* Cette estampe n'est-elle pas plutôt un bois finement taillé ?

Nous profitons de cette occasion pour donner le titre de l'édition rarissime des *Méditations* de 1500 signalée dans le *Bulletin* de septembre-octobre, titre que nous venons de découvrir dans un exemplaire de la Bibliothèque de Vérone : *Incominciano le deuote meditatione sopra la passiō | del nostro signore Jesu Christo cauate : & funda | te originalmete sopra sancto bonauetura car | dinale del ordine minore sopra Nicolao | de Lira : etiam dio sopra altri | doctori : & predicat | tori appro | bati.* Ce titre est mis en triangle.

1491.

Vite de Santi Padri.

In-folio de 156 feuillets ; plus la table de *u*2 à *u*6. La page *a*1, qui contenait le titre, manque dans cet exemplaire (Bibl. Nat., Rés. C. 454) ; ce titre devait occuper une seule ligne comme celui de la *Bible de Mallermi.* Répétition de l'encadrement du frontispice de la *Bible de Mallermi* (sauf le tympan qui renferme Dieu le père en demi-figure, regardant à gauche et bénissant des deux mains), dont l'imprimeur et l'éditeur sont les mêmes. Le frontispice de ces *Vite* (*a*4) est un des plus remarquables de cette école de gravures au trait ; il offre au milieu de la composition un berceau de verdure et de fleurs abritant un lit sur lequel un martyr est étendu, les membres liés ; une jeune femme (*meretrice*) se penche vers lui : « Non havendo altro remedio (dit le texte pour exprimer la scène) di aiutare mordendosi la lingua si taglio et sputolla in facia di quella meretrice » ; dans le haut, à gauche, un martyr nu, saint Cyprien, le corps couvert de miel, piqué par un essaim d'abeilles ; à droite, saint Paul se retirant dans le désert et, plus haut, le même saint dans une chaumière ; d'un côté du berceau, au premier plan, une fontaine ; de l'autre, un martyr que l'on décapite. Les vignettes, au nombre de 388, dont beaucoup fréquemment répétées, sont signées de quatre marques différentes, quoiqu'elles paraissent au premier abord d'une seule main. Ces marques sont le petit *b* ; le *b* plus grossièrement taillé, placé entre deux points, l'*i* et le *J* ; les plus petites vignettes sont toutes empruntées à la *Bible de Mallermi,* entre autres celles qui portent les deux marques différentes *b.* De nombreuses lettres ornées, soit au trait, soit à fond noir. Au-dessous de la première colonne de la table *u*2 : *A Laude et gloria del onipotente Idio et de la* *gloriosissima uergine Maria: e di Sāclo Ioāne Baptista. Qui finisse le uite di Sācti padri uulgare hystoriate e stampate ne lalma citta de Venetia p Gioāne Ragazo de Moteferato Ad instantia di Luchantonio di Giunta Fiorentino Sotto gli āni de la nostra redētīoe. M.CCCCLXXXXI. A di. XXV. di zugno. Sotto el pōtificato Innocentio octauo. Regnante Augustino Barbadigo Inclito principe de Venitia. Finis.* A la fin de la table, verso *u*5, après : *Finisse la tabula de le uite di Sancti padri. LAVS DEO,* la marque rouge de Giunta, puis, *u*6 le registre.

(1491 circa). — *Vita di Sancti Padri vulgare historiata.*

In-folio; titre goth. *a*-1; 154 feuillets chiffrés; le dernier porte CLVIII pour CLIV, plus la table du verso *u-ii* jusqu'au verso *u*-v. Même grand bois que dans l'édition de 1491 avec le même encadrement au feuillet *a*-IV; les deux feuillets qui précèdent sont occupés par la *Vita de Malco Monaco.* 250 bois dont deux sont imprimés à l'envers; l'initiale du verso de la page 78 manque. Il est difficile de préciser la date de cette édition; il nous semble cependant qu'elle a dû paraître entre celle de 1491 et celle de 1493, puisqu'elle conserve encore le premier encadrement.

1493. — *Vita di santi padri vulgare historiata.*

In-folio. Titre gothique, *a*I, 154 feuillets, plus la table, du verso *u*II au recto *u*VI; *a*III, même bois que dans l'édition de 1491, mais l'encadrement est différent : le Père éternel, au centre, tourné vers la droite, tient un livre d'une main et bénit de l'autre, tandis que dans l'édition de 1491 il est tourné vers la gauche. Les deux colonnes ornées, encadrant la composition centrale, reposent sur deux soubassements terminant deux colonnes rondes servant de bases aux autres; dans la frise du bas, des Amours vendangeurs, un autre Amour portant un lièvre mort, au milieu, deux autres tenant un écusson. La partie supérieure de cet encadrement, composée d'ornements accumulés sans élégance, est d'un moins bon style que les bordures des ouvrages précédents et que la partie inférieure de la page. Cet encadrement est tiré du *Supplementum chronicarum* de 1492. 248 vignettes, les mêmes que dans l'édition de 1491 (1). Nombreuses lettres ornées, toutes au trait ; au verso de la page 78, une charmante initiale E représentant Don Nicolo, réduction du *Nicolo écrivant* de la Bible de Mallermi. Au recto u-6 : *A Laude e gloria... Qui finisse le uite di santi padri uulgare hystoriate e stampate ne lalma citta de Venetia per Gioanne* (2) *di cho de ca da parma. Ad instantia di Luchantonio di Giunta Fiorentino Sotto gli anni de la nostra redēptione. M.CCCCLXXXXIII. A di. III. di februario. Sotto el pontificato de Alexādro sexto. Regnante Augusto Barbadigo iclito prīcipe de Venetia. Finis.* Puis le registre et, au-dessous, la marque rouge de Giunta. (Bibl. Nat. Rés. H-118. H-348.)

1512. — *Vita di Sancti Padri vulgare hystoriata.*

In-folio ; titre gothique ; au-dessous le saint Bartholomeus. Lettres rondes de grosse dimension. 8 feuillets préliminaires ; le neuvième commence par le grand bois de l'édition originale, avec l'encadrement du *Supplementum* de 1503. Dix-huit petits bois pour le premier livre. Le livre II commence par un petit bois avec l'encadrement du Dante de 1491 ; 14 petits bois. Le livre III commence par un petit bois et le même encadrement, 20 petits bois. Même commencement pour le livre IV et 10 petits bois. De même pour le livre V, 10 petits bois. Pour le livre VI,

---

(1) Les imprimeurs de ces temps se pillaient avec un tel sans-façon et si peu de discernement, que la vignette tirée à l'envers dans l'édition de 1491 (chapitre xvi, livre III) est reproduite également à l'envers dans cette édition (chapitre xvi, livre III.)

(2) Giovanne di Codeca, qui figure comme imprimeur des *Triomphes* de Pétrarque de 1492, était le frère de Matheo. (*Archivio Veneto*, n° 59, p. 173.)

29 petits bois. En tout, 101 bois non compris celui du frontispice du I⁰ʳ livre. Ils sont pour la plupart signés *i* et *j*. A la fin : *Finisse le Vite de Sancti Padri... Stampate in Venetia per Bartholomeo de Zanni da Portese. Nel M.D. XII. ad. XXIIII. Nouembrio;* puis le registre. (Museo Civico e Correr, E. 222.)

1518. — *Vite de Sancti Padri.*

In-folio; le titre manque, mais semble être le même que celui de l'édition précédente à laquelle ce volume est conforme. A la fin : *Finisse le Vite de Santi Padri uulgare historiate. Stampate in Venetia per Gulielmo da Fōtaneto de Monfera. Nel. M. D. XVIII. Adi. XVIII. Augusto;* puis le registre. (Marciana, 27991.)

1532. — *Vite de Sancti padri hystoriate : nouamente con molte additioni stampate : e con somma diligentia corrette.*

In-folio; sous le titre en lettres gothiques, la Vierge, assise, tenant l'Enfant de son bras gauche; deux anges de chaque côté. Bois ombré. Encadrement ombré, imité du xv⁰ siècle; à droite, dans cet encadrement, les lettres .I. .C. Au-dessous : MDXXXII. Du verso A au recto A-vi, la table; du verso A-vi jusqu'à A-viii, le prologue. Au f. *a*, gravure de l'édition de 1491, encadrée par un bois ombré, du même style que le premier; à droite, les deux lettres .I. .C.

Ce sont les bois de la première édition qui ornent ce volume, en moins grand nombre cependant. A signaler deux nouveaux bois, l'un au commencement du f. *a-ii: Sancto Antonio ando a trouare san Paulo priō heremita e se scōtro in qsti fauni;* le saint, à gauche, s'entretient avec un centaure ; à droite, entretien de Saint Antoine avec Saint Paul ; l'autre gravure (f. VIII), de la même dimension : *Uno deuoto parlare della Vita de Sancto Francesco ;* à droite, Saint François stigmatisé par un ange ; à gauche, il donne un pain à un pauvre ; au-dessus de sa tête, à droite : *S. F.* Ces deux bois, de 74 mm. sur 58 sont tirés du *Legendario* de 1494.

Recto du dernier feuillet : *Stampate in Venetia a Sancto Moyse al segno del Lanzolo Raphael Per Francesco di Alexādro Bindoni e Mapheo Pasqui cōpagni. Nel Anno .M.D.XXXII Del mese di Aprile.* — Au-dessous, le registre. Au verso de ce feuillet, bois ombré : l'archange Raphaël debout, ailé, tenant par la main *TOBIOLO* qui porte un poisson de la main droite ; ils se dirigent vers la droite ; à gauche, un petit chien ; au-dessus de l'archange : *ARCANGELVS RAPAEL.* (Marque d'Alexandre Bindoni dont l'enseigne était l'ange Raphael.) — A gauche, dans le bas, la lettre *b* plus grosse que le petit *b* ou le *b* entre deux points et que nous rencontrons ici pour la première fois. (Bibl. Nat., réserve, H. 369).

1547. — *Vite de Sancti Padri col prato spirituale... In Vinegia appresso Girolamo Scotto.* **MDXLVII.**

Titre au-dessous d'un joli bois ombré représentant Saint Jérôme à genoux ; le lion derrière lui, à droite : 65 mm. de large sur 65 mm. de haut. Registre de A à Z et de AA à DD. Au verso du huitième feuillet préliminaire, grande et belle marque de Scotto, avec ces mots sur une banderole : *in | tenebris | fulg | et.* — Très mauvaises copies des éditions antérieures, notamment des figures tirées de la première édition.

1491.

Legenda delle Sᵃ Martha e Magdalena. — *In lo nome de la sācta trinitade : Incomēza la Miraculosa legēda dele dilette spose e care hospite de christo Martha e Magdalena.*

In-4°. — Lettres rondes. — 8 feuillets par cahier. — Feuillet *a* : en haut, à gauche, une vignette de 74 mm. sur 58 mm. de hauteur, au trait, style *b* : Ste Madeleine allant chez Simon, lavant les pieds du Christ, et priant avec ferveur. — Même vignette recto *b*-iii. — Recto *c*-v : *Résurrection de Lazare*, prise dans les *Méditations* de 1489. — Recto *c*-viii : la *Cène*, de la même édition. — Verso cviii : petite *Crucifixion* de l'édition de 1490. — Verso *d*-i : *Mise au tombeau* de l'édition sans date. — Recto *d*-ii : *Résurrection* de 1489. — Verso *d*-iii : *Pieta* de l'édition sans date. — Verso *d*-iiii et recto *d*-v : deux bois de 94 mm. sur 42 mm. de hauteur : *Comment Marthe et Madeleine sont consolées de la résurrection, ascension et mission de l'Esprit saint.* — Feuillet *e*-v : *Crucifixion* que nous retrouvons dans l'édition de 1508 de Rusconi. — Feuillet *f*-viii : vignette de 74 mm. sur 58 mm. de hauteur : Ste Marthe et Ste Madeleine en face du dragon ; à gauche et à droite, quatre hommes traversant le monstre de leurs piques. Au-dessous, la marque de l'édition de 1494 ; le registre ; puis, au-dessous : *Impresso in Venetia p Mattheo di co de cha da Parma. Adi prio de februario. M.CCCC.LXXXXI.* (Bibl. Nat., Réserve, H. 1. 588.)

1494. — *In ho nome de la sancta trinita. Incommenza la miraculosa legēda dele dilete spose e care hospite de Christo Martha e Magdalena.*

In-4°; lettres rondes; reg. *a, b, c, d, e, f*; 48 feuillets, 8 feuillets par cahier. Ce volume semble une réimpression de l'édition de 1491, à laquelle il est conforme, sauf pour l'encadrement qui n'existe pas dans cette dernière. Au feuillet *a*, l'encadrement au trait de la *sainte Catherine de Sienne*. 12 bois de diverses grandeurs, dont un certain nombre sont tirés de différentes éditions des *Méditations* ou d'autres ouvrages contemporains. A la fin : *Impresso in Venetia p. Matheo di co de cha da Parma. Adi. Xiii. de Augusto. M.CCCC.LXXXiiii.* (Museo Civico e Correr. H. 30 et Bibliothèque de Vérone.)

1491.

Alberti L. B. Ecatonphyla.

In-8, caractères ronds. Au feuillet *a-ii*, au-dessus du texte, un petit bois représentant une vieille femme parlant à trois jeunes femmes. A la fin : *Finisce Ecatonphila laquale insegna amare. Stampata in Venesia per Bernardino da Cremona nel M.CCCCXC. Del mese di Marzo.* (*Operette...* Molini, p. 124.)

1491.

Diomedis doctissimi ac diligentissimi Lingve latinæ perscrvtatoris de arte grammatica opvs vtillissimvm.

In-folio. Au feuillet *a-ii*, au-dessous du titre, Diomède offrant son livre à Athanase ; à gauche Athanase, assis sur un banc, la tête laurée, Diomède, à genoux devant lui, lui tend son livre. La page est entourée d'un encadrement à fond noir ; dans le bas, deux *putti* ailés tournant le dos à un écusson blanc qui forme le centre : celui de droite joue du violon, celui de gauche souffle dans une flûte ; dans le haut, un médaillon à chaque angle ; au milieu, deux sirènes se faisant face au-dessus d'un masque. Le texte commence par un grand A, au trait, renfermant un lapin. La gravure est d'un dessin médiocre et d'une taille très rudimentaire. Elle est entourée d'une petite bordure à fond noir. A la fin : *Impressum Venetiis per Christoforum de Pensis de Mandelo. Anno Domini nostri Iesu Christi : MCCCCLXXXXI. Die uero iiii mensis Iunii;* suit le registre.

1494. — *Diomedis doctissimi ac diligentissimi Lingva... de arte grammatica...*

In-folio; 6 feuillets par cahier. Au-dessous, à gauche, bois carré avec quelques hachures : Diomède offrant son livre à Athanase; montagnes et clochers à droite. Bois rude de dessin et de taille, mais beaucoup meilleur que celui de la première édition (67 sur 73 de hauteur, sans l'encadrement). Cette vignette et le reste de la page sont bordés de l'encadrement à fond noir, de 1491. A la fin : *Impressum Venetiis Anno. M.CCCCL.XXXXiiii. Mensis Martii. die X.* (Bibliothèque de Vérone.)

1500. — *Diomedis doctissimi ac diligentissimi linguæ perscrutatoris de arte gramatica opus utilissimum.*

In-folio de soixante-dix-neuf feuillets de 46 et 47 lignes, chiffrées. Lettres romaines. Jolies initiales ornées, parmi lesquelles l'alphabet d'enfants de Holbein. Au dernier feuillet, la marque de l'imprimeur avec ses initiales Z. T. A la fin : *Impressum Venetiis per Joannem de Tridino Alias Tacuinum... M.CCCCC. die vero III Mesis Septembris.* (Hain, 5223.)

1491.

Sancto Ioanne Climacho Altramente Schala Paradisi.

In-4°. Au-dessous du titre, charmant petit bois au trait, l'Annonciation : la Vierge à genoux à droite; à gauche, l'ange agenouillé, tenant un lys, une banderole sur la tête avec ces mots MRIA. GRA. PLENA. DOM; Dieu le Père dans sa gloire, en haut, à gauche; le Saint-Esprit se dirige vers la Vierge; un lapin au premier plan, au milieu de la vignette. Palais à arcades dans le fond à droite. Verso a-ii, Pietà de l'édition sans date des Méditations. Le premier de ces bois est d'une finesse exquise, aussi bien gravé que dessiné. A la fin : *Questo Libro fu facto in Venesia per Matheo da Parma. Nel M.CCCC.LXXXXI. Die .VIII. Mensis IVNII.* (Marciana, 40567.)

1492. — *Sancto Iohanne Climacho Altrimenti Scala paradisi.*

In-4 ; lettres rondes. Au-dessous du titre, un saint : à droite et à gauche, des religieux qui l'écoutent et lui parlent. Bois au trait (style *b*) qu'on retrouve dans le *Legendario* de 1494. A la fin : *Questo Libro fu facto in Venetia per Christophoro da Mandelo. Nel. M.CCCC.LXXXII. Die. XII. Mensis Octvbris.* Suit le registre. (Muséo Civico e Correr, Cicogna. H, 95.)

1491.

Fasciculus medicine Johannis de Ketham. Impressum Venetiis per Johannem et Gregorium fratres de forlivio. Anno dñi millesimo quadringentesimo nonagesimo primo mensis Julii die XXVI.

Grand in-folio, semi-gothique, à deux colonnes de douze feuillets non chiffrés sous les signatures A et B.

Feuillet 1 *a* blanc ; 1 *b :* titre. *Fasciculus medicinæ* en gothiques rouges. Feuillet 13 *b*: *Finis fasciculi medicinæ Johannis de Ketham. Revisus per Georgium de Monteferrato Artium et medicinæ doctorem, etc.* Feuillets 14 et 15, d'un texte plus fin : *Consilium Petri de Tausignano pro peste evitanda.* Feuillet 16 blanc.

Au feuillet 1 *b*, dans les quatre coins, trois cercles concentriques contenant la description des quatre tempéraments *sanguinicus, colericus, flegmaticus, melancolicus.* Au centre, un grand cercle, qui en contient sept autres, disposés autour d'un huitième, ces huit étant de même dimension. Dans des carrés oblongs, vingt et un récipients à urine et, au-dessus, des légendes explicatives. — Feuillet 2 *b* : *Tabula secunda De flebotomia* : un homme nu, vu de face, avec des indications sur les endroits où peuvent se pratiquer des saignées. Ce bois, plus grand que les autres, est replié dans le bas. — Feuillet 5 *a* : *Secunda tabula fleubotomiæ* : figure d'homme nu, de face, bras étendus et jambes écartées ; il est debout sur un terrain accidenté, semé de touffes de feuilles et de pierres ; entre ses jambes, deux dauphins avec les queues enroulées ; au-dessous, une petite figure d'homme nu, vu de profil, penché en avant, semblant vider une grande amphore qu'il porte sur l'épaule gauche. Les douze signes du Zodiaque sont répartis sur la grande figure ; autour d'elle, des carrés oblongs avec des légendes interprétant les signes du Zodiaque au point de vue médical. Bois replié dans le bas. — Feuillet 5 *b* : *Tabula tertia De muliere* : femme nue, assise, le ventre ouvert laissant voir l'utérus et un fétus ; indications vagues et arbitraires d'intestins ; sur les diverses parties de la figure, des noms de maladies ; au bord de la page, des légendes explicatives. Bois replié dans le bas. — Feuillet 9 *a :* *Tabula quarta De cyrurgia* : un homme debout, nu, bras étendus et jambes écartées, le corps criblé de blessures, les armes (poignards, dagues, épées, couteaux, flèches), étant restées dans les plaies. Sur d'autres points du corps, des indications de maladies et les noms de certaines parties internes ; le long de la page, des légendes explicatives. Bois plus petit que les autres, non replié.— Feuillet 12 *a:* *Tabula quinta De anathomia:* un homme nu, de face, le poing droit sur la hanche, l'avant-bras gauche levé. Sur le corps et ailleurs, des noms de maladies ; dans le haut, des cercles reliés par des lignes au sommet de la tête, contenant les noms des qualités intellectuelles correspondant aux diverses parties ; curieux essai, le premier sans doute, de la science des Lavater et des Gall.

« Cette édition de 1491, dit M. E. Piot (*Cabinet de l'amateur*, nouvelle série, 1861), n'est qu'un cahier de

16 feuillets contenant cinq planches anatomiques. Les premières sont de taille fort grossière ; il est évident que le dessinateur est trahi par l'inexpérience du graveur ; mais sous ses maladresses répétées, il est encore facile de reconnaître, dans le dessin de l'ensemble, la fermeté du contour et un certain air de grandeur qui caractérisent plus particulièrement l'influence d'Andrea Mantegna sur les artistes vénitiens de la terre ferme, c'est-à-dire de Padoue, de Vicence et de quelques autres localités. »

1493. — *Incomincia el dignissimo fasciculo de Medicina in volgare il quale tracta...... Qui finisce el fasciculo de Medicina vulgarizato per Sabastiano Manilio Romano, E stampito per Zuane et Gregorio di Gregorii. Nel MCCCCLXXXXIII. adi. V. Februario in Venexia.*

In-fol. de 52 feuillets non chiffrés de 48 lignes, sign. a-i, caractères ronds, fig. sur bois.

1 *a :* Grand bois de page; en haut, une tablette avec huit livres dont les plats portent les noms des auteurs. Au-dessous, en grandes romaines Petrus | de | Montagnana ; plus bas, au centre, le buste d'un homme écrivant assis devant un grand pupître à trois panneaux, dont un, celui du milieu, ouvert à deux battants, laisse voir des livres : sur les deux panneaux latéraux, de belles arabesques. A la droite de Montagnana, une fenêtre formée de fonds de bouteilles et un petit pupître portant un in-folio : à gauche, un pupître plus élevé avec un Pline ouvert ; à côté, un sablier. Au-dessous, un grand coffre sur lequel trois livres de médecine; plus bas, sur de petits bancs de bois, un homme portant un bâton et soutenant sa tête dans un geste de douleur; à côté de lui, un panier d'osier ; à droite, une femme accroupie, qui semble souffrir ; près d'elle, un autre panier. A sa gauche, un jeune homme entrant, tenant un bâton et un panier d'osier. —

1 *b* : dans un péristyle à belles arcatures, dont le fond est occupé par deux fenêtres cintrées à l'une desquelles s'appuie un buste d'homme regardant du dehors, un groupe de cinq personnages imberbes, en costume de savants; un d'entre eux semble professer ; il désigne un vase d'urine que lui présente un jeune cavalier, coiffé d'un toquet. Devant le professeur, sur un escabeau, un garçonnet, nu-tête, vu de dos, tenant un vase à urine. Les arcatures sont surmontées d'une frise à trois médaillons reliés par des arabesques de feuillage. Dans le médaillon central, un profil d'homme dont les cheveux sont retenus par un ruban. — 2 *a* : copie réduite de la planche aux vingt et un récipients à urine. — 4 *a* : planche de la *Tabula quinta* de 1491, la seule empruntée à l'édition originale. — 8 *a* : Copie réduite de l'homme au Zodiaque. 8 *b* : copie de l'homme de la *flobotomia*. — 12 *b* : copie de l'homme blessé de la *Tabula quarta*. — 19 *a* : copie de la femme de la *Tabula tertia*. — 20 *a* : grand bois de page : un homme nu, dans l'attitude de la souffrance, couché sur un lit élevé, le dos reposant sur un large coussin, le corps couvert jusqu'au buste, les bras nus hors des couvertures. Derrière le lit, trois femmes, l'une arrangeant le drap, l'autre portant une écuelle, la troisième vue de profil. Devant le lit, le médecin tâtant le pouls du malade et aspirant une éponge qu'il tient à sa bouche ; à gauche, un jeune cavalier, élégamment vêtu, tenant une longue torche ; à droite, un autre jeune homme, portant d'une main une torche, de l'autre un panier d'osier. A terre un chat. Le texte du verso nous apprend que cette planche représente un pestiféré soigné par Tausignano : *Consilium clarissimi doctoris domini petri de Tausignano pro peste evitanda*. — 26 *b* : une salle avec deux hautes fenêtres à fonds de bouteilles, l'une entr'ouverte, l'autre brisée dans sa partie droite inférieure et laissant voir un coin de paysage; entre ces deux fenêtres, une chaire élevée avec un haut dossier dont les côtés sont formés de deux dau-

phins et l'entablement orné d'une frise de feuillage; dans cette chaire, un professeur faisant son cours. Au-dessous, sept auditeurs et un opérateur penché sur un cadavre masculin étendu sur une table à dissection. Un des auditeurs suit avec une baguette les mouvements de l'opérateur.

« Cette édition, dit encore M. Piot, est ornée de 10 planches. Nous ne nous arrêterons pas à celles consacrées à l'anatomie; une seule des gravures de la première édition a trouvé place dans la seconde, les autres ont été refaites. Une sixième planche qui représente, rangés circulairement, vingt et un vases de verre contenant des urines teintées avec soin pour servir de diagnostique, est sans importance. Mais les quatre autres — elle n'ont pas moins de 30 centimètres de hauteur,— d'un dessin plein d'élégance te de caractère, sont, sans contredit, parmi les plus belles qu'on puisse rencontrer dans les livres à figures du premier siècle de la typographie. Le maître qui avait apposé aux pieds d'une figure anatomique de la première édition les *deux dauphins* que nous devons retrouver plus tard sur un grand nombre de ses compositions, les fait reparaître ici dans deux planches différentes. On doit surtout rechercher cette deuxième édition : c'est la seule complète. »

1495. — Pages de la même largeur que celles de l'édition de 1493, mais moins longues de quatre lignes. Le colophon au feuillet 40 *b*: *Hæc Anathomia fuit emendata ab eximio artium : et medicinæ doctore d. magistro Petro Andrea Morsiano de Imola in almo studio Bononiæ cyrurgiam legente coadiuuantibus magistro Joanne Jacobo cararia de buxeto. Et magistro Antonio Frascaria Januensi cyrurgiæ studentibus. Impressus Venetiis per Joannem et Gregorium de Gregoriis fratres, die 15 octobris.* Lettres gothiques ; à deux colonnes; non chiffré, avec signatures; 40 feuillets à 53 lignes. Dix gravures sur bois, les mêmes que celles de 1493, sauf la planche de la dissection qui n'est qu'une copie médiocre, avec de notables changements, du bois correspondant.

« Dans cette édition et les suivantes, l'imprimeur, désirant diminuer le format du livre, ne trouva rien de mieux que de rogner les planches de quelques centimètres. Celle qui représente un intérieur d'amphithéâtre, qu'on ne pouvait raccourcir sans couper les jambes des personnages, fut remplacée par une planche d'un dessin beaucoup moins heureux ; deux autres, l'examen des urines et le médecin soignant un pestiféré, ont été successivement amputées par le bas. Dans la première, les pieds du médecin consultant ont été atteints et le bloc carré sur lequel était monté l'enfant tenant un vase a disparu. Enfin celle où le Dr *Petrus de Montagnana* est assis dans une tribune a vu disparaître la rangée de livres qui est en haut de l'estampe. Ces diverses modifications n'ont pas été opérées en même temps. Dans les deux éditions données en 1500 la planche de l'amphithéâtre est refaite et le chat a disparu de celle du pestiféré. Toutes les planches ont été rognées dans les éditions de 1522.

« Une autre particularité intéressante pour l'histoire de la gravure elle-même, c'est que, dans l'édition de 1493, la planche de l'amphithéâtre, outre l'impression du trait noir, est rehaussée de quatre couleurs qui nous paraissent appliquées au moyen de planches emboîtées par un procédé analogue à celui dont s'est servi Pierre Schœffer pour imprimer les initiales du Psautier de 1457. En 1485, Erhard Ratdolt avait ajouté une impression jaune à celles, rouge et noir, des figures d'un de ses livres d'astronomie. L'essai tenté dans le *Fasciculo de Medicina* de 1493 est encore très éloigné de la perfection qu'Hugo da Carpi devait apporter un peu plus tard à l'impression de ses admirables camayeux, mais l'idée appliquée ici à un tableau est déjà assez nettement formulée pour prendre date. » (M. E. Piot.)

1500. — *Impr. per Joannem et Gregorium de Gregoriis fratres, die* 17 *februarii.*

A peu près le même format que celui de 1495. Lettres gothiques un peu plus petites; à deux colonnes; non chiffré avec signatures. 32 feuillets à 66 lignes. Au 32 *a*, le colophon : *Impressum Venetiis... Explicit fasciculus medecinæ in quo continentur: videlicet*, etc... Table des matières. Marque d'imprimeur avec Z. G. (Zoanne Gregorio). Mêmes bois qu'en 1495 ; la planche du pestiféré a été coupée et le chat a disparu et a été remplacé par un des cubes du parquet, les traces de cette substitution étant très visibles. Dans la planche de la dissection, le panier a disparu, remplacé aussi par un cube du parquet.

Le même. Texte latin, 28 mars 1500.

Le même. Texte italien. 18 août 1508.

On y retrouve la belle planche (rognée toutefois et sans le chat) de la dissection de 1493.

Le même. Texte latin. 1513.

Le même, par Fran.-Ant. et And. Arrivabene. 1515.

1522. — *Fasciculo de Medicina.*

In-folio. Titre gothique, lettres rondes, 10 bois. A la fin : *Finisse... Stampado nella inclita citta de Venetia con accuratissima diligētia per Cesare Arriuabene uenitiano nel anno... Mille e cinque cento et uinti do a di vii zener,* puis le registre et la marque (Marciana). — Il semble qu'à partir de 1515 la famille Arrivabene accapare à Venise la publication du beau livre de Ketham.

1522. — *Fasciculus Medicie.*

In-folio; le titre, en lettres gothiques, est encadré d'ornements noirs et ombrés. 10 bois. A la fin: *Impressumque in alma Venettarum..... per Cesarem arriuabenum Venetum... millesimo quingentesimo uigesimo secundo, die ultimo mensis Martii,* puis le registre et la marque. (Trévise, Bibliothèque communale, 16741.)

« Les deux éditions de 1522, qui sont fort belles, sortent des presses de Cesare Arrivabene. Celle du mois de janvier annonce, dans la souscription, qu'elle est faite sur une édition de 1515, publiée par les frères François Antoine et André Arrivabene. Les éditions antérieures appartiennent toutes aux frères de Gregoriis. » (M. E. Piot.)

M. Piot cite encore deux éditions milanaises : QUESTE SONO LE COSE *còntenute in questo dignissimo fasciculo di Medicina... Qui finisce el fasciculo de medicina vulgarisato per Sabastiano Manillo Romano, E Stampito per Joanne de Castelliono* (de Milan) *ale spe de Joanne Jucobo e fratelli de Legnano. Nel. M. cccc. VIIII. adi. XXIII de mazo.*

« Petit in-fol. de 46 feuillets non chiffrés, signat. a-f, caract. semi-goth., 10 fig. sur bois. »

Le même recueil. Texte italien, Milan, Scinzenzeler, 1510, pet. in-folio.

« Les figures de ces deux contrefaçons, copiées sur celles de l'édition de 1493, sont plus petites et d'une exécution fort grossière. Toutes les éditions de ce livre de médecine populaire, aujourd'hui fort rares, sont loin d'être connues. Chaque réimpression paraît avoir été publiée simultanément en latin et en italien. »

En somme, ce curieux et beau livre est un recueil d'écrits médicaux de la fin du xve siècle, publié, sous le titre colectif de *Fasciculus medicinæ,* par le médecin allemand Ketham qui habitait alors l'Italie.

1491.

Incomincia il libro di Atila; el quale fu ingenerato da un cane...

In-4; chiffré de *a* à *d* par cahier de 6 ff. On lit sur le frontispice : ATILA. FLAGELLUM DEI PER VULGARE, imprimé en capitales au-dessous d'une gravure en bois qui représente Jésus recevant le baiser de Judas. La table précède le commencement du texte (f. 23 qui porte le titre). La souscription en 13 lignes qui est au verso du feuillet *d* 6 n'a point la date, mais elle l'indique implicitement. Peut-être est-ce la même édition qui est annoncée (Venise, vers 1490) dans le Catalogue de Crevenna, n° 6760 ». (Brunet, vol. III, c. 1066.)

1502. — *Attila flagelli Dei vulgar.*

Figures tirées d'une édition du *Morgante* de Pulci. *Venetiis*, J.-B. Sessa, 1502. *Catalogue Libri*, 1847, p. 350. (Brunet, III, c. 1066.)

1507. — *Attila...*

Figures. Melchior Sessa. *Cat. Libri*, 1847, p. 350. (Brunet, III, c. 1066.)

S. D. — *Atila...*

Au feuillet *a*-2, la colonne de gauche commence par *Incomincia*, etc. (titre de 1491). In-4 à deux colonnes, caractères gothiques. Au commencement du texte, petit bois de la largeur de la colonne illustrant le titre. Neuf mauvais petits bois au trait. Feuille d 5 *Finis*, et au-dessous *Impressum Venetiis*. Au verso, la table. (Bibl. Nat., rés. 124 Y 2.)

S. d. — *Attila flagellum dei | vulgar et nuovamente | stampata.*

In-12, 32 ff. numérotés ; sign. A.-D. par huit feuillets; lettres rondes. Au milieu du titre, la marque ombrée du typographe représentée par la figure de la Foi, avec le mot Fede. En bas : *Stampata in Venetia per Matthio Pagan in | Frezaria, al segno della | Fede.* Bois ombré. F. 1 verso : blanc. — f. 2 recto : Incomincia il libro | di Atila : il quale fu | generato da uno cane. — f. 28 verso. vers le milieu : Finis. — f. 29 recto : Sitto et forma della | chiesa di santo marcho | postea in Venetia. Au milieu, un bois représentant la Vierge assise sur le trône, tenant le drapeau de S. Marc de la main droite, et le sceptre de la main gauche ; des deux côtés, des jeunes filles couronnées, debout; au piédestal de la Vierge, le mot Venetia, bois au trait, d'une époque qui paraît fort antérieure à la publication du volume, mais d'une exécution rude et d'un dessin qui manque de style. f. 30 recto, au milieu : Il Fine. — f. 30 verso : la table des matières. — f. 31 verso, en haut : Finis. — f. 32, blanc. (Marciana.)

Nous ajoutons à cette mention des diverses éditions d'*Attila* la note suivante qui nous est communiquée par MM. Castellani et Wiel de la Marciana : « Le savant professeur A d'Ancona, dans son substantiel ouvrage *Poemetti popolari italiani raccolti ed illustrati* (Bologne, Zanichelli, 1889), s'occupe du « poemetto » *Attila flagellum dei* et cite plusieurs éditions de ce petit livre. Il ne parle de l'édition sans date de la Marciana que d'après une communication du professeur R. de Visiani qui a commis quelques erreurs dans la description de cet exemplaire. C'est ainsi que M. de Visiani compte 28 feuillets au lieu de 31 ; le 29ᵉ feuillet méritait cependant de ne point être oublié puisqu'on y trouve sous le titre *Sitto e forma della Chiesa di Santo Marcho posta in Venetia*, une sommaire description de la célèbre église qu'on rencontre encore dans d'autres éditions d'*Attila*, entre autres dans l'édition vénitienne de Franceschi (1565), non citée par M. d'Ancona. L'abbé Valentinelli, dans sa *Bibliografia friulana* (p. 106), cite un *libro d'Attila* qui doit être celui dont nous parlons ; il compte en effet 31 pages et est du même format in-8. Mais comment alors M. Valentinelli ne signale-t-il ni le frontispice, ni les gravures, ni l'imprimeur Capcasa ? » Jusqu'ici l'exemplaire sans date de la Bibliothèque Nationale, probablement unique, est demeuré inconnu en Italie.

1491.

Virorum illustrium uitœ ex Plutarcho Grœcho in latinum uersœ.

In-fol. Au recto du feuillet *au*, dans l'encadrement de la *Bible de Mallermi*, la gravure *Thésée et le Minotaure*. Lettres ornées, à fond blanc et à fond noir. Registré, pour la première partie, de *a*8 à *s*10 dans le bas, et dans le haut la pagination en lettres romaines de I à CXLV ; au verso de ce dernier feuillet le registre. La second partie commence par la Vie de Cimon. Au feuillet A, dans l'encadrement de la *Bible de Mallermi*, Cimon à cheval, tenant le bâton du commandement, le cavalier et la monture richement équipés, à la mode du XVᵉ siècle ; à terre, un bouclier avec CIMONIS. En haut, à gauche, une petite fenêtre de prison à laquelle se montre un buste d'homme, sans doute celui de Miltiade. A droite, une lettre P ornée. Une des plus jolies vignettes de la manière au simple trait ; la figure de Cimon est de grande allure ; le cheval d'un mouvement noble et aisé. Registré de A8 à S8 et paginé de 1 à CXLIII. Au bas du dernier feuillet en triangle : *Virorum illustrium uitœ... Venetiis impressæ per Ioannem Ragatium de Monteferrato Anno salutis.* M.CCCC.LXXXXI, *die uero septimo decembris.* LAUS DEO et le lis noir de Giunta. — Précieuse traduction de *Plutarque* due à plusieurs auteurs parmi lesquels le Florentin Lapo, Léonard Arezzo et le célèbre Guarino de Vérone. A la fin, après la dernière Vie de Plutarque (celle d'Othon), celle d'Evagoras, de Pomponius Atticus (par Cornelius Nepos), de Ruffus, de Platon, d'Aristote, d'Homère et enfin la Vie de Charlemagne, par Donato Accioli.

1496. — *Plutarchi Vitæ.*

In-folio; au verso du titre la table; a II *Thésée et le Minotaure* avec encadrement à fond noir (d'environ 2 cent.) d'arabesques de fleurs, de fruits et, dans le bas, au milieu, un médaillon entouré de palmes, de chaque côté duquel est un Amour, celui de gauche jouant de la flûte, celui de droite du violon. Aux angles de la partie supérieure deux bustes. Cette bordure est empruntée à un *Pétrarque* vénitien de Piero Veronese de 1491 où elle encadre le Triomphe de la Divinité et celui du Temps. Paginé à partir du feuillet a II, qui porte le n° 1, jusqu'à 145 pour la première partie et de 1 à 144 pour la seconde. Au-dessous de la figure *Thésée et le Minotaure*, *Thesei vita per Lapum Florentinum ex Plutarcho Græco in Latinum versa.* La seconde partie commence au haut de la page A I par *Cymonis viri illustris vita ex Plutarcho*, etc. Lettres ornées à fond noir. Page 144, feuil. S 8 : *Virorum Illustrium Vitæ ex Plutarcho Græco in latinũ uersæ*, etc.: *Venetiis impssæ p Bartolomeũ de Zanis de Portesio Anno ñri salvatoris. 1496. die. Mẽsis Iunii.* (Bibl. Mazarine, 6752 B^{ii}.)

1516. — *Vitae Plutarchi.*

In-folio; au-dessous du titre, la marque de Sessa; lettres rondes. 78 figures de forme carrée de la largeur de la moitié de la page, sauf la première qui est de dimension double. Ces bois sont ombrés et d'une exécution médiocre. A la fin : *Habes lector... Impressaqz Venetiis ..... Melchiorē Sessam et Petrū de Rauanis socios. Anno domini M.CCCCCXVI. Die xxvi. Nouembris.* Au-dessous la marque (Museo Civico e Correr, F 79.)

1491 (circa)

Questa Operetta Tracta Dellarte Del | Ben morire Cioe In gratia di Dio.

In-4°, gothique, de 24 feuillets non chiffrés, à 38 lignes par page ; signatures *a-f*; Au-dessous du titre, grand bois ombré : à droite, sous une voûte, la Vierge assise avec l'enfant Jésus sur ses genoux, un moine agenouillé devant elle lui présentant la couronne ; plus bas la marque de Sessa, un chat tenant une souris. A la première page : *Incomincia el prohemio dellarte del ben morire : cioe in | gracia di dio. Composto per el Reuerendo padre Monsi | gnore Cardinale di Fermo* (1). *Anno dñi MCCCC.LII.* Le livre est divisé en six parties: Une préface forme la première ; la deuxième, donnant une version du texte de l'*Ars moriendi*, finit au recto du feuillet 15 ; la troisième porte ce titre : *Incomincia la terza particella che contiene le domande o vero interrogatione che si debbono fare allo infermo : e prima per religiosi da poi per li mondani ;* cette troisième partie et les trois dernières sont composées d'examens de conscience et de prières. 11 gravures de la grandeur de la page, copiées d'après les *Ars moriendi* xylographes ; les fonds sont noirs, les ombres très accusées et l'ensemble est en somme assez médiocre, ce qui est surprenant eu égard à l'époque. Ce volume doit être placé après 1490 (2), Johanne Baptista de Sessa Me-

---

(1) Capranica, Cardinal de Fermo, ne fut que le traducteur du livre.
(2) C. Castellani. *La stampa in Venezia dalla sua origine alla morte di Aldo Manuzio;* Venezia, 1889, p. 4.

diolanensis imprimant de 1490 à 1500 pour reprendre de 1501 à 1509 et le faire de ces bois se rapprochant plus de la fin du xv° siècle que du commencement du xvi°. Si ces bois n'ont pas grande valeur au point de vue artistique, si leur taille est l'œuvre d'un xylographe inhabile, ils sont néanmoins intéressants au point de vue de la gravure sur bois à Venise, en ce qu'ils nous montrent le travail des copistes prenant leurs modèles un peu partout, comme nous aurons souvent l'occasion de le remarquer. Il est bien difficile de dire si ce sont des bois ou des gravures sur métal en relief, leur aspect nous ferait, peut-être, pencher plutôt vers cette dernière opinion. — A la fin : *Impressum Venetiis Per Io Baptistam Sessa*. M. Dutuit (1), dans sa description de ce volume, cite Hain qui le place en 1478; nous n'avons pas à insister à nouveau sur cette date ayant établi qu'il ne pouvait pas être antérieur à 1490. (Museo Civico e Correr, H 49-52.)

1492.

Divi Augustini Episcopi et doctoris ecclesie sermones ad heremitas et ad alios feliciter incipiunt.

In-8. Lettres goth. à 2 col., 122 ff. chiffrés. Au verso du deuxième feuillet, un bois au trait représentant à droite S. Augustin en évêque sur un trône, tenant de la droite un livre ouvert et de la gauche la crosse pastorale, à gauche S. Augustin à genoux recevant la bénédiction d'un prêtre. Sur la tête du saint se trouve la marque F. A la fin: *Venetijs opera et impensis Vicentij benalij. A. d. Mccclxxxxij die xxvj Januari.* (Bibliothèque de Vérone.)

(1) Dutuit. *Manuel de l'amateur d'estampes.* Paris, 1884. Introduction générale, p. 63.

1492.

Vita de la preciosa uergene Maria e del suo unico figliolo iesu christo benedicto.

In-4° — L'ouvrage n'a pas de titre. Cahiers de huit feuillets, sauf le K, qui n'en a que six. — Lettres rondes. Quatre feuillets sans marque pour la table et le prologue. Au cinquième f. *a*, charmant encadrement, du même style que ceux de la *Bible* de Mallermi, de la *Vie des saints*, etc., se rapprochant infiniment de la facture *b* ; on le retrouve dans le *Libro d'l Maestro e d'l discipulo* de 1498. Aux extrémités de la partie supérieure deux vases, d'où s'échappent des grappes de raisins garnies de feuilles ; à côté, deux sirènes, dont les queues se terminent en enroulements gracieux formés de feuilles, soutiennent de leur tête un cadre occupant la partie centrale : on y voit le Christ accoudé sur le bord inférieur, où est l'inscription : INRI. A droite et à gauche, la fin d'une colonnade devant laquelle se trouve un enfant nu, tenant d'une main une torche allumée et de l'autre un écu appuyé à terre. Au milieu de la partie inférieure, un écu entouré de circonférences concentriques soutenues par un dauphin dont la queue passe dans un anneau placé à la hauteur du centre des circonférences. A droite et à gauche, des enfants nus, à cheval sur des griffons, et tournant le dos à l'écu. Tout à fait aux extrémités, deux profils de lions regardant les griffons. Cet encadrement enferme une gravure du même style : Dans le fond, Joachim faisant paître ses troupeaux ; un homme est assis près de lui ; à gauche une église. Au premier plan, Joachim tenant en l'air une brebis dont les quatre pattes sont réunies et attachées ; il l'offre à un de ses serviteurs, tandis qu'un autre serviteur, à droite, présente un baquet de bois à un pauvre suivi de sa femme et de son enfant. — Ce charmant bois égale les meilleurs que nous connaissions.

39 bois, dont un grand nombre signés *b* et tirés de la *Bible de Mallermi;* d'autres viennent du *Tite-Live.* Le dernier, *K*-III: la mort de la Vierge, du même style que le frontispice (74^{mm} sur 58), de la grandeur des bois du *Legendario* de 1494 et de la même facture. Au dernier feuillet *K*-6: *Finisse la uita de la preciosa uergene Maria e del suo unico figliolo iesu christo benedicto in Venetia per Zoañe roso da uercegli nel anno de la salute. M. CCCCLXXXXII. adi. XXX. de Marzo.* Au-dessous, le registre, puis la marque noire de Giunta avec L. A. (Museo Civico e Correr, G 52.)

1493. — *Vita de la Madona storiada.*

In-4°, à deux colonnes; lettres rondes. Au-dessous du titre, un bois représentant la Vierge et Joseph à genoux de chaque côté de l'enfant Jésus placé dans une corbeille à terre. Ils sont devant l'étable, où se trouvent des bœufs. Dans le fond, à droite, les rois Mages; à gauche, les bergers. Style *b.* — Cette vignette a été imitée dans le *Spechio de la Fede* de 1517, page LXI. — 2 feuillets pour le prologue. Les cahiers sont tous de 8 feuillets.

A-1: Copie très médiocre de l'encadrement et de la gravure de l'édition de 1492.

44 figures, au trait, y compris celle au-dessous du titre, imitées des gravures de l'édition de 1492. Elles ont 57^{mm} sur 45.

Les gravures du verso *g*-6 et du recto *h*-6 portent un petit N, marque que nous n'avions pas encore rencontrée.

Feuillet *l*-VI: *Finisse la Vita della preciosa vergine Maria e del suo unico figliuolo Jesu Christo benedicto in Venetia per Zoanne de Cereto da Trino nel anno de la salute M.CCCC.LXXXXIII. adi. xxiiii de Septembre.* — Au-dessous, le registre; puis, la marque de Tridino, que nous avons déjà donnée (1). (Bibl. Nat., Invent. H. 1. 589.)

1492

Albubather.

In-folio, gothique de 30 feuillets à deux colonnes; le titre recto *a-i*, au-dessous, le grand bois de *Sphœra mundi* avec une bordure occupant presque toute la page; au-dessus du cadre, les signes du Zodiaque et les portraits en buste de trois astronomes, un dans chaque angle supérieur et le troisième au centre séparant le mot Albubather en deux parties, Albu à gauche et bather à droite. Au recto *a-3* : *Dixit Albubather Magni Alchasili :* | *Alcharsi filius : Auctor Astronomie Perspicuus.* A la fin : *Explicit Liber Nativitatum Albubathris : magni Alkasili filii, cum laude omnipotentis dei. Padue de Arabico in Latinum translatus.* 1218. *Impressus Venetiis p me Aluuisium de ztrata Sancte Lucie Venetum. Calendis Iunii.* 1492. (Museo Civico e Correr E 199.)

1492.

BOCACCIO. — *Decamerone over cento novello.*

In-folio. Au 4ᵉ feuillet, un frontispice très orné, plus en tête de chaque *giornata* une vignette en deux parties représentant les jeunes gens et les jeunes femmes du *Decamerone*. Cette vignette que l'on voit au commencement de la première journée et qui se retrouve au commencement de six autres (les 2ᵉ, 3ᵉ, 5ᵉ, 6ᵉ, 8ᵉ et 9ᵉ) est remplacée en tête de la 4ᵉ par une vignette différente, laquelle reparaît au-dessus des premières lignes des 7ᵉ et 10ᵉ *giornate*. En outre cent vignettes plus petites, sur des sujets tirés des

(1) *A propos*....., etc., p. 67.

diverses nouvelles, sont intercalées dans le texte. Enfin, au commencement du préambule, c'est-à-dire au commencement de la *Vita de giouan Bocchacio de certaldo*, une vignette, qui d'ailleurs se retrouve sur le recto de l'avant-dernier feuillet du volume, représente Boccace écrivant. » (Description du vicomte H. Delaborde, dans la *Gravure en Italie avant Marc-Antoine*.) Le frontispice offre un berceau de verdure où sont assis en demi-cercle les personnages des Nouvelles. Tout autour, une belle bordure à fronton dont le centre est occupé par un enfant assis, jouant du violon ; de chaque côté, un livre ouvert ; dans les coins, un petit génie tenant des guirlandes. A droite et à gauche de la bordure, une colonne d'ordre corinthien, posée sur un lion accroupi dont la tête supporte un enfant debout, entourant d'un bras la partie inférieure cannelée de la colonne et de l'autre soufflant dans la trompette de la Renommée. Au bas, une frise au milieu de laquelle un médaillon à écu accoté d'un enfant tenant une palme et conduisant une chèvre montée. A la fin, *Finisce lo elegantissimo Decamerone... Impresso i Venetia per Giouãni e Gregorio de gregori fratelli. Imperate Augustino Barbarigo felicissimo principe : nellano della humana recuperatione MCCCCLXXXXII ad di XX de Zugno.* Au verso, une grande marque figurant une croix de chaque côté de laquelle est placée une majuscule, à gauche un Z, à droite un G. Marque de 144. sur 43 mm.

1498. — BOCCACIO. — *Decamerone o ver cento novelle.*

In-folio ; 142 feuillets à deux colonnes. Le titre et la table occupent les quatre premiers feuillets. Figures au commencement de chaque Nouvelle servant d'argument. Registre A A8, puis de B à B6 jusqu'à y6 et z4. A la fin, z4, *Finisse lo elegantissimo Decamerone... Impresso i Venetia per Maestro Manfrino da Monteferrato da*

Sustreuo de Bonelli. Imperante Augustino Barbarigo felicissimo Principe : nell'ano della humana recuperatione. M.CCCC.LXXXXVIII A di. 5. de Decembro. A1, même frontispice que dans l'édition de 1492. La gravure placée A5, avant la première *journée*, et qui est répétée en tête des autres *journées*, est la même que celle qui est au commencement des 4º, 7º et 10º *giornate* dans l'édition de 1492. Cent trois vignettes. Beaucoup, dont la huitième, sont signées *b*. Cette édition n'a pas la table, suivie de la vie de l'auteur, qui se trouve après le titre de l'édition de 1492. La figure qui représente Boccace écrivant est répétée deux fois aux feuillets zii et viii, précédant la *Vita de Giouan Bocchacio da certaldo*, placée à la fin du volume. (Bibl. Nat. Rés. Y².)

Selon Dibdin (*Bibliog. Décaméron*, III, 150) les bois de ce volume auraient déjà paru dans une édition de 1496. Cette édition reste inconnue à tous les bibliographes (1).

1503. — BOCCACCIO. — *Decamerone over cento nouelle de Misser Johanni Boccaccio.*

En lettres gothiques, au feuillet *aa*1; in-folio. Table, au verso *aa*1 jusqu'à *aa*iiii; au verso *aa*iiii et *aa*v, *Vita de Giouan*, etc., après le bois, *Boccace écrivant* des éditions précédentes. Au verso de *aa*v, bois du titre de l'édition de 1492, sans l'encadrement ; en tête de chaque *journée*, le bois en deux parties de l'édition de 1492. Registre de *aa* à *a*6 jusqu'à *xx*6. 98 figures; quelques répétitions ou changements. Le dernier feuillet *xx*vi est blanc. *Finisse lo elegantissimo decamerone : cioe le cento nouelle detto : de lo excellentissimo poeta Giouanni Bocchacio da certaldo. Impresso in Venetia per Bertolamio de Zani de Portese. M.CCCCC.IIII. adi cinq de Luio;* au desous, *Finis*, et une petite marque à fond noir dans laquelle est inscrite

---

(1) V. Passano. *Novellieri in prosa*, p. 62.

une circonférence ayant au centre les lettres BZ. (Bibl. Nat. Rés. Y² 1007.)

1504. — *Boccaccio. Il Decamerone.*

In-folio, figures sur bois. *Venetia, per Bartholomeo de Zanni da Portese,* 1504. (Passano, *I Novellieri in Prosa,* p. 53.)

1510. — BOCCACCIO. — *Dechamerone ouer Cento nouelle de Misser Johanni Boccaccio.*

In-folio; lettres gothiques, à partir de a-i 125 feuillets chiffrés. Au-dessus du titre, grand bois en deux parties, du *Sabadino* de 1510. Justification de l'édition de 1504. Répétition du grand bois en tête de chaque Journée. 96 petits bois, pour la plupart dessinés et gravés par ceux qui ont exécuté les vignettes du *Sabadino* de la même année ; — le style en est identique et les mêmes bois ont servi aux deux ouvrages. D'autres sont signés F, *b* et *i,* d'autres enfin viennent de l'édition originale ou du *Tite-Live.* A la fin : *Finisse lo elegantissimo... Impresso in Venetia per Bartholomeo de Zanni da Portese, M. D. X. adi cinque de Agosto.* Marque de l'édition de 1504. (Marciana.)

1518. — *Il Decamerōe de Messer Giouāni Boccaccio nouamēte stampato con tre nouelle agiunte.*

In-folio ; titre en lettres gothiques, lettres rondes. Les pages sont numérotées de la première Journée jusqu'à la fin CXXI en chiffres romains. Au-dessus du titre et en tête de chaque Journée, bois de l'édition de 1510 ; 88 petits bois, les mêmes que dans l'édition de 1510. A la fin : *Impresso in Venetia p Augustino de Zani da Portese. Nel. M.D.XViii. adi. xii. Nouembrio.* Au-dessous, le registre. (Marciana et Bibl. Nat. Rés. Y² 980.)

S. D. (vers 1520). — BOCCACCIO. — *Dechamerone ouer Cento nouelle de Messer Iohanni Boccaccio.*

In-folio; le titre en caractères gothiques, sur le frontispice, au-dessous d'une grande figure sur bois à deux compartiments. Nous regrettons de ne pouvoir donner une description exacte de ce volume. L'exemplaire que nous avons sous les yeux est incomplet de plusieurs feuillets, sur l'un desquels (le dernier) doit se trouver la signature. Le registre est aa-xx. 123 ff. numérotés. Il est imprimé à deux colonnes de 62 lignes et nous semble de Venise vers 1520. Les éditions in-folio à deux colonnes imprimées dans les dernières années du xve siècle et les premières du xvie sont toutes rares; mais celle-ci doit l'être bien davantage, parce que parmi les bois, nous en trouvons quelques-uns de fort libres sur les feuillets 13, 18, 37, 39 (qui est coté par erreur 36), 40, 67, 73, 74, 75, 79, 91, 105. Molini. *Operette*, p. 241. — *Alcune aggiunte é correzioni fatte al Manuel du libraire et de l'amateur de livres par J.-C. Brunet.*)

1525. — BOCCACCIO. — *Il Decamerone.*

In-folio; 132 feuillets, 4 préliminaires et 128 de texte à deux colonnes; figures sur bois. *Venetia, Bernardino de Viano de Zenona* 1525. Cette édition, exécutée sur celle de Gregorius de 1516, corrigée par Dolfino, a les trois nouvelles ajoutées par Philippe Giunta dans son édition de Florence de 1516. (Passano. *I Novellieri in Prosa*, p. 55.)

1492.

Novellino de Masuccio Salernitano.

Au recto du premier feuillet. Deux feuillets préliminaires. — Feuillet A: grand bois, 121 sur 102^{mm}, avec l'encadrement du *Boccace* de 1492 (1). 55 petits bois. — Le volume est paginé de 1 à 72, le cahier est de 6 feuillets de A à M. — Feuillet M-6 : *Finisse el Nouellino d Masuccio Salernitano. Impresso in Venetia per Iohani et Gregorio de Gregorii fratelli : in lano della humana recuperatione Millesimo. CCCC.XXXXii. ad di. xxi : de Luglio. Tenēte la inclita Veneta republica Agostino Barbarigo Duce Serenissimo.* — Le registre et la grande marque de Gregorius.

1503. — *Nouellino de Masuccio salernitano.*

In-folio. Registre de *a* à *a*6 jusqu'à L4. Table de *a* 1 à *a* 11. Au verso *a* 11, en tête du prologue, grand bois, de 1492. (Voy. Lipmann, p. 55. *Der Italienische Holzchnitt...* 1885). Au verso *a* 111, petit bois de la même grandeur que ceux du Boccace et, sans aucun doute, de la même main. 55 fig., une en tête de chaque narration, plusieurs signées *b*. A remarquer surtout le personnage debout à gauche de la gravure du verso *a* 11 ; il offre une grande ressemblance, tant par son costume que par la manière dont il est dessiné et gravé, avec celui qui joue de la mandoline dans la partie gauche de la gravure précédant la 4º *giornata* du Boccace de 1492. La ressemblance de ces deux gravures est extrême ; la façon dont sont traités les vêtements, les mains, les têtes, les cheveux, etc., tout semble indiquer la même origine. (Voy. les *Illustrations des écrits de Jérôme Savonarole*, par M. Gustave Gruyer, pages 104 et 105.) A la fin : *Finisce Nouellino de Masuccio Salernitano. Impresso in Venetia per Bertholomio de Zannis da Portese del. M.CCCCC.III. adi. XXIX. de Feuraio.* (Bibl. Nat. Rés. Y² 1007-)

---

(1) Dans la description de l'encadrement du frontispice du *Décaméron* de 1492 (*A propos...* etc., p. 32), on a mis : « ... posée sur un aigle accroupi »; il faut lire : « .... sur un lion accroupi... »

1510. — *Nouellino de Masuccio Salernitano.*

In-folio; lettres goth., les pages numérotées de *a* ii jusqu'à la fin en chiffres romains LXIIII. Au-dessous du titre, bois au trait copié en sens inverse de celui de l'édition originale, la signature *L* à droite, dans le coin inférieur; la gravure est servilement copiée, le dessinateur s'étant borné à y ajouter un lapin, dans le fond, devant le cerf et à supprimer le chien qui est aux pieds de la princesse. L'exécution en est inférieure à celle de l'original. Ce bois est répété au verso du feuillet a-ii. 53 bois généralement de la main de celui qui a exécuté ceux du *Sabadino* de 1510 où se trouve une partie de ces gravures; d'autres sont d'un tailleur sur bois différent, qui s'est attaché à copier au trait les originaux. Ces derniers sont très inférieurs aux autres bois du volume et même assez médiocres. Nous retrouvons certaines de ces vignettes dans maints ouvrages du temps, comme la *Bible de Mallermi* et le *Tite-Live*. A la fin: *Finisse el Nouellio de Masuccio Salernitano. Impresso in Venetia del. M. CCCCCX. adi. xx. de Februaro.* Le registre suit. (Marciana et collection de M. de Villeneuve.)

1492.

S. Gregorius (Magnus). Sicut Petrus apostolo4 princeps in ecclesia dei prefuii: sic postmodū Gregorius: Qui quidem pro mercede glorie celestis imarcessibilem coronam reportantes: nobis | scripta bene viuēdi exēpla reliquerum: vt infra Gregorii: | sermo dyalogus probat.

In-4° gothique. Au-dessus de ces lignes le Saint Pierre. *Tu es — Petrus*; recto du feuillet suivant (A-ii). *Incipit Tabula dyalogorū sancti Gregorii pape.* A la fin: *Beatissimi Gregorii summi pontificis opus dyalogū: Venetijs p hyeronimum de Paganinis brixiensem Anno incarnatiōis dñice Millesimo quadringentesimo nonagesimo secũdo: Idib' nouẽbris.* Ensuite le registre. Le Saint Pierre que nous indiquons ici est d'un très beau tirage, c'est le même dont nous avons déjà parlé à propos du: *Liber uite. Biblia cum glosis ordinarijs* de circa 1480 et de *glossa ordinaria alle postille del Lyrano* de 1495.

1492.

Incomenza lo piāto de la nostra aduocata uergine Maria cõposto per Miser Antonio Cornazano.

In-12; au-dessous du titre, bois au trait (65 sur 75 de haut.): le Christ à mi-corps, à gauche la lance, à droite l'éponge; derrière la croix, aux extrémités horizontales des branches de celle-ci, les clous retenant les instruments de la flagellation; le Christ paraît debout dans son tombeau ouvert dont on voit les bords. Cette manière de le représenter était très habituelle dans les peintures et surtout dans les bas-reliefs. Ce bois est rude de dessin et de taille, mais il est intéressant, justement en raison de cette facture peu usitée chez les Vénitiens. A la fin: *Impresso in Venetia Per Thomaso di Piasi. M.CCCC.LXXXXII. die. xv. de nouẽbro.*

1492.

Aristoteles. — *De natura animalium libri nouem... Interprete Theodoro Gaza.*

In-folio. 6 ff. prélim., 6 ff. par cahier. Le feuillet *a*, qui suit les 6 ff. prél., est entouré de l'encadrement du *Boccace* de 1492. Pagination de *a* à 186, qui porte: *Ioannes et Gregorius de gregoriis fratres eorum opera et impensa Venetiis impresserunt... Incarnationis Dominice anno.* 1492... Au verso, le registre et la marque des frères Gregorius.

1492.

Trabisonda istoriata nel° quale si contiene nobilissime battaglie...

In-4, à 2 colonnes, figures sur bois. « Le poème commence au 2° feuillet, recto, sign. aa-ii (sur les marges duquel se voient des ornements architectoniques) ». A la fin : *Venesia Christof. Pensa de Mandel*, 1492. (Brunet, vol. V, col. 906 et Libri, *Catalogue* 1847, n° 1042). Aucun de ces deux bibliographes ne donne de renseignements sur les gravures que contient cet ouvrage, mais, vu la date, elles sont très probablement au trait.

1511. — *Trabisonda historiata ne laquale si contiene Nobilissime battaglie con la vita e morte de Rinaldo.*

In-4°, 8 ff. par cahier. Au-dessous du titre en gothiques, bois au trait. Un roi sur son trône, tenant la main d'un chevalier agenouillé à sa droite ; un autre, à sa gauche, s'avance vers lui ; nombreux personnages des deux côtés. Cette gravure n'est pas mauvaise, quoique la taille soit un peu rude. Le cadre, en haut, à droite de la tête du roi, est usé. Feuillet a-ii, répétition du même bois ; 66 bois, très souvent répétés, pour la plupart signés *F*, et tirés du *Tite-Live* ; verso *qq-iiii*, deux plus petites vignettes, dont l'une est signée *c* ; l'autre, très médiocre, est d'une facture que nous rencontrons souvent dans les éditions des Romans de chevalerie de la première moitié du xvi° siècle. A la fin : *AMEN. Finito el libro chiamato trabisonda. Impresso in Venetia. Nel. M.CCCCCXi. adi. xxv. de Otubrio.* Le registre suit.

1518. — *Trabizonda historiata con le figure a li suoi*

canti. In Venetia per Bernardino Venetiano de Vidali, nel 1518, *adi* 25 *de octobrio.*

In-4° à deux colonnes, feuillets non chiffrés, signature A-S; caractères ronds, fig. sur bois. (Brunet, vol. V, col. 906.)

1493.

Epigrammata Cantalycii et a | liquorum discipulorum | eius.

In-4. Registre : a 8 jusqu'à *f* 4. Au feuillet a 11, avec l'encadrement du *Dialogo de la seraphica virgine sancta Catherina da Siena de la divina providentia,* entourant la gravure de Sainte-Catherine dictant son dialogue, une grande vignette prenant la largeur de la page et la moitié de la hauteur. Elle représente un magister dans sa chaire, un livre ouvert devant lui, et faisant un cours à des élèves, assis à droite et à gauche devant une table sur laquelle sont placés des livres ouverts ; au premier plan, en avant de la chaire, deux enfants sur des tabourets en bois ; l'un tient un livre ouvert, l'autre une planchette sur laquelle sont des caractères qu'il montre à un chien à longs poils ; entre eux et le maître, à terre, un martinet et un livre. A la hauteur de la tête du magister, en lettres gothiques, *silen* à sa gauche, *tium* à sa droite ; au-dessus des élèves, deux fenêtres ouvertes qui laissent voir des arbres. Cette vignette très bien exécutée, de la même grandeur que le *Thésée* et de la même main, accuse absolument la manière vénitienne(1). Au-dessous de la gravure : *Cantalycii epigrammatum liber ad polydorum Tybertum cæsenatem equitem | comitemque* (en lettres capitales). A la fin : *Im-*

---

(1) Cette vignette reparaît dans *De elegantia linguae latinae servanda in epistoli,* de Nicolaus Ferettus imprimé à Forlivio. 1495 (25 mai) *per Hieronymum Medesanum Parmensem.*

pressum Venetiis per Matheum Capcasam | parmensem anno incarnationis domini. M.CCCC. | LXXXXIII. die XX. Januarii. (Bibl. Nat., réserve M. YC. 81.)

1493.

Deche di Tito Liuio | vulgare historiate.

In-folio. Titre gothique au premier feuillet. 17 feuillets pour le titre et la table ; le dix-huitième blanc. Première *Décade* : registre de *a*1 à *a*8 jusqu'à P10. Sur le feuillet *a*1, grand bois représentant une bataille de Romains armés à la mode du xv⁰ siècle, avec le même entourage que celui de la Bible de Mallermi de 1490, sauf le tympan dont le second diamètre renferme un personnage à mi-corps — l'auteur — regardant vers sa gauche un livre ouvert sur un pupitre ; à sa droite deux autres pupitres avec des livres ouverts. Nombreuses lettres ornées sur fond noir ; cette première *Décade* contient 134 vignettes. Troisième *Décade* : registre *aa*1 à *aa*8 jusqu'à PP10 ; au feuillet *aa*1, grand bois, dans le même encadrement, représentant le *Serment d'Annibal :* la scène se passe dans un temple voûté ; à l'entrée, deux chevaux tenus par un jeune garçon ; 149 vignettes. Quatrième *Décade* : de A1 à A8 jusqu'à P8. A1, un grand bois représentant à gauche une ambassade d'Orient (probablement du roi Ptolémée VI d'Egypte dont il est question aux chapitres XII et XIII), au sénat romain ; à droite, un roi oriental (Ptolémée) sur son trône et devant lui un personnage descendu de cheval lui parlant ; deux autres, derrière ; même encadrement que les précédents ; magnifiques lettres ornées ; 137 vignettes ; au feuillet A7 : *Finite le Deche de Tito Liuio padouano historiographo uulgare historiate cõ uno certo tractato de bello punico Stãpate nella inclita cittade di Venetia per Zouane Vercellese ad instancia del nobile Ser Luca antonio Zonta Fiorentino. Nel Anno. M.CCCC-*

LXXXXIII. adi. XI. del mese di Febraio. Beaucoup de vignettes sont marquées du petit *b*, et du *.b.* ; d'autres d'un petit F ou d'un grand F. Tous les bois signés *b* ou *.b.* sont tirés de la *Bible de Mallermi,* ainsi que les vignettes de la dimension de ces bois ; seules sont inédites les vignettes marquées d'un F ou celles de la même dimension ; ces nouvelles gravures sont d'une taille plus rudimentaire qui trahit un xylographe médiocre ; beaucoup sont répétées. Pour pouvoir utiliser, entre autres bois de la *Bible de Mallermi,* une vignette marquée *Esdras,* l'imprimeur du *Tite-Live* se contente d'effacer ce trop significatif *Esdras* (3º Déc. aaiii). Le frontispice de la 1ʳᵉ Décade, au simple trait, d'un travail grossier, est inférieur aux frontispices de la 3ᵉ et 4ᵉ Décades. Ces derniers rappellent, sans l'égaler, le frontispice du Paradis de Dante dans l'édition de Matheo et Benali. (Bibl. Nat. Rés. J-630-J.).

1495. — T. LIVII *decades (cum notis M.-Ant. Sabellici).*

In-folio de vingt feuillets préliminaires et CCLII feuillets. Trois grandes figures et 171 petites vignettes. Après la souscription : *Venetiis, per Philippum Pincium MCCCC XCV,* le registre et le lis des Giunta. (Brunet, vol. III, col. 1103).

1498. — *T. livii Decades.*

In-folio ; 20 feuillets préliminaires et 253 feuillets pour les *Décades.* En tête de chaque *Décade,* même bois et même encadrement que dans l'édition de 1493; la première *Décade* contient 55 vignettes, la troisième 62, la quatrième 54, toutes tirées de l'édition de 1493. Au dernier feuillet, au-dessous de Finis : *T. Liuii patavini Decades expliciunt. Venetiis per Philippum Pincium Mantuanum: Summa cura et diligenti studio impressœ. Anno ab incar-*

natione domini. M.CCCCXCV.III. nonas nouembris. Imperante serenissimo Augustino Barbadico Venetiarum duce fœlicissimo. Après le mot FINIS du registre, la marque rouge de Giunta. Cette édition n'est que la réimpression de celle de 1495. (Bibl. Nat. Rés. J-226, J-608. D.)

1502. — *Deche di Tito Liuio | vlugare* (sic) *historiate.*

In-folio, caractères gothiques, 4 feuillets préliminaires pour la table de la première décade et 376 ff. pour le reste. Signature de a à P. 10. Au feuillet 5, encadrement au trait offrant des fleurs, des fruits, deux sirènes dans la partie supérieure et deux enfants nus, à cheval, soufflant dans un grand cor ; ces derniers placés aux extrémités de la partie inférieure composée de feuillages accompagnant un écusson qui forme la partie centrale. Le tympan est vide. Cette bordure encadre le grand bois de la première édition. Pour la première décade, 136 vignettes. Troisième décade : 6 ff. préliminaires ; au 7⁰ feuillet même encadrement et le bois de la première édition ; 155 vignettes. — Quatrième décade : 6 ff. préliminaires, même encadrement et le grand bois de la première édition et 138 vignettes. Signature de A à Q10 y compris la table. Au verso du dernier feuillet. *Finite le Deche de Tito Liuio Padoano historio | grapho vulgare historiate con uno certo tractato de | bello punico : Stāpate ī Venetia P. Bartholamio de Za | ni de Portes. M.CCCCC.ii. adi. xvi. del mese de Setēbrio,* suit le registre. Les bois et les vignettes parus dans l'édition originale sont signés *F* et *b* (communiqué par M. Olschki à Vérone).

1506. — *Titi Livii Decades nouiter imprese.*

In-folio ; titre gothique rouge ; au-dessous, le lys rouge de Giunta. Vingt feuillets préliminaires. Encadrement, au commencement de chaque *Décade*, tiré du *Boccace* de

1492 ; mêmes bois et en même nombre que dans les éditions de 1495 et 1498. A la fin, avant le registre : *Venetiis per Ioannem ac Bernardinum eius fratrem Vercellenses summa cura et diligenti studio Impressæ. Anno domin M.CCCC.Vi.x.xvi nonas ianuarii. Imperāte Serenissimo*; *Leonardo Lauridano Venetiarum duce fœlicissimo.*

1511. — *Deche di Tito Liuio vulgare hystoriate.*

In-folio. Quatre feuillets pour le titre et la table ; au premier, le titre en rouge, au-dessus de la marque de Giunta également en rouge. Au-dessus du titre, même bois qu'au feuillet *ai*, mais avec l'encadrement vénitien que l'on a vu dans la *Bible de Mallermi* de 1502. L'édition est semblable à celle de 1493 ; elle contient les mêmes bois, mais naturellement plus usés. Q7 : *Finite le Deche... Stāpate i Venetia p Bārtholameo de Zāni de Portesio. M.CCCC.XI. adi XVI del mese de Aprile.*

1511. — *Titī liuii | patavini Deca | des cum figu | ris nouiter | impresse.*

In-folio ; titre gothique rouge, au premier feuillet ; 8 ff. préliminaires. Chiffré à partir du neuvième qui offre l'encadrement et le grand bois de l'édition de 1502 ; 55 bois pour la première décade, 62 pour la troisième, et 54 pour la quatrième ; en tête de la troisième et de la quatrième, mêmes bois et mêmes encadrements que dans l'édition de 1502 ; il a été ajouté dans le tympan un petit bois au trait, représentant un Christ, nu, à mi-corps ; à la fin, verso 253 : *T. Liuii... : Venetiis a Philippo pincio Mantuano Impressæ. Anno domini M.CCCC.XI. Die. XXVII. Septembris. Incliti domini dñi Leonardi Lauredani Venetiarum Ducis Serenissimi tempestate.* Au-dessous, le registre et un grand bois, au trait, saint Antoine ; la taille est rude ; à droite un cochon de dimension exiguë, au-dessus du saint : *Defende nos beate pater Antoni.* Les bois de cette édition sont usés et ceux signés *b* ont disparu. (Librairie Rosenthal, Munich.)

1520. — *T. Liuius Pata | uinus historicus duobus | libris auctus.*

In-folio ; titre et table gothiques, le reste du volume en lettres rondes. 365 ff. (70-295). Deux marques de Sessa : sur le titre, le chat; à la fin, la marque noir et blanc. Au-dessus du titre un portrait de Tite-Live coiffé d'un chapeau : *VERA. TITI. LIVII. EFFIGIES ;* il regarde à gauche, l'index de la main gauche appuyé sur sa joue, la droite posée sur un livre formant l'angle inférieur droit du bois ; au bas de ce livre Z. A. Cette gravure sur bois, certainement la meilleure que nous connaissions de Zuan Andrea, est d'un style tout à fait original et ne ressemble en rien aux bois plus ou moins médiocres, signés des mêmes initiales ; le dessin est bon et soigné ; la tête, assez fortement ombrée, est pleine d'expression pensive : la taille est simple, mais afin de donner plus d'énergie à la physionomie l'artiste a indiqué par des traits largement tracés et plus profonds que les hachures, les rides, les coins de la bouche, le nez, les yeux, tous les points essentiels enfin qui doivent être accusés pour donner du relief au visage. Ce procédé donne de la dureté, mais rend parfaitement l'expression voulue. Il existe à Padoue sur une des façades du Salone (Palazzo della Ragione) une pierre tumulaire de Tite-Live Halys, de la famille de Tite-Live, dit-on, ou de Tite-Live lui-même. Si l'on rapproche les deux effigies, il appert que Z. Andrea, suivant ses habitudes, a simplement copié la pierre tumulaire, ou du moins s'en est inspiré. Malgré quelques différences dans les attitudes, les deux bustes se présentent presque de même, vus jusqu'à mi-corps (nous trouvons aussi un buste de Tite-Live Halys dans le Bertelli de 1589). Au haut du feuillet A, page 1, un bois, *ROMA CAPVT MVNDI.*, placé au-dessus du texte ; la page est entourée d'un encadrement formé de petits bois ayant trait à l'Histoire Romaine. La première partie *AB VRBE CONDITA*, renferme 10 bois, autant que de livres ; ils sont moins hauts que celui du titre, mais aussi larges. L'histoire de la seconde guerre Punique, commençant par un bois plus grand, renferme 10 gravures, une par livre. — La guerre de Macédoine, 10 également, une par livre, dont une grande au commencement. Les bois des livres II, IIII et V sont signés Z. A.; mais bien inférieurs au beau portrait de l'historien et pourtant dans la catégorie des illustrations courantes signées des mêmes initiales. Passavant (*Peintre-Graveur*, t. I, p. 140) en fait un éloge immérité : « Les gravures marquées Z. A. se trouvent dans la division *de bello macedonico et asiatico* et sont mieux traitées que les gravures anonymes, mais elles sentent toutes le métier et ne correspondent pas à l'excellence de la composition et du dessin qui sont d'un artiste dont le style rappelle celui de Carpaccio. » La partie supplémentaire, *Lionardi Aretini de Primo bello Punico*, n'a qu'un grand bois au commencement.

A la fin : *Finiunt Titi Liuii... Impressæqz Venetiis summa dilegētia per Mel | chiorem Sessam et Petrum de Rauanis | socios. Anno domini M.D.XX. | Die III. Maii.* — Disons enfin que le portrait de Tite-Live reparaît dans une édition in-4° sans figures publiée par les mêmes imprimeurs.

Nous donnons ici la description d'un Tite-Live publié en France par le célèbre Pierre Vidoue, et qui est orné de bois servilement copiés d'après ceux de l'édition de 1493.

1533. — T. Livii Patavini *historici clarissimi opus Luculentius elimatiusque editum qz ante hac nunqz quinque libris Decadis quintæ... Venundatur a Ioanne Paruo, Petro Gaudoul, et Petro Vidouço, Bibliopolis iuratis* M.D.XXXIII.

In-folio ; 32 feuillets préliminaires ; 622 pages pour les 1re, 3e et 4e *Décades ;* la pagination recommence à la 5e *Décade* et finit avec cette *Décade,* page XL ; au bas de cette dernière page, Finis et au-dessous *Sub Prelo Vidouçano, Anno M.D.XXXIII. Mense Decembri.* Au verso, en guise de marque, une femme nue, debout sur les ondes ; sur une banderole *AVDENTES .IVVO.* et au bas à gauche, *.P. VIDOVÆ.* Suivent 24 feuillets pour la table et la chronologie ; au bas de la page : FINIS. *Impensis Ioannis Parui, Petri Gaudol, et Petri Vidouœi, parisien. Vniuersitatis Libr. Adscrip.* au verso, la grande marque PIERRE GAVDOVL. — Le titre est encadré par un grand bois, portant, en bas à droite, la marque V. G. ; ces deux initiales sont celles d'*Urs Graf,* mais leur forme n'étant pas celle qu'emploie habituellement cet artiste, il est peu probable que ce bois soit de lui. La branche gauche de l'V est un poignard dont l'extrémité se termine par une sorte de paraphe, ce qui ne se voit pas dans l'V d'Urs Graf. Quoi qu'il en soit, la gravure se rapproche de son style par le dessin et la taille un peu grossière, peu soignée et ombrée sans délicatesse. A gauche, dans le haut, une femme aux formes plantureuses tient Virgile suspendu dans un panier ; au-dessous, une fontaine à plusieurs jets, et dans le bas Pyrame et Thisbé se donnant la mort ; au centre du bois inférieur, un tronc d'arbre, derrière lequel se dissimule un Amour pour décocher une flèche ; à côté, Pâris, assis, donne la pomme à Vénus, coiffée d'ailes d'oiseaux ; ses deux rivales la regardent, l'une nue et l'autre vêtue de riches habits ; au-dessus, à droite, David et Goliath ; enfin, en haut, faisant pendant au Virgile, la femme subissant la punition qui lui avait été infligée pour s'être cruellement moquée du grand poète. 40 bois, pour la première *décade ;* presque tous au trait, de la dimension de ceux de l'édition italienne, et copiés d'après eux, d'une façon assez grossière ; les autres, ombrés, à l'aide d'une simple taille, sont lourds et communs. 36 pour la troisième *Décade*; 38 pour la quatrième. Parmi ces vignettes quelques-unes portent la signature F. Mais cette supercherie du copiste, qui a même poussé le soin jusqu'à placer cette lettre à l'endroit qu'elle occupe dans l'original, ne saurait tromper un œil attentif, tant les copies sont inférieures aux originaux.

1493.

Pulci. — *El Libro de Guerrino chiamato Meschino.*

In-folio de 79 feuillets à 2 col. de 61 lignes avec signatures. « Au verso du titre commence la table, laquelle se termine au recto du 4ᵉ feuillet, dont le verso contient une gravure sur bois représentant un homme armé. » (Brunet, vol. II, col. 1789.) Nous ne connaissons pas cette édition, mais d'après la description de Brunet, il n'y a pas de doute que ce bois ne soit celui que nous décrivons dans l'édition suivante. A la fin : *Finisse el libro del infelice Guerrino... Impresso nela cita de Venetia per Maestro Cristophoro de Pensa da Mandello nel anno del MCCCC-LXXXXiii a di XI de Setembrio.*

1498. — Pulci. *El Libro de Gverino chiamato Meschino.*

In-folio à 2 col. de 61 lignes, signature a-n, lettres rondes. Le recto du premier feuillet porte un grand bois au trait représentant : un chevalier (Guerino), nu-tête, de trois quarts, marchant vers la droite et tenant sa masse d'arme de la main droite. Le cheval et le cavalier, d'une très belle allure, sont fort bien dessinés et d'un grand style. Au-dessus de la gravure se trouve le titre. La table commence au verso du même feuillet. Après la souscription le registre. A la fin : *Finisse el libro... Impresso ne la cita de Venetia per Io. Aluinio Milanesi de Varesi nel anno del M.CCCCLXXXXVIII. Adi i de februario regnā-te lo inclito missere Augustino Barbadico Principe.*

1503. — Pulci. *El libro de Guerino*...

In-4 fig. sur bois. *Venezia Bevilacqua*, 1503. (Brunet, vol. II, col. 1789.)

1512. — Pulci. *El libro de Guerino*...

Petit in-4 fig. sur bois. *Venet. Alex. di Bindoni.* (Brunet, vol. II, col. 1789.)

1522. — Pulci. *Guerino il Meschino*...

In-4, caract. goth., fig. en bois. A la fin : *Venetia, per Alexandro di Bindoni, mille cinquecento e ventido* (1522), *adi* xi *del mese de Marzo.* Un exemplaire à la Palatine, de Florence, offre cette singularité qu'il porte sur le frontispice la date 1530, tandis qu'à la fin il est daté de 1522. (Melzi, p. 281).

1525. — Pulci. *Guerino detto il Meschino.*

In-4 ; verso du premier feuillet, le Guerino à cheval. Nombreux petits bois, mauvais; celui du feuillet m 2 est copié du *Merlino* de 1516. A la fin : *Finisse... Stampato nella inclita citta di Venetia cō accuratissima diligētia per Francesco Bindoni et Mapheo Pasini compagni... mille cinque cento e vinticinqz. a di. 14 de agosto.* (Bibliothèque nationale Y².)

1493.

Isidorus ethimologiarum Idem de summo bono.

Caractères gothiques, lettres ornées dont une renfermant un centaure au trait. *Impressus Venetiis p Bonetū locatellum mandato et expensis nobilis viri Octauiani Scoti ciuis modoetiensis MCCCCXCIII.*

1493.

Genealogiæ Ioannis Boccatii.

In-folio, lettres ornées et bois au trait assez médiocres, représentant la généalogie des Dieux. A la fin : *Venetiis... Octauiani Scoti ciuis Modoetiēsis M.CCCC.XCIII.*

1494. — *Genealogiae Ioannis Boccatii : cum demonstrationi | bus in formis arborum designatis. Eiusdem de | montibus et syluis. de fontibus : lacubvs : | et fluminibus. Ac etiam de stagnis | et paludibus : necnon et de | maribus : seu diuersis | maris nominibus.*

In-folio, lettres romaines, titre au recto du premier feuillet ; au verso et aux quatre feuillets suivants, la table à trois colonnes ; puis 162 feuillets de texte. Onze bois occupant toute la page et représentant les arbres généalogiques des dieux. Au centre, dans la partie supérieure, un cercle à double filet contient une image grossière d'un dieu. Grandes et petites lettres ornées à fond noir, quelques-unes des grandes à personnages d'enfants et animaux d'une très belle ornementation ; à la page 95, un grand P au trait, sur un fond blanc. A la fin : *Venetiis ductu et expensis Nobilis uiri ·.D.Octauia | ni Scoti ciuis Modoetiēsis. MCCCCXCIIII. Septi | mo Kalendas Martias finis ipositus fuit huic operi. | per Bonetum Locatellum.* Au-dessous la marque sur fond noir de Scoto et à côté, le registre. (Librairie Techener. Hain 3321.)

1497. — *Genealogie Joannis boccatii, cum demon | strationibus in formis arborum designatis | Eiusdem de montibus et siluis de fontibus | lacubus et fluminibus....*

In-folio. Titre gothique ; lettres romaines ; cinq feuillets pour la table ; 162 feuillets chiffrés à trois colonnes de 62 lignes ; 13 bois occupant toute la page et nombreuses initiales ornées. A la fin : *Impressum Venetiis per me Manfredum de Strevo | de Monteferrato. Anno.... M.CCCC.XCVII. Octavo Kalendas Aprilis. Amen* 1497. (Hain 3324.)

1511. — *Genealogiae Joannis Boccatii....*

Titre gothique en rouge ; au-dessous, le Saint Bartholameus ombré ; les gravures sont de mauvaises copies des originaux de 1493 qui déjà sont plus que médiocres. A la fin : *Impressamqz diligentissime Venetiis per Augustinum de Zannis de Portesio Anno. M.D.XI. Die uero. XV. mensis nouëbris.*

1494.

Herodoti Halicarnasei patris historiæ traductio e græco in latinum per virum eruditissimum laurentium Valensem.

In-folio de 8 feuillets non chiffrés et 134 chiffrés. A la fin : *Venetiis, impressa per Joannem et Gregorium de Gregorii Fratres. Anno Domini. M.CCCC.XCIIII. die VIII Martii.*

La première page de ce volume est encadrée par la fameuse bordure si justement vantée et tant de fois reproduite. Elle est à fond noir, les ornemens se détachant en blanc. De chaque côté des montants composés de vases, d'arabesques, de fleurs, de cornes d'abondance, de dauphins, d'oiseaux, etc., d'une élégance et d'une grâce souveraines, avec une ordonnance de la plus riche fantaisie et une rare sûreté de goût. Le dessin est d'une légèreté et d'une finesse qui n'ont point été dépassées et qui, chose rare, n'ont pas été altérées par le tailleur sur bois. Aussi est-elle avec raison considérée comme le chef-d'œuvre du genre et le type le plus parfait de l'art décoratif appliqué à l'ornementation des livres. Dans la partie inférieure, au centre, une sorte d'écu dans lequel un satyre agenouillé s'apprêtant à immoler un bouc ; derrière lui des flammes sur un autel ; dans le fond une légère indication de terrain.

Au centre de la partie inférieure de la bordure, un cartouche en largeur, de forme contourné, enfermant plusieurs figures : sur un banc d'exèdre, à droite, une femme drapée, coiffée d'une tour, étendant les mains en un geste explicatif, à ses pieds des flammes (?). Près d'elle une figure d'homme, les mains jointes sur la poitrine, semblant écouter avec attention. Presque au milieu, un rectangle en hauteur, formant une sorte de cadre : dans la partie supérieure une équerre appendue et peut-être un poids à chaque coin ; au-dessous S. C., plus bas P., plus bas encore, I. Au delà du rectangle, à gauche, une femme nue assise, laissant glisser entre ses doigts un fil dont un bout est attaché à l'équerre ; à l'autre bout pend un masque. Vers le centre, au premier plan, une femme vêtue, agenouillée, portant une branche dans une main, l'autre posée au-dessus d'un vase à piédouche. Derrière le vase qui la cache en partie, une statue à terre couchée sur le dos. Dans le fond un paysage accidenté avec bouquets d'arbres.

Il est bien difficile d'expliquer le sujet de cette composition énigmatique. Peut-être la femme *turrigera* est-elle Clio, la muse de l'Histoire, dont le nom a été donné au premier livre d'Hérodote, racontant les faits du passé à quelque héros grec, à quelque auditeur des jeux olympiques, qui l'écoute avec une admiration recueillie. Le fil qui aboutit d'un côté à l'équerre, de l'autre au masque, serait-il une allusion à cette impartialité sévère, premier devoir de l'historien, qui poursuit la vérité sous les dehors trompeurs et pèse tout au poids de l'équité ? La femme penchée sur le vase à piédouche et tenant une branche, ne prépare-t-elle pas l'encens pour les illustres renommées? Et le buste de la statue à terre n'est-elle point un débris des gloires passées, un fragment de ces antiques qu'on exhumait alors avec une pieuse ardeur ? Quant aux lettres S. C. P. I. on a voulu les interpréter ainsi : Stephanus Cæsanus Peregrinus Inventor (1); mais il est impossible de reconnaître dans cette bordure rien qui rappelle la manière du célèbre nielliste Peregrini ; ne seraient-elles pas les principales lettres du mot *scripsi*, désignant l'œuvre à laquelle s'emploie la figure de femme qui personnifie l'Équité?

A l'intérieur de la bordure, près de la lettre initiale, un petit bois montrant Hérodote couronné par Apollon (?) L'historien vu de face, couvert d'une houppelande à large collet, écrit, assis devant un pupitre décoré d'un mascaron et d'un ornement à fleurs ; à droite un second pupitre tout à fait semblable ; dans le fond une draperie, un rayon de livres et une petite armoire appendue au mur, laissant voir des livres et une petite gourde posée sur une tablette.

Les trois sujets de cette première page semblent de la même main que les vignettes des *Méditations* sans date, les initiales des *Postilles* et le *Thésée et le Minotaure*. A remarquer surtout l'analogie des jambes du jeune homme (Apollon ?) couronnant Hérodote et de celles d'un des bourreaux de la *Flagellation* et la ressemblance de la tête de l'historien grec avec celle de Nicolas de Lyra.

1494.

Voragine. — *Legendario de sancti*.

Le titre manque au seul exemplaire que nous ayons rencontré. Les pages sont numérotées à partir du titre,

---

(1) V. Introduction de la traduction du *Songe de Poliphile*, par M. Claudius Popelin.

feuillet a-i jusqu'à ccxlvii ; viennent ensuite deux feuillets pour la table. A la fin de la table, le lys noir de Giunta. 239 bois dont un certain nombre avait déjà paru dans divers ouvrages vénitiens avant 1494. Au premier feuillet a-ii les deux lettres ornées le P et l'E que nous retrouverons dans le Saint-Jérôme de 1497-1498 de Gregorius. Le colophon est placé au bas de la première colonne du deuxième feuillet : *Finisse le legende de sancti Composte.... Stampate in Venetia per Matheo di Codecha da Parma. Nel anno de la natiuita del nostro Signor M.CCCC.LXXXXiiii. Adi Xiii di Mazo.* — Au-dessous, *Laus Deo* (Marciana).

1497. — Voragine. — *Legende dei sancti tradotte in Italiano da Nicolao Manerbi.*

In-folio. A la fin : *Milano Ulderico Scinzenzeler 1497 adi XV de Zugno ;* au-dessous la marque V. S. Cet exemplaire est orné de bois copiés sur ceux de l'édition vénitienne ; ils sont au trait et bien meilleurs que ces sortes de copies ne le sont d'ordinaire. (*Bibliothèque de l'Université de Milan, XV, VI, 193*) 1).

1499. — Voragine. — *Legendario de Sancti uulgar storiado.*

In folio ; titre au recto *a*. — 4 feuillets par cahier ; la pagination va de *a* au dernier, numérotés de 1 à 240. — Verso *a* : encadrement du *Dante* de 1491 renfermant quatre sujets de 75 mm. sur 48 : 1° en haut, à gauche, l'Annonciation ; la Vierge est à genoux, devant son prie-Dieu ; l'ange Gabriel agenouillé en avant, les mains

---

(1) M. Lippmann (p. 86) signale un *Legendario di santi padri historiado vulgar*, imprimé à Milan en 1497, par Ulrich Scinzenzeler, dont les vignettes sont imitées, dit-il, de la Bible de Mallermi et autres livres vénitiens analogues. C'est l'édition ci-dessus avec les vignettes copiées d'après le *Legendario* vénitien de 1494.

croisées sur sa poitrine ; le Saint-Esprit, sous la forme
d'une colombe, est auprès d'elle, à terre ; Dieu le Père,
dans le haut, à gauche, leur parle ; un enfant descend
dans la direction de la Vierge. 2° A la même hauteur, à
droite, Dieu le Père apparaissant à saint Joseph pour lui
annoncer la mission du Christ ; saint Joseph est à
genoux, les mains jointes ; un enfant et le Saint-Esprit
descendent vers lui. 3° Au bas, à gauche, saint Joseph
couché sur son lit, tenant dans ses mains une tête de
mort ; Dieu le Père lui apparaît ; un enfant tenant une
croix descend vers lui. 4° Au bas, à droite, la Résurrection, composition très réduite, mais analogue à celle *des
Epistole euangelii* de 1495 : Dieu le Père dans sa gloire ;
en haut, sur la gauche : *Venite benediti*, et sur la droite :
Ite malediti; d'un côté s'avancent les élus ; de l'autre, les
réprouvés, rappelant les attitudes des personnages du
grand bois, sortent de terre pour le Jugement dernier. —
Ces quatre compositions sont excellentes et assurément du
maître *b* : même soin dans la gravure, même façon de
traiter les détails par des traits fins et déliés, de manière
à donner un ensemble charmant, sans empâtement. —
ff. *a*-2 : la gravure de la *Bible* de Mallermi, Nicolo de
Manerbi. — 240 bois au trait (sans le titre) de 74 mm.
sur 58 mm. de hauteur, dont quatre signés du petit F
que nous avons déjà signalé dans le *Tite-Live* de 1493.
Tous ne sont pas de ce graveur ; un certain nombre sont,
sans nul doute, de la main du maître *b* ; on les reconnaît
facilement à la finesse de la taille, que n'ont pas ceux
marqués F. D'autres semblent être d'une autre main
encore ; l'exécution est moins bonne ; les personnages,
aux allures plus communes, ont généralement des têtes
d'une grosseur disproportionnée. Tous ces bois ont déjà
paru dans l'édition de 1494.

Au dernier feuillet : *Finisse le legende de sancti Composte per el reuerendissimo padre frate Jacobo de Voragine del ordine dei frati predicatori arciuescouo de*

Genoua. Traducte de latino in lingua uulgare per el uenerabile messer don Nicolao de Manerbi ueneto del ordine de Camaldulẽse Abbate del monasterio de sancto Mathia de Murano stampate in Venetia per Bartholomeo di Zani da Portese nel M.CCCC.LXXXXIX adi. V. di Decembre. — Suit le registre.

1509. — Voragine. — *Legendario de sancti vulgare hystoriado.*

In-folio ; titre en grandes lettres gothiques noires ; au-dessous du titre *cum gratia et priuilegio,* en gothiques ; plus bas, grand bois ombré. S. BARTHOLAMEVS. L'H et l'O sont séparés par la tête du saint, qui tient un couteau de la main droite. 242 gravures, les mêmes que dans l'édition de 1494, mais quelques bois étant usés ont été remplacés par de nouvelles vignettes (verso 235). 241 feuillets pour le texte ; au feuillet 242, la table et au-dessous : *Finisse le legende de sancti : composte p el reuerẽdissimo padre frate Iacobo de Voragine.... Stampate in Venetia per Bartholomeo de Zani da Portese. Nel M.CCCCC.IX. adi doi de Zugno.* Suit le registre.

1518. — Voragine. — *Legendario De Sancti novamente stampado.*

In-folio ; titre en lettres rouges, dans une circonférence au centre du feuillet ; aux quatre coins des circonférences plus petites avec des inscriptions ; le tout encadré par un ornement ombré ; au verso I. H. S. sur fond rouge, la pagination commence au titre. Recto du second feuillet : *prologo* avec un petit bois ; au verso, grand bois : Dieu le Père dans sa gloire, au-dessous, à gauche, un ange appelle les élus qui sont à genoux ; à droite, le diable, sous la forme humaine avec une tête fantastique et au-dessous de lui, dans les flammes, un pape et un roi. Beau bois, quant au dessin ; il est très légèrement ombré ; la gravure est un peu rude ; encadrement ombré ; recto suivant, même encadrement, grande lettre ornée ; saint Luc peignant, avec le bœuf à gauche ; recto 11, encadrement ombré, grande lettre ornée (martyre de *Sancta Barbara*) ; recto 19, encadrement à fond noir, la Sainte Vierge dans une lettre ornée ; recto 30, grand bois, la Crèche ; recto 39 grand bois, saint Jean, écrivant, s'appuye sur un pupitre soutenu par l'aigle ; recto 47, lettre ornée, encadrement et au-dessous les lettres ND liés et F séparés par une sorte d'X fermé ; recto 53, Adoration des Mages ; verso 57, grand bois, copie ombrée du frontispice de la vie des Saints de 1491 (*Meretrice*) ; recto 61 (par erreur), martyre de *Sancta Felice* ; recto 69, martyre de *Sancto Antonio* ; il est à genoux à terre, quatre démons le frappent ; recto 75, Conversion de saint Paul ; verso 80, grand bois, prenant toute la page, la *croce. de. la. Scala. de. Santo. Ioanne. evangelista. de. Venetia.* ; de chaque côté, un ange et un moine à genoux ; recto 81, joli encadrement noir, dans le style des Lombardi, certaines parties sont au trait, d'autres ombrées ; recto 88, encadrement, lettre ornée ; recto 91, grand bois, *De la cathedra de Sancto Pietro* ; dans le haut Dieu le Père, au-dessous, un pape et un saint (S. Pierre) à genoux devant lui, l'un et l'autre tiennent une petite bannière avec les clefs ; 103, grand bois, la fuite en Egypte ; 111, grand bois, la Résurrection ; à la page 133, le doge (Francesco Foscari), agenouillé, tenant l'étendard devant le lion *andante*, à peu de chose près tel qu'il est représenté sur la porte *della carta de la piazzetta* ; recto 251, *de la assomptione de la Madona*, grand bois d'un très beau dessin, la Vierge tenant l'enfant Jésus dans ses bras, malheureusement la gravure est empâtée et trop lourde ; verso 274, *de la Nativita de la Madona*, grand bois d'un très bon dessin, toujours le même reproche à faire au graveur ; dans le bas à gauche la marque G retournée ; recto 278, grand bois, saint Jean, et au-dessus de lui la Vierge entre deux anges, gravure très bien dessinée, mais lourde ; dans le coin à gauche en bas la marque *G ;* recto 343, grand bois, fort beau, la gravure quoique encore lourde est meilleure ; recto 355, grande bordure formée de six grands bois, encadrant une petite vignette. Le volume a 354 ff. chiffrés, plus quatre feuillets pour ce bois, la table et le registre ; au bas du 4ᵉ feuillet le colophon. Ce volume contient en tout 61 grands bois, généralement compris dans une circonférence ; plusieurs encadrements de pages et un très grand nombre de petits bois ombrés, pour la plupart grossièrement copiés de l'édition originale ; les grands bois au contraire sont d'un art plus élevé, mais la gravure est très inférieure au dessin, et fait disparaître toute la finesse de la composition et des contours. Quoi qu'il en soit, c'est un livre très remarquable par ses illustrations. A la fin : *Stāpato ad instātia de Niçolo e Dominico dal Jesus fratelli nella Inclita citta de Venetia Ducante Lo serenissimo Principe Missier Leonardo Loredano neli ani Del Signor M.D.xviii Adi ii Austo. xxxiiii iiii.* Au-dessous, la belle marque noire avec les lettres N. D. S. F ; plus bas dans la marque, *Soli. Deo. onor et gloria.* Au verso un grand bois représentant deux anges tenant un écusson dans une circonférence. (Marciana 46767.) « On y trouve, dit Passavant, la Naissance de la Vierge signée G retourné, un Saint-Adrien avec *G ;* une Annonciation, saint Roch, saint Sébastien, et une Piété ; ces dernières sans monogrammes, appartiennent au même dessinateur de l'école du Titien ainsi qu'au même graveur sur métal. Des sujets plus en petit et une grande partie des médaillons révèlent l'école de Jean Bellin, d'une assez bonne invention, mais d'une exécution médiocre avec quelques hachures d'ombres. D'autres gravures, comme une sainte Ursule et une sainte Catherine, ont quelque chose de l'école lombarde, sans appartenir au style de Mantegna. » (*Peintre-Graveur*, vol. I, page 143.)

1525. — Voragine. *Legendario de sancti vulgare hystoriado nouamente reuisto e con summa diligētia castigato.*

In-folio, à 2 colonnes, figures sur bois au trait. A la fin : *Finisse Le legende... composte per el... padre frate Jacobo de Voragine... Stampate in Venetia per Aug. di Zani da Portese* 1525. Ce sont sans aucun doute les figures de l'édition de 1494. (Didot. Cat. raisonné, colonne cxxiij.)

S. L. N. D. — Voragine. *Legendarii de Sancti historiadi vulgari nouamente stāpate :...*

Titre entouré de l'encadrement du Triomphe de la Chasteté des *Sonnets et Triomphes* de Petrarque de Ulderico Scinzenzeler (26 mars 1494). A la fin du dernier feuillet : *Finisse la legenda di sancta Tecla...* S. L. N. D. Mauvaises copies des figures vénitiennes tirées des *Epistole evangelii* de 1495. (Bibl. Nat. Rés. 100 H 256.)

1533. — Voragine. *Legendario de san | cti vulgare hystoriato no | uamente reuisto e | con summa dili | gētia casti | gato.*

In-folio, titre gothique rouge et noir, le texte en lettres rondes ; 220 feuillets paginés à partir de *a-i* ; sous le titre, la marque *ARCANGELVS RAPHAEL* et *TOBIOLO* signé *b* et au-dessous DMXXXIII. (Sic). Les trois premiers feuillets sont occupés par le titre, la table, une dédicace « *A tutte le deuote e catholice christiane persone* » par *Nicolao de Manerbi* et le prologue ; le feuillet a-iiii est entouré d'un encadrement formé de mauvais petits bois ombrés ; dans le haut à gauche, avant le commencement du texte, l'Adoration, mauvais petit bois ombré. En tête de ce feuillet dans le haut de la page, près de l'encadrement : « *Incomincia il libro intitulato il Legendario di*

Sancti: Composto... » 237 petits bois, empruntés de l'édition originale de 1494 pour la plus grande partie; les autres, appelés à remplacer ceux qui avaient été égarés ou mis en trop mauvais état par les nombreux tirages, sont ombrés, plus petits et des plus médiocres. Page 220: *Stampate in Venetia per Frācesco di Alessandro Bindoni, e Mapheo Pasini Compagni: negli anni del signore. 1533. del mese di Settembre.*

1494.

Regina Ancroia.

In-folio de 139 feuillets, à trois colonnes de sept octaves chacune. Au recto du premier feuillet, un bois avec ce mot *LAN-CROIA*. Le poème commence au recto du second feuillet a-2. A la fin: *Impresso in Venetia per xpopholo pensa da mādelo nel Mccccclxxxxiiii adi xxi de Marzo. FINIS.* Le registre suit le colophon (Hain. *Repertorium bibliographicum*, I, p. 106, num. 965. — Melzi... p. 31.)

1494.

Aretino (Leonardo). *Incomincia il Libro intitulato Aquila.*

In-folio, 6 feuillets préliminaires et 120 dont le dernier porte le chiffre cxvi, en caractères romains. La première page est ornée d'un frontispice représentant un aigle, au-dessus duquel on remarque une couronne et une banderole qui porte le titre de l'ouvrage: *Opera intitulata laquila cōposta p miser Leonardo Aretino*; le tout entouré d'une bordure d'arabesques à fond noir. A la fin: *Qui finisse Laudando la diuina Gratia... Et impressa in Venesia per Pelegrino de Pasquali nel M.CCCC.LXXXXiiii. Adi. vi Junii...* Une édition de 1517 est ornée d'une large bordure formée d'un entrelacs de cordes à fond criblé, comme on en rencontre dans presque tous les livres publiés par Paganino. Catalogue Landau, p. 45. (1)

1494.

Bentisberi Gul. *Tractatus gulielmi Bētisberi de sensu cōposito et diviso...*

In-folio, figures sur bois. A la fin : *Impresso Venetiis p Bonetū Locatellū bergomese : sūptibus Nobilis viri Octauiani Scoti modoetiesis. millesimo quadrīgetesimo nonagesimo quarto sexto Kalendas iunias.* (Cat. Olschki, n° 17.)

1494.

Processionariuz ordinis fratrū predicatorum.

Petit in-4, imprimé en rouge et en noir ; au-dessous du titre en lettres gothiques rouges, la marque rouge de Giunta. 8 feuillets par cahier. Au feuillet II, un bois au trait représentant saint Dominique prêchant sa doctrine ; à droite, des femmes, des hommes à gauche ; au centre un écu surmonté d'un casque et d'une couronne ; cet écu est chargé d'un Christ, de l'emblème du pélican et du chien tenant dans sa gueule la torche dominicaine. Dans le haut,

---

(1) A la fin : Stampata in Venetia per Alexandro Paganino nel MDXVII adi XVIII aprile. In-folio, 4 ff. préliminaires et soixante chiffrés.

Melzi a donné sur cet ouvrage une note curieuse à la page 83 de son *Dizionario di opere anonime*, où il est dit que l'*Aquila* n'est qu'une maigre contrefaçon du livre intitulé : *Fiore, o Fiorità d'Italia;* qu'il y manque plusieurs chapitres de la version imprimée du *Fiore*, lesquels ont été remplacés par d'autres morceaux extraits du *Tesoro del Brunetto Latini*. Malgré cela l'ouvrage donné sous le nom de Leonardo Aretino a été souvent réimprimé à Venise, par *Theod. de Ragazonibus*, 1497 ; par le même, en 1506, in-fol.; par *Quarenghi Bergamasca*, 1508, et par *Alessandro Paganino*, 1517. Toutes ces édit. sont in-fol., avec frontispice orné de vignettes sur bois. (Brunet, t. I, col. 397.)

trois anges supportent une banderole avec ces mots : *Laudare, benedicere, pdicare*; la Sainte Vierge, qui délivre aux uns la palme du martyre et aux autres le lis, domine ces armoiries hiératiques ; à gauche, saint Pierre et deux dominicains ; à droite saint Paul et deux frères du même ordre. A l'exception des apôtres, chacun de ces personnages brandit un portiforium sur lequel est inscrit, auprès d'une allégorie, un de ces mots : *fides, amor, judicium, sientia* (sic). (Cat. Ales., p. 520, n° 331.) — Au verso du feuillet II, un bois de 79 mm. sur 118 mm. de hauteur : une procession de 12 frères entrant dans une église dont on ne voit qu'une partie du portail à gauche ; gravure médiocre, où certaines parties sont légèrement ombrées. — 27 petits bois au trait, dont plusieurs sont répétés et plusieurs occupent le centre d'une grande lettre ornée. — Verso LXXXVI : une Crucifixion au trait avec trois personnages à droite et quatre à gauche parmi lesquels une des saintes femmes étreignant le pied de la croix, tandis que la Vierge s'évanouit ; deux anges recueillent le sang du Christ, celui de gauche, le sang qui coule des deux plaies de la main et de la poitrine ; dans le fond une ville. Le dessin est assez bon, mais la taille est peu soignée dans les détails ; le Christ, infiniment supérieur au reste de la gravure nous montre un artiste connaissant assez bien l'anatomie. — Verso CXXIII, en lettres rouges : *Auxiliante deo... ac p solertissimũ virũ Joanne Emericũ alemanũ de Spira : in alma venetiarum urbe acutissime impressum explicit. Anno ab incarnatione dñica MCCCC.-XCiiii. Septimo id' octobris.* — En face, sur le recto du feuillet suivant, la marque rouge d'Emeric de Spire. (Marciana, 70994, 112, 6.)

1509. — *Processonarium Ordinis Fratrum Predicatorum rursus recognitum et multis Orationibus adauctum.*

In-4, figures sur bois et musique, imprimé en semi-gothique avec rubriques en rouge. *Venetiis, per L. A. de Giunta.* 1509. (Libri 1859, page 288.)

1513. — PROCESSIONALE ROMANUZ CUM *officio mortuor. et missa p defunctis in cantu : cū multis alijs oībus diuiō cultui deditis vtilib' et necessarijs...* etc.

In-4; titre en gothiques rouges; au-dessous, la marque rouge de Giunta. — 4 feuillets par cahier; pagination de 1 à 184. — Page 4 (verso f. A-III) : bois ombré que nous trouvons dans le *Processionariuz* de 1494. — Page 9 (f. B) : Entrée à Jérusalem, petit bois au trait, tiré du *Processionariuz* (verso f. A). — Page 31 (f. D-7) : un prêtre administrant un mourant, joli petit bois au trait que nous retrouvons dans le *Cantorinus* de la même année. — Page 65 (f. J) : bois ombré, une femme couchée auprès de laquelle prient et chantent des saints nimbés. — Page 153 (f. V) : grand *D* orné entourant l'adoration des Mages, charmant petit bois ombré. — Le bois de la page 31 est répété trois fois. — Nombreuses lettres ornées, les unes à fond noir, d'autres entourant de petits bois, généralement ombrés et assez médiocres. — Page 184 : *Finit Processiōale... etc. Impssuz. Venetiis p Lucantoniũ d Giũta Floreñ. Anno Christi 1513, die Vo xxiij Augusti* (lettres gothiques rouges et noires). — Au-dessous, le registre.

1494.

Pungy Lingua.

In-4° à deux colonnes; titre en lettres gothiques; caractères gothiques; 8 feuillets par cahier; un seul bois au-dessous du titre : la Crucifixion placée au feuillet LXXVI du *Processionarium* de 1494 (1). A la fin : *Quiui....*

---

(1) Cette Crucifixion reparaît aussi dans les *Prediche de le feste correno per l'anno del reverendo padre frate Hieronymo Savonarola da ferrare...* imprimé par Lazaro di Soardi, 11 juillet 1513; elle est entourée d'un encadre.

Impresso nelalma Et Inclita cita di Uenetia... Anno... M.CCCC.LXXXXiiii. Adi Viiii. de Octubrio. (Bibliothèque Nationale, Réserve D. 6876. D.)

Le *Pungy Lingua* a sans doute été imprimé par l'imprimeur du *Processionarium* de 1494 ; autrement, il serait difficile d'expliquer que la gravure de la Crucifixion se trouve dans deux ouvrages imprimés à deux jours de distance.

1494.

Doctrina del Beato Laurēzo patriarcha della uita monastica.

In-4°, 124 ff. caractères gothiques, cahiers de 8 feuillets non chiffrés, signature de aııı à ov ; sous le titre en lettres gothiques, un bois de page représentant saint Jean-Baptiste et saint Pierre, drapés, debout, soutenant le symbole de la Trinité dans des enroulements de branchages, figurant un grand cercle central dans lequel est inscrit y, h, s en lettres gothiques (le grand jambage de l'h formant la croix avec une branche transversale). Au-dessus, trois petits cercles encadrant les mots *etnus pater, filius, spssctus*. Dans le bas, un paysage accidenté avec des touffes de feuillages et, aux pieds de saint Jean, l'agneau. Au verso, la table des chapitres, occupant aussi quelques lignes du recto suivant dont le reste est blanc. Au verso de ce deuxième feuillet, un très beau bois de page, le bienheureux Lorenzo, debout, de très haute taille, dans une longue robe à plis rectilignes, un livre de prières sous le bras, les trois doigts d'une main levés comme pour bénir, l'autre main retenant les plis de la robe. La tête, coiffée d'un bonnet, est remarquable par une expression de piété ascétique. Devant lui un enfant de chœur portant

ment des premières années du xvie siècle. (Bibl. Nat. Rés. D. 5581.) Reproduite dans les *Illustrations des écrits de Jérôme Savonarole*, p. 36, de M. G. Gruyer.

une haute croix. Les deux personnages vont entrer dans un édifice (église) à large porte dont on ne voit que la partie inférieure. La figure du moine est entièrement empruntée, dit M. Lippmann, à un tableau où il se présente en sens inverse, tableau peint à la détrempe en 1466 par Gentile Bellini pour l'église de S. Maria del Orto et représentant Beato Lorenzo, l'auteur du livre (1). Au feuillet aiii, un second titre plus complet : *Doctrina z nō puocho utile a quelloro che nouamēte intrati sono nella religione del viuere religiosamente. Composita per lo Clementissimo Monsignor Padriarcha Beato Lorenzo Iustiniano della cōgregatione di San Zorgi de Aliga Gentilhuomo fo de Venexia*; puis le prologue. Après le feuillet ov cinq feuillets, non signés. A la fin du quatrième : *Anno M.CCCC.LXXXXIIII venute ala luce q̄sta āgelica opa......... laquale impssione fo cpiuta a XX de Octobrio del anno supra notato.* Puis, *Laus omnipotenti deo.* Le recto du dernier feuillet, blanc ; au verso, le pendant du frontispice : saint Jean l'Évangéliste et saint François d'Assise debout, l'un drapé, l'autre en franciscain, soutenant des branchages formant des cercles. Dans le grand cercle central *Maria* en lettres gothiques ; dans les plus petits des inscriptions pieuses ; dans le bas un paysage avec une route conduisant à une église. Aux pieds de saint Jean, l'aigle sur l'Evangile. Au-dessus de la gravure : *Beato Laurentio Patriarcha dela vita Religiosa*. (Collection de M. L. Gonse.)

---

(1) Ce tableau est aujourd'hui à l'Académie de Venise, n° 13 du catalogue. C'est l'unique exemple d'une copie de tableau par la gravure sur bois. M. Gustave Dreyfus possède une intéressante plaquette, d'un très joli travail, représentant le bienheureux Lorenzo, en buste, avec son nom en exergue. Cette plaquette fut évidemment faite d'après le tableau.

1494.

Zardino de Oration : Fructuoso.

In-4°; titre gothique; caractères gothiques; les cahiers portent les lettres a, b... placées au haut de la page à droite; 4 feuillets préliminaires. Sous le titre, le bois saint Jean-Baptiste et saint Pierre de la *Doctrina de beato Lorenzo;* au verso du quatrième feuillet, une grande gravure de 185 mm. sur 140 mm.; au premier plan, sur la montagne de l'Oraison, un moine tenant un chapelet de ses mains jointes, agenouillé de profil; à gauche, un ange, debout, s'entretient avec lui et lui montre de la main gauche une banderole où sont écrits ces mots « humanū dico » (en goth.); au-dessus du moine, Dieu, en sa gloire, tient le monde dans la main gauche; des rayons de la gloire s'échappe le Saint-Esprit qui descend sur la tête du moine; à gauche, au dernier plan, un couvent et au-dessus dans le haut *Mons orōnis* (en goth.) Dans le fond des peupliers; sur le terrain des herbes. Ce bois est des plus remarquables par le dessin et par la taille. Au recto du feuillet suivant, un grand T orné au trait figurant un moine en prière dans un clos circulaire fermé de palissades; il tient l'initiale des deux mains. Gravure au trait d'une exécution un peu rude. A la fin : *Impressa questa benedeta opera cōtemplatiua....* M.CCCC.LXXXXIIII. Au verso le saint Jean l'Évangéliste avec le saint François d'Assise de la *Doctrina de B. Lorenzo.* (Marciana, H. 131-133 et Bibliothèque de Vérone.) Quoique ce volume ne porte aucun nom d'imprimeur, nous pensons avec M. Castellani, de la Marciana, et avec M. Nicoletti, l'érudit conservateur du Musée Correr, qu'il est dû aux frères Gregorius, et que le dessinateur et le graveur sont les mêmes que ceux qui ont illustré la *Doctrina della vita monastica de beato Lorenzo Justiniano.* Nous y reconnaissons la fière allure des personnages, le fini des traits, le soin des détails dans les figures et les vêtements ; enfin cette œuvre peut être mise à côté des meilleures gravures au trait de l'époque.

1511. — *Libro devoto e fructuoso a ciascaduno chiamato giardino de oratione novamente stampato con diligentia.*

In-4°; au-dessous du titre, le grand bois qui se trouve en tête de la Vie des Saints de 1491, mais sans l'encadrement (saint Paul). A la fin : *Impresso in Venetia. M.D.XI. Adi XX Febraio.*

1494 (circa).

Monte dell' Oratione.

In-4°. Au premier feuillet, saint Jean-Baptiste et saint Pierre, de la *Doctrina de beato Lorenzo*. Au verso du deuxième feuillet, le deuxième bois du *Zardino de Oration*. Au dernier feuillet, saint Jean l'Evangéliste et saint François d'Assise empruntés à la *Doctrina de B. Lorenzo*. Cet ouvrage, sans lieu ni date, est évidemment de la même année et des mêmes imprimeurs que le *Zardino de Oration* ; tous deux sont imprimés avec les mêmes caractères, ont le même format, sont ornés des mêmes bois et semblent avoir été publiés sous la même couverture. On peut donc sans témérité assigner à ce *Monte dell' Oratione* la date de 1494 et l'attribuer aux frères de Gregoriis. (Musée Civico e Correr, Cicogna 131-133.)

1494 (circa).

Trattato della confessione de S. Bernardin.

In-4°; au premier feuillet, grand bois, de la grandeur de

la page (210 mm. sur 170 mm.) : saint Bernardin nimbé, debout, vu de face, tenant de la main gauche un grand cercle de flammes avec les lettres IHS (l'ostensoir) ; à droite assis à terre, un moine lisant ; à gauche dans le fond, le couvent, et dans le haut .*S. BERNARDIN*. Quoique le livre ne porte ni lieu ni date, il convient de l'attribuer aux frères Gregoriis ; le magnifique bois qui l'orne est d'un style absolument semblable à celui de la *Doctrina de beato Lorenzo* : même dessin et même taille, même allure et même dignité dans le geste, mêmes plis et mêmes petites négligences dans certains détails, les mains par exemple. — Si l'on examine attentivement les figures, on y reconnaîtra le même système de hachure, pour rendre soit les cavités des joues, soit les vides creusés par les souffrances et les privations. Enfin M. Castellani nous apprend que l'exemplaire de la Marciana fait suite à la *Doctrina Monastica de B. Laur. Justiniano*, et que les deux ouvrages sont imprimés avec les mêmes caractères et ont la même justification. Nous sommes donc presque en droit de conclure que les bois de deux livres sont du même dessinateur et du même graveur. Le *Trattato* contient en outre deux lettres ornées d'une grande beauté dont le T a paru dans le *Zardino de Oratione* (*Marciana*).

1494 (circa).

Incōmincia la vita e li miracoli del glorioso confessore sancto Antonio de padoa...

In-4° ; titre gothique ; au commencement et à la fin de l'ouvrage deux bois que nous avons trouvés dans la *Doctrina de beato Lorenzo*. Au verso du premier feuillet, saint Antoine au bord de la mer ; un moine est assis derrière lui ; les poissons sortent de l'eau pour l'écouter, conformément à la légende. Dans le fond *RAVENA*. Les deux personnages sont d'un bon dessin et sans doute de l'artiste employé à ce moment à illustrer les livres des frères Gregoriis ; le tailleur est vraisemblablement aussi le même ; cependant ce bois n'égale pas les autres. (Museo Civico e Correr, H. 134-137.)

1494 (circa).

Chi vuol cōdolerse de la passiō de Christo. Venga ad avdire chōe la madre se tristo. Lamentando piāgēdo il so dilecto morto Quādo de la croce nel so gremio fo posto Nulla creatura una parte poderia explicare Pur q̄sto libro legēdo impara replicare In laude amor e benedictiōe de dio amē.

In-4°; lettres goth. Au-dessus du titre, un joli petit bois carré, légèrement ombré, représentant une *pietà* : la Vierge, assise sur le tombeau, tenant le Christ mort étendu sur ses genoux ; un ange debout de chaque côté de la Vierge, au second plan. Au commencement et à la fin les deux gravures décrites dans la *Doctrina de beato Lorenzo*. Ce petit ouvrage est certainement aussi du même imprimeur ; il est composé avec les mêmes caractères et fait partie du même volume. (Museo Civico e Correr ; Cicogna H 131-133).

En somme ces six ouvrages : *Doctrina del Beato Laurēzo, Zardino de Oration, Monte dell' Oratione, Trattato della confessione de S. Bernardino, Incōmincia la vita et li miracoli del glorioso confessore Sancto Antonio de padoa* et *Chi vuol codolerse de la passiō de Christo* contiennent au commencement et à la fin les deux mêmes bois. Leurs caractères, leur justification et la facture de leurs gravures trahissent une origine commune. Quoique deux seulement soient datés, on peut affirmer que tous les six ont été publiés à Venise par les frères Gregorius, en l'année 1494.

1494.

Commentarivs Caesaris.

In-folio ; après le registre, placé au recto du feuillet qui suit celui où se trouve le colophon, un saint Antoine au trait avec *Defende nos*, à gauche ; et *beate pater Antoni*, à droite, qu'on retrouve dans le Tite-Live de 1511 ; le bois, d'une taille un peu trop accusée, est d'un assez bon dessin ; on aperçoit un tout petit porc en bas, à droite sur le terrain noir. (C'est sans doute la marque de l'imprimeur). A la fin : *Impressum Venetiis per Philippum de Pinciis Mantuanum Anno ab incarnatione domini. M.CCCC.LXXXXiiii. Die uero. XXV. Octobris.* (Mayence, Bibliothèque de la ville.)

1517. — *Caÿ Julÿ Caesaris : Inuictissimi iperatoris.*

In-folio ; lettres rondes. Deux cartes, la Gaule et l'Espagne ; cinq figures dans le cahier préliminaire a. Au-dessous du titre, le grand bois que nous avons vu en tête de la première *Décade* du *Tite-Live* de 1493, entouré d'un encadrement rouge d'environ 30 mm.; 4 feuillets pour la table ; feuillet 6, page 1, même bois et même encadrement que les précédents, mais celui-ci en noir ; 7 bois, tirés de *Tite-Live*, au trait, pour la guerre des Gaules. En tête du *de bello civili*, grand bois ombré avec le même encadrement : Lentulus parle, assis, à un nombreux auditoire ; puis, deux mauvais petits bois ombrés. Pour le *de bello Alexandrino*, trois petits bois au trait, ayant déjà servi. A la fin, verso CX, *Habes lector... Impressa mira diligentia Venetiis per Augustinū de Zannis de Portesio Anno. M.D.XVII. die. VIII Iunii.* Suit le registre et un index de 8 feuillets (Marciana).

1494.

Pulci. — *Morgante Maggiore di Luigi Pulci fiorentino.*

In-4° à deux colonnes, caractères ronds. Le second feuillet est entouré d'un encadrement dans lequel se voit une gravure où sont représentés les différents héros du livre accompagnés de leurs noms : *Alabastro, Pasamonte, Morgante, Orlando* et *Alda*. Au-dessous se trouve la première stance du poème avec une initiale ornée. Figures sur bois dans le volume. A la fin : *Finito il libro appellato Morgante maggiore... Impresso in Venetia per Manfredo di bonello de monferato da Streuo.... M.CCCC. LXXXXiiii. Adi ultimo Octobrio....* (Melzi, page 205.)

1507. — Pulci. — *Morgante Maggiore.*

In-8°, 2 col., caract. goth. Sous le titre un bois. A la fin : *Impresso Uenetia per Manfrino Bono de Môteferrato adi XX. del Meso de Mazo. del M.CCCC.Vii.* Melzi dit que cette édition doit être une réimpression de celle de 1502 de Venise par *Zuan Battista Sessa Milanese* pour laquelle il n'indique pas de gravures. Peut-être n'a-t-il pas vu cette édition de 1502 ? (Melzi, page 207.)

1515. — Pulci. — *Morgante Maggiore.*

In-4° à deux colonnes ; caractères ronds. Sur le titre, un bois représentant *Orlando* et un frontispice historié. A la fin : *Finito... Impresso in Venetia per Alexandro de Bindonis del lago magiore. Nel ano... M.D.XV. adi. X. Mar.* (Melzi, p. 208.)

1517. — Pulci. *Morgante magiore qual tracta delle battaglie | e gran facti de Orlãdo e de Rinaldo.*

In-8°, goth., 2 col. Au-dessous du titre, mauvais bois ombré, occupant le reste de la page, représentant la rencontre de Morgante et Margutte ; 86 petites vignettes ombrées, très mauvaises ; verso z-v, mauvais bois, presque à la moitié du feuillet : *Confessione di Luigi Pulci :* un moine assis, à gauche, Pulci à genoux devant lui, un diable par derrière, lui tenant les épaules ; au-dessus du moine : *Atende tibi*. A la fin : *Finito... Impresso in Venetia per Alexandro di bindoni. Nellanno.... |*

M.CCCC.XVij. Adi. | *XXVi. Marzo.* (Francfort, Bibliothèque de la Ville.)

1521. — Pulci. *Morgante Maggiore.*

In-4°; caract. ronds; 2 col. fig. en bois. A la fin : *Finito... Impresso in Vinegia nelle case di Guilielmo da Fontanetto di Monteferrato. Nel anno... M.D.XXI. adi. XX. di Iulio...*

Il se trouve un exemplaire de cette édition à la Palatine de Florence. (Melzi, p. 209.)

1522. — Pulci. *Morgante Maggiore.*

Pet. in-8° à deux colonnes; caractères gothiques, figures sur bois. *Venetia Alessandro de Bindoni.* (Brunet, T. IV, col. 971; Melzi, p. 209.)

1523. — Pulci. *Incomincia il fioretto di Morgante e Margutte picolino infino alla morte di Margutte. Composto per... Luigi Pulci Fiorentino...*

In-8°; caractères gothiques; sous le titre un bois représentant les deux héros. A la fin : *Stampato in Venetia* 1523 : *3 Gennaro.* (Melzi, p. 214.)

1525. — Pulci. *Morgante Maggiore.*

In-8°. *Venezia, Francesco Bindoni.* Cette édition est indiquée dans le catalogue *Capponi;* elle est sans doute ornée de figures comme celle de 1522 d'Alessandro Bindoni.

1494 (circa).

Pulci (Luca). — *Cyriffo Calvaneo composto per Lvca* | *Depvlci ad petitione del magni* | *fico lorenzo Demedici.*

In-4°, caractères ronds ; 2 colonnes. Le titre, au recto

du premier feuillet ; au verso (Aii), entouré d'un encadrement orné, un bois placé au-dessus de la première octave. La première lettre est une majuscule ornée. Au verso du quatrième feuillet F, les cinq dernières stances, et : *Finito Cirifo con Lagivnta*. « Quoique sans date, cette édition doit avoir été imprimée à Venise par Manfredo di Bonello, vers 1494 ; ce sont non seulement les caractères, mais aussi l'ornement du commencement et les lettres ornées que nous retrouvons dans le *Morgante* qu'il imprima la même année en 1494. » (Melzi... p. 284.)

1518. — Pulci (L). *Cyriffo Caluaneo Noua | mente Stampato con | la Gionta..*

In-4°, en lettres rondes, à deux colonnes, de 32 feuillets. Dans une circonférence, sous le titre gothique, un chevalier, *Cyriffo*, de profil, sur un cheval allant de gauche à droite ; son casque et son écu à gauche ; au-dessus de lui, sur une banderole *Cyriffo Calvaneo* : cette gravure ombrée est d'un assez joli style. 75 petites vignettes, souvent répétées, de différentes mains et d'une très mauvaise exécution. Verso du dernier feuillet, au-dessous du registre : *Impressum Venetiis p Alexādrū de Bindoni. Anno Domini .M.D.XVIII Die .XXVi. Mēsis februarii...* (Bibl. Nat. Réserve X + 3455.)

1495 (avant).

Lamento (*il*) *di Pisa con la risposta.*

Petit in-4° de 4 feuillets à 2 col., 38 lignes à la page. (Brunet, vol. 3, col. 793.) A la fin : *Finito el lamento di Pisa con la risposta. Impresso in Venetia per Matheo de Parma.* « Seconde édition de ce petit poème *in quarta rima*. Elle ne porte pas de date, mais on sait que Matheo Codeca da Parma, qui l'a imprimée, exerçait son art à Venise, de 1482 à 1495. Au-dessous du titre est une gravure sur bois représentant la ville de Pise, et à la fin, au-dessous de la souscription, se trouve un autre bois représentant un pape assis sur son trône et entouré de sa cour céleste. (*Bibliotheca borbonica* de Naples.) » Ces bois doivent être au trait et, venant de chez Codeca, d'une bonne et intéressante facture.

1500 (circa). — *Lamento di Pisa e Larisposta.*

In-4° de 4 feuillets de 32 lignes. « Edition imprimée vers 1500. Sur la première page l'intitulé ci-dessus, une vue de Pise gravée en bois et 17 vers. » (Brunet, vol. 3, col. 794.)

1495.

Sermones de tpe et de Sanctis cū omeliïs beati Bernardi abbatis clareuallēsis ordinis cisterciencis cū nōnullis eplis eiusdē.

In-4. Titre gothique, au-dessous, marque, en noir, de Giunta. 4 feuillets pour le titre et la table des Sermons ; de A à A-10 pour le *prologus*, ensuite, les cahiers sont de 8 feuillets. — Caractères gothiques. Pages numérotées à partir de A jusqu'au dernier feuillet 225. Au-dessus du titre, un grand bois (111 mm. sur 90 mm. de hauteur) au trait, assez médiocre, imitant ceux de l'*Epigrammata Cantalycii* et du *Spechio de la Fede* (1re édition) : Saint Bernard, nimbé, vu de face assis sur un banc, prêchant à des chartreux ; un Christ au-dessus de sa tête, la branche verticale de la croix divisant le mot *silentium*, *silen* à droite, *tium* à gauche, cinq chartreux de chaque côté, l'écoutant. — Le feuillet A est encadré en haut et à gauche par l'ornement décrit pour le *Dialogo de la seraphica Vergine*. Le *Prologus* commence par une très belle *S* ornée à fond noir. En tête de la colonne de droite, une charmante vignette au trait, de 44 mm. sur 64 mm. de hauteur ; au-dessous, dans l'intérieur du cadre, AVE, MARIA. GRATIA. PLENA. L'ange Gabriel vient annoncer à la Vierge qu'elle doit épouser Joseph, de la maison de David. La Vierge est à genoux, en prière, devant un prie-Dieu sur lequel est un livre; l'ange est à genoux devant elle. Derrière la Vierge, des arcades richement ornées; dans le fond, un paysage. Au-dessus de l'ange, Dieu le Père, presque identique à celui qui se trouve dans le *Dialogo* (feuillet A-I). — Verso p. 225 : *Divi Bernardi abbatis*..... etc. *Impressi Venetiis per Johannem Emericū de Spira alemanū. Sub anno īcarnatiōis dnice. M.CCCC.XCV. qrto id'martias*. — Au dessous : *Registrum* surmontant la marque à fond noir d'Emeric de Spire : un rectangle en hauteur, enfermant un cercle divisé par un diamètre horizontal et un rayon vertical prolongé jusqu'au haut du rectangle; à gauche du rayon, .I.; à droite, .E.; au-dessus du cercle, deux lignes d'inégale longueur coupant la verticale; au-dessous du diamètre, deux marteaux dont les manches se croisent. (Bibl. Nat., réserve, C. 1038 J. — Panzer, (III, p. 380. Catalogue Boutourlin, p. 544.)

1502. — *Sermōi deuotissimi del deuotissimo Sancto Bernardo..... Cum gratia et priuilegio*.

In-4, titre gothique. Au-dessous, un bois à fond noir pointillé, de style florentin; à gauche, dans sa chaire, Savonarole prêche devant un auditoire de femmes assises devant lui et d'hommes debout derrière; les noirs de cetaines robes et des bonnets sont tout à fait florentins. A la fin : *Impresso in Venetia per Christofolo pensa nel M. CCCCC. II. Adi x Decembrio*. (Bibliothèque municipale d'Udine, 21480 G, 8.)

Sans date. — *Sermoni deuotissimi del deuotissimo Sancto Bernardo.*

In-4, 4 feuillets préliminaires, y compris la table; les

feuillets sont numérotés au bas de la page, du 5ᵉ au 96, le dernier; au verso du 4ᵉ, un saint Jérôme; au dessous : *Impresso in Venetia per Bernardino Benali in Merzaria : tien per signale Sancto Hieronymo.* (Marciana, 41340.) Évidemment la même édition que celle du catalogue Tross (1878, n° 1, p. 8, n° 16).

1495

In hoc paruo libello qui intitula | tur liber cathecumini : quedam | valde perutilia impressa sunt | ad vsum vtilitatemque sacer | dotum sm. ritum Ro | mane curie.

In-4, car. goth. rouges et noirs; 75 feuillets non chiffrés; au-dessous du titre, la marque typogr. et le monogr. de Giunta. A la fin : *Impressum Venetiis per Joanem emericum de spyra. Anno dni. MCCCC.XCV* (1495) *pridie kalen. Maij*. Marque typ., qq. fig. gr. e. b. dont une de la grandeur de page, et qq. jolies init. Avec la musique notée. Au fol. 41 commence un article intitulé : *Quando funus effertur in ecclesiam, tunc additur sequens officium sec. morem Venetum.* (Librairie Rosenthal, Munich.)

1495

Spechio della Fede.

Titre au feuillet *a*; au verso, dédicace de Roberto de Lezze à Alphonse d'Aragon duc de Calabre; au dessous, la réponse du duc. Au feuillet *a*ıı, l'encadrement de la *Bible de Mallermi* avec une gravure qui ne remplit que les deux tiers de l'encadrement. Au centre, une chaire élevée, flanquée de deux fenêtres ouvertes, à travers lesquelles se voit une ligne de montagnes; dans la chaire, l'auteur debout prêchant. A gauche et à la hauteur de sa tête, FRAR, à droite VBER, et de l'autre côté de la fenêtre, TO. Au bas de la chaire un évêque; en hémicycle les fidèles ; à gauche, le duc de Calabre et ses seigneurs ; à droite, la duchesse et sa suite. Plus bas, une foule de fidèles, assis ou debout et écoutant; dans le tympan du frontispice, Dieu le Père bénissant. Le dessinateur et le tailleur de ces bois sont sans doute les mêmes que ceux des frontispices des *Décades* de Tite-Live qui (sauf le tympan) présentent la même bordure. Les lettres sont du même style. Registré *a*6, *b*6, jusqu'à *z*6, puis ɔ (un *c* retourné) et *b*, R6 et enfin *aa*6. La table, du verso *aa*III au verso *aa*V ; après la table, FINIS ; au-dessous, le privilège où il est dit que le manuscrit fut écrit en 1490 par Fra Roberto Carazola, évêque d'Aquin, vicaire général du royaume de Naples, et *mis en lumière* (imprimé) par Zoanne di Lorenzo da Bergamo, le 11 avril 1495. (Collection de M. Cernuschi.)

1517. — *Spechio de la fede Vulgare. nouamente impresso Diligente correcto : et historiato.*

In-fol., titre gothique. Au-dessous, un petit bois carré représentant le mariage de la Vierge, ombré de petites tailles non croisées, et entouré de quatre autres petits bois légèrement ombrés comme la vignette du titre. Au-dessous : NVPTIE BEATE VIRGINIS. Le titre et la vignette sont enfermés dans un cadre composé d'ornements, de feuilles et de fruits assez fortement ombrés. Registre : A. B., etc., de 6 feuillets par cahier. Verso du titre : lettre du frère Roberto da Lezze à l'illustrissime Alphonse d'Aragon, duc de Calabre, *primogenito* du royaume. Au-dessous, la réponse du duc. — A.-II. Riche encadrement, le même que dans le *Bergamensis supplementum chronicarum*. Dans le haut, Dieu le Père regardant vers la gauche et bénissant des deux mains. — Au-dessus du texte, bois de 115 mm. de large sur 98 mm. de haut : Roberto da Lezze prêchant dans une chaire, vu de profil, sur la gauche de la gravure ; devant lui, les religieuses assises sur des bancs ; les hommes sont debout derrière les femmes. Les fonds, le terrain, le devant de la chaire, quelques vêtements de religieuses et quelques bonnets, soit d'hommes, soit de femmes, sont noirs. — Cette gravure a été vraisemblablement gravée par un Florentin ; nous y reconnaissons le style et les noirs que seuls, à cette époque, employaient les artistes de Florence. — 44 vignettes, au trait. Les unes, preques toutes de la même grandeur que celles de la *Bible* de Mallermi, sont tirées de cet ouvrage, et principalement de la seconde partie, où les figures sont traitées avec beaucoup moins de soin, les têtes grosses et les personnages mal dessinés. — D'autres, un pen plus hautes (74 mm. sur 58 mm. de hauteur), ont été faites à la fin du xve siècle, car l'une d'elles (verso cxxviii) avait paru dans le *Della vita della gloriosa uergine Maria* de 1492 (verso *a*.5). Une autre (recto cxxiiii) est une copie du frontispice des *Epistole* de 1495. Celle qui se trouve page 113 dans le *Spechio* et page 95 dans les *Sermones vulgari* de saint Bernard (1528) existe également au-dessous du colophon des *Meditationes* de 1492 (x. de Marzo). La figure page 61 est la copie de celle qui est sous le titre de *La vita de la Madona storiada* (1493); enfin un certain nombre a été fourni par le *Legendario de Sancti* de 1494. — Trois autres vignettes seulement sont bien de l'époque où a été imprimé le *Spechio*, c'est-à-dire ombrées dans ce style lâché, et comme dessin et comme taille, qui a reçu son impulsion de l'atelier de Z. Andrea (cf. verso cxxxii). — Verso R. v : *Qui finisse el libro compilato nouamente da quella corona di predicatori chiamato frate Roberto carazola de lege del ordine deli frati minori... etc. : cioe Spechio della fede in uulgare et latino ad contemplatione dello Illustrissimo Signor Alphonso de Aragonia Duca de Calabria et primogenito della Maiesta del Re Ferdinãdo per diuina gratia Re di Napoli et el ditto libro fo compilato nel Anno M.CCCC.XC... etc. Stampato per Maistro Piero de Quarengis Bergomascho del M.D.XVII. Adi ultimo Setembris*. — Au-dessous, le registre. (Bibl. Nat., réserve, D. 1379).

1495

Piero Crescentio | *De Agricultura.*

In-4. — 5 feuillets pour la table, de *aa* à *aa*-4 ; les autres cahiers de 8 feuillets. Au-dessous du titre, sur le premier feuillet, bois au trait, de 116 mm. sur 113 mm. de hauteur, représentant un château, dont la cour, qui tient les trois quarts de la vignette, est entourée d'une palissade. Tout à fait au premier plan, la porte d'entrée, sur laquelle est perché un paon. Cette cour contient une ferme, à la porte de laquelle est assise une femme ; à droite, un gros chien ; en d'autres endroits, des poules, un cheval. Dans le fond, à gauche, un pigeonnier ; à droite, un bosquet et des ruches d'abeilles. — Cette gravure, où sont résumées les occupations de la campagne et les travaux d'une ferme, n'est pas d'une facture très soignée ; les détails, très nombreux, se sont ressentis de la nécessité où se trouvait le dessinateur de les enfermer dans un espace aussi restreint. 39 vignettes, de diverses grandeurs, dont plusieurs sont répétées ; il y en a d'originales, assez médiocres ; d'autres, prises dans la *Bible de Mallermi* et dans le *Tite-Live* : des six qui en sont tirées, une, avec la signature *b*, représente un éléphant traversant, sur une passerelle, un fleuve dont les deux rives sont garnies de guerriers. Feuillet L-vIII, au milieu de la seconde colonne : FINIS, et au-dessous : *Impressum Venetiis Die ultimo mensis Mai. anno. MCCCCLXXXXV* (Bibl. nat., réserve, S.)

1504. — *Piero Crescentio de Agricultura. Istoriato.*

In-4, lettres gothiques ; conforme à l'édition originale, sauf un grand bois nouveau qui se trouve placé au verso du dernier feuillet de la table : *Piero Crescentio*, debout, la main gauche à la hauteur des yeux, tend de la main droite son livre à un paysan debout devant lui ; une étoile, en haut, entre les deux personnages ; un palais, à gauche. Mauvais bois aux traits épais, lourds et très noirs ; le dessin ne vaut pas mieux que la taille. A la fin : *Impresso in Venetia Die M.CCCCC.IIII. Adi primo luio.* Au-dessous, le registre. (Museo Civico e Correr, Cicogna, H 69.)

1511. — *Piero Crescientio de Agricvltvra vvlgare.*

In-4 ; 235 feuillets numérotés ; 6 ff., de DIII à D-8 pour la table ; au 235ᵉ feuillet : *Impressum Venetiis die sexto mēsis Septembris anno dñi. M.D.XI.* Mêmes bois que dans l'édition originale ; au verso du feuillet A-1, le titre et au-dessous un grand bois ombré représentant Crescentius dans une chaire faisant une leçon à un nombreux auditoire ; gravure médiocre (Vérone et Marciana, 22724.)

1519. — *Piero Crescientio De Agricultura Vulgare.*

In-4, titre gothique ; au-dessous, la marque de Bindoni : la justice, l'épée dans la main droite et la balance dans la gauche ; au-dessous A. B. Au verso du titre, Crescentius faisant sa leçon à un auditoire de 8 personnages assis, quatre de chaque côté, bois ombré médiocre ; Crescentius semble un géant, comparé à ses auditeurs qui sont de trop petite dimension. A la fin : *Impressum Venetiis die nono mēsis lulii anno dñi M.D.XIX.* Mêmes bois que dans l'édition originale, sauf quelques-uns qui ont été remplacés par de mauvaises copies ombrées.

1495

Opera deuotissima et utilissima a tutti li fideli Christiāi : laq̃le se chiama li fioretti de Misser sancto Frācesco assimiliatiua ala uita et ala passione del ñro signore Iesu x̃po et tutte le sue sancte uestigie (1).

(1) Nous avons déjà signalé, à leurs dates, deux éditions de ce livre, de

In-4. Recto a-i, grand bois prenant toute la page, encadré d'une bordure à fond noir d'un charmant style et dans le bas de laquelle se trouvent deux lions adossés; au milieu, saint François à genoux; derrière lui un autre religieux, devant lui un ange à six ailes et tel qu'on le représente dans cette scène; il est crucifié et volant; des 5 plaies de l'ange partent des traits aboutissant aux stigmates du saint. Dans le fond, à gauche, deux religieux devant un couvent. Groupe d'arbustes et terrain accidenté, très belle gravure au trait, de l'illustrateur du *beato Lorenzo*, du *Mons orationis* de 1494, etc. A la dernière page : *a honore... in Venetia nel Mille e quatrocento nonantacinque di quatro del mese de Nouembre. Per mi Manfredo de Monferra da Streuo. Deo gratias. Amen. FINIS.* (Bibliothèque de Vérone.)

Les bois de cette édition sont reproduits, un mois plus tard, dans l'édition suivante :

1495. — *Vita e fioreti di Scō frācisco.*

In-4. Au-dessous du titre, un bois au trait très légèrement ombré par endroits, entouré d'un encadrement au trait, formé de fleurs, de feuilles, etc., copié des bois vénitiens. La figure représente le même sujet que celui de l'édition vénitienne : à gauche, saint François à genoux, un livre à terre à côté de lui, recevant les stigmates d'un ange aux six ailes, mais non crucifié; à droite, un moine à genoux. Au dernier feuillet : *Impresso in Milano per Magistro Vlderico Scinzenzeler adi primo de Decembre. M.CCCC. LXXXXV.* Au-dessous, le registre et la marque.

1499. — *Fioretti di san Francesco. Opera deuotissima et utilissima a tutti li fedeli christiani : la qual se chiama li fioreti de misser sancto frācesco.*

1490 à 1493. Brunet veut établir, sans donner ses raisons, une distinction entre l'ouvrage précité et l'*Opera deuotissima* de 1495.

'In-4, 72 ff. (A-I, par 8). Car. rom., avec un bois au verso du premier f., représentant saint François stigmatisé. Style raide, initiales gravées. A la fin : *A honore de dio et de la gloriosa uerzene maria : et de misser sancto francesco e impressa questa deuota operetta in Venesia nel mille quatrocento nonanta. Adi quindexe del mese de Decembrio. Deo gratias. Amen.*

1502. — *Questi sono li fioretti de sancto Francesco.*

In-4. Titre gothique, lettres rondes. Au-dessus du titre, le saint François recevant les stigmates de l'édition 1495, sans son encadrement. A la fin, après la table : *A honore..., Venetia p me Zorzo de Rusconi Milanese, nel M.CCCCC.II adi XXVI de Luio. FINIS.* (Marciana 11190.)

1512. — *Questi sono li Fioreti de Sancto Francisco Nouamente stampati.*

In-4 à deux colonnes, caractères gothiques. Le frontispice est entièrement orné de figures gravées en bois (*tutto istoriato di figure in legno*). A la fin : *Qui finisce.... Impresso in Venetia per Magistro Piero di quarengi da Bergamo. M.D.XII. Adi xij auosto.* (Molini. *Operette*, p. 159.)

1495.

Jesus. In hoc volumine continentur infrascripti tractatus. Primo deuotissimus trialogus beati Antonini archiepi florentini ordinis predicatorum super euāgelio de duobus discipulis euntibus in emaus. Secūdo pulcherrimus trialogus de cōtēptu mūdi fratris baptiste de finaria epi vintimiliensis ordinis eiusdem. Tertio epistola de tribus essentialibus votis religionis : et vtilissimus tractatus de veris et falsis virtutibus fratris vmberti generalis magistri eiusdē ordinis.

In-8, 150 ff. (A-s, par 8, à l'exception de *i* qui est en 10 et *s* qui compte 12 ff.). Car. goth. A 2 col. Titre tiré en rouge avec la marque de L. A. Giunta. Au verso du 2ᵉ feuillet, une gravure représentant Jésus en pèlerinage avec deux disciples. Une petite figure (l'image d'un archevêque) au recto du f. suivant, répétée au recto du f.*h*-IIII et au recto de *n*-I. A la fin : *In nomine sancte trinitatis isti tres tractatus vtilissimi feliciter expliciūt. Impressi venetijs per Joānem Emericum de Spira. Anno incarnatiōis M.CCCC.XCV. sexto kl'as Maij* et la marque de l'imprimeur. (Bibliothèque Landau; communiqué par M. Rödiger.)

1495.

Epistole Marsilii Ficini Florentini.

In-folio. Titre gothique rouge; au-dessous, un phénix sortant des flammes. Au verso, le privilège dans l'encadrement du Dante de 1491 (Benali et Capcasa). Puis quatre et demi feuillets non chiffrés pour la table. Ensuite *Prohemium in epistolas*, dans le même encadrement entouré d'une fort jolie bordure, dû évidemment à la même main. A la page suivante, le *Prologus* dans cette même bordure, la bande supérieure prenant ici la place de la bande inférieure et inversement. Grandes et petites lettres ornées à fond noir. Cent quatre-vingt-dix-sept feuillets chiffrés en chiffres romains, plus deux feuillets non chiffrés. Au haut du dernier feuillet : *M. F. Florētini eloquētissimi uiri Epistole familiares fœliciter finiūt : Impēsa p̄uidi Hieronymi Blōdi Florētini : Venetiis cōmorātis : Opauero et diligētia Mathei Capcasœ Parmēsis : impresse Venetiis : æquinotiū Vernale Phœbo introeunte : as Die et hora Mercurii : Vigilia Diui Gregorii. Anno salutis M.CCCC. LXXXXV.* Au-dessous, le registre et la marque de Capcasa. (Librairie Techener.)

1495.

Epistole evangelii vulgare et Istoriate.

In-folio; titre gothique; au verso du premier feuillet: *Al nome sia del nostro signor Jesu Christo...* etc., sept lignes de texte, un petit bois, et au-dessous, douze lignes de texte. Au recto du second feuillet, l'encadrement de la page 4 de la *Vie des Saints* de 1493. Au milieu, une gravure au trait de 123 mm. sur 113 mm. de haut, représentant le Jugement dernier, de la même grandeur que celle de la *Vie des Saints* de Giovanni Ragazo (1491). Le tympan de l'encadrement diffère : ici on ne voit que le buste nu du Christ; au centre de la composition, le Christ, assis dans sa gloire et entouré de chérubins; il tient une croix dépassant un peu sa tête; à droite, à la hauteur de la bouche, un glaive disposé horizontalement; à gauche, un lis, au-dessus duquel on lit : VENITE BENEDITI ; dans chacun des angles supérieurs, un ange soufflant de la trompette. A gauche, à la hauteur du Christ, le groupe des élus, dont le premier porte une bannière avec le mot ABEL. A droite, à la même hauteur : ITE. MALEDITI. IN. IGNEM. ETERNVM. Au-dessous, les damnés, dont l'un porte une bannière avec le mot CAIN. De chaque côté, un ange soufflant de la trompette. En bas, les élus sortant de leurs sépultures, les uns ne laissant voir que leur tête, les autres se montrant à mi-corps; un seul dressé en pied, tout à fait dans le coin à gauche. Dans l'angle de droite, la marque *b*.

Cette gravure, quelle que soit sa valeur artistique, nous paraît de la même main que les bois de l'édition sans date des *Méditations* et de ceux du *Dante*, de la *Bible* de Mallermi et autres signés *b*; toutefois, le *Jugement dernier* est de beaucoup inférieur, soit au bois des *Méditations*, soit aux petites vignettes signées *b* du *Dante* ou de la *Bible*.

En ce qui concerne le *Jugement dernier*, à côté de quelques figures d'élus et de damnés bien exécutées, la figure principale, celle du Rédempteur, est d'une faiblesse indiscutable ; la taille en est peu soignée. Ces négligences rendent le *Jugement dernier* inférieur aux bois des *Méditations*, dont il a cependant les qualités distinctives.

Rapproché du seul bois signé *b* du *Dante* édité en 1491 par Pietro Cremonese, le *Jugement dernier* offre avec lui de frappantes analogies dans la taille, l'exécution des visages et des cheveux, même dans les moindres détails, plus probants souvent que les parties principales. Or, nous avons établi la parenté étroite des bois des *Méditations* (1) sans date avec cette illustration du *Dante*. L'analogie de celle-ci avec le *Jugement dernier* (2) est une nouvelle preuve de la communauté d'origine de ces bois et de ceux de nos *Méditations*. C'est le plus grand bois signé *B* que nous connaissions.

---

(1) Quant aux *Méditations* de 1489, leurs bois, malgré un certain air de famille, nous semblent d'une provenance différente.

(2) Nous trouvons une mauvaise copie de ce *Jugement dernier* dans un volume sans lieu ni date, mais certainement imprimé à Milan. La composition est la même, mais d'une exécution très grossière, comme toutes les copies des bois vénitiens faites à Milan à cette époque (les *Triomphes* de Pétrarque, par exemple). Dans la légende de droite, on a judicieusement remplacé MALEDITI par MALEDICTI. L'encadrement n'est composé que de trois parties, la partie supérieure et les deux latérales : celle-là est une pauvre imitation de l'original; celles-ci sont formées de colonnes copiées sur les bordures correspondantes du volume vénitien (recto du feuillet II). — L'ouvrage porte le titre suivant : *Legendarii di sancti istoria di vulgari | novamente stâpate: e con diligen | tia correcti: con altre legen | de agiôte: lequale tr | oueuerai in fin de | lopera.* — Ce titre est entouré de l'encadrement que nous voyons au *Triomphe de la Chasteté* dans l'édition des *Sonnets et Triomphes* de Pétrarque imprimée à Milan, le 26 mars 1494, par Ulderico Scinzenzeler. A la fin du dernier feuillet: *Finisse la legenda de Sancta Tecla. Registro de la legende agiunte*: AA quaterno BB terno CC quaterno. Sans lieu ni date. (Bibl. Nat.. Réserve inv., 100. H 256). Les vignettes de cette *Légende des Saints* sont imitées des illustrations vénitiennes : elles sont si mal dessinées et si mal gravées qu'il n'y a pas lieu d'insister sur leur valeur artistique.

1495.

Bartolus de Saxoferrato. *Consilia questiones et tracta | tus bartoli cum addi | tionibus nouis.*

Gr. in-folio, lettres gothiques noires. Le titre, au premier feuillet (a-i), est en lettres gothiques rouges. Du feuillet numéroté a-i jusqu'au dernier, 153 pages. 39 figures sur bois d'une exécution très rude; ces bois ornent les parties des *Tractatus de Alluuione et Tractatus de insula* et, au point de vue de l'art, n'offrent que peu d'intérêt. Au recto 153 : *Venetijs per Baptistam de Tortis. M.CCCC.XCV. die xx Junij.* Au-dessous, la marque noire de Tortis avec les deux lettres *B. T.;* au verso, la table et le registre (Hain, 2657).

1495.

Libro de le virtu de le herbe et prede quale fece Alberto magno vulgare.

In-4 ; caractères romains, 16 ff. non numérotés ; registre Ajj-Djj. Frontispice encadré représentant dans la partie supérieure un combat d'hommes nus à pied et à cheval ; dans la partie inférieure, un maître assis dans une chaire, parlant devant un auditoire. A la dernière page, le même bois, si ce n'est que dans la partie inférieure se voit un héraut qui sonne de la trompe et un personnage qui, du haut d'un balcon, lit au peuple quelque ordonnance. A la fin : *Impressum Venetiis per Manfredum de Monteferrato. M.CCCC.XCV a di xx Zugno.*

1496.

Johannes Franciscus de Pavinis, solennis z utilis Tractatus de officio z potestate Capituli sede vacante.

In-fol. En tête du volume, se trouve la gravure représentant saint Pierre : « Tu es Petrus » si souvent reproduite. A la fin : *Impressus Venetijs, per Paganinum de Paganinis Brix., a M.CCCC.XCVI. die vo xxi Januarii.* (Bibliothèque communale de Vérone.)

1496.

Theophylo. — *Libro de locchio morale et spirituale vulgare.*

In-4 ; titre gothique ; au-dessous, joli bois au trait de 75 sur 75 mm. ; à droite, un moine dans une chaire parle à un nombreux auditoire d'hommes et de femmes assis ; de la main droite il montre son œil. 8 ff. par cahier. A la fin : *Impresso in la ĩclita citta di Venetia M.CCCC.XCVI. adi. xxi. Mazo. FINIS.* (Bibliothèque communale de Vérone et Bibliothèque nationale, Rés. D. 67956.)

1496. — *Liber de oculo morali.*

In-8, caractères gothiques, à deux colonnes. 8 ff. par cahier. Sur le titre, la même figure au trait qui orne celui de l'édition italienne de la même année. A la fin : *Impressum Venetijs per Joannẽ hertzog alemanum. Anno 1496. Kal. Aprilis.* (Bibliothèque communale de Verone.)

Une autre édition latine doit avoir précédé celle-ci, qui porte la mention suivante : *Summa cum diligentia reuisa atque omni mendo deterso.* L'édition italienne précitée ne serait qu'une traduction de ce premier texte latin.

1496.

Illustrissimi philosophi et theologi : domini Alberti magni Cõpendiosum.

In 4, titre au feuilllet A.II ; au feuillet E.VI, une grosse tête de profil au trait avec quelques ombres, d'un beau style et bien dessinée. G.IIII : *Impressum Venetiis per Georgium de Arriuabenis : Anno Domini M.CCCC. LXXXXVI. die ultimo mensis Augusti*. La table commence après le colophon et occupe le recto et le verso du feuillet suivant. (Bibliothèque de l'Université de Turin XV.VIII.6.).

1496.

Compendium dialetice fratris siluestri de prierio sacri ordinis fratrum predicatorum.

In-4, lettres gothiques, à deux colonnes. Sous le titre, une jolie gravure au trait représentant un ange tenant un lys de la main gauche. 75 mm. sur 48 mm. A la fin : *Impr. Venetijs mira arte et dilīgētia Otiri papiensis, A. S. 1496. die xviij Junii*. (Bibliothèque communale de Vérone.)

1496.

Expositione sopra evangeli.

In-fol.; titre gothique au recto du feuillet a 1 ; caractères ronds ; chiffré à partir du feuillet a 1 en chiffres romains jusqu'à xcviii ; puis deux feuillets de table. Encadrement et frontispice de l'*Epistole evangelii vulgare et historiate ;* nombreux bois vénitiens dont plusieurs avec la marque N et les mêmes qui, en partie, se rencontrent dans la *Vita de la Madona storiata* (Venise 1493), et dans *Omelii di Sancto Gregorio* (Venise, 1515) et dans d'autres ouvrages du temps. Au feuillet cxviii : *finito. . impresse in Firenze p Bartholomeo di Francesco de Libri p. fiorentino adi xxiiij di septembre MCCCCLXXXXVI.*

1496.

Monteregio. — *Epytoma Joānis de mōte regio In | almagestū ptolo | mei.*

In-folio, lettres gothiques, 8 feuillets par cahier, de *a* à *p;* le premier cahier *a* a 10 feuillets. Le titre se trouve sur le feuillet *a*, le feuillet *a*-2 commence par un fort bel A majuscule à fond noir; verso *a*-3, grand bois prenant

Frontispice du *Spechio della Fede* (Zoanne di Lorenzo da Bergamo, Venise, 1495).

toute la page, très légèrement ombré dans les vêtements, les fonds et quelques accessoires; dans la partie inférieure deux personnages assis l'un à droite et l'autre à gauche, celui de droite, dont la figure est charmante, est très probablement, selon M. Piot, le portrait ressemblant du célèbre abréviateur de Ptolémée, Monteregio, mort en 1476, vingt ans auparavant, mais bien connu à Venise pour avoir professé les mathémathiques à Padoue (1). Il a la main droite levée et s'adresse au personnage de gauche, Ptolomeus, couronné, et lit dans un livre ouvert sur ses genoux; au milieu, deux volumes appuyés contre un socle rectangulaire servant de base au pied du globe céleste, et deux autres volumes sur ce socle; le globe, prenant la moitié de la hauteur du bois, touche presque les bords du cadre, les signes du Zodiaque y sont représentés au trait. Dans la partie supérieure, des étoiles, le soleil et la lune. Dans le fond, des montagnes et une ville. Cette gravure est d'une très belle exécution, le tailleur a du traduire la perfection du dessin, les détails même en sont soignés et les plis des étoffes très bien rendus. L'encadrement, large d'environ 25 mm., à fond noir, est composé de feuilles, de grecques et de banderoles; dans la partie inférieure, ces banderoles portent les noms de *Ptolemevs Johanes de Monter;* et à gauche, les mots : *Altior incvbvit;* dans le haut *Animvs;* à droite : *Svb imagine mvndi.* Cet entourage, sans égaler celui de l'Hérodote, peut d'autant mieux lui être comparé, qu'il est composé en partie des mêmes éléments ; la même main peut se reconnaître aussi dans d'autres détails. En somme, une des plus belles productions de la xylographie vénitienne à cette époque. Feuillet *a*-4, grand *R* à fond noir, dans le style du grand *A*. Ce volume est rempli de charmantes lettres ornées à fond noir dont les plus remarquables sont les grands *V, Q, S, D* et *L;* il est en outre enrichi de nombreuses figures de mathématiques. A la fin : *Explicit Magne Compositionis Astronomicon Epitoma Johannis de Regio monte. Impensis non minimis curaqz et emendatione non mediocri virorum prestantiū Casparis*

---

(1) Piot. *Cabinet de l'Amateur.* Année 1861, page 242.

Apollon et Marsyas (*Métamorphoses d'Ovide*, Giovanni Rosso, Venise, 1497).

Grossch : et Stephani Roemer. Opera quoque et arte impressionis mirifica viri solertis Johannis hāman de Landoia : dictus Hertzog : felicibus astris expletum. Anno a prima rerum... In hemispherio Veneto : Anno salutis. 1496. *currente : Pridie Caleñ. Septembris Venetijs...* Au-dessous, la marque noire, dans le joli style des lettres ornées et de l'encadrement avec les lettres *.I.H.* dans une double circonférence avec la croix à deux barres parallèles. (Marciana, 41000, et Museo Civico et Correr.)

1496.

S Vincentius de Valentia s. ord. praer. Sermones de Tempora.

In-4. Quatre parties en un vol. Sous le titre, un bois représentant S. Vincent montrant de la main droite Dieu le Père dans sa gloire, placé au haut de la gravure, dans le coin à droite ; de sa main gauche, il tient un crucifix et un lys. Bois ombré, médiocre comme dessin et comme taille ; il est répété quatre fois. A la fin : *Venet. p. de cob. de Leucho, impensis vero Lazari de Soardis die xij nov.* 1496.

1496.

Summaripa (G.). *Chronica vulgare in terza rima de le cose geste nel regno Napolitano per anni numerati in tutto Nove cento trentasette... Venetia* 1496.

In-4 ; lettres rondes ; au-dessus du titre : *Deo optimo maximo. Honos et gloria.* La page est entourée d'un encadrement à fond noir d'un très bon style ; dans le bas, deux lions dos à dos dont les queues s'enroulent en formant l'ornement central. Nous avons déjà rencontré cet encadrement dans *Li fioretti di Sancto francesco.* A la fin : *Venetia 1496.* (Bibliothèque de Vérone.)

1496.

Philippi de Franchis de Perusio. *Le | ctura super titulo de appellatio | nibus : et de nullitatibus sen | tentiarum solēniter incipit.*

In-folio, en lettres gothiques, 14 feuillets préliminaires et 110 feuillets numérotés. A la fin : *Explicit lectura..... Venetijs impressa ac fideliter emendata per Philippum Pinzi. Anno domini M.CCCCXCVI. Die nono Decembris.* Au-dessous, d'un très bon tirage, le Saint Atoine au trait avec son cochon et ces mots au-dessous du bois : *Defende nos beate pater Antoni.*

1497.

Ovidius (1) *de Fastis cum duobus commentariis.*

In-fol. Au-dessus du titre, bois au trait, OVIDIUS entre ANT. FAN (Antonio Constantio fanensis) PAV. MAR. (Paolo Marso), qui écrivent sous sa dictée. A la fin : *Impressum Venetiis... Ioannis Tacuini : de Tridino... Anno M.CCCCLXXXXVII. pridie idus Iunii.* LAUS DEO et la marque (Museo Civico e Correr. E. 57). Tacuino réédite cette édition des *Fastes* en 1508 (Duplessis, n° 22).

1497. — *P. Ovidii metamorphosis cum integris ac emendatissimis Raphaelis Regii enarrationibus et repræhensione. illarũ ineptiarum : quibus ultimus Quaternio primæ editionis fuit inquinatus.*

---

(1) Nous nous bornons à mentionner quelques éditions vénitiennes qui ne figurent pas dans la belle étude de M. G. Duplessis, *Essai bibliographique sur les différentes éditions des œuvres d'Ovide ornées de planches, publiées aux XVe et XVIe siècles*, étude parue dans le *Bulletin du Bibliophile*, janvier-avril, 1889. A propos de certaines éditions cataloguées par lui, nous nous permettons d'ajouter un petit nombre de notes complémentaires. Pour le surplus, nous ne saurions mieux faire que de renvoyer le lecteur au travail de notre savant confrère.

In-fol. ; caractères romains. 168 feuillets, nombreuses initiales ornées. Au 6ᵉ feuillet, une gravure sur bois. A la fin... *Cujus industria Raphael Regius in hoc opere describēdo usus est Venetiis Principe felicis. Augustino Barbadico. octavo idus iulii M.CCCCXCVII.* Puis la marque de Bivilaqua.

1505. — *Habebis Candide lector. P. Ovidii Nasonis metamorphosin castigatissimam cum Raphaelis Regii commentariis emendatissimis et capitulis figuratis decenter appositis.*

Cette édition renferme 6 planches de plus que l'édition de 1497 et une planche modifiée; la signature *ia* a disparu par suite d'une cassure, p. 161 verso. 175 pages numérotées ; sur la 175ᵉ : *Impressum Parmæ Expensis et labore Francisci Calcographi diligentissimi. M. D. V. Cal. Maii.* Cette édition parmesane ne doit pas être confondue avec celle de 1501 *circa*. Tout en ayant, comme elle, six planches de plus que l'édition originale, sa justification est différente. L'édition de 1505 est postérieure à celle de *circa* 1501, puisque dans celle-ci la marque *ia* existe encore (Duplessis, 10, 11, 20).

1509. — *Musæus. Ovidii Metamorphoses. Venitiis, Georgius de Rusconibus,* 1509.

In-fol.; au-dessous du titre, Saint Georges perçant le dragon de sa lance, et dans le coin à gauche les deux lettres F. V. — Verso du 8ᵉ feuillet : sorte de mappemonde copiée sur celle de l'édition de 1497 ; feuillet A : copie ombrée de la *Création*, dans le coin à droite, marque *i*; verso a-iii : copie de la figure correspondante de l'édition originale, le vaisseau et les boucliers des soldats, à gauche, sont noirs ; dans le coin à droite, la marque *io-g.*; l'*i* a le même aspect que celui de la précédente gravure ; a-5 : copie de l'édition originale, plus fortement ombrée, les noirs sont très accusés pour le vaisseau et le morceau de bois sur lequel l'homme est à cheval ; b : copie du même style que l'original, sans ombres et sans noirs ; b-iii : copie également du même style. Ces copies, au nombre de 6, y compris la mappemonde, sont retournées et flanquées d'un petit ornement qui leur donne la largeur voulue. Les lettres sont à fond noir et les pages numérotées de I à CCXIX. Il est à remarquer que dans ce volume nous trouvons réunies les marques F. V., signalées dans le *Martial* de 1514, le *Vigerius* de 1507; *ia,* dans le *Missel* de 1490 (1), dans l'*Ovide* de 1497, et dans de nombreux ouvrages dont nous aurons à nous occuper; *i* et *io* G., que nous rencontrons ici pour la première fois, et qui ne sont signa. lés que par Passavant (2) ; enfin N, qu'il ne faut pas confondre avec le petit N relevé par nous comme marque d'un copiste. Tous ces bois taillés par différents artistes, et voire même composés par différents dessinateurs, ne sont pas d'égale valeur. Au verso du dernier feuillet : *Ad Lectorem,* au-dessous : *Siquid forte... Georgius de Rusconibus Mediolanēsis cuius industria Raphael Regius ī hoc opere describendo usus est. Venetiis Principe Felici Leonardo Lauredāo die ii maii M.D.IX.* Au-dessous, le registre et la marque (Duplessis 12 et 23).

1510. — *Incomincia el libro dele Epistole di Ouidio : uulgurizate in rima per messere Dominico da Mōticiello Toschano. Et prima comincia il prologo.*

In-4; 8 ff. par cahier. Au-dessous du titre, bois ombré; à droite, Saint François à genoux ; derrière lui un moine assis ; dans le haut à gauche, l'ange aux six ailes ; dans le fond, montagnes, couvent et arbres. Dans les coins du bas, à droite et à gauche, la marque de l'imprimeur. Ce

---

(1) Voir Moschini. Manuscrit inédit du Musée Correr.
(2) *Peintre graveur,* page 142.

bois, dans le style vénitien, est une copie retournée du bois de l'*Opera devotissima et utillissima... se chiama li fioretti de misser sancto francesco de 1495*. 20 bois ombrés, de la largeur de la page; chacun est divisé en trois parties et représente par conséquent trois sujets. Ces vignettes sont des copies serviles d'une édition restée inconnue sur laquelle ont été copiés aussi, mais avec plus de talent, les bois des *Epistole heroides* d'Ovide daté 1512 (voir plus bas 1512). A la fin : *Finiscono le Epistole del famosissimo auctore Ouidio in rima per uulgare historiato. Impressa nela cita di Turino per Magistro Francisco de Silua nel anno M.CCCCC.X. adi xii de Febraro.* Au-dessous, la marque à fond noir. (Bibliothèque royale de Turin, n° 8003.)

1510. — *Ovidius Epistole Heroides...*

In-folio; 112 ff. (6-106); au-dessous du titre, *Ovidius* écrivant ; à gauche, *Zarotus* et *Antonius ;* à droite, *Vbertinus* et *Domitius;* bois ombré médiocre. 22 petits bois ombrés médiocres, deux signés L., un autre avec terrain noir, une figure d'*Envidia* qui semble une copie d'un bois antérieur. A la fin : *Impressum Venetiis... Augusti | num de zannis de Portesio : Anno M.D.X. die xxv Octobris.* (Bibliothèque de la ville de Darmstadt.)

1512. — *Epistole Heroides Ouidii.*

In-fol. de 150 ff. (6-144). Au-dessous du titre, un grand bois au trait d'une taille un peu commune, *Ovidius* écrivant entre VBERTINVS à droite et ANTONIVS à gauche ; au-dessous, le Saint Jean-Baptiste signé *b.* M., marque de Tridino. Au feuillet I (a-i), un magnifique encadrement à fond noir dans le style des Lombardi, formé de Tritons, de putti, d'arabesques, et rappelant les ornements exquis de leurs monuments vénitiens. 22 bois de l'aspect particulier d'une esquisse; quelques-uns sont jolis et élégants, d'autres sont médiocres; ils sont légèrement ombrés de hachures très espacées et ne sont pas poussés jusqu'à leur entier effet. Les terrains sont généralement noirs. En tout cas, ces vignettes ont plus de charme que celles de la même époque. Deux surtout sont remarquables, SAPPHO, page 83, d'une plus grande dimension et dont la composition est assez bonne, et surtout INVIDIA, page 89, qui est d'une belle allure, d'un beau dessin et qui nous rappelle les grands maîtres de style mantegnesque. Cette *Invidia* est bien supérieure à celle de l'édition vénitienne de 1510. Ces bois offrent une grande analogie avec ceux de l'édition imprimée à Turin en 1510; ils lui sont cependant très supérieurs et semblent avoir été copiés avec plus d'habileté, sur les mêmes originaux. A la fin, feuillet 144 : *Impressum Venetiis per Ioannem Tacuinum de Tridino, anno dñi M.D. XII. die xiii maii.* (Duplessis, 29.)

1514. — *Ouidij Nasonis Aepistole Et in eas | dem Antonij Volsci cōmentaria...*

In-folio; 62 ff. Au-dessous du titre, mauvaise copie du bois vénitien de 1513 *Ouidii Nasonis* entre quatre personnages qui écrivent; sur le pupitre à gauche, la marque I. O. L. et sur le pupitre à droite *Iohannes de Legnano*. 22 bois, très mauvaises copies de ceux de l'édition vénitienne de 1510. A la fin : *Impressum Mediolani per Ioannem Angelū Scinzenzeler Anno domini M.CCCC. XIIII. die. xx. mensis Julii.* (Mayence, Bibliothèque de la Ville.)

1516. — *P. Ouidij Nasonis Libri de arte Amandi et de Reme | dio amoris...*

In-folio, titre gothique, 53 ff., 5 mauvais petits bois ombrés, un pour chaque livre. Verso du 53° f. *Impressum Venetiis. M.CCCCC.XVI. die iiii Januarii* (Marciana 42555).

1517. — *P. Ovidio | Metamorphoseos | Vulgare |* .

In-folio. Sur le titre, le Saint Georges avec *F.V.* Le titre est entouré de l'encadrement de l'édition de 1513. Au verso, la gravure du Phaéton signée *L.* ; trois ff. pour la table; au verso, bois ombré (que nous avons déjà vu), un personnage assis, recevant un volume de l'auteur s'inclinant devant lui. Ils sont de profil; celui de droite est suivi d'un nombreux cortège. Le premier bois des *Métamorphoses* représentant la *Création* est entouré d'un encadrement ombré et signé *i* (comme dans l'édition de 1509), le suivant est signé *io.* G également comme dans l'édition de 1509, feuillet 6, signé L., répétition du Phaéton. Sept copies médiocres : f. 8, *L*, ff. 9-10, *L;* f. 38, *L*, f. 42, *L*, f. 44, *L*, f. 47, *L*. En tout 53 mauvaises copies dont les *L* sont les meilleures. Au f. 119... *Stampato in Vene | tia per Georgio de Rusconi... M.D.XVII. adi xx. del mese de Magio,* et la marque au-dessous. (Darmstadt.)

1517. — *Epistolæ Heroidum Ouidii diligenti castigatione excultæ aptissimisqz figuris ornatæ cōmentantibus Antonio Volsco : Vbertino crescētinate : et Badio Ascensio uiris eruditissimis.*

In-folio, 8 ff. par cahier. Au-dessus du titre, grand bois en longueur au trait : au milieu *OVIDIVS*, assis, parlant, la main droite levée ; à sa droite, deux personnages écrivent à sa gauche un seul ; à droite de *OVIDIVS : ANTONIVS, VBERTINVS, ASCENSIVS;* à sa gauche : *DOMITIVS, GEORGIUS, MERVLA, ZAROTUS*. — Copie servile du bois vénitien représentant le même sujet ; au-dessous du titre, bois ombré : un professeur dans sa chaire, deux auditeurs de chaque côté, et un jeune scribe assis devant lui. Ce dernier bois est inspiré de l'*Esope.* 16 ff. préliminaires, les 20 bois de l'édition de 1510, plus les copies des deux grands bois *Sappho* et *Invidia* de 1512. Le volume est paginé du 17e ff., à la fin 144 : *Impressum*

Taurini per Ioannem Angelum et Bernardinum Fratres de Sylua (1) *Anno Domini. M.CCCCC.XVII. Die xiii. Mensis Augusti.* Au-dessous, le registre et la marque A. B. S. à fond noir. (Reale Biblioteca di Torino (Duplessis, 34).

1520. — *P. Ovidii Nasonis Fastorum libri diligenti emendatione.*

In-folio; titre rouge et noir, encadrement ombré; 10 feuillets préliminaires. En tête du feuillet 10 (page 1), un bois assez grand, presque de la largeur de la justification ; un bois par livre. Ces vignettes paraissent des copies de celles de l'édition de 1512, ayant également l'aspect de jolis croquis, machinalement interprétés par le tailleur sur bois; les traits sont fortement accusés, sans détails, les hachures épaisses et espacées; les terrains sont noirs. A la fin, verso 187 : *Impressum Venetis... Ioannis Tacuini de Tridino. Anno M. D.XX. Die xii Aprilis...* Suit le registre (Marciana 42551.)

S. D. — *P. Ouidii Nasonis Libri de tristibus...*

In-folio, caractères gothiques; feuillet A-ii, page 11, bois ombré très médiocre; un par livre. 69 pages plus trois pour la table et un feuillet blanc. S. l. n. d. mais de la même année et du même imprimeur que celui de 1520. (Marciana 42556.)

1521. — *P. Ovidii Metamorphosis.*

In-folio, titre encadré d'une bordure ombrée. 10 feuillets pour la table et les feuillets préliminaires; 172 feuil-

---

(1) Silva (Francesco) commença à imprimer à Turin en 1495. Il s'associa avec ses frères en 1513. Imprima seul à Asti en 1518 et de nouveau, seul, à Turin en 1521 (*Dizionario dei Tipographi e dei principali correttori ed intagliatori che operarono negli stati sardi de Terraferma e piu specialemente in Piemonte sino all'anno* 1821 *par lo barone Vernazza di Frency. Torino. Stamperia reale, 1859*) Turin, R. *Bibliotheca*, 13301.

lets à partir du 11ᵉ. Feuillet A, page 1, bois prenant la largeur de la page ; les autres bois, très médiocres, ombrés, inspirés par ceux de l'édition de 1497, sont un peu plus grands que la moitié de la largeur de la justification. La gravure, *Création de l'homme,* page 6, est signée *L*; celle du verso 33, *Jupiter, Calisto et Diane,* de la lettre *M.* Ce monogramme apparaît ici pour la première fois. A la fin : *Impressum Venetiis per Georgiū Ruscone de Mediolano. M.D.XXI.* (Marciana, 42583.)

1522. — *Ovidio metamorphoseos Vulgare... Georgio de Rusconi,* 1522.

In-fol. feuillet 11, marque *io-b*; le frontispice où l'on voit Saint-Georges à cheval, perçant le dragon de sa lance, signé *F. V.*, et sur le feuillet I, ainsi que sur quelques autres *L*. A la fin de la table, un très beau bois, qui se retrouve en titre *Delle satire* de Juvénal, imprimé par Rusconi en 1523. (Moschini, manuscrit inédit du Musée Correr).

1525. — *P. Ovidii Nasonis Heroides commententibus..*

In-folio, encadrement ombré. 24 feuillets préliminaires. Au 25ᵉ feuillet A, page I, bois de l'édition de 1512. A la fin, recto 113 : *Venetiis mira diligentia Ioannis Tacuini de Tridino. Anno domini M.D.XXV. Die ixii mensis Junii...* Suit le registre. (Marciana 42552.)

1497.

Terentius cum tribus commentis : Videlicet Donati, Guidonis et Calphurnii.

In-folio. Au commencement du volume, deux magnifiques bois, de la grandeur de la page ; le premier montre, en une salle voûtée, l'auteur assis dans une sorte de chaire richement ornée sur le devant ; deux personnages, de chaque côté, écrivant à un pupitre, à gauche *Donatus*, à droite *Ascensius ;* sur le premier plan, au pied de la chaire, assis devant un pupitre, à gauche *Guido Iune,* à droite *Io Calphur,* et au milieu le nom *TERETIVS.* La seconde gravure représente un théâtre antique, vu de la scène ; on voit ainsi les spectateurs revêtus de costumes vénitiens du temps. Le personnage qui parle au public semble habillé en fou ; à sa gauche, *COLISEVS SI* et à sa droite *VE THEATRVM.* Ces deux bois, d'un excellent dessin valent les plus belles illustrations de cette époque, même celle du *Songe de Poliphile ;* le style est habile, élevé et d'une ampleur qui n'a été surpassée par aucun illustrateur contemporain. Quant à la taille, elle est à la hauteur du dessin, vigoureuse et hardie. Et si parfois le graveur n'a pas rendu toute la délicatesse de son modèle, d'autre part il a montré combien il était sûr de son couteau, en attaquant les blocs avec une fermeté de main des plus remarquables. Nous ne pensons pas qu'il soit possible de comparer cette taille hardie, un peu brutale mais sûre, au style du *b.* Ce dernier, au contraire, interprète son sujet à l'aide de tailles fines et déliées, sacrifiant un peu l'ensemble au détail et n'abordant que des compositions de petite dimenion ; ses bois sont des vignettes explicatives, des illustrations appelées à fixer dans l'esprit du lecteur la scène racontée par le texte. Ici, au contraire, les bois sont des œuvres d'art et l'artiste qui les a composés a voulu non seulement montrer au lecteur comment on concevait, à son époque, un théâtre antique, mais aussi enrichir le volume de deux compositions de haut vol et de grand style. En présence des analogies qu'on peut surprendre entre ces bois et ceux du *Songe,* faut-il les attribuer au même dessinateur et au même tailleur ? On peut le croire ; un des personnages du Théâtre antique, vu de dos, reparaît, sans aucun changement, dans le chœur d'hommes et de femmes à double face, dont Colonna décrit les danses bizarres. Quant aux petits bois qui représentent des scènes à 3 ou 4 personnages, ils sont médiocres, imités de ceux du *Térence*, de Lyon de 1493, et adaptés au style vénitien. A la fin : *Hoc opus impressum est Venetiis per Simonem de Luere Impensis Lazari Soardi : Cōpletū fuit tertio nonas Iulii. M.CCCC.XCVII.* (Bibliothèque de l'Université, Padoue, n° 926.)

1499. — M. Piot (*Cabinet de l'amateur*, nouvelle série 1861, page 1861), indique un Térence, contenant les deux grands bois et les petits, imprimé par Lorenzo de Soardis, en 1499.

1504. — *Terentius cum quinque commentis : videlicet Donati, Guidonis, Calphurnii, Ascensii et Servii.*

In-folio ; premier feuillet, lettres gothiques. Verso du premier feuillet, grand bois, *Terentius* dans sa chaire ; 10 ff. pour la table et les feuillets préliminaires. Au verso du neuvième, le théâtre antique. Le feuillet C (le onzième) est paginé xiii. Les autres bois, comme les deux grands, sont ceux de l'édition originale. A la fin, feuillet 250 : *Venetiis per Lazarum de Soardis... Die xiiii Junii. M.CCCC.IIII. Laus Deo Finis.* Puis la marque noire et le registre. (Marciana 42550.)

1508. — *Terentius...*

In-folio. A la fin : *Impressum Venetiis... Lazari de Soardis tertio nonas Iulii anno dñi quingentesimo octauo. super millesimum*, etc. Grands et petits bois de l'édition de 1497.

1512. — *Terentius...*

In-folio. Titre entouré d'un encadrement déjà fort usé. Mêmes bois que dans les éditions précédentes. A la fin : *Venetiis... Lazarum de Soardis*, 1512.

1521. — *Terentius, Afer. Publius. Comoediae a*

Guidone Juvenale explan. et a Jod. Badio Ascensio una cum explanationibus rursum annotatae atque recogn. cumque ejusd. Ascensii praenotam. atque annotam. Necnon cum tabula omnium vocabulor. et elegantiar. Jac. et Joa. Ant. fratrum de Lignano cura addita Mediol. August. de Vicomercato 1521. (1)

In-folio; 4 feuillets préliminaires et 166 ff. numérotés, Bordure du titre; beaucoup de gravures sur bois; quelques jolies initiales et la marque typographique. (Librairie Rosenthal.)

1523. — *Publii terentii Afri comoediae in sua metra restitutae. Interpretantibus Aelio Donato. necnon Joan Calphurnio. Una cum figuris...*

In-folio, grands bois. A la fin : *Venetiis, per G. de Fontaneto...* 1523. *Die viii Aprilis.* (Catalogue Rossi 1889.)

1497.

Cavalca. *Il nome del padre e del figliuolo e dello Spirito sancto Amen. | Quello libro si chiama lo Specchio della croce : compilato da Frate | Domenico Caualcha da Vico pisano dellordine di Sancto Do | menico, huomo di sancta uita.*

In-4, 8 ff. par cahier; titre au feuillet a-ii. Le feuillet a-i est occupé par la Crucifixion avec la Vierge à gauche, Saint Jean à droite, aux traits rudes et anguleux. A la fin : *Impresso in Venetia per Christophoro de Pensa. M.CCCC.LXXXXVII. Adi. xi Zenaro* (Verone).

1515. — *Libro titulato Spechio di Croce nouamente Impresso e con debita diligentia corretto...*

---

(1) Probablement une copie milanaise des éditions vénitiennes.

In-4, titre gothique, lettres rondes. La page du titre est entourée d'une belle bordure à fond noir, et au-dessous du titre, grand bois ombré représentant la crucifixion : un personnage debout, de chaque côté de la croix, cinq à genoux à gauche et six à droite; deux dans chacun de ces groupes tiennent un livre. Le dessin n'est pas mauvais, mais la gravure est empâtée et peu soignée. A la fin : *Impresso in Venetia Con summa diligētia... Stāpato p Maestro Māfrino bon de Monfera del. M.CCCCC.XV.* (Marciana.)

1524. — *Libro Chiamato Spechio di Croce... con altri fioretti.*

In-8, fig. Le titre orné d'un beau bois. *Venetia, Bindoni,* 1524.

1497.

Sermones quadragesimales fratris Jacobi de Voragine...

In-4, titre gothique. Sous le titre, un très beau bois au trait : Voragine, dans une chaire, son bonnet d'évêque posé à sa droite; au-dessous de lui, un nombreux auditoire l'écoutant; trois livres à terre. *Venetiīs impressi xii mēsis septēmbris 1497 per Simonem de Luere : impensis Lazari Soardi. Cum priuilegio rē* (Bibliothèque nationale, Réserve D. 10505).

1497.—*Sermones de tempore e de Sanctis per totum annum : eximii doctoris fratris Jacobi de voragine ordinis predicatorū.*

In 4, goth. Au-dessous, bois au trait : un évêque, un livre devant lui, parle à un auditoire assis devant lui; bois médiocre. A la fin : *Explicit... Venetiīs impressi ingenio Simonis de Luere : impensis vero Lazari de Soar-*

dis... Et completi fuerunt. xx octobris. M.CCCC.XCVII.
(Trieste.)

1497.

Hor beatissimae. uirginis sec. consuetudinem romanae curiae. Septem psalmi poenitentiales cum laetaniis et orationibus, etc. Graece.

In-16. Belle impression grecque en rouge et noir; lettres ornées rouges. Au verso du titre, un bois de page au trait, une *Annonciation* tirée d'un *officium Virginis* de 1495, d'un bon style et habilement taillée, mais manquant un peu d'élégance. A la fin : *Ven., Aldus Manutius, 1497 die V mens dec.* — Renouard décrit cet ouvrage dans ses *Annales de l'Imprimerie des Aldes.* Paris, 1835, f. 15.

1497.

Summa aurea | de virtutibus | et vitiis.

In-8, goth. 356 ff. à 2 col. de 52 lignes, fig. sur bois sur le titre. A la fin : *Hoc preclarum opus Summe | virtutum et vitioruz litteris aureis merito | scribendum Imprimi fecit his pulcher | rimis litteraruz caracterib' Paganinus | de Paganinis brixiensis. In alma civi | tate Venetiarum, 1497.*

1497-1498.

Opera diui Hieronymi in hoc volu. cōtenta.

In-folio; titre en tête de la première page du premier des deux grands in-folio qui composent cette belle édition de Saint-Jérôme, puis la table. Verso *Epistola*, épître dédicatoire de Gregorius de Gregoriis à Hercule d'Este, duc de Ferrare; puis une Vie de Saint Jérôme et une *Descriptio librorum veteris et novi testamenti.* Viennent ensuite *Expositiones Divi Hieronimi in Hebraicas questiones super Genesim necnon super duodecim Prophetas minores et quatuor maiores noviter Impresse cum privilegio,* titre imprimé triangulairement au milieu de la page en superbes lettres gothiques. Registre généralement de huit feuilles. Au verso du dixième feuillet, une majuscule E, un moine assis dans sa cellule écrivant devant un pupitre (30 mm. sur 30), majuscule tirée de la Vie des saints de 1493 ; au verso *y*III, à droite de la majuscule, dans l'angle laissé en blanc, ces lettres : *Dũ Nicolo Manerbi;* feuillet *y*VI, *finiunt explanationes Beati Hieronymi... Impresse Venetiis per Johannez Gregoriũ de Gregoriis fratres Anno domini* 1497. Magnifiques majuscules et minuscules ornées à fond noir et au trait à fond blanc (verso CII une N majuscule dans des rinceaux de feuillages où se jouent des oiseaux ; au trait, d'une finesse qui ferait croire qu'elle a été gravée sur métal). Verso *h*III, grande majuscule P où se voit encore un moine assis dans une stalle et écrivant à son pupitre, composée comme la petite majuscule E. Sur le panneau de la stalle, ces lettres : DE VOE ACT NE (sans doute *Devote actione*), sur le pied du pupitre : FRA IACOMO ; à gauche du jambage du P, sur une table, la mitre épiscopale et un livre. Cette lettre est plusieurs fois répétée, tantôt avec les deux inscriptions, tantôt avec une seule, quelquefois sans aucune des deux. Les deux majuscules sont tout à fait semblables de compositions et de style aux lettres ornées des *Postilles*, quoique taillées par une autre main.

Le second volume commence avec le *Prologus super Matheum*, avec le P orné. Au feuillet *a*AA2, le magnifique encadrement de l'*Hérodote*, publié par le même imprimeur en 1494, avec le P orné au lieu et place de l'*Hérodote* couronné par *Apollon*. Au feuillet PPP VII : *Finiũt ĩsignia hæc atq p clarissima Diui. Hieronymi opa : ea quippe diligentia emendata. Venetiis p præfatos fratres Ioanñ et Gregoriũ de Gregoriis Anno dñi. 1498. die. 25. Augusti.*

Feuillet P VIII, marque sur fond noir des frères Gregorius : rectangle en hauteur de 100 mm. sur 45 ; feuillet QQq6, marque sur fond noir des mêmes frères Gregorius, grand rectangle en hauteur de 140 mm. sur 70 mm. (Librairie Techener).

S. D. mais antérieur à 1498

ΨΑΛΤ'ΗΡΙΟΝ *Venetiis, Aldus Manutius* (*Psalterium graecum cura Iustini Decadyi*).

In-4, 150 feuillets. Le texte du feuillet LIII est entouré d'un ornement « assez singulier, » dit Renouard : il est formé de sortes de lacets s'enroulant, se tordant et formant par endroits une espèce de grecque ; à droite, au milieu, du grand côté, le Roi David jouant d'une harpe placée sur ses genoux ; à gauche symétriquement placé dans un petit rectangle de la largeur de l'encadrement, un lapin. Ces deux gravures au trait sont très médiocres de dessin et de taille, tandis que l'ornement est élégant et d'un beau style. Ce volume n'est pas postérieur à 1498, puisque le catalogue publié par Alde cette même année le mentionne (1). (Marciana.)

1498 (2)

Libro d'l maestro e d'l discipulo chiamato lucidario.
In-4, 4 feuillets par cahier ; caractères ronds ; lettres ornées à fond noir. Le titre sur une seule ligne, dans l'encadrement de la *Vita della gloriosa Virgine de 1492*, et au-dessous, un grand bois occupant tout l'espace compris dans le cadre. Ouvrage fait par demandes et

---

(1) Renouard, *Annales de l'imprimerie des Aldes*, seconde édition, Paris, 1825, page 195.
(2) Dans la livraison de janvier-février, nous avons attribué à tort, à Pulci, *El libro de Guerrino chiamato Meschino*.

réponses : un professeur enseigne à son élève, en quelque sorte, le catéchisme en trois livres. Le premier traite de la nature de Dieu, de la Nativité et de la Crucifixion ; le second du péché et de la mort ; le troisième, du Purgatoire, de la Résurrection et du Jugement dernier. A gauche, le professeur, vêtu d'une longue robe, la tête couverte d'un capuchon et assis dans une stalle ; son disciple, debout devant lui, vêtu aussi d'une robe tombant jusqu'aux pieds, l'écoute avec recueillement. Ces figures au trait sont d'une bonne exécution. La partie qui se trouve derrière le professeur est ombrée d'une seule hachure (1).

Cette gravure n'est pas de la même époque que l'encadrement, puisque ce volume est de 1498 et que nous avons déjà vu le cadre en question dans la *Vita della gloriosa uirgine* de 1492, où il enferme une vignette du genre *b*, dans le style de l'encadrement lui-même. Néanmoins, la gravure du *Libro d'l maestro* est encore bonne, d'un dessin sobre et correct, mais sans l'élégance des années précédentes.

Verso A-I : Christ en croix, une sainte femme à gauche, et saint Jean à droite. — Le Christ est une copie assez fidèle du *Pungy Lingua* de 1494 ; elle a à peu près la même valeur qu'une autre copie de la même œuvre qui se trouve dans le *Corona de la Virgine Maria* ; mais ici, au lieu de sept personnages au pied de la croix, il n'y en a que deux ; les anges qui recueillent le sang du Christ manquent aussi. Même tête de mort au pied de la croix, même ville dans le fond. Les deux figures sont d'une taille médiocre. Ce bois est au trait, avec quelques très rares hachures, dans les robes seulement.

A la fin : *Impressum Venetiis per me Manfredum de Monteferrato de Sustreuo M.CCCC.LXXXXVIII, die duo-*

---

(1) Ce bois peut être rapproché du « *beato Lorenzo* », bien qu'il lui soit inférieur : mêmes plis, même style, même attitude ; il est seulement d'un dessinateur ou d'un graveur moins habiles.

decimo Mensis Ianuarii. Laus deo Ioannes dictus florentinus. FINIS. (Marciana 40538.)

1501. — *Libro d'l maestro e d'l discipulo.*

In-4. Édition conforme à celle de 1498. Au dernier feuillet : *FINIS*. Au-dessous, *Impressum Venetiis impensis Georgii de Rusconibus. Anno Salutis. M.CCCCCI. Die xiiii. Septēbris.*

Au dessous, la marque de Rusconi à fond blanc (Bibl. nat., Inventaire, D. 8126).

1502. — *Libro del Maestro e del Discipulo chiamato Lucidario.*

In-4° gothique de 20 feuillets numérotés. Au-dessous du titre, grand bois légèrement ombré : le professeur, à gauche, assis à un bureau sur lequel sont placés deux volumes, la main levée et parlant à son élève debout devant lui et lui montrant les astres placés en haut dans le coin à droite ; du même côté un rocher sur lequel se trouve un cerf, au pied du rocher un enfant au bord d'une pièce d'eau ; le soleil à gauche en haut, la lune à droite ; les terrains, les bonnets, et le vêtement du professeur sont noirs ; on peut faire à propos de ce joli bois, d'une facture soignée et élégante, d'un bon style et d'un bon dessin, la même observation qu'au sujet de l'Ovide du même Sessa, et de la même date ; c'est-à-dire qu'il a été fait par un Florentin employé à cette époque, sans aucun doute, par cet éditeur. Ce fait curieux est à noter avec d'autant plus de soin que les exemples que nous en avons sont fort rares. Ces bois de l'Ovide et de ce *Lucidario* sont certainement du même dessinateur et du même graveur. Encadrement à fond noir. Verso, jolie lettre ornée et marque de Sessa. A la fin, verso 20, *Impressa in Venetia per Io*

Baptista Sessa adi. 18. del mexo (sic) *de marzo in ne lanno del 1502.* Au-dessous, marque de Sessa (Marciana 2689).

1518. — *Libro del Maestro et del Discipulo. Novamente stampato et in lingua toscha correcto.*

In-8 à deux colonnes. Bois sur le titre. *Venetia, de Rusconi, 1518.*

1498

Enneades Marci Antonij | Sabellici Ab orbe con | dito Ad inclinatio | nem Romani | Imperij.

In-folio, 14 feuillets préliminaires et 462 numérotés, plus un feuillet pour le registre. Au-dessous du titre, magnifique marque noire avec *D. C. ED* (liés), reproduite par E. Piot dans le *Cabinet de l'amateur,* nouvelle série 1861, p. 361. Nombreuses lettres ornées au trait, du meilleur style, les plus belles peut-être qui aient jamais été faites ; surtout un E et un R de grande dimension. Au verso du feuillet contenant le registre : *Impressum Venetiis per Bernardinum et Matheum Venetos... Anno M CCCC XCVIII. Pridie calendas aprilis.* Au-dessous, très jolie marque rouge sur fond blanc avec les lettres .*B.* .*V.* (Bibliothèque Sainte-Geneviève. O E (15.s) 481). « Outre le fleuron du titre (remarque E. Piot), qui semble appartenir au libraire qui faisait les frais de l'édition, il contient deux alphabets au simple trait d'une grande tournure, et la marque de l'imprimeur différente de celle du titre. »

1498

Valagvsa (Georgius). — *In Floscvlis epistolarum Ciceronis vernacvla interpretatio.*

In-4 ; la première page est entourée d'un encadrement à

fond noir paru dans *li fioretti de Misser Sancto Francesco* de 1495. Au verso du feuillet c iv, le bois du *Libro d'l maestro et d'l discipulo* paru à la même date, 1498, chez le même imprimeur; à la fin c. iv: *Impressum. Venetiis. per me. Manfredum de monte ferrato de Sustreuo. Anno salutis dñice. M.CCCCLXXXXVIII. die. v. aprilis.* — Hain, vol. 2, p. 450, ne cite pas cette édition, il en mentionne une sans lieu ni date. (Museo Civico e Correr, H. 138-141.)

1498

Diui Pauli Ueneti Theologi clarissimi.....

In-folio. Titre gothique. A l'avant-dernier feuillet, au bas de la page: *Impressus Uenetijs mandato et expensis nobilis Uiri dñi Octauiani Scoti ciuis Modoetiensis duodecimo kalendas Junias. 1498. Per Bonetum Locatellũ Bergomensem.* Au-dessous: *FINIS.* La table au verso, le registre et la marque de Scoto au recto suivant. Ce volume est la seconde partie de: *Expositio Magistri Pauli Ueneti...* et commence à la page 103 pour finir à la page 118. Cet ouvrage, sur la composition du monde, contient un grand nombre de bois au trait, représentant entre autres les signes du zodiaque et les planètes. Ces bois dont quelques-uns sont assez bien dessinés, les Gémeaux (p. 104), le Persée (verso 106), par exemple, ont déjà paru dans des ouvrages contemporains sur l'astronomie.

1498

Horatius cum quattuor commentariis.

In-folio gothique; au-dessous du titre, bois au trait d'une bonne exécution, *Acrono,* dans un fauteuil, entre *Porfirio* à droite et *Landino* à gauche, tous deux écrivant; au-dessous, partie d'un bois de la grandeur du précédent, représentant deux personnages à leurs pupitres, écrivant, dont l'un est *Mancinello*. A la fin : *Horatii Flacci. Venetiis impressa. Anno salutis. M.CCCC.LXXXXVIII. die xxiii mensis Iulii.* (Bibliothèques de l'Université de Padoue et du comte G. Soranzo.)

1505. — *Horatii Flacci lyrici poetæ opera. Cum quatuor cōmentariis : et figuris nup. additis.*

In-folio. Au-dessous du titre, bois ombré de 138 mm. sur 92 mm. de hauteur, copié de celui de l'édition de 1498 : au milieu, *Horatius* assis et parlant ; à gauche, *Porphyrio* et *Landinus ;* à droite, *Acron* et *Mancinellus,* tous les quatre écrivant. Au-dessous du personnage d'Horace, la marque L. — Les cahiers de 8 feuillets, sauf le premier qui en a 10. Verso A-II : bois ombré de 139 mm. sur 94 mm. de hauteur. Horace est couronné. Signature L dans le coin du bas à gauche.

29 bois, y compris les deux que nous venons de citer. Sur ce nombre, 13 sont ombrés comme les deux premiers ; 2 portent la signature L. Les autres sont, pour la plupart, tirés du *Tite-Live*. Les feuillets sont numérotés de *a* à G. IIII qui porte le n° 266. Feuillet G. IIII : *Horatii Flacci poetæ opera : Venetiis Impressa : per Dominum pincium Mantuanum. Anno a natiuitate Domini. M.CCCCV* (sic). *Die quinto Februarii.* — G.v, G.vI, G.vII pour l'index et le registre. — G.vIII, feuillet blanc. — L'indication de la date 1405 a été mise, sans aucun doute, pour 1505 ; il est impossible, en effet, que l'ouvrage soit antérieur à 1500 : Donino Pincio imprima de 1502 à 1523 (Panzer), et les gravures ombrées signées L n'apparaissent également que dans le xvi° siècle.

Cette marque L que nous signalons pour la première fois dans l'*Horace*, nous la retrouvons dans un grand nombre d'ouvrages de l'époque, dont le *De Mulieribus claris* de Boccace de 1509, et le *Virgile* de 1516 et celui de Zannis de Portesio de 1519, réimprimé en 1522 par Gregorio de Gregoriis, en 1533 (1) par L. A. Giunta, en 1544 (2) et 1552 (3), par les héritiers de Lucantonio Giunta.

1520. — Horatius. *Opera.*

In-fol. avec des bois ombrés; vélin. Venise, 1520. (Librairie Olschi, Vérone.)

1498

Logica magistri Pauli pergulensis.

In-4. 44 feuillets, en partie à deux colonnes de 45 lignes, chiffrés. Lettres gothiques, gravures sur bois. A la fin : *Impressum Uenetiis per Petrum Bergomensem de quarengiis. Anno salutis 1498. Octavo Klas Augusti.*

1498

Nicephori logica cum aliis aliorum operibus, Georgio Valla interprete.

In-fol. de 156 ff. à 44 ou 46 lignes par page, avec lettres initiales fleuronnées et figures de mathématiques. Au verso du dernier feuillet: *Venetiis, per Simonem Papiensem dictum Beuilaquam, 1498 die ultimo septembris.*

Hain donne ainsi le titre de ce recueil sous le n° 11748 de

---

(1) Catalogue Rossi, 1887, p. 182; édition mentionnée par erreur comme contenant le premier tirage des gravures : elles ne sont plus qu'au nombre de 145. — *P. Virgilii Maronis opera acuratissime castigata et in pristinam formam restituta cum acerrimi iudicii virorum commentariis...* etc. *Venetiis... L. A. Juntæ....* M.D.XXXIII. — 1 vol. in-folio; 3 parties. — 8 feuillets préliminaires et 136-288, et 48 feuillets numérotés.

(2) *P. Virgilii Maronis opera nunc recens accuratissime castigata...* — A la fin : *Venetiis apud Hœredes Lucae Antonii Juntæ florentini Mense Martio M.D.XLIIII.*

(3) Catalogue raisonné de A. Didot, col. 126, n° 416.

son *Repertorium: Georgio Ualla Placentino: interprete* (en rouge, ensuite en noir) : *Hoc in volumine hec continentur | Nicephori logica | Georgii Valle libellus de argumentis | Euclidis quartus decimus elementorum | Hypsiclis interpretatio eiusdem libri Euclidis | Nicephorus de astrolabo | Proclus de astrolabo | Aristarchi samij de magnitudinibus | & distantiis solis & lune | Timeus de mundo | Cleonidis musica | Eusebij pamphili de quibusdam | theologicis ambiguitatibus | Cleomedes de mundo | Athenagore philosophi de resurrectione | Aristotelis de celo | Aristotelis magna ethica | Aristotelis ars poetica | Rhazes de pestilentia | Galenus de inequali distemperentia | Galenus de bono corporis habitu | Galenus de presagio | Galeni introductorium | Galenus de succidaneis. | Alexander aphrodiseus de causis febrium | Pselus de victu humano.* (Brunet, vol. 4, col. 55.)

1498

Martyrologium Sm | morē Roma | ne curie. | Cum priuilegio | .

In-4, gothique, rouge et noir, 4 feuillets préliminaires ; au verso du quatrième feuillet, un grand bois occupant toute la page : Dieu le Père dans sa gloire, entouré de chérubins ; à ses pieds, le Christ en croix ; au-dessus de sa tête, le Saint-Esprit ; à la hauteur de Dieu le Père, à droite, les martyrs, à gauche, les femmes martyres ; à la hauteur du Christ, à droite et à gauche, des moines, des cardinaux, des évêques, des religieuses. — Ce magnifique bois au trait est fort important par sa grandeur et par la perfection de son style : les têtes de Dieu le Père et des personnages placés dans le bas de la gravure sont d'une facture excellente et d'une finesse égale à celle des plus beaux bois que nous connaissions de cette époque. A la fin : *Finit martyrologiū... Impressū Venetiis : iussu et impēsis nobilis viri Lucantonii de giunta Florentini. Arte autem Joannis Emerici de Spira. Anno M.CCCC.XCVIII. Idibus Octobris.*

1517. — *Martyrologium sm morem Romane curie.*

In-4, titre gothique rouge. Au-dessous : *Cum priuilegio* et la marque rouge de Giunta. — Au-dessus du titre, petit bois ombré : un saint tenant une palme de la main droite. — Quatre feuillets préliminaires ; au verso du quatrième, le bois de l'édition de 1498. — Recto feuillet *a*, même lettre ornée que dans la précédente édition. — Caractères gothiques rouges et noirs. — A la fin : *Finit martyrologiū... Impressum Venetiis : arte et impēsis Lucantonij de Giunta Florentini. Anno incarnationis dñi. M.CCCCC.XVII. qrto calendas februarij.* (Bibl. Nat., réserve, H. 998.)

1520. — *Martyrologium sm morem Romane curie.*

In-4, titre gothique rouge. Au-dessus du titre, deux petits bois ombrés : à gauche, la Lapidation ; à droite, la Glorification. Au-dessous, la marque de Sessa. — Quatre feuillets préliminaires ; au verso du quatrième, médiocre bois ombré, encadré de quatre côtés : en haut, le Christ dans une corbeille ; à droite et à gauche, des médaillons carrés avec des portraits de saints ; au-dessous, deux anges tenant un écusson. — Caractères gothiques rouges et noirs. — Au dernier feuillet 84, en caractères rouges : *Finit martyrologium... Impressum Venetiis per Melchiorē Sessa et Petrū de Rauanis Socios : Anno incarnatiōis dñi M.CCCCC.XX. Die. iii Junij.* (Bibl. nat., réserve H. 999.)

1499.

Valerii Probi, grāmatici de interpretandis romano | rum litteris opusculum feliciter incipit. | Romanorū civiū *noia : pnomia ac cognomina, eo | rumqz magistratuum. | Alie abreviature ex Valerio probo excepte,* | etc.

In-4, 20 ff. non chiffrés ; caractères ronds ; sig. *ae* par 4 ff. Au verso d-II, bois d'un beau dessin : une sibylle (1), levant la main droite, au trait avec quelques ombres d'un mouvement charmant et plein de grâce ; draperies bien dessinées. La sibylle est debout entre deux colonnes ornées, ombrées, d'un joli style Renaissance, surmontées d'un arc. Terrain à fond noir dans le goût florentin, avec les lettres B.M. Au-dessus de la sibylle : *Romæ in Arcu quodam Sibyla inscribi iussit has literas quas postea Beda interpretatus est.* A la fin : *Impressum Venetiis per Ioannem de Tridino alias Tacuinum anno domini M.CCCC.IC.VIIII. die xx aprilis.....* Au-dessous : *Finis.* (Marciana, 40515.)

1525. — *Hoc in volumine hæc continentur.....*

In-folio ; au premier feuillet, le titre ; trois feuillets préliminaires et au verso du quatrième, bois décrit à propos de l'édition de 1499. Cinquième feuillet, paginé I, *Valerii Probi Grammatici, de notis Romanorum interpretandis libellus.* Verso 79 : *Venetiis, in ædibus Joannis Tacvini Tridinensis Mense Febrvario. M.D.XXV.* Suit le registre. (Marciana, 43827.)

1499

Libro delle battaglie de li Baroni di Franza sotto il nome di ardito et gaiardo giovene Altobello.

---

(1) Brulliot (1833), t. II, p. 33, n° 264, vise ce même volume sorti des presses de Tridino et cette Sibylle, mais en donne une description différente : .... une Sibylle debout sous un arc, tenant de la main gauche son habit et tendant l'autre vers le haut, où l'on voit sur l'arc les lettres : P.P.P.E.S.S.S.E. V.V.V.V.V.V.F.F.F.F. Au-dessous de la Sibylle on lit en lettres mobiles : *In arcu Romae sibylla sculpi fec. has litteras quae postea per Bedam declaratæ sunt.* Les lettres b M sont au bas à droite.

In-4. Une figure en bois, qui représente le héros du poème, est placée au commencement de ce volume et tient lieu de frontispice. A la fin : *Impresso in Venezia per Joanne Alouixi da Varexi (Varese) Milanese nel M.CCCC. LXXXXIX. adi v. di Novembre.* (Brunet, vol. 1, col. 203 et Ferrario, page 24.)

1499

Arnaldus de Villanova. *Incipit Tractatus de virtutibus herbarum.*

In-4, titre gothique. Nombreuses gravures au trait représentant des plantes. A la fin : *Impressum Venetiis per Simonem Papiensem dictum Biuilaquam. Anno Domini Iesu Christi. 1499. die xiiii. Decēbris.* Au-dessous le registre. (Marciana 40949.)

1520. — *Incipit Tractatus De Virtutibus herbarum.*

In-4. Lett. goth. Au-dessous du titre, la Justice, marque de Bindoni. Nombreuses figures de plantes au trait. A la fin : *Impressum Venetiis per Alexandrum de Bindonis, Anno Domini. M.D. XX. die 4 Aprilis.* Suit le registre. (Bibliothèque du comte Girolamo Soranzo.)

1499

Poliphili Hypnerotomachia vbi humana omnia non nisi somnium esse ostendit, atque obiter plurima scitu sane quam digna commemorat.

In-folio de 234 ff., dont 4 préliminaires y compris le titre. Le texte, précédé d'un titre particulier, sous les signatures *a-z* et A-F. Sur l'avant-dernier feuillet, l'indication suivante qui établit que l'ouvrage, imprimé seulement en 1499, était écrit dès 1467 : *Tarvisii, cvm decorissimis*

Poliae amore lorvlis distineretvr misellus Poliphilvs, MCCCCLXVII Kalendis Maii. Au dernier feuillet, l'errata et le colophon : *Venetiis Mense decembri MID in aedibus Aldi Manutii.*

On connait les magnifiques et nombreux bois, de dimensions variées, qui font de ce volume le *capo d'opra* de la xylographie vénitienne. Une seule des planches (*Poliphile endormi à la lisière d'un bois*), que nous donnons ici, est signée *.b.* Nous avons constaté l'analogie de cette planche avec l'*Apollon et Marsyas* de l'*Ovide* de 1497, signé *ia*, et c'est une des preuves que nous avons invoquées pour démontrer que ces marques, si fréquentes au bas des vignettes vénitiennes, sont des signatures non de dessinateurs, mais de graveurs ou d'ateliers de gravures. Nous renvoyons, soit pour cette question tant controversée, soit pour la description détaillée de ce beau livre, à notre travail *A propos d'un livre à figures vénitien de la fin du XV⁰ siècle*, à l'*Étude sur le songe de Poliphile* publiée ici-même (1887) par M. Charles Ephrussi et à l'excellente Introduction que M. Claudius Popelin a placée en tête de sa traduction.

1545. — Réimpression *In casa dei figliuoli di Aldo*, page par page et ligne par ligne, mêmes caractères et mêmes abréviations. La seule différence est que cette édition n'a pas, comme la première, d'initiales ornées. Quatre bois peu importants, perdus sans doute, ont été gravés à nouveau.

1499

Firmicus (Jul.). *Astronomici veteres.*

In-folio en deux parties, de 376 feuillets, dont les six premiers ne sont pas indiqués dans le registre placé sur l'avant-dernier feuillet. Il porte le titre suivant :

Iulii Firmici Astronomicorum libri octo integri et emen-

dati, ex Scythicis oris ad nos nuper allati. Marci Manilii astronomicorum libri quinque. Arati Phænomena Germanico Cæsare interprete cum commentariis et imaginibus.

Poliphile endormi à la lisière d'un bois (*Songe de Poliphile*, Alde Manuce, Venise, 1499.)

Arati eiusdem phænomenon fragmentum Marco T. C. interprete. Arati eiusdem Phænomena Ruffo Festo Auieno paraphraste. Arati eiusdem Phænomena græce. Theonis commentaria copiosissima in Arati Phænomena, græce. Procli Diadochi Sphæra, græce. Procli eiusdem Sphœra, Thoma Linacro Britano interprete.

La première partie comprend 184 ff. Au dernier f. de la sig. KK : *Venetiis in aedibus Aldi Romani mense Junio MID*. Un second colophon.

On trouve quelquefois l'une ou l'autre partie séparément; la plus précieuse est celle qui renferme le grec. La partie latine a été réimprimée *Rhegii Lingobardiæ expensis et labore Francisci Mazalis...* M. D. III. *Cal. Augusti*, in-fol. (Brunet, vol. 1, col. 533). Bois au trait représentant les planètes, les signes du zodiaque; une planche du *Poliphile:* une carte du ciel, dans une circonférence fort remarquable.

1499-1500

Graduale secundum morem sancte Romane ecclesie: integrum et completum videlicit dominicale: Sanctuarium: Commune et cantorium sive Ky | riale : impressum Venetiis | cum privilegio : cum quo | etiam imprimuntur | antiphonarium et psalmista : sub pe | na ut in gratia. M.CCCCC.

In-folio. Quatre feuillets préliminaires, dont l'un pour le titre en caractères gothiques rouges, au-dessous duquel la marque de Giunta et les mots : *Correctum per fratrem Franciscum de Brugis | ordinis minorum de observantia;* pour la préface (verso du premier feuillet) du même *frate* Francesco de Bruges *ad Cantores* et pour un traité de musique (occupant trois feuillets) du même Francesco. Le *Graduale* commence au 5e feuillet; il est paginé en haut dans le milieu de 1 à ccxviii; au verso du dernier feuillet 218 : *Explicit graduale dominicale. Impressum Venetiis | cura atque impensis nobilis viri luce antonii de giunta floren-*

tini. Anno incarnationis dominice | M.CCCC.LXXXXIX. iiii. Kal. octobris. — Vol. II. La pagination de ce volume suit celle du premier et va de ccxix à ccclxxxi. Au verso du feuillet 323, la souscription suivante : *Finit feliciter commune sanctorum | maxima cum diligentia et sum | mo studio emendatum: impressum Venetiis impensis nobilis viri Luceantonii de giunta | florentini : arte autem Joannis emerici de Spi | ra. Anno nativitatis domini | M.CCCC. XCIX.XIX. Kal. Februarias.* Au verso du dernier feuillet 381, cette nouvelle souscription : *Explicit volumen graduum summa cura lon | gissimisque vigiliis perfectum : Impressum Vene | tiis impensis nobilis viri Luceantonii de giunta | Florentini : arte autem Joannis emerici de Spi | ra. Anno natalis domini M.CCCCC. Kal. Martii.*

Il résulte de ces souscriptions que le premier volume fut achevé le 28 sept. 1499, et la première partie du second le 14 janvier 1500 ; parce que l'année à Venise commençait le premier mars et que les imprimeurs vénitiens dataient constamment leurs éditions en suivant le calendrier vénitien. La seconde partie, le premier mars 1500. Les quatre feuillets préliminaires, ayant été ajoutés après coup, sont datés de 1500 sans indication de mois.

Ces deux volumes sont suivis de trois volumes d'antiphonaires publiés par le même Giunta en 1503. Vol. III, feuillet 1, en haut, en grandes lettres rouges : *Antiphonarium secundum morem sancte | Romane ecclesie completum : continens : | dominicale : sanctuarium commune et hymna | rium : et quaedam officia nova : Impres | sum Venetiis cum privilegio | Cuius obtentu.* Suit la marque et les mots : *Correctum per fratrem Franciscum de Brugis | ordinis minorum de observantia.* Le verso du premier feuillet est blanc ; l'*antifonario* commence au 2ᵉ feuillet ; dans le haut : *ad honorem omnipotentis dei | et beatissime Virginis Marie incipit Antiphonarium.* Les pages sont numérotées comme dans le *Graduale* de i à cxc. Au verso du dernier feuillet 190 : *Sequitur dominica resurrectionis domini.* Vol. IV, feuillet 1 : *Dominica resurrectionis domini ad matutinum Invitatorium.* La pagination va de 191 à cccxxv; le dernier feuillet, 325, est suivi par un autre non numéroté où sont les mots: *Explicit volumen Antiphonarii de tempo- | re una cum Hymnario: summa cura longissimisque vigiliis perfectum : Impressum | Venetiis Impensis nobilis viri | Luce Antonii de giunta florentini. Anno incarnationis dominice M.CCCC.III. Idibus Martii.* Au-dessous, le registre des deux volumes ; le dernier feuillet est blanc, 4 ff. par cahier.

Vol. V, feuillet I, dans le haut, en lettres rouges : *Antiphonarium proprium et com | mune sanctorum secundum ordinem sancte | Romane ecclesie: summa cum di- | ligentia revisum : atque fideli | studio emendatum : per reli | giosum fratrem Franciscum | de Brugis ordinis minorum regularis ob | servantie de pro | vintia sancti | Antonii,* en noir: *Cum gratia et privilegio;* et dessous la marque rouge de l'imprimeur ; au verso de ce premier feuillet, la préface du frère Francesco de Bruges : *ad cantores,* celle qui se trouve déjà dans le *Graduale ;* au feuillet 2 commence le traité du même frère Francesco sur la musique, sous ce titre : *Hoc opusculum in quo duodecim sunt capitula una cum manu perfecta compilavit et apposuit ille frater : qui hoc opus ab infinitis pene erroribus purgavit et bene modulandum et ad componendas cantiones maxime necessarium.* Ce traité se termine au verso, au 4° feuillet. Mais le recto du troisième feuillet est occupé entièrement par la main harmonique imitée de celle du Guido d'Arezzo (*cfr. Ambros, Geschichte der Musik,* vol. II, page 175); les doigts sont traversés par les indications des tons en noir et en rouge (1). Le feuillet 5 commence par ces mots :

---

(1) Par les caractères noirs l'auteur indique les tons naturels, par ceux en rouge *i toni duri e molli*; ce dernier prétend avoir perfectionné la main de Guido d'Arezzo : *Sciendum est,* dit-il, *manum nostram illam Guidonis uno tono unaque littera praecedere, etc.*

Proprium sanctorum per anni circulum secundum ritum sanctum Romane ecclesie feliciter incipit. Les pages sont numérotées de I à CLXXXXVIII. Au dernier f. 198 : *Explicit proprium Sanctorum.* Suit le registre. Ce dernier volume n'est pas daté, mais il fut probablement publié la même année que les autres, 1503. Giunta, n'ayant pas encore à cette époque d'imprimerie propre, fit imprimer les cinq volumes par Emerico da Spira, qui était, croit-on, de la famille de Giovanni et Vindelino da Spira, introducteurs de l'imprimerie à Venise. Mais quel était ce Francesco de Bruges des *Minori Osservanti?* Malgré nos recherches, aucune indication dans Fetis, Ambros, Caffi, Kussmacher, Winterfeld et Eitner ; mais, ce qui est encore plus singulier, c'est que son nom n'est pas dans les registres des *Annales Minorum* ou des *Scriptores Ordinis Minorum* de Waddingo (1). Vol. I, 7 bois. — Vol. II, 16 bois. — Vol. III, 9 bois. — Vol. IV, 5 bois. — Vol. V, 3 bois. — Ces gravures sont généralement dans des lettres ornées de 170 mm. sur 140 mm. L'exécution n'est pas identique, quoique elles paraissent d'un même dessinateur ; il semblerait que ces bois ont été taillés par plusieurs des nombreux graveurs de talent employés dans l'atelier de Giunta. — Ces bois, fort intéressants, furent souvent utilisés par ces éditeurs dans d'autres missels, jusqu'au milieu du XVI° siècle et même plus tard. Ils sont ombrés, parfois assez fortement, mais nous retrouvons dans bien des détails le faire des artistes gravant au trait ; la bonne tradition se maintenait encore, bien qu'on sente la préoccupation de la production mercantile. — Les têtes sont traitées avec habileté, les expressions naïves, les draperies dessinées avec soin ; mais la taille est faible, lâchée, lourde, épaisse ; les

---

(1) Cette partie, ainsi que presque toute la description de ces volumes, est puisée dans l'excellent travail du savant professeur Castellani, préfet de la Marciana : *D'un gradual e di Alcuni Antifonari editi in Venezia sulla fine del XV e sul principio del XVI secolo. Firenze. Carnesecchi e figli. 1888.*

détails sont rendus sans soin ni finesse. (Marciana, seul exemplaire complet que nous connaissions) (1).

[1524. — *Graduale Sm morem Sancte Romane ecclesie integrū... impressuz ī civitate Taurini anno domini* **M . CCCCC . xxiiij.**

In-folio. Au-dessous du titre, la marque rouge P.P.P.— Au-dessous, *Correctum per ven. Antonium Martini Taurini...* — Lettres ornées qui sont copiées sur celles de Giunta ainsi que les sujets qu'elles renferment. A la fin : *Finit... Impressū Taur pprijs impēsis... Petri pauli de porris... Anno... MDxxiiij pdie nonis augu :* (R. Biblioteca, Turin 4995). Cet imprimeur milanais était à Turin en 1512-1515 ; à Gênes en 1516, à Turin encore de 1520-1531].

1500

Foro Real glorado de Spagna Cum priuilegio.

In-folio, gothique ; le titre, sur deux lignes en rouge. CL feuillets, plus six non numérotés pour les tables. Au-dessous du titre, grand écusson portant les armes d'Aragon et de Castille, gravé sur bois avec *Tanto Monta* et l'aigle couronné aux ailes éployées émergeant du milieu de l'écusson timbré d'une couronne. La gravure en est fort belle. A la fin, verso CL : *Exactum... in Venetiarum preclara vrbe Arte Simonis de Lucre : Impensis vo dn̄i Andree Torresani de Asula impressum... Anno M.CCCCC.*

---

(1) Le *Graduale* a été décrit per Fossi dans son *Catalogus codicum saeculo XV impressorum, qui in publica bibliotheca Magliabechiana Florentiae adservantur*, col. 740 et suivantes ; mais les *Antifonari* ne se trouvent décrits, à ce qu'il semble, dans aucune bibliographie, et ne sont cités ni dans les annales des Giunta, ni dans Bandini, ni dans Renouard.

p̄die idus Januarij. (Bibliothèque Sainte-Geneviève, O E (*dans l'O* 15/5), 484.)

1500.

Epistole devotissime de Sancta Catharina da Siena.

In-folio, 10 feuillets préliminaires, où se trouve la table. Tous les cahiers sont de 8 feuillets, sauf le premier et le O. — Au verso du feuillet 10, bois représentant une grande figure en pied de Sainte Catherine de Sienne, la tête un peu tournée vers la gauche. Ses deux bras sont étendus ; d'une main, elle tient un livre ouvert, sur les pages duquel on lit, à gauche : *iesu | dol | ce*, à droite : *iesu | amo | re*, et en arrière du livre, un lys et une palme flanquant un crucifix ; de l'autre main, elle porte le Sacré-Cœur entouré de flammes, avec, au milieu, le nom *iesus*.

Au-dessus, dans une pancarte aux côtés repliés, comme une sorte de *cartellino*: *Dulce signum charitatis | Dum amator castitatis | cor mutat in Virgine*. Au-dessous, une longue banderole avec ces mots : *Cor mundum crea in me deus*. Deux anges aux larges ailes éployées, flottant dans leurs longues robes, soutiennent trois couronnes au-dessus de la tête auréolée de la sainte. Celle-ci est enveloppée dans sa robe d'abbesse, aux plis longs et sévères, que laisse voir un manteau ouvert sur le devant par le mouvement des bras. Sa tête est couverte d'un capulet dont les pans tombent jusqu'au-dessous de la ceinture. — Une grande inscription en lettres capitales, aux pieds de Catherine : *Sancta Catharina de Senis*. Cette belle gravure est évidemment due à la même main que les bois du *Poliphile* paru l'année précédente.

Au dernier feuillet, le registre ; au-dessous : *Stampato in la Inclita Cita de Venetia in Casa de Aldo Manutio Romano. a di. xv septembrio. M.CCCCC.* (Bibliothèque nationale, Rés, D. 798, magnique exemplaire aux armes de François Ier.)

1500

J. Paulo Veronese. Questa deuota et molto utile opereta come Zardin de infiniti suauissimi : et redolenti fiori contien in si melliflua et saluberrima meditation contemplante et sacratissimo sacramento del corpo del nostro redemptor christo Jesu.

In-folio. Sous le titre, grand bois ombré dans une circonférence ; l'encadrement forme un carré dont chaque coin renferme un joli ornement noir du meilleur style. Le bois représente : à droite, un Pape assis ; devant lui, un pèlerin à genoux lui présente une tête de mort qu'il tient des deux mains ; à droite du pape, des cardinaux ; tous ces personnages marquent leur étonnement en levant les deux mains. Dans le fond à gauche, un pèlerin marchant, une tête de mort est à ses pieds. Ce bois est d'un beau style, mais la taille laisse à désirer.

A la fin : *Finisse il deuotissimo libro del sacramento stamp. in Venetia per maistro Pietro da Pauia nel anno del M. CCCCC. Adi iii del mese de decembrio.* Sous le colophon, une N ornée ; Dieu le Père dans sa gloire, au trait, sur fond noir.

1500.

Galeni (Claudini) Therapeuticorum libri XIV et ad Glaucum libri II (en grec).

In-folio. Première édition, très rare, exécutée avec les mêmes caractères et dans le même grand format que l'*Etymologicum magnum* de 1499. Elle consiste en 111 ff. distribués en 14 cah. sous les signat. Ab—Ε. En tête du 1ᵉʳ f. se lit l'intitulé suivant, imprimé en rouge et accompagnant une vignette tirée de même manière : ΓΑΛΗΝΟΥ ΘΕΡΑ-

ΠΕΥΤΙΚΗΣ ΜΕΘΟΔΟΥ ΛΟΓΟΣ· ΠΡΩΤΟΣ; le recto du dernier f. contient le registre des signat. suivi d'une vignette tirée en rouge. Au commencement de chaque livre on trouve un ornement du meilleur style, tiré en rouge, ainsi qu'une lettre ornée. En tête des deux ouvrages, au centre de l'ornement en question, un personnage ombré bien dessiné et d'une bonne gravure, sans doute Galien tenant un volume de la main gauche. A la fin : *Venetiis sumptibus Nicolai Blasii, 1500.* Après le registre, la charmante marque rouge. (Bibliothèque de l'Université de Turin, X. 110).

1508. — *Galenus... Venise, per Simone de lucre adi 15 sept. 1508.*

Avec une grande figure anatomique.

1500.

Ammonius parvus Hermeœ filius. In quinqve voces Porphyrii commentarius, grœce.

In-fol. Première édition, belle et très rare, dont les caractères sont ceux de Calliergi. Signat. AB-E; 36 f. (à 37 lig. par page); le premier commence par une vignette, avec l'intitulé suivant, imprimé en rouge dans presque tous les exemplaires, et en or dans quelques-uns seulement :

ΥΠΟΜΝΗΜΑ ΕΙΣ ΤΑΣ ΠΕΝΤΕ ΦΩΝΑΣ ΑΠΟ ΦΩΝΗΣ ΑΜΜΩΝΙΟΥ ΜΙΚΡΟΥ ΤΟΥ ΕΡΜΕΙΟΥ.

La souscription, placée au recto du trente-sixième f. est en grec. A la fin : *Venet., impr. sumptu Nic. Blasii cretensis, 1500.* (Brunet, vol. I, col. 238.)

1500.

Lira (N. de, o. Min). *Postilla seu expositio litteralis*

15

et moral. super epistolas et euangelia quadragesimalia. C. questionibus fratris Antonij eiusd. ord. Venet. 1500,

Fig. au trait, 143 ff. (*Hain* 10393.)

1500.

Macrobius (Aur. Theod.). *Somnium Scipionis ex Ciceronis libro de Republica excerptum.* 2 ll. *Eiusd. conviviorum primi diei Saturnaliorum libri VII.*

In-folio de 36 et 86 ff. à 45 ll. Ouvrage fort curieux à cause d'une mappemonde qui se trouve au feuillet 30. Elle montre en forme d'une planisphère les trois continents : *Europa, Asia, Aphrica* et au-dessous séparé par l'« Alveus Oceani » un grand continent avec les inscriptions : « Perysta. Temperata. Antipodum Nobis incognita. Frigida ». Cette partie de terre ferme signifie sans doute l'Amérique, découverte déjà, mais encore très peu connue. Hain, n° 10430. A la fin : *Venet., Ph. Pincio Mant., 1500.*

1513. — *Macrobius.....*

A la fin : *Macrobii..... Venetiis per Augustinum de Zannis de | Portesio ad instātiā Do. Lucam antonium de Giunta | Anno Dñi. M.D.XIII. Die. xx. Iunii.*

In-folio, 126 ff. (4-122). 11 bois médiocres, un signé *b* tiré d'un ouvrage antérieur. (Bibliothèque de Darmstadt.)

1500.

Questo e il libro de Labbate Isaac de Syria dela | perfectione dela vita contemplatiua.

In-8, goth, 70 ff. Au feuil. 1, bois au trait que nous avons déjà décrit comme représentant saint Antoine, mais ici, il figure saint Isaac. A gauche, *Ab | ba | te;* à droite, *Y | sa | ac.* Au bas du f. 70, après la table : *Venetijs per Bonetū Locatellū Presbyterū. 1500.* Au verso : *Venuta in luce questa angelica opera :* etc... (Francfort, librairie Baer.)

1500.

Regulæ ordinum S. Benedicti, S. Basilii, S. Augustini, S. Francisci, collectæ et ordinatæ per Jo.-Fr. Brixianum monachum congr. S. Justinæ ord. S. B. de observantia.

In-4, goth., à 2 col., avec fig. sur bois.

Sous un titre collectif commençant ainsi : *Habes isto volumine lector... quatuor... regulas;* ce vol. renferme : *Regula S. Benedicti,* CLXXVIII ff., y compris le titre indiqué et la préface : *Regula S. Basilii,* 36 ff.; *Regulæ S. Augustini,* 6 ff.; *Regula minorum S. Francisci,* 8 ff., et *Quedam pulchra de laude religionis,* 8 ff.; au recto du dernier f. de cette pièce, et après la table du contenu, se lit la souscription : *Absoluta V° Uenetiis... Cura & impensis nobilis viri Luc Antonii de Giunta Florēntini. Arte & solerti ingenio magistri Joannis de Spira. Anno... M. cccc. Idibus Aprilis.* Suivent 4 ff. contenant la table des chapitres et le registre. A la fin : *Venetiis, Ant. de Giunta, 1500.* (Bibliothèque Nationale. Brunet, vol. 4, col. 1194.)

1511. — *Regula.*

In-64, gravures sur bois. *Venetiis impensis Bern. Stagnini* 1511. (Tross, 1875, p. 28, n° 259.)

Vers 1500

Lamento (El) del Valentino (in terza rima).

Pet. in-4, 2 ff., car. ronds, à 2 col. Au commencement,

César Borgia monté sur un palefroi tenant en main le bâton de commandement (Yriarte, *César Borgia*, t. II, p. 291). Sans autre indication que la suivante : *fece stāpare Barth. de Math. Castelli*. Cette pièce a été publiée dans le *Diarium, vol. III*, aux documents. On connaît une seconde édition de 1543, de Venise : *Le Lagrimevole Lamentazione del Duca Valentino, figliuolo di Alessandro VI*.

Vers 1500

Pronosticatione Ouero Iudicio uolgare : ra | ro e₁ più non udito : lo quale expone : et de | chiara prima alchune prophetie de sancta | Brigida della Sybilla: et de molti altri deuoti e sancti | homini :... | Ancorha dechiara sotilmente li influxi del celo : et la | inclinatione: cioe coniunctione grande del eclipsi del | sole : ... | ... etc. | ... et durera questi tali influxi piu anni cioe | comenzando del M.CCCCC.I. et durera fin del Mille | cinquecento e sisantasette...

In-4 de 24 ff. à deux colonnes signés a-f ; caractères ronds. Le verso du second feuillet est entièrement rempli par un grand bois représentant *Lulhardus, Brigida, Sibilla, Ptolomeus, Aristoteles*, debout au premier plan, sur une seule ligne; au-dessus de leurs têtes, Dieu le Père, dans les nuages, tenant le globe de la main droite et bénissant de la gauche; les cinq rayons s'échappant des nuages aboutissent à chacune des têtes des cinq personnages. La gravure est au trait, mais d'une très mauvaise exécution comme taille et comme dessin ; elle n'a aucune valeur artistique. (Catalogue Rossi, 1890, p. 56.)

1511. — *Pronosticatione o vero Judicio vulgare: raro e più non udito · lo quale expone et dichiara prima alchune prophetie de sancta Brigida et de la Sybilla, et de molti altri sancti homini ecc.*

In-4 de 34 ff. non numérotés; caractères gothiques. Registre A-I. Au frontispice, un encadrement à jolis entrelacs sur fond noir. Initiales ornées. — Au recto A 2, un grand bois représentant les mêmes personnages que le bois de l'édition précédente, si ce n'est que S. Reynardo est substitué à Lulhardus. En haut, la figure du Père Eternel; à gauche, six petites figures de saints. Dans le texte, d'autres vignettes médiocres, non ombrées. A la fin : *Impresso ne la inclita cita de Venetia per Paulo Danza a laude et gloria di le gente* 1511. (Bibliothèque nationale de Florence.)

Fin du xv° siècle.

Sulpitius Venet. Regulae.

In-4 ; feuillet *aii, Sulpitius* dans sa chaire, faisant la leçon à ses élèves, assis à droite et à gauche; des livres ouverts devant eux. *Silen* à gauche de sa tête, *tium* à droite. Deux enfants et un chien au premier plan. Gravure déjà connue. (Vérone.)

Fin du xv° siècle.

Abbas Joachim Magnus Propheta...

In-4 de 78 feuillets numérotés, à deux colonnes, caractères ronds. En tête du volume une gravure sur bois. A la fin : *Venetiis per Bernardinum Benalium.* (Molini, *Operette...* p. 127.)

1516. — *Joachim abbas, magnus propheta, de magnis tribulationibus et statu sancte ecclesie; item explanatio figurata et pulchra in Apocalypsim... item tractatus de*

Antechristo magistri Johannis Parisiensis, etc. Impressum Venetiis per Lazarum de Soardis, 1516.

Petit in-4 goth. de 76 ff. à 2 col. Ce volume renferme des fig. sur bois qui sont attribuées sans raison à Marc-Antoine Raimondi, sous le n° 1182 du catal. de Tross, 1861, n° VII. Il ne paraît pas que ce soit le même ouvrage dont Panzer, VIII, p. 435, rapporte le titre en ces termes :

Eximii profundissimique sacrorum eloquiorum perscrutatoris ac futurorum pronuntiatoris Abbatis Joachim florencis scriptum super Hieremiam prophetam : pluribus mysticis intellectibus scripturarum profunda penetrans. Reuisum ac correctum : quotationibusque in margine ornatum. (In fine) : *Impressum Venetiis per Lazarum de Soardis,* 1516, die xij Junii. in-4. (Brunet, vol. 3, col. 532.)

Tross, dans son Catalogue de 1878 (n. 11), p. 141, n. 1111, dit encore à propos de ce livre qu'il renferme 75 gravures de différentes grandeurs, dont plusieurs portent le monogramme M.

Fin du xve siècle.

Ladichiaratiōe della chiesa di Scā. M. delloreto e come ella uēne tucta ītera.

In-4, 2 ff. 34 lig. par page. La plaquette commence au-dessous de la ligne du titre par un petit bois presque carré à bordure de 6 mm. environ, à fond noir ; il représente l'église de Lorette ; au milieu, sous une voûte soutenue par quatre piliers, la Vierge debout, l'enfant Jésus dans ses bras ; derrière chaque pilier un ange, et à droite un moine agenouillé, le Saint-Esprit au-dessus de la Vierge ; ce bois au trait est charmant de dessin et de taille et du style le plus pur. A la fin : *Et a fede delle predecte chose... del mese di Maggio nel Mille quattro cento octanta tre | Io don Bartholomeo monaco di Ualembrosa.... cōsolatione spirituale.* || *Finita Sancta Maria delloreto.*

L'exemplaire que nous avons sous les yeux provient de la *Colombine* et porte, écrite de la main de Fernand Colomb, une note indiquant qu'il avait acheté ce volume à Viterbe, en octobre 1515.

Sans date. — *La Dichiaratioe della chiesa di Sancta Maria delloreto : et come ella vene tucta interra.*

In-4. Petit opuscule en prose de 4 feuillets de 26 lignes par page, caractères ronds. Au commencement, un bois représentant la sainte Eglise de Lorette (sans doute celui de l'édition précédente). A la fin : *Et a fede delle predecte cose si notifica come tutta questa scriptura fu copiata da uno originale auctetico. Scripto nella decta chiesa di Sancta Maria delloreto adi XX del mese di magio nel M.CCCC. LXXXIII.* | *Io Don Bartholomeo monacho di uallombrosa : .....Laus Deo. Sacta Maria Delloreto Stapata .i. Venetia.* (Molini, *Operette...* p. 127.)

Fin du xv° siècle.

La Sancta croce che se insegna alli putti in terza rima....

4 feuillets à deux colonnes. Sous le titre, à gauche, un petit bois. A la fin : *Per el Benali sul capo de San Stephano.* (Molini, *Operette...* p. 128).

Fin du xv° siècle.

Una historia bellissima de un signore duno castello Elquale Regnava in gran tirania...

Un bois au-dessous du titre. A la fin : *Stampata per Paulo danza al ponte de rialto.* (Molini, *Operette...* p. 128).

Fin du xv⁰ siècle.

Regimen Sanitatis cũ expositione magistri Arnaldi de Villanoua Cathellano Nouiter impressus.

In-4. Au-dessous du titre, grand bois au trait, fond noir; l'auteur, dans sa chaire, parle, la main gauche levée; un enfant à sa gauche, écoutant; bois médiocre. (Bibliothèque communale d'Udine, 21479. G. 8.)

Fin du xv⁰ siècle.

Il lachrimoso lamento.
Gravures sur bois. (*Catalogue Libri,* p. 201.)

Fin du xv⁰ siècle.

Questa e la vera profetia.
Gravures sur bois. S. L. N. D., mais Venise, vers 1500. (*Catalogue Libri,* p. 201.)

Fin du xv⁰ siècle.

Arte del ben pēsare e cōtemplare la Passione del nostro Signor Iesu Christo con un singular Trattato dello imitar di Christo di nouo corretta e historiata.

In-8 gothique de 120 feuillets; gravures sur bois. Les bois de ce volume, qui paraît être sorti des presses de Venise, sont curieux, quoique un peu dans le style de l'imagerie. (*Catalogue raisonné des livres de la Bibiothèque Didot,* colonne CXV.) Cet ouvrage étant le premier volume vénitien du catalogue, avant le *fasciculus temporum* de 1481, doit être, suivant la pensée de l'auteur, classé vers 1480; cette date nous paraît trop ancienne.

Fin du xv° siècle.

La Historia del iudicio del figliolo de dio Iesu Cristo.

In-4 de 20 feuillets, lettres rondes, à longues lignes. Imprimé probablement à Venise. Le titre est suivi d'une grande figure sur bois ; 9 bois à pleines pages, d'un style très archaïque, dans le genre des xylographes. (Catalogue Yemeniz, 1867, page 60.)

Fin du xv° siècle.

Quattor hic comprensa opuscula. Discordantie sanctorum doctorum. — Sybillarum de Christo vaticinia. — Varia Iudeorum et gentilium de Christo testimonia. — Centones Probæ Falconiæ.

In-4, caractères gothiques. Douze grands bois et nombre de lettres initiales ornées de personnages. A la fin : *Venetiis p. Bern. Benalium.*

Fin du xv° siècle

Libro tertio de lo Almansore chiamato Cibaldone.

In-4 de 6 ff. à 3 col., sig. A., fig. en bois. Opuscule imp. vers la fin du xv° siècle ou au commencement du xvi°. C'est un traité d'hygiène en vers. La première page est ornée d'un encadrement et de diverses figures. A la fin : *Stampato per Martio Zano da Trino in Venetia.* (Brunet, vol. II, col. 3.)

Fin du xv° siècle.

Corona de la Virgine Maria Sive Sete Alegreze.

In-4, 2 col. de 38 lig., caractères ronds, feuillets non

chiffrés, signat. a-z, et. ꝝ et A-Q. par 8, excepté N qui a 10 ff. et O et P qui n'en ont que 4; plus 4 ff. prél. pour le titre et la table. Au-dessous du titre, un bois représentant la partie antérieure de la couronne. Au verso, la copie de la *Crucifixion* du *Pungy lingua*, d'un trait plus gros, avec beaucoup moins d'expression dans les personnages. L'ouvrage se compose de sept *tractati* dus à un frère mineur de l'ordre de Saint-François qui ne s'est pas nommé. Au commencement du premier *tractato*, une petite *Annonciation* gravée au simple trait à la manière vénitienne, mais n'en trahissant pas moins le style de Botticelli. Au 2ᵉ *tractato*, une *Nativité* semblable aux plus jolies vignettes de la *Bible de Mallermi*; au 3ᵉ, au 4ᵉ et au 7ᵉ, une *Naissance de la Vierge*, une *Nativité* et une *Présentation au Temple*, tirées de quelque livre d'heures français de la fin du xvᵉ siècle. Dans le dernier chapitre, *Optimo modo di fabrichare la bella e grāde Corona...* la *Crucifixion* du titre reparaît. Sans nom de ville ni d'imprimeur, sans date, mais vénitien et des dernières années du xvᵉ siècle. (Bibl. nat. Rés. Inv. D. 7193, exemplaire de Pie VI.)

1501

Alegris (Franciscus de). *La Summa gloria di Venetia con la sū | ma de le sue victorie: nobilita: paesi: e di | gnita: et officij: et altre nobilissime illu | stre cose di sue laude e glorie come ne la | presente operetta se contiene | Dicta est | gloria cronice nove Venetorum | . Inclita regina vergene poncella | Del mondo spechio sei Venetia bella |* .

In-4, 20 ff. dont le dernier blanc (cahiers A-E, par 4 feuillets). Titre en car. goth., le reste en lettres rondes. Cet opuscule renferme un petit poème en octaves. Au-dessus du titre, le lion de S. Marc (*andante*) qui pose une de ses griffes sur un livre portant la légende ; « PAX

TIBI MARCE EVANGELISTA. MEVS. » Au fond, une église (S. Marc). Le bois est très beau ; la tête du lion légèrement ombrée. A la fin : *Per gratia habuta dala Illustrissima S. de Venetia che niuno stampador si in uenetia quāto in altre terre et cita de essa Illustrissima. Si non possi stampar uender ne far uēder dicta opera soto pena de ducati : XXV doro et perder i libri : et questo p anni cinque proximi che hāno auegnire adie primo marcii. M. CCCCC.I.* (Bibl. de M. de Landau et Marciana, 1454).

1501.

Diui Thome aquinatis in librū de aīa Aristotelis Expositio. Magistri Dominici de flandria ordinis predicatoȓ | in eundem librū acutissime questiones et annotationes.

In-folio, 6 ff. par cahier. Au-dessous du titre, a-1, petit bois au trait : l'ange tenant le lys de la main gauche, la droite levée, bénissant. Dans le haut du feuillet a-2, bois au trait prenant toute la largeur de la justification : le saint, nimbé, dans une chaire, un livre ouvert devant lui, parle à un nombreux auditoire assis sur deux rangs de chaque côté ; au premier plan devant la chaire, un personnage assis à terre et six volumes. Cette composition, souvent répétée, mais avec de notables différences, est ici d'une très belle exécution ; le dessin est correct et d'un très bon style; la tête seule du saint est trop forte, mais cette faute est voulue, l'artiste se proposant d'accuser ainsi l'importance du personnage principal ; la gravure est fine et soignée. Ce bois se rapproche beaucoup de ceux du *Térence.* A la fin : *Explicit..... Impressum Venetiis per Magistruz Petrum de Quarenghis Pergomensem. Anno ab Incarnatione Domini. 1501. die. 7°. Mensis Aprilis.* Suit le registre.

1501.

Bulla plenissimæ Indulgētiæ sacri anni Iubilei.....

In-4 ; lettres rouges ; à la fin : *Impressum Venetiis p Bernardinū Venetū de Vitalibus Anno Domini M.CCCCCI. die xiiii Aprilis.* Au-dessous, une petite crucifixion d'environ cinq centimètres de haut sur trois et demi de large ; elle est au trait et d'une grande finesse de taille et de dessin.

1501.

Thomas Aqu. *Aurea summa cōtra gentiles.*

In-4. Au-dessous du titre, un ange au trait, la main droite levée et la main gauche tenant le lys ; bois emprunté au Saint-Thomas de 1501. A la fin : *Ven. impr. per Symonem, impensa Alex. Calcedonii*, 1501.

1501.

Aliegri (Francesco di). *Tratato di Astrologia e de la Chiromancia.*

In-4, lettres ornées et figures sur bois. *Venetiis, per Bernardinum Venetum de Vitalibus*, 1501. (Libri, 1861, page 78.)

1501.

Secundus dyalogorum liber beati Gregorii pape de vita ac miraculis beatissimi Benedicti...

In-16, gothique. « Volume orné de charmantes gravures sur bois, dont plusieurs en manière criblée. » A la fin :

Venetiis, Lucantonius de Giunta, 1501. (Tross, 1878, n° 1, page 7, n° 43.)

1505. — *Secundus dyalogorum liber beati Gregorij pape de vita ac miraculis beatissimi Benedicti. | Eiusdem Almi patris nostri Benedicti regula. | Speculum Bernardi Abbatis casinensis de his ad que in professione obligatur monachus.*

Très pet. in-8 de 8 ff. préliminaires, 191 ff. chiffrés et 1 feuillet non chiffré. Sur le frontispice la marque de Giunta. Titre en rouge, au-dessous la marque rouge des Giunta. Caractères gothiques. Au verso du dernier feuillet préliminaire, un bois représentant S. Grégoire assis sur le trône pontifical; de chaque côté un cardinal. Devant lui six bénédictins. Bois assez joli, mais d'une taille un peu rude. A la page suivante numérotée 1, un encadrement à fond criblé dont la partie droite se compose de deux petites figures, l'une représentant S. Grégoire, l'autre le même saint et le diable. Au bas, le baptême de Jésus (?). Ces figures sont tirées d'un livre de liturgie imprimé par Giunta. Une bordure pareille, au recto du f. 31, précédée d'un bois : S. Benoist, S. Placide, S. Maur; un troisième bois au recto du f. 89 (le fond des deux petits cadres à droite est ici en blanc); en face de cette gravure, une autre qui occupe la page entière : S. Bernard, d'une taille démesurée, dans une chaire, entouré de 4 élèves; gravure médiocre. Une autre petite figure au recto du f. 84, une autre au f. 147 et une troisième sur le recto du dernier feuillet, S. Georges à cheval, tuant le dragon. Initiales fleuronnées. A la fin : *Venetijs, Impressum qz diligentissime per Nobilem virum Lucantonium de giunta florentinum felicibus diui martyris Georgij auspicijs. Anno incarnatiōis dominice : quingentesimoquinto supra millesimum. Tertio idus martij.* (Bibl. de M. de Landau).

Vers 1501.

Lamento de lo sfortunato Reame de Napoli...

Petit in-4, goth., de 4 ff. à 2 col., figures sur bois. Pièce *in ottava rima,* ayant trait à la prise de Naples par le roi Louis XII. (Deschamps, col. 768.)

1502.

Lactantius. *Opera.*

In-folio, 8 ff. lim.; CLX ff. ch. et XXII ff. ch. Initiales historiées, tirées en rouge et en noir. Sous le titre, le Saint Jean-Baptiste, avec les deux lettres B. M., marque de Tacuino. A la fin : *Quod opus arte et impensis Joannis Tacuini fuit impressum Venetiis anno domini.* 152 (*pour* 1502), *die nona Januarii : dominante Leonardo lauredano principe illustriss.* (Bibliothèque nationale).

1502.

Libro de la natura di Cavalli.

In-4. A la fin : *Impressa in Venetia per Johanne Baptista Sessa anno* 1502. *a di.* 29 *Zenaro,* fig. sur bois.

1508. — *Libro de la natura di Cavalli.*

In-4 de 44 feuillets. A la fin : *Impressum Venetiis per Melchiorem Sessa,* 1508. Figures sur bois.

1517. — *Libro de la natura di caualli : et el modo di rileuarli : medicarli : et domarli* || *et cognoscerli : et* q[ua]*li son boni : et del modo de farli p*[er]*fecti : et trarli da i uicii* || *quali sono viciati: et del modo de ferarli bene : et ma*[n]*tenirli in possanza et* || *gagliardi. Et de q[ua]l sorte morsi alor si co[n]uiene seco[n]do le nature vicii o q[ua]lita* || *di q[ue]lli : di qual son tutti instoriati in q[ue]sto, etc. etc. Ite[m] in simel modo tratta de la* || *natura di releuar : medicar : gouernar : et ma[n]tenir spaliuieri astori falco[n]i et si* | *mili. et cetera.*

In-4 de 44 ff. signés A. L. Sur le frontispice un grand bois représentant une forge de maréchal. Une figure à mi-page, au verso du feuillet G 4 où commence le *il Trattato di falconeria*, avec le titre suivant : *Opera nobilissima Composta per lo Excellente maistro. Agosto mago* || *Re de' tutte le passion vien a falconi astori e sparaueri.* Puis soixante-dix-huit mors d'espèces différentes à raison de quatre par page. A la fin : *Stampata in Venesia per Melchior Sessa : Et Pietro de* || *rauani compagni nel anno. M. D.* || *XVII.* (1517) *adi. iiii. de marzo.*

1519. — *Libro de la natura di cavalli.*

Petit in-8 gothique; *per Jouanne Tacuino*, 1519. Figures sur bois.

1502

Priuilegia et indulgen | *tie fratrum mino* | *rum ordinis sc̄i francisci.*

In-8, de 28 ff. (a-c, par 8; d en 4 ff.). Car. goth. Au-dessous du titre, le lys de Giunta. Au verso du frontispice, un bois légèrement ombré : à gauche saint François à genoux, un livre devant lui, à terre, s'entretient avec un ange aux six ailes; derrière saint François, dans une grotte, un moine lisant un livre qu'il tient à la main; on aperçoit le couvent au sommet de la montagne où se trouve la grotte; à droite, dans le fond, une ville (1).

(1) Ce bois se rencontre constamment dans les livres liturgiques de Giunta.

A la fin : *Expliciunt priuilegia et indulgentie fratruz minorum : ordinis sancti frācisci : Impressa venetijs cura et impensis Luccantonij de giunta florentini Anno incarnatiōis dominice. M.CCCCII. quarto idus Martij. Laus Deo.* (Bibliothèque de M. de Landau).

1502

Hoc in uolumine hæc continentur. Pomponii Epistola ad Augustinum Mapheū. C. Crispi Salustii bellum catilinariū cū cōmēto Laurentii Vallensis.

In-folio. Au-dessus du titre, grand bois au trait : au milieu *SALVSTVS* assis, parlant ; à droite un personnage *LAVR. VAL.* ; à gauche deux personnages *OMNI. BO. F. IO. CH.* Ce bois médiocre est de peu d'intérêt, ayant servi, plus ou moins modifié, à un grand nombre de classiques. A la fin : *Impressum Venetiis opera et impensa... Ioannis Tacuini di Tridino... anno domini. M.CCCCII. die. X iulii.* Suit le registre. (Marciana, 43949).

1502.

Gerson (Joannes). *De Immitatione Christi et De Contemptu Mundi in Vulgari Sermone.*

In-4, lettres goth. Sous le titre, un grand bois, représentant Gerson à son pupitre, tenant sa plume de la main droite, et posée sur un livre ouvert devant lui ; il lève la tête pour parler à un disciple placé en face, à gauche de la gravure ; ce bois, d'une médiocre valeur artistique, est fort intéressant par sa facture florentine, comme certains autres bois déjà signalés par nous, dans quelques éditions Sessa de ces mêmes années ; les noirs sont très accusés et mêmes certaines parties, comme les coiffures du disciple et de Gerson, sont absolument noires ; le plancher est formé de carrés blancs et noirs. Enfin nous n'y retrouvons pas le charme et la grâce que les Vénitiens ont mis dans leurs moindres vignettes, sans égaler le style élevé des Florentins. A la fin : *Stampato in Venetia per Zuan baptista Sessa nel anno del M.CCCCCII. adi. III. del mese de Septēbrio...* au-dessous la marque noire avec I. E. S. Le verso est occupé par une page de prières. (Marciana, 1018).

1516. — Gerson (Joannes). *De immitatione Christi. Et de contemptu mundi in vulgari sermone.*

In-4, titre gothique. Au-dessous, grand bois ombré très médiocre. Copie de celui de l'édition précédente. Sur le pupitre S. A. P. A la fin : *Fine del terzo... Stampato in Venetia per Marchio Sessa nel M.D.XVI. adi VIII. Mazo.* Suit le registre. (Bibliothèque du Séminaire, KK, IV. 41. Udine).

1502.

Dualogo de Salomone e Marcolpho.

In-4 de 8 ff. avec la fig. de Marcolfo sur le titre. *Venetia, Sessa,* 1502.

Le bois ci-dessus serait-il le même que celui de l'édition publiée à Venise, en 1541, chez Bindoni (1) et représentant le roi Salomon assis sur un trône à baldaquin, couronné et le sceptre en main, parlant avec Marcolphe debout devant lui. A côté un autre personnage. La figure de Marcolphe, de dimensions énormes comparée à celle de Salomon, ressemble à l'Esope tel que le xvie siècle le représentait dans l'Italie du Nord. (Brunet, t. V, col. 96.)

---

(1) Cette édition se trouve dans la riche bibliothèque de M. de Landau. Nous devons à l'obligeance de M. Rœdiger une description détaillée de cet ouvrage et de beaucoup d'autres.

1502

Opere del fecūdissimo Seraphino Aquilano collette per Francesco Flauio.

In-8, 108 ff. (A-N, par 8; O en 4). Car. rom. Titre en rouge, entouré d'une bordure rouge. A la fin : *impresso in Venetia Per Me Maestro Manfrino de Monfera. M. CCCCC.II. Adi. xxiiii. De Decembrio. Cum Gratia et Priuilegio..* Au-dessous de la souscription, une gravure grossièrement taillée qui ne paraît avoir aucun rapport avec le livre. Elle représente, à gauche, un roi assis sur un trône et s'entretenant avec trois personnages dont un ressemble au type qu'on donnait ordinairement à Marcolphe. A droite, dans le fond, deux autres figures. (Bibl. de M. de Landau, et Bibl. nat. Rés. + Y.)

1503

Opera de Andre Stagi Anco | nitato Intitolata Amazonida | La Qual tractaLegrā | Bataglie e Triumphi | che Fece Queste | Done Ama | zone.

Petit in-4, 125 ff., le chiffre LXXX étant répété. Ces feuillets sont cotés de I à CXXIV sous les sign. A-Qiii; titre en caractères gothiques, le texte en lettres rondes; au-dessous du titre, joli petit bois au trait représentant un chevalier à gauche avec trois amazones à droite; dans le fond des tentes. A la fin, au-dessous du colophon : *Qui Finisse le Aspre Bataglie de le Done Amazone. Stampato in Venetia... Nel anno del Signore M.CCCCC.III. Adi xviii. Zenaro*; un combat entre deux chevaliers, ou amazones en chevaliers, l'un d'eux percé de la lance tombe; jolie petite vignette au trait avec terrain noir. (Bibl. nat. Réserve Y., 3467, et Bibl. de M. de Landau.)

Sans date. — Stagi anconitato (Andrea). *La Amazonida.*

In-8., sig. A—E, fig. sur bois. *Venetia, Math. pagano.* Édition à 2 col., impr. avec des caract. demi-goth. et d'une forme singulière. Elle doit être un peu moins ancienne que la précédente, car le texte en a été corrigé par l'auteur et offre des différences sensibles avec le texte primitif. (Brunet, vol. 6. col. 505.)

1503

Libro molto deuoto spirituale de fructi della lingua. e galante e utilissime cose dentro nouamēte stampato.

En lettres goth. In-4; lettres rondes, 148 ff. non chiffrés. Au-dessous du titre, une croix: *Cum Gratia et priuilegio.* Un grand bois légèrement ombré: la Sainte Vierge apparaissant, entourée de chérubins, à deux groupes de saints, placés au premier plan à droite et à gauche, en adoration, les mains jointes ou croisées sur la poitrine; dans le coin à gauche, la tête de Dieu le père; montagnes des deux côtés. Ce bois est d'un charmant dessin; les figures sont pleines d'expression, la Vierge surtout mérite tous les éloges pour la façon dont est traité son visage à l'expression douce et inspirée et pour les vêtements aux plis élégants, du meilleur style. La taille, parfois un peu rude, est néanmoins très bien exécutée. Encadrement: un long ruban se détachant sur fond noir. A la fin: *Impresso in Venetia nel Anno del Signore. M.CCCCC.II.. adi xxiii. Zenaro.* Viennent ensuite le registre et la table. (Museo Civico e Correr, Cicogna H. 55 et Marciana, 41264.)

1503

Tabula nuper diligenter correcta totius summe beati Antonini archiepiscopi Florentini ordinis predicatorum.

In-4 de 149 pages numérotées, titre et texte goth. Au-dessous du titre, un charmant bois au trait de la plus grande finesse de dessin et de taille. Le saint nimbé dans sa chaire, un enfant au-dessous de lui, parle à un très nombreux auditoire assis de chaque côté. A gauche, à la hauteur de la tête du saint : *Bea Antoninus archiepus*, à droite : *Florētinus : Ordĩs pdicatoz*. Ce bois n'est pas inférieur à nos meilleures gravures et rappelle en plus petit le style du Poliphile et du Térence, par la sûreté de main avec laquelle sont traités les visages et les draperies. Recto du dernier feuillet, non numéroté : *Venetiis per Lazarum de Soardis... Die vlti° Februarij. 1503*. Dans le bas, la marque à fond noir.

1503

Secunda pars totius summe | maioris beati Antonini.

In-4, lettres gothiques, cccxxv feuillets chiffrés. Au-dessous du titre, le saint nimbé dans sa chaire, portant la mitre, parle à un nombreux auditoire assis à droite et à gauche ; ce bois au trait est d'une bonne exécution et d'une très grande finesse ; à gauche de la tête du Saint, en gothique, *Bea Anto | ninus archi | ēpus,* et à droite : *Florē | tinus : | Ordĩs | pdica | toř*, bois paru dans le livre précédent. A la fin, verso 325 : *Venetijs p Lazarū de Soardis... Die xv Julii. 1053.* (sic) *Amen.* Au-dessous, le registre et la marque noire avec *L. S. O.*

1503.

Soliloquo di Sancto Augustino con il Manuale vulgare.

In-12, titre gothique, texte en lettres rondes. Au-dessus du titre, une Pietà très médiocre, au trait, déjà parue dans les *Méditations*. A la fin : *Stampate in Vinetia per Maestro Manfrino de Monteferrato nel anno del Signore M. CCCCC.III. Adi xxx del Mese di Marzo.* (Museo Civico e Correr, I, 18 et Marciana, 57832.)

1503

Omar Tiberiadis Astronomi Preclarissimi liber de natiuitatibus et interrogationibus.

In-4 de 32 feuillets chiffrés ; au-dessous du titre, grand bois ombré très mauvais : au milieu de nuages, trois personnages assis, celui du milieu plus élevé que les autres, couronné, tenant un sceptre de la main droite; le soleil d'un côté, la lune de l'autre. Au-dessous la petite marque de Sessa. A la fin : *Impressum Venetiis per Ioannem Baptistam Sessa. Anno Domini. M.CCCCC.III. Die xxxi. Marcii.* Au-dessous, marque noire de Sessa. (Bibliothèque communale de Vérone et Marciana.)

1502

Preclarissimus in Judiciis Astrorum Albohazen Haly filius Abenragel nouiter Impressum et fideliter emendatum, etc.

In-folio de 98 ff. goth. Au-dessous du titre, grand bois ombré représentant Haly assis, tenant, élevé de la main droite, un instrument d'astronomie qu'il regarde, il a le même costume que Ptolémée dans le *Sphæra mundi* de Scotto; à gauche *Astronomia*, une femme presque nue qui tient un livre avec des figures astronomiques; à droite, une autre femme nue, de dos, tenant la main gauche levée devant ses yeux pour lui permettre de mieux voir le ciel. Au-dessus d'elle, sur une banderole, *Urania Musa cœlestis*; dans le haut, les signes du Zodiaque et des étoiles. La gravure est entourée d'un cadre à fond noir. — Ce bois médiocre existe déjà dans l'*Hyginus* de Sessa de 1502; ici, Hyginus est remplacé par Haly. Charmante lettre ornée, au trait, verso 70. A la fin : *Finit*..... *Impressus arte et īpēsis p. Jo. bapti. Sessa. Anno dñi M.CCCCC. III. die iiij Aprilis.* (Marciana).

1503

Opuscula Dīui Bernardi Abbatis Clareuallensis.

In-8 à 2 colonnes, 16 pp. lim. et 384 ff. (a-z r, s, 4, A-Y), Car. goth. Une belle gravure au verso du 8ᵉ f. représentant l'*Annonciation* si connue. Titre tiré en rouge. A la fin : *Impressum Venetijs per nobilem virum Luccantonium de Giunta florentinum. 1503. Die primo Junii Regnante inclyto principe Leonardo Lauretano D. V.* (Bibliothèque de M. de Landau.)

1503

Tetragonismus idest circuli quadratura per Cāpanū (1) *archimedē Syracusanū atqz boetium mathematicae perspicacissimos adinuenta.*

In-4, gothique; sous le titre, grand bois ombré : Cam-

---

(1) Campanus de Novare vivait au XIIIᵉ siècle.

panus, au centre, vêtu en chiromancien, un livre dans la main droite ; à ses pieds la terre sur laquelle il marche ; de chaque côté de lui un grand instrument d'astronomie, la mer entourant la terre, plus loin les flammes et enfin dans le haut les signes du Zodiaque et des étoiles ; encadrement à fond noir. — Bois d'un mauvais dessin et d'une gravure faible. Au-dessous, le chat de Sessa. Lettres ornées à fond noir et au trait d'un beau style, celle de la page 15 est fort jolie. Verso du feuillet 32 : *Impressum Venetiis per Ioan. Bapti. Sessa. Anno ab incarnatione Domini. 1503. Die 28 Augusti*. Au-dessous, marque de J.-B. Sessa. (Marciana (1) et Bibliothèque du Séminaire KK IV Z N. Udine).

1503

Flores San | cti Ber | nardi.

Petit in-4 gothique à deux colonnes ; au verso du 20ᵉ feuillet après la table, l'*Annonciation* que nous rencontrons si souvent dans les publications de Giunta où elle est en très bon tirage. A la fin : *Impressum Venetiis per nobilem virum | Luccantonium de Giunta Flo | rentinum 1503. Die vl | timo Augusti...* (Mayence, Bibliothèque de la ville et Bibliothèque de Francfort).

1503

Stella (Joannes) Vita Romanorũ Imperatorũ.

In-4, titre gothique au recto du premier feuillet ; au recto du second : *Joannes Stella Sacerdos venetus claris-*

---

(1) La *Biblioteca Matematica Italiana* du docteur Pietro Riccardi (1870, page 39) cite une édition de 1543 avec fig. imprimée à Venise *per Venturinum Ruffinellum*.

simo Senatori Alovisio Trivisano. S. P. D. Texte en lettres rondes ; 4 feuillets par cahier. Au-dessous du titre, grand bois au trait : l'Empereur, la couronne impériale sur la tête, assis de face, tient le globe du monde de la main droite et le sceptre de la gauche ; un page, à ses côtés, porte l'épée la pointe en l'air ; un autre page tient l'écu avec l'aigle à deux têtes. Ce bois est d'un beau dessin, quoique l'empereur soit d'une taille démesurée et semble un géant entre deux nains ; l'auteur rehausse ainsi la la grandeur impériale. Les détails du bois annoncent de grandes qualités de gravure et de dessin ; sans avoir la délicatesse des bois antérieurs, ils soutiennent la bonne tradition, les plis des étoffes sont rendus avec vérité. Le dessinateur est un imitateur de celui du Beato Lorenzo. A la fin : *Augustalis libellus Ioānis Stellæ... Senatorē optimū. vii Kal. decē. Anno xpianæ Salutis M.D.III... Impressum Venetiis per Bernardinū Venetum de Vitalibus.* Au-dessous : *Cum Gratia et Privilegio.* (Marciana, 1872.)

1503

Acutissime questiones de physico au | ditu fratris gratia dei esculanī or | dinis predicatoʳ nuper reperte et impresse diligen | tiqᷠcastigatio | ne exculte.

In-folio gothique de 135 ff. (4-131). Au-dessus du titre, l'ange (au trait) tenant le lys de la main gauche ; au feuillet suivant, grand bois au trait : le personnage dans sa chaire, la tête un peu grosse, parlant à un auditoire assis à sa droite et à sa gauche ; un personnage assis devant lui se tenant la tête : six volumes à terre. L'ange du commencement, au-dessous du registre placé au verso du feuil. 131. Nous avons décrit l'ange et ce beau bois dans le *Divi Thome aquinatis in librū de aīa Aristotelis expositio* de 1501. A la fin : *Arte vero et industria magistri Petri de quarengiis ciuis Bergomensis : Impresse : año a nativitate dñi Millesimo quingētesimo tertio Idibus Decembris : Venetijs Leonardo Lauretano principe.* (Mayence, Bibliothèque de la ville).

1503

Tariffa de' pesi e misure, cum priuilegio di messer Barholomeo Paxi de Venetia.

In-4, sign. A-M*m*, et le dernier f. blanc. Fig. sur bois au titre. *Venezia. Alb. da Lisona, 1503.* (Deschamps, vol. 2, col. 729.)

1504.

Arienti (Giovani Sabadino degli). *Settanta novelle.*

In-folio; 64 feuillets à deux colonnes, avec les signatures *A-L;* cahiers de 6 feuillets. Figures sur bois. Le recto du premier feuillet porte seulement *Settanta novelle,* et le verso *Tabula de la opa noïta poretane,* qui continue au feuillet suivant. Le texte commence page 3, feuillet A. iii ; il est précédé d'une figure sur bois. Verso 64 : *Qui finiscono le dolce et amorose settanta nouelle del preclaro homo Misser Joane Sabadino de gli Arienti bolognese.... Et con grande attentione in la inclyta citade de Venetia stampate per Bartholomeo de Zanni da Portese nel MCCCCC. IIII a di xx de marzo.* (Bibliothèque royale de Berlin. — G. Passano. *I Novellieri italiani in prosa.* Milano, 1864, p. 14.)

1510. — Arienti. *Settanta Nouelle.*

In-folio de LXV feuillets à deux colonnes. Lettres rondes. Au-dessous du titre, grand bois divisé en deux parties par une colonne ; à gauche, l'auteur, tenant une baguette, est assis devant une fontaine de la hauteur du bios ;

huit auditeurs, quatre de chaque côté. Au premier plan deux lapins; au centre, un paon, buvant dans une rivière. Le bois de droite représente l'auteur, d'une taille démesurée, jouant de la guitare; plusieurs personnages passent derrière lui de gauche à droite. Trois pages pour la table. A iii, même bois et au-dessous, *Prohemio...* Verso A iii, deux bois dont un signé *b,* tiré de la *Bible de Mallermi.* Recto A iii, *Nouella prima.* 43 bois de la dimension du *Tite-Live* ou de la *Bible de Mallermi*; plusieurs sont tirés de ces deux ouvrages. Les bois originaux qui ornent ce volume sont d'une facture toute différente et qui se rapproche du style Florentin; les noirs sont très fortement indiqués, surtout dans les chaussures, les coiffures, les portes, les parquets et rappellent ceux des œuvres de Savonarole publiées à Florence à la fin du 15e. Généralement ces vignettes sont au simple trait; quelques-unes cependant sont légèrement ombrées; personnages trapus, lourds, épais, aux extrémités communes; la composition aussi manque de la distinction exquise des bois vénitiens du Boccace de 1493, auxquels on pourrait les comparer. La taille inhabile, et trop fortement accentuée, nuit à l'ensemble. Ces bois sont-ils ceux de l'édition de 1504? Nous ne le savons, n'ayant pu voir l'exemplaire de Berlin (1).

Les feuillets sont numérotés de A à LXV. La dernière Nouvelle porte *sexagesima prima.* A la fin : *Qui finiscono.. Settanta nouelle et con grande attentione in la inclyta Cita de Venetia stampate. Nel MCCCCCX. Adi xvi de Marzo.* Au-dessous le registre(2).

---

(1) Plusieurs éditions de ces *Settanta Novelle*, datant de la fin du xve siècle, sont sans figures, comme le fait remarquer l'érudit bibliophile florentin M. Torre.

(2) Dans le catalogue Libri, 1847, page 272, on lit : « Ces bois ont dû servir en grande partie pour une édition du Décaméron ». Cette assertion ne paraît pas fondée; dans tous les cas, cette édition de Boccace serait absolument inconnue.

1515. — Arienti. *Settanta Novelle.*

In-folio; figures sur bois. *Venezia,* 1515, sans nom d'imprimeur.

Fantuzzi et Hain indiquent une édition de *Marchio Sessa* avec la date de 1521 qui est certainement erronée; elle a été confondue avec 1531, date de l'édition de Sessa avec figures sur bois. (G. Passano, *I novellieri italiani in prosa.* Milano, 1864, page 14.)

1504.

Seraphici doctoris Scī Bonaventure | de balneo regio: ēpi albanensis. sa | croscē romane ecclesie Car | dinalis ex ordine mino | rū assūpti: paruorū opusculorū.

In-folio, deux parties en caractères gothiques; 20 feuillets préliminaires, 221 feuillets chiffrés en lettres romaines pour la première partie et 233 pour la seconde. Au recto du feuillet 1, titre gothique triangulaire, au-dessous une croix et *Pars prima. Cum privilegio.* Au verso de ce feuillet, une grande gravure qui paraît sur métal, occupant toute la page et représentant un arbre sur la partie supérieure duquel le Christ est crucifié; au sommet de cette croix I.N.R.I et au-dessous GLORIFICATO. Dans le bas, saint Bonaventure en évêque et un autre saint tiennent des banderoles explicatives. Autour du tronc s'enroulent des banderoles couvertes d'inscriptions: *Lignum vite, Passio, Origo,* etc. De l'arbre s'échappent des branches auxquelles sont suspendus, en guise de feuilles ou de fruits, des disques numérotés de 1 à 4 contenant diverses légendes, *gurges beatus, Maria natus, Victor magnificus* et autres litanies en l'honneur du Christ. Cette gravure est répétée après le prologue et la table de la première partie, au commencement de la seconde partie, et au verso du feuillet CCXXI de cette même partie.

Au verso du feuillet ccxxvi, une figure d'ange dont les six ailes renferment dans leurs nombreuses plumes la désignation d'autant de vertus. Au bas du recto du feuillet 223 de la seconde partie, le colophon : *Secunda pars opusculorũ seraphici doctoris....... impensis dñi Luce Antonij de giunta florentini: per magistrum Jacobum de Leuco. In florentissima Venetiarum vrbe sub annis dñi MCCCCCIIIJ. die 2º mēsis Maij : studiosissime impressa feliciter explicit.* Au verso de ce feuillet, le registre et la marque noire de Lucantonio Giunta. La première gravure fortement ombrée est d'une exécution rude, le dessin manque de charme. La figure d'ange est d'un style plus ample et d'une facture bien supérieure ; elle est peu ombrée, d'une taille forte et large, mais assez souple. (Librairie Olschi de Vérone et Marciana 56818.)

1504.

Peckham. *Io. Archiepiscopi Cantuariensis Perspectiua communis.*

In-folio, titre goth., lettres rondes. Sous le titre, grand bois, représentant l'auteur assis à son pupitre, une couronne sur la tête, un livre ouvert devant lui, et montrant du doigt une sorte de pyramide placée à sa droite ; trois personnages à gauche, l'un d'eux écrivant ; nombreux livres à terre au premier plan. La gravure est entourée d'une bordure noire à ornements blancs. Ce bois assez bien dessiné, mais taillé sans finesse, est sans doute d'un graveur étranger ; il est raide et sans charme. Au-dessous la marque de Sessa.

Nous rencontrons dans les très nombreuses productions, généralement faibles, de cet imprimeur, une telle variété de taille qu'il faut supposer que Sessa employait des ouvriers de tous pays. A la fin : *Impressum Venetiis per Io. Baptistam Sessam, Cal. Iunii, M.CCCC.IIII. Dili-*

gentissime emendatū. Per L. Gauricum Neapolitanum.
Suit le registre. (Museo Civico e Correr, F, 29-34.)

Vers 1515. — Peckham. *Ioannis de, Archiepiscopi Cantuariensis, Perspectiva Communis per L. Gauricum Neapolitanum emendata.* S. L. N. D. mais *Venetiis, L. A. Junta,* vers 1515. (*Libri* 1861, p. 609).

1504.

Cum Privilegio. — *Platinæ hystoria de Vitis pontificum periucunda : diligenter recognita : et nunc tantum integre impressa.*

In-folio. 8 feuillets par cahier, numérotés jusqu'à CXLVI. Au-dessous du titre, grand bois de 138 millimètres sur 173 millimètres de hauteur : à gauche, Platina dans une chambre, assis à son pupitre et écrivant ; devant lui, debout, le Christ, vêtu des habits sacerdotaux des grands-prêtres juifs, coiffé de la tiare auréolée ; saint Pierre tenant les clefs, et six autres Papes portant la tiare. Cette gravure, très bien dessinée, est d'un style simple, aux traits fortement accusés ; les figures sont d'une taille hardie, profonde et exécutée avec sûreté ; s'il était permis de chercher une œuvre comparable à cette estampe, on la trouverait peut-être dans la grande gravure du *Térence.* La sobriété est la même pour les détails d'architecture ; la hardiesse du trait dans les figures, la conception simple et pleine de dignité de l'ensemble, les quelques ombres, espacées et larges, marquant les plis de la robe de Platina, la forme de son bonnet, tout enfin indique une même école. Cette gravure mérite d'être classée parmi les plus intéressantes, et l'on a lieu d'être surpris de la trouver dans un livre paru aussi tard. Elle se ressent de l'école du *Poliphile,* en ce qu'elle a une allure plus artistique que les petits bois de la fin du xv⁰ siècle ; mais elle est sur la limite de la période de décadence. Recto cxlvi : *Excellentissimi historici Platyne....* etc. *Venetiis Impressum a Philippo pincio Mantuano. Anno Domini. M.CCCCC.IIII die. XXII Augusti. Justissimi. D. D. Leonardi Lauredani Venetia R̯ ducis serenissimi tempestate.* — Au-dessous, le registre. (Bibl. Nat., Rés., H. 393. H. 188.)

1511. — Platyna... *de vitis maxi. ponti.*

In-folio ; titre gothique. Au-dessus du titre, un grand bois de la largeur de la page, ombré : le Pape assis sur son trône ; trois cardinaux de chaque côté ; Platyna, à genoux devant lui, lui offrant son livre. Ce bois légèrement ombré est bien dessiné, mais médiocrement gravé. A la fin : *Venetiis a Philippo pincio Mātuano. Anno Dñi. M.CCCCCXI die VII Nouēbris.*

1512. — *Platinæ historia de vitis pontificum periucunda...*

In-8⁰. Au-dessous du titre un bois ombré, copié d'après la gravure de l'édition de 1504; il est médiocre sous tous les rapports. A la fin : *Excellētissimi historia Platyne... Lugduñ. Impressum a Gilberto de Villiers borbonio: Impensis honestissimi viri domini Vincētij de pthonariis: Anno... Millesimo quingentesimo duodecimo : die vero. xxij Mensis Februarij.*

Une édition parisienne de Regnault (1515) porte sur le titre une mauvaise copie de la gravure vénitienne de 1504.

1504.

Savonarole. *Tractato dello amore di Jesu Christo*

Coposto de venerado padre frate Hieronymo da Ferrara...

Goth. pet. in-8° paginé jusqu'à cxvi. 12 petits bois au trait assez médiocres ; au verso du feuillet 92, commence la *Predica dellarte del ben morire* par un bois au trait où l'on voit la Mort volant, une banderole avec ces mots *Ego sum* dans la main gauche, la faux de la droite ; à terre, quatre personnages morts, un pape et un roi, un vilain et une femme ; trois autres bois sont inspirés de l'édition florentine de 1492 ; ils sont assez bons, surtout celui du feuillet 99 : la Mort avec le jeune homme ; le ciel dans le haut ; l'enfer, noir, avec le diable tenant un damné de chaque main, dans le bas, tandis que le squelette, de la main droite, montre le ciel avec cette inscription sur une banderole *OQVA SV*, et de la gauche, l'enfer avec *OQVA GIU*. A la fin, feuillet 116 : *Finisse... Impresso in Venetia per Lazaro de Soardi. adi. xij. octubrio. M. D. iiij.* Au-dessous la marque. (Marciana, 70991).

1504.

Æneas Silvius (Piccolomini). *Hystoria Pii Pape de duobus amantibus. | Cum multis epistolis amatoriis.*

In-4° ; 16 feuillets, A. B. C. D, à quatre ff. par cahier, caractères romains ; au-dessous du titre grand bois au trait avec des noirs très accusés : le Pape, au premier plan, est assis bénissant de la main gauche ; de chaque côté, au second plan, derrière lui, douze cardinaux ; au-dessus de la tête du Pape, dans le fond de la salle, le Christ en croix sur fond noir ; le terrain est noir ainsi que quelques ornements du vêtement du Pape ; encadrement à fond noir. Ce bois, d'une jolie exécution et d'un beau dessin, est sans aucun doute d'un des artistes dont nous avons déjà parlé à propos du Lucidario, de l'Ovide et du Pétrarque ; même style et mêmes observations à faire à propos du visage et de la taille florentine, si fréquente dans les livres vénitiens imprimés chez Sessa de 1502 à 1504. A la fin : *Impressum Venetiis per Io. Baptistam Sessa. Anno Domini. M.CCCCC.IIII. die xvii. Mensis Decembris.* Au-dessous la marque noire avec .I. .B. .S.. (Marciana 2682.)

1514. — Piccolomini. *Hystoria Pii Pape de duobus amantis.* | *Cum multis epistolis amatoriis.*

In-4° de 16 feuillets non numérotés ; sur le frontispice, au-dessous du titre, bois décrit plus bas, aux *Epistole de dui amāti* du même auteur, imprimées à la même date, par le même imprimeur ; le Pape racontant la nouvelle à ses cardinaux: Au-dessous, la marque de Sessa : le chat tenant la souris avec les lettres .M. .S. Au verso du 16° feuillet : *Impressum Venetiis per Merchiorē Sessam. Anno Domini. M.CCCCC.XIIII. die. xvij. Mensis Septembris.* Au-dessous la marque de Sessa ; le cercle à fond blanc avec .M..S. dans un rectangle noir.

Cette édition n'est citée ni par Passano ni par Papanti.

1514. — *Epistole de dui amāti cōposte dala felice memoria di Papa Pio: traducte i vulgar.*

In-4°, 28 feuillets non numérotés, à deux colonnes. Sur le frontispice se trouve le bois ci-dessus : le pape, assis sur son trône, revêtu de ses vêtements pontificaux, et entouré de ses cardinaux auxquels il raconte la nouvelle. Derrière le pape, un crucifix placé entre des pampres et des grappes de raisin. A la fin : *Impressū in Venetia per Marchio Sessa adi xxvi sēpte, M.D.XIIII.* (Passano, *I Novellieri in prosa*, p. 384. Marciana.)

1504.

Epistole ex Registro beatissimi Gregorii pape primi. Per Lazarum Soardum.

In-folio. Titre au feuillet A1; au *Vita S. Gregorii*. Le premier feuillet commence par *Christophorus Pierius Bigos ad lectorem;* suivent huit vers latins; au-dessous, un grand bois légèrement ombré, représentant Lazarus Soardus, à genoux devant le pape qui lui donne le bref de la main gauche tandis qu'il le bénit de la droite; saint Grégoire est assis, deux cardinaux debout de chaque côté; dans le fond à gauche un personnage; au-dessous de Soardus: *Lazarus Soardus ex leua Summi Pont. | breue: ex dextra prius benedictionem accipit*. Cette gravure est d'un bon dessin, mais la taille, quoique assez fine et habile, indique un tailleur influencé par les écoles du Nord; elle manque d'élégance, les étoffes sont raides et l'ensemble est sans grâce ni charme. La page où se trouve ce bois est entourée par l'encadrement de l'*Ovide de 1497*. A la fin: *Gloriosissimi doctoris...: ac magna cum diligentia per Lazarum Soardum... Qui obtinuit a domino Veneto Anno Domini. M.D.iiij nec imprimi facere... Die xviij. Decembris. M.D.iiij*. Au-dessous la marque. (Bibliothèque du comte G. Soranzo.)

1504.

Mandeville. — *Dele Cose maravigliose del mondo.*

In-4°. *Venise, J. Bapt. Sessa,* avec une gravure sur bois au frontispice. Le même Sessa a donné en 1515 une autre édition in-4 de cette traduction; et enfin une édition de 1521, in-8, peu connue. (Brunet, vol. 3, col. 1360.)

1505.

Omelie di Sancto Gregorio Papa sopra li euagelii.

In-12 de 280 pages. Titre gothique. — Cahiers de 4 feuillets, sauf le dernier qui en a 6. — Lettres rondes.

Au-dessous du titre, le buste du Pape dans un grand G gothique ; le Saint-Esprit est près de son oreille. La gravure est légèrement ombrée. — *a*-I et *a*-II : table et *epistola*. Recto *b :* copie très médiocre et infiniment simplifiée du frontispice de l'*Expositione sopra euangeli*. Verso : répétition du portrait du Pape. 37 bois, tirés pour la plupart de la *Vita de la Madona storiada* (1493) et de l'*Expositione* (1495). Plusieurs sont répétés. Celui du verso K.IIII est signé N. Feuillet *e :* joli petit bois (25 sur 35 mm.) d'une taille très fine, représentant saint Jean. Verso *g*-2 : petit bois (33 sur 48 mm.) du même tailleur sur bois, représentant la Nativité. Verso 83 : petit bois ombré, de l'époque de l'impression du volume. Page 280 : *Finisse le Omelie di sancto Gregorio Papa sopra li euãgelii. Impresse in Venetia per Nicolo Brenta : Nel anno. M.D.V. Adi. xxi. di Zenaro.* — Au-dessous, le registre.

1505.

Cherubino da Spoleto. *Consorto spirituale de caminanti a porto di Salute | Regole del viuere: nel stato Virginale e contemplatiuo. Regole et modo del viuere nel stato Viduale. Versi deuotissimi de laĩa inamorata in miser Jesu xpo.*

In-4°, de 64 ff. caract. goth.; 4 feuillets par cahier. Au-dessous du titre imprimé en quatre lignes, un grand bois ombré, médiocrement gravé, avec le terrain noir dans le style des gravures de Sessa de cette époque ; en haut, Dieu le Père, dans sa gloire, un ange de chaque côté ; en bas, à genoux, au milieu, trois femmes, regardant Dieu le Père ; à gauche, un groupe de religieuses et à droite, un groupe de femmes, agenouillées. Cette gravure est entourée d'un encadrement noir et blanc. Même bois que celui de Savonarole publié le même jour par le même Sessa. Au-dessous du bois, la marque de Sessa. Au feuillet aij le texte commence par un grand D contenant un petit sujet au trait. A la fin : *Impresso in venetia per Marchion Sessa: adi. vij. febraro* 1505, et la marque noire et blanche de Sessa avec les lettres *M O.S.* Celle du commencement portait les lettres *.I. B. S.*

1505.

Lo sottilissimo deuotissimo libro della verita... per... Sauonarola.

In-12. Au-dessous du titre, bois au trait ; Savonarole écrivant à son pupitre. Ce bois est médiocre. *Impresse in Venetia per Lazaro di Soardi nel āno del* 1505. *Adi. 21. di Febraro... etc.* — (Bibliothèque nationale, Réserve, D. 17261.)

1505.

Oratione deuota.

In-4°, en lettres rondes, de 4 feuillets. Sur le titre, *Annonciation*. A la fin : *Questa deuota oratiōe esta stāpata i Venetia p | p̄curatiōe del reuerēdo padre maestro Anrōio | di bn̄decti de Venetia del ordine deli frati pdica | tori priore del cōuento de san zuane e paulo ne | li añi del signor mille cinque cento e cinque a di | tredici de Marzo.* (*Bibliotheca Colombina*, Rubriques 13160. 5040. Harrisse, *Excerpta Colombiniana*, page 221.)

1505.

Pianto deuotissimo de la madona hystoriado. Coposto per el magnifico miser Leonardo Iustiniano(1) *in terza*

---

(1) Frère du bienheureux Justiniani.

rima : *nel qual tracta la passione del nostro Signor Iesu Christo cosa nuova.*

Petit in-8, caractère rom. sign. A—H. avec fig. sur bois. *Impresso a Venecia per Bertholomio de Zanni da Portese nel* M. CCCCC. V. *adi xxvij de Zugno.* (Molini, *Operette,* 157. Brunet, vol. 3, col. 607.)

1505.

Passio domini iesu christi. Composto per Paulo enea.

In-8, en lettres rondes, de 56 feuillets signés *A-H,* Au titre, deux bois. A la fin : *Finisse il deuotissimo pianto de la glo | riosa uirgine Maria. Impresso in Venetia | Per Bertholomio di Zanni da Portese nel | M.CCCCC.V. adi xxvii de Zugno.*

(Rubrique : 10651. *Biblioteca Colombina.* Recueil G. 37-21. Harrisse, *Excerpta Colombiniana,* page 202.)

1505.

Stella. *Vite ducentorum et triginta summorum pontificum... Venetiis, Bernardinus de Vitalibus,* 1505.

Grav. en bois au titre. (Tross. 1878, n° I, p. 64, n° 541.)

1505.

Savonarole. *Expositiones in psalmos. Qui regis israel. Miserere mei deus. In te domine speravi. Item regule... ad omnes religiosos attinentes. Oratio... Diligam te domine.*

In-8, figures sur bois sous le titre. A la fin: *Venetiis per Laz. Soardum...* 1505. (Cat. Rossi, 1890, page 125.)

1517. — *Fratris Hieronymi Sauonarolæ Ferrariēsis expositiões in psalmos : Qui regis Israël ; Miserere mei, Deus; In te, Domine, speravi; Regulæ quedam fructuosissimæ ad omnes religiosos attinentes ; Oratio vel psalmus Diligam te.*

Petit in-8 ; paginé du titre à la fin 53. Au-dessous du titre, Savonarole dans sa cellule, regardant à gauche (1), copie retournée de celui de 1513, sans l'encadrement. Au dernier feuillet : *Finiunt... Impresseqz Venetiis... per Cesarem Arriuabenū Venetum : Anno christi. M. D.- XVII.* Au-dessous la marque, blanche et noire, avec les lettres *A* et *G*. (Marciana 57831.)

1524. — *Fratris Hieron. Savonarolae Ferrariensis expositiones in psalmos (quatuor). Item regulae quaedam fructuosissimae ad omnes religiosos attinentes.*

Pet. in-8, de 47 ff., fig. sur bois au titre. *Venetiis, per Franciscum de Bindonis*, 1523. (Deschamps, vol. 2, col. 599.)

1506.

M. Tullius Cicero.

In-folio ; au premier feuillet un grand bois ombré, occupant la moitié de la page : Cicéron, assis, offre son livre à un jeune homme placé devant lui ; dans un encadrement à fond noir d'un très beau style, qui se retrouve dans l'*Ovide* de 1512 de Tridino ; des deux côtés, feuillage, *putti* et dauphins formant un ensemble charmant et du meilleur goût, imité des Lombardi (2). Dans la partie

---

(1) G. Gruyer, *Les Illustrations des Ecrits de Jérôme Savonarole*, page 162.

(2) On rencontre à Venise de nombreux exemples de ces ornements employés avec tant d'élégance; ainsi dans l'église dei Miracoli, à San-Rocco et dans le monument Vendramin.

superieure, entrelacs de feuilles et de fleurs ; dans le bas, deux tritons tiennent de la main droite un écusson qui forme le centre; sur leur queue, un *putto* debout. Cet encadrement est répété cinq fois, entourant cinq bois différents. Le volume contient 37 petits bois de mains diverses ; ceux de la première partie, légèrement ombrés, dont plusieurs sont signés *L*, sont les meilleurs ; quoique le dessin soit en général médiocre et la taille assez négligée, quelques-uns ont une certaine élégance et sont traités avec goût ; ils ont plutôt l'aspect d'une esquisse largement tracée par une plume exercée que d'une gravure achevée. On s'est moins attaché à rendre les détails, qu'à illustrer le volume par un croquis rapide et sans prétention. A la fin : *Impressum Venetiis... diligētia Joānis de Tridino alias Tacuini Anno... M.D.VI. die xx. Februarii...* Au dessous la marque. (Bibliothèque du comte G. Soranzo.)

1516. — *Tusculanae q̃stio | ,nes Marci Tullij Cicero | nis nouissime...*

In-folio, 6 ff. prél. 124 numérotés. Au-dessous du titre en gothiques rouges, .*S. Bartholomevs*; cinq bois ombrés, d'une taille lourde et épaisse. A la fin : *Impressæq Venetiis... per Augustinum de Zannis da Portesio... M.DXVI. Die xv. Februarii.*

1506.

Lopera de misser Giouan | ni Boccacio de mulie | ribus claris.

Petit in-4° de 154 ff. non chiffrés, titre gothique, 8 feuillets par cahier, sauf le cahier A qui n'a que 6 ff. et le dernier cahier V que 4 ff. ; magnifique majuscule ornée au recto A 4, une N où se voit un enfant nu jouant avec une oie. — Au-dessous du titre, un triomphe, imité des Triomphes de Pétrarque, tout au moins dans l'ensemble de la composition. Le char se présente de profil, traîné par deux griffons ; sur le collier de celui de droite : PERUSIA. Sur la plate-forme, une femme ailée, soufflant dans une trompette qu'elle tient de la main gauche, une couronne dans la main droite. Une troupe nombreuse de femmes lui fait cortège, conduite par l'une d'elles tenant une bannière sur laquelle est une couronne. A droite du char, deux femmes seulement ; au-dessous d'elles : LUCRECIA-PERVSINA. Dans le fond, monticules et maisons. A gauche, la marque *L*, au-dessous de la femme la plus proche de la bordure. — Au-dessous de la gravure : *La Fama parla,* et quatre vers. — Nombreux petits bois représentant les femmes célèbres ; un certain nombre sont également signés *L*. La gravure du titre seule offre un peu d'intérêt ; celles qui ne portent pas de signature sont l'œuvre d'un tailleur de bois des plus médiocres. — A la fin : *Stampado in Venetia per maistro Zuanne de Trino : chiamato Tacuino : del anno de la natiuita de Christo. M.d.vi adi. vi. de Marzo : regnante linclito Principe Leonardo Lauredano.*

1506.

Carlo Martello et Ugo Conte Dalvernia.

In-4, caractères romains à deux colonnes. Figures sur bois, signature A 2 jusqu'à 12. L'exemplaire d'après lequel est faite cette description est incomplet du premier feuillet sur lequel se trouvait le titre ; le poëme commence au recto du second (A-2) par : *Incomincia una famosa e anticha historia chiamata Carlo Martello e molti altri gran Signori come vederete apertamente in questo libro.* A la fin : *Impresso in Vinetia per Maestro Marchio Sessa: nel ano del nostro signore M.CCCCC.VI. Adi. viii del mese de Zugno.* Marque de l'imprimeur. (Melzi... p. 19.)

1506.

Decem continens tractatus Astronomice...

Petit in-folio de 181 ff. goth. figur. s. bois. *Venetiis mandato et impensis Melchioris Sesse per Jacobum pentium. lucensem anno MDVI die iii Julii.*

1506.

Natalibus (Petro de). *Catalogus sanctorum et gestorum eorū ex diuersis voluminibus collectus...*

In-folio ; au-dessous, la grande marque rouge de Giunta. Quatre feuillets pour le titre et le *prologus;* au verso du 4ᵉ feuillet, le bois et l'encadrement qui se trouvent au verso *a* du *Legendario* de 1494 ; recto du feuillet suivant, même encadrement, le texte commençant par un grand A renfermant une figure de roi, les mains jointes, au trait, d'un charmant style. 234 figures au trait, non compris le grand bois du commencement et la lettre ornée. — Ces vignettes sont tirées soit de la *Bible de Mallermi,* soit du *Legendario* de 1494 ; pas de bois originaux. A la fin : *Catalogi sanctorum... Venetiis per Bartholomeum de Zanis de Portesio impensis domini Luceantonii de Giunta florentini solerti cura impressum Leonardo lauretano serenissimo uenetorum principe imperante. Anno salutis .M.CCCC.VI. V. idus iulii. Laus deo.* Au-dessous le regstre.

1508. — [*Catalogus sanctorum... per Claudium daoust alias de troys, impensis Stephani Gueynard.*]

In-folio. « C'est sur l'édition de Venise de 1506 qu'a été faite cette édition de Lyon de 1508 » (Brunet, vol. 4, colonne 18). Il est problable que ce sont les mêmes figures qui se trouvent dans l'édition de Lyon de 1519 que nous décrivons plus loin.

1516. — *Catalogus sanctorũ et gestorum eoruz ex... Petro de Natalibus de Venetiis...*

In-4°, gothique, 8 feuillets préliminaires ; au verso du huitième, Jésus entre les deux larrons : bois ombré mais d'un très bon dessin et d'un bon style ; les nombreux personnages qui regardent la scène sont bien groupés et soignés dans tous les détails ; le singulier bouclier du guerrier du premier plan sous forme de profil est intéressant. Le graveur a ménagé ses ombres et les a placées avec assez de discrétion pour que le sujet produise tout son effet. Ce bois, paru la première fois dans un *Missale Romanum* de P. Lichtenstein (6 novembre, 1501), est entouré de petites vignettes que nous retrouvons dans le corps du volume et qui représentent des saints, (Saint Sébastien est signé dans le bas d'un *C*). Au recto du feuillet suivant, un encadrement du même genre et au milieu, un petit bois offrant un évêque et des saints. Très nombreux petits bois ombrés, les uns légèrement ; les meilleurs sont souvent signés *C*, les autres, d'un autre dessin et d'un autre graveur, sont bien inférieurs ; ils reparaissent dans le *Merlino* de la même année 1516. D'autres bois, un peu plus grands, tirés, sans doute, d'un Missel, sont d'un de ces tailleurs copistes du commencement du xvi° siècle, pauvre en ressources et d'un couteau peu habile. Page 141, une petite copie du saint Georges tuant le dragon, avec la princesse à genoux, à droite. 504 feuillets depuis le *liber primus* jusqu'à la fin de la table. A la fin : *Cathalogus...: per Nicolaũ de frãckfordia solertissime ĩpressuz explicit. calendis decẽ. Anno dñi. M.CCCCC. XVI. Serenissimo p̃ncipe dño Leonardo Lauredano Venetiarum duce existente.* Registre et marque, puis la table. (Museo Civico e Còrrer, G. 14).

[1519. — *Catalogus sanctorum et gestorū eorum ex diuersis voluminibus collectus :*...

Caractères gothiques rouges ; au-dessous, le lys rouge de Giunta, entouré d'un encadrement imité de l'édition précédente. — 4 feuillets pour le titre et le *prologue* de aa à aa-4; verso du quatrième feuillet, mauvaise copie de l'adoration des bergers de Springinklee, de la grandeur de la page; recto du feuillet suivant, même encadrement avec une mauvaise imitation du grand A orné de l'édition de 1506. 256 bois, les uns au trait, les autres ombrés, tous mauvais, et copiés généralement sur la même édition. Grand nombre de lettres ornées. 255 feuillets chiffrés à partir de a. Verso du 255e ff. *Catalogi sanctorum... Impressum Lugduni per Jacobum saccon. Anno domini. Millesimo quingentesimo decimonono. Die vero vltimo mensis Januarij.*

1506.

Cranolachs (Bernardo de). *Summario de la Luna noua | mente correcto.* (1)

Petit in-8, gothique. Au-dessous du titre, un joli bois au trait, d'une taille sobre et assez fine, les draperies ont beaucoup de style : à gauche, un personnage dans une chaise, devant lui trois personnages dont un tient une sphère céleste ; le fond est noir au pointillé ; la lune dans le coin à droite. Au dernier feuillet: *Impressum Venetiis per Georgium de Rusconib' Mediolanēsem. Anno M.CCCCC. Vj. die xxviij. Septembris.* (Marciana, 10815.)

1514. — *Summario de la Luna Nouamēte Stāpato al* || *modo de Italia in la inclita Citta de Barcelona.* || *Coposto per... Bernardo de Cra* || *nolachs.*

---

1. Dans le Proemio il est dit que ce Cranolachs était maître *in arte e in medicina de la inclita Cita de Barzelona.*

Petit in-8, goth., de 24 feuillets., dont le dernier blanc, avec deux grandes gravures sur bois au premier f. A la fin : *Impresso in Venetia, per Georgio di Rusconi Milanese,* 1514. (Deschamps, vol. 2, col. 1010.)

1506.

In hoc volumine cõtinent tractatus ĩfrascripti venerabilis magistri Hugonis de scõ victore...

In-folio gothique ; 190 ff. plus un pour la table ; très belles lettres ornées ; au dernier feuillet *Eximii... Venetiis accuratissime in mãdato et expẽsis dñi Benedicti fontanœ. Per Jacobum pentium Leucensem. Anno dñi. 1506. Die. 21 Octob.* Au-dessous la marque, un très bel aigle à deux têtes. (Marciana, 56981.)

1506.

Queste Sono le Canzonette et | stramboti damore compo | ste per el Magnifico mi | ser Leonardo Justi | niano di Venetia.

In-4, titre gothique, texte à deux colonnes, en vers, en lettres rondes. Signatures : a. b. c. d à 8 feuillets. Au-dessous du titre, bois au trait, médiocre et de taille peu soignée ; quatre personnages dont un assis à droite, faisant de la musique, une femme à gauche. A la fin : *Impresso in Venetia per Marchion Sessa nel M.CCCCC.VI. adi xxii. Octobrio.* Le même volume contient, au commencement, du même auteur, sans lieu, mais très probablement vénitien : *Questi strambotti scrisse de sua mão in prepo | sito d' ciascaduno amatore il nobile misser | Leonardo Justiniano.* In-4, gothique, 2 feuillets ; au-dessous du titre bois ombré (122 sur 100 de haut) à fond noir ; à gauche une femme à longs cheveux, couronnée, tenant une lance et un bouclier de la main droite, et de la gauche portant un soleil ; à ses pieds un arc et un carquois ; elle menace un jeune garçon attaché à un arbre, ses armes à ses pieds, un bouclier et deux lances ; dans le haut, au centre, un Amour, les yeux bandés, tenant une torche enflammée de la main droite et un arc de la gauche, se dirige vers la femme. Noirs très accusés dans la coiffure du jeune garçon, dans le carquois de l'Amour et dans les terrains, — vignette médiocre dans le goût des illustrateurs qui travaillaient pour Sessa à cette époque. — Dans le même volume encore, *Suenturato Pelegrino.* In-4, gothique, 2 feuillets. Au-dessous du titre, Orphée et le monstre à trois têtes, bois au trait, que nous retrouvons dans : *Historia di Orpheo de 1550* ; il est entouré d'un ornement à fond noir. (Marciana, 5761).

1506.

Tutti li Libri De Orlando. Inamorato. Del Conte de Scandiano Mattheo Maria Boiardo Tratti Fidelmente Dal suo Emendatissimo exemplare Nouamente Stampato e historiato.

In-4, titre goth., lettres rondes. Au-dessous, le bois de la première Décade du *Tite-Live* de 1493, sans encadrement ; au verso du même feuillet, même bois. 8 ff. par cahier. 74 bois au trait dont une partie est tirée du *Tite-Live* et signée *F*, les autres, plus grands de quelques millimètres, ne sont pas de la même main ; les personnages sont trop grands pour la vignette et ils sont inférieurs comme dessin et comme gravure : ils sont un peu usés et semblent avoir déjà servi. A la fin : *Impresso in Venetia per Georgio de Rusconi. nel 1506 die. 25 Octobre.* Cette édition est la première qui soit citée comme ayant des figures (1). (Marciana 47009.)

(1) Il existe une réimpression de cette édition, Milan 1507, par *Gotardo da*

1511. — *Orlando Innamorato.*

In-4, fig. sur bois. *Impresso in Venetia per G. de Rusconi, 1511.* (Melzi, *Bibliografia dei Romanzi e Poemi Cavallereschi Italiani,* 1838, page 75.)

1506.

Narciso (Zanandrea). *Libro di battaglia chiamato Passamon | te novamēte tradutto di prosa in rima.*

In-4, de 83 ff. à 2 col. de 40 lign. sign. A—L, feuillets chiffrés, cahiers de huit ff. ; le dernier de quatre feuillets, caract. ronds, figures sur bois. Les chants commencent par des majuscules de la hauteur de deux lignes. Titre gothique, au-dessous se voit une gravure sur bois qui représente un guerrier occupant toute la page. Le guerrier debout tout armé, s'appuyant sur sa lance. A côté, un arbre sur lequel est accroché son casque et l'écu avec P.M. Au bas un minuscule cartouche avec Io. G. Tout autour un petit encadrement à fond noir. L'homme ressemble à ceux du *Fasciculus Medicinæ.* Le poème commence au second feuillet signé A^2, et finit au verso de l'avant-dernier feuillet, 2º col., par une octave dont le quatrième vers donne le nom du poète (*Zanandrea Narcisso*) à qui sont dus et le *Passamonte* et le *Fortunato* qui y fait suite A la fin : *Stampato in Venetia, pel Melchion* (sic) *Sessa nel* M.ccccvi. *Adi vij de Nouembrio.* Au-dessous, marque de Sessa, chat avec souris sur un cartouche couronné. De chaque côté, extérieurement, M. O. et en bas, intérieurement, S. Jolies petites vignettes à terrains noirs, comme dans le Merlin de 1516 et finement taillées. (Brunet, vol. 4, col. 416 et Melzi, p. 244.)

Ponte (Bibliografia dei Romanzi e poemi Cavallereschi Italiani. Milano, P. A. *Tosi, 1838).*

1514. — *Libro di battaglia chiamato Passamonte; nuovamente tradutto di prosa in rima, historiato.*

In-4, à 2 col. 84 ff. (le dernier est blanc). Registre A-Z. Fig. sur bois. *Venetia, Melchion* (sic) *Sessa, 1514, a di 20 de mazo.* (Brunet, vol. IV, col. 416, Melzi, p. 244.) La justification étant celle du livre précédent et les deux volumes signés de Sessa, les deux éditions doivent évidemment être illustrées des mêmes bois.

1506.

Francesco da Fiorenza. *Persiano figliolo de Altobello.*

In-4°, fig. *Venetia. Giorgio de Rusconi, 1506 a di 4 Decembrio.* Brunet (vol. 2. col. 1372) indique une édition de 1493 s. fig., disant qu'elle ne doit pas être la première ; sans doute les figures de cette édition de 1506 sont celles que nous retrouvons dans l'édition de 1522.

1522. — *Libro chiamato Persiano figliolo de Alto | bello: qual tratta de Carlo magno im | peradore: de tutti li paladini: e | de molte battaglie crudelissi | me: nouamente reuisto | e corretto.*

In-4°, à deux colonnes, caractères romains. Au-dessous du titre, dans une circonférence, un grand bois légèrement ombré : Persiano (?) à cheval, allant de droite à gauche, une masse d'arme dans la main gauche, la tête couverte d'une sorte de turban empenné ; l'ensemble d'un bon style, mais la taille est très négligée. 55 bois dont 53 très petits, bien médiocres ; le premier, en tête du premier chant, représentant un roi assis, quatre personnages à sa gauche, cinq à sa droite, est ombré et signé *L*. Au recto A II, un bois au bas duquel commence le poème. Le dernier bois au-dessous du colophon (3ᵉ f. du cahier S), tiré de l'*Aspromonte*.

A la fin : *In Venetia per Gulielmo di Fontanetto de Maufera adi xii di Setembrio*, M. D. XXII. Suit le registre. (Marciana, 4861.)

1506.

Biblij Czeska W | Benatkach cisstena.

In-folio, gothique noir, de 570 feuillets de 53 lignes, à deux colonnes, en langue tchèque, à l'usage des Hussites. 109 bois de diverses grandeurs, généralement de 77 mm. sur 61 de haut ; ils sont presque entièrement au trait, les vêtements et quelques détails portant seuls des hachures : un certain nombre sont signés du petit L, que nous avons déjà signalé comme une marque de copiste ; ces bois sont assez médiocres et n'ont d'importance qu'à cause de l'extrême rareté de cette Bible : la taille est généralement des plus négligées, les visages sont coupés de la façon la plus grossière ; le dessin même n'indique pas le faire d'un artiste ; quelques autres, d'une taille plus fine et plus soignée, semblent d'une main différente. La première page, entourée d'un encadrement à fond noir d'environ 15 millimètres, porte un blason, au-dessous du titre, soutenu par deux anges volant. Au verso, trois blasons noirs, l'un avec les lettres $I H$, le second $W S$, le troisième $B L$. Au verso du feuillet Aa, un grand bois de la moitié de la page, meilleur que les autres, quoique paraissant de la même main, l'arbre de Jessé, signé, au centre, dans le bas, des lettres L. A. ; au recto du feuillet II, un encadrement ombré, formé de rinceaux, de feuillages et de *putti* qui nous rappellent ceux du Cicéron de 1506, où se retrouvent des détails décoratifs du même style, les ornements blancs se détachant sur fond noir ; dans la partie supérieure Judith mettant la tête d'Holopherne dans un sac ; dans la partie inférieure, David et Goliath dont on voit la tête à droite et le corps à gauche. Le texte commence par neuf lignes en rouge; au-dessous, deux sujets dans un seul bloc occupant l'espace compris entre les deux côtés et l'encadrement; verso du sixième feuillet, six bois, représentant les six jours de la création, imités de ceux de la Bible de Mallermi mais ombrés et entourés d'un encadrement formé de feuillages, de rinceaux, etc...—; feuillet suivant (recto du septième) bois de la largeur du texte représentant Dieu le Père, debout, bénissant de la main droite, dans un paysage, entouré d'animaux. Au chapitre VI de l'*Apocalypse*, la Mort à cheval, brandissant son épée de la main droite et passant sur le corps du Pape et de plusieurs autres personnages couchés à terre. Au bas du dernier feuillet: *Venetiis in Edibus Petri Liechtenstein Coloniensis Germani. Anno Virginei Partus. M.D.VI. Die. V. Decembris*, puis six feuillets pour la table (1).

1506.

Libro che tratta di Bataglia: chiamato Fioravante.

In-4, figures sur bois. *Venetia, per Marchio Sessa 1506.* Ce poème est si rare qu'il est resté, jusqu'ici, inconnu à bien des bibliographes. Il se trouve mentionné dans des stances tirées de *Schiatta de' Reali*. Il semble que l'auteur en soit *Cristoforo detto l'Altissimo*; on lit dans l'avant-dernière stance de son poème *de' Reali di Francia* les vers suivants: *Et quel ch'io u'ho giurato uolte tante | Spero attenerui (sel Ciel mel consente) | Nel libro del famoso Fiorauante*. Un exemplaire est cité dans *Bibl. Heber*, I, 2767. (Melzi. 297.)

1506.

Venerabilis inceptoris fratris Gulielmi de Villa

(1) Nous devons la communication de ce livre de la plus grande rareté à

Hoccham Anglie : Achademie nominalium principis summule in libros Physicorum adsunt.

In-4, de 2 ff. lim. et 32 ff. chiff., à 2 col., car. goth., grav. s. b. *Impressum Venetiis per Lazarum de Soardis, 1506.* (Deschamps, vol. 2, col. 62.)

1507.

Polyanthea | Opus suauissimis floribus exorna | tum compositum per Dominicum | Nanum Mirabellium...

In-folio, goth. 227 ff (8-219.) Au-dessous du titre, bois ombré, la Vierge assise, tenant l'Enfant Jésus qui présente des grappes de raisins à un Pape agenouillé, à gauche, tandis qu'elle-même en offre à un roi à genoux, à droite. Nombreux personnages debout, évêques, cardinaux, etc... Ils sont devant une tonnelle, et la Vierge dans une sorte de berceau de fleurs. A la fin: *Habes... Venetiis arte et impensis Petri Liechtenstein Colonien | sis Germani. Anno Salutigero 1507. die. 17 Februarij.* (Mayence, Bibliothèque de la Ville.)

1508. — *Polyanthea | Opus suauissimis flloribus exorna | tum compositum per Dominicum Nanum Mirabellium...*

In-folio, goth. 227 feuillets (8-219.) Sur le feuillet du titre, bois ombré, représentant saint Georges à cheval, tuant le dragon, il regarde à gauche; la princesse en prières manque; le dessin n'est pas mauvais, mais la taille est peu soignée ; dans le haut une guirlande allant de droite à gauche du cadre et soutenant un médaillon où se lit OB CRI CHA RI. chaque syllabe au-dessus l'une de l'autre. Ce bois est signé au milieu en bas L. Dans

l'obligeance de M. Quaritch ; nous avons pu également examiner l'exemplaire de la Bibliothèque de Stuttgart.

le bas, *Anno 1507, Venetijs.* A la fin : *Venetijs arte et impensis Georgij de Rusconib' Mediolanensis. Anno Incarnationis Domini. 1508. die. 3 Martij.* (Mayence Bibliothèque de la Ville.)

1507

La vita de Merlino, et de le sue prophetie historiade che lui fece, le quale tractano de le cose che hano a venir.

In-4, figures sur bois. *Venetia, 1507, adi xx de Aprile.* (Brunet, vol. 3, col. 1657).

Les bois sont sans doute les mêmes que ceux que nous allons décrire dans l'édition suivante.

1516. — *La vita de Merlino e de le sue prophetie historiade che lui fece lequale trattano de le cose che hanno auenire.*

In-4, titre gothique noir ; texte en lettres rondes. Titre et table : AA à AA-8, BB à B-4 ; donc, 12 feuillets. 8 feuillets par cahier, et cxxx feuillets chiffrés. Sous le titre, un grand bois de 113 mm. de large sur 125 mm. de haut, représentant la sépulture de Merlin (1). Meliadus est assis au pied de la tombe, s'entretenant avec lui. Au-dessus de la tombe, en lettres capitales : SEPULTURA DE MERLINO. De chaque côté, des bouquets d'arbres. Au premier plan, Merlin, sur un siège élevé, disant ses prophéties aux personnages dont il est question dans ce roman de chevalerie : à sa droite l'évêque *Antonio*, le car-

---

(1) Didot, dans son catalogue raisonné, dit : « Ces gravures ont été dessinées exprès pour les scènes auxquelles elles s'appliquent. » Nous voyons, au contraire, que le plus grand nombre a été tiré de la Bible de Mallermi ; l'assertion de Didot ne paraît être exacte que pour les bois signés C et pour celui du titre. *Catalogue raisonné des livres de la Bibliothèque de M. Ambroise-Firmin Didot,* colonne cxij.

dinal *Ptolomeo* et *Blaxio Romito*; à sa gauche, *Elia Romito*, *la Dona del Lago* et le roi *Meliadus*. Tous écrivent sous sa dictée; leurs noms sont indiqués au-dessous d'eux. Les figures sont assez bien dessinées et tout à fait dans le style un peu négligé du *Tite-Live*, surtout à l'égard de la taille. 90 vignettes, pour la plupart tirées du *Tite-Live*, une de la *Bible* de Mallermi (DV NICOLO, dont on a enlevé le nom.) Quelques-unes, au simple trait, beaucoup plus petites, environ 59 mm. de large sur 32 mm. de haut, souvent médiocres de dessin et de taille, paraissent avoir été faites pour le livre; elles sont signées de la lettre *C*. Verso XXI, recto 99 et verso 123, vignettes au trait, d'une autre main que celle du *Tite-Live;* les personnages sont plus grands ; plusieurs vignettes sont répétées. Page CXXX: FINIS ; au-dessous : *Tratta e questa opera del libro autentico del magnifico messer Pietro Delphino fu del magnifico messer Zorzi translato de lingua Francese in lingua italica scripto nel anno del signor. M.CCC.LXXIX. adi xx. Nouembre. Stampato in Venetia del M.CCCCC.XVI adi. xx. Zenaro.* Au-dessous, 14 vers italiens sur deux colonnes ; enfin le registre. (Bibl. Nat., réserve, Y², 107. A.)

1507.

Savonarole. *Confessionale per instructione confessor.*

In-8, fig. sur bois au titre. A la fin: *per Laz. Saordum... Venetiarum vrbe anno... M.D.7.* (1507) Die. 18. (Cat. Rossi, 1890, p. 129.)

1517. — *Confessiōale pro istru | ctione cōfessorū reuerēdi patris Hieronymi | sauonarole...*

In-8, 104 feuillets. Au-dessous du titre, bois ombré, médiocre, à droite, Savonarole écrivant à son pupitre, regardant à gauche; sans encadrement. A la fin : *Finit... Impressaqz uenetiis exqsita diligentia per Cesarem ar | riva benū uenetū. Anno dñi. M.CCCCC.XVII. Die uero uigesimo septimo mensis Augusti*, et au-dessous du colophon, marque avec A et G. (Bibliothèque de Mayence.)

1507.

Sinonomi Excellentissimi Ciceronis Veturii. Cum differentiis In Rebus Dubiis, etc...

In-4, titre goth. Au-dessous, une grande et belle figure qui occupe toute la page tirée de *Io archiepiscopi cantuariensis Perspectiua communis* de Sessa, 1504. A la fin : *Impressum Venetiis per Melchionē Sessam Anno Domini. 1507. Die 24 Septembris.*

1509. — *Synonima excellentissimi rhetoris Ciceronis Victurii viri disertissimi: vna cuz Stephani Flisci synonimis...*

In-4, 60 ff. (A-P, par 4.) Car. rom. Bois sur le titre, représentant un professeur dans sa chaire. Des deux côtés, des élèves. A la fin : *Impressum Venetiis per Joannem Tacuinum de Tridino. Anno Domini M.D.IX. die v maii. Regnante Serenis. Principe Leonardo Lauredano.* (Bibliothèque Landau.)

1507.

Castellanus (Frater Albertus.) *Constitutiones fratrum ordinis predicatorum*, etc.

In-4, gothique, à deux colonnes; au-dessus du titre, mauvais petit bois carré, *Sanctus Dominicus*, dont le nom est au-dessus du bois; dans le coin à gauche de la vignette S, et à droite, D. Trois parties paginées séparément;

verso du troisième feuillet, joli bois au trait que nous avons décrit à propos de Bruseler (1490.) Verso du f. 83 de la dernière partie: *Preclara et utilis opuscula suprapo-. sita diligentissime revisa et castigata per venerabilem patrem fratrem Albertum castellanum Venetum: ordinis predicatorum: ac per Lazarum de Soardis accuratissime impressa in clarissima Venetiarum urbe feliciter expliciunt. Die. 2 octobris. M.D.7*; recto suivant, 84, marque de Soardis avec les lettres *L. S. O.* (Bibl. Nat., Réserve, H. I. 856.)

1507.

Psalmista monasticum no | viter impressum: cum an | tiphonis et orationi | bus cōmemoratio | nū totius anni.

Très petit in-8, gothique rouge et noir. « La collation des signatures, faite d'après le *registrum*, donne ce résultat : A, cahier suivi immédiatement d'une série commençant par O et se poursuivant ainsi : O-Z et AA-HH chiffrée de 105 à 264. Ce livre serait donc un exemplaire tiré à part du psautier d'un bréviaire ou plutôt d'un Diurnal du Mont-Cassin, imprimé par Giunta en 1507. Edition pourvue à chaque cahier d'une réclame et du repère, *D. Mon.*, de petites vignettes à quart de page et de capitales animées formées de feuilles d'acanthe. L'unique grand bois, assez médiocre, est un *roi David* au dernier verso préliminaire. Nous signalerons au recto 186 une *sainte Justine de Padoue*, patronne du monastère, représentée au moment de son martyre. Le titre est resserré entre un petit *saint Benoît* et la fleur de lis. » (Alès. p. 423.)

1508.

Narcisso (Giovanandrea). *Libro chiamato Fortunato*

figliol de Passamonte el qual fece vendeta de suo padre contra magancesi.

In-4, caractères gothiques, à deux colonnes ; sign. A-K non chiffrés, une majuscule, de la hauteur de deux lignes au commencement des dix chants. Sous le titre, un bois représentant un guerrier ; le verso est blanc ; au recto du feuillet suivant A-ij commence le poème. A la fin : *Impresso in Uenetia per Melchior Sessa. M.V.Viij. Adi x. de Feuraro.* De quelques stances que l'on lit à la fin du dernier chant, il résulte que l'auteur de ce poème, outre le *Passamonte*, avait l'intention de composer d'autres romans de chevalerie ; nous ignorons s'ils ont vu le jour. (Melzi,... p. 246.)

1519. — *Libro chiamato Fortunato figliol de Passamonte el quale fece vendetta de suo padre contra de Magancesi.*

In-4, fig. en bois. A la fin : *Vinegia, per J. Tacuino de Trino,* 1519. (Bibliotheca Heberiana, IX, 1261.)

1508

Fossa da Cremona. *Libro de Galuano.*

In-4, de 32 ff. non chiffrés, à 2 col. de 40 lignes, sign. a—h. par 4. Edition fort rare. Sur le frontispice, une gravure représentant Galuano (autrement Gauvain) à cheval, combattant un dragon, et avec cette figure les mots *Libro de Galuano.* Au verso se trouve une pièce de vers de *Fosse Cremenosse* (sic) *al magnifico miser Lorenzo loredano patritio Veneto.* Le poème commence au recto du second feuillet, après ce sommaire, en sept lignes : *Comēcia il primo libro del inamo | rato Galuano composto per il laurea | to poeta Fossa da cremona ad instan | tia & petitione del magnifico Miser | Lorenzo Lore-*

dano q. del Magnificho | Miser Fantino Loredano Zentilho | mo Venetiano. Le verso du dern. f. est blanc. A la fin : *Impressum Venetiis per Melchiorem Sessa. M.ccccc.viii. Die. xxviii. Februarius.* (Brunet, vol. 2, col. 1353.)

1508.

Incomincia el libro chiamato Aspramonte...

In-4, à 2 col., caract. romains., sign. AA—QQ. Le premier feuillet contient le titre en caractères gothiques, et, au-dessous, une gravure sur bois. Le texte commence au recto du second feuillet (AAii) et finit au recto du troisième feuillet du cahier QQ, à la seconde colonne, par la souscription : *Finite lebataglie daspramonte. Impressa in uenetia del M.ccccc.viii. adi. 27. de febrar.* Le registre suit le colophon ; le verso du feuillet est blanc ainsi que le suivant. (Melzi... p. 59.)

1523. — *Libro chiamato Aspramonte. Nel qual si contieneno molte battaglie.*

In-4, lettres goth. Au-dessous du titre, un grand bois : un roi, assis sur son trône, est entouré de chevaliers, il donne la main à l'un d'eux. — Gravure au trait d'un assez bon dessin et d'une taille correcte mais sèche ; il est à supposer qu'elle a été exécutée par un artiste étranger, peut-être français. En tête du feuillet suivant, le roi assis sur son trône, plusieurs personnages de deux côtés, dans le coin à gauche, en bas *L*. Le poème commence au recto du feuillet A et finit au troisième f. du cahier Q. 57 très mauvais petits bois, un signé *C*. A la fin : *Stampato in Venetia per Gulielmo de fontaneto de Monfera. del. M.D.23. Adi 16. decembrio.* Puis un feuillet blanc. (Marciana, 5752.)

1508.

Opera de Ant. Riccho neapolitano, intitulata Fior de Delia, stampata nouamente. Sonetti, Capitoli, Epistole, Disperata, Eglogla, Barzellette, Stramotti e farse.

Pet. in-8, de 60 ff. non chiffr., sign. A—P., avec fig. sur bois. Édition en caractères romains et avec un titre en rouge. A la fin : *Impressum Venetiis per maestro Manfredo Bona da Monteferrato da Sustreuo del* M.D.VIII. *Adi vii, del mese de Marzo.* (Brunet, vol. 4, col. 1276.)

1508.

Durante da Gualdo. *Libro chiamato Leandra. Qual tracta delle battaglie e gran facti di li baroni di francia. composto in sexta rima... Con Gratia e Priuilegio.*

In-4, caractères ronds à deux colonnes ; les feuillets sont numérotés jusqu'à la fin, page 146 ; figures sur bois. La lettre initiale O ornée est de la hauteur de onze lignes. Sous le titre une gravure sur bois ; le verso est blanc ; le poème de 25 chants commence à la deuxième page (A.ii) par : CANTOI | *Incomenza el libro dicto Leandra. Qual tracta dele battaglie... Et principalmente de Rinaldo & de Orlando. Retracto de la verace Cronica di Turpino Arciuescovo pariense, & p maestro pier durāte da gualdo composto in sexta rima. — Composto in sexta rima* | GLOrio | *sa sũma al* | *ma regina* | *Vergene* | *dōna Ma* | *dre figlia* | *e sposa* | *Chiara di* | *ana stel* | *la Mattuti* | *na : fontana de uirtu matre pietosa.* Au verso du feuillet 146 : *Finito il libro chiamato Leandra. Impresso in Venetia per Jacobo da Lecho stampatore nel. 1508. a di 23 del mese di Marzo. Con gratia e priuilegio... Con la quale opa anchora se stampara lo inamoraméto di carlo ben correcto e historiato, e anchora altri libri. Et nota lectore che tutte le opere di bataglia che se stamparanno con el segno infrascripto del detto Jacobo da Lecho:... FINIS.* Nous ne savons pas si les éditions des autres poèmes visés dans ce colophon ont vu le jour. L'exemplaire de la Trivulziana qui a servi à notre description est incomplet des deux derniers feuillets ; le *Segno* dont parle la souscription devait se trouver sur l'une de ces deux pages. (Melzi... p. 249.)

1517. — *Libro chiamato Leandra. Qual tracta delle battaglie e gran facti de li baroni di francia: composto in sexta rima:...*

In-4, titre gothique et texte en lettres rondes à deux colonnes ; CXLII feuillets ; au-dessous du titre, grand bois divisé en quatre petits représentant les hauts faits qui sont racontés dans ce roman de chevalerie ; 60 petites vignettes ombrées, dont plusieurs sont répétées ; elles ne sont pas de la même main ; les unes, les meilleures, sont de l'artiste qui a taillé le bois du frontispice, les autres sont très médiocres. Au verso du dernier feuillet : *Finisce ... Impresso in Venetia per Allexandro di Bindoni nel. 1517. a di .5. del mese di Luio....* Au-dessous se trouve le registre. (Bibliothèque nationale, Réserve, Y. 3469 A.)

1508.

Summa totius logice Magistri | Guielme Occham Anglici | logicorum argutissimi | nuper Correcta.

In-4, goth. à deux colonnes de 113 ff. (6-107.) Au-dessous du titre, très bon bois au trait que nous avons décrit à propos de : *Clarissimi sacre pagine doctoris Fratris stephani Bruleser.* Cette gravure est reproduite sur le feuillet 5 qui suit la table. Au verso, bois ombré, très médiocre. La Vierge, assise, tenant l'enfant Jésus, l'un et l'autre donnant une couronne à un personnage à genoux à côté d'eux. Au recto du dernier feuillet : *Impressum Venetijs per Lazarum de Soardis | die. 15 maii. 1508...* (Catalogue Olschki.)

1508.

P. V. M. *omnia opera : diligenti castigatione exculta :...*

In-folio. Au-dessous du titre deux bois, en largeur, placés l'un au-dessus de l'autre ; le premier : *Octavianus*, assis ; à sa droite *Mecenas* et *Virgilivs* qui lui présente l'*Eneida ;* deux livres, *Georgica* et *Bvcolica*, sont placés derrière lui ; à sa gauche *Pollio*. Le second bois, six personnages, *Seruius, Donatus, Probus, Domitius, Landinus* et *Mancinellus*, écrivent à trois pupitres, placés côte à côte. Ces gravures médiocres sont ombrées, la seconde est signée *L*. Le volume contient 18 bois, un en tête de chaque livre ; ils sont ombrés, d'un dessin passable mais d'une taille peu soignée, les noirs sont très accusés ; ils sont généralement signés *L*. A la fin : *Impressum Venetiis per Bartolomeum de Zannis de Portesio. M.D.VIII. Die. iii. Augusti.* Au-dessous, le registre. (Museo Civico e Correr, E. 308.)

1515. — *Vergilius cum cōmētariis et figuris. Venet. Junta,* 1515.

In-folio. Le titre avec la figure représentant des savants romains porte la signature de *L. A. Giunta*. Les autres gravures sont marquées d'une *L*.

Ces bois du *Virgile* sont de mauvaises copies de celui de Gruninger, de 1502. L'imitation est telle que, si l'on n'avait pas sous les yeux les deux ouvrages, on pourrait prendre l'édition italienne pour un très mauvais tirage de l'édition allemande. Le copiste — d'un médiocre talent d'ailleurs — s'est attaché, non seulement à reproduire l'original dans son ensemble, mais encore à l'imiter dans ses moindres détails, hachures, attitude des personnages, incorrections même ; ce qui n'a pas empêché la vogue incroyable de l'ouvrage, puisque, à notre connaissance, cinq éditions en furent publiées en peu d'années. Le tailleur sur bois dont nous trouvons la signature *L* dans des ouvrages à partir de 1505, nous intéresse surtout comme copiste. Ses productions originales — telles que les vignettes de l'*Horace* de 1505, du *Claris Mulieribus* de Boccace (1506), — sont médiocres. Il s'est livré de préférence à un travail inférieur qui consistait à copier, sans jamais égaler les originaux. Il appartenait à une classe d'artistes qui s'inspiraient des œuvres les plus remarquées, et imitaient soit le *Songe de Poliphile* comme dans les *Méditations* de 1500, soit le *Virgile* de 1502 exécuté dans un style tout différent, faisant de l'italien ou de l'allemand à volonté. Avec le style *L*, succédant au simple trait, commence la décadence de l'art de la gravure à Venise. A partir des premières années du xvi° siècle, le style sobre et élégant du simple trait est complètement abandonné, et l'on adopte de plus en plus le système de bois à hachures simples qui, débutant au petit *L*, etc., se continue avec les bois pâteux et sans élégance signés de marques diverses.

1519. — *Vergilius cum cōmentariis..*

In-folio, titre gothique rouge. Au-dessous, la marque rouge de Giunta. *Eglogues, Géorgiques, Enéide* et les fragments. — A la fin : *Finiunt opera Vergiliana... Impressa uero Venetiis summa diligencia per Augustinum de Zannis de Portesio: impensis tamen D. Luce Antonii de giũta. Anno a natiuitate Jesu Christi. M.D.XIX. Die x Mensis maii.* — Suit le registre. — 178 gravures dont un grand nombre signées L. (Marciana, 42541.)

1520. — *Publii Vergilii | Bvcolica, Georgica, Aeneis cum Ser | vii commentariis,* etc.

In-8 ; caractères romains ; cahiers de 8 feuillets ; trois registres : de *a* à *g* pour les Bucoliques, de A à P pour les Géorgiques, de AA à ZZ et de AAA à RRR pour l'Enéide, tous les cahiers étant *quaterni,* sauf le RRR qui est *duernus*. Au-dessus du titre une gravure sur bois occupant le tiers de la page : l'empereur assis sur son trône, Virgile agenouillé présentant l'*Enéide* ; à droite Pollion ; à gauche, Mécène ; les noms de ces divers personnages sont indiqués en toutes lettres. Bois ombré d'un trait assez noir, mais de jolie composition et d'un bon dessin. Au-dessous du titre, la marque de Rusconi, saint Georges transperçant le dragon. Lettres ornées. Un bois pour les Bucoliques, *Mélibée faisant ses adieux à Tityre;* quatre pour les Géorgiques et douze pour l'Enéide, tous appropriés au sujet de chaque livre, de la même main que la vignette du titre et trahissant les mêmes qualités. A la fin : *P. V. Bucolica et Georgica, et Aeneidos Libri. XII Venetijs in œdibus Georgij de Rusconibus et suis impensis excussi, et per Baptistam Egnatium Venetum emendati, sub serenissimo principe Leonardo Lauretano. Anno Domini M.D.XX Die iii Januarij*. Au-dessous, le registre et la marque à fond noir de Rusconi.

1522. — *Vergilius cum cōmētariis et figuris.*

In-folio, lettres goth. rouges. Bel encadrement ombré, d'une bonne taille : au milieu du tympan, une femme, dont on ne voit que le buste, jouant du violon ; à droite, cinq médaillons carrés contenant les portraits de M. TVLIVS, SALVSTIVS, T. LIVIVS, VALERIVS.M, C. PLINIVS ; à gauche : VIRGILIVS, ORATIVS, OVIDIVS, LVCRETIVS, TERENTIVS. Au-dessous, à droite et à gauche de la fleur de lis rouge de Giunta, deux scènes où sont figurées les neuf muses : à droite, Euterpe, Erato, Calliope et Thalia ; à gauche, Melpomène,

Polymnia, Urania, Clio et Terpsichore. Huit feuillets préliminaires. Au verso du dernier, grand bois. 170 gravures. Ce volume contient l'*Enéide*: ccxxii feuillets numérotés jusqu'au livre xii inclus; six feuillets pour le livre xiii; xliii pour les morceaux détachés. Au verso du feuillet xliii : *Habetis Vergilii... Impressa vero Venetiis Sūma diligentia per Gregorium de Gregoriis. Impensis vero. D. Lucæ Antonii de giunta. Anno a Natiuitate Seruatoris nostri M.D.XXII. Die. xx. Mensis Nouembris.* Suit le registre. Bois de l'édition de 1519. (Bibl. Nat., réserve, gYe. 281.)

1508.

Opera noua de Cesar Torto esculão: & Augustino da vrbino: & Nicolo silibene senese: & Bernardo illicino Medico: & philosopho nouamente stampata. Cum gratia.

Très pet. in-4, 48 ff. (a—m, par 4.) Car. rom. Encadrement sur le titre. Initiales ornées. A la fin: *Stampata in Venetia per Georgio di Rusconi nel M.DVIII. adi x.xvi del mese de octobrio.* (Bibliothèque Landau.)

1508.

Franciscus de Alegris. *Tractato nobilissimo della prudentia et iu | stitia Laqual debbe hauere chadauno Iusto signore: Re: Principi: Duci... Et altri iusti ministratori della sacra Iustitia. - Et come se debbeno regere et gubernare negli loro Regimenti...*

In-4, 4 feuillets par cahier; au-dessous du titre, grand bois ombré, ne manquant pas de style, mais d'un travail peu soigné; les ombres sont traitées par de larges hachures, très espacées, ne donnant que peu de relief à l'ensemble de la gravure; ce bois ressemble un peu aux productions milanaises. Dans le haut trois personnages assis pour rendre la justice, celui du milieu tient de la main gauche le sceptre avec la fleur de lis; à sa droite, la Justice avec ses attributs, à sa gauche la Prudence également avec ses attributs. Au-dessous les demandeurs s'adressant aux juges. Ce bois est entouré d'un encadrement ombré; petits bois ombrés et deux grands bois, répétés deux fois, représentant la Prudence et la Justice avec leurs attributs. La Prudence est entourée d'un encadrement ombré, sur un parquet noir et blanc; la Justice a l'encadrement noir et blanc; quoique faites, toutes deux, suivant le procédé employé pour le bois du titre, elles sont meilleures, surtout la seconde qui ne manque pas d'une certaine élégance archaïque. Au feuillet c une sorte de roue avec cette explication : *Qui si ha adimostrare in una bellissima ruota tutto el p̃ficto e guberno : e quel che e. e cioche nasce dala sacra iustitia* etc... A la fin : *Finito... Impresso nella inclyta citta di Venetia p̃ Melchior Sessa. M.CCCC.VIII. Adi.vii. nouẽbrio.* Au-dessous, la marque de Sessa. (Bibl. nat., Rés. °E. 303,*E.)

1508.

Dante. *Questio florulenta ac perutilis de duobus elementis aquœ* ‖ & *terrœ tractãs, nuper reperta que olim Mantuœ au* ‖ *spicata. Veronœ vero disputata* & *decisa, ac manu* ‖ *propria scripta, a Dante. florentino poeta* ‖ *clarissimo, q̃ diligitēr* & *accurate cor* ‖ *recta fuit per reverendũ Magistrũ* ‖ *Ioannē Benedictum Moncetũ de Castilione Arretino.*

In-4, de 12 ff. sign. a, b, c. fig. « Opuscule dans lequel en matière de physique Dante a fait preuve de connaissances très remarquables pour son époque. L'édition de

1508 serait de la plus grande rareté si, comme il est dit dans le catalogue Libri, 1847, n° 609, on n'en connaissait réellement que deux exemplaires. Il existe une autre ancienne édition de la même pièce, également impr. dans le xvi⁰ siècle, et qui n'est pas moins rare que celle de 1508. Le titre de cette première édition est imprimé en forme de cul-de-lampe, il est surmonté d'une *epigramma*, en quatre vers, et accompagné de *tetrastichos*, en quatre autres vers. M. Libri en a fait imprimer un fac-simile dans le *Journal des Savants*, année 1844, p. 560. » *Venetiis, per Manfredum de Monteferrato*, 1508. (Brunet, vol. II, col. 517.)

Nous commençons en 1508 la longue série des Bréviaires illustrés, la plupart étant de cette année et des suivantes. Toutefois il convient de mentionner d'abord un Bréviaire de 1503, un autre de 1506 et un troisième de 1507, que nous avons ajournés pour ne pas interrompre la série. Nous ne pouvons signaler ici tous les Bréviaires, si nombreux, des éditeurs vénitiens; nous nous bornons à décrire les principaux (1).

(1) Nous avons omis de signaler, à sa date, le volume suivant qui semble jusqu'ici la première édition vénitienne illustrée de Virgile :
1507. — *Publii Vergilii | Bucolica, Georgica, Aeneis cvm Servii commentariis*..... (a).
Grand in-8. Nous renvoyons pour la description au Virgile de Georgius de Rusconibus du 3 janvier 1520, qui n'est que la reproduction presque intégrale de celui-ci : Il n'y a de différence que pour les feuilles préliminaires; tout en reproduisant cette édition de 1507, Rusconi a fait plusieurs erreurs dans la désignation de quelques livres, en tête des pages. A la fin : *P. V. Bucolica & Georgica, & Aeneidos Libri II. Venetijs excusi | MDVII die vltimo*

(a) Le titre manque à l'exemplaire que nous avons sous les yeux; mais il doit être le même que celui du Virgile de Georgius de Rusconibus, puisque les deux éditions sont presque identiques.

1503

Breviarium Romanum cum aliisqz pluribus de nouo superadditis.

Petit in-12 à deux colonnes, gothique rouge et noir. Sept feuillets préliminaires non chiffrés de 467 feuillets numérotés. Au-dessous du titre, la marque rouge de Giunta. Verso 63, l'*Ascension*. Verso 208, la *Crèche* (la Vierge adorant l'Enfant). Verso 320 et 355, *Descente du Saint-Esprit*. Tous ces petits bois de page, ombrés, sont inspirés de ceux du *Graduale* paru chez Giunta en 1499. A la page 355 : *Ad gloriam..... Breviarium secundum ritum sacrosancte romane ecclesie... impensis nobilis viri domini Lucantonii de Giuntra florentini Venetiis M.CCCCC.III. VI Kal' Februarii feliciter explicit*. Au-dessous, *Laus deo*. (Librairie Rosenthal.)

1506. — *Breuiariũ monasticũ sm ritũ morẽ monachoruz | ordinis scti benedicti de obseruãtia cassinẽsis & congregationis al's sctẽ justine.....*

Petit in-8 ; titre gothique rouge, au bas le lys rouge, de L.-A. Giunta ; caractères goth. rouges et noirs. 18 ff. pour le calendrier, table, etc. 482 ff. chiffrés et registrés. Au verso du dernier feuill. préliminaire, la Descente du Saint-Esprit. La scène se passe sous un édicule, formé d'un toit hexagone de joli style renaissance, soutenu par 6 colonnes ; feuil. 1, encadrement formé de petits blocs, dont 5 offrent

Iunij. Lauretani Principis anno sexto. | Bernardinus Stagninus Impensam fecit, Joannes Baptista Egnatius Venetus Emendauit. | Dij Cæptis Faueant. Au-dessous, le registre et la marque de Stagnino, un rectangle à fond noir avec un cœur au milieu duquel un B sur lequel vient se poser une croix au milieu de laquelle s'enroule un S. (Librairie Rosenthal.)

des sujets du Nouveau Testament et deux petites frises d'ornement de fleurs et de feuillages. Belle lettre ornée avec une demi-figure d'homme. Puis 11 bois de page tirés de la Vie du Christ et de la Vierge, dont deux répétés. En voici les sujets : *La Résurrection, l'Ascension, Jésus au bord de la mer de Galilée, saint Benoit entre saint Placide et saint Maur, la Salutation angélique, saint Pierre et saint Paul, l'Assomption, Tous les Saints, le Christ au Sépulcre.* Aux feuillets faisant face à chacun de ces bois un encadrement de petits blocs. Le tout de différentes mains. Très nombreux petits bois, les uns sur fond blanc, d'autres sur fond noir, à la manière criblée. Ces derniers empruntés aux *Offices de la Vierge* publiés par Giunta en 1501. Beaucoup des premiers ont été exécutés par la même main que les petits blocs du Missel de Stagnino de 1506.

Au recto du dernier feuillet : ...*Venetiis sqz per Lucā antonium de Giuntis florenti | num accuratissime impressum. Anno a natiuitate domini qngentesimo sexto supra millesimũ tertio nonas februarias.* Au verso le registre. (Bibl. de Munich. Liturg. in-8, 84).

1507. — *Breviarium almæ ecclesiæ herbipolensis...*

Petit in-8 à deux colonnes. Le titre manque. Six feuillets pour le calendrier ; seize feuillets non numérotés. 252 ff. chiffrés. Au verso du dernier feuillet préliminaire, bois de page : la Vierge avec l'Enfant qui tend une grappe de raisin à un pape ; nombreux personnages ecclésiastiques, agenouillés ; à droite, un roi et des laïques agenouillés. Même bois, en regard du feuillet 101. A la fin : *Explicit pars hyemalis Breviarii Alme Ecclesie Herbipolensis. Impressa Venetijs ĩ edibus Petri Liechtenstein Coloniensis. Expensis vo Providi viri Joãnis Ryman de æringaw anno Salutis 1507 In vigilia sancti Augustini.* (Librairie Rosenthal.)

1508. — *Breuiarium sm Chorum Patauiensis ecclesie nuper Impressum.*

Petit in-8, gothique, rouge et noir, à deux colonnes, 14 ff. préliminaires, 708 numérotés ; titre encadré d'ornements de feuillages ; au-dessous, dans l'encadrement, deux petits bois ombrés, à gauche la *Lapidation de S. Stephanus,* à droite *S. Valentinus,* assis, patrons de Passau ; au-dessous, *Leonardi Bibliopole,* à gauche d'une marque noire et *Allantse Viennēsis,* à droite ; au verso du dernier feuillet préliminaire, joli petit bois, un homme à genoux en prières. Premier feuillet encadré de petits bois à droite et en bas ; verso 100, la Vierge tenant l'enfant dans ses bras, assise, entourée de personnages agenouillés parmi lesquels un Pape prend des mains de l'enfant Jésus une grappe de raisin ; un roi à genoux à gauche ; la scène se passe devant une treille. Ce bois a paru dans *Polyanthea Opus suavissimis floribus...* de 1507, et dans le Bréviaire précédent, tous deux publiés également par Liechtenstein. Plusieurs pages sont encadrées ; ces encadrements et les petits bois qui ornent le volume sont d'une fort jolie exécution. Nous en retrouverons une partie en 1509 et 1519 dans le *Bréviaire* du même imprimeur ; le grand bois est répété 4 fois. A la fin du recto 708 : *Breuiarium mi | ra formādi arte puigiliqz cura | solertis viri Petri Liechten | stein. Impensa vo Leonardi Allantse bibliopole wieneñ. | Absolutū est Venetiis Anno | salutigero millesimo qngen | tesimo octavo (1508). Luce Aprilis | sexta. Divo ac semper augusto | Maximiliano primo Impe | riale sceptrum fauste tenente.* Suit le registre. (Munich, Liturgie 129. Alès, p. 222, n° 120.)

1508. — Petit in-8. Le titre manque ; goth. rouges et noirs. 20 ff. prélim. pour titre, calendrier et tables, 438 ff. pour le texte ; cahiers de 8 ff. Au verso de l'avant-dernier et au dernier ff. la *Descente du Saint-Esprit,* copiée sur celle du Bréviaire de 1506 de Giunta. Lettres ornées grandes et petites, également parues dans ce Bréviaire et dans d'autres publications de Giunta. Douze bois de pages dont la *Descente du Saint-Esprit* (répétée 3 fois), tous parus dans le Bréviaire de 1506 de Giunta, sauf un *David jouant de la harpe* (figure trop grande pour le cadre), dans un paysage avec LA à gauche. A la fin : *Explicit Breviariũ iuxta ritũ monachoz fcẽ Marie montis oliueti. Impressuz Venetiis arte et impensis Luce antonii de Giũta florentini. Anno incarnationis dñi 1508. Quarto calendas augusti.* (Bibl. de Munich, Liturg., in-8, 86.)

1508. — *Breviarium romanorum nuper impressum cũ quotationibus ĩ margine : psalmos. hymnos Añarũ et Reiorũ.*

« Ce livre contient douze grandes pièces, accompagnées de plusieurs autres petites gravures sur métal. La première des grandes estampes, qui représente *David jouant de la harpe*, est signée L. A. et plusieurs des petites i. a. (Passavant, *Peintre-graveur*, vol. 5, p. 65). A la fin : *Impressum Venetijs Ipẽsis nobilis viri Lũc. Antonij de Giũta Florentini 1508, 12 Cal. Sept.* gr. in-4°. » Ce volume, que nous n'avons pas rencontré, doit évidemment contenir les bois du Bréviaire de 1508 (août) publié par Giunta également.

1508. — *Breviariũ predicatorũ lectionibus p ferias et oct.' refertũ ac etiã cũ quotationib' in margine psalmorz.....*

In-4, 18 ff. prél., 442 de texte numérotés ; au-dessus du titre, bois ombré : un personnage à genoux devant un autre nimbé qui tient les palmes du martyr ; à droite un écusson avec les palmes et un *P;* dans le bas la signature L ; au-dessous du titre la marque de Giunta ; le dernier feuillet prél. qui devait être orné d'une gravure manque ; nombreux jolis petits bois dans un encadrement ; verso 56, une

Annonciation : la Vierge est tournée à droite et regarde l'ange venant de gauche; la main droite de la Vierge est posée sur un livre, la gauche est levée; la tête est un peu inclinée; l'ange se penche en avant, tenant le lys de la main gauche. Puis dix bois de pages encadrés, faisant face à un feuillet entouré d'une bordure. Ces bois (1), dont deux, l'*Ascension* et l'*Annonciation*, sont répétés, ont, sauf les deux derniers, paru dans le *Bréviaire* de 1506 publié aussi par Giunta. Ces deux derniers sont : verso 403, une *Présentation au Temple*, signé L. A.; verso 404, une *Pieta*, signé *ia*. Au dernier feuillet, *Ad... Lucāantoniū de giūta Florentinū impressum Venetiis... Anno M.ccccviij. Die xxviij Septembris.* (Munich, Lit. 87.)

1509. — *Breuiarium sm usum | Alme Ecclesie | Saltzburge^n*.

Petit in-8 gothique, rouge et noir, à deux colonnes, 14 ff. prél. et 348 numérotés; sous le titre une mitre, au-dessus de la croix pastorale et de la crosse entrecroisées, plus bas deux écussons (évidemment les armes de l'évêque de Salzbourg). Dans le bas *Pars hyemalis*; verso du 10e feuillet préliminaire, bois indiqué à propos du Bréviaire de 1507 de Liechtenstein; la Vierge et l'enfant Jésus devant une treille offrant une grappe de raisin à un Pape à genoux; verso 112, répétition du même bois; 7 encadrements formés de petits bois d'une jolie exécution; de même que pour le Bréviaire de 1507, quelques rares petites vignettes; recto 348, *Ad laudem ... Eplicit Venetijs īpressa*

---

(1) Verso 71, la *Vierge adorant l'Enfant* du *Graduale* de 1499; verso 125, *Ascension;* verso 145, même *Ascension;* verso 150, *Descente du Saint-Esprit* (copie du Missel de Stagnino de 1506); verso 210, *Jésus au bord de la mer de Galilée;* verso 259, répétition de l'*Annonciation;* verso 306, un saint debout tenant des palmes de la main droite et un modèle de couvent de la gauche; à gauche des moines à genoux, à droite des religieuses; dans le haut, la Vierge couvrant tout de son manteau; saint Pierre à gauche, saint Paul à droite; verso 315, l'*Assomption;* verso 376, *saint Pierre et saint Paul*.

ĩ *Edibus Petri Liechtenstein Coloniẽsis Germani. Impẽsis vero prouidi viri Iohanis Rynmā de ózingaw: Anno Virginei Part'. 1509, die 15 Martij.* (Munich, Lit. 159.)

Pars estivalis. Même titre, mêmes bois. Imprimé le 20 août de la même année.

1511. — Même titre et même première page que dans le Bréviaire de Giunta de 1506 ; même nombre de pages, même manière de paginer ; le même numéro figure au verso d'un feuillet et recto du suivant, de sorte qu'en ouvrant le livre, le même chiffre apparaît aux deux pages. 14 bois de pages (dont deux répétés, *Jésus au bord de la mer de Galilée* et la *Descente du Saint-Esprit*) parmi lesquels neuf sont pris dans le Bréviaire de 1506. F. 22 : la *Présentation de Jésus au temple,* signée en bas à gauche, LA (sans point entre ces deux capitales); composition bien ordonnée, figures d'un bon dessin, mais d'une taille grossière; têtes trop fortes; cette figure se trouve dans un *Missale sm ordinem carthusiensis* de 1509 de Giunta. F. 201: l'*Arche d'alliance,* mauvaise copie de celle du Missel de 1506, signée du maître ia, le nombre des personnages étant réduit et les figures trop grandes pour le cadre. F. 313: l'*Annonciation* avec un petit chien près du prie-dieu, signée L, bonne copie de celle du Bréviaire de 1506 (1). Même dimension pour les encadrements de pages que dans le Bréviaire de 1506, avec des blocs empruntés à ce Bréviaire et de nouveaux. A la fin : *Venetiis per Lucā Antonium de Giunta Florentinum 1511.* (Bibliothèque de Munich, Liturg. in-8, 87.)

1514. — *Breuiarium monasti | cum sm ordinem | Camaldulen | sem.*

Petit in-4, gothique, à deux colonnes, rouge et noir; 408 feuillets (8 pour le calendrier, 2 pour les tables, 176

---

(1) Cette copie reparaît fort usée dans un Bréviaire de 1543.

pour l'ordinaire de la messe, 172 pour le sanctoral, et 59 pour les communs des saints). On remarque, encadrant la première page de l'Avent, une bordure en quatre parties au bas de laquelle est une *Salutation angélique*. Puis sur le feuillet-titre, au-dessus des quatre lignes, on voit une composition également entourée d'ornements à figures représentant saint Romuald offrant le monastère camaldulite à Pierre Orseolo, prieur de l'ordre et descendant d'une famille vénitienne illustrée par plusieurs doges. Au coin apparaissent les insignes de l'ordre : deux colombes becquetant dans un calice, au-dessus d'elles une étoile, et, en guise de support, deux dauphins unis par la tête et par la queue. A la fin : *Venetiis absolutũ | sanctissimõ Patrũ Benedicti et Romualdi auspitiis : sub Reuerẽdissimo Petro Delphino Veneto Generali : Et p Bernardinũ Benalium accuratissime ipressuz. anno 1514 die XIX aprilis.* (Alès..., p. 466.)

1514. — *Breuiarium iuxta ritũ predicato | rum lectiõibus p ferias et oct.' re | fertum.*

In-4 goth. 2 col. r. et n. 445 ff. (2-443). Il y a une transposition dans les feuilles ; le volume commençant par le f. 56, et le n° 1 se trouvant au milieu du volume. 13 grands bois dont 4 signés *ia,* gothique ; ce sont ceux qui ont déjà figuré dans le Missel de 1506 ; les autres sont d'une exécution inférieure. Nombreux petits bois. Sur le titre et à la fin, marque de Stagnino ; sur le titre un petit bois, saint Dominique ; les 8 premiers ff. encadrés contiennent entre autres choses le calendrier orné de bois représentant les diverses occupations de chaque mois. A la fin : *Per spectabilem Virum dñm | Bernardinum Stagninuz de Manteferrato Venetijs feliciter ex | plicit. Anno dñi M.ccccxiiij die xxij Septembris.* (Bibliothèque de Darmstadt.)

1514. — *Breuiariũ Romanuz novissime exac | tis-*

sima cura emendatū ac impressuz | nõ sine numeris ad omnia et in | ipsomet breviario.

In-4 gothique rouge et noir, à 2 col., 536 ff. (18-518), « 162 fig. de moyenne grandeur et 11 grandes ; ces dernières, bordées de cadrats ou compartiments à sujets, expliqués par des légendes imprimées en rouge, sont placées en tête des Psaumes, des offices de l'Avent, de Noël, de l'Epiphanie, de la Résurrection, de l'Ascension, de la Toussaint, des communs des saints, de l'Immaculée Conception, etc., représentant le symbole de ces fêtes, autrement dit les *Quinze Mystères.* Le titre porte l'image de saint Etienne, ce qui fait présumer que ce Bréviaire était à l'usage d'une église dédiée à ce saint, et le lys rouge de Giunta ». A la fin : *Venetiis idustria et sumptibus Bernardini de Benaliis impressuz fuit, anno 1515.* (Catalogue Alès, p. 264, nº 153.)

1515. — *Breviarum pataviense Pars estivalis.*

In-8. Nombreux bois. A la fin : *Impensa vo Leonardi E. Luce Allantse fratrum Bibliapolaruz wienen. Absolutū est Venetiis Anno salutigero, 1515, Die 25 Maii.* (Catalogue Quaritch). Ce volume est la partie d'été du Bréviaire qui suit.

1515. — *Breviarium sm | chorum alme Ecclesie | Patauiensis.*

In-8 gothique (partie d'hiver), rouge et noir à deux colonnes ; 12 ff. prélim. et 376 de texte numérotés ; au-dessous du titre, grand bois ombré représentant à gauche *S. Stephanus*, nimbé, une pierre sur la tête, une autre sur l'épaule, en souvenir de sa lapidation ; il en tient une troisième de la main gauche et un livre de la droite ; à droite, *S. Valentinus*, mitré et nimbé, bénissant de la main droite et tenant une crosse de la gauche ; bois un peu lourd ; toutefois les têtes ne manquent pas d'une certaine finesse; au-dessous, dans le cadre, la marque d'Allantse sur fond noir; à gauche, *Leonardi Bibliopole*, à droite, *Allantse Viennēsis;* verso du dernier feuillet prél., l'*Arche* déjà citée de Liechtenstein, copiée sur celle de *ia;* verso 96, *Annonciation;* verso 124, *Crucifixion;* encadrements de page et petits bois. Tous ces bois, grands et petits de Liechtenstein, sont les mêmes qui reparaissent dans ses différents Bréviaires. Page 376: *Figuris coorna | tum: mira formandi arte pervi | giliqz cura solertis viri Petri Liechtenstein. Impensa vero Leonardi et Luce Allātse fra | truz bibliopolarū Wieneñ. Ab | solutum est Venetiis. Anno sa | lutigero. 1515. Die. 26. Iulii | Diuo ac semper augusto Ma | ximiliano p̃mo Imperiale sce | ptrum fauste tenente.* (Munich, Liturg. 129ᵇ.)

1515. — *Breuiarium Kiemeñ. Pars Hyemalis.*

In-8 goth., rouge et noir, à deux col.; 12 ff. prél., 362 numérotés; au-dessus du titre, un bois ombré représentant à gauche un Pape, *S. Sixtvs*, et à droite un saint percé de flèches, *S. Sebastianŝ;* dans le bas au milieu, un évêque à genoux entre deux écussons, assez bonne gravure; dernier feuillet préliminaire, copie de l'*Arche d'Alliance* de *ia;* elle n'a pas le chien à gauche, mais l'inscription *Rex. David* à droite; David regarde devant lui jouant de la harpe; derrière lui, un joueur de luth; à sa gauche, un joueur de flûte; verso 94, *saint Pierre et saint Paul;* le Christ dans la bordure en haut emprunté à un Bréviaire du même imprimeur; verso 130, la *Vierge tenant l'enfant Jésus sur ses genoux;* deux anges musiciens au premier plan, foule d'anges et de séraphins dans le fond; verso 279, *Tous les saints*, une colonne de chaque côté; verso 344, répétition du même bois; verso 362, *Partis hyemalis... Mira... Petri Liechtenstein. Impēsa vo Wolfgāgi Māgerki de Salzburg. Absolutuz est Venetijs Anno salutigero.* 1515. *Die. 5. Octobris...* Au-dessous le registre.

Pars Estivalis. 12 ff. prél. et 346 numérotés, mêmes bois au titre que dans la première partie, l'*Arche d'alliance, saint Pierre et saint Paul,* la *Vierge et le Christ, Tous les Saints;* ces bois sont ceux que nous avons vus dans la première partie; ces deux volumes contiennent des encadrements et de nombreux petits bois. Au dernier feuillet, même colophon avec les dates; *1516. Die. 3 Martij...* Les registres suivent. (Munich, Lit. 105.)

1516. — *Breuiarium Frisingeñ.* | *Pars Hyemalis.*

In-8, gothique, rouge et noir, à deux colonnes, 12 ff. préliminaires, 329 numérotés, 1 non paginé. Au-dessus du titre, bon bois ombré représentant la Vierge couronnée avec l'enfant Jésus assis sur un trône; à gauche, *S. Corbinianvs,* apôtre de Freisingen, en habits épiscopaux; à droite, *S. Sigismvndvs* en costume impérial, les deux noms étant au-dessous des personnages; au-dessous de l'un, un ours, de l'autre un écusson, et au milieu, l'écusson du duc Philippe de Bavière, évêque de Freisingen en 1516; au-dessus de la Vierge, *Ave Gracia Pl.* (1). Verso 68, l'*Annonciation* sans signature, avec un livre à terre, à côté des genoux de la Vierge; la planchette du prie-Dieu est sans hachures; d'une grande finesse de taille, empreinte du style de l'époque et non copiée sur les précédentes; un des plus jolis bois parmi tous ceux qui ornent les livres de liturgie dont nous nous occupons; à droite et à gauche, deux pilastres ornés d'une charmante bordure au trait; le bois est entouré d'un encadrement ombré formé de feuilles et de fleurs; verso 233, gravure pour la *Fête de tous les Saints,* sans banderole, ombrée; verso 290, même

---

(1) Le bois du titre reparait, agrandi et traité avec infiniment plus de soin et de talent, dans le *Missale Frisingense* de 1520 du même Liechtenstein; les emblèmes sont les mêmes et présentés de la même façon; l'un et l'autre de ces bois sont allemands, celui de 1516 est assez bon, celui de 1520 est d'un grand maître.

bois ; verso 316, la *Vierge assise tenant l'Enfant Jésus, debout sur ses genoux ;* entourant la Vierge, de nombreux chérubins et anges musiciens; au premier plan de chaque côté, un ange jouant du luth ; jolie vignette parue en 1515 dans le *Bréviaire de Chiem* et de la même main que les autres du même volume; encadrements formés de petits bois et quelques petites vignettes dans le texte ; feuillet 329, *Partis hyemalis* en forme de calice : *Par | tis hyema | lis Breviarium sm chorum Ecclesie frisin | gensis:... mi | ra formandi arte peruigi | liqz cura solertis viri Pe | tri liechtenstein. Im | pensa vero Egre | gii viri Joan | nis. Os | walt | Absolu | tum est Venetiis. An | no vir | ginei partus. | 1516. Die. 15. | Martii. Diuo ac sem | per Augusto Maximiliano pri | mo Imperiale sceptrū fauste tenēte.* Au verso du dernier feuillet, une *Crucifixion*, de la même main que les bois précédents ; la Vierge et saint Jean, deux anges qui recueillent le sang, le soleil à gauche, la lune à droite, des arbres dans le fond à gauche, Jérusalem à droite. Au feuillet 233, la marque de *Joannes Oswalt civis Augustensis*. (Munich, Lit. 122.)

Pars Estiualis. 12 ff. préliminaires, 350 numérotés, même titre; verso 64, la *Crucifixion* avec la Vierge à gauche et saint Jean à droite ; deux anges de douleur ; verso 68, l'*Ascension ;* le Christ sur une sorte de monticule, placé derrière le tombeau ouvert, tient la bannière dans la main gauche, la main droite levée ; cinq soldats à terre, une ville dans le fond ; joli entourage se terminant dans le haut par des feuilles s'enlaçant ; verso 159, *Fête de tous les Saints*, déjà citée ; verso 310, même bois ; verso 336, même Vierge que dans la Partie d'hiver, mêmes encadrements et mêmes petites vignettes ; feuillet 351 non chiffré, même colophon. (Munich, Lit. 123.)

Alès dit à propos de ce bréviaire : « Chaque première page des quatre parties du Bréviaire est entourée d'une bordure découpée en petits sujets bibliques nettement gravés ; en regard de trois de ces pages apparaissent de grandes figures (*Salutation angélique,* etc....). Outre cela, il y a 28 petites fig., quelques capitales, un Christ au verso du dernier feuillet et un frontispice représentant la Sainte Vierge et l'enfant Jésus entre saint Corbinien, apôtre de Freisingen, et saint Sigismond, roi de Bourgogne; au-dessous de cette planche sont les armoiries de Philippe, duc de Bavière, évêque en 1516. » (P. 112, n° 62, cat. Alès.)

1516. — *Breviarium Frisingēn. Venetiis,* 1516.

In-4 gothique. Même ouvrage que l'édition in-8 de la même date. (Cat... Alès, p. 113, n° 63.).

1516. — *Breuiarium dioces Brixiñ. Pars hiemalis.*

In-8, goth. rouge et noir, à deux colonnes; 12 ff. prél., 384 de texte numérotés ; au-dessous du titre, un écusson surmonté d'une mitre et d'une crosse; verso 64, l'*Arche d'alliance,* copie fidèle de la gravure du missel de 1506 de Stagnino ; dans le coin en bas, à gauche, *VGO ;* verso 72, *Mort de la Vierge,* du Missel de 1512, de Leucho. La Vierge, étendue sur un lit, derrière elle les apôtres ; au-dessous d'eux : *Spes mea in Deo ;* verso 88, *Annonciation* signée *VGO ;* à gauche, la Vierge nimbée agenouillée, un livre ouvert sur un tabouret bas, la colombe à droite près de sa tête; le corps tourné à gauche, elle regarde à droite vers l'ange Gabriel, debout les mains en avant, tenant de la main gauche le lys. Dans le coin, à droite, Dieu le Père. Copie trait pour trait de celle de Stagnino de 1506, mais noire d'aspect, les têtes grimaçantes. Verso 292, même *Annonciation.* Verso 308, *Ascension ;* le Christ, dont on ne voit que le bas des jambes ; bois d'aspect allemand, doit être d'origine germanique et a paru dans un missel de 1512, publié par Leucho. L'entourage de la page 309 se retrouve dans un Bréviaire de 1543. Verso 332, même *Annonciation ;* les pages en regard des bois ont des encadrements à fond noir pointillé, empruntés aux *Offices* de 1501.

Verso 384 : *Finis breuiarij ptis hiemalis alme ecclie Brixiñ. Impssi Venetijs impēsis Ioānis Osualdi ciuis Augustensis... Anno nat'. dñi. 1516.* (Munich, Lit. 101.)

La *pars estivalis* est incomplète ; le fragment que nous avons sous les yeux ne contient en fait d'illustrations que la *Mort de la Vierge,* bonne copie de celle du Missel de Stagnino de 1506. Plusieurs pages sont entourées de bordures qui paraissent françaises, surtout les petits bois qui forment la partie inférieure représentant des sujets saints ; les parties de droite et de gauche, à fond noir ou pointillé, offrent des ornements blancs, anguleux, comme des feuilles de chardon, et des animaux fantastiques. (Munich, Lit. 102.)

1517. — *Breuiariū sm ritum alme | ecclesie Augustensis.*

In-8, gothique, rouge et noir, à deux colonnes ; 12 ff. préliminaires, 410 chiffrés et six cahiers non numérotés ; au-dessous du titre, un bois : la Vierge assise, tenant l'enfant Jésus ; à gauche un évêque tenant un poisson, à droite une sainte couronnée. Au-dessus de la Vierge, *Ave Maria, Gr. P* ; au-dessous, quatre écussons. — Cette gravure, ombrée légèrement, est d'une taille manquant de finesse. Verso du dernier f. préliminaire, bois déjà cité à propos de l'édition de 1508, l'*Arche d'alliance ;* recto suivant, encadrement ; verso 86, *Fête de tous les saints,* on aperçoit dans les cieux Dieu le Père au milieu des anges, même style ; verso 158, *Fête de tous les saints,* déjà citée et que nous verrons reparaître en 1519 ; recto 85 et 159, encadrements ; verso 410, *Habes... Venetijs in edibus Petri Liechtenstein impressum : Impensis prouidi viri Martini Staffer ciuis Augustiñ. Anno 1517, die. 18. Februarij.* et la marque avec l'*O* ; à la fin des cahiers non numérotés, nouveau colophon et encore la marque. La partie d'hiver contenant les mêmes bois est datée de 1518, 16 Février. (Munich, Lit. 75.)

1517. — *Breviarium hiemalis partis et | Estivalis sm chorum Pataviensis ecclesie.*

Grand in-folio. Au-dessous du titre, la marque de Léonard Allantse, un rectangle contenant saint Étienne et saint Valentin en costume épiscopal ; au-dessous d'eux dans un cercle à fond noir, les lettres L et A liées par une croix qui les surmonte. Gothique, à deux colonnes, rouge et noir. Dix-huit feuillets préliminaires. Au verso du dernier de ces feuillets, grand bois de page, *la Vierge et l'Enfant,* dans une salle parquetée ; à gauche, un bahut sur lequel on voit un chandelier et un plat ; architecture à arcades, laissant voir un grand' palmier. La Vierge, enveloppée d'un large manteau, regarde l'Enfant Jésus dont le pied droit repose sur un escabeau. Bois italien d'une grande allure, accusant un style avancé. Sur le banc où la Vierge est assise, la signature L surmontée d'une croix, à côté d'un A entre deux points. Au verso 35, autre grand bois, une *Annonciation,* d'un style tout allemand, qui semble de la même main que la Vierge entre saint Corbinien et saint Sigismond du Bréviaire de Frisingen de 1516. En tête de chaque partie, bordures à sujets que nous rencontrons dans tous les Missels in-folio de Giunta. A la fin : *Impressi Venetiis per | honestũ virũ D. Lucantoniũ de Giunta flo | rentinũ. Impēsis vo leonardi ae luce | allantse fratrum : civium et biblio || polarum vieñesiũ... 1517. Die decimo septimo mensis Octobris.*

1518. — *Breuiariũ sm ritum alme | ecclesie Augustensis.*

Petit in-8, gothique, à deux colonnes, rouge et noir, 8 ff. préliminaires et 410 numérotés ; au-dessous du titre, bois avec la Vierge et l'Evêque à gauche tenant un poisson, et une femme couronnée à droite ; dans le bas, écusson et mitre ; au-dessous, *Pars estiualis* ; verso 86, *Annoncia-*

tion déjà citée de Liechtenstein ; verso 158, la *Fête de tous les Saints* sans la banderole ; verso 374, *saint Pierre et saint Paul ;* verso du dernier feuillet : *Habes... Demū Venetijs in edibus Petri Liechtenstein impressum : Impensis prouidi viri Ioannis Oswald ciuis Augusteñ. Anno 1518 die. 14 Februarij.* Au-dessous, la marque d'Oswald. (Munich, Lit. 76.)

La partie *hiemalis,* d'un nombre de feuillets un peu différent, contient l'*Arche d'alliance,* l'*Annonciation, Tous les Saints, Saint Pierre et Saint Paul.* Le titre manque. (Librairie Rosenthal.)

1518. — *Breuiarium Romanum nouissime exa | ctissima cura emēdatū ac impressuz | nō sine numeris ad omnia et in ipsomet breuiario.*

In-4 ; 18 ff. prélim., caract. goth. rouges et noirs. Au-dessus du titre, petit bois ombré, S. Pierre et S. Paul. Au 19ᵉ f. *a*-1 commence la pagination. A la fin, au feuillet 514 : *Impressum. Venetijs p Iacobum | Pentium de Leuco. Impresso | rem accuratissimum. Anno | Dñi. M. D. xviij. Die | .x. mensis. Marcij.* Onze bois, dont un répété deux fois. Cinq sont signés *VGO;* deux *Annonciations,* de qualité différente, la première (verso 68) est meilleure que l'autre (verso 452) ; verso 107, l'*Adoration des mages,* copie bien imitée et bien faite d'une gravure d'un livre d'Heures français ; *Arche d'alliance* et *Tous les Saints.* Ces bois et les rectos qui leur font face sont encadrés d'un entourage formé de bois oblongs, ronds ou d'autre forme, renfermant chacun un personnage de l'ancien ou du nouveau Testament ; la partie supérieure et l'inférieure représentent des sujets reliés par des fleurs et des feuilles aux saints personnages ; tous ces bois sont bien mieux tirés que dans le Bréviaire in-12, et les encadrements sont d'une gravure assez soignée. Le volume est en outre orné de nombreux petits bois d'une facture assez ordinaire mais d'un très beau tirage. (Librairie Rosenthal.)

1518. — *Breuiariū sm vsum | Alme Ecclesie | Saltzburgeñ | Pars Hyemalis* (et *Estivalis*).

2 vol. in-8 goth., 2 col. r. et n. *Partie d'hiver*, le dernier cahier seul est de 12 ff., tous les autres sont par 8. — Chiffrés de 1 à 348 à partir du Psautier. *Partie d'été*, mêmes cahiers, chiffrés de 349 à 528. — Lettres ornées. Le feuillet du titre offre les armes archiépiscopales de Léonard de Keutzbach (deux écus, l'un mi-partie d'or au lion de sable et de sable à la fasce d'or; l'autre de sable au navet (?) d'argent); le verso est blanc. La souscription, qui existe dans les deux parties, est imprimée au bas de la seconde colonne du dernier recto; le texte finit avec elle. Nous comptons quatre grandes figures, qui sont : le *roi David*, que nous avons déjà décrit, dernier feuillet préliminaire; verso 112, la Vierge assise dans une stalle, tenant du bras gauche l'enfant Jésus, debout sur un de ses genoux, les pieds appuyés sur un croissant de lune; près du croissant, à droite et à gauche, deux têtes de chérubins; de chaque côté de la Vierge, debout, un ange musicien; dans le haut, deux anges agenouillés tenant une couronne au-dessus de la tête de la Vierge; belle gravure d'un bon dessin et d'une bonne taille, mais de dimension hors de proportion avec le format; elle semble de la même main que le *David;* elle est de la grandeur de la page. Encadrements formés de petits bois à droite et d'un seul bois, d'un fort bon style au fond noir criblé (empruntés aux Offices de 1501) dans le bas; vignettes, dont quelques-unes signées *C; La Résurrection*, feuillet 261, et *Jésus au bord de la mer de Galilée*, feuillet 297. Feuillets 348 et 528, le même colophon : ... *Epli | cit Venetiis impressa in Edi | bus Luce antonii de giunta florentini. Impensis vero proui | di viri Ioannis osualdi augu | stensis. Anno virginei partus | 1518. Die 30 mensis aprilis.* (Munich, Lit. 160, et librairie Techener. Catalogue Alès, p. 365, n. 221.)

1518. — *Breuiarium Romanū | nuper impressūm cum quotationibus in margine.*

In-12, caract. goth. rouges et noirs. 20 ff. prélim.; la pagination commence au f. 21 et se termine à la fin au f. 512. Au-dessus du titre : S. François recevant les Stigmates, bois ombré, copié en sens inverse sur un bois déjà connu. Les six premiers feuillets sont entourés d'une petite bordure à fond noir au pointillé : ornements blancs et ombrés, formés d'animaux fantastiques, de fleurs et de feuilles ; dans le bas, petits bois médiocres sur fond noir pointillé, représentant les occupations des mois de l'année; 10 grands bois, dont quatre sont signés en bas *VGO*, cités à propos du bréviaire in-4° de la même année. Le premier de ces bois, l'*Arche d'alliance,* est une copie d'une gravure du Missel de 1506 signée *ia* gothique, et traitée avec infiniment plus de soin et de finesse. Il en est de même pour la *Conversion de S. Paul* et de la *Fête de tous les Saints,* signées *ia*, dans le Missel de 1506 (verso 232), et pour le S. François, non signé. Il paraît donc que cet Ugo (Ugo da Carpi?) que nous avons déjà surpris reproduisant un bois français n'ait guère été qu'un copiste. Encadrements formés de blocs représentant des scènes de l'Histoire Sainte. Verso 173, mauvais bois ; les personnages sont disproportionnés, aux têtes trop grosses ou trop petites ; les bois du verso 194 et du verso 401 semblent tirés de Missels français, dont ils trahissent le style, le dessin et la taille ordinaires. Nombreux petits bois très médiocres, dont un signé *C;* page 400 : *Breuiarium secundum. ... In alma Venetiar vrbe | per Iacobum de Leuco accu | ratissime. Impressum Anno sa | lutifero domini nri Iesu chri | sti incarnationis quingentesi | mo. 18. supra millesimuz nonis | Octobris.* Caract. goth. (Librairie Rosenthal.)

1518. — Sans titre, le premier feuil. A étant

blanc. Traduction allemande du *Breviarium romanum*.

In-4, goth., rouges et noirs : f. A. 2, une préface avec les armoiries de Christophorus Frangipan (1) et de sa femme Apollinia. Seize ff. préliminaires et 498 registrés et paginés en chiffres arabes. Six feuillets pour le calendrier orné des mêmes bois que le calendrier du Missel de 1508, paru également chez Gregorius. Puis 8 ff. de tables ; au verso du 8e f. une gravure de page ; en haut, le couronnement de Marie, dans une gloire de *putti*, par Dieu le Père et Dieu le Fils, assis dans de grandes stalles à côté desquelles des saints et des saintes. Au centre, en haut, le Saint-Esprit. Dans la partie inférieure, un paysage accidenté et boisé, dans le fond. Au premier plan à gauche, un chevalier en armure allemande, avec un casque empenné à ses genoux, et à droite une dame de qualité en riches atours, tous deux agenouillés de profil, se regardant, les mains jointes ; au-dessus d'eux, dans des banderoles, leurs noms, Christoforus et Apollinia. Sur une des moulures de la stalle de Dieu le Père, en toutes petites capitales, .z. a. Bois bien dessiné et composé, mais de taille ronde et lourde, fortement ombré. Au feuillet suivant, dans une bordure inspirée de celles du Missel de Gregorius de 1513, des médaillons avec les Évangélistes, médaillons réunis par des ornements. Au verso du f. 94, une *Annonciation* copiée avec de légers changements sur celle de 1513 ; architecture à la Filippo Lippi, encadrements formés de blocs pris dans le même Missel de 1513. Cette *Annonciation* de 1518 est signée en bas, presque tout à fait à droite .i.a. Elle est supérieure à son modèle par l'expression des figures et des

---

(1) Ce Christophe Frangipan, prince hongrois au service de Maximilien, fut fait prisonnier par les Français et enfermé à Torcello, près de Venise, où sa femme Apollinia vint le rejoindre. Il employa les loisirs de sa captivité, qui dura 53 mois, jusqu'en 1518, à la traduction allemande du Bréviaire romain. Son œuvre, revue et coordonnée par le frère Jacob Wyg, de Colmar, fut imprimée aux frais de Frangipan à 400 exemplaires par les Gregorius.

mouvements ; elle est de taille plus fine, plus chargée de traits et un peu foncée d'aspect. Elle semble de la même main que le couronnement signé Z. A. du même livre ; donc, les signatures Z. A. et I. A, ici comme dans l'*Apocalypse,* seraient celles d'un même artiste. Au feuillet suivant, 95, encadrement formé des blocs de 1513 ; de même les lettres ornées sont prises dans le Missel de 1513. Au verso du feuillet 139, un encadrement dont les côtés verticaux sont empruntés à ce même Missel, et les deux parties supérieure et inférieure copiées, en dimension moindre, sur des blocs de 1513 : en haut, un pélican s'ouvrant le flanc ; au bas, le bœuf et le lion, les têtes penchées sur les Evangiles, dans un paysage. Au verso du feuillet 145, dans un encadrement dont les blocs ont paru en 1513, l'*Adoration des Rois Mages,* empruntée au Missel de Stagnino de 1506 ; au feuillet suivant un encadrement pris dans le Missel de 1513 et offrant des Pères de l'Eglise et des prophètes, et en bas, entre deux médaillons où on voit S. Marc et S. Jean, le double G de Gregorius surmonté d'une croix. Au verso du feuillet 226, toujours dans un encadrement analogue, la *Résurrection du Christ* du Missel de Stagnino de 1506 ; au feuillet suivant, autre encadrement du même genre. Au verso du feuillet 246, l'*Ascension,* du Missel de 1506 (de Stagnino) dans un encadrement ; au feuillet suivant, un encadrement, avec le double G. Verso 253, dans un encadrement où on voit le même monogramme, la Vierge assise sur un trône, adorée par des saints ; feuillet suivant encadré. Verso 300, le *Christ devant Pilate,* signé *ia,* du Missel de 1506 de Stagnino. Verso 435, S. Pierre entouré d'un grand nombre de saints et de saintes, dans un encadrement ; feuillet suivant encadré. Verso 452, *Rencontre de Joachim et d'Elisabeth* signé *i a,* du missel de 1506, dans un encadrement. Verso 468, répétition du *Couronnement de la Vierge,* signé Z. A. Puis, par une erreur typographique on saute brusquement de 468 à 601, bien qu'il n'y ait aucune lacune dans le texte. F. 601 encadré. A la fin du verso 629, en gothiques rouges : *Ein end hat das deutsch römisch breuier welliches ausz dē la | teinischen römischē breuier noch' rechtem woren gemainen deut | schē (durch kosten desz obgemelten edelen hoch gebornen hern | hern* (sic) *Christofel von frangepā fürst und Graff zu Zeng Vegel vñ Madrusch, etc. Mitsampt seiner hochberuempten gnadē eelichen | gemahel fraw Apollinia wolberuempten aller wirdigste Gräffin | zu Frangepan : Gerecht fertiget vñ aūsz zogē vñ zū drucken veror d | net ist Welliches auch dūrch dē andechtıgē geistlichē brüder Ia | cob wyg barfüsser ordens von Kolmar mit sunderē fleisz gecorrigiert, quottiert, vn in ein solliche ordnung gesetz ist. Gedruckt vñ sälicklichen wit fleissez vollēdet zū venedig durch deu erberē mei | ster Gregoriū de Gregoriıs. Im Iar nach Christi vnsers herrē ge | burt danset. .V. hūdert vñ xviij. iaram lestē dag dessz monatz Oc | tobris…..* Au recto du feuillet suivant, 630, le registre. Le verso est blanc. (Bibl. de Munich, Liturg. In-4, 123.)

1519. — *Breviarium ordinis sancti Be || nedicti de novo in monte || pānonie Sancti Marti || ni. Ex rubrica patrū || mellicen. Suma || diligētia ex || tractuz.*

Petit in-8, gothique rouge et noir, à deux colonnes ; 16 ff. préliminaires, 501 numérotés ; au-dessous du titre, petit bois ombré, S. Benoît assis, tenant une crosse de la main droite et un bocal d'où sort un serpent, de la main gauche ; au-dessous, *Lucas Allantse librarius Wiennēsis.* « Chaque partie du Bréviaire, dit M. Alès, est ornée, sur la première page, de six petits sujets joints de façon à former bordure ; ils sont compris dans la justification et non dans la marge, comme on le remarque presque toujours sur les manuscrits et souvent dans les livres de Junta. » Verso du 16ᵉ f., l'*Arche d'alliance*, ombrée et imitée de celle du Missel de 1506 ; recto 17, encadrement formé en bas et à droite de jolies petites vignettes ; verso 126, *Annonciation,* joli bois légèrement ombré, imité du même Missel. Verso suivant encadré également de petits bois ; verso 231, *Résurrection,* bois ombré, original, mais médiocre ; recto 232 encadré ; verso 304, bois ombré, *Fête de tous les Saints,* d'une jolie exécution ; recto 305 encadré ; verso 442, *S. Pierre et S. Paul,* ombré, joli bois ; recto suivant dans un encadrement ; verso 466, la *Vierge tenant l'Enfant Jésus, dans une gloire,* debout sur un croissant de la lune ; recto suivant, encadrement. Tous ces bois semblent être de la même main et sont d'une exécution qui, quoique manquant de finesse, n'est pas mauvaise ; il y a assez de goût dans l'ensemble. Ils ont paru dans les Bréviaires précédents de Liechtenstein. A la fin, verso 501 : *Breuiarium sm ritum ac morem monachorum sancti Benedicti... Anno 1519. Die. 15. Julij. Venetiis in edibus Petri Liechtenstein. Mandato Luce Allantse Librarii Wiennensis.* (Munich, Liturgie, 93.)

Bréviaire bénédictin, imprimé pour l'usage de la Hongrie, spécialement pour le monastère de Martinsberg, fondé au pied du mont Pannonien, dès le onzième siècle, par S. Etienne, premier roi chrétien de Hongrie. La Sainte Vierge (f. 468) est la même que celle du frontispice du Bréviaire de Gran, du même imprimeur. L'*Office de la Vierge* est une copie de celui qui est à l'usage du célèbre couvent de Subiaco (*Monasterii Sublacensis*), aux moines duquel l'Italie aurait dû l'introduction de l'imprimerie, grâce à la protection accordée à un Allemand par le cardinal Torquemada. (Voir Alès, p. 452.)

1519. — *Breuiariũ sm | ritum alme | ecclesie Augustensis.*

In-8, gothique rouge et noire à deux colonnes ; 12 ff. prél., 410 de texte numérotés et 6 cahiers sans numéros ; au-dessus du titre, la Vierge entre un Evêque, tenant

un poisson et la femme couronnée du Bréviaire de 1518 ;
dans le bas, les quatre écussons avec la mitre; au-dessous,
Pars Estiualis; dernier f. prél. verso, l'*Arche d'alliance*,
non signée, copie de *ia*; verso 86, *Fête de tous les Saints*,
avec la banderole et Dieu le Père au-dessus de la banderole, accompagné de nombreux anges, entouré de rayons ;
verso 158, *Fête de tous les Saints*, mais sans la banderole ;
verso 374, *S. Pierre et S. Paul*, debout, S. Pierre montrant
le Christ qui se trouve compris dans le haut de l'encadrement de la bordure, le Saint-Esprit dans les coins supérieurs de gauche et de droite; encadrements formés de petits
bois ; verso 410 : *Habes... Demū Venetijs in edibus Petri
Liechtenstein impressum. Impensis prouidi viri Martini
Straffer ciuis Augusteñ. Anno 1518. die. 16. Februarij*. Au-dessous, la marque de Oswald ; le nom de Oswald a été
remplacé par celui de Martin Straffer, imprimé sur un
morceau de papier et collé sur l'autre nom. La partie
d'hiver manque. (Munich, Lit. 79.)

1521. — *Breuiarium de Camera s'm morem. S. Romane Eccle | sie...*

In-folio, 8 ff. prél., 44 ff. ch.; 188 ff. ch.; 40 ff. ch.;
80 ff. ch.; caract. goth., 2 col.; figures sur bois. Au verso
du feuillet Ee..., la souscription: *Venetiis vero in Aedibus
Gre | gorij de gregoriis excusuz fuit. | Sumptu et impensis nobilis | D. Andree Thoresani de | Asula librorum
mercatoris: Anno virginei partus. | M. D. XXI. die vero.
| xx. Aprilis.* A la fin : *...Impressum Vene | tijs in Aedibus Gre | gorij de Gregoriis | . Hunc nullibi inuenies
ordinem | M. D. XXI.* (Bibl. de M. H. de Landau, p. 103.)

1521. — *Breuiariuz iuxta sanctissime Romane Ecclesie ritum et ordinem digestū...*

In-12. Sans titre, le 1er feuil. manquant; mais le titre
se trouve avec le registre au f. précédant BB. Trois grands

bois, copiés sur ceux du Missel de 1506 ; deux sont signés, la *Conversion de S. Paul, la,* et *Tous les Saints, LA* Les encadrements sont des copies de ceux de l'édition de 1518. Notons que ces mêmes bois portent déjà trois signatures différentes et sont copiés des originaux signés *ia*. Ce volume est paginé en trois fois, d'abord jusqu'à 210, puis, jusqu'à 187, puis enfin 6 ff. préliminaires et 71 ff. numérotés, la fin manque. Verso 187, bois ombré carré représentant *Sanctus Siluester* assis, bénissant de la main droite et tenant la croix pastorale de la gauche ; au-dessus du bois, *Io Bap bagat.* Quelques petits bois. A la fin : *Venetiis vero in œdibus. Gregorij de gregoriis excusus fuit. Anno virginei partus. M. D. xxj. die vero xiiij Maij.* (Librairie Rosenthal (1).

1521. — *Breuiariũ monachorũ sacre | cōgregationis montis Oliueti nouiter impres | sum...*

In-folio ; 10 feuillets préliminaires, 333 numérotés (manque le dernier feuillet) ; à deux colonnes, rouge et noir. Au-dessus du titre, bois du Missel de 1506 (*Carinensis*), marque de Giunta, au-dessous ; verso du feuillet 8, sur une banderole : *Anno dñi M. D. xxj, currebant isti numeri qui his inferius de directo sunt assignati M. D. xxj.* Verso du feuillet 10, grande *Crucifixion* du style des ouvrages publiés par Giunta : le Christ en croix avec de nombreux personnages ; sainte Madeleine étreint le pied de la croix ; la Vierge, écrasée de douleur, est soutenue par une troisième femme. Encadrement formé de bois se rapportant à la vie du Christ. Celui du bas est signé *LVN.F*, la Crucifixion *L.VN.F*, celui de gauche *LVNF*. Nous n'avons encore jamais rencontré cette marque. Petits bois et lettres ornées. (Bibliothèque Nationale, vélin, 261.)

---

(1) Voir Passavant (*Peintre-graveur*, t. V, p. 66), qui signale les monogrammes figurant au bas de ces gravures.

1524. — *Breuiariū secūdū ritū sancte romane ecclesie sum | ma cū diligentia emendatuz et castigatum...*

In-12 en gothique, rouges et noirs, 20 ff. prél. plus 12 ff. (huit pour *b* et quatre pour *c*, les 8 premiers manquent) : verso du douzième, bois ombré: l'*Arche d'alliance*, copié sur celle du Missel de 1506 marqué à droite L; 11 bois, dont un répété, la plupart copiés servilement soit sur ceux du même Missel, soit sur d'autres bois parus antérieurement. Les encadrements sont aussi des copies. Les bois sont signés, l'un, verso 232, *.i.a.* l'autre, verso 360, .I.A. Ce dernier est tout à fait dans le style des bois de *z.a.* Cette série de bois, avec des signatures différentes ou même sans signatures, est une nouvelle preuve que tous ces tailleurs qui signaient *La. VGO. .I.A.* etc., n'étaient vraiment que des copistes, tandis que le *ia* était un artiste de talent, tailleur de bois originaux. Des éditions successives nous permettent de suivre la filière de ces copies. Quant à l'originalité de *ia*, elle nous semble établie par les œuvres que nous connaissons de lui (à partir de l'*Ovide*, de 1497) et par ce fait que nous ne relevons cette marque au bas d'aucune copie. Nombreux petits bois, dont plusieurs signés *C*. Au feuillet 400 (les feuillets 399 et 400 sont répétés) : *Breuiariū...: In alma Venetiarum | vrbe | Expensis D. luceantonij Iūta | florētini accuratissime īpres- | suz Anno salutifere dñi nri | iesu christi incarnationis | 1524. die x. Januarij.* Au verso, la *Rencontre de Joachim et de Sainte Anne*, signée la et copiée sur le Missel de 1506 du petit *ia* goth. Puis à partir du colophon (p. 399), la pagination continue jusqu'à 516. (Librairie Rosenthal.)

1524. — *Breviarium secundum usum alme Ecclesie Strigoniensis. Anno 1524. | Venetiis in edi | bus Petri*

Li | echtenstein | , Michael Pri | schwiz, Libra | rius Budēsis... excudi mādavit (1).

Pet. in-8, goth. à deux colonnes, rouge et noir, de 16 ff. lim. et 488 ff. chif. Titre répété à la fin. Illustré de 5 grandes figures, de 4 bordures et de pas moins de 232 petites images encadrées chacune d'un ornement en carré; quelques-unes se répètent. La première grande fig., une Madone, se montre à la première page qu'elle couvre presque en entier, ayant au-dessus d'elle le titre et au-dessous l'anagramme de l'imprimeur; les quatre autres, dont les sujets sont : 1° *Le roi David conduisant le cortège de l'arche d'alliance* (+ + 8); 2° l'*Annonciation* (feuillet 82); 3° *Tous les Saints* (Toussaint, feuillet 266), et enfin 4° *S. Pierre et S. Paul* (feuillet 450), garnissent les dernières pages des diverses parties du Bréviaire, chacune faisant ainsi face à la première de la partie subséquente, laquelle est bordée de petites figures de saints. Au calendrier, des chiffres arabes renvoient aux offices; chaque mois est terminé par des préceptes médicaux et précédé d'un mot, un seul bien détaché dont le sens ou plutôt la portée nous échappe. » Il est évident que ces gravures citées par M. Alès sont les bois copiés, sans signatures, sur ceux de *ia*. (Catalogue... M. Alès, page 122, n° 66.).

Ce bréviaire fort rare est celui de l'église de Gran, anciennement Strigonie. Ce fait de l'impression à Venise des livres liturgiques du royaume de Hongrie prouve combien les relations, établies par Mathias Corvin avec l'Italie, avaient été sérieuses et durables; et pourtant depuis 45 ans la ville de Bude possédait un établissement typographique, mais, depuis la mort du libérateur de la Hongrie, il était presque abandonné. (Deschamps, col. 172.).

---

(1) Au milieu du titre, la marque de l'imprimeur.

1508.

Nota eorum quae in hoc libro continentur. Oratio de laudibus astrologiæ habita a Bartholomeo Vespucio flo | rentino in almo Patauio Gymnasio anno M. D. VI. TEXTUS SPHAERAE IOANNIS DE SACRO BVSTO, etc., etc.

In-folio, 4 feuillets préliminaires, 94 chiffrés, 65 chiffrés, 1 blanc. *Impressio Veneta per Ioannem Rubeum et Bernardinum fratres Vercellenses ad instantiam Iunctae de iunctis florentini anno Domini M. CCCCC. VIII. die VI. mensio maii.* Figures sur bois. (Cat. Landau, t. II, page 211).

1508.

Tostado (Alonso) (1). *Alphonsi Thostati Episcopi Abulen in librum paradoxarum.*

In-folio. La pagination commence au titre; 83 feuillets, plus un blanc, plus la table de 10 feuillets dont un blanc. Le titre est entouré de l'encadrement de l'*Hérodote* de 1497, les médaillons du haut et du bas ont été coupés et remplacés par deux sujets ombrés et gravés assez grossièrement. Au centre du titre, dans un écusson, la figure allégorique de l'Eglise donnant l'investiture à un évêque agenouillé devant elle, la mitre derrière lui à gauche; au haut de l'écusson cette légende: *Indvi evm vestimento salvtis sacerdotes eius indvam salvtari;* au-dessous, deux écussons surmontés du chapeau cardinalice. Au-dessus de l'écusson principal, surmonté lui-même de la croix et d'un chapeau de cardinal, l'on voit saint François recevant les stigmates. Page 2, l'évêque assis devant un pupitre et écrivant, tourné à droite; joli bois, ombré un peu fortement. Au-dessus on lit : *Clarissimi et dogtissimi ac Reverēdissimi domini*

---

(1) Né en 1400 à Madrigal, mort le 3 septembre 1545, évêque d'Avila.

Alphonsi de Madrigal epi abulensis........ Au verso du feuillet 83 : *Impressum Venetiis per Joannem et Gregorium de Gregoriis 1508, die I Augusti.* Second colophon à la fin de la table : *Impressum Venetiis per Gregorium de Gregoriis sumptibus dñi Joã Jacobi de Angelis Anno dñi M.CCCCC.VIII die XXV Augusti Cum gratia et privilegio.* Cet ouvrage n'est cité par aucun bibliographe. (Collection de M. G. Duplessis.)

1508.

Valerii Maximi priscorum exemploru libri nouem....

In-folio. Titre et texte en caractères romains ; au-dessous du titre, à leurs pupitres, et écrivant, cinq personnages dont trois sont désignés comme étant, celui du centre *Valerius Maximus*, celui de gauche, *Oliverius*, celui de droite, *Theophilus*, l'un et l'autre commentateurs de Valère Maxime; bois ombré d'un beau dessin et d'un assez grand style ; la taille plus vigoureuse que fine. Verso blanc. Premier cahier de 4 feuillets, les autres de 8 feuillets, 4 feuillets pour les dédicaces, une vie abrégée de Valère Maxime et un *Elenchus librorum* ; ensuite 208 feuillets et 9 feuillets pour la table. Chacun des neuf livres est précédé d'un petit bois approprié au sujet : ainsi au *Prologus* du premier livre, l'auteur présente son livre à l'empereur. Au 6e livre *de Pudicitia* est représentée la mort de Lucrèce. Au 9e livre *de Luxuria*, trois personnages assis à une table abondamment servie; derrière eux, deux serviteurs. Tous ces bois sont d'une belle exécution. Très nombreuses lettres ornées, de toutes dimensions. Au verso du f. 208, *Explicit opus Valerii Maximi cum commento Oliuerii Arzignanensis et Theophili Lucubrationibus, etc. Impressum Venetiis per Bartholomeum de Zanis de Portesio M. D. VIII Die* xxiiii, *Mensis Octobris.* Au-dessous, le registre et la petite marque de B. Zanis sur fond noir. (Librairie Olschki.)

1509. — *Valerio Maximo volgare nouamente correcto.*

In-fol. de 94 feuillets (a-o, par 6 ; p en 4 feuillets). Car. rom. Titre goth. Le verso du f. a 2 est entouré d'un bel encadrement, emprunté au *Tito Livio vulgare* de 1502, qui n'a pas toutefois le tympan renfermant Dieu le père en demi-figure, tel qu'on le voit dans la bordure du frontispice de la *Bible de Mallermi*. Charmantes initiales fleuronnées. A la fin : ⁋ *Finito il libro di Valerio Maximo uulgare nouamente impresso in Venetia per Agustino de Taie da Portese del Mille e cinquecéto e noue Adi. 2 de Zugnio.* (Bibliothèque Landau.)

1509.

Liber novem indicum in iudiciis astrorum. Clarissimi autores huius voluminis : Meschella, Aomar, Alkindus, Zael, Albenait, Dorotheus, Jergis, Aristoteles, Ptolomaeus M.D.VIII. Felicibus Astris prodeat in Orbem Ductu Petri Liechtenstein.

In-4 figures sur bois. A la fin : *Anno M.D.IX. die IIII. Januarii Venetiis ex officina Petri Liechtenstein Coloniensis Germani.* (Panzer, t. 8, p. 398.)

1509.

Jacobi de Dondis Herbarius.

In-4, figures sur bois. *Venetiis per Joannem Rubeum et Bernardinum Vercellenses fratres M.D.IX die Martii.* (Pauzer, t. VIII, p. 398.)

1509.

Libro ditto el Troiano in rima hystoriado el qual

tratta la destrution de troia fatta p li greci : et como p tal destrution fo edefichada roma padoa et verona et molte altre citade in italia, et tratta le Battaglie che furono fatte in italia per Enea, e come ando et torno da linferno, etc.

In-4 à deux colonnes. Fig. sur bois. A la fin : *Impresso in Venetia, per Maestro Manfrino de Monte Ferato da Strevo*, M. CCCCC IX, *Adi xx Marzo*. (Brunet, vol. 5, col. 964.)

1511. — *Libro di Troiano composto in lingua fiorentina novamente istoriato.*

In-4 à deux colonnes, de 120 ff. non numérotés. Car. romains. Cahier à 8 ff. Registré a-p. Au frontispice, sous le titre en caract. goth., un grand cercle dans lequel un homme d'armes à cheval, très légèrement ombré, tenant l'épée de la main droite; à gauche un bœuf rampant et un heaume, l'écusson peut-être de l'homme d'armes. Au feuillet 2 entre le titre et le texte, une vignette non ombrée représentant un roi sur son trône entouré d'hommes d'armes et de courtisans ; il tend la main à un soldat tout armé, la visière à demi levée, à genoux, à gauche du trône. Belle lettre ornée. Verso 3, petit bois ombré dont une partie représente la mer avec des barques et des mariniers, l'autre un groupe de trois personnages ; à côté la marque S ; nombreux bois de la même dimension. A la fin : *Qui finisce el libro decto Troiano novamente historiato e correcto. Impresso in Venetia nel anno del signore MCCCCXI adi xviii de otubrio*. (Ricardiana, 533.)

1509.

Accipite studiosi omnes Auli Gellii noctes micantissimas : In quibus uigilias et somnium pacatissime reponatis.

In-fol. goth., au-dessous du titre, le Saint-Jean-Baptiste avec la marque T. M. de Tridino. Après l'index, recto 1, une belle bordure à fond noir ; dans la partie supérieure, feuilles et ornements ; à droite, un ornement soutenu par deux *putti* ailés, les pieds dans une coupe ; au-dessous, deux tritons soutenant la coupe ; à gauche, un *putto* ailé dans une coupe soutient un vase. Dans les parties inférieures deux tritons se faisant face, tenant un écu ; au centre un *putto*, les ailes étendues, un bâton dans la main, debout sur la queue de chaque triton ; ce bel encadrement se trouve dans les *Epistole Heroides* d'Ovide de 1512. Lettres ornées. Verso de cxxxv. *Impressum Venetiis p Ioané de Tridino alias Tacuino. Anno dni M. D. IX. die xx aprilis.* Puis le registre. (Bibliothèque de Nice.)

1509.

Luca Paciolo di Borgo. *Diuina proportione Opera a tutti glingegni perspicaci e curiosi necessaria Que ciascun studioso di Philosophia : Prospectiua Pictura Sculptura : Architectura : Musica : e altre Mathematice : suauissima : sottile : e admirabile doctrina consequira : e delectarassi : có varie questione de secretissima scientia.*

In-fol. Au-dessous du titre en rouges et noires gothiques : *M. Antonio Capella eruditiss : recesente : a Paganius Paganinus characteribus elegantissimus accuratissime imprimebat*, en lettres rondes. Six ff. préliminaires, non chiffrés pour quelques pièces de vers latins et italiens, pour une lettre dédicatoire et pour les tables. Puis 33 ff. chiffrés pour la *Pars prima*, registrée de A à E. Belles lettres ornées à entrelacs sur fond noir au pointillé. Le long des larges marges, un très grand nombre de figures de géométrie. A la fin : *Venetiis impressum per probum virum Paganinum de Paganinis de Brixia. Decreto tamen publico ut nullus ibidem totius Dominio annorum XV curiculo imprimat aut imprimere faciat. Et alibi impressum sub qvovis colore ĩn publicum ducat sub penis in dicto priuilegio contentis. Anno Remdemptionis nostre MDIX, Kalen. Junii Leonardo Lauretano Ve. Rem. Pu. Gubernante Pontificatus Iulii II, anno VI.*

A la suite, formant la seconde partie : *Libellus in tres partiales tractatus diuisus qnqꝫ corpoꝫ regularium & depẽdentiã actiue perscrutatiõis.* 27 ff. numérotés. Cahiers de huit ff. sauf le dernier qui est de dix, registrés de A à G. Caract. en partie goth. et en partie rom. Très belle lettre ornée à fond noir au pointillé. Sur les larges marges, un grand nombre de figures de géométrie linéaire, exécutés avec beaucoup de précision. A la fin, même colophon que pour la *Pars Prima*, sauf des changements insignifiants. Puis le beau profil léonardesque *Divina proportio*, dessiné selon les mesures ; ensuite vingt-trois planches dont chacune présente de A à Y (le Z manquant) une très belle majuscule obtenue à l'aide de mesure proportionnelle ; puis trois ff.: au premier, une colonne corinthienne avec son chapiteau et un stylobate avec un fragment de colonne ; au second, des détails du chapiteau; au troisième, la façade d'un édifice ornée d'un fronton où est inscrit : *Hierosolimis Porta templi Domini dicta speciosa.* Aux bases de deux élégantes colonnettes, supportant ce fronton, les lettres MA. et LV. Enfin soixante et une planches de figures géométriques. Sur un dernier feuillet *Arbor, proportio et proportionalitas.* (Librairie Techener.)

Cet important ouvrage a été l'objet de très nombreuses discussions. Rio l'attribue à Léonard ; Cicognora d'après Vasari le donne à Piero della Francesca dont Paciolo n'aurait été que le plagiaire. Il semble établi que Paciolo en est le véritable auteur (voir Faye, Fiorillo, Karstner et autres). Quant aux planches, certaines peuvent avoir été gravées d'après des dessins de Léonard, ami de Paciolo ; le doute ne serait guère possible si l'on se rapporte à ces mots de la dédicace de Paciolo à Pierre Soderno : « tanto ardore ut schemata quoque sua Vincii nostri Leonardi manibus scalpta, quod opticen instructiorem reddere possent addiderim.

1509

Euclidis Opera a Campano Interprete tralata, Lucas Pacciolus de Burgo emendavit et multas necessarias addidit.

In-folio. Nombreuses figures de science. *Venetiis Paganius Paganinus 1509*. (Libri, 1861, page 590.)

1510.

Pronostico e profecia de le cose debeno succedere gñralmente, maxime de le guere comentiate per magni potentati contra Venetiani, adi xx de Zenaro M. V. X.

In-4 de 8 ff. avec une fig. allégorique sur le titre. Cet opuscule doit avoir été imprimé à l'époque même de sa composition. Au verso du titre commence une épître *ad Iulium Ligurum Pont. Max.*, et à la quatrième page les prophéties en vers, lesquelles sont suivies de petites pièces qui célèbrent différents souverains et cardinaux. La pièce relative aux Vénitiens est fort satirique. (Brunet, vol. 4, col. 903.)

1510.

Vita di Sam Giouanni gualberto glorio | so confessore e institutore del | ordine di Valombrosa.

In-4 ; 4 feuillets préliminaires, 35 chiffrés. Titre goth. rouge. Au frontispice, la figure de S. Giovanni Gualberto frappant la tête du démon avec la pointe de sa béquille. Le saint est dans une niche à pilastres, dans un encadrement. Sous le titre, le lys de Giunta. Au verso du dernier feuillet prélim., un grand bois représentant le Christ en croix, la Vierge pleurant, et S. Jean ; en face, les armes de Valombrose entourées d'une bordure. Initiales ornées. A la dernière page de la première partie est répété le bois du frontispice. A la fin : *Vita del glorioso sam Giovanni Gualberto institutore del ordine di Valēbrosa : In Venetia per Lucantonio di Giunta fiorentino diligentemente impressa nel anno da la nativita di Jesu Christo. MDX. A di 6 di Martio.* (Bibl. Nationale de Florence, et collection de M. de Landau.)

1510.

Imperiale che tratta gli triumphi honori et feste ché ebbe Julio Cesaro ne la citta di Roma : dappuoi per la inuidia : et per le cose soperchie Bruto e Cassio con cinquanta senatori a che modo gli diedero la morte : et le magne esequie che fuorono celebrate al suo corpo : et come Ottauiano successe : et come persequito li occisori qui quello : et la morte di Bruto e Cassio : con molte altre belle historie.

In-4, titre gothique, texte en lettres rondes, 53 feuillets numérotés. Au-dessous du titre, joli bois au trait, d'une taille fine et soignée : un souverain sur son trône, la main droite levée, le sceptre de la gauche s'adresse à deux personnages à genoux à gauche ; à droite, un autre personnage assis. Cette vignette ne paraît pas avoir été faite pour ce volume. A la fin du verso 53 : *In Venetia per Simone de Luere nela contrata di San Cassano Vltimo Agosto. M.D.X.* Le registre suit. (Marciani 35947).

D'après Borghini (dans le recueil des *Prose fiorentine*, t. IV, 4° part., p. 305), cet ouvrage qui, aux noms des personnages près, serait presque semblable à l'*Urbano* imprimé sous le nom de Boccace, ne serait que la reproduction d'une Nouvelle en prose composée vers 1400 par Cambio di Stefano canonico di Fiordo. (Brunet, t. III, col. 431.)

1510.

Apuleius cum cōmento Beroaldi et figuris nouiter additis.

In-folio, titre gothique sur le feuillet a-i, paginé 1; ccxxxvi feuillets, lettres rondes; 43 vignettes ombrées fort médiocres. Au dernier feuillet : *Venetiis p Philippū pinciū Mātuenū impssū Anno dni M.CCCCC.X. Die xvi septēbris...* Au-dessous le registre.

1516. — *Apuleius cum commento Beroaldi, et figuris noviter additis.*

In-folio de 14 ff. prél. et de 168 numérotés au recto. Caract. romains. Au f. 1, bois ombré, trois figures de femmes, dont une lit un écrit à deux hommes vêtus de tuniques et couronnés de lauriers. Au-dessous grande initiale ornée. Nombreuses vignettes médiocres, dans le texte. A la fin : *Venetiis in aedibus Joannis Tacuini de Tridino impressum. Inclyto Lauredano principe. Anno Domini MDXVI. xii Kalend. Junii.* (Bibliothèque nationale de Florence.)

1518. — APULEGIO VOLGARE, *tradocto per el conte Mattheo Maria Boiardo.*

In-8 de 104 ff. (A-N par 8). Le titre est encadré d'un ornement ombré. 31 bois assez mauvais dans le style de l'atelier Z. A. A la fin : *Finito Lucio Apulegio uolgare a consolatione de li animi pelegrini. Stampato in la inclita citta di Venetia adi x de septembrio MD.XVIII. Per io Nicolo d'Aristotele da Ferrara, et Vincenzo de Polo da Venetia mio compagno regnante lo inclito Principe Leonardo Lauredano.* Puis la marque de Zopino. (*Museo Civico e Correr*, L. 302 et Catalogue Landau, t. II, p. 263.)

1519. — *Apulegio volgare... diligentemente correcto, con le sue fabule in margine poste, traducto per il magnifico conte Matteo Maria Bojardo, nuouamente stampato et in molti lochi aggiontoui che nella prima impressione gli manchaua.*

Pet. in-8 de 124 ff. en lettres ital., avec fig. sur bois. A la fin : *Stampato ĩ... Venetia adi iii d' setēbrio. M. D. xviiii. Per io Nicolo daristotile da Ferrara, et Vincenzo de Polo da Venetia mio cōpagno.* (Brunet, t. I, col. 365.)

1523. — *Apulegio Volgare.*

Petit in-8 avec fig. sur bois. A la fin : *Tacuino da Trino*, 1523. (Brunet, t. I, col. 365.)

1510.

Compendio delli Abbati generali | di Valembrosa : e di alcuni | monaci e conuersi di | epso ordine.

In-4 de 20 feuillets chiffrés ; caract. romains. Au frontispice les armes de Valombroso. Au verso du dernier feuil. le bois paru dans la Vie de S. Giovanni Gualberto (le saint et le démon). Initiales ornées. A la fin : *Cōpendio delli Abbati generali di Valēbrosa : et di alcuni monaci et cōversi di epso ordine : In Venetia per Lucantonio di giũta fiorētino diligētemēte ĩpressa. Ne lano MDX. Adi x septēbre.* (Bibliothèque nationale de Florence, p. 110.)

1510.

La obsidione di Padua ne la quale se tractano tutte le cose che sonno accorse dal giorno che per el prestantissimo messere Andrea Gritti Proueditore generale fu reacquistata : che fu adi. 17. Luio 1509. per insino che Maximiliano imperatore da quella si leuo.

In-4, titre gothique ; texte en lettres rondes. Au-dessous du titre, un grand et curieux bois au trait, d'un tout autre style que les b, F, etc., et accusant un art plus rude, de traits plus simples (1) ; si le tailleur sur bois ne révèle pas toutes les ressources de ses prédécesseurs, le dessinateur ne semble pas sans habileté. Les soldats surtout sont assez bien traités. Quatre feuillets par cahier ; pages numérotées de 1 à 20. Verso 20 : *Impressa in Venetia nel M.D.X. Adi iii Octobrio.* Au-dessous : *Cum gratia che nullo sotto lo ILL^{mo} dominio Veneto la presenta operetta imprimere ardisca sotto la pene nel priuilegio se contieneno* (Bibliothèque nationale. Réserve Y+).

Voici ce que dit le Catalogue Libri (1847, page 206) : « Pièce de 20 ff. à deux colonnes. Une gravure en bois représente la ville de Padoue avec ses fortifications démantelées. Au dehors on voit l'armée de l'empereur Maximilien avec l'artillerie qui tire contre cette ville, et un groupe de fantassins et de cavaliers qui marchent au son du tambour et du fifre. Ce poème, en six chants et en *ottava rima*, raconte en détail et jour par jour les progrès et les accidents de ce siège célèbre. Dans une lettre de L. Lampridio à L. Balbi, placée au verso du premier feuillet, on certifie la vérité de ce récit, et l'on nomme l'auteur du

---

(1) Cette gravure sera copiée dans *El Lagrimoso lamento | che fa il gran maestro di Rodi...* S. l. n. d., mais Venise, vers 1522, date de la prise de Rhodes par Soliman. Elle reparaît dans une édition du même *Lagrimoso lamento*, à Florence, *appresso Michel-Agnolo Arnesi*, M.D.C.XVIIII. (Marciana 1945.)

poème qu'on appelle Cordo. Nous ne savons quel est ce poète, qu'il ne faut pas confondre avec le célèbre *Urceus Codrus*, mort neuf ans avant le commencement du siège dont il s'agit ici. Si ce poème, que l'imprimeur a rempli de fautes intolérables, était reproduit correctement, nous ne doutons pas qu'il ne fût lu avec plaisir et fruit. L'auteur promet une suite qui, probablement, n'a jamais vu le jour. Dans cette annonce, il dit qu'il ne parlera ni de Roland ni de Renaud, et qu'il faut s'occuper de l'Italie. Les 14 dernières stances de ce poème sont consacrées à prêcher la paix entre les Italiens et la haine de l'étranger. En voici une qui fera juger du reste ; nous corrigeons les fautes d'impression :

« *O Miei Italiani sú che si faccia alto,*
« *Nè siate più di voi stessi ribelli ;*
« *Levate via lo adamantino smalto*
« *Che vi ricopre i cuori, o poverelli !*
« *Insieme uniti omai si faccia assalto*
« *Contro chi guasta d'Italia i gioielli,*
« *E spoglisi ciascun d'ira e rancone,*
« *E sia un solo ovile et un pastore.* »

1515. — *La obsidione di Padua.* Venetia, Alex. di Bindoni, 1515, in-4 de 20 ff. à 2 col. « Réimpression de la pièce précédente avec la même figure sur le titre. » (Cat. Libri, 1847, page 206.)

1510.

Fioretto de cose noue nobilissime e degne | *de diuersi ductori nouiter stampate cioe.* | *Sonetti* | *Egloge* | *Barzellette, etc...*

Petit in-8, lettres rondes ; signature A-M. Au-dessous du titre, bois ombré assez bien dessiné, mais d'une taille peu soignée : une femme nue, avec ces mots sur une banderole qu'elle tient de la main droite *SOLA VIRTUS;* elle est debout sur des animaux couchés, (un lion, un paon, un âne), dont on ne voit que la tête, leurs corps étant cachés par des draperies. A la fin : *Impresso in Venetia per Georgio de Rusconi M. D. X. adi xxvi di Nouembre* (Marciana 2427). Brunet cite cette édition ainsi que d'autres de cet ouvrage fort rare sans les décrire, ne les ayant jamais vues, le titre qu'il donne n'est pas absolument exact. (Vol. 2, col. 1266.)

1516. — *Fioretto de cose noue nobilissime et de diversi auctori nouiter stapate. cioe. Sonetti Egloghe...*

In-8, caractères romains avec le registre A-M. Au frontispice le titre de l'édition précédente avec la figure *Sola Virtus.* A la fin : *Impresso in Venetia per Georgio de Ruschoi. Milanese. Ne li ani. del nro. Signor. M. CCCCC. XVI. Adi 24 Zenaro.* (Molini... Operette... p. 204.)

1510.

Opere del Illustre e Excellentissimo Signor Nicolo da Corregia intitulate la Psyche e la Aurora Stampate nouamente : e ben correcte.

In-8; au-dessous du titre, en lettres rondes, un bois ombré ; *Cupido* dort, étendu sur son lit, ses flèches et son carquois à terre ; à gauche, *Psyche* s'approche, une lampe à la main pour lui couper les ailes. Encadrement à fond noir, bois médiocre ; G$_{III}$, *FINIS;* au verso, bois ombré du même style que le précédent, mais d'une exécution meilleure, représentant *Cœphalo* et *Aurora,* l'un à gauche, debout, une chèvre près de lui, l'autre assise contre un arbre, jouant de la cornemuse ; un mouton près d'elle. Au recto du f. suivant *Fabula di Cœphalo* etc. A la fin: FINIS. *Impressa in Venetia per Georgio de Rus-*

coni. M. DX. Adi iiii di Decêbre. — Une réimpression a paru en 1513, 20 avril, chez le même *Georgio de Rusconi*.

1515. — *Opere del illustre et excellentissimo signor Corregia intitulate La Psyche et la Aurora (Fabula di Cœphalo 5 a. e prol. V.), stampate novamente et ben corrette.*

In-8. Signatures A-M ii, figures sur bois, lettres rondes. *Venetia, Georgio di Rusconi*, 1515. Ces deux pièces d'une extrême rareté ne sont point indiquées dans la *Drammaturgia* d'Allacci ; la seconde fut représentée à Ferrare, le 27 janvier 1486. (Catalogue Soleinne, t. IV, p. 15.)

In-8, figure sur bois. *Venetia 1515*. (Libri, 1861, p. 571.)

1518. — *Opere del Illustre e Excellêtissimo Signor Nicolo da Corregia intitulate la Psyche e la Aurora...*

In-12; feuil. Aɪ même fig. que dans les éditions précédentes. La seconde fig. *Cœphalo* et *Aurora* est différente. C'est un assez bon bois, au trait, tiré d'un ouvrage antérieur ; un personnage revêtu d'une sorte de toge, sort d'une maison et s'entretient avec un jeune homme, l'épée au côté, aux longs cheveux et vêtu à la vénitienne. A la fin : *Impressa in Venetia per Georgio de Rusconi Milanese Ne lanno del nostro Signor M. CCCCC. XVIII. Adi xv de Octobre*. (Marciana 47667-47668-47669).

1521. — *Opere del Illustre e Excellentissimo Signor Nicolo da Corregia Intitulate la Psyche e la Aurora...*

In-12. Au-dessous du titre bois ombré, copié sur les éditions précédentes, les deux petites fenêtres que l'on voyait à droite et à gauche n'existent plus, le fond du lit n'est pas entièrement ombré et les carreaux blancs et noirs du plancher ont été supprimés ; quoique l'autre bois soit médiocre, celui-ci est encore inférieur. La gravure de *Aurora* et *Cephalo* a été changée: Cephale couronné debout, au premier plan, un chien couché à côté de lui ; une forêt à gauche, où l'on aperçoit Aurora se glissant au milieu des branches pour voir Céphale. Cette vignette ombrée au verso Dɪɪɪ est médiocre. A la fin : *Stāpata in Venetia per Nicolo zopino e Vincentio cōpagno nel M. CCCCC. XXI.* (Marciana 2166.)

1510.

Colletanio de cose noue...

In-12. L'exemplaire de cette date consulté par nous n'a pas de premier feuillet, mais une édition semblable ayant paru en 1513, avec le titre ci-dessus, il est probable que ce titre est celui de l'édition de 1510. 20 bois pour la plupart très petits (41^{mm} sur 32^{mm} de haut) ; feuillet B, une sorte de Triomphe de la mort ; bois ombré, les personnages se présentent de profil, marchant de gauche à droite, et traînés par deux bœufs ; sur le char trois squelettes vus de face ; sur le devant, un est assis tenant un crâne, un autre, sur la plate-forme, souffle dans une grande trompette qu'il tient de la main droite, tandis qu'il a un sablier dans la gauche. Un autre squelette, coiffé d'un bonnet, tenant une bannière avec une tête de mort, marche à gauche des bœufs. Du côté du char qui nous fait face des ossements en croix et des crânes, qui reparaissent sur la couverture des bœufs, et à terre. La gravure est peu soignée, mais curieuse. Feuillet Cɪɪɪ, bois de la même grandeur, la Madone morte, étendue sur un lit, 6 personnages nimbés, la regardant plongés dans le désespoir ; bois ombré médiocre. Feuillet G : *Mise au tombeau* de l'édition des *Méditations*, sans date : sept personnages et le Christ, trois arbres, un au milieu et un de chaque côté, dont on ne voit que la moitié, INRI, quatre touffes d'herbes contre la bordure. — Verso G, *Crucifixion* de l'édition des *Méditations* de 1508 de Rusconi. Les autres petits bois, généralement au trait, sont d'une facture et d'une composition simples, mais ils ne manquent ni de charme ni de distinction. A la fin : *FINIS. Impressa in Venetia per Georgio de Rusconi. M. DX. Adi ix di Decēbre.* (Marciana.)

1513. — *Colletanio De cose Noue... etc. Recollecto per mi Nicolo dicto Zopino.* (La première ligne du titre en caractères gothiques.)

In-12; 4 feuillets par cahier. — Au-dessous du titre, dont la première ligne en goth., un bois ombré de 87 mm. sur 77 mm. de hauteur : la Vierge assise, tenant l'enfant Jésus sur sa jambe gauche; à droite, quatre saintes femmes à genoux; à gauche, quatre hommes. — 23 petits bois (41 mm. sur 32 mm. de hauteur) au trait, n'offrant que la scène principale au premier plan, et sans arrière-plan. Parmi ces vignettes, nous trouvons, verso F-III, la *Crucifixion* avec trois personnages; feuillet G, la *Mise au tombeau,* toutes deux tirées des *Méditations,* sans date; et, verso G-III, la *Crucifixion* des *Méditations* de 1508 de Rusconi. Au dernier feuillet, M-4 : *Impressa in Venetia er Georgio de Rusconi. M.D.XIII. Adi .V. di Mazo.*

1524. — *Calletanio de cose Noue | Spirituale Zoe Sonetti Laude Capi | tuli et Stantie Comsposte Da Di | uersi et Preclarissimi Poeti Historiato Con al | tre cose agiunte.*

In-8 de 48 ff. (A. F. par 8). Car. rom. La gravure en bois qui est au titre est répétée au verso du frontispice; 23 petites fig. sur bois intercalées dans le texte. A la fin, la marque des imprimeurs. Le vol. contient d'abord 23 sonnets, dont le premier commence par : « IO son lhorribil morte estremo fine »; puis 3 chapitres in terza rima : « ℂ Capitolo Dela Madonna (COn humil voce con la lingua indegna), ALphabeto (ALma celeste madre sponsa elletta, ℂ Capitolo Della vita Dela Nostradonna (Vergene scudo Dele ben nataline »); à la suite : « ℭ Salue regina (Salue regina matre gloriosa), ℭ Defunta : et morta sua Dolente Euridice (QVi genuflexo a te virgo Maria), ℭ Capitolo Dela Madonna (VErgine sacra gloriosa eterna), ℭ Capitolo ala Gloriosa Vergine Maria (VErgine sacra Gloriosa stella), ℭ Epistola in laude Dela madonna (CElestiale immago in terra sola), ℭ Epistola in laude de la Madonna ALMA Regina fiammeggiante stella), ℭ Capitolo primo (ALe lachryme : al pianto ognun se moua) ℭ Popule meus quid feci tibi (INgrato senza cor che te falto io), ℭ Ad laudem virginis Marie (DE ingeniti sospiri io mi nutrico) ». Ces 7 dernières pièces sont in terza rima. Suivent les Laude : « ℭ Pianto Della Madonna (HOggi e il tempo o peccatore), ℭ Laude Del Signore (O superno et alto Dio), ℭ In nativitate Domini (O Mirando o Gran stupore), ℭ Lauda (PEccatori fu tutti quanti), ℭ Lauda (AL bel fonte sacro et Degno), ℭ Lauda de la morte (AL La morte horrenda e scura), ℭ Lauda De la morte (Dolor pianto et penitentia), Lauda Della Morte (Cor maligno pien si grande), ℭ Lauda (O Mondana sapientia), Credo Di Dante (CRedo in vn solo omnipotente Dio), Lauda Del Paradiso (Obum Drice al ciel el viso), ℭ Lauda (Occhi mia di lacrymare), ℭ Lauda (IN nulla vol porre la sua speranza), ℭ Lauda Del signore (HAi Despietata sorte), ℭ Lauda (Ognun chiami Iesu), ℭ Oratione De santo Augustino (O Dulcissimo signor clemente e pio », 12 octaves). Enfin : ℭ Sonetto azonto (Dimi popol crudel che te io fato). » A la fin : *Stampata nella inclita citta di Venetia per Nicolo e Vicentio compagno Nel M.D.XXIIII. Adi. XX. De Ottubrio. Regnante lo inclito principe messer Andrea Gritti.* (Cat. Landau, vol. II, p. 291.)

1510.

Lo illustro poeta Cecho Dascoli, con comento di Massetti novamento trovato : et nobilimente historiato :

1519. — *Lo Illustre poeta Cecho Dascholi con commento novamente trovato : et nobilmente historiato ecc. revisto : et emendato : et da molta incorrectione extirpato et da antiquo suo vestigio exemplato, etc.*

In-4. *Venetiis, Melchior de Sessa*, 1510, avec des fig. en bois.

« Le Commentaire de Massetti ne porte que sur les deux premiers livres, et il est à remarquer que dans cette édition, aussi bien que dans celles qui l'ont suivie, le poème est partagé en 5 livres, parce que du dernier chapitre du 4°, intitulé *Della nostra sancta fede,* on en a fait un 5° en y ajoutant quatorze vers, sous le titre de *Conclusio hujus operis, cap. ultimo,* lesquels sont bien dans la première édition de *Ferrando,* dans celle de 1476 et dans celle de 1510, mais manquent dans une partie des autres éditions du même poème, faites dans le xv° siècle et divisées en quatre livres seulement. » (Brunet, vol. I, col. 1713.)

1516. — *Lo illustro* (sic) *poeta Cecho dascoli con el comento nouamente trouato e nobilmente historiato, etc.*

In-4, lettres rondes ; sous le titre, un vieillard couronné de lauriers tient le bâton d'une sphère armillaire de la main droite et un compas de la gauche ; à côté de lui, un personnage lui parle, montrant la sphère de la main gauche ; bois ombré d'une exécution médiocre ; au milieu, les deux lettres *L. F,* qu'il faut sans doute interpréter *L. fecit,* ce bois étant tout à fait dans le style de *L.* ; feuillet 5, deux personnages assis, un grand globe du monde au milieu ; copie fort médiocre de l'*Almageste.* Nombreux petits bois sans valeur, figures astronomiques, personnages et animaux. A la fin : *Impresso in Venetia per Marchio Sessa e Piero di rauani Bersano Compagni nelano del Signore. M. CCCCC. XVI.* Au-dessous, marque de Sessa, le chat et la souris avec M. S. (Marciana, 5088.)

In-8, figures sur bois. *Venetia, Taccuino da Trino,* 1519.

1524. — *Lo Illustre poeta Dascoli...*

In-12. Au-dessous du titre, en lettres goth. rouges et noires, un bois ombré prenant toute la page ; l'auteur, assis, penché en avant, regarde le ciel et tient un compas de la main gauche. Assez bonne exécution, quoique de style médiocre. Nombreux mauvais petits bois. A la fin : *Impresso in Venetia nel anno del signore M.D.XXIIII. Adi. XX. Auosto.* Le registre et au-dessous une vignette. (Marciana.)

1510.

Epistola di sancto Bernardo alo aunculo suo Raymundo Caualieri : del mo | do de gouernare la sua fa | miglia : utile ad ogni uno di | che conditione e stato sisia.

In-4, en lettres rondes. Titre gothique, portant un bois ovale qui représente un personnage couronné de lauriers occupé à écrire dans son cabinet. A la fin : *La prisente e soprascrita Epistola ha redutto | in lingua materna latina frate Nicolao da Lucha (del ordine de San | cta Maria del Car- | mine) seruile creatura : e perla | idio gra | tia mae | stro in | Diuina | scriptura | regnando. M. | CC.L | XXXi grā | de pe | stilen | tia. | Et impressa in Venetia per Simo | ne de Luere nel. M.CCCCC.X.* (Rubriques : 10621-7267. *Bibliotheca Colombina*, Recueil G, 37-21. Harrisse, *Excerpta Colombiniana*, 1887, page 192.)

1510.

Tractatulus ualde utilis ad conuincendum Judeos de errore suo : quem habent de Messia adhuc uenturo : et obseruātia legis Mosayce Epistola Pilati Tyberio Imperatori de Christo.

In-12 carré, gothique; 4 feuillets par cahier de a à h; au-dessous du titre, un charmant bois au trait que l'on peut attribuer avec certitude à l'école du *b*, si ce n'est au *b* lui-même, tant il est fin et bien exécuté, il est carré de 65 sur 65 et représente un Roi assis devant un pupitre, écrivant; il est revêtu de riches habits et couronné; à côté de lui une sphère, derrière une horloge, un livre, un sablier et divers instruments d'astronomie; dans le fond à gauche, montagnes, arbres, etc., dans le haut le soleil, la lune et les étoiles. Cette petite vignette charmante de dessin et d'une taille extrêmement fine, non signée, égale les meilleures. Ce Roi astronome serait-il Salomon? Nous retrouverons cette ravissante vignette dans *Horologio della Sapientia* de 1511 du même imprimeur. A la fin: *Venetiis per Simonem de Luere, 1510. In contrata sancti Cassiani.* (Communication de M. Dotti, de Florence.)

Vers 1510.

Regimen sanitatis cum expositione magistri Arnoldi De Villa Nova Cathellano noviter impressus.

In-4. Sur le titre, un bois de 87 mm. hauteur et 108 mm. largeur, entouré d'une simple bordure à fond noir: un professeur dans sa chaire, au trait, parle, la main gauche levée; à droite, un élève qui paraît un enfant fort petit, l'écoutant; le fond est noir ainsi que le plancher; imitation du style florentin, gravure d'une taille médiocre. A la fin: ℭ *Impressum Venetiis per Bernardinū Venetū de Vitalibus.*

Vers 1510.

Opera noua chiamata Potulano : Comenzando da Uenetia andando verso Leuante.

In-8, lettres rondes. Au-dessous du titre goth., une vue de Venise fortifiée, tirée du *Supplementum* ; 4 ff. par cahier. A la fin : *Finito lo libro chiamato Portolano... Laus deo amen.* Au-dessous : *Stampato in Vineggia per Paulo Danza.*

Vers 1510.

In questa historia se contiē le Corrarie e Brusamenti che hanno facto li todeschi in la patria del Friulo con alchune Barzellette pauane.

Au-dessous, bois au trait ; l'auteur présente son livre à un roi assis sur son trône, en présence d'une cour nombreuse ; la figure du roi est ombrée. Bois médiocre. Imprimé à Venise vers 1510.

Vers 1510.

Una Aue Maria e alcuni Epigrammi Spirituali Composti per Notturno Napolitano (1).

In-8, lettres rondes. Sous le titre goth., petit bois au trait, l'*Annonciation* : A droite, la Vierge agenouillée à son prie-Dieu ; devant elle, l'ange un genou en terre, le lys dans la main gauche (cette attitude est rare dans les représentations vénitiennes de l'Annonciation); dans le coin à gauche, Dieu le Père, le Saint-Esprit volant dans un rayon vers la Vierge ; bâtiments à droite. Quatre feuillets, sans lieu ni date ; mais évidemment imprimés à Venise au commencement du xvi° siècle. Ce bois n'est pas original, les cassures du cadre l'indiquent. (Marciana 5603.)

(1) *Della Storia e della ragione d'ogni Poesia* par Quadrio, vol. II, p. 214.

Vers 1510.

Incomenza el Libro de contēplatione chiamato Amore Langueo reuelato dalla summa e eterna sapientia ad uno suo discipulo chiamato Isaac...

In-12. Au-dessous du titre goth., une *Annonciation*; f. a ɪɪɪɪ, *Résurrection*; b vɪ, verso c v, verso d ɪɪ, verso e v, bois de la *Bible de Mallermi*; f. ɪɪ, *Crucifixion*. Tous ces bois sont au trait, mais très médiocres. L'exemplaire que nous avons consulté se termine à k vɪɪɪ; la fin manque. (Marciana 70993.)

1511.

Opera noua della Vita et morte della Diua et Seraphica S. Catarīa. da Siēa. coposta. p. lo excellētissimo et famosissimo Poeta miser Io Pollio Aretino. In rima. In stramotti. Capituli, etc....

In-4 à deux colonnes de 4 et xxxɪx ff. et un f. blanc à la fin. Sign. a-k. Frontispice orné et figures sur bois. A la fin : *Stampato in Venetia per Zorzi da Rusconi Milanese. A instanza de Nicolo Zopino nel M.CCCCC.XI. Adi xiii Febraro.* Réimpression d'une édition parue à Sienne en 1505. Malgré le titre, ce livre n'est point un ouvrage de sainte Catherine de Sienne, mais un poème ascétique composé par Ioanni Pollio Pollastrino Aretino, en l'honneur de la sainte. (Molini... *Operette...* p. 315. *Aggiunti et correzioni* à Brunet.)

1511.

Ptolemœus (Claudius) — *Liber geographiæ, cvm tabulis et universali figura, et additione locorvm quæ a recentioribvs reperta sunt, diligenti cura emendatus et impressus (cum annotationibus Bern. Sylvani Eboliensis.)*

In-folio en noir et rouge, sur 2 col. de 60 lign. en lettres rondes. 62 ff. de texte dont 4 prél. sign. A-J, plus 28 cartes géogr. gravées sur bois. *Venetiis per Jacobum Pentium de Leucho. Anno domini M.D.XI Die XX Mensis Martii.* (Brunet, vol. 4, col. 954 et Harrisse 126.)

1511.

Falconetto de la bataie che lui fece con li | Paladini de Franza E de la sua morte.

In-4°, caractères ronds, de 20 ff. à deux colonnes sign. A-E ; figures sur bois. Le premier feuillet porte au recto le titre ci-dessus en caractères gothiques et au-dessous un bois représentant un chevalier entouré d'un encadrement carré. Le verso est blanc ; au milieu du recto du second feuillet (*A. ii*) *Canto primo* et le poème commence à la première colonne : *Overo iusto...* — Les gravures occupent toujours l'espace d'une octave et les chants, commençant par une majuscule de la hauteur de deux lignes, n'ont pas d'autre division. Au recto du dernier feuillet (*E*) deux vers et la souscription : *Qui finisse il libro de Falconeto : nel qual tracta de molte nobilissime bataglie. Stampato ĩ Venesia per Marchion Sessa. Nel. M. D. XI. Adi XXX. de Mazo.* Au-desous la marque de l'imprimeur. (Melzi, page 63.)

1512. — *Falconeto dele bataglie che lui fece | Con li Paladini In franza E de la sua morte.*

In-4° à deux colonnes, lettres gothiques, identique d'ailleurs à l'édition de 1511 ; au-dessous du titre, bois légèrement ombré représentant un chevalier de trois quarts à cheval, tenant une bannière de la main droite ; cette figure est médiocre. Il n'y a pas de fond et les terrains sont indiqués par quelques ombres, des herbes rares et un petit arbre à gauche; encadrement à fond noir; 21 mauvaises petites vignettes. A la fin: *Stampato in Venetia 1512.* (Bibl. Nat. Réserve Y. 3508.)

1513. — *Vendetta di Falconeto. Libro de Mirandi Facti di Paladini Entitulato Vendetta di Falchonetto. Nouamente historiato.*

In-4°, caractères romains, 80 ff. à deux colonnes non chiffrés, sign. A-K; sous le titre, un bois de forme circulaire représentant Charlemagne à cheval; au verso du frontispice, bois à deux compartiments; au recto du feuillet A ii commence le poème. A la fin: *Qui finisse il Libro chiamato la Vendeta di Falchoneto. Stampata in Venetia nel M. D. XIII. adi. XXVIII de Octobrio.*

Dans cette edition (dit M. Melzi, p. 66), le texte ne contient qu'une petite partie du poème tel qu'il est dans l'édition de Milan, 1512. On y a ajouté une dernière octave où est promis un autre poème intitulé *Tiburgo.* Ce Tiburgo est un des héros dont les prouesses sont rapportées dans le grand poème ci-dessus, impr. en 1512. S'il existe réellement un poème sous ce nom, il est à croire qu'il est extrait de la *Vendetta di Falconeto,* comme de l'*Innamoramento di Carlo* est tiré le *Salione.* (Brunet, t. I, col. 1170.)

1511.

Tractatus Reuerendi baccalari primi cōuen | tus sancti Antoni de Padua fratris petri siculi | ruuectani Minoritani ordinis i quo impugnatur de | punto ad puntum. Tractatulus.

In-4° de 4 feuillets; au-dessous du titre, joli bois ombré: à droite saint François, à genoux, devant l'entrée du rocher creux qui lui sert de retraite, reçoit les stigmates d'un christ crucifié et ailé qui se trouve dans le coin à gauche en haut ; en bas, un religieux assis et lisant. Entourage à fond noir d'environ 5 mill. Cette vignette, avec ses terrains noirs, a plutôt l'aspect florentin que vénitien ; toutefois ce n'est pas une reproduction, mais un bois original, à en juger par sa netteté et sa fraîcheur. A la fin : *Impressum Venecciis* (sic). *1511. die uigesima quarta aprilis.* (Marciana 1404.)

1511.

Annei Lucani Bellorum | ciuilium scriptoris accuratissimi Pharsalia.

In-folio, 4 f. prél. 205 chiff. Marque de Sessa sur le titre gothique ; 9 petits bois légèrement ombrés, passables. A la fin, au verso du dernier f. *Impressum Venetiis per Augustinum de Zanis de Portesio. Impensis... Viri Melchioris Sessae. M. D. XI. die. IIII. Mēsis Iunii.* Au-dessous marque noire. *M. S.*

1520. — Lucanus. *Pharsalia.*

In-fol. 4 ff. lim. et ccvi ff. ch. Car. rom. Encadrement sur le titre et 10 figures dans le texte, une en tête de chaque livre. A la fin : *In Aedibus Guilielmi de Fontaneto Montisferrati. Anno Domini. M.D.XX. Die. XVIII. Februarii. Inclyto Leonardo Lauretano Principe.* (Bibliothèque Landau.)

1511.

Libro del Gigante Morante E de re Carlo. E de tutti | li paladini. E del conquisto che orlando Fece de | la cita de sannia.

In-4°, en lettres rondes, de 16 feuillets non chiffrés à 2 colonnes. Au titre gothique, le géant Morgan appuyé sur un bouclier à l'emblème du scorpion. Dans le corps du livre, sept petits bois. A la fin : *Impresso in Venetia per Marchion Sessa | nel. M.CCCCC.Xi. adi XX. di Zugno*, et la marque de l'imprimeur. Melzi ne cite pas cette édition. (Harrisse, *Excerpta Colombiniana*, p. 206.)

1511.

Incomincia il libro del Danese | ave regina piena de humiltade | uerace madre de li peccatori | uita dulcedo sei de dignitade.

In-4°, de 47 feuillets imprimés en caractères romains, à deux colonnes. Sur le premier feuillet, un bois représentant Ogier le danois, à cheval, avec *DANESE* en caractères gothiques ; le titre que nous avons donné : *Incomincia...* se trouve sur le deuxième feuillet (A-ii) au-dessous d'une gravure sur bois. A la fin : *Impresso in Venetia del M.CCCCC.Xi adi. iiii. de Luio*. (Melzi... p. 24.)

Ce poème, en quarante-sept chants et en octaves, est une production très médiocre, attribuée à Jérôme Tromba de Nocera.

1511.

Ex emendationibus, adque cōmentariis Bernardi Saraceni, | Ioannis Petri Vallæ Plauti Co | mœdie. XX.

In-folio ; au premier feuillet le titre, dans une circonférence qui se trouve au milieu de la page, entouré d'un riche ornement au trait formé de branches et de feuilles ; le tout est compris dans l'encadrement de l'Ovide de 1497. La pagination commence au premier feuillet ; 10 ff. préliminaires ; au verso du dixième feuillet, le grand bois du *Térence*, le théâtre antique ; très nombreux petits bois, médiocres, représentant les scènes et formés de un ou plusieurs personnages, gravés chacun sur un seul bois et placés les uns à côté des autres suivant la scène qu'ils doivent représenter. Lorsque la gravure ne doit contenir qu'un ou deux personnages, afin qu'elle soit de la dimension voulue, on l'agrandit à l'aide de petits bois représentant une maison, un arbre, ou bien en ajoutant de chaque côté des ornements soit au trait, soit à fond noir. Ces vignettes, légèrement ombrées, sont l'œuvre d'un tailleur sans talent; les détails sont peu soignés et l'ensemble n'a rien d'artistique. Verso 189, le registre et : *Impressum Venetiis per Lazarum soardum. | Die. xiiii Augusti. M. D.XI.* La marque noire, avec les lettres L. S. O.

1517. — *Marci Actii Plauti...*

In-folio, marque de Sessa, bois ombrés et grandis du Plaute de 1511. Exécution très médiocre. *Finiunt... Venetiis per Melchiorē Sessam et Petrũ de ravanis socios anno dni MDXVII die duodecio Augusti.* Petite marque de Sessa.

1518. — MARCI ACTII PLAUTI *Linguæ latinae principis...*

In-folio. Au-dessous du titre goth. rouge et noir la grande marque de Sessa, table et dédicace. Feuillet 1 AMPHITRYO. 88 bois ombrés, médiocres, cinq portant la signature L. (10-367) 377 feuillets; au verso du dernier, au-dessous du registre : *Finiunt uiginti Plauti.. īpressæqz Venetiis per Melchiorē Sessam et Petrũ de rauanis socios. Anno dñi. M. D. XVIII. die duodecimo Augusti.* Au dessous, la marque de Sessa. (Bibl. de Nice.)

1511.

Opere de Miser Antonio | Thibaldeo da Ferrara.

In-4, lettres rondes, à deux colonnes ; 8 feuillets par cahier ; au-dessous du titre, bois ombré, assez médiocre, représentant, à gauche, l'auteur? assis à son pupitre offrant son livre à un personnage debout devant lui ; cette page est encadrée de l'ornement à fond noir, qui présente en bas les deux lions dos à dos. A la fin : *Impresso in Venetia per Alexandro de Bindonis. M. CCCCC. XI. del mese de Augusto.* (Bibl. Nat. Réserve Y+3955.) Res yd. 576

1518. — *Stātie noue de Miser Antonio Thibaldeo...*

In-8, lettres rondes. Au-dessous du titre goth. rouge et noir bois ombré sans valeur artistique : Thibaldeo debout joue du violon au milieu de femmes, placées à droite et à gauche, l'accompagnant sur divers instruments. Cette vignette, non signée, est dans la manière de Z. A. A la fin : *Impresso in Venetia per Nicolo dicto Zopino e Vincentio compagni Nel anno... M. CCCCC. XVIII. Adi xvii de Septembre* et la marque de Zoppino.

1520. — *Stātie noue de Miser Antonio | Thibaldeo : Dū vecchio quale nō amādo in gio | uentu...*

In-8, lettres rondes, 8 feuillets par cahier ; au-dessous du titre, bois de l'édition précédente. Verso du dernier feuillet : *Impresso in Venetia per Nicolo dicto Zopino e Vincentio compagno. Nel anno della Incarnatione del Nostro Signore. M. CCCCC. XX. adi. i. de Aprile.* Recto suivant marque de Zopino : *S. Nicolavs* et *N.-Z.* (Bibl. Nat. Réserve Y. 4149).

S. D. — *Opere del Thibaldeo da Ferrara Cioe Sonetti. Dialoghi...*

In-4. Sous le titre bois ombré, médiocre : l'auteur à gauche, jouant de la mandoline ; à droite, un amour les yeux bandés décoche une flèche ; dans le bas sur la droite la signature *L*. Cette vignette a un encadrement à fond noir ; la page elle-même est encadrée d'un ornement à fond noir (les deux liions dos à dos) d'un très joli style. S. L.

N. D., lettres vénitiennes, encadrements et gravures vénitiennes, postérieures à 1505 ?

1511.

LA VITA ET TRANSITO e li Miracoli del beatissimo Hieronymo doctore.

In-4° de 82 ff. chiffrés, lettres rondes ; au milieu de la page, mauvais bois carré, ombré, représentant saint Jérome écrivant, le lion à côté de lui ; la page est entourée d'un encadrement lourd et assez médiocre. A la fin : *Stampato in Venetia per Augustino de Zani da Portese. Nel anno. M.D.XI. adi. Xii. Setembrio.* Puis le registre. (Museo Civico e Correr, G 204.)

1511.

Reali di Franza cum figure nouamente stampato.

In-folio de 105 ff. non chiffrés ; 5 feuillets pour la table ; le texte, imprimé en caractères ronds à deux colonnes, registré *a-r*, commence au 6e. Titre en gothique, et au-dessous un bois représentant Charlemagne sur son trône entouré de ses paladins, tendant la main à un guerrier agenouillé à gauche. La page suivante blanche. Dans le texte, nombreux bois, batailles, sièges et scènes diverses, beaucoup répétés plusieurs fois. Au commencement du chapitre III du premier livre la rencontre d'Alboin et du pape Sylvestre ; en haut, au-dessus de la tête du pape, la lettre S. Nombreuses initiales ornées. A la fin : *Stampata in Venetia del MCCCCXI. Adi primo de Octubrio.* (Bibliothèque Nationale de Florence. Melzi... p. 2).

1511.

Inamoramento de Paris e Viena novamente historiado.

In-4°, caractères gothiques ; figures sur bois. A la fin : *Venetia, Piero di Quarengii da Bergamo, 1511.* (Melzi, p. 302, Brunet, t. IV, col. 373.)

1512. — *Inamoramento de Paris e Viena novamente historiado.*

In-4°, caractères ronds à deux colonnes ; figures en bois. A la fin : *Impresso in Venetia per Ioanne Thacuino da Trino. del anno. M.CCCCC. xii. adi ix. Febrero.*

1519. — *Inamoramento De Paris e Uienna Historiato.*

In-4. Sous le titre une figure en bois. A la fin : *Stampato in Uenetia per Marchio Sessa et Piero de Rauani Compagni Del M. CCCCC. XIX. Adi x Otubrio.* (Molini... Operette, p. 162.)

C'est d'après ce roman qu'*Angelo Albani di Orvieto* a écrit son poème en oct. ital., intitulé : *Innamoramento di doi fidelissimi amanti.* Roma, presso Lodov. Grignani, 1626, in-12. Un autre poète, *Mario Teluccini,* surnommé *il Bernia,* a aussi traité le même sujet en octaves ital., et son ouvrage a été impr. *in Geneva, appresso Ant. Bellone,* 1571, in-4, et ensuite à Venise, 1577, in-8. (Brunet, vol. 4, col. 373. Melzi, page 303.)

1511.

Cieco. *Libro d'Arme et d'Amore nomato Il Mambriano.*

In-4°, fig. en bois. A la fin : *Venezia, per Giorgio de' Rusconi.* C'est la première édition vénitienne que nous trouvions citée. Brunet (vol. II, col. 68) en cite une antérieure de 1509, mais elle est de Ferrare.

1513. — *Libro d'Arme e d'Amore nomato Mambriano.*

In-4°, fig. en bois. *Venetia, per Giorgio di Rusconi,* 1513. (Brunet, vol. 2, col. 68.)

1520. — *Libro Darme e Damore no | mato Mābriano Com | posto per Francisco | Cieco Da Ferra | ra.*

In-4°, titre gothique, le reste du volume en lettres rondes à 2 colonnes. Au-dessous du titre, bois ombré représentant *Mambriano che ando da Renaldo,* accompagnés de leurs nombreuses suites ; la page est entourée d'un joli encadrement à fond noir que nous avons déjà décrit, avec les deux lions dos à dos dans la partie inférieure. En tête du chant premier, même bois que sur le titre. 119 petites vignettes de plusieurs mains, quelques-unes au trait, signées *C,* ont déjà paru dans le *Merlino* de 1516 ; d'autres sont un peu ombrées, d'autres enfin offrent des noirs, terrains, arbres etc., très accusés. Certains se retrouvent dans le *Real de Franzia* de 1532. Tous ces bois auraient meilleur aspect s'ils étaient tirés avec plus de soin ; ceux qui ont des noirs sont si empâtés que souvent l'on n'y peut rien distinguer. Les vignettes au trait sont meilleures. Au recto du dernier feuillet 45 : *Stampato in Venetia, per Ioanne Tachuino da Trin. A di. xvi. De Luio M.CCCCXX.* Le registre est au-dessous. (Bibl. Nat. Réserve Y. 3469 + A. et Bibl. de l'Arsenal, 4862. B. Z.)

1523. — *El Mambriano.*

In-8, figures en bois. Caractères gothiques à deux colonnes. *Venezia, Benedetto e Agustino fratelli de Bindoni 1523.* (Catalogue La Vallière, n° 3685 ; Melzi, p. 222.)

1511.

Boiardo. *Orlando innamorato.*

In-4, figures sur bois. *Impresso in Venetia, per G. de' Rusconi M. CCCCC. XI.* (Bibliotheca Heberiana, P. I, num. 959. Melzi, p. 75).

1511.

Horologio della Sapientia: Et Meditationi sopra la Passione del nostro Signore Jesu Christo vulgare.

In-4, titre gothique; lettres rondes. Au-dessous du titre, le joli petit bois décrit à propos du *Tractatulus ad Conuincendum Judeos* de 1510. En haut, à gauche du feuillet a ii, une Crucifixion ombrée tirée d'un livre d'heures, assez bonne mais d'un dessin primitif, d'une taille raide et anguleuse, sans doute française; peut-être une gravure en relief sur métal. A la fin : *In Venetia per Simon de Luere nela contrata di sancto Cassiano, M. D. XI.* Après le registre et la marque S. L. entrelacés.

1511.

Vitruvius. *De architectura.*

In-fol. 4 ff. prél. non num., 110 ff. num., 9 ff. pour l'index et le registre et 1 f. blanc. Figures sur bois. A la fin : *Venet., sumptu Jo. de Tridino alias Tacuino.* Première édition de Vitruve avec figures. (Librairie Rosenthal. Brunet, t. V, p. 1327.)

1524. — *M. Z. Vitrv | uio Pollione de Architectura tra- | ducto di Latino in Vulgare dal | vero exemplare con le figure a | li soi loci con mirando ordine | insignito...* | etc. M.D.XXIIII.

In-folio, frontispice orné rouge et noir; nombreux bois. Au feuillet CCb : *In Venetia, Ant. e Piero Fratelli da Sabio, 1524. Del Mese di Martio.* Première édition de cette traduction due à Franc. Lucio de Castel Durante.

1512

Opera Noua del Fecûdissimo Giouene Pietro Pictore Arretino zoe Strombottì Sonetti Capitali Epistole Barzellete et una Desperata.

In-12, lettres rondes. Au-dessous du titre, bois ombré, très médiocre, un homme à genoux devant un personnage assis qui lui pose une couronne sur la tête; au second plan, quatre personnages debout, l'un d'eux joue de la guitare. A la fin: *Impresso in Venetia per Nicolo Zopino. Nel M.CCCCC.XII. Adi. XXII. De Zenaro.* (Marciana.)

1512

Le Laude spirituali.

In-4, lettres rondes, 8 ff. par cahier ; paginé à partir du 3ᵉ feuillet, premier feuillet a. ; 58 jolis petits bois au trait d'une composition simple ; parfois les terrains sont noirs. Page 122, à la fin : *Stampata in Venetia per Georgio de Rusconi a instantia de Nicolo dicto Zopino. M.D.Xii. adi. iiii. Marzo.* (Marciana, 46840.)

1512

Manfredi (Hieron.). *Opera noua intitulata il Perche utilissima ad intendere la cagione di molte cose : et maximamente alla conseruatione della sanita. Nouamente stampada.*

In-4° gothique à deux colonnes, en vers. Au-dessous du titre, le Saint-Georges, avec *F. V.* A la fin : *Stampato in Venetia ad instantia de Zorzi di Rusconi Milanese. Nel anno.... 1512. Adi. 8. aprile.* (Brunet, t. III, col. 1323; Arsenal, 3951, B. L.).

1514. — *Libro de l'homo in lingua materna compilato per misser Hieronimo di Manfredi da Bologna ad utilità et delectatione del genere humano..... ditto vulgarmente Perchè.*

In-4°; caract. goth., figure anatomique au titre. *Venetia per Simon de Luer, 1514.*

1512

Epistole e euāgelii volgari hystoriade : cum vna tabula : che insegna a trouare facilmente tutte le Epistole : e Euangelij scritti nella sequēte opera : secundo lordine de la corte Romana : Oõ alcune Epistole : e euangelij nõ piu tradutti.

In-folio ; 88 feuillets paginés depuis le titre qui est entouré d'un encadrement ombré, assez médiocre, que nous rencontrons souvent dans les volumes de cette époque ; au-dessus du titre, la marque du Christ VHS sur fond noir ; la même que dans le *Legendario* de 1518 ; toutes les pages sont entourées de petits encadrements variés. Un premier bois, au verso 4, l'*Incrédulité de saint Thomas*, signé M. A. F.

La page 5 commence par un bois représentant le Christ assis sur les nuages tenant la croix de la main droite, un ange à chaque coin de la gravure sonnant de la trompette ; derrière, quatre anges portant les instruments de la Passion : la lance, l'échelle, la colonne et la balance ; cette page est entourée d'un encadrement très légèrement ombré, formé de feuilles, d'arabesques, de *putti* et de 7 médaillons ; ceux du haut contiennent à gauche le soleil, à droite la lune ; feuillet 9 : *in la mesa grande el di de Natale, la Natività :* bois ombré d'un joli style, de forme ronde, inscrit dans un carré portant un ornement dans

l'intérieur de chaque angle (bois du *Legendario* de 1518).
Page 13 : *Dominica V dopo la epiphania*, bois de la même
grandeur, ombré ; au premier plan un homme à terre
soutenu par un autre tandis qu'un troisième se penche
vers lui ; derrière eux une table servie, et deux groupes :
à gauche deux personnages derrière, deux femmes qui se
parlent ; page 17 : *Feria seconda in qvadragesima ;* un
religieux tenant un livre de la main gauche et montrant
de la droite le Christ dans sa gloire ; trois anges à droite,
deux à gauche ; sur le volume du religieux, sur la page
gauche : *timete devm et date illi onorē*, et *qvia venit hora
ivdicii eivs* sur la page droite. Page 21 : *feria qvarta in
qvadragesima :* Jésus suivi de ses disciples rencontre la
mère des fils de Zébédée. Page 25 : *feria qvarta in qvadragesima* : deux aveugles marchant, celui de devant portant un bâton (*Ciecho guida 'l Ciecho*). Page 29 : *feria
qvarta in qvadragesima :* Jésus suivi d'un des apôtres a
délivré du démon un homme couché à terre devant lui.
Page 33 : *feria qvarta in qvadragesima :* saint Jean, assis
sur les nuages, avec l'aigle, écrit sur des tablettes qu'il
tient de la main gauche. Page 37 : *Crucifixion :* la Vierge,
saint Jean et Marie-Madeleine ; au-dessous, *Passio domini
nostri Jesu Christi,* entourée de l'encadrement ombré du
titre ; ce bois est, sans doute, d'une autre main, car il est
très inférieur comme dessin et comme taille. Page 42 :
zobia (pour *Giovedi*) *sancta :* un grand calice dans lequel
se trouve, vu à mi-corps, l'enfant Jésus tenant le monde
dans la main gauche ; il est nu ; de chaque côté un ange à
genoux ; ici les ornements des coins sont sur fond noir.
Page 45 : *sabbato sancto :* saint Marc vu de face, la droite
sur un livre ouvert sur son bureau, la gauche sur un livre
placé sur un pupitre ; le lion à droite en bas ; des livres,
le chapeau de cardinal à gauche ; ornements à fond noir.
Page 49 : *el zorno de pascha :* la résurrection, le Christ près
du bord du tombeau, tenant la bannière de la main
gauche, la droite levée ; à terre deux soldats dormant, à

gauche un troisième la main droite levée à hauteur de ses yeux ; une ville dans le fond à gauche ; ornements sur fond noir. Page 53 : *Dominica v. dopo pascha in le letania :* saint Luc, assis sur les nuages, de profil tourné vers la gauche, un livre dans ses mains et devant lui le bœuf dont on ne voit que la tête ; ornement à fond blanc. Page 57 : *Sabbato di qvatro temporali : Hiervsalẽ* à droite dont on voit la porte au premier plan, l'enfant Jésus assis au sommet ; à gauche un roi, nu, à genoux, les mains jointes, tenant une petite croix ; derrière, deux chevaliers, l'un à cheval, l'autre à pied ; ornement à fond blanc. Page 61 : *dominica. XI. et XII. dopo penthecoste :* à gauche un ange conduisant par la main un moine nimbé et semblant le faire sortir d'une prison (peut-être saint Pierre) ; devant lui deux chevaliers à genoux, les mains jointes, une épée à terre ; ornement à fond blanc. Page 65 : *Domenica XIX et XX. dopo la pentecoste :* saint Mathieu, avec l'ange assis sur les nuages, tourné à droite ; ornement à fond blanc. Page 69 : *in la festa de la cathedra de sancto Pietro :* un pape assis, avec les clefs, la main gauche tenant une bannière, bénissant de la droite ; à genoux devant lui, saint Marc, le dragon enroulé autour de ses pieds, tient des deux mains la hampe de la bannière ; de chaque côté, un ange soufflant dans une trompette ; sur une bande horizontale : *tv. es. petrvs. et. svper. hanc. petrã edificata eclexia. mea. est.* ; au-dessus, Dieu le Père bénissant des deux mains ; plus bas, le Christ et la Vierge, tenant la tiare sur la tête de saint Pierre ; tout à fait à droite David, et saint Jean-Baptiste à gauche ; au-dessus de la tête de Dieu : *ecce misterivs magnvs.* Page 73 : *in el di de sancto Iacomo apostolo :* saint Jacques, le bâton de pèlerin dans la main droite, tient de la gauche un livre appuyé contre sa poitrine ; à droite, dans le fond, la décollation du saint ; à gauche, il est traîné la corde au cou ; paysage dans le fond ; ornement à fond blanc. Page 77 : *in el di de ogni sancti :* la Vierge, assise, entourée des apôtres ; dans le haut, Dieu le Père ; le Saint-Esprit au-dessus de la tête de la Vierge. Page 81 : *in la festa de piv sancti martyri :* quatre moines à genoux, les mains jointes ; un d'eux regarde sous la pierre d'un tombeau dans lequel on aperçoit un squelette, une branche de lys entre les dents ; fort beau bois, un des meilleurs du volume, têtes très belles et pleines d'expression ; ornement à fond noir. Page 85 : *In la festa de la Vergene :* la Vierge debout, couronnée et nimbée, un livre dans la main gauche et une palme dans la droite ; à droite et à gauche, à genoux, des vierges dont la première tient la bannière avec la croix ; ornement à fond noir. Quelques bois assez médiocres dans le texte ; à la fin, au-dessous du registre : *Stampata in Venetia per Zuane Antonio e fradeli da Sabio ad instantia de Nicolo e Domenego dal Iesus fradeli nel anno del signore. M.D.X.II. Del mese de zugno.* (B. Nationale. Cabinet des Estampes E. 6. 5. d. réserve.)

Ces bois ombrés, de grande dimension, ressemblent à ceux du *Legendario* de 1518, et n'ont aucun rapport de dessin ou de facture avec la gravure signée M. A. F. La taille en est sèche et anguleuse, et peut faire dire avec quelque raison à Passavant qu'ils trahissent plutôt le cuivre que le bois. Ils sont très différents de qualité et, sans qu'aucun soit mauvais, il y en a de médiocres ; les apôtres sont très beaux. Ces bois, publiés par le même imprimeur que ceux du *Legendario* de 1518, ne sont pas signés comme deux de ceux-ci de la lettre G.

Nous complétons la description de cet important recueil par les réflexions suivantes de M. Georges Duplessis :

« Le troisième ouvrage légué par M. E. Piot au Département des Estampes est un livre de la plus haute valeur. Il a pour titre : *Epistole et evangelii volgari hystoriade. Venise, 1512.* Bien qu'on en signale deux autres exemplaires, l'un à Londres, dans la collection de M. Henri Huth, l'autre à Florence, dans la bibliothèque Marcelliana, celui-ci est le seul que, jusqu'à ce jour, il ait été donné aux curieux de consulter. C'est un in-folio de 88 feuillets, contenant un grand nombre de figures en bois, de provenances diverses et de valeur très diverse aussi, mais en renfermant une, en tête, qui a, pour l'histoire de l'art, une importance capitale : elle représente l'*Incrédulité de saint Thomas*, et porte à la droite du bas, sur une pierre, le monogramme de Marc-Antoine. Dans l'œuvre du maître, cette planche apparaît à l'état unique ; Marc-Antoine qui, pendant son séjour à Venise, copia sur métal les estampes en bois qu'Albert Durer avait dessinées pour la *Vie de la Vierge* et pour la *Passion*, voulut-il se rendre compte des difficultés qu'aurait à vaincre un graveur sur métal pour tailler le bois ? Voulut-il simplement faire un essai qu'un éditeur mit à profit ? Jamais on ne le saura, si un document écrit ne vient à être exhumé un jour des archives de Venise ; mais ce qu'il est possible, dès à présent, de constater, c'est que cette planche est digne, pour la gravure du moins, d'être attribuée avec certitude au grand artiste bolonais. Nous croyons qu'il serait imprudent de regarder ces figures, qui portent le caractère bien accusé des œuvres vénitiennes de cette époque, comme ayant été dessinées par Marc-Antoine ; dès lors, la marque du maître, qui ne peut être contestée, se rapporte uniquement à la gravure, et l'œuvre du maître à la Bibliothèque nationale, grâce à la générosité de M. Eug. Piot, se trouve ainsi augmentée d'une planche qui pourra désormais être mise sous les yeux des artistes, tous les jours plus nombreux, qui s'intéressent aux admirables productions de Marc-Antoine. » (*Bulletin des Musées.*)

Nous relevons dans un catalogue Quaritch l'ouvrage suivant : *Epistole e Lectione Evangelii i quali si legono in tutto l'anno alla messa secondo l'uso de la sancta chiesa Romana*, qui semble être, malgré la différence des titres, une réédition du volume que nous venons de décrire.

1512

Pratica musicae vtriusqz cātus excellētis frā | chini gaffori laudēsis. Quattuor libris modula | tissima : Sū-maqz diligētia novissime īpressa.

Petit in-folio, caractères romains, 82 ff. registrés de A-K y compris le frontispice gravé et la table: huit ff. par cahier, sauf le K qui en a 10. Titre noir gothique ; au-dessous un très grand bois occupant toute la page et représentant des moines, novices et enfants de chœur chantant devant un porte-lutrin sur lequel un choral ouvert où on voit sur les deux pages des notes de musique et des paroles. Appuyé contre le pupitre, un enfant ; à droite, un autre dans le coin ; sur un banc, un garçonnet assis devant un livre ouvert ; deux autres sur le banc à côté de lui ; dans le coin, la lettre L.

L'intérieur est une belle salle voûtée, dallée de marbre blanc et noir ; dans le fond, une porte de face surmontée d'une sorte de coquille, sur laquelle vient se poser, vu en perspective, le plafond en verrière, formé de fonds de bouteilles. La porte est vue à travers une arcade, encadrée comme la porte elle-même, de mosaïques de marbre ou de bois, blanc sur fond noir. La bordure qui entoure la scène, à fond noir aussi, contribue à l'aspect florentin de l'ensemble ; cependant les figures sont de style milanais. Le verso du titre blanc, A II : *Descriptio musicae Actionis franchini Gaffori Laudensis ;* au verso *Prohaemivm*, qui continue au recto A III. Puis les 4 livres jusqu'au dernier feuillet 82, dont le verso est blanc. Quatre grandes lettres ornées et beaucoup de petites. A la fin, après le registre : *Musicae Franchini Laudensis : cantoris solemnissimi pratica quattuor libris compraehēsa explicit. Impressa novissime Venetiis : multisqz erroribus expurgata per Augustinum de Zannis de Portesio bibliopolam accuratissimum.*

Anno dominicae incarnationis. MDXII. Die. XXVIII. Iulii
(Librairie Rosenthal.)

M. Weale (page 132) cite une autre édition vénitienne de 1522.

1512

Quintilianus (Marc. Fabius). *Oratoriarum institutionum. Una cũ annotationibus Raphaelis Regii in deprauationes eiusdem...*

In-folio, 4 feuillets préliminaires et CXCIX numérotés. Au-dessous du titre, le saint Georges avec la signature *F. V.* La page est entourée d'un encadrement dont le haut est ombré et le reste à fond noir; la partie inférieure est empruntée au *Supplementum chronicarum* de 1503, avec les deux dauphins soutenant une sorte de coupe (170 m/m sur 75 de haut). Au dernier feuillet : *Impressum venetiis ope et impensa Georgii de Rusconibus Anno dñi. M.CCCCC. XII. Die. XIIII. Augusti...* Au verso, la marque noire avec les lettres *G. R. M.* (Marciana 57958.)

1512

Junius Juuenalis. *Opus quidē diuinum antea impressorum vitio : tetrum : mancum : et inutile nunc autem a viro bene docto recognitum,* etc.

In-folio; au-dessous du titre gothique et rond, le saint Jean-Baptiste, marque de Tridino, 6 ff. prélimin. pour le titre, la dédicace du commentateur Joannes Britannus, les préfaces, la table et la vie de Juvénal; 126 ff. chiffrés. Un bois en tête de chacune des seize satires. Le premier, montrant Juvénal entouré d'un nombreux auditoire, est signé L. Tous ces bois ombrés, de taille assez grossière, ont trait, comme l'indique une légende placée dans le haut, au sujet de la satire qu'ils précèdent. Lettres ornées. A la fin, après le registre : *Habes lector aureum Iuuena. Opus*... : *Impressum Venetiis per Ioannem Tacuinum de Tridino Anno Domini. M. D. XII. Die. XVIII. Augusti.* (Librairie Techener.)

1515. — *Junius Juuenalis.*

In-folio ; titre gothique. Sous le titre le saint Georges avec *F. V. ;* bois ombrés médiocres ; un par satire. A la fin : *Habes..... Impressum Venetiis per Georgiũ de Rusconibu' Mediolañ Anno Domini. M.D.XV. Die X. Decembris.* (Marciana 42563.)

1520. — *JV. IVVENALIS aqvinatis satyrographi opus.*

In-folio ; encadrement ombré ; au-dessous du titre, un petit bois légèrement ombré, *Ecce agnus*, représentant le Christ et l'agneau, 6 ff. prélimin. ; au septième, chiffré 1, bois ombré représentant *Ivvenalis* entretenant un nombreux auditoire, signé *L.*, probablement le même que celui de l'édition de 1512. Une gravure par satire. Ces bois sont fort mauvais. A la fin : *Venetiis in Casis Bernardini de Vianis de Lexona Vercelēsis Anno Circũcisionis. M.D.XX. Die. XV. Decembris...* — Suit le registre. (Marciana.)

1522. — *IV. IVVENALIS aquinatis satyrographi opus.*

In-fol.; 6 feuill. prélimin. et 162 chiffrés ; au-dessous du titre, rouge et noir, petit bois légèrement ombré : *Ecce agnus.* Seize bois, un par satire, ceux de l'édition de 1512, du même Tridino. A la fin : *Venetiis Ex Aedibus Ioannis Tacuini de Tridino. M. D. XXII. Die XXII. Octobris...* — Le registre suit. (Marciana 42571.)

1513.

Opera C. Crispi Salustij diuiui.

In-folio ; titre gothique rouge. 12 bois, dont quelques-uns au trait tirés du Tite-Live. A la fin : *C. Crispi Salustii... Venetiis per Bartholomeum de Zannis de Portesio. Anno Domini. M. D. XIII. Die tertio Mensis Februarii.*

1513

Chronica sacri Casinensis coenobii nvper impressoriae arti tradita...

In-4° ; lettres rondes. Au-dessous du titre, grand bois ombré d'un bon dessin et d'une exécution soignée ; au milieu *S. Benedetto* (saint Benoît), à droite *S. Mauro* (saint Maur), à gauche *S. Piaci* (sic), les trois fondateurs des Bénédictins ; l'un d'eux, Saint Maur modifia les règles primitives et fonda les Camaldules ; des pères agenouillés parlent à saint-Benoît, l'un d'eux lui offre un livre. Au verso, un bois ombré, d'une exécution très inférieure et d'une autre main : la Vierge, tenant l'enfant Jésus sur ses genoux, un personnage à droite, une religieuse à gauche. A la fin : *Impressum Venetiis per Lazarum de Soardis Die XII. Martii. M. D. XIII...* — Suit le registre et la marque (Museo Civico e Correr. G., 191.)

1513

Eleuterij Leoniceni vicenti | ni Cano. Regul. Carmen in | funere dni nostri Iesu-Chri | sti : in Assumptione e Annūtiatione Virginis Marie : ac in | honore Sancti Joannis Baptiste.

Petit in-8° ; titre gothique ; texte en lettres rondes. Au-dessous du titre, une *Crucifixion,* peut-être sur métal en relief, et trahissant une origine française, ou, comme il arrivait parfois aux Vénitiens de cette époque, imitée d'un bois français: le Christ en croix (57 mm. sur 78 mm. de hauteur); très nombreux personnages, ombrés, d'une allure très archaïque ; feuillet h-6 : *Venetiis | Ex officina Simonis de Luere. xvii. Martii. M. D. Xiii.* Le texte continue et la page 5 du verso finit par un avis *ad lectorem.* — Nous ignorons si le volume se termine là. (Marciana, 372.)

1513

Expositio in psalterium Reuerendissimi B. Ioãnis Yspani de Turre Cremata.

In-8° gothique à deux colonnes; ccciiij feuillet. Au-dessous du titre bois ombré (75 sur 103 mm. de hauteur); l'auteur, de face, écrivant à son pupitre, une plume dans la main droite, un grattoir de la gauche, assis dans son fauteuil, coiffé du chapeau de cardinal ; cette vignette, d'une assez jolie exécution, est entourée d'un encadrement au trait de 9 mm. A la fin : *Venetiis p. Lazarum de Soardis..... diẽ xxvij Aprilis M.CCCCXiij.* Au-dessous la marque de Soardis avec L. S. O. à fond noir.

1513

Epistola del potentissimo et | Inuictissimo Hemanuel Re de Portogailo et de al | garbii etc... De le uictorie hauute in India et Ma | lacha : al S. In Christo Padre et signor no | stro signor Leone decimo Pontifi | ce Maximo.

In-4° de 2 feuillets ; lettres rondes; au-dessous du titre, un bois représentant une ville au bord de la mer ; cette vignette est au trait et absolument identique pour la facture aux vues représentées dans le *Supplementum Chronicarum;* les caractères nous paraissent aussi vénitiens. C'est pour ces raisons que nous attribuons cette très rare plaquette aux presses de Venise. A la fin : *Dato nela cita ñra de Vlixbona ari. vi. de Iunio nel anno del signore. M. D. xiii.*

Brunet cite trois éditions de cet opuscule, mais n'a pas connu celle que nous décrivons (vol. 2, col. 969). (Marciana. — *Opusculi Geografici,* 3, vol. 1, Dalla Misc., 1257, n° 3.)

1513

Libro chiamato Infantia sal | uatoris : in loquale se contiene ta vita e li miracoli et passione | de Jesu-Christi E la cre | atione de Adamo : et | molte altre cose : le qle lezēndo si pote | rano ītēndere.

In-4 à deux colonnes, de 56 ff. non chiffrés, signés A-O. dont le dernier blanc. Caract. ronds; 40 jolis bois. En outre, sur le titre en grandes gothiques, un beau bois dans un très riche encadrement à fond noir.

Petit poème en octaves; les dix derniers feuil. contiennent *il Pianto de la Virgine Maria* en *terza rima.* A la fin : *Stampato in Venetia per Joanne Tacuin da Trin de Cereto MDXIII. Adi XXVII de Zugno.*

Brunet ne cite qu'une édition populaire, pet. in-8°, en caract. gothiques, publiée trente ans après celle-ci par Roffinello.

1513

Legenda de la Gloriosa Verzene Sancta Clara.

In-4; goth. titre rouge. Au-dessous, grand bois ombré

représentant la sainte debout, un livre dans la main droite et une croix dans la gauche ; bois médiocre, lourd de taille et de dessin. A la fin : *In Venetia (nela Cõtrata de Sancto Cassiano) per Simone de Luere. Adi VII. Luio M.D.XIII.* Au-dessous, la marque et le registre.

1513

Prediche dc le feste che correno per lāno del Reuerendo padre frate Hieronymo Sauonarola da Ferara.

In-4° à deux col. 2 feuillets préliminaires, CLXI numérotés ; texte en lettres rondes ; au-dessous du titre, goth., bois au trait médiocre : Savonarole, assis écrivant à une table (1) ; il regarde à droite tel qu'il est représenté dans les *Expositiones in psalmos* de 1505 ; il est ici d'une gravure rude qui laisse à désirer ; les détails sont peu soignés dans le visage et les mains. Cette composition, comme le fait fort bien remarquer M. Gruyer (*Illustrations des ouvrages de Savonarole*, page 165), se rencontre très fréquemment dans les livres vénitiens et florentins ; nous pourrons en citer beaucoup d'exemples, tels que saint Jérôme dans la *Bible de Mallermi*, et le Boccace dans le *Décaméron* de 1492. La page est entourée d'un encadrement à fond noir, le Christ, dans le haut, une sirène de chaque côté ; dans le bas, au milieu, un écusson avec les lettres *L* à gauche, *A* à droite et deux *putti* ailés, chevauchant deux animaux fantastiques se tournant le dos ; cet encadrement reparaît, en 1514, dans la *Theorica et pratica* de Fanti ; au verso

---

(1) Tous ces *Savonarole écrivant* sont des copies de bois florentins, dont le prototype semble être le Savonarole de l'*Epistola in libros de simplicitate christianæ vitæ* imprimé à Florence, chez Pacini, le 5 septembre 1496, où le fougueux prédicateur est vu tourné à droite, un crucifix devant lui ; dans le fond quatre volumes et un vêtement noir. (V. Gruyer, *Illustrations des ouvrages de Jérôme Savonarole*, 1879, p. 36, et dans l'*Arte della Stampa*, mai 1873, l'article de M. Jacopo Bernardi intitulé *Cenno bibliografico intorno ad alcune edizioni Venete delle prediche di frate Girolamo Savonarola.*)

Crucifixion du *Pungy lingua;* un ange de chaque côté reçoit le sang qui s'échappe des plaies du Christ ; dans le bas, à gauche, la Vierge est soutenue par deux saintes femmes ; l'une étreint le pied de la croix ; trois personnes à droite, dont saint Jean ; un d'eux tient une feuille de papier qu'il lit ; encadrement ombré qui semble postérieur au bois (cette gravure est reproduite dans le *Savonarole* de M. G. Gruyère, p. 38) ; deux feuillets pour le titre et le feuillet suivant. La pagination commence à A. et va jusqu'à la fin 161 ; au verso : *Finisse... In Venetia per Lazaro di Soardi nel anno del Signore. M.CCCCXIII. Adi. XI. Luio...* Au-dessous, le registre et la marque à fond noir de Soardis *L. S. O.* (Marciana 16717, Bibl. nationale, Réserve D. 5581.)

1513. — *Prediche per anno.*

In-4°; gothique à 2 colonnes de CLXXXVI feuillets chiffrés ; au-dessous du titre, Savonarole tourné à droite ; encadrement au trait d'une taille fine et élégante, copié fidèlement sur celui que nous avons décrit à propos de la *Vita de la preciosa Vergine Maria* de 1492, reproduit plus tard dans le *Lucidario*; autour de la figure : *Conscripsit Sermones rectissimos e veritate plenos. Ecclesiastici. xii. Capitulo. Cuz gracia et priuilegio.* Recto CLXXXVI : *Finisse in Venetia per Lazaro di Soardi nel anno 1513. adi. 11 Luio;* au-dessous, le registre et la marque noire avec *L. S. O.* (Arsenal, T. 6671.)

1515. — *Expositione e Prediche sopra Lexodo : e ad altri diuersi ppositi : ultimamēte composte e predicate.*

In-4°; lettres rondes, 2 colonnes, 144 feuillets chiffrés. Savonarole écrivant tourné à droite ; encadrement des *Prediche per anno dei 11 Luio 1513*, de Lazaro di Soardi. A la fin : *Finisse... In la inclita cipta di Venetia per Lazaro di Soardi stampate nellano. M.D.XV. Adi. 4 Genaio.* (Arsenal, T. 6670.)

1515. — *Prediche facte in diuersi tempi.*

In-4°; 2 feuillets préliminaires et 100 chiffrés : caractères gothiques à 2 colonnes, encadrement et bois des *Prediche per anno* de 1513 ; un petit bloc entre la gravure et l'encadrement, afin de remplir le blanc qui séparait ces deux bois. Init. fleuronnées. A la fin : *In Venetia per Lazaro di Soardi, nelanno. M. D. XV. Adi. xvj Novembrio* (Bibliothèque Landau, communication de M. Rœdiger, et Arsenal, T. 6671.)

1517. — *Tabula sopra le prediche del Reuerēdo. P. frate Hieronymo Sauonarola da ferrara.... sopra diuersi Psalmi e Euangelii.*

In-4°; bois de l'édition des *Prediche* de 1513 ; l'encadrement est le même ; 2 feuillets préliminaires, le 3° feuillet A, paginé 1. A la fin, feuillet 108, le registre et *Stampata in Venetia per Bernardino Benalio. Nellanno del signore. M. CCCCXVII. Adi xii. Di Febraro.* (Marciana 16716.)

1517. — *Prediche utilissime per la quadragesima del reverēdo padre frate hieronymo Sauonarola da Ferrara., etc., etc.*

In-4°; 12 feuillets préliminaires, 152 numérotés, 2 col., lettres rondes, encadrement à fond noir des *Prediche de le feste* de 1513. Sous le titre, bois légèrement ombré : Savonarole écrivant à son bureau, regardant à gauche, bien meilleur et beaucoup plus fin d'exécution que le bois de 1513, plus ombré avec plus de détails ; une tête de lion sur son siège, deux fenêtres grillées au lieu d'une seule. A la fin : *Stampata in Venetia per Bernardino Nellanno del signore M.CCCCXVII. Adi. X. Decembris.* (Bibliothèque Nationale, Réserve, D. 9805.)

1519. — *Prediche de fra hieronymo | per quadragesima.*

In-4 ; titre gothique ; 4 feuillets prél. et cclii numérotés, le texte en lettres rondes, à deux col. ; sous le titre, bois ombré représentant Savonarole faisant brûler à Florence tous les livres et choses d'art considérés par lui comme impies : à droite, une nombreuse assistance d'hommes et de femmes ; à gauche, Savonarole surveille. l'œuvre exécutée par le boutreau et tient une banderole portant ces mots : *Aligatvm verbvm. Dei. no. est ;* à droite une chaire vide ; taille peu soignée. « On n'y rencontre, dit avec raison M. Gruyer (p. 176), aucune réminiscence du tableau, faussement attribué à Antonio Pallaiuolo, dans lequel sont retracés les détails du supplice de Savonarole et dont il existe plusieurs répétitions à Florence, notamment au palais Corsini et au couvent de Saint-Marc. » A la fin : *Finisse... stampate in Venetia... per Cesaro arriuabeno uenitião nelli anni del nostro sigonre. 1519 adi. uinti auosto* ; au-dessous le registre et la marque avec les lettres A. G. (Bibl. nat. Rés. D. 5271. D. 5582. Arsenal, T. 5674.)

1520. — *Prediche de fra hieronymo per tutto lanno. Prediche utilissime.*

In-4° ; lettres rondes à deux colonnes, 4 feuillets préliminaires, cxcv numérotés. Sur le titre le Savonarole écrivant tourné à gauche ; bois des *Prediche utilissime* de 1517 ; page cxciii le Colophon : *Finisse... nouamente reuiste con molti antichi exemplari : e reposto ai suoi lochi le cosi truncade per la impression de lazaro facta del. 1513. Stampate in Venetia per Cesaro arriuabeno uenatiano nelli anni del nostro signore. 1520. a di sie aprile.* Suit le registre ; la marque noire avec A. G. se trouve au verso du feuillet cxcv. (Arsenal, 6672, T.)

1513

Legēda de Sancto Bernardino.

Au-dessous du titre, copie, retournée, du saint Bernardin du Dante, de 1512, bois d'une jolie exécution. A la fin : *Finisse. In Venetia Stampata per Simone de Luere nela contrata de Sancto Cassiano. Adi. xvi Luio M.D.XIII*; au-dessous, marque et registre.

1513

Justiniano (Agostino). *Precatio pietatis ple | na ad devm omnipoten | tem composita ex dvo | bvs et septvaginta | nominibvs divinis | hebraïcis et la | tinis vnd cum | interprete | commenta | riolo.*

In-8°, en lettres rondes, de 17 feuillets non chiffrés ; le verso de l'avant-dernier et le dernier sont blancs. Sur le verso de *Aiiij* et au recto du feuillet suivant, un grand bois ; au recto de *B*, une page d'hébreu. Le texte, imprimé en un caractère bizarre, ressemblant à du romain mêlé de semigothique, commence ainsi : *Augvstinvs Jvstinianvs gevensis, predicatorii ordinis, Stephano Savlo salutem. Bononia Callen. Aug. M.D.XIII.* (Biblioteca Colombina.) Selon Quétif et Echard, *Scriptores ord. prædic.*, II, 98, cette pièce aurait été imprimée à Venise par Alessandro Paganino di Paganini, en 1513, (Harrisse, *Excerpta Colombiniana*, page 209.)

1513

Æneas Sylvius. *Epistole de due amāti cōposte dala felice memoria di Papa Pio : traducte ĩ vulgar.*

In-4° goth.; au-dessous du titre, grand bois ombré, avec

des noirs très accusés : au premier plan, le Pape, coiffé de la tiare ; derrière lui, assis, les cardinaux, et au-dessus de sa tête, le Christ en croix ; bois mal dessiné et taillé sans soin ; au-dessous, la marque de Sessa. A la fin : *Impresse in Venetia per Merchio Sessa adi xxi. Septē. M.D.XIII.* (Cette édition. qui nous avait échappé, se place après celle de 1204, décrite par nous à sa date.)

1513

Savonarole. *Opera singulare del doctissimo Padre F... cõtra Lastrologia diuinatrice in corroboratione de le refutatione astrologice del. S. cõte Jo. Pico de la Mirãdola.*

In-8° goth., 36 ff. num.; au-dessous du titre, le Savonarole, écrivant, tourné à droite. A la fin : *Finisse... In Uinetia per Lazaro de Soardi nel anno. 1513 . adi. 6 Octubrio.* Marque noire *L. S. O.* (Coll. E. Piot.)

1513

Drusiauo dal Leone Elquale tracta de le Bataglie dapoi la morte | di Paladini. Et de molte et infinite Bataglie scriuendo | damore et di molte cose bellissime.

In-4° de 40 ff. à 2 col. de 48 lig., caract. rom. 15 chants en stances de 8 vers, avec fig. sup bois. Au titre un bois représentant un chevalier armé. Au recto du dernier f. : *Finito el libro de drusiano dal leone disce | so dala nobel schiata de bouo nelqual | libro si contiene diuerse et mirabile bataglie | sotto breuita : et come esso Drusiano con | quisto tutto el mondo Impresso in Ve | netia nel Anno. M. cccc. viii Octubrio.* (Brunet, vol. 2°, col. 843. Hain 6410 ; — Melzi et Tosi, page 142, *Bibliografia dei Ro manzi di Cavalleria.*) — Cette édition, très rare, est la plus ancienne que l'on connaisse de ce poème. Hain la décrit en la plaçant au xve siècle, tout en faisant observer que les chiffres de la date peuvent indiquer 1513, ce qui est possible.

1513

Cantorinus Compendium musice. Jesus. In hoc volumine continentur infrascripti tractatus. Primo deuotissimus trialogus beati Antonini archiepi florentini ordinis predicatorum super euãgelio de duobus discipulis euntibus in emaus. Secũdo... Au recto 17 : *Cãtorinus Romani cantus vtilissimũ cõpēdiolũ...*

In-12, titre en lettres gothiques rouges ; 8 feuillets par cahier ; pages numérotées jusqu'à 120. — Au-dessous du titre, la marque rouge de Giunta. Au verso 2, une main harmonique couverte d'indications musicales. — Verso f. 16, l'*Arche d'alliance,* avec le chien, signée à droite petit *L*, copie de l'*ia* gothique, bois ombré. Verso f. 71 : une *Annonciation,* avec le petit chien et la signature *L* dans le bas, à gauche. Ces deux bois avaient déjà paru dans le *Brevarium monasticũ* de 1511 de Giunta. — Recto f. 97 : petit bois au trait pour l'Office des morts : un prêtre jetant de l'eau bénite sur une agonisante étendue sur un lit ; cette gravure, de la grandeur des jolies vignettes du *Processionale* de 1494, se retrouve dans une nouvelle édition du *Processionale* d'août 1513, page 31 (1). Page 120 : *Finis Cantorini Romani : impressi Venetijs p dñm Lucantoniũ de Giunta Florentinuz : Anno dñi Millesimo qngentesimo terciodecimo die vo tertio decēbris.*

---

(1) PROCESSIONALE ROMANUZ *cum officio mortuor...* etc. — Verso f. 4 : Procession de l'édition de 1494, lettres ornées ; p. 9 : bois au trait ; p. 31 : bois cité ; p. 65 : bois ombré ; p. 184 : *Venetiis p̄ Lucantoniũ d Giũta Florēñ anno Christi 1513 die Vo. xxiij Augusti* (en lettres gothiques rouges et noires).

Le registre et la marque rouge de Giunta. (Librairie Rosenthal et Bibliothèque de M. de Landau.)

Dans une édition très postérieure (1549), publiée par Petrus Liechtenstein, la gravure du frontispice de 1513 a disparu ; le chien de l'*Arche d'alliance* et celui de l'*Annonciation,* ainsi que la signature L, ont été supprimés. Enfin, on a substitué à l'*Office des Morts* une *Résurrection des Morts.*

1513

Corvus (Andreas). *Liber de Chiromantia. Venetiis, Aug. de Zannis,* 1513.

Petit in-8°. « Ce livre rare contient plus de 150 gravures sur bois, de la grandeur des pages, le titre se trouve au verso du premier feuillet, le recto est occupé par une gravure, où l'on voit trois hommes, dont l'un est sans doute l'auteur du livre. » (Deschamps, colonne 322.) Nous ne connaissons pas cette édition, mais d'après les indications de Deschamps, le bois aux trois personnages semble être le même que celui de l'édition suivante. La justification est différente.

1519. — *Opera noua de Maestro Andrea coruo da Carpi habita alla Mirandola tratta dela Chiromantia stâpata con gracia.*

In-12, lettres rondes, 11 feuillets préliminaires sur l'art de la chiromancie ; au-dessous du titre, un corbeau noir dans un octogone à double trait, une étoile dans le haut à gauche, à la hauteur de la tête de l'oiseau. Au verso, un ornement à fond noir fait d'un ruban blanc et formant une croix avec les lettres V H S ; le recto suivant, une main au trait avec les indications chiromanciques ; verso de ce feuillet, trois personnages debout : celui du milieu montre sa main à celui de droite qui lui dit sa bonne aventure ; celui de gauche est appuyé sur son épaule ; dans le haut, à droite, un écusson suspendu à un arbre, portant le corbeau noir ; grand bois ombré d'une exécution peu remarquable. A partir du verso D toutes les pages sont occupées par une main avec l'indication des lignes et de ce qu'elles promettent. Le dernier feuil. contient le même ornement à fond noir que le verso du premier feuillet, avec un grand *X* surmonté d'une petite croix ; dans le triangle supérieur de l'X les deux lettres *ND ;* dans celui de dessous *FS ;* au-dessous, en lettres noires, sur fond blanc, SOLI · DEO · ONOR · ET · GLORIA. Dans le bas de la page : *Stampata In Marzaria Alla libraria dal Iesus Appresso San Zulian ad instantia de Nicolo Et Dominicho Fradeli. MDXIX Adi Xiiii Zener.* (Marciana.)

« De cet auteur et de cet ouvrage de chiromancie il existe une édition indiquée ainsi dans le catalogue de la bibliothèque de Christiano Gattlieb Schartz : *Excellentissimi et singularis viri in chiromantia exercitatissimi magistri Andreæ Corvi mirandulensis libellus chiromanticus cnm fig.* In-8° ; il n'y a ni date ni indication de lieu, mais l'ouvrage est dédié au marquis de Mantoue Gianfrancesco Gonzaga, ce qui nous indique qu'il fut imprimé vers la moitié du xve siècle. Une édition italienne de ce même livre est indiquée par M. Jacopo Morelli sous ce titre : *Opera...* Je ne saurais dire si c'est une traduction du livre latin ou si dans le catalogue il est décrit d'une façon exacte. » — (*Biblioteca Modenese,* par Girolamo Tiraboschi. — Modena, 1782, tome II, page 191.)

1513

C. Plinii. Secundi | *Cheronensis his* | *toriæ naturalis Libri* | *XXXVII. aptissimis figu* | *ris exculti ab*

Ale | xādro Benedi | cto Ve. phy | sico emen | datiores redditi.

In-fol. 14 ff. prél. et 219 ff. chiff. fig. sur bois. A la fin : *Explicit. C. Plinius Secundus de naturali hystoria nunc primum diligentissime ab Alexandro benedicto phisico recognitus cunctisqz erroribus expurgatus. Impressus Venitiis summa diligentia per Melchiorem Sessam Anno reconciliate nativitatis. M.D.XIII.*

A la suite se trouve : *Castigationes Plinii Hermolai Barbari,* 160 ff. divisé en 2 parties.

1516. — *Historia naturale di Caio Plinio secondo di lingua latina in fiorentina tradocta per il doctissimo homo Misser Christophoro Landino fiorentino nouamente correcta.*

In-folio, lettres rondes, 2 colonnes, 14 feuillets préliminaires, 259 numérotés ; 37 bois de différentes mains, ombrés, mais assez médiocres ; grandes initiales. *In Venetia per Marchio Sessa et Piero di rauani barsano compagni, 1516. Adi. 14. de Agosto.* (Bibl. Nat., Rés. S. 24.) Au-dessous le registre.

1525. — *C. Plinii secundi, naturalis hystoriae Libri XXXVII e castigationibus Hermolai Barbari ac codicis in alemania impressi et emendatissime editi, addite indice et copiosissimo, figurisque ad singulorum librorum materiam aptissimis.*

In-folio de 119 feuillets numérotés ; caract. rom. Registré aa-bb-a-R-A. Frontispice avec marque typographique. Grand encadrement légèrement ombré, avec sujets et ornements variés : dans la partie supérieure, les portraits de Diogène, Platon, Aristote et Thémistius, chacun dans une niche. Au bas de la page, un sphinx ailé ; à sa droite, Mucius Scévola ; à sa gauche, une femme évanouie entre les bras d'hommes qui la soutiennent. Les côtés sont ornés de petites compositions relatives à des faits de l'histoire romaine. Nombreuses vignettes dans le texte ; deux petites cartes géographiques. Lettres ornées. 137 bois ombrés, très médiocres, un en tête de chaque livre.

A la fin : *Explicit. C. Plinii secundi de naturali historia elegantissimum opus, novissime collatis tam antiquissimis exemplarus quia est, et in Alemania et ubi vis impressis, diligentissime post Alexandri benedicti physici recognitionem, cunctis erroribus expurgatum, et ubi duplex lectio erat annotatum in margine. Addita est tabula vel index et vis copiosissimus Ioannis Camertis. Impressum Venetiis summa diligentia per Melchiorem Sessam, et Petrum Serenae, socios, anno reconciliate nativitatis MDXXV. Die XXIIII Martiis.* Puis le registre et la marque de Sessa. (Bibliothèque nationale de Florence et Museo Civico e Correr, E, 317.)

1514

Opa ditectteuole et nuoua della Cortesia Gratitudine et Liberalita. ℭ Composta in parlare elegantissimo dallo Eximio Philosopho Maestro Bernardo Hylicini cyptadino Senese.

In-4° à 2 col. de 24 ff. (a-f, par 4). Lettres rom. Au-dessous du titre, un bois représentant l'auteur étudiant dans sa bibliothèque, avec la légende : *BERNARDO HYLICINIO* ; init. gravées. A la fin : *Stāpata in Venetia per Georgio di Rusconi Milanese ad insntatia di Nico* (sic) *Zopino et Vicenzo compagni. A di. vi. Marzo del MCCCCC.XIIII. Regnante Lynclito Principe Leonardo Lauredano.* (Catalogue de M. de Landau, tome 2, page 328 ; communication de M. Roediger).

Une autre édition du 6 juin 1515 du même imprimeur

pour les mêmes libraires doit contenir les mêmes bois. (Brunet, t. III, col. 406.)

1514

Grāmatica Georgii | Vallae | Placentini.

In-4°; 8 feuillets par cahier; au-dessous du titre, le professeur dans sa chaire entouré d'élèves, emprunté au *Crescentius.* A la fin: *Venetiis arte Simonis de Luere: Sumptibus uero Laurentii Orii de Portesio Anno... M.D.XIIII. Mensis Martii.* Au-dessous le registre. (Marciana, 1375.)

1514

Recetario de Galieno Optimo e probato a tutte le infirmita che achadono a Homini et a Dōne de dentro et di fuora li corpi. Tradutto in Vulgare Per Maestro Zuane Saracino Medico Excellentissimo Ad Instantia De lo Imperatore. Cum Gratia et Priuilegio.

In-4° de 31 ff. ch. Bois au frontispice, représentant à gauche un apothicaire préparant des médicaments, à droite un médecin (?) écrivant avec trois autres personnages. Cette figure est ombrée. Au recto du f. 7, l'homme anatomique; au verso du même f. la *table de la lune.* Init. fleuronnées et la marque de l'imprimeur. A la fin: *Stāpato in Venetia p. Georgio d'ruscōi Milanese adi. 15 de Aprile. 1514.*

1524. — *Recettario di Galieno Optimo e probato a tutte le infirmita che achadono à Huamini et a Done di dentro et di fuori li corpi. Et... Tradutto in vulgare per Maestro Zuane Saracino Medico Excellentissimo ad instantia de lo imperatore.*

In-8°; caractères gothiques à deux colonnes. Au-dessous du titre, un bois représentant un malade avec trois médecins. A la fin : *In Uenetia per Ioane. tachuino de Trino. Anno dni D.M.xxiiij a di 16. nouebrio.* (Molini... *Operette...* p. 164.)

1514

Dati (Juliano). *Incomincia la passione de Christo hystoriata in rima vulgare secundo che recita e representa de parolla a parolla la dignissima compagnia de lo confallone de lalma citta de Roma lo venerdi sancto in lo amphitheatro fabricato da Tito et Domitiano Imperatori il qual loco hoggi di se chiama Colloseo.*

In-8° de 32 ff. non chiffrés registrés de A. à H. ; caractères romains. Au frontispice un petit bois ; au verso une *Crucifixion* occupant toute la page : les Marie au pied de la croix pleurent la mort du Sauveur. 31 petites vignettes rappelant divers épisodes de la vie et de la mort du Christ. A la fin : *Finita la representatione della passione composta per miser Iuliano Dati Florentino e per miser Bernardo di maistro Antonio Romano e per miser Mariano particappa. Impressa Venetia per Zorzi di Rusconi milanese ne lanno del nostro signor mille e cinquecento e quatordeci. A di jj de zugno.* (Bibliothèque Nationale de Florence ; C. Battines, page 20.)

1519. — *Incomincia la passione de Christo Historiata in rima vulgare secundo che recita e representa de parola a parola la dignissima compagnia delo confallo de Roma Venerdi sancto in lo loco dicto Coliseo.*

Petit in-8, signatures A-Diiii, lettres rondes, figures sur bois. A la fin : *Finita la representatione della passione cōposta per Misser Iuliano Dati Florentino e p Misser*

Bernardo di maestro Antonia Romano e per misser Moriano Particappa... Impressa in Venetia per Alexandro di Bindoni 1519, adi 1 agosto. (Brunet, vol. II, col. 530. Cat. Soleinne, dernière partie, n° 356.)

1525. — *Rappresentazione della passione di Iesu Xpo.*

Petit in-8° signature A-F 4 ; avec figures. Cette édition se termine par *Resurrettione di Christo historiata in rima vulgari.* Le colophon porte: *Vineggia per Francesco di Alex. Bindoni et Mapheo Pasyni. 1525.* (*Bibliografia* de C. Battines, page 21. — Brunet, t. II, col. 530. — Cat. Soleinne, t. IV, n° 4020.)

1514

Incomincia il libro vulgar dicto la Spagna in quaranta cantare diuiso doue se tratta le battaglie che fece Carlo magno in la prouincia de Spagna.

In-4°, de 96 ff. (a-m, par 8). Car. goth. à 2 col. Au-dessous du titre, une figure sur bois, représentant Charlemagne chevauchant à la tête de son armée ; au fond, une forteresse. Ce bois, est légèrement ombré, tandis que les 51 autres, intercalés dans le texte, sont à simples contours. Le dessin de ces gravures est fort raide. A la fin : *Finito il libro chiamato la Spagna Impresso i Venetia per Guielmo da Fontane. Nel M.CCCC. Xiiij. adi. ix. de setembrio.* (Bibliothèque de M. de Landau.)

La Bibliothèque Nationale (Rés. Y 3539) possède un exemplaire de ce livre in-4, en caractères ronds, *Questa sie la Spagna Historiata.* Au-dessous du titre bois ombré, avec des noirs très accusés, qui ne semble pas vénitien : des guerriers à cheval, qu'une rivière sépare d'un chef assis sur un trône ; dans le fond la mer ; au 2° feuil. bois au trait : un prince sur son trône entouré de chevaliers.

Dans le texte, nombreux petits bois dont plusieurs empruntés aux publications vénitiennes, entre autres au Tite-Live. Le colophon et la fin manquent. Au dernier feuillet: *Questo sie gano traditore* (V. Brunet t. V, col. 471. Tosi, page 277.)

1514

Sola virtus fior de cose no | bilissime e degne de di | uersi Auctori cioe So | netti: Capituli: Epi | stole: Egloghe: Dispe | rate: e vna cōtra dispera | ta: Strōbotti e Barzelette.

Petit in-8°, 48 feuillets, lettres goth. Au-dessous du titre un bois légèrement ombré, trois personnages donnant une sérénade à une dame que l'on aperçoit à sa fenêtre à droite; vignette médiocre. A la fin, page 48, *Impressa in Venetia per Simone de Luere. M. D. XIIII. Adi. XIIII. Octobrio.* (Marciana 2429.)

1514

Caracciolo de Litio (Frate Roberto). *Prediche de frate Roberto uulgare noua | mente hystoriate et corepte secundo | li Euangelii che se contengono | in le ditte prediche.*

In-4° de 120 ff. sig. a-p (par 8 ff.). Au-dessous du titre goth. mauvais bois ombré, de la largeur de la page: le Christ apparaissant à cinq personnages, deux à gauche et trois à droite; 48 petits bois, qui presque tous sont tirés de la *Bible de Mallermi*; un cependant est emprunté au *Legendario* de 1494; les autres, que nous croyons originaux, sont ombrés et traités à la manière florentine, avec des noirs très accusés, dans les terrains et surtout dans les coiffures. Verso du dernier feuillet: *Fiñisse il quadragesi-*

male del nouello Paulo frate Roberto facto ad complacētia etc... — *Impresso in Venetia per Augustino de Zanni da portese. Adi. Viii. Nouēbrio. M.D.XIIII.*

1524. — *Prediche de Fra Ruberto Vul | gare Nouamente Hystoria | te e correcte secondo li | Euangelii che se cō | gono in le dicte | Prediche.*

In-4°, 8 feuillets par cahier ; sous le titre, bois ombré de forme circulaire, représentant Caracciolo écrivant à son pupitre ; la circonférence est inscrite dans un carré, et l'espace compris entre elle et les angles du carré est au pointillé noir avec un petit ornement blanc ; la page est entourée d'un ornement à fond noir avec les deux lions dos à dos dans la partie inférieure, ornement déjà décrit. 48 petites vignettes sans valeur artistique, de la même main que le bois du titre ; la taille est épaisse et sans finesse. A la fin : *Impresso in Venetia p Ioāne Tacuino da Trino, Nel. M.D.XXIIII. Adi. VIIII de Agosto.* Suit le registre. (Marciana 1407.)

1514

Marci Valerij Martialis epigrammata.

In-folio ; au-dessous du titre, le Saint Georges perçant le dragon de sa lance, avec la signature *F. V.* Encadrement composé de petits blocs, rinceaux, *putti,* etc. — Après la table, feuillet IV, *Amphitheatrum Caesaris,* bois mobré médiocre, répété au verso ; verso du feuillet VII, bois rectangulaire, ombré : un personnage (Martial ?) offre son livre à un autre personnage (l'Empereur ?), portant une couronne de lauriers sur la tête et assis sur une estrade ; nombreux personnages ; au-dessus et au-dessous de cette gravure, un grand bois à fond noir avec ornements blancs ; dans la partie supérieure, une sirène ; dans la bande inférieure, des dauphins ; emprunté au *Supple-*

mentum chronicarum de 1506 ; 14 bois très médiocres, dont quelques-uns imités de la *Bible de Mallermi* ou du *Tite-Live. Impressum Venetiis per Georgium de Rusconibus Mediolañ. Anno dñi. M. D. XIIII. Die V Decēbris* Puis le registre.

1521. — *M. Val. Martialis Epigrammaton.*

In-folio ; encadrement ombré ; feuillet VII, mauvais bois de la largeur de la page : dans un bosquet, Martial, assis, couronné par une Muse ; 14 petits bois, ceux de l'édition de 1514. Verso 136, *Venetiis per Guilielmum de Fontaneto Montis ferrati. Anno Domini. M. D. XXI. Die V Nouembris...* Suit le registre.

1514

Jacopone da Todi. — *Laude de lo contemplatiuo e extatico* | *B. F. Iacopone de lo ordine de lo* | *Seraphico S. Francesco.*

In-4° ; 8 feuillets préliminaires, 128 chiffrés ; figures sur bois. A la fin : *Venetiis per Bernardinum Benalium Bergomensem. Anno Dñi. 1514. Die quinto Mensis Decembris.* (Cat. de M. de Landau, p. 263.)

1514

Theorica et Pratica perspicacissimi Sigismundi de Fantis Ferrariensis in artem mathematice professoris de modo scribendi fabricandique omnes litterarum species. Cum Gratia et Priuilegio.

In-4° ; 8 ff. lim. et 68 ff. sign. A. J. (par 8, à l'exception de *C* qui est en 4 ff.) Car. rom. Bois au-dessous du titre (la manière de tenir la plume). Une gravure pareille se trouve au verso du 8ᵉ f. et est répétée au recto de *B* 2. Belle bordure à fond noir, des *Prediche delle Feste* de Savonarole (1513), et grande initiale gravée au verso du 2ᵉ f. préliminaire, répétée au r. de *A* 1, au verso de *D* 1, au v. de *F* 2, et au v. de *H* 1. Verso du 8ᵉ f., un torse avec les mains, l'une écrivant, l'autre tenant le papier. Au verso de *A* 6 : bois représentant le nécessaire du copiste, qui se compose d'une plume, d'un encrier (en forme de calice), d'un couteau, d'une paire de ciseaux, d'un compas et d'une règle. A la suite, des figures géométriques, un alphabet de lettres « modernes » (goth. minuscules), et un troisième de majuscules « antiques » (majuscules romaines). Vers la fin, une gravure représentant la manière de « doubler » les lettres. Initiales fleuronnées. A la fin : *Impressum Venetiis per Ioannem Rubeum Vercellēsem. Anno Domini. M.CCCCC.xiiii. Kalen. Decembris.* (Bibliothèque Landau et Bibl. Nat., Rés. V. 1457.)

1514. — *Sigismundi de Fantis præclarissimus liber elementorum litterarum.*

In-4°; ouvrage écrit en italien quoique sous un titre latin. Les pages sont entourées de bordures et donnent la proportion mathématique des lettres. A la fin : *Venetiis, per Johannem Rubeum*, 1514. (Brunet, t. II, col. 1178.)

1514

K. C. M. H. Eremita. S. D. Au-dessous : *Inspiritto Diueta Humilita e mansuetudine pace e salute a noi sia sempre nel Signore figliola mia in Christo Iesu obseruandissima.*

Pet. in-8° de 10 ff. Au recto du premier feuillet, charmant petit bois au trait, du style *b* : saint Jérôme à genoux au pied de la croix ; à droite le lion ; dans le fond une biche et une église ; recto du 10° feuillet : *Venetiis, per Simonem de Luere. M. D. XIIII*. Cet imprimeur *Simon de Luere* employait encore, de 1510 à 1514, des graveurs au trait fort habiles, comme nous l'avons vu à propos du *Tractatulus ualde utilis* de 1510. (Marciana 70992.)

1514

Regule de la vita Spirituale et Secreta | Theologica : Compilate per el R^{do} Pa | tre Dom Pietro da Luca Canoni | co.

In-4° ; titre gothique, texte en lettres rondes, 31 feuillets numérotés ; au-dessous du titre, une Crucifixion, déjà citée à propos de *Eleutherii Leoniceni vicentini Cano. Regul. Carmen in funere dñi nostri Jesu Christi*, de 1513, du même imprimeur. Au verso du 31° feuillet : *In Venetia per Simone de Luere. M. CCCCC. XIIII*. Le registre suit. (Marciana 2595.)

1515

Stanze bellissime et ornatissime intitulate le Selue damore Composte dal Magnifico Lorenzo di Piero di Cosimo de Medici, opera nuoua.

Petit in-8°, titres encadrés de vignettes sur bois ; une figure sur bois au bas de l'avant-dernier feuillet. *Stampata in Venetia per Georgio di Rusconi Milanese, ad instantia di Nicolo Zopino e Vicenzo compagni, a di xiiii Marzo MCCCCCXV*. Cette édition ne contient que la seconde partie commençant ainsi : *Dopo tanti sospiri*. (Catalogue Yemeniz, p. 335. Brunet, t. III, col. 1570.)

1515

Lotharius. — *Opera nouamente composta del dis-*

preza | mēto del mondo in terza rima: e hystoriata. | Partita in capituli. xxxii. e uno ternale de | la nostra dona del unico Aretino. Au verso du titre: *Qvesto libro... redvcto di latino in vulgare z̃ terza rima p me Frate Augustino da Colona d' lordine di scō Augustino.*

Petit in-8°; au-dessous du titre, bois ombré: quatre personnages, les pieds sur la terre et la tête touchant les nuages; un vilain, un empereur, un pape et un noble, ayant leurs qualités indiquées par leur coiffure, respectivement placée à leurs pieds; au verso, au-dessus du texte, la marque de Zopino avec *S. N.* 23 jolies petites vignettes légèrement ombrées; elles sont toutes de la même main et un grand nombre signées *C*. Les feuillets D. iii verso et recto portent sur un coffre les deux lettres *I. C.* séparées par une sorte de balustre, que nous avons déjà vues dans le Dante de 1512 et le Pétrarque de 1513, l'un et l'autre de Stagnino. Tous ces bois étant du même dessinateur, il est évident que les diverses signatures que nous venons de relever sont celles du tailleur sur bois. A la fin, après la table: *Stampata in Venetia per Georgio de Rusconi Milanese ad instantia de Nicolo Zopino e Vicenzo compagni Nel. M. D. XV. Adi. XII de Zugno.* (Marciana 2417.)

Brunet, vol. 3, col. 1180, ne cite pas cette édition ; il ne parle que de celles de 1517 et 1520 avec fig. sur bois.

1517. — Lotharius. — *Opera nouamente composta del disprezamento del mondo in terza rima et hystoriata... etc...* Au verso du titre: *Questo libro... reducto ĩ. terza rima p. me Frate Augustino da Colona. d' lordine di sancto Augustino. El q^{le} libro gìa sece (pro fece) Innocētio Papa tertio.,.*

In-8°, figures sur bois. A la fin: *in Venetia p. Gregorio de Rusconi Milanese ad instātia de Nicolo Zopino et*

Vicenzo cōpagni. Nel M. D. XVII. Adi v. de Magio.
(Molini.,. *Operette*, p. 161. Brunet, t. III, col. 1180.)

1520. — *Opera novamente composta del disprezamento del mondo in terza rima e hystoriata.*

Petit in-8°, fig. sur bois. A la fin : *Venetia, Nic. Zopino e Vincentio compagno, 1520.* (Brunet, vol. 3, col. 1180). Il est très vraisemblable que ces deux dernières éditions ont les mêmes bois que la précédente.

1524. — *Opera nouamente composta del Desprezamento del mondo in terza rima : et hystoriata...*

In-8°, figures sur bois. *Sampata nella inclita citta di Venetia per Nicolo Zopino e Vicentio compagno nel MDXXIIII, a di X Nouembrio.* (Catalogue Yemeniz, page 336.)

S. L. N. D. — *Opera novamente composta del disprezamento del mondo in terza rima et hystoriata.*

Ce livre de Colonna n'est que la traduction de l'ouvrage de Lotharius intitulé *Liber de miseria humanæ Cōdicionis.*

M. Harrisse : *Excerpta Colombiniana*, page 198, cite une édition qui paraît conforme à cette dernière, quoique le titre ne soit pas identique.

1515

Opera noua del magnifico caualiero misser Antonio Phileremo fregoso ītitulata Cerua Blancha.

Petit in-8 ; titre gothique, le texte en caractères ronds. Au-dessous du titre, bois ombré médiocre, représentant une biche à côté d'une pièce d'eau ; dans le fond un rocher de chaque côté, et un arbre au milieu. A la fin :

Stampata in Venetia per Alexandro di Bindoni. M. D. XV. Adi xi. Octub. (Marciana 2418.)

Brunet ne cite pas cette édition. La première qu'il signale à Venise est de M. Sessa, 1516. Il n'indique pas si le bois s'y trouve (vol. 2, col. 1388).

1521. — *Opera nova... Intitulata Cerva biancha.*

Petit in-8°; lettres cursives. Au-dessous du titre, bois ombré: un chasseur avec deux chiens, *Pensier* et *Desio*, poursuit la *Cerva Biancha;* dans le fond une forêt. A la fin: *Stampata in Venetia per Nicolo Zopino e Vincētio cōpagno... Nel. M. D. XX. I. Adi. xvii. del mese di Agosto.* (Marciaua 2166).

1525. — *Opera nova del magnifico cavaliero messer Antonio Philaremo Fregoso intitolata Cerva biancha. Corretta novamente.*

In-4° de 40 ff. non chiffrés; caract. cursifs; registres de Aii-Kii. Au frontispice, une gravure ombrée, représentant la chasse, de l'édition précédente. A la fin: *Stampato nella inclyta Citta di Venetia per Nicolo Zopino de Aristotile di Ferrara. Del MCCCCCXXV. Adi XXII de marzo. Regnante lo inclyto Principe messer Andrea Gritti.* (Bibliothèque Nationale de Florence.)

1515

Postilla Guillermi super epi | stolas et euāgelia: de tēpore: | et de sanctis: et pro defunctis. De passiōe domi | ni nostri Iesu Christi: | et de planctu Bea | te Marie vir | ginis.

In-4°; goth., 2 tomes en 1 vol. de 106 et 89 feuillets chiffrés, gravures ombrées. Les 40 vignettes de ce livre, d'une très petite dimension, ne sont pas marquées du cachet de l'école italienne, mais elles sont très fines et très naïves. On pourrait même supposer qu'elles sont gravées en relief sur cuivre. Quelques-unes se répètent. A la fin : *Cum diligentia reuisa : ac impensis dni Luce antonii de giunta florentini : Per magistrum Iacobum pentium de Leuco : in florentissima Uenetiarum urbe impressa sub annis Dñi MD V die Vi Novembris.* (Didot, Cat. raisonné, col. cxxj.)

1515

Opera noua de Zoan Francesco Straparola da Carauazo nouamente stampata.

In-8°; sous le titre, mauvais bois ombré : au premier plan, l'auteur à genoux, couronné par une femme assise ; derrière eux quatre personnages, dont un joue de la guitare ; bois emprunté au frontispice de l'*Opera Noua del Fecūdissimi G. Pietro Pictore Arretino* du 22 Janvier 1512 et qui reparaîtra au titre du *Compēdio de Cose noue* de Vicenzo Calmeta, publié par Rusconi, en janvier 1516. A la fin : *Stampata in Venetia per Alexandro di Bindoni. M. D. XV. Adi. xv. Novembris.* (Marciana 2432.)

1515

Doctrina del ben morire composta per el R. P. Dom Petro da Lucha ; con molte utile resolutione de alchuni belli dubij Theologici.

In-4°; 9 bois, don- un sur le titre ; 2 sont relatifs à l'*Ars Moriendi. Venetia, Simone de Luere.* 1515. (Tross, 1876, p. 80, n° 739).

1515

Savonarola (Mich.) *Libretto de lo excellentissimo*

physico maistro... de tutte le Cose che se manzano comunamente piu che comune ;...

In-4°; Crucifixion au verso du titre. *Venetia, per Bernardino Benalio 1515.* (Libri, 1859, page 328. Brunet, t. V, col. 163.)

1515

San Pedro (Diego de). *Carcer damore traducto dal magnifico mi | ser Lelio de Manfredi ferrarese de idioma | spagnolo in lingua materna : novamen | te stampato. Cum Gratia.*

In-8°; au-dessous du titre, un bois ombré d'une exécution assez médiocre : le poète assis, de face, la main gauche sur un livre, paraît inspiré; un ange, planant au-dessus de lui, soutient une couronne au-dessus de sa tête. A la fin : *Stãpata ĩ Venetia. 1515.*

1521. — *Carcer d'amor.*

Petit in-8°; *Venet., Bernardino de Viano*, 1521.

Réimprimé à Venise, en 1525 (cette édition n'a ni figures ni marque d'imprimeur, elle est de *Gregorius de Gregoriis*), 1530, 1533, 1537, 1546, 1553, etc., pet. in-8°. Plusieurs de ces éditions ont des gravures sur bois. (Brunet, vol. 5, col. 112.)

1515.

Bonaventura de Bria (Fr.). *Regula musice plane.*

Pet. in-8°, lett. rondes, fig. sur bois au titre et musique notée. *Impresso in Venetia, per Georgio de Rusconi Milanese. Nelli anni M.D.XV.*

L'édition de Brescia 1500, que donne Brunet comme

la première de ce rare opuscule, est un pet. in-4°, goth., de 16 ff. (Deschamps, vol. 2, col, 990).

1524. — *Regula musice plane venerabi | lis fratris Bonauenture de Brixia ordinis Minorum.*

Pet. in-8°, de 32 ff., lettres rondes, cahiers de 8 feuillets ; au-dessous du titre, bois ombré représentant huit chantres devant un pupitre où se trouve un livre de musique ; bois médiocre, de taille un peu commune et manquant de finesse ; verso Aiiii, main harmonique, avec les lettres F. B. en monogramme ; lettres ornées à fond noir ; musique ; au dernier feuillet : *Impressa in Venetia per Io. Francisco et Io. Antonio de Rusconi Fratelli. Nelli anni del signore. M.D.XXIIII. adi. x. Octobrio*... Au-dessous, le registre ; au verso, petit bois ombré, représentant saint Georges tuant le dragon ; au-dessous, la marque noire en forme de circonférence avec les lettres *F. et A.* à gauche du rayon vertical, *R.* à droite, *M.* au-dessous du diamètre horizontal. (Librairie Rosenthal.)

1515

Arcadia del dignissimo homo Messer Iacomo Sannazar... nouamente stampata ; et diligentemente correcta.

Petit in-4° ; sur le titre, un bois ombré médiocre, représentant dans une forêt un faune portant une statuette de femme nue dans la main droite et un bouclier dans la gauche ; de chaque côté, un personnage ; ce bois se retrouve en tête de *Opera noua* de Callenutio de 1517. A la fin : *Venetia ad instantia de Gregorio de Rusconi milanese Nel. M.D.XV.* (Molini, *Operette*, p. 160, et Brunet, vol. 5, col. 129.)

1521. — *Arcadia del dignissimo homo messer Iacobo Sannazaro gentilhuomo napolitano.*

Pet. in-8°, titre encadré d'un ornement ombré; au verso, bois ombré de 1515. A la fin: *Stampata in Venetia per Nicolo Zopino e Vincentio compagno nel M.D. xxi adi xix. de Decembrio.* Sur le recto suivant, marque de Zopino. (Marciana 6410.)

1522. — *Arcadia del dignissimo homo Messer Iacomo Sannazaro Gentilhuomo Napolitano. Nouamente stampata et dilgentemente Oorrecta.*

In-8°, caractères gothiques avec registre *A-1*. Sur le frontispice, une gravure sur bois. A la fin: *Impresso in Venetia per Zoanne Fraǹcisco et Antonio fratello di Rusconi nel Anno del Signore M. ccccc. xxij die xx. Zugno.* (Molini... *Operette...* p. 164.)

1524. — *Arcadia del dignissimo homo messer Iacobo sannazaro gentilhvomo napolitano.*

In-8°; signatures A. I. 8 feuillets par cahier, sauf 1 qui en a 12; lettres rondes; titre encadré d'un joli entourage légèrement ombré, avec deux putti, aux extrémités de la partie inférieure; nous le retrouvons dans le *Laberinto d'amore* de Boccace de 1525; au verso du titre, bois décrit à propos de l'édition de 1515. A la fin, la marque de Zopino, avec la femme à genoux, et au-dessous le colophon: *Stampata nella inclita Citta di Venetia per Nicolo Zopino e Vicentio compagno. M. D. xxiiii. Adi. x de Settēbrio.* (Bibl. de l'Arsenal, 4187. B. d.)

1515-1516

Apocalipsis iesu christi. Hoc est reuelatione fatta a sancto giohanni euangelista, cum noua expositione: in lingua volgare coposta per el reuerendo theologo ed angelico spirito frate Federico veneto Ordinis predicatorum.

In-folio ; titre rouge et noir gothique, entouré d'un ornement fait d'entrelacs affectant en quelque sorte le style arabe, sur fond noir pointillé ; nombreuses lettres ornées du même style ; 2 feuillets préliminaires en petits caractères Paganini ; *XCI* feuillets (de 8 ff. par cahier) pour la première partie en plus gros caractères Paganini ; 16 feuillets pour la seconde partie, dont le texte est gothique ; le verso du dernier feuillet de la première partie porte un colophon : *Qui finisse la expositione del reuerendo theologo frate Federico veneto nelle prophetie : ouer reuelationi de S. Giouanne ditte Apochalypsis nouamente deducte in luce per Alexandro Paganino in Venetia del. M.D.XV. Adi. VII. de Aprile ;* le registre suit. La seconde partie commence par APOCHA | *lypsis ihesv* | *christi,* au-dessus d'une gravure représentant *Jésus dans la barque,* signée. z. a. ; avec cette légende en lettres rondes, FLVCTVA | *bit sed non de* | *mergetur* ; au verso commence le texte gothique : *Incipit prologus in Apocalypsim...* Les rectos des feuillets suivants sont occupés par les grands bois, le texte latin gothique occupant les versos des pages ; au verso de la quatorzième gravure, à la fin du chapitre XXII : *Impressa per Alex. Pag. Anno a natiui. domini. M.D.XVI.* Le verso du quinzième bois est blanc. Voici la description de ces célèbres copies empruntées en partie à l'*Albert Durer* de Thausing, traduit par M. G. Gruyer (p. 186 et s.) : 1ᵉʳ bois. *Martyre de saint Jean l'évangéliste,* auquel assistent l'empereur Domitien et au dernier plan de nombreux spectateurs ; saint Jean est à gauche, Domitien, tenant son sceptre, à droite ; signé dans le bas à droite, z. A. D. Copie retournée d'après Albert Durer. 2ᵉ. *Vocation de saint Jean,* sans signature ; ici Dieu le Père tenant une clef, de la main gauche, au lieu d'un livre, est debout, au lieu d'être assis, et saint Jean couché dans les nuages regardant Dieu, au lieu d'être à genoux, les mains jointes et la tête baissée. 3ᵉ. *Portes ouvertes de la voûte céleste.* Même sujet que dans Durer, mais retourné. Le trône de Dieu dans une *mandorla* entourée des vingt-quatre vieillards ; l'agneau qui doit ouvrir le livre aux sept sceaux placé sur les genoux de Dieu est tourné à gauche ; le paysage du bas est mal copié. Signé en bas à gauche *I. A.* 4º. *Les quatre cavaliers apocalyptiques.* Copie retournée des plus médiocres ; au lieu du trident, le 4º cavalier, la Mort, tient une faux. 5ᵉ. *L'ouverture du cinquième et du sixième sceau ;* retournée. 6ᵉ. Les quatre anges qui retiennent les vents et l'apposition de la croix sur le front des cent quarante-quatre mille saints. 7º. *Distribution des trompettes aux sept anges,* et des plaies dont les cinq premières frappent le monde. Copie retournée. 8ᵉ. *Les quatre anges tuant la troisième partie de l'Humanité;* dans le haut, Dieu le Père tenant des trompettes ; copie retournée ; dans le bas à droite *I. A.* 9ᵉ. *L'ange tend à saint Jean le livre* pour qu'il le dévore ; copie retournée. 10ᵉ. Debout sur le croissant de la lune, la femme revêtue du soleil et couronnée d'étoiles, tandis que le dragon aux sept têtes ornées de couronnes menace l'enfant qu'elle vient de mettre au monde ; deux petits anges emportent vers Dieu l'enfant nouveau-né ; copie retournée médiocre ; dans le coin à droite en bas, *ZOVA. ADREA.* 11ᵉ. Combat de l'archange Michel et de trois autres anges contre Satan et ses dragons qui sont précipités sur la terre : copie retournée ; en bas à droite, *I. A.* 12º. *Adoration des deux monstres sortis de la mer;* en haut, le fils de l'homme assis sur un trône et armé d'une faucille ainsi que l'ange de gauche prêt à commencer la moisson sanglante ; copie retournée ; à droite en bas, *I. A.* 13ᵉ. *Triomphe des élus :* un apôtre agenouillé au sommet de la montagne de Sion, près de l'agneau qu'entourent les 4 animaux, 24 vieillards et les 144 élus ; copie retournée ; à droite en bas, *I. A.* 14º. *Babylone, la grande prostituée,* au moment où elle va recevoir la punition de ses crimes ; elle est assise sur la bête aux 7 têtes, symbole des 7 collines, et lève de la main droite une coupe à bossettes ; devant elle un groupe d'hommes qui lui témoignent peu de respect. Copie retournée ; à gauche en bas, *I. A.* 15° : *L'Ange enfermant pour mille ans, au fond de l'abîme, le dragon diabolique.* Copie retournée, signée en bas, à gauche, *I. A.* Derrière ce bois, qui est le dernier, se trouve le colophon.

Ces copies doivent leur célébrité aux originaux de Durer, qu'elles n'interprètent que faiblement, à leur dimension même, à l'important ensemble qu'elles forment, enfin à la signature complète *Zova Andrea* que porte l'une d'elles. Le tailleur, impuissant à rendre la forte expression de Durer, a italianisé et par suite affaibli ses modèles ; mais malgré tout, le souffle du maître anime encore ces infidèles traductions. Quant à la gravure du titre, *Jésus dans la barque,* comme elle n'est point taillée d'après Durer, elle semble au premier abord d'un autre graveur. Toutefois un examen plus attentif permet de reconnaître la manière un peu lourde et ronde de manœuvrer le couteau à travers le bois qui est ordinaire à Zoan Andrea. Nous nous proposons du reste de consacrer à cet artiste, ou plutôt aux divers Zoan Andrea, une étude spéciale qui déterminera, avec quelque précision, le rôle du graveur des copies de l'*Apocalypse*.

1516

Opera moralissima di diversi auctori... Fioretto de cose noue nobilissime et de diversi auctori nouiter stãpate. cioe. Sonetti, Egloghe...

In-8° ; caractères romains ; registre A-M ; sur le frontispice, une figure et ces mots : *Sola Virtus.* A la fin : *Impresso in Venetia per Georgio de Ruschoi. Milanese. Ne li ani. del Nro. Signor. M. CCCCC. XVI. A di 24. Zenaro.* (Molini, *Operette*, p. 204). Brunet (t. II, col. 1266) cite plusieurs éditions de cet ouvrage, sans indiquer s'il s'y trouve des bois ; sans doute, elles contiennent ceux dont nous parlons. Il cite une édition in-8°, de 1510, de *Giorgio Rusconi,* une autre de 1521, in-8°, de *Nicolo detto Zopino;* enfin une *per Zoanne Francisco et Antonio, fratelli de Rusconi,* de 1522.

1516. — OPERA MORALISSIMA DE DIUERSI *Auctori Homini dignissimi e de eloquētia pspicaci...*

Petit in-8° en vers; la première ligne est gothique, les autres sont en caractères ronds; huit ff. par cahier; au-dessous du titre, grand bois ombré, représentant une nombreuse réunion d'hommes et de femmes faisant de la musique, avec divers instruments, autour d'une pièce d'eau bordant une forêt; à droite, un poète couronné de lauriers; à gauche, un jeune homme jouant de la flûte; au-dessous de lui, dans le coin : *z. a.* Un des meilleurs bois de ce graveur. Tirage fatigué. A la fin : *Stampata in Venetia per Georgio di Ruschoni ad instantia di Nicolo Zopino e Vicētio cōpagni. Nel. M. CCCCC. XVI. adi. xxviii. Nouembre* (Marciana 2429).

1518. — OPERA MORALISSIMA DE DIUERSI *Auctori Homini Dignissimi e de eloquētia pspicaci.*

In-8°, en vers; caractères ronds, la première ligne du titre gothique; signatures A-E; 8 feuillets par cahier. Au titre, le bois de l'édition précédente. A la fin : *Stāpata in Venetia per Nicolo Zopino: e Vincētio compagni..... M.ccccc. xviii. Adi. iiii del mese de Septēbre.*

1524. — *Opera Moralissima de diuersi auttori Huomini dignissimi et de eloquentia perspicui...*

In-8°; titre entièrement gothique; édition analogue aux précédentes. Marque de Zopino : S. Nicolas, avec la femme agenouillée. A la fin : *Stampata nella inclita Citta di Venetia p̄ Nicolo Zopino e Vicentio compagno. Nel M.*

D. XXIIII. Adi XVIII de Nouembrio. Regnante lo inclito Principe messer Andrea Gritti (Bibl. de l'Arsenal, 4242, B. L.).

S. D. — Opera Moralissima de diuersi *Auttori Huomini dignissimi e de eloquentia perspicaci*.

In-8°; au-dessous du titre, la gravure de novembre 1516. Ce volume sort des presses de Zopino, comme l'indique la marque au recto du dernier feuillet : S. Nicolas et une femme agenouillée à sa droite. Cette édition n'est pas citée. A la fin : *FINIS*. s. l. n. d. (Marciana 2429).

1516

Compēdio de cose noue de Vincēzo Calmeta et altri auctori cioe sonetti Capitoli Epistole Eglogue pastorale Strambotti Barzelette Et una Predica damore.

In-8°; au-dessous du titre : une femme assise couronne des deux mains un poète à genoux ; quatre personnes derrière ; une d'elles joue de la mandoline ; gravure empruntée à l'*Opera noua del Fecūdissimo G. Pietro Pictore Arretino*, de 1512. A la fin : *Impresso in Venetia, per Georgio di Ruschōi Milanese Ne li āni del n̄ro Signor. M. CCCCC. XVI. Adi. 24. Zenaro.* Suivent les *Strambotti de Paulo Dazza*, occupant une page, et *FINIS* (Marciana 2409).

1516

Somnia Salomonis Dauid regis filij vna cum Danielis prophete somnia cū interpretatione...

In-4°; 4 ff. par cahier ; titre gothique ; texte en lettres rondes ; au-dessous du titre, bois ombré représentant au centre un personnage assis, la main gauche levée, un livre dans la main droite ; de chaque côté, au dernier plan, un personnage couché et dormant. Cette vignette (120 sur 110^{mm} de haut) a des noirs très accusés : les parquets, les fonds, la coiffure et toutes les parties devant être très ombrées, sont noires ; encadrement à fond noir. Elle est du style florentin et sans doute du tailleur dont nous nous sommes déjà occupés à propos des impressions de Sessa, de 1502 à 1505 ; toutefois, ce bois est inférieur aux autres. Nombreuses lettres ornées ; quelques-unes au trait. A la fin : *Impressaqz Venetiis exactissima cura p Melchiorẽ Sessam et Petrũ di Rauanis socios. Anno dñi M. CCCCC. xvi. die. prĩo Ianu.* Au-dessous, la marque avec .M.S. (Marciana 11072).

1516

Aiolpho del Barbicone disceso della nobile stirpe de Rainaldo; el quale tracta delle battaglie dapoi la morte de Carlo magno: et come fu capitanio de Venetiani: et come cõquisto Candia et molte altre cittade: et come Mirabello suo figliolo fu facto imperatore de Constantinopoli: et cetera.

In-4° de 80 ff. à 2 col.; caractères ronds ; les pages ne sont pas numérotées ; les chants commencent par des majuscules ; signatures *a-k*. Au-dessous du titre, gravure représentant Aiolfo en pied avec sa lance et son bouclier ; le verso est blanc : 16 petits bois, dont plusieurs répétés ; au recto du feuillet *aii*, à la première colonne, au-dessous d'un argument en prose, le premier chant commence par : *Eleste padre ouero eterno idio Ofelice almadogni...* — La lettre initiale est une grande majuscule ornée. Au recto du sixième feuillet de *k* finit le chant *XII : carlo Martello si domanda questo... presto. FINIS. Qui finisse el libro de Aiolpho... Stampato ne la inclita cita de Venetia per Marchio sessa nel anno. M. D. XVI. a di VIII. de Luio.*

Au verso de ce feuillet commence *una Laude a Maria Vergine*, qui finit au recto suivant, dont le verso est blanc (1). Un exemplaire se trouve à la Trivulziana (Melzi, p. 293 ; Bibliothèque de M. de Landau).

1516

Iustinianus. — INSTITUTA *novissime recognita aptissimisqz figuris exculta, adjunctisqz pluribus in margine additionibus...*

In-8° ; goth., de 215 ff. en tout ; à deux colonnes, avec vignettes. Titre imprimé en rouge, et portant la fleur de lis. Au verso de l'avant-dernier f. : *Impressa Venetiis per lucantonium de giūta florentinum : Anno... 1516, die 19 Nouembris ;* le dernier feuil. contient la table des rubriques. Le texte est entouré de commentaires (Brunet, vol. 3, col. 612).

1516

Rituum Ecclesiasticorum sive Sacrarum Ceremoniarum. S. S. Romanæ Ecclesiæ. Libri tres non ante impressi... Est et in fronte operis Reuerendissimi... Corcyrensis Archiepiscopi Christophori Marcelli ad Sanctissimum D. N. Leonem X Epistola cum indice.

In-folio ; 6 feuillets préliminaires et 143 numérotés et registrés ; caractères romains ; 3 bois ombrés ; l'un, au commencement du premier livre : le pape sur un trône au milieu de 4 cardinaux assis, recevant l'hommage de l'au-

---

(1) L'édition de 1516 est la plus ancienne connue, mais il doit en exister une antérieure à l'année 1506, puisqu'à la fin de l'*Aiolpho* l'auteur promet un ouvrage sous le titre de *Carlo Martello*, et que ce dernier poème a été imprimé en 1506, (Brunet, t. I, col. 120).

teur à genoux ; 9 personnages debout derrière eux ; l'autre, au commencement du second livre, f. LXIX : le Pape célébrant la messe en présence de cardinaux et de prélats ; le troisième, au f. CXX : un évêque prêchant ; devant lui, le Pape assis ; à sa gauche, au premier plan, un personnage couronné, vêtu d'hermine et recevant l'encens d'un évêque; cardinaux et prélats écoutant le prédicateur. Ces trois bois sont d'une taille un peu raide, ce qui nuit à l'ensemble, quoique certains détails en soient rendus avec soin. A la fin, verso 143 : *Gregorii de Gregoriis Excusere Leonardo Lauredano Principe Optimo. Venetiis, M. D. XVI. Mensis Nouembris. Deus faveat.* (Bibl. Nat. Inventaire B. 106, B. 406 ; Bibl. Nat. de Florence).

Le véritable auteur de ce *ceremoniale* était *Augustinus Patricius Piccolomineus, Episcopus Pientinus,* qui le fit d'après les ordres du pape *Innocent VIII,* comme on peut le voir par sa lettre datée de 1488, publiée par Mabillon, dans son *Museum italicum,* II, page 584-586. *Marcellus,* évêque de Corcyra (Corfou), supprima le véritable nom de l'auteur et fit éditer l'ouvrage comme étant de lui ; ce procédé offensa gravement Paris de Crassis, qui, dans son *Diarium,* à la date du 11 mars 1517, exprime son chagrin que des exemplaires fussent vendus. Il dit ensuite comment il notifia ce fait aux cardinaux qui furent scandalisés de voir leurs sacrés mystères divulgués. Le pape Léon X lui donna la commission de collationner avec l'original toutes les éditions imprimées et d'arrêter la publication. Crassis, dans une longue lettre, lui indique toutes les falsifications introduites dans ce livre. Le Pape déclare que l'on doit brûler le livre ou bien le faire juger par trois cardinaux, dont l'un était le frère de Crassis. Le livre fut brûlé et l'évêque Marcellus fut mandé à Rome pour être puni ; mais comme Crassis est muet à ce sujet, nous pensons que l'on trouva que la perte de l'ouvrage était une punition suffisante (Libri, 1859, page 63).

1516

TRACTATO DELLA SUPERBIA DE *Vno chiamato Senso: il quale fugiua la Morte : Cosa dellecteuole da intendere.*

In-8°; sous le titre, un grand bois, formé de six petits, compris dans le même cadre ; premier à gauche : Senso à cheval, en fuyant la Mort, rencontre un vieillard (Dirollo), à la longue barbe blanche ; second : Senso à cheval et Dirollo assis, qui causent ensemble ; troisième : Dirollo explique à Senso qu'il est certain de ne pas mourir en demeurant dans cette forêt, tant qu'il y restera un arbre vert ou sec, que l'oiseau pourra piquer de son bec ; quatrième : il rencontre un autre vieillard avec lequel il s'entretient ; dans les deux derniers : Senso rencontre un paysan qui le prie de l'aider à pousser son char ; ceci fait, il monte dans le char et le paysan lui dit qu'il est la Mort. Ces vignettes sont ombrées et signées dans le coin à gauche en bas : *B,* signature que nous retrouverons plusieurs fois dans les livres imprimés par *Zopino* et *Vincentio;* entre autres, dans *la Vita e passione de Christo* de 1518, et dans l'*Opera noua* de Cornazzano de la même année. A la fin : *Stampata in Venetia per Giorgio di Rusconi Milanese : ad instātia de Nicolo dicte Zopino e Vincētio cōpagni Nel M. D. XVI. adi XX. de Decēbre* (Marciana, 2423).

M. d'Ancona, dans son savant travail *Poemetti Popolari italiani* (Bologne, 1889, page 101), ne cite que cette édition vénitienne, et cela d'après l'indication du catalogue Libri (1847). Il mentionne une édition antérieure, non vénitienne, in-4°, avec une gravure sous le titre : la Mort invitant Senso à monter sur le char ; près du cadre de la gravure, en haut à droite, on voit les initiales Z. D. B. ; puis une édition de 1518 de Pérouse avec des gravures dans le texte et au frontispice.

1516

Le cose Vulgare de Missere Colantonio Carmignano gentilhomo Neapolitano Morale e Spirituale Nouamente Impresse.

In-8°; au-dessous du titre, l'auteur debout joue du violon ; de chaque côté, des femmes assises qui l'accompagnent avec divers instruments ; cette vignette est d'un assez beau dessin, mais d'une taille un peu lourde. A la fin des sonnets, un bois ombré assez mauvais : six bergers s'entretiennent pendant que leurs troupeaux paissent ; sur le premier plan, à droite, deux béliers courent l'un sur l'autre, tête baissée. Feuillet SSiii, petit bois : la Mort assise effraie quatre jeunes enfants ; feuillet TTii, bois médiocre, prenant en hauteur la moitié de la page : *Crucifixion*. A la fin : *Stampata in Venetia per Georgio di Rusconi Milanese..... M. D. XVI. Adi. xxiii. De Decembre* (Marciana 2432).

1516

Expositio pulcherrima hymnosuz per annũ sm Curiaz nouiter impressa.

Petit in-8° ; titre gothique et texte en caractères dits de Paganini ; signatures a-l, 4 feuillets par cahier. Au-dessous du titre, un petit bois ombré représentant l'*Annonciation* : l'ange à gauche ; à droite, la Vierge agenouillée de profil ; Dieu le Père dans le coin à gauche en haut ; à droite de la tête de la Vierge, *DN*. et au milieu, au-dessous du prie-Dieu, tout à fait dans le bas, le monogramme *L*. Cette vignette n'a d'importance qu'en raison de la signature du graveur. A la fin, au-dessous de la table : *Venetiis in edibus Alexandri paganini. Anno dñi.*

M. D. XVI. Leonardo Lauretanno imperāte. Le registre est au-dessous.

1516

Opera nova chiamata Epulario, quale tracta il modo de cucignare ogni carne, ucelli, pesci d'ogni sorte. Et fare sapori, torte, pastelli, al modo de tutte le provincie, composta per maestro Giovanne de Rosselli.

Petit in-8°; avec une figure sur bois au titre. Très probablement la gravure décrite à l'édition de 1517. *In Venetia, per Agostino Zanni da Portese, 1516.* « Édition rare et la plus ancienne que l'on connaisse de cet ouvrage d'autant plus curieux pour nous qu'il est d'un Français » (Brunet, T. IV, col. 1393).

1517. — *Opera noua chiamata Epulario. Quale tracta il modo de cucinare ogni carne — ucelli — pesci — de ogni sorte. Et fare sapori — torte...... Coposta. p. Maestro Giouane. de roselli. Fracese.*

Petit in-4°; caractères semi-gothiques. Sur le titre, un bois représentant six personnages dans une cuisine : trois à gauche préparent de la viande; trois à droite, près de la cheminée, s'occupent d'une marmite, qu'une femme, debout, écume. A la fin : *in Uenetia per industria e spesa de Nicolo Zopino et Uincenzo compagni in la chasa de Maistro Jacomo Penci da Lecho Impressore acuratissimo. Nel M. D. xvii. adi iii del Mese de Aprile.* (Molini, *Operette* p. 161; Brunet, T. IV, col. 1393). Est-il bien in-4°?

1517. — *Opera nova chiamata Epulario, quale tracta il modo di cucinare ogni carne, ucelli, pesci d'ogni sorte, far sapori, torte, pastelli cōposte p maestro Giouāne, Rosselli frācese.*

Petit-in-8°; goth. à 2 col., contenant 45 ff., y compris la table. Probablement, au titre le bois de l'édition précédente. Au recto du dernier feuil. : *Stampato in Venetia, per Nic. Zopino et Vincenzo compagni, Nel M. D. XVII. a di xx de Agosto* (Brunet, T. IV, col. 1393).

1521. — Même titre noir et rouge que le précédent.

Petit in-4° à 2 col., de 37 ff. chiffrés et 3 ff. non chiffrés. Caract. goth., fig. en bois. A la fin : *Stampato in Venettia per Alessandro de Bindoni Nel anno del nostro signore MCCCCC XXI Adi xxiii agosto.* (Cat. de M. de Landau, t. II, page 248).

1525. — EPULARIO QUALE TRATTA DEL MODO *de Cucinare ogni carne Vcelli pesci de ogni Sorte e Fare Sapori torte e pastelli al modo de tutte le Prouincie.*

In-8°; titre gothique rouge; texte gothique; registre A-F, 8 feuillets par cahier. Au-dessous du titre, le bois de l'édition de 1517. Verso F. 7, après la table : *Stampato in Venetia per Benedetto e Augustino di Bindoni Nel anno del Signore. 1525. Adi. 22. de Zenaro.* (Acquis par la Bibl. nationale à la vente Piot, 1891).

1517

Prouerbii de Salomone molto vtilissimi a ciascuno.

In-8° en lettres rondes, de 4 feuillets. Le titre, en caractères gothiques, porte un bois avec quatre personnages. A la fin : *Stampato in Venetia ne laño del Signore M. D. XVII Adi III di Zenaro* (Rubrique 10537. Biblioteca Colombina, Recueil G, 37-30. Harrisse. *Exc. Colombiniana*, page 233).

1517

Montalboddo (Fr. de). — *PAESI NOUAMENTE RITROUATI PER la Nauigatione di Spagna in Calicut. Et da Albertutio Vesputio Fiorentino intitulato Mondo Nouo* : *Nouamente Impressa.*

Petit in-8° à 2 colonnes ; 124 feuillets non chiffrés, signés a-qiiii ; chaque cahier de 8 feuillets, sauf a qui n'en a que 4 pour la table en gothiques ; texte en lettres rondes. Au-dessous du titre, bois ombré prenant toute la page et représentant *Venetia*, avec quelques indications comme : *Piacia, Palacio de conseio, magageni*, placés symétriquement au *palacio* (où est le palais royal actuellement), *Pescaria, Rialto*. Cette vue est fort jolie et très intéressante. A la fin : *Stampata in Venetia per Zorzi de Rusconi millanese : M. cccc. xvii. adi. xviii. Agosto* (Marciana 56617).

1521. — *Paesi nouamente ritrouati per la Nauigazione di Spagna in Calicut. Et da Albertutio Vesputio Fiorentino intitulato Mondo Nouo. Nouamente impresso.*

Petit in-4°; caractères romains ; à deux colonnes ; sur le frontispice : la vue de Venise de l'édition de 1517. A la fin : *Stampata in Venetia per Zorzo de Rusconi Millanese. Nel M. D. XXI. adi xy de Febraro* (Molini, *Operette*, p. 163).

Simple réimpression de l'édition de 1517 ; on trouve aussi 4 feuillets préliminaires pour le titre, la table et l'épitre à Montalboddo, éditeur de ce recueil. (Harrisse, *Bibliotheca americana vetustissima*, 1866, p. 184 ; Brunet, t. V, col. 1158).

1517

Opera noua de miser Antonio Cornazano in terza rima : Laql tratta De modo Regẽdi : De motu Fortune : De integritate rei Militaris: & qui in re militari imperatores eccelluerint. Nouamente impressa & Hystoriata.

Petit in-8° de 72 ff. en lettres rondes, avec fig. sur bois dont une, celle du titre, signée *z. a.* A la fin : *Impressa in Venetia per Zorzi di Rusconi milanese ad instantia di Nicolo dicto Zopino et Vincentio compagni. Nel. M. D. XVII. adi. iii. de Marzo.* Il est très probable que les bois qui ornent cette édition sont les mêmes que ceux de l'édition de 1518 qui paraît identique à celle-ci (Brunet, vol. II, col. 276).

1518. — *Opera noua de Miser Antonio Cornazzano ĩ terza rima : la ql tratta de modo regẽdi...*

Petit in-8° de 72 feuillets non chiffrés ; signatures A-liiij; le titre en gothiques et le reste du volume en lettres rondes ; au-dessous du titre, bois ombré représentant à gauche un chevalier assis, son casque posé à côté de lui, et dans une couronne au-dessus de sa tête *Alfonsvs Dvx ;* à droite, lui faisant face et s'entretenant avec lui, un autre chevalier derrière lequel est suspendue une couronne contenant *Antonivs cornac.* Dans le coin en bas, à gauche, *z. a.* Ce bois est une copie ; les personnages ont la main gauche levée au lieu de la droite, parce que le bois se trouve retourné ; la marque, en sens inverse, est également une copie de *z. a.* retournée. 18 petits bois ombrés, assez jolis, mais qui ne sont pas tous de la même main ; le second est signé *B*, marque citée plus haut dans le *Tractato della Superbia* de Senso ; deux autres portent la marque *C* déjà signalée plusieurs fois ; ceux qui sont légèrement ombrés sont les meilleurs. Ces deux tailleurs sur bois n'ont gravé, à notre connaissance, que des vignettes de petite dimension ; elles sont généralement assez fines, exécutées avec une certaine habileté, mais sans caractère artistique. Au-dessous de la table, au dernier feuillet : *Impressa in Venetia per Nicolo Zoppino e Vincentio compagni. Nel Anno.., M. D. XVIII. Adi XIII del mese de Septembre.* (Bibl. Nat.. Réserve Y + 3659).

1517

Itinerario de Ludouico de Varthema Bolognese ne lo Egypto ne la Suria ne la Arabia Deserta et Felice ne la Persia ne la India et ne la Ethiopia. La fede el viuere et costumi de tutte le pfate. puicie. Nouamete impsso.

Petit in-8° de 92 ff. à deux colonnes ; au-dessous du titre rouge et noir, un grand bois ombré représentant un personnage, coiffé d'une toque, et assis près d'un globe terrestre sur lequel il paraît suivre un itinéraire avec un instrument qu'il tient de la main droite ; à droite, dans le fond, un navire les voiles déployées. Dans le coin à gauche, en bas, z. a. retourné. Cette gravure, très fortement ombrée, n'est pas d'une bonne exécution ; la tête du personnage assez expressive et les vêtements assez soignés permettent seuls de reconnaître la taille de z. a. ; toutefois, cette vignette est fort intéressante, en raison de sa date de 1517, presque contemporaine de l'*Apocalypse ;* on y trouve la façon allemande de terminer les traits qui forment les cassures des vêtements ; z. a. avait pris, sans doute, cette habitude, en copiant des bois de Durer ; son style redevient plus italien à mesure qu'il s'éloigne de la date de 1516. A la fin : *Stampata in Venetia per Zorzi di Rusconi Milanese : Nella incarnatiõe. del nro. Signore Iesu xpo. M. D. XVII. adi vi. del mese de Marzo.* (Molini, *Operette*, p. 161.) Brunet (T. V, col. 1094) dit à propos de l'ouvrage ci-dessus : « Nous donnons le titre de cette édition d'après Molini, où il y a bien *Vathema* au lieu de *Varthema,* et pet. in-4° ; ce que nous faisons remarquer, parce qu'une édition de 1517, par le même imprimeur, petit in-8° de 91 feuillets, est sous le nom de *Varthema,* dans le catalogue Walckenaer, n° 3393. »

Brunet (T. V, col. 1094) cite une édition milanaise : « *Ioanne Angelo Scinzenzeler, XXX aprile Mccccc. xxiij,* ayant sur le frontispice une grande figure en bois, qui est réduite dans les éditions in-8° antérieures à celle-ci : elle représente l'auteur inscrivant ses découvertes sur un globe terrestre. » Sans doute, il veut dire que la gravure a été réduite pour les éditions postérieures et non antérieures. Nous citons cette édition, la gravure nous paraissant, d'après la description, être une copie de l'édition de Venise ; du reste, Scinzenzeler, à Milan, en use presque toujours ainsi. Sur ce très intéressant volume, voir Deschamps (*Supplément du Manuel,* T. II, col. 844), et M. Harrisse, qui lui consacre une excellente notice.

1518

1518. — *Itinerario de Ludovico Varthema.....*

Petit in-8° de 92 feuillets à 2 colonnes ; signés A-M, avec un registre au recto du dernier feuillet. Au bas du feuillet M : *Stampato in Venetia per Zorzi di Rusconi..... M. D. XVIII a di XX del mese de Marzo.* Il existe une autre édition de cet itinéraire, imprimée également à Venise, par *Zorzi di Rusconi,* à la même date (1518), mais *adi xx. del mese de Decēbre ;* c'est aussi un petit in-8° à deux colonnes, signé A-M par 8, excepté M qui n'a que 4 feuillets. La souscription est au recto du feuillet M et le registre au recto du dernier feuil. (Brunet, T. V, col. 1094). Nous citons ces deux éditions quoiqu'il n'y soit pas question de figures. Etant du même format, du même imprimeur et du même nombre de feuillets, il paraît vraisemblable qu'elles contiennent le bois de l'édition de 1517.

1520. — Itinerario de Ludouico de Varthema *Bolognese ne lo Egypto ne la Suria ne la Arabia deserta, Felice ne la Persia: ne la India: & ne la Ethiopia. La fede el uiuere & costūi de le p̄fate puīcie. Et al p̄sente agiōtoui alcūe isole nouamēte ritrouate.*

In-8°; titre gothique rouge et noir; le texte en lettres rondes, à deux colonnes, registré A-M. Au recto M : *Qui Finisse lo Itinerario de Ludouico de Varthema Bolognese*..... Au-dessous : *Qui comincia lo Itinerario de lisola de Iuchathan nouamente ritrouata per il Signor Ioan de Grisalue Capitan Generale de Larmata del Re de Spagna e per il suo Capellano composta.* Le registre continue de M à N. 8. Au-dessous du titre, le bois de l'édition de 1517 avec la même marque; ici encore le *z* est retourné. La table occupe N. 5, N. 6 et N. 7 ; au verso de ce feuillet : *Impresso in Venetia per Zorzi di Rusconi Milanese. Nell anno della Incarnatione del nostro Signore Jesu Christo. M. D. XX. adi III. de Marzo. Regnando lo inclito Principe Duca de Venetia.* Au-dessous se trouve le registre. N. 8 est certainement un feuillet blanc. (Molini, *Operette*, p. 162. Harrisse, *Bibliotheca americana vetustissima;* additions, page 74.) « Cette édition est si rare que M. Harrisse n'en parle qu'en exprimant quelques doutes sur son existence ; le seul exemplaire connu, d'après lequel Brunet et Graesse l'ont signalée, était celui de la vente Hibbert. » Nous avons trouvé un second exemplaire de 1520 à la Bibl. de l'Arsenal (586 bis, H). (Deschamps, T. II. col. 844.)

1522. — *Itinerario de Ludouico de Varthema Bolo-*

gnese ne lo Egypto ne la Suria ne la Arabia deserta et felice ne la Persia ne la India et ne la Ethiopia. La fede el uiuere et costumi de le prefate prouincie. Et al presente agiontoui alchune Isole nouamente Ritrouatte.

In-8°; caractères romains; titre en gothique; au titre, le bois de l'édition de 1517; colophon: *Stampata in Venetia per li heredi de Georgio di Rusconi Nellano..... M. D. XXII. adi XVII de Setembrio.* L'*Itinerario* commence au 5° f. de la signature M. (Harrisse, *Bibliotheca americana vetustissima*, page 194; Deschamps, t. II, col. 844).

S. D. — *Itinerario* DE LVDOVICO DE *Varthema Bolognese nello Egitto, nella Suria, nella Arabia desetta, et felice, et nella Persia, nella India, et nella Ethyopia. La fede el viuere et costumi delle prefate Prouincie. et al presente agiontovi alcune Isole nuouamente trouate.*

Petit in-8 de 101 ff. chiffrés, 3 ff. non chiffrés et 1 f. blanc. Au-dessous du titre, un grand bois avec l'inscription : *Bibello. senza. dime. lhvom. fasst.* Recto 89 : *Qui finisse lo Itinerario..... Qui comincio lo Itinerario de Lisola de Iuchatan nouamente ritrouata per il signor Gioan de Grisalue.*

A la fin : *In Venetia per Matthio Pagan in Frezzaaa* (sic) *al segno dell* (sic) *Fide.* M. Harrisse assigne la date de 1520 à cette édition (*Bibliotheca americana vetustissima*, page 169). M. Deschamps la place vers 1535 (*Supplément du Manuel*, t. I, col. 844).

1517

LO ARIDO DOMINICO POVERO SERVO DI CRISTO IESV AL DILETTO POPOLO CRISTIANO ET A TVTTI LI PRENCEPI ET SIGNORI.

In-4°; 4 feuillets par cahier ; registre a-g. Au-dessous du titre, grand bois ombré: au milieu, une sorte d'écusson soutenu par deux anges et divisé en quatre parties ; au-dessus de la ligne horizontale : *MRA* à gauche, et *XHS* à droite, surmontés d'une croix ; au-dessous de cette même ligne, les mêmes monogrammes placés inversement ; au-dessus : le Saint-Esprit, les ailes éployées ; au-dessous : à gauche, l'agneau, accroupi sur un livre et écrivant avec une longue plume ; à droite, le pélican se déchirant la poitrine pour nourrir ses petits ; il est debout sur un livre et semble y tracer des caractères à l'aide d'une longue plume qu'il soutient de ses ailes ; au-dessous, tout à fait dans le bas, des anges tiennent des banderoles portant ces mots : celle de gauche, INDIVIDVVS. GLADIVS. MATRIS. ET. FILII ; à droite, POTESTAS. ERGO. GRATIA. REGNVM. GLORIA. ATQ. IMPERIVM. Cette gravure n'est pas d'une mauvaise exécution, elle est bien composée, mais manque peut-être un peu de finesse dans la taille ; le verso de ce feuillet est occupé par une *Crucifixion* avec de nombreux personnages que l'on rencontre dans les missels in-4° et in-8° de Giunta ; ce bois fatigué est entouré d'un encadrement formé de très petites vignettes représentant des têtes de personnages de l'ancien et du nouveau Testament ; le bas est occupé presque entièrement par un grand bois médiocre. Verso *aii* : petit bois représentant dans les nuages la tête de Dieu le Père et celle de la Sainte-Vierge. *MAR*. *V*. Ce volume contient en outre 11 petits bois, de différentes grandeurs, de différentes mains et tirés d'ouvrages parus à la fin du xv° siècle, ou au commencement du xvi° siècle ; ils sont généralement très médiocres ; la *Crucifixion*, *Ciij*, au trait, est une jolie petite vignette. Au-dessous du colophon, un bois assez singulier et d'une inspiration française ; il représente sans doute la conversion de saint Paul : le saint à cheval, se dirigeant de droite à gauche, et se retournant avec étonnement, les bras étendus, pour regarder le Christ tenant la croix, qui lui apparaît dans les nuages ; le colophon : *Stampatata (sic) in Venetia per Bernardin Vinitiā nel tēpo del Serenissimo..... nel. M.CCCCC.XVII. adi xv. Aprile.*

1517

Callenutio (Pandolpho). — *Opera noua composta per miser Pandolpho Coldonese allo Illustrissimo et excellentissimo principe Hercule inclito Duca de Ferrara : Intitulata Philotimo. Interlocutori Berretta et Testa.*

Petit in-4° à 2 col. Sur le titre, la fig. de l'*Arcadia* de Sannazar (1515). A la fin : *In Venetia per Georgio Rusconi melanese ad instantia de Nicolo dito Zopino et Vincenzo suo compagno : Nel anno M. D. XVII, Adi ultimo del mese di Aprile.* (Molini, *Operette*, p. 161.)

Une édition de Venise de *Pintio da Lecho, per N. Zoppino*, 1517, in-8°, est citée dans le catalogue du marquis Costabili de Ferrare, n° 2496, où l'auteur est également nommé Pandolpho Coldonese. (Brunet, T. II. col. 151.)

1517

Fratris Hieronymi. Sauonarolae..... Triumphus crucis...

In-8° ; 112 ff.; au-dessous du titre: le Savonarole écrivant, regardant à gauche, décrit à propos des *Prediche*. A la fin : *Finit... Impressumqz Venetiis accurata diligentia per Lucā olchiensem artium..... Anno dñi M. CCCCXVII. Die uero octauo mēsis Iunii.* (**Mayence**).

1521. — *Fratris Hieronymi Savonarole Ferrariensis Ordinis Predicatoruz : Triumphus crucis de fidei veritate...*

In-8° ; titre goth.; au-dessous du titre, le Savonarole ci-

dessus. Paginé du titre à la fin, feuillet 107 : *Finit.....
Impressumqz Venetiis per Alexandrum de Bindonis. Anno
dñi. M. CCCCC. xxj. Die. xiiij. mensis Nouẽbris.* Au
verso, la grande marque de Alex. Bindoni : la Justice, assise sur le lion de Saint-Marc, avec les lettres A. B.
(Marciana 60294.)

1517

*La conuersione de Sancta Maria Magdalena : E la
vita de Lazaro e de Martha : in octaua Rima hystoriata
Cõposta pel dignissimo poeta maestro Marcho Rasilia de
Foligno Opera noua et Deuotissima.*

Petit in-8°; figures sur bois. *Venetia, per Gregorio de
Rusconi Milanese : ad instantia di misser Nicolo dicto Zopino et Vincentio copagni. Nel M. D. XVII. Adi i septebrio.* (Brunet. T. IV, col. 1119. Molini, *Operette,* p. 161.)

Une édition antérieure (1514) de ce livre avait déjà paru sous le même titre à Ancône, avec ce colophon : *Stãpata in Ancona per Bernardino Guerralda ale spesi di Nicolo dicto Zopino et Vincentio. compagni. Nel M. D. XIIII. die XX. del mese de apprile.*

On y trouve le *Jésus parlant à un nombreux auditoire* de l'édition sans lieu ni date, que nous décrirons plus loin, mais sans la signature de Vavassore et douze petits bois intercalés dans le texte. Toutes ces gravures, quoique le livre soit imprimé à Ancône, sont évidemment d'origine vénitienne. (Cat. de M. de Landau.)

1518. — *La Conuersione de Sãcta Maria Magdalena, la Vita de Lazaro et de Martha, in octava rima hystoriata, composta per el dignissimo poeta maestro Marcho Rasilia da Foligno.*

Petit in-4°; figure sur bois. A la fin : *Stampata in Ve-*

netia per Ioanne Tachuino da tridino nel M. D.XVIII, a di iiii de decembrio. (Catalogue Yéméniz, 1867, n° 1553.)

S. D. — La conversione de *Santa Maria Madalena, e la vita de Lazaro e di Marta, in ottaua rima historiata. Composta per Maestro Marco Rasilia da Foligno, opera deuotissima nuouamēte Stāpate.*

Petit in-8°; sous le titre rouge et noir, bois ombré, d'une gravure peu soignée : Jésus parlant à un nombreux auditoire d'hommes debout et de femmes assises. Dans le coin à gauche, en bas : *Jovan. Andrea. de. Vavasori. F.* Le Christ est bien dessiné, et les draperies sont disposées avec élégance ; mais Vavassore reste ici au-dessous de sa tâche. 11 petits bois médiocres. A la fin : *FINIS*. (Marciana 2385.) Libri (cat. 1847, p. 194) cite une édition in-8° de 1518, avec nombreuses fig. sur bois, de *Zopino e Vincentio*.

1517

Lavde *devotissime et santissime composte per el nobile et magnifico Misier Leonardo Iustiniano di Venetia.*

In-8° en vers ; 120 ff. ; registré a-p, 8 ff. par cahier ; car. rom. Voici la liste des figures dont ce volume est orné : une grande gravure, représentant le *Crucifiement* (verso du frontisp.); *Jésus debout dans un calice,* soutenu par deux anges (v. de *a* 3); la *Vierge sur le croissant,* dans un N (v. de *a* 5 ; ce bois est répété au v. de *a* 8 et au r. de *b* 7); l'*Annonciation* (r. de *b* 2 ; répétée au r. de *c* 8, et avec un encadrement au r. de *g* 1); la *Crucifixion,* gravure à fond criblé (r. de *b* 4); l'*Adoration des Bergers* (r. de *c* 2 ; et, avec un fort joli encadrement au trait, v. de *d* 2); la *Mise au tombeau* (v. de *c* 4, répétée au r. de *k* 6 et au r. de *m* 3); l'*Adoration des Rois mages* (r. de *d* 4); la *Crucifixion* (v. de *e* 2, répétée au v. de *g* 2, au v. de *i* 4 et au r. de *o* 4); la *Descente du Saint-Esprit* (r. de *f* 1); un *Prêtre officiant* (r. de *f* 8, répété au v. de *k* 2); *Sainte Madeleine* (v. de *g* 3); *Saint Jérôme* (r. de *h* 1); *Saint Louis* (v. de *h* 2); le *Martyre de saint Pierre* (v. de *h* 4); *Sainte Catherine* (v. de *h* 5); le *Martyre de sainte Lucie* (r. de *h* 7); *Saint Zacharie* (r. de *i* 7); le *Martyre de saint Jean* (r. de *k* 1); *Crucifixion* (r. de *k* 4); *Crucifixion* (gr. différente de la précédente, r. de *l* 1 ; répétée au v. de *m* 4). Ces gravures, de mains et d'époques différentes, quelques-unes d'inspiration française, offrent une grande divergence de style et d'exécution. Il y en a quelques-unes, celles au trait, par exemple, qui sont fort jolies ; en général elles sont curieuses, et ce volume tire son intérêt de la réunion d'un assez grand nombre de bois empruntés, pour la plupart, aux livres parus plusieurs années auparavant. A la fin : *Stampata in Venetia per Bernardin Venetian di Vidali habita in la cõtra de san Giulian. Del M. CCCCC. XVII. Adi xvi. Septēbrio.* (Bibl. Landau, communiqué par M. Rœdiger. Librairie Quaritch).

1517

Timone Comedia del magnifico Conte Matheo Maria Boyardo Conte de Scandiano traducta de uno dialogo de Luciano a compiacētia de lo illustrissimo principe signori hercule Estēse duca de Ferrara, etc.

Petit in-4°; 40 ff., registre A-K; 4 ff. par cahier ; caractères ronds. Sur le frontispice, un encadrement et une petite figure ombrée représentatn deux trompettes et quatre autre personnages. Lettres ornées. Au recto *I* 2 : *Qui finisse una comedia dicta Timone. Stāpata in Venetia per Zuane Tacuino de Cereto da Trin. del. M. D. XVII. Adi. XX de Setembrio.* L'édition de 1513 n'a qu'une bordure sur le titre. (Bibl. de M. de Landau, communiqué par M. Rœdiger.)

1517

TRIOMPHI SONETTI CANZONE *Stantie Et Laude de Dio e de la gloriosa Vergine Maria: Composta da diuersi Autori Nouamente Stampata.*

In-8°; titre goth.; au-dessous, joli bois représentant une procession de sept moines, se dirigeant de gauche à droite: le premier porte les cierges, le second la bannière, deux la discipline, les deux autres lisent; un couvent à gauche. Bon dessin, mais gravure un peu négligée. Au verso: l'arbre de Jessé que nous avons déjà rencontré. 11 jolies petites vignettes. A la fin: *Impressa in Venetia per Zorzi di Rusconi Milanese: ad instantia di Nicolo dicto Zopino e Vincẽtio compagni: nel Anno... M. D. XVII adi Xii del mese di Febraro.* (Marciana 2423.)

1524. — *Triomphi Sonetti Canzone Stantie Et Laude de Dio e de la gloriosa Vergine Maria: Composta da Diuersi Autori Nouamente Stampata.*

In-8°; 40 ff.; registre A-E; 8 ff. par cahier; caractères romains. Le frontispice est orné d'une grande gravure sur bois, représentant une procession mortuaire, sans doute le bois de 1517; au verso, une figure qui occupe toute la hauteur de la page: la Vierge assise devant la croix et tenant sur ses genoux le corps de Jésus. Des deux côtés de la croix, grand nombre de spectateurs. Au recto du f. *B.* 5, un petit bois, divisé en deux compartiments: la *Fuite en Égypte* et *Jésus en croix;* au verso du même f.: la *Résurrection des morts.* Au recto du f. suivant: la Vierge avec l'enfant et, en face d'elle, un homme assis qui écrit ou peint (saint Luc dessinant la Vierge?.) Au verso de *C 2*, la Gloire des défunts: à gauche se voit la Mort tenant une faux. Au recto de *C* 6: la Vierge adorée par une femme. Les autres gravures représentent: *Jésus en Croix, la Mort de la Vierge, l'Assomption, le Temps* (avec la légende : OMNIA TEMPVS HABET), la *Nativité, la Circoncision* et la marque des imprimers. A la fin : *Stampata nella inclita citta Di Venetia per Nicolo Zopino e Vicentio compagno. Nel. M. D. XXiiij. Adi XXX. De Agosto. Regnante lo inclito Principe messer Andrea Gritti.* (Bibliothèque de M. Landau, communication de M. Rœdiger.)

1517

Inamoramento di Rinaldo de Monte Albano et diverse ferocissime bataglie le qle fece l'ardito et francho Paladino e come occise Mābrino da Levāte et mollissimi forti pagani.

In-4°; caractères ronds; deux colonnes; 182 feuillets, le dernier blanc. Le volume commence par un frontispice orné d'un bois de forme circulaire, où l'on voit Rinaldo à cheval, armé de toutes pièces; l'écu avec les armes et le casque sont accrochés à un arbre à droite. Dans le fond, le château de *Mont'Albano*. Ce bois se rapproche par sa forme et par son style de celui qui se trouve au titre du livre intitulé : *Trojano... Venetia*, 1509, in-4°. Le texte commence par : *El libro de le bataglie del potēte et gagliardo paladīo Rinaldo de Mte Albano de casa Chiaramonte*, en caractères gothiques; registre a-z; tous les cahiers par quatre, sauf z par deux. Les gravures que l'on rencontre dans le texte, les unes grossières, sur fond noir, comme dans tous les romans de chevalerie du même temps; les autres, au trait, d'un bon dessin et d'une exécution soignée. A la fin : *Finito le bataglie... Stampato in Venetia per Joanne Tachuino, M. D. XVII. adi VIII Avosto* (sic) *Laus Deo.* (*Note bibliografiche del fu D. Gaetano Melzi...* 1863, page 58 (marquis d'Adda). Cet exemplaire est sans doute unique. (Brunet, t. IV, col. 1306.)

1518

Pacifico (Frate). — Summa de Confess*ione cognominata Pacifica: laquale ordinatamēte tracta non solamēte la forma: modo e uia de cōfessarse ma etiā discorre p tutti li casi che sono cōtra consciētia ne li quali chadaũ potria incorrere.*

Petit in-8°; lettres rondes; la première ligne du titre en lettres gothiques; CCVIII feuillets numérotés de A à BB; 8 feuillets par cahier; au-dessous du titre, bois ombré: dans le coin à gauche, un moine assis et un personnage la tête découverte, appuyant sa tête sur ses genoux; à droite, entrant dans la cellule, un jeune homme conduit par un ange placé à sa droite, tandis que le diable, habillé comme un moine, se tient à gauche; on aperçoit son pied fourchu dépassant son vêtement, En haut, au milieu, dans le fond : DE.IVRE.DIVINO. Ce bois intéressant, d'un joli dessin et d'une taille assez soignée, porte à gauche, dans le coin en bas, le monogramme *G* sur fond noir. Ce n'est pas le même monogramme que dans le *Legendario* de 1518. Nous ne l'avons pas encore rencontré. Feuillet LXXXII, grand bois de page ombré, représentant *Arbor cōsanguinitatis,* peu important. A la fin, au-dessus du registre : *Finisse... Nouissimamēte stāpata in uenetia cō summa diligentia da Cesaro arriuabeno... MDXVIII. adi ultimo zener.* Au-dessous la marque noire et blanche avec les lettres *A. G.* au-dessous du registre.

1518

Justini ex trogo pompeio historiae.

In-fol. Une petite gravure sur le frontispice, avec la légende : « ECCE AGN' DEI » et beaucoup d'initiales historiées dans le texte. A la fin : *Impressum Venetiis per Georgium de Rusconibus Mediolanēsem. Anno Domini M.D.XVIII. Die XXII. Maii.* (Bibliothèque de M. de Landau ; communication de M. Rœdiger.)

1523. — *Iustino historico clarissimo, nelle historie di Trogo Pompeio. Nouamente in lingua toscana tradotto: z con somma diligentia et cura stampato.*

Petit in-8° ; titre goth. noir et rouge entouré d'une bordure de trophées ; dans le haut, des aigles éployés debout sur des guirlandes de lauriers ; des deux côtés, des trophées d'armes portés par des figures d'Hercule ; au bas, de chaque côté, trois personnages, et au milieu une figure de roi assis, couronné, le sceptre en main. Au verso du titre, un avis au lecteur, de Zopino. Cahiers de 8 ff. registrés. Caractères italiques ; 176 ff. ; chacun des 44 livres commence par une lettre ornée enfermant un buste de saint ou de sainte, parue déjà dans les livres liturgiques antérieurement publiés. A la fin : *Finisse il Libro di Iustino Historico... Et stampato nella inclita citta di Venetia per Nicolo Zopino et Vincentio compagno del M.D.XXIII, Adi x de Nouembrio. Regnante lo inclito principe Messer Andrea Gritti.* Puis le registre. Dernière page blanche. (Librairie Olschki.)

1524. IUSTINO. *historic di Trogo Pompeio, nuovamente in lingua toscana tradotte.*

In-8° ; frontispice et belles initiales. *Venetia, Zoppino, 1524.*

1518

Libro de Abaco nouamente composto per magistro Francesco de la zesio veronese, el quale insegna a fare molte rasone merchantile e come respondano li preci e monete nouamente stāpato. Au recto du dernier feuillet : *Franciscus Felicianus. q. dominici de scholaribus de Lazisio Gordesane arithmeticus ac geometricus composuit hunc libellum die decimo octauo Iulii* 1517.

Pet. in-8° de 20 ff. non chiffrés, sig. A-C. Sur le titre, la vignette du titre des voyages de Varthema, de 1517. *Stampato in Venetia, per Nicolo Zopino e Vincentio suo compagno del M. D. XVIII, adi 27 Agosto.* (Brunet, T. 2, col. 1203.)

1518

Vita Della Gloriosa Vergine *Maria composta per Misser Antonio Cornazano in Terza Rima Historiata.*

In-8° ; titre gothique noir ; registre A-L; 8 feuillets par cahier sauf L qui n'en a que quatre. Au-dessous du titre, bon bois de page ombré, représentant l'arbre de Jessé, de la même main que certaines vignettes de la *Vita e Passione de Christo* du même auteur et de la même date. Dix petits bois du même style que la gravure du titre, sauf les deux derniers qui précèdent : *Oratione per Lauctore alla nostra Donna* et *Aue Maria in uersi uulgari* ; deux pièces qui suivent la *Vita della Vergine maria...* finissant au bas de D 7. La première de ces deux vignettes : la Vierge assise à terre et l'Enfant Jésus debout sur ses genoux, de 60^{mm} sur 36^{mm} de haut, est d'une fort jolie facture ; les ombres y sont fines et laissent au bois toute son élégance sans l'alourdir ; elle se rapproche du style de *Jacobo de Barbari.* La seconde : la Vierge assise, l'Enfant Jésus assis sur ses genoux, à droite une sainte femme en adoration, est du même style et de la même main. Le premier de ces deux bois se trouve dans le Lotharius, sans date : *Opera nouamente composta del Disprezamento,* en tête de *Lau-*

da deuotissima ala nostra Dõna. Ce même volume contient un bois, en tête de *Aue Maria disposta.*, bois tout à fait du même style et représentant le même sujet, seulement ici la Vierge donne le sein à l'Enfant Jesus. Ce volume est aussi de Zopino. A la fin : *Impressa in Venetia per Nicolo Zopino e Vincentio cõpagni... Nel anno della incarnatiõe del nr̃o signore dio. M. D. XVIII. adi xx. de Agosto.* Cette vie de la Vierge n'est pas dédiée comme la *Vita e Passione de Christo* à Lucrèce Borgia.

1518

LA VITA & PASSIONE DE CHRISTO : *Composta per Misser Antonio Cornazano in Terza Rima : Nouamente impressa & Hystoriata* (1).

Petit in-8°, titre gothique rouge et noir ; texte en lettres rondes ; signature A-H ; 8 feuillets par cahier, sauf H qui n'en a que 4. Au verso du titre, un sonnet *Alla Illustre Madāma Lucretia Borgia Duchessa di Ferrara.* Au-dessous du titre, bois de page ombré, composé de plusieurs sujets séparés : au milieu, le plus grand, représentant Cornazano, revêtu d'une armure, assis, ses mains appuyés sur un livre placé devant lui ; au-dessus, dans un petit bois, Dieu le Père, bénissant ; de chaque côté, deux petits bois ayant trait à la vie du Christ, et au-dessous une tête d'ange ailée ; dans le bas, prenant toute la largeur de la vignette, un bois à fond noir. Dans le texte, 18 jolies petites vignettes, de la même main ; quelquesunes sont signées *B*. La table occupe le verso de H III et le recto de H IV ; au-dessous : *Stampata in Venetia per Nicolo dicto Zopino : & Vincentio compagni. Nel anno della*

---

(1) Cornazzamo est le poète que Tiraboschi (VI. 1259) appelle *Il Cornazzari dal Borsetti* et dont il cite une édition donnée par Zoppino en 1517.

incarnatione del nostro signore Miser Iesu Christo. M. D. XVIII. Adi. V. del mese de Septembre.

1519. — *La Vita e Passione de Christo : cōposta per Misser antonio Cornazano in Terze Rima nouamēte īpressa e hystoriata.*

In-8°; lettres rondes ; 8 feuillets par cahier. Signature AA-HH 4. Au-dessous du titre, en gothiques, rouge et noir, bois de l'édition précédente à laquelle sont aussi empruntées les vignettes de celle-ci. Au verso du titre, même sonnet. A la fin : *Stampata ī Venetia per Nicolo dicto Zopino : e Vincētio compagni. Nel anno..... M. D. xix. Adi xxv. del mese de Octobre* (Marciana 4341).

1518

Cola (Joanne). *Viagio da Venetia al Sancto Sepulchro & al mōte Senaj più copiosamēnte descritto de li altri con disegni de Paesi : Citade : Porti : & chiese & li sancti loghi con molte altre Santimonie.*

Petit in-8°; figures sur bois. *Stampato per Nicolō ditto Zoppino : e Vincentio compagno, nell' anno 1518. a di XIX de setēbrio.* (Deschamps, *Supplément au Manuel*, vol. 2, col. 876.)

1520. — *Viaggio de Venetia al Sancto Sepulcro et al Monte Synai.*

Petit in-8° ; nombreux bois. *Venetia, I. Tacuino, 1520.* (Vente Beckford, 4ᵉ partie; page 15.)

1521. — *Viaggio da Venitia al sancto Sepulchro et al monte Synai.*

Petit in-8°; figures sur bois. *Stampato per Nicolo detto*

Zopino e Vincentio compagno nel anno 1521. (Brunet, t. V, col. 1167.)

1523. — *Viazo da Venetia al Sancto Iherusalem et al monte Sian Sepolcro de Sancta Chaterina.*

In-8°; 123 feuillets non chiffrés et figures sur bois. *Venetia Ioanc Tacuino de Trino* (appartenant à M. Schefer, de l'Institut).

1524. — *Viaggio da Venetia al santo sepulchro e al monte Synai : con disegni de paesi citta porti chiesie e santi luoghi : con additione de genti et animali che se trovano da Venetia fino al santo Sepulchro e per tutta la Soria : tratti dal suo naturale : non mai piu Stampate.*

In-8°; le titre rouge et noir, au-dessous une vue de Jérusalem ; plus de 150 bois. *Venetia per Nicolo Zopino e Vicentio compagno 1524.* (Vente Beckford, 4° partie, p. 15.)

La première édition de ce curieux livre parut en 1500, à Bologne, chez Iustiniano da Rubiera (voir *Gazette des Beaux-Arts*, mai 1890). M. Schefer nous écrit qu'à partir de 1518, il a été imprimé presque tous les ans une édition in-8° de ce voyage, et que les bois, fort grossiers mais curieux, de ces nombreux tirages, ont été utilisés jusqu'à la fin du xviie siècle. Il est évident que l'observation de M. Schefer s'applique à toutes les éditions, même antérieures à 1523 et que ces 150 bois doivent se rencontrer dans l'édition de 1518.

1518

Operetta Noua De doi Nobilissimi Amāti Philostato e Pamphila. Cōposta in Tragedia per miser Antonio da Pistoia Nouamente Impressa.

Petit in-8°; lettres rondes ; signature A-D 4 ; 8 feuillets par cahier. Au-dessous du titre gothique, petit bois ombré, assez joli dans son ensemble, quoique les détails du dessin et de la taille soient un peu négligés ; il représente ce sujet si souvent reproduit : le professeur dans sa chaire, parlant à six élèves assis à droite et à gauche; mais nous rencontrons, au bas, le monogramme *I. C.*, que nous avons déjà signalé dans l'*Opera nova* de Lotharius (1515), également de Rusconi, et qui se trouve aussi sur la bordure du *Triompho di Fortuna* de Fanti de 1526. Là surtout est l'intérêt de cette vignette. La page est entourée d'un encadrement à fond noir, d'un très joli style. A la fin : *Stampata in Venetia per Zorzi di Rusconi Milanese. Nel. M. CCCCC. XVIII. adi. xx. de Octobre. Regñate lo inclito Principe Leonardo Lauredano.* (Marciana 48540.)

Brunet (T. I, col. 334) cite deux éditions de Venise antérieures à celle-ci : une de *Manfredo Bono di Monferrato*, 1508, petit in-8°; l'autre, de *Melchior Sessa*, 1516, in-8°. Nous n'avons pu vérifier si ces deux éditions avaient des bois.

1518

Psalterio ouero Rosario della Gloriosa Vergine Maria : Con li suoi mysterii. Nouamente Impresso.

In-8° en lettres rondes, de 24 feuillets ; les deux derniers sont blancs ; signatures *A.-C.* Sur le titre, dont la première ligne est en caractères gothiques, la Vierge et le bambino. Dans le corps du livre, 16 bois curieusement gravés. A la fin : *Impresso in Venetia per Georgio di Rusconi Milanese: Nel. M. D. XVIII. Adi. xiiii: del. mese de Decembre.* (*Bibliotheca Colombina*, recueil G. 37-30. Harrisse, *Excerpta Colombiniana*, page 229.)

Vers 1530. — *Psalterio ovoro Rosario de la gloriosa*

vergine Maria. Con gli suoi mysterii, et Indulgētie. Nouamente impresso.

In-8°, de 24 feuillets ; registre A-C, 8 ff. par cahier. Caractères partie gothiques, partie romains. Vignette sur le titre, représentant saint Dominique en chaire, prêchant. Au verso du frontispice, une petite figure : un moine agenouillé et devant lui, la Vierge avec un rosaire. A gauche du moine on lit : « 1460. F. Alano » (*Alanus de Rupe*) et à droite le mot : « Predicaro ». Au recto du f. A 7 commence une suite de 15 gravures, dont voici les sujets : l'*Annonciation*, la *Visitation*, la *Nativité*, la *Circoncision*, *Jésus au temple*, *Jésus priant*, la *Flagellation*, *Jésus tourmenté*, le *Portement de Croix*, *Jésus en croix*, la *Résurrection*, l'*Ascension*, la *Descente du Saint-Esprit*, l'*Assomption*, le *Couronnement de la Vierge*. Initiales gravées. Quelques-unes de ces gravures sont les mêmes que celles dont est ornée l'*Opera noua contemplatiua* (Venise, Vavassore), savoir : la *Nativité*, la *Circoncision*, *Jésus tourmenté*, le *Portement de croix*, *Jésus en croix*, la *Descente du Saint-Esprit* et le *Couronnement de la Vierge*. Style raide et anguleux. A la fin : *Stampata in Venetia per Alessandro de Viano*. Ce livre contient la règle et les privilèges d'une Confrérie appelée la *Confraternita del Psalterio*. (Bibliothèque de M. de Landau, communication de M. Rœdiger.)

S. d. Première moitié du XVIe. — PSALTERIO OUERO ROSARIO DEL *la Gloriosa Vergine Maria : Con li suoi mysterii. Nouamente Impresso.*

Petit in-8 de 2 cahiers de 8 feuillets, A. et B. la première ligne du titre est gothique, le reste en lettres rondes ; sous le titre, un bois ombré : la Vierge à mi-corps, tenant le Christ dans ses bras ; fond noir avec quelques ornements blancs; la taille manque de finesse; verso A: *Questo e el segno della Compagnia del Rosario della Gloriosissima Vergine Maria :* une couronne dans laquelle passe un chapelet; au-dessous, ces trois lettres *R S M;* une couronne de lauriers entourant le tout, sur fond noir au pointillé. Recto *A. ii: Annonciation,* signée *L* dans le coin en bas à gauche: la Vierge, à genoux, à sa gauche, un livre ouvert sur une sorte de petit banc; à sa droite, l'ange debout qui lui parle; près de la tête de la Vierge, le Saint-Esprit. Comme on le voit par la description, cette *Annonciation* signée *L* est différente de celle du Bréviaire de Giunta de 1506; feuillet B: même *Annonciation;* verso B : la *Vierge visitant sainte Elisabeth;* recto *Bii:* la *Crèche;* verso *Bii: Présentation à Siméon au Temple.* Ces bois, non signés, sont de la même main que l'*Annonciation.* Recto *Biii: Jésus au milieu des docteurs,* petit vignette au trait, tirée d'un autre ouvrage, amenée à la dimension voulue à l'aide de petits bois placés sur les quatre côtés; verso *Biii: Jésus au jardin des Oliviers,* tiré, ainsi que les quatre bois suivants, des *Méditations* de saint Bonaventure de 1489; recto *Biiii:* la *Flagellation;* verso *Biiii: Jésus couronné d'épines; Bv : Jésus montant au Calvaire;* verso *Bv:* petite *Crucifixion* avec de petits bois de côté et en bas; recto *Bvi:* la *Résurrection* des *Méditations* de 1489; recto *Bvii: Descente du Saint-Esprit,* bois du graveur L de l'*Annonciation;* verso *Bvii: Assomption,* mauvaise petite vignette ombrée, entourée de petits bois; recto *Bviij : Dieu le Père et Jésus dans leur gloire,* mauvais bois ombré, un petit bois au-dessus et au-dessous; au verso : *Seguita la copia in sentētia uulgarizata della lettera di Maestro Bartholomeo di Bologna Maestro e Generale di tutto lordine de Frati predicatori: nella quale si contengano molti digni priuilegii concessi dalla sua reuerendissima paternita per la Confraternita del Psalterio : ouero Rosario della immaculata e gloriosissima uergine Maria.*

Vers 1518

Opera nova chiamata Portolano la qual narra tutte le terre: et porti de leuante cominciando a Venetia andando per tutta la Schiauonia fin a Corfu con tutta la Grecia la Morea et Napoli de Romania con tutto Larcipelago: Constantinopoli Candia Rodi Cipro e tutto il Leuante et tutte le isole: terre cita e castelli et porti et quanti miglia da vna terra a laltra et da vna isola a laltra: et tutte stati e porti valle e colphi: scagni: fondi: e Sechi dintorno. Nouamente stampato.

Sur le titre, entouré d'une bordure, un bois avec « Ponge Onge » et la marque typographique. 40 feuillets à 2 colonnes.

A la fin : *Finito lo libro chiamato Portolano composto per vno gentilhuomo Venetiano loqual ha veduto tutte queste parte antescritte le quale sono vtilissimi per tutti i nauighanti che voleno securamente nauighar con lor nauilii in diuerse parte del mondo... Laus deo Amen. Stampato in Vineggia per Domenigo Zio et fratelli Veneti.*

Ouvrage attribué à Louis de Mosto, plus connu sous le nom de Cadamosto ou plutôt d'après les récentes recherches de M. Harrisse, à Pietro Coppo da Isola (Cat. Hanrott). (Librairie Rosenthal.)

1519

Opera del preclarissimo poeta Miser Pamphilo Sasso Modenese. Sonetti, ccccvij. Capituli xxxvij Egloghe. V.

In-4°; 80 feuillets, dont le dernier blanc; registre a-k; 8 feuillets par cahier; car. romains. Sur le titre, une bordure noire et une figure représentant un professeur dans une chaire et, des deux côtés, sept élèves. A la fin: *Venetiis per Guilielmum de Fontaneto de Monferrato. M. CCCCC. xix. Adi primo febraro.* (Bibliothèque de M. de Landau; Arsenal A. 4453. B. L.)

1519

Cyrurgia guidonis *de Cavliaco et* Cyrvrgia *Brvni. teodorici. Rolandi Lanfranci. Rogerii. Bertapalie.*

In-folio; titre rouge en lettres rondes; texte en lettres gothiques; 267 feuillets numérotés. Le titre est entouré d'un encadrement ombré, formé de rosaces et de feuilles d'acanthes d'un style médiocre; nous le rencontrons fort souvent dans les in-folios de cette époque. Nombreuses lettres ornées à fond noir et au trait. Feuillet 267: *Venetiis per Bernardinum Venetũ de Uitalibus. Anno Dñi. M. CCCCC. XIX. Die. xx. Mensis Februarij.* Au-dessous, la marque ombrée de saint Marc avec le lion ailé à ses pieds, portant les lettres *B. V.* Elle est d'un joli style et bien gravée. Au verso la table, et au-dessous, le bois très légèrement ombré représentant un chevalier monté sur un bœuf dont il tient la corne gauche de la main gauche, avec les lettres *Z. M. B. B.* que nous retrouvons dans *De Humilitate et gloria christi Marci Marvli opus* de la même année. Ce volume ne nous intéresse qu'à cause des deux marques; il n'a pas d'autres bois. (Arsenal, in-folio, 7460 A.)

1519

De humilitate et gloria Christi Marci Marvli opus.

In-8° de 8 feuillets par cahier; registre a-f; le titre en capitales, avec la première ligne en lettres plus grandes; au-dessous du titre: un chevalier, une épée levée de la main droite, à cheval sur un bœuf, et marchant de droite à gauche ; de la main gauche, il tient la corne gauche de l'animal. Ce petit bois, carré, est très légèrement ombré et porte une lettre à chaque coin ; *Z* en haut à gauche, *M* en haut à droite, *B* en bas à gauche et à droite. C'est sans doute une marque, mais jusqu'à présent elle reste inexplicable ; au verso : la Crucifixion du *Specchio de la croce* de 1497 ; lettres ornées au trait ; au verso du feuillet qui précède les deux feuillets de la table, la souscription : *Impressit Venetijs Bernardinus de Vitalib' Venetus. Anno Dñi. M. D. XIX. Die. XX. Iulij.* Au-dessous, bois ombré : saint Marc et son lion ailé avec les deux lettres .*B. V.* de l'imprimeur.

1519

Opera noua del preclarissimo Messer Bernardo Accolti Aretino Scriptore. Apostolico e Abreuiatore...

In-8° ; première ligne du titre gothique, le reste et le texte en lettres rondes ; en vers ; registre a-g ; 8 feuillets par cahier. Au-dessous du titre : le poète, assis de face, la main gauche sur un livre ouvert placé sur un pupitre à droite ; derrière lui, un ange soutenant une couronne au-dessus de sa tête ; au-dessous de ce bois médiocre : VNICO. ARTE. A la fin : *Stampata in Venetia Adi. xii. de Nouẽbre. M. CCCCC. XIX. p̄ Nicolo Zopino e Vincẽtio cõpagno.* Brunet (T. I, col. 34) cite une édition du même *Zopino* de Venise de 1515 ; nous ignorons si le bois décrit plus haut s'y trouve. (Arsenal B. lettres. A. 6107.)

1519

CELESTINA. — TRAGICOMEDIA DE CALISTO & *Melibea nouamente tradocta de lingua castigliana in italiano idioma...*

In-8°; CXXVIII feuillets numérotés à partir de a jusqu'à la fin ; registre a-q ; 8 feuillets par cahier ; la première ligne du titre gothique, le reste en lettres rondes comme le texte ; au-dessous du titre, bois ombré médiocre : une vieille femme parlant avec animation à une jeune femme dans une chambre à coucher ; au-dessus de leurs têtes : VETVLA CAVDA SCORPIONIS. Deux bois ombrés représentent chacun une scène à plusieurs personnages ; ils sont répétés seize fois ; ces gravures sont médiocres. Lettres ornées. A la fin, feuillet cxxviii : *Finisse... Impressa cō gran diligentia in uenetia per Cesaro arriuabeno uenitiano nelli anni del nostro signore mille cinquecento e disinoue a di dieze decembrio.* Puis le registre et la marque à fond noir avec les lettres A. G.

1519

C. PLI CAECILIj *Junioris Nouocomensis Plinij Secondi Veronensis Nepotis libri Epistolarum novem addito nūc et Decimo cum Panegyrico i. oratione de laudibus Traiani ĩperatoris.*

In-folio ; 4 feuillets préliminaires et ccxlvii feuillets numérotés ; registre + pour les feuillets préliminaires, et a-A-G pour le texte qui commence au feuillet 1 ; 8 feuillets par cahier, sauf + qui en a 4, a qui en a 10, et & qui en a 6. Titre encadré d'une bordure ombrée avec un bois médiocre ombré représentant un personnage, dans une chambre, écrivant. Ce bois unique, répété douze fois dans le volume, se retrouve dans *Secreti & modi bellissimi Nuovamente investigati per Giovambatista Verini Fiorētino :* au feuillet 247 : *Venetiis per Ioannem Rubeum Vercellēsem. Anno Dn̄i. M. CCCCC. XIX. Die. XV. Decembris.*

1519

Al Lamento della Femena di Pre Agustino.

Petit in-8° de 4 feuillets, en vers. Au-dessus du titre, un bois au trait représentant le campanile et l'indication de l'endroit où les condamnés subissaient leur peine.

Cette peine était celle de la *gabbia* ou *chebba* à laquelle on condamnait les ecclésiastiques coupables d'homicide, de faux, de blasphème, etc. Les coupables, exposés d'abord au *pilori* entre deux colonnes de la Piazzetta, coiffés d'une couronne en papier, étaient ensuite enfermés dans une cage en bois placée à mi-hauteur du campanile de Saint-Marc; ils y restaient exposés à toutes les intempéries et recevaient leur nourriture par le moyen d'une corde qu'ils tiraient à eux. Le dernier auquel ce supplice fut infligé (mars 1519) fut le prêtre Agustino da S. Cassiano (Marciana, 2231).

1519

Poggio Fiorentino (Bracciolini). *Facetie.*

In-8° de 48 feuillets chiffrés. Au frontispice, un bois légèrement ombré : à droite, trois personnages, dont un tient un sac ouvert; à gauche, un homme jetant dans ce sac quelques billets; à ses pieds, un panier plein de papier. En haut, cette devise: *Dio te la mandi bona. Venetia, Cesare Arrivabene,* 1519. (Brunet, T. IV, col. 769.)

1523. — *Poggÿ florētini oratoris facundissimi facetiarū aureus libellus.*

In-8° de 71 feuillets numérotés; caractères gothiques. Registre a-i; frontispice de l'édition 1519. A la fin : *Finit facetiarū Poggi florentini apostolici secretarii, lepidissimus libellus et Impressus autem Venetiis summa diligentia per Benedictum et Augustinum de Bindonis anno Domini Millesimo quingentesimo Vigesimo tertio, die vero ultimo septembris.* Au verso du dernier feuillet, la marque A. B. (Bibl. Nat. de Florence.)

Vers 1519

Secreti : & modi bellissimi Nuouamente inuestigati per Giouambatista Uerini Fiorētino : e professore de modo scribendi.

In-4°, de 10 feuillets non chiffrés ; registre A-10 ; caractères gothiques ; alphabet allant de A à S : lettres d'un charmant style, se détachant sur un fond d'arabesques & de fleurs ombrées. Rect du dernier feuilleto : *Questa Cifra dice Giouambattista ;* au-dessous, un chiffre en capitales composé des lettres qui forment le nom : *Giouambattista ;* au-dessous, un grand J orné.

L'alphabet se trouve sur les versos ; les rectos sont occupés par des notices explicatives en italien, dans le genre de celle-ci, qui se trouve en tête du premier feuillet, au-dessus d'un cartouche laissé en blanc : si l'on veut voir se reproduire dans ce cartouche les vers ci-dessous, on n'a qu'à mouiller la page, et les caractères apparaissent aussitôt ; on peut renouveler trois ou quatre fois l'expérience en laissant sécher le papier. Au-dessous du cartouche se lit cette maxime grossièrement versifiée : *Assai sa chi sa : e molto piu sa : chi piu sa : & nulla sa : chi pensa ch' altri nō sa.* (Librairie Morgand.)

1520

Haly de iuditijs. Preclarissimus in Iudītüs Astrorum Albohasen Haly˙ filius Abenragel Nouiter Impressus fideliter emendatus.

In-folio ; gothique à 2 colonnes ; 107 feuillets numérotés ; au-dessous du titre, bois ombré prenant la moitié de la page: à droite, un astronome âgé, tête chauve et à longue barbe, assis à terre, prenant une mesure avec un compas qu'il tient des deux mains sur un globe, placé devant lui, où l'on voit le soleil, la lune et les balances ; à ses pieds, un lapin ; derrière le personnage, une sorte de petite colline surmontée d'un bouquet d'arbres ; dans le fond à gauche, la mer et des palais vénitiens ; dans le coin à gauche, en bas, ·L·a· Cette gravure est d'un fort joli dessin et d'une taille très bonne et très avancée pour l'époque ; la tête du personnage est traitée avec soin et dénote le travail d'un artiste de mérite. Elle me paraît, comme le pense Passavant (vol. V, page 66), sur métal plutôt que sur bois. Verso O v, le colophon : *Finit... Impēsis vero nobilis viri Luceātonij de giũta florētini Venetijs ĩpressus Anno a natiuitate dñi. 1520. die. 2 mēsis Januarij.* Au-dessous, le registre et le lys noir de Giunta. Pour terminer le cahier il doit y avoir un feuillet blanc. (Bibliothèque Nationale, Réserve, V. 272+1).

Cette gravure est copiée sur une estampe en taille-douce de Giulio Campagnola, quoique certains détails soient un peu modifiés. Ici, l'astrologue ou le magicien, c'est ainsi qu'il est indiqué dans Bartsch et Passavant (T. V, p. 165), représenté par un vieillard à tête chauve et à barbe longue, est assis par terre, à gauche, prenant une mesure sur un globe placé devant lui ; on y voit la lune, le soleil, les balances et les chiffres 3 dans le haut, 2140 au-dessous, plus bas 4350, et dans la partie inférieure 1509 ; derrière lui, une sorte de petite colline surmontée d'un bouquet d'arbres ; à droite, un monstre et une tête de mort ; dans le fond, des palais vénitiens. Dans la gravure de 1520, le sujet est retourné : le personnage y regarde vers la gauche, tandis que dans l'original il regarde vers la droite ; les positions sont identiques, ainsi que les fonds et le singulier monticule contre lequel Haly est appuyé ; les mêmes chiffres se trouvent sur le globe, 3 entre les branches du compas dans le haut, 2410 plus bas, 4350 près des balances et 1519 au lieu de 1509 ; la lune et le soleil y sont aussi placés de même relativement aux nombres. L'astrologue ou le magicien étant devenu un astronome, l'animal fantastique et la tête de mort ont été supprimés et remplacés par un lapin. L'estampe au burin est une fort bonne gravure d'une taille fine et élégante ; le copiste a cherché à rendre de son mieux la finesse du modèle. Nous avons vu qu'elle est signée · L · a ·, marque que Passavant attribue à Luc Antonio Giunta et tout nous porte à croire que son attribution est exacte ; il a gravé aussi, d'après les dessins de Domenico Campagnola, l'*Adoration des Mages* et le *Massacre des Innocents* en y mettant sa signature. (Passavant, T. V, page 172).

Parmi les gravures signées d'un *L.A,* affectant les formes les plus différentes, si tant est que toutes soient du même auteur, celle dont nous nous occupons est une des meilleures. Le cuivre a été copié trois fois par des artistes anonymes ; deux fois en contre-partie, tel que la copie de 1520 nous le montre, et une fois dans le sens de l'original. (Passavant, T. V., p. 165).

1520

Folengo (Theophilo). — *Macaronea. Merlini Cocai poete Mantuani macaronices libri XVII. post omnes impressiones ubiqz locorũ excussas, nouissime recogniti, omnibusqz mendis expurgati. Adjectis insuper qpluribus pene viuis imaginibus materie librorum aptissimis, & congruis locis insertis, & alia multa, quæ in aliis hactenus impressionibus non reperies.*

Petit. in-8° de cxix feuillets chiffrés, en tout ; 31 lignes par page. A la fin : *Impressum Venetiis summa diligentia per Cesarem Arriuabenum Venetum Anno... Millesimo quingentesimo supra uigesimuz die decimo mensis Ianuarii.*

Cette édition de 1520 (augmentée de quelques morceaux préliminaires) est imprimée en caractères romains, et ornée de figures en bois. La vignette du frontispice représente un homme qui joue du violon. La souscription est au recto du dernier feuillet, coté par erreur xix, et dont le verso porte la marque de l'imprimeur. A en juger par le titre ci-dessus, l'édition de 1520 aurait été précédée par plusieurs autres ; cependant nous ne connaissons que celle de 1517 qui soit plus ancienne. L'une et l'autre, moins complètes que celle de 1521, présentent un texte différent de celui des éditions postérieures.

Molini a décrit, sous le n° 292 de ses *Aggiunte*, une édition de cette *Macaronea*, in-8°, sans date, en caractères romains, et portant absolument le même titre que celle de 1520 ci-dessus : elle a cvnt feuillets chiffrés, et des signatures de A—P. Le texte finit par les mots LAVS DEO. Comme ce texte ne présente pas les corrections que Lodola a faites à l'édition de 1521, elle doit être antérieure à cette dernière, et peut-être même a-t-elle précédé celle de 1520. (Brunet, T. II, col. 1316).

1520

Alsaharavius. — *Chirurgia Argelate cum Albucasi.*

In-folio gothique à deux colonnes ; 155 feuillets numérotés ; lettres ornées ; figures sur bois et instruments de chirurgie dans la partie commençant au feuillet 125, *Prologus*. Verso 155 : *Venetijs mandato et expensis nobilis viri domini Luceantonij de Giunta Florētini : Anno domini. 1520. die primo Martij.* Au-dessous, le registre et la grande marque rouge de Giunta. (Bibliothèque Nationale, Réserve, T d 73.5). Brunet (T. I, col. 200) donne, sous le même nom, ce titre assez sensiblement différent de l'édition de 1520 : *Chirurgia omnium chirurgorum, edente Gerardo Cremonensi.*

1520

SECRETO DE FRANCESCO PETRARCha *in dialoghi di latino in vulgar et in lingua toscha tradocto nouamente cum exactissima diligentia stampato et correcto.*

In-8°; titre rouge et noir, la première ligne gothique ; texte en lettres rondes à deux colonnes ; registre A-K ; 8 feuillets par cahier ; au-dessous du titre, bois légèrement ombré pour les vêtements et au trait pour les visages : cinq personnages, avec des couronnes de laurier, debout ; deux arbres dans le fond ; trois bouquets d'herbes au premier plan et la marque *z. a.* dans le coin à droite en bas. Cette gravure est une des moins bonnes de ce tailleur sur bois. A la fin, au-dessous du registre : *Impresso in Venetia per Nicolo Zopino e Vicentio compagno..... Nel anno..... M. D. XX adi. ix. de Marzo.* Au recto suivant, la marque grossièrement taillée avec S. NICOLAVS et les deux lettres *N. Z.*

1520

Caviceo (Jacomo). — LIBRO DEL PEREGRINO *Diligentemente in ligua Toscha correcto.*

In-8° ; lettres rondes ; 8 feuillets par cahier ; au-dessous du titre, joli bois de page ombré représentant un personnage nu, attaché à un arbre ; au-dessous de lui P AMOR ; à gauche, un satyre jouant d'une sorte de cithare ; à droite, un autre soufflant dans un instrument ; au-dessus d'eux, une banderole s'enroulant autour de l'arbre et portant à gauche ANCORA SPERO ; à droite, SOLVER ME ; un amour, dans le coin à droite en haut, décoche une flèche à l'homme attaché; le verso du 12ᵉ feuillet est encadré ; trois petits bois ombrés, un en tête de chaque livre. *Stāpato in Venetia in casa de Georgio di Rusconi milanese ad instātia sua et de Nicolo Zoppino et Vincēzo cōpagno adi V April M.D.XX* (Bibliothèque Nationale, Réserve, Y+963).

1520

La Passione del nostro signore per Bartolomeo Riccio da Lugo.

In-8° en lettres rondes, sauf le dernier feuillet qui est en caractères gothiques ; 56 feuillets ; signature a-g. Sur le titre, une Crucifixion. A la fin : *Acta die passionis in ēde diuē Mariē Formos*ᵉ : *per eũdem Bartolomœum Riccium tanto frequencissimo Christianorum cœtu : ut parum abfuit : quin templum diromperetur. Venetiis octauo idus Aprile M. D. XX Nouamenta composta* (Rubriques 10651-7347. Biblioteca Colombina, G. 37-21). « C'est, paraît-il, une sorte de mystère facétieux, bien que dédié *Alla Reuerendissima M. S. Diodata de VE. Sig. di Urbino.* Cette dédicace montre bien la vanité qui a rendu Bartolomeo Riccio si ridicule aux yeux de ses contemporains. Il s'y vante d'avoir improvisé en dix matinées 1700 vers. Quadrio ne cite de cet humaniste, en fait de pièce, que *Le Balie* ». (Harrisse, *E. Colombiniana,* page 232.)

1520

Agostini (Nicolô). — *Il secondo e terzo libro di Tristano neliq̃li si tracta cõe re Marco di Cornouaglia trouādolo vno giorno cõ Isotta sua moglie luccise a tradimēto e come la ditta madōna Isotha vedēdolo morto di dolore mori sopra il suo corpo.*

In-8° ; 8 feuillets par cahier; caractères gothiques ; en

vers; à deux colonnes; le titre se trouve au recto du premier feuillet. Au-dessous du titre, un bois légèrement ombré représentant un tournoi : au premier plan, deux chevaliers, la lance en avant, galopant l'un vers l'autre; dans le fond, six personnages assis qui assistent au combat; verso blanc. 31 petites vignettes légèrement ombrées et fort médiocres. Au recto A-2, le poème commence par ces mots à la première colonne : *Incomenza il secõdo libro de Tristano...* A la fin : *Qui Finisse il Terzo libro de Tristano Cõposto per N. A. Impresso in Venetia per Alexãdro e Benedetto de Bindoni. Anno salutis M.D.XX. Die. xxyii. Mensis Iunii...* Les initiales N. A. nous indiquent le nom du poète Nicolo Agostini, le continuateur de Boiardo. Il doit exister une édition antérieure du premier livre, qui nous est restée inconnue. Dans les éditions postérieures de ce poème il n'est fait aucune mention de l'auteur. (Melzi, p. 314. Bibliothèque de l'Arsenal, in-12, Nouv. F. 4444).

S. d. — *Libri tre dello Innamoramento di Messer Tristano, et di Madonna Isotta: nel quale si tratta le mirabil prodezze di esso Tristano, e di tutti li Cavalieri della Tauola Ritonda.*

In-8°; figures en bois. *Venetia, per Mat. Pagan in Frezzaria.* Cette édition que ni Melzi ni Brunet n'ont vue doit être de *vers* 1550. Elle n'est connue que par la mention qui en est faite dans la partie IX, n° 2997 de la *Bib. Heberiana.* (Brunet, T. I, col. 110; Melzi, p. 316.)

1520

CONGESTORIUZ ARTIFICIOSE MEMORIE V. P. F. IOÃNIS ROM *berch de Kyrspe.*

Petit in-8°, gothique; signature A-L; huit feuillets par cahier. Nombreuses vignettes légèrement ombrées, la plupart jolies. Au recto du feuillet 9, une tête d'homme avec l'indication du siège des facultés intellectuelles. Verso 22 : un jeune homme en pied, les bras étendus. Verso 25 : l'arche des Hiérarchies célestes, des éléments, des étoiles et le Zodiaque. Feuillet 28 : vue à vol d'oiseau de différents métiers ou occupations, *Barbitonsor, Bellator, Bibliopola, Bovicida, Bubulcus, Abatia.* Verso 29 : meubles ornant la salle, la bibliothèque et la chapelle. Aux versos 38, 39, 40, 41, circonférences dans lesquelles sont dessinés des instruments et des objets divers marqués chacun d'une lettre. Feuillet 43 : les vingt-quatre lettres de l'alphabet dont chacune est représentée par un instrument d'agriculture. Feuillet 44 : figures d'animaux dont les noms commencent par une lettre de l'alphabet depuis A jusqu'à X. Feuillets 45 et 46 : instruments divers. Feuillet 48 : cercles concentriques et points cardinaux. Feuillet 49 : roue avec les diverses lettres de l'alphabet qui en forment le cercle. Feuillet 50 : deux figures d'homme représentant, l'une le nombre singulier et l'autre le nombre pluriel. Feuillet 66 : figure symbolisant l'*Hortus philosophœ*. Feuillet 69 : figure de femme en pied symbolisant la Grammaire. Feuillet 70 : une sorte de caisse carrée ayant sur son couvercle une femme assise sur un tabouret et un rat ; du côté qui nous fait face, une croix noire. Les bois qui ornent ce volume sont curieux et assez jolis, quoique la taille ne soit pas à la hauteur du dessin quand il s'agit des personnages ; elle est meilleure dans les alphabets. Recto L. 8 : *Impressum Venetijs in edibus Georgij de Rusconibus in strata sancti Fantini die. 9. Julij. 1520.* (Bibliothèque Nationale, Réserve Z).

1520

Pontificale sm Rituz sacrosancte Romane ecclesie.

In-folio, gothique, à 2 colonnes, rouge et noir ; le titre

en rouge, entouré d'un encadrement formé à droite et à gauche d'objets du culte ; dans le haut, les douze apôtres, et dans le bas, un pape entouré de quatre saints. Marque de Giunta rouge ; 6 feuillets préliminaires et 253 numérotés ; au verso du dernier feuillet préliminaire : le Christ en croix entre la Vierge et saint Jean ; la Vierge de trois quarts à droite, les mains jointes ; saint Jean pleurant, tournant la tête à droite ; trois anges recevant dans des calices le sang qui s'échappe des plaies du Christ ; un quatrième est symétriquement placé à celui qui reçoit le sang de la poitrine ; un pélican au-dessus de I. N. R. I. Ce bois est beau, surtout la figure de la Vierge ; mais la taille manque de finesse ; encadrement formé, à gauche, de cinq petits bois représentant des scènes de l'Évangile ; dans le haut : Dieu le Père, entouré de chérubins jouant de divers instruments ; au bas : la Cène. Recto des feuillets 1 et 174, deux bois encadrés dans deux bordures, dont le haut et les deux côtés sont semblables au titre. Nombreux bois et lettres ornées, d'un assez joli style. Verso 253 : *In florētissima Venetiarũ urbe per spectabilez virũ dñm Lucamantoniũ de Giũta florentinum Anno dni M. D. XX. Die XV Septēbris studiosissime et diligentissime Impressus explicit feliciter* (Bibliothèque de M. G. Duplessis ; Bibliothèque de Darmstadt ; Bibliothèque Nationale, Rés. inv. B. 98, B. 397.)

1520

Facetie, Piaceuoleze, Fabule e Motti del Piouano Arlotto prete fiorentino, homo di grande inzegno. Opera molto diletteuole vulgare i (sic) *ligua* (sic) *Toscha, historiata et nouamente impressa.*

In-8° de 86 feuillets à deux colonnes, non chiffrés, signés A-L ; caractères gothiques ; figures sur bois ; frontispice rouge et noir : Arlotto s'entretenant avec trois personnages auxquels il présente une fleur ; bois ombré dans le style de Z. A. A la fin : *Impresso in Venetia per Jōane Tacuino da Trino nel M. CCCCCXX, adi XV di Mazo. Regnāte lo iclito* (sic) *principe Leonardāo* (sic). « C'est par erreur que Gamba et après lui Brunet et Graesse dirent que cette édition porte M. CCCCXX (sic) au lieu de M. CCCCCXX ; Tessier a constaté que dans son exemplaire et dans un autre qu'il examina, la date était bien réellement M. CCCCCXX. Il serait possible que dans l'exemplaire vu par Gamba, ce soit une erreur du typographe, corrigée dans les autres exemplaires ». (G. Papanti, *Catalogo dei novellieri italiani*. Livorno, 1871, p. 20, et Passano, *I novellieri italiani in prosa*, 1864, p. 16 ; Brunet, T. I, col. 481.)

1520. — *Facetie : Fabule : e Motti : del Piouano Arlotto Prete Fiorentino : etc.*

Petit in-8°, à deux colonnes ; lettres gothiques ; titre rouge et noir gothique ; au-dessous, le bois de l'édition précédente ; 22 petits bois dans le style du petit c qui grava pour Zopino. A la fin : *Impresso in Venetia, per Nicolo Zopino et Vincentio Compagni Nel M. CCCCC. XX. Adi xxiii del mese de Nouembrio.* Sur le recto du feuillet suivant, marque de Zopino (Marciana 4161 et Museo Civico e Correr. I. 1001). Il existe à la Marciana une autre édition en lettres rondes de cet ouvrage avec les mêmes figures ; le titre diffère un peu. *Facetie : Piaceuoleze : Fabule : e Motti Del Piouano Arlotto Prete Fiorentino :* etc. — Mais, malheureusement, le colophon manque. Quoique ce volume soit certainement postérieur au précédent, il nous est impossible de lui assigner une date précise.

1522. — *Motti...*

In-8° avec figures sur bois. A la fin : *Venetia, Tacuino, M. CCCC* (sic) *XXII, a di XV de Marzo, Regnante lo in-*

clito principe Antonio Grimano. Cette édition est indiquée par Gamba et Brunet comme ayant par erreur l'année 1422 au lieu de 1522. On lit dans Passano à propos de l'édition de novembre 1520 : « Ginguené (*Biogr. Universelle,* art. Arlotto) dit que l'édition de 1520, — sans indiquer laquelle des deux — est plus complète que toutes celles parues après ; je crois que la majeure partie des éditions de ce recueil, faites antérieurement à celle des *Giunti,* sont des copies identiques de la première. » (Passano, *I Novellieri in prosa,* p. 17 ; Brunet, T. I, col. 481.)

1525. — *Facecie: Piaceuolezze: Fabule: e Motti...*

In-12, caractères gothiques, à deux colonnes ; au titre : Arlotto et les trois personnages ; 45 mauvaises petites vignettes legèrement ombrées. A la fin : *Stampato... per Francisco Bindoni e Mapheo Pasini cōpagni: Nel anno 1525. Del mese di Febraro...* (Bibliothèque Nationale, Réserve Y² 1328.)

1520

Auli Flacci Persij satyrographi.

In-folio ; 10 feuillets préliminaires et 104 chiffrés ; encadrement ombré, d'un assez bon style, mais gravé sans finesse, qui reparaît dans le *Triompho di Fortuna,* de S. Fanti, de 1526, au milieu du grand côté de gauche, au niveau de la tête de deux femmes aux corps de lion, les deux lettres *i. c.* Cette signature se retrouve dans le bas du grand côté de droite. En tête de la première satire, le bois du Juvénal 1512 ; un bois par satire. A la fin : *Venetiis In Casis Beenardini de Vianis de Lexona Vercelēsis. Anno Circūcisionis. M. D. XX die xv decembris* (Marciana, 42572).

1520

Cōstitutiones Sinodales alme ecclesie strigoniensis, nouiter impresse.

In-4° gothique; au-dessous du titre, grande *Annonciation* ombrée, d'une mauvaise taille et d'un dessin médiocre; au verso, saint Augustin : un évêque flanqué de deux anges, couvrant de son vêtement des religieux et des religieuses à genoux ; au-dessous : *Ora pro nobis beate pater Augvstine;* cette vignette est assez jolie, la taille en est fine. A la fin : *Impresse Venetiis M. D. XX die primo decembris* (Marciana, 1104).

1520

Compilatio Leupoldi ducatus Austriae filii De Astrorum scientia decem continens tractatus.

In-4°, 94 feuillets; registre A-L ; 8 feuillets par cahier, sauf M qui n'en a que 4 ; caractères gothiques, figures sur bois. A la fin : *Venetiis, per Melchiorem Sessam et Petrum de Rauanis socios. Anno incarnationis domini M. CCCCC. XX die xv Iulij.* (Catalogue de M. de Landau, T. II, p. 208.)

1520

Scamnalia sm̄ ritum ac ordinē ecclesie & diocesis Frisingeñ Pars hyemalis.

Grand in-folio, gothique rouge et noir, à deux colonnes; 12 feuillets préliminaires pour le titre, le calendrier et les tables; 243 feuillets chiffrés, plus 1 feuillet non chiffré pour le registre ; au recto et au verso, la marque de Petrus de Liechstenstein ; au-dessus : *1520. Venetiis.* Au-dessous du titre, grand bois : les armoiries de Philippe de Bavière ; au verso : la Vierge entre saint Corbinien et saint Sigismond ; ces deux bois ornent aussi un *Missale* de Freisingen, daté également 1520. Au verso 54, la grande *Annonciation*, de style allemand, empruntée au Bréviaire de Passau de 1517. Au feuillet 55, belle lettre ornée avec la figure en pied d'Isaïe et une ville dans le fond. Au verso 243 : *Finis. Laus Deo optimo maximoqz anno 1520 Venetiis in edibus Petri Liechtēstein impensis Joannis Oswalt*, et la marque sur fond noir d'Oswalt. (Librairie Rosenthal).

1520

Corvus. — *Excellentissimi et Singularis viri.....Venetüs. G. de Rusconibus* 1520.

Petit in-8°, gothique ; gravure sur bois ; au recto du feuillet *Aij*, une gravure porte sur une tablette : *Matio da Treviso F.* C'est peut-être l'artiste mentionné dans le *Dictionnaire des Monogrammes*, de Brulliot (T. III, p. 126, n° 881); (Cat. Tross, p. 418, n° 3382.) Ce Matio ne semble pas se confondre avec un graveur signant *Matio fecit*, dans un *Missale Romanum* de 1521, un Calvaire copié d'après un Missel de Giunta. Ce dernier Matio est le même que celui qui, dans un *Missale Romanum* de 1549, signe *Matheus F.*, un grand Calvaire à nombreux personnages et M. F. une *Annonciation* ombrée, assez bien traitée, entourée de blocs avec des saints en buste ou en pied. Nous rencontrons encore un Matio qui signe soit *M. P. F.*, soit *M. F.*, soit *M*, dans un volume de 1533 : *Dione Historico delle Guerre e Fatti de Romani : Tradotto di Greco in lingua uulgare, per M. Micolo Leoniceo* (1) imprimé par : *Nicolo d'Aristotile di Ferrara detto Zoppino* en *M. D. XXXIII. del mese di Marzo.* Outre la lettre M, l'encadrement du

---

(1) Ce volume contient un privilège autorisant Zopino à imprimer l'ouvrage de Joan Fortunato intitulé *Dionis*.

titre porte à gauche, touchant la bordure, la lettre ·G., qui est certainement une autre signature. Est-ce celle du dessinateur?

1520

Appolonio de Tiro nouamente stampato con le figure.

In-4°. *In Venetia per Bernardino di Lesona... MDXX.*
« Réimprimé à Venise, en 1555, in-8°; et aussi sous ce titre : *Apollonio di Tiro historiato et novamente ristampato Milano per Valerio et Hieronimo fratelli da Meda*, 1560, in-8°; la date est exprimée à la fin, dans une stance de huit vers. » (Brunet, T. I, col. 352.)

Vers 1520

Historia di papa Alessandro III, et di Federico Barbarossa imperatore. nouamente Ristampata et diligentemente Corretta. In Venetia et in Bassano. Con licenza de' superiori.

In-4°; 4 feuillets. Au-dessous du titre, bois ombré, très médiocre, représentant : à gauche, le Pape, suivi de religieux, se rencontrant avec le Doge; à droite, l'empereur, sa couronne à terre, couché entre les deux, et sur le point d'être écrasé par les pieds du Pape; 92 octaves, dont la première commence ainsi : « *Signore a te ricorro per aiuto.* (Bibl. de Bologne, tab. III. M. II. 16; Cat. de M. de Landau, t. II, 384.)

S. d. — *Historia de papa Alexandro e de Federico barbarossa Imperatore.*

In-4 de 4 feuillets; même bois au titre que dans l'édition précédente; au-dessous du bois, texte en lettres rondes ; le reste, en caractères semi-gothiques ; 7 mauvaises petites vignettes ombrées. Au verso du dernier feuillet: *Per Mattio Pagan in Frizzaria a l'insegno de la Fede.* Nous pensons que cette édition a dû être publiée vers 1550. (Deschamps, 644, Bibliothèque Nationale, reserve Y).

Vers 1520

La copia de una littera mandata da Anglia del parlamento del Christianissimo Re de Franza col serenissimo Re de Angilterra col nome de tutti li Principi e signori Ambassatori: Cortesani Zētilhomini : e del uestir de li Re ; e Signori che acompagnauano la sua maesta: e similmente de la Madama Regina de Franza cōla sua compagnia.

In-4° de 2 feuillets ; au-dessous du titre, bois ombré représentant des guerriers romains, à pied, au bord de la mer, avec un roi ; près du rivage, un marin qui les attend; de chaque côté, deux petits bois, l'un d'ornement, l'autre représentant un personnage. Ces gravures sont médiocres. Cette pièce est vénitienne, comme le prouve l'orthographe *Zētilhomini ;* c'est une description du camp du drap d'or, faite sans doute par un témoin oculaire, à en juger par le titre et surtout par le scrupule des détails. (Marciana, 1873).

Vers 1520

Littera mādata della Insula de Cuba de India in laquale se cōntiene de le Insule citta gente et animali nouamente trouate de lanno. M. D. XIX. p̄ li Spagnoli.

In-4°, de 8 feuillets non chiffrés. Le titre, gothique, porte une gravure sur bois assez grossière ; le texte est imprimé en caractères romains. Cette pièce est consacrée au récit de l'expédition de Grijalva dans le Yucatan ; elle diffère essentiellement de la narration donnée par Juan Diaz. (*Supplément au Manuel du libraire.* Deschamps, T. I. col. 874.)

Vers 1520

LA COPIA DUNA LETRA DELA INCORONATIŌE DE *lo Imperator Romano col nome de Signori Conti Duchi Vescoui che si trouano alla incoronatione.*

In-4° de 2 feuillets ; la première ligne du titre gothique, le reste et le texte en lettres rondes ; au-dessous du titre, bois cité à propos de *Epistola del potentissimo et Invictissimo Hemanuel* de 1513. On peut assigner la date 1520 à cette plaquette qui est une description du couronnement de Charles-Quint (8 octobre 1520). Son origine vénitienne est attestée par le style du bois, les caractères d'impression, et l'ensemble du texte qui est tout à fait conforme à ce que l'on imprimait à Venise à cette époque (Marciana, 1872).

Vers 1520

Expositione pacis proemium.

In-8°, titre gothique. Au-dessous, le bois ombré tiré de *Opera nouamente composta del disprezzamēto del mondo* de Lotharius de 1515. A la fin : *Stampata in Venetia ad instantia de Felice da Bergamo.* Jusqu'ici ce volume paraît être demeuré inconnu, ainsi que ce *Felice da Bergamo.* (Marciana, 2175.)

1521

VITE DE' PHILOSOPHI MORALIS*sime. Et de le loro ele-*

*gantissime sententie. Extratte da Lahertio et altri anti-
quissimi auctori Istoriate e di nouo corrette in lingua
Tosca.*

In-8°, de 56 feuillets non chiffrés ; registre A-H ; 8 feuillets
par cahier ; titre en caractères gothiques rouges et noirs ;
texte à deux colonnes en lettres rondes. Au-dessus du
titre, un grand bois ombré représentant un personnage
coiffé d'un chapeau haut de forme, parlant à quatre auditeurs en robe placés, deux à sa gauche et deux à sa
droite ; à terre, deux livres ; à gauche, dans le coin, en
bas : *z. a.* Cette gravure est médiocre et ressemble à toutes
les vignettes de cette sorte illustrant les publications de Zopino. Nombreux portraits en buste, du même style et sans
doute de la même main. A la fin, au-dessous de la marque
portant *S. Nicolavs* et *.N. .Z.*, le colophon : *Stampato in
Venetia per Nicolo Zopino e Vincētio compagno nel. m.
ccccc. xxi. Adi. xxiiii de zenaro. Regnante lo inclito Principe messer Antonio Grimani. Et con molte additiōe agiūte
le quale nō sono ĩ su li altri.* (Bibliothèque Nationale de
Florence.)

1521

Alexander Achillinus de humani corporis Anatomia.

Petit in-8° ; titre gothique ; texte en lettres rondes ;
signatures A.-G. ; 8 feuillets par cahier. Au-dessus du titre,
placé au bas de la page, la marque du Christ sur fond
noir du *Legendario* de 1518 ; feuillet A.iiii : bois de page
représentant *Magnus Alexander Achillinus*, dont le nom
se trouve écrit dans le haut, en dehors du cadre du bois ;
il est vu en buste, de profil, coiffé d'une toque, regardant
à droite et parlant à un jeune homme qui tient un livre à
la main et dont on voit la tête tournée de profil, à gauche ;
dans le fond, un intérieur à portiques avec une fenêtre
entr'ouverte, donnant sur la campagne. Cette gravure

ombrée est fort belle de style et d'exécution ; le personnage principal a même beaucoup d'allure. Recto G.iiii : *Venetiis per Io. Antonium et Fratres de Sabio. M. D. XXI. Mense Ianuario.* Le registre au-dessous, et au verso la marque : un arbre ayant une cime en forme de chou, sans doute un palmier ; autour du tronc s'enroule un dragon ; au-dessus, une banderole avec ces mots : IO. ANT. ET. FRAT. DE. SABIO ; au pied du tronc : BRASICA. (Bibliothèque Nationale Rés. a². 12 ; Collection de M. Georges Duplessis.)

1521

Libri tre de Orlando innamorato del Conte de Scandiano Mattheo Maria Bojardo tratti fidelmente dal suo emēdatissimo exēplare con li apostille historiato. Novamente stampato.

In-4° ; titre en caractères gothiques rouges et noirs ; le texte en caractères romains à deux colonnes. Au-dessous du titre, dans un encadrement à arabesques, un grand bois ombré représentant un guerrier à cheval, armé de toutes pièces, la visière baissée, menaçant de son épée un autre guerrier tombé à terre. Dans le fond à droite, sur un endroit un peu élevé, une femme assiste au combat ; dans les airs, un amour aux ailes déployées, les yeux bandés, visant avec son arc tendu le guerrier vainqueur. On y lit dans le bas le monogramme *IO. B. P.* Tosi croit pouvoir attribuer cette gravure à Giovanni Battista Padovano qu'il qualifie de célèbre, mais que nous ne trouvons mentionné nulle part. Le marquis d'Adda ne pense pas que l'auteur de ce bois puisse être Giovanni Battista del Porto, le maître à l'oiseau : peut-être a-t-il taillé sur bois, ce qui est très contesté d'ailleurs ; mais certes, il n'aurait pas produit une œuvre aussi médiocre.

La page est entourée d'un encadrement à fond noir formé de feuilles d'acanthe, comme ceux dont Zopino se servait à cette époque pour ses in-4°, dans le style de ceux du *Lancilotto,* du *Plutarque,* etc. Au verso, au feuillet A II, autre bois de page représentant un combat entre des cavaliers, des fantassins et de l'artillerie ; dans le fond, une forteresse ; sur les bannières, les trois lis de France ; sur la marge supérieure on lit: *Bataglia del primo libro del Conte Mattheo Maria Bojardo.* en caractères rouges ; dans le bas, les initiales *I. B. P.,* comme au frontispice.

Nous noterons que les *Successi bellici,* stances de Nicolo de Agostini imprimées par Nicolo Zoppino et Vincenzo en M. CCCCC. XXI. 1° *di Agosto,* contiendront quelques-uns de ces bois, où les légendes seules sont changées. Par exemple, *la bataglia del primo libro* de Bojardo sera la *Rotta di Marigniano* (sic), et ainsi de suite.

Le texte commence A. III., au recto : *Incomencia el Primo Libro de Orlando Inamorato cōposto per Matheo Maria Bojardo...* Au verso du feuillet N. III, bois de page représentant l'assaut d'une forteresse ; dans le haut : *Bataglia del secondo libro del...* ; dans le bas : *.z. a.* Au recto N. III, commence : *Il libro secōdo de Orlando inamorato...* qui occupe tout le cahier ; le huitième feuillet contient le bois représentant un combat entre cavaliers et fantassins ; dans le fond, trois grandes pierres superposées en forme de *dolmen ;* dans le haut : *Bataglie del terzo libro del Conte Matheo Bojardo ;* dans le bas : *.z. a.* Au verso de ce feuillet : *Libro terzo de Orlādo Inamorato.....* Ces trois premiers livres, dus à Boiardo, se terminent au recto du dixième feuillet du cahier BBB (1); puis le colophon : *Qui finisse li tre libri de Orlando Inamorato..... stampati novamente in Venetia per Nicolo Zopino e Vincenzio cōpagno nel M. CCCCC. XXI a di XXI de Marzo...* Au-dessous, la marque de l'imprimeur.

Suit le *quarto libro,* commençant ainsi : *Incomincia il*

---

(1) C'est par erreur que, dans le texte italien, il y a ici deux B au lieu de trois.

quarto libro de lo inamoramento de Orlando... composto per Nicolo di Augustini, avec de nouvelles signatures AAA. — EEE, se terminant au recto du quatrième feuillet du cahier EEE. par ce colophon : *Finito lo quarto libro... Stampato per Nicolo Zopino et Vicẽzo campagno nel M. CCCCC. XXI. Adi viii de Mãzo.....*; au-dessous, la marque de Zopino ; ce colophon est en caractères gothiques, appelés caractères de forme ; le sixième feuillet est blanc. Le *quinto libro*, le second composé par Agostini, est registré A-L. Au-dessous du titre : *El quinto libro dello Inamoramento de Orlando novamente stampato et diligentemente corretto*, un bois signé *.z. a.*, représentant Curtius se jetant dans l'abîme. Ce dernier livre se termine au quatrième feuillet du cahier L avec ce colophon : *Qui finisse el quinto libro de Orlando Inamorato...* Puis, sur l'avant-dernier feuillet, en gros caractères gothiques : ..... *Stampato in Venetia per Nicolo Zopino e ·Vicẽtio cõpagno nel M. CCCCC. XXI adi xxii de zugno cõposto per Nicolo di Augustini con el suo privilegio regnante l'inclito principe Leonardo Lauredano.* Au-dessous, la marque de Zopino, et enfin un avis annonçant que le sixième et dernier livre a été également imprimé *nouamente* par le même éditeur. Il n'y a aucune trace de ce complément final. (Voir marquis d'Adda : *Note bibliografiche del fu D. Gaetano Melzi, edite per cura di un bibliofilo milanese;* Milano, 1863, page 47.) Nous ne connaissons actuellement qu'un seul exemplaire de cette si intéressante édition ; il appartient au marquis Gioachino d'Adda, au bienveillant concours de qui nous devons une grande partie de la description ci-dessus.

« Ce volume n'a pas ses pages numérotées ; dans les trois livres de Boiardo, on a indiqué sur la marge supérieure, au recto, le livre, et au verso le chant. Le cinquième livre seulement porte quelquefois, dans la marge inférieure : L. V (livre 5). Les cahiers sont tous de huit feuillets, sauf BB qui en a 10, EE qui en a 6, et L du cinquième livre qui en a également 6, ce qui fait 360 feuillets, 226 pour les trois premiers livres de Boiardo et 134 pour les deux d'Agostini.

Cette édition a le même format que les suivantes du même imprimeur ; mais elle en diffère par la distribution des octaves, par la forme particulière de quelques lettres, et par une lacune de 40 octaves dans le livre 4. Les bois sont les mêmes, mais naturellement plus usés. » (Melzi, op. cit., p. 54.)

Dans la description que donne le marquis d'Adda de son rare volume de 1521, il n'indique que 5 bois, savoir : sous le titre ; au verso de A.II ; au verso de N.III ; au recto de N-8 ; sur la page portant en titre : *El quinto libro dello Inamoramento de Orlando...* Il ajoute ensuite que l'édition de 1528 du même Zopino est identique, sauf ce que nous indiquons plus haut, à celle de 1521. Il a omis de signaler quelques légères différences dans le titre, que voici : *Libri tre de Orlando inamorato del Conte di Scandiano Mattheomaria Boiardo. Tratti dal suo fidelissimo essemplare. Nouamente con summa diligentia reuisti e castigati,* ainsi que dans les colophons. Dans la description qu'il donne de cette édition de 1528 (*Bibliographia dei Romanzi e Poemi cavallereschi italiani,* page 80), il indique les bois suivants : sous le titre ; verso de A-II ; verso de N.III ; recto de N.8 ; sous le titre de *Incomincia il quarto libro de lo inamoramento de Orlando...;* sous le titre de *Il Quinto Libro Dello innamoramento di Orlando...,* ce qui fait six bois. Sans doute il y a erreur, pour 1521 dans la description des *Note bibliografiche.* Nous ne parlons pas du troisième livre d'Agostini, qui ne se trouve pas dans l'édition de 1521, et qui a un grand bois et une petite vignette en tête de chaque chant.

1521

Puteo (Paris de). — *Duello, libro de Re, Impera-*

tori, Principi, gentil'homini, et de tutti armigeri, continente disfide, concordie, pace, casi accadutti ecc. Opera dignissima et utilissima a tutti gli spiriti gentili.

In-8° de 200 feuillets non numérotés. Lettres cursives ; registré A-Z, a-b. Sur le frontispice, une gravure ombrée représentant un groupe d'hommes vêtus de toges, assis sur une estrade ; en bas, deux jeunes hommes cuirassés s'escrimant avec des sortes de lances. Grandes et petites initiales ornées. *Stampato in la Inclita cita di Venetia. Adi. XII. Maggio M. D. XXI.* (Bibliothèque de S. Daniele et Bibl. Nat. de Florence.)

1525. — DUELLO : LIBRO *de Re, Imperatori, Principi, Signori, Gentil'homini...*

In-8°; lettres cursives ; registre A-Z, a ; 8 feuillets par cahier, sauf Z qui n'en a que 6 ; 8 feuillets préliminaires pour les tables ; au neuvième : *Incomincia il Libro de re Militare in materno. Composto per il Generoso misser Paris de Puteo Doctore de lege. Lege feliciter.*

Le titre est entouré d'un joli encadrement ombré, formé de chaque côté par des armes, cuirasses, boucliers, boulets, etc. ; dans la partie supérieure, à gauche : *Marte;* à droite : *Bellona;* au milieu, un duel entre deux soldats romains ; dans la partie inférieure, deux troupes armées de lances se rencontrent, prêtes à se combattre ; au milieu, un tambour tournant le dos ; au-dessous, des soldats ; à droite : *evstachivs.* Ce graveur nous semble être le même que celui qui signa : *Intagliato per Evstachio Cellebrino da Udene* dans : *Lo presente libro insegna la vera arte de lo excellēte scrivere di diverse varie sorti de litere..... opera del Tagliente..... M. D. XXV.* Quoique ce volume, sans indication de lieu, porte à la fin la marque de Antonio Blado de Rome, les bois et les caractères sont de Venise, puisque nous les rencontrons dans les éditions vénitiennes de cet ouvrage, dont la première connue est de 1524 (Brunet, T. 5, col. 642). Cette émigration de bois n'a pas lieu de nous surprendre, nous en avons déjà signalé de nombreux exemples. Cet Eustachius ou Eustachio est bien un *Intagliatore* vénitien. Nous retrouverons encore son nom sur une gravure de titre d'un ouvrage vénitien non daté, mais d'environ 1525, portant ce titre : *Li Stupendi et marauigliosi miracoli del Glorioso Christo de Sancto Roccho nouamente Impressa.* Jolies lettres ornées à fond noir. A la fin : *Stampato in la Inclita citta de Venetia per Marchio Sessa, e Piero dela Serena Compagni. Adi. X. Marzo M. D. XXV.*

1521

Marco Mantovano. — *L'heremita.*

In-8° de 48 ff. non chiffrés ; les deux derniers sont blancs ; A-F, par 8 ; caractères cursifs. Bordure sur le titre. Au verso du frontispice, un arbre, au-dessous duquel on lit les mots suivants : *VTCV VENERIS IN REGNV TVVM.* A la fin : *Impresso in Venecia p Zorzi Ruscone dell' anno M. D. XXI il di primo di Giugno.*

Édition si peu correcte, dit Brunet, que l'*errata* de la fin n'occupe pas moins de trois pages (Bibliothèque de M. de Landau; Brunet, T. V, col. 1403).

1521

Agostini (Nicolo di). — Li successi bellici seguiti nella Italia dal fatto *Darme di Gieredala Del M. CCCCC. IX. fin al presente M. CCCCC. XXI... Cosa bellissima et nuoua stampata.*

In-4° de 132 feuillets, à 2 colonnes; sign. A-R; A-Q par 8 feuillets, R par 4 ; car. rom.; long poème en octaves ; au-dessous du titre, bois de page ombré : Marc-Aurèle à cheval, de profil, regardant à gauche, tel qu'il est représenté dans la gravure de Marc-Antoine ; au-dessous, la signature I.B.P. retourné (1). Le bois est entouré d'un encadrement à fond noir au pointillé dans le style de celui du Boiardo. Verso Aiiii, grand bois de page ombré : *Questo sie il fatto darme de Geradada* ; à gauche, en haut, un camp et de nombreux guerriers à pied et à cheval ; à droite, des cavaliers ; dans le bas à gauche, des soldats à pied ; à droite, un canon ; le groupe de gauche porte le lion de Venise sur son étendard ; celui de droite, la fleur de lis ; dans le coin à gauche : *.z.a.* Feuillet D. ı : *Questo sie lassedio di Padoa* ; à gauche, des soldats avec des canons, placés derrière les murailles de Padoue, se défendent contre les assaillants : dans le coin à droite : *.z.a.* Verso Fvıı, même bois : *Questa sie la presa di Bressa.* Verso Gvııı : *Questo e il fatto darmi de Rauenua*, un combat devant une ville ; dans le coin à gauche, en bas : *.z.a.*; verso I. vı : *Questo e il fatto darme de Vicenza,* combat entre cavaliers et fantassins ; au milieu, un chevalier portant l'étendard avec l'aigle à deux têtes ; dans le coin à droite : *z.a.*; Verso N.ıı : *Questa sie la Rotta de Marigniano,* bataille entre deux corps d'armée ; celui de gauche porte des fleurs de lis sur ses étendards. Cette gravure est d'une tout autre facture ; la taille est beaucoup plus fine, moins finie et traitée avec moins de soin ; dans le coin à gauche, en bas : *.I.B.P.*; verso Piiii, même bois que Gvııı. Nous avons déjà constaté, à propos de l'*Orlando Innamorato*, que la plupart de ces bois sont ceux de l'*Orlando*, avec de simples changements de légende. Ces gravures sont des plus intéressantes et *.z.a.* s'y est montré assez habile, surtout dans ce bois du *Fatto darme de Vicenza* où il y a du mouvement et de la finesse ; il est fort supérieur à I.B.P. Au bas : *Composta per Nicolo di Agus-*

---

(1) Nous avons rencontré dans l'*Orlando innamorato* de Boiardo la signature Io. B. P. qui semble se confondre avec cet I. B. P.

tini e stampata per Nicolo Zopino e Vincenzo da Venetia compagni M. CCCCC. XXI die .i. Augu... Le verso blanc. Au recto du dernier feuillet les deux dernières octaves ; au-dessous : *Finis ;* puis un privilège du pape Léon X. Ensuite : *Finisse li successi fatti de italia. Et in breue gli antecedenti de molti anni se daranno in luce.* Les années antérieures dont il est ici question sont les années 1495-1509 visées par le bref papal qui annonce *historias rerum in Italia ab anno domini M. CCCCXC usqz in hodiernum ferme diem gestarum.* (Bibl. de l'Arsenal, B. L., in-4, 4961).

1521

IOANNIS CANDIDI IURESCONS. COMMENTARIOR. AQVI-LEIENSIUM LIBRI OCTO.

Petit in-folio en lettres rondes de 46 feuillets registrés de + à H et numérotés en chiffres romains, de plus un feuillet pour l'*Errata.* Cahiers de 6 feuillets sauf + (les feuillets prél.) et H qui sont de 4 feuillets. Sur le titre un assez grand bois de page ombré ; sainte Catherine couronnée, une palme dans la main gauche, un livre dans la droite, soutenant les plis de son vêtement ; à gauche, la roue dont on ne voit que la moitié ; à gauche, à la hauteur de sa tête, *·L·P.* Cette gravure est médiocre et trahit un peu le style allemand. Au-dessous, *Cum priuilegio,* en gothiques.

Belles lettres ornées. A la fin, après le registre : *Venetiis per Alexandrum de Bindonis, impensis Marci Antonii Moreti, ac Laurentii Lorii sociorum, Anno M. D. XXI. Die. XV. Iulii.* Au-dessous, la marque sur fond noir : une circonférence partagée en deux par un trait horizontal sur lequel une croix de Lorraine flanquée, dans le cercle, de L. L. et au-dessous du trait, P (Laurentius Locius Portesiensis). La gravure du titre reparaît en 1523 avec les lettres L.L°. Il est donc évident que c'est là une marque d'éditeur et non de graveur.

1521

Poliziano. — *Stanze per la giostra del magnifico Giuliano di Piero De Medici.*

In-8°; 40 feuillets non numérotés, registrés A-E, par 8; le dernier est blanc. Caractères cursifs. Encadrement au frontispice, à fond noir, pointillé de blanc. Au verso de D^3, un bois assez joli, mais gravé sans soin, occupant toute la page, et représentant un homme (Orphée) qui joue du violon, et sept femmes assises qui l'accompagnent sur différents instruments. A la fin : *Stampate per Nicolo Zopino e Vincentio cōpagno nel. M. CCCCC. XXI. adi XXX. de Agosto Regnante lo inclito principe Messer Antonio Grimani.* (Bibliothèque Landau). Voir *Bibliografia delle antiche rappresentazioni italiane...* par le vicomte Colomb de Batines, page 74 (1). Batines, cite à propos des *Stanze* de Politien, les éditions vénitiennes in-8° du 10 octobre 1505, de *Maestro Manfredo di Bonello di Monteferrato*; du 12 mars 1513, de *Zorzi de Rusconi*; du 14 mars 1515, de *Zorzi de Rusconi ad instanza di Niccolò Zoppino e Vincenzo compagni*; du 10 novembre 1516, de *Marchiò Sessa e Pietro de Ravani Bresciano compagni*; du 20 octobre 1518, de *Zorzi de Rusconi*. Il ne dit pas si elles ont des bois, mais il est probable que, comme celle de 1521, elles en sont ornées.

1524. — *Stanze di Messer Angelo Politiano Comintiate per la Giostra.*

Petit in-8°; encadrement à fond noir, mal gravé; verso

---

(1) La *Favola d'Orfeo*, fut, selon Affo, récitée à Mantoue en 1472; il est probable que les *Stanze* furent composées à la même époque.

D iii, le bois de la première édition. A la fin : *Fine... Stampate nella inclita Citta di Venetia per Nicolo Zopino e Vicentio compagno nel M. D. XXIIII. Adi. xii de Marzo..* Au-dessus, marque de Zopino (Marciana, 6403).

1521

Opera vtilissima a qualunche fidel Christião. Intitulata Spechio della Sancta matre ecclia. Con la sua Tabula deli capitoli. Nouamente stãpata. Feuillet A.2.: *Opera... composta dal Reuerendissimo Ugone Cardinale de Sancto Uictore.*

Petit in-8° gothique ; 87 feuillets numérotés, plus 3, un pour la table, un pour la marque placée au verso et un blanc. Le titre est entouré d'un encadrement, au trait, formé d'arabesques pour le haut et les deux côtés, et d'une scène dans la partie inférieure. A l'intérieur de l'encadrement, en bas à droite et à gauche, un petit bois ombré à fond noir au pointillé, représentant l'*Élévation*, très médiocre. Au verso, une *Crucifixion*, au trait, rendue extrêmement confuse par la multiplicité des personnages. Recto E. 7, un assez joli bois ombré, représentant la *Pentecôte*. Dans le milieu, en bas, au-dessous de la Vierge, s'appuyant sur l'encadrement à fond noir, une petite colonne flanquée de deux pointes, différant un peu de forme de celle que nous avons signalée dans le Dante de 1512 et autres ouvrages. Cette colonnette ne saurait être un ornement ; elle est à coup sûr une marque qui paraît imitée de celle de 1512 ; peut-être même est-ce la signature du graveur · *I · · C ·* qui aurait modifié en 1521 la marque adoptée par lui de 1512 à 1515. Le style de ce bois est différent de celui des bois antérieurs avec la colonnette ; les détails ne sont pas plus soignés, l'ensemble n'est pas meilleur ; il est ombré très fortement à l'aide de hachures profondes et très rapprochées, ce qui donne des ombres beaucoup plus accusées qu'elles ne le sont habituellement à cette époque. L'encadrement à fond noir est très fin et fort gracieux. Au verso, la Justice, avec l'épée et la balance, assise sur des lions; au-dessous: A. B., marque de A. Bindoni. Le colophon est au bas de la table, au verso E. 6: *Stampata in Venetia per Alessandro di Bendoni. M. D. XXI. Die. 7. Septēbris.* (Librairie Rosenthal).

1524. — *Opera utillissima a qualunque fidel christiano intitulata Specchio della Sancta Chiesa.*

In-8° gothique; figures sur bois. *Vinegia, Bindoni,* 1524. (Deschamps, T. II, col. 78).

1521

Lo amoroso Cōuinio di Dante: con la additione: Nouamente Stampato.

In-8° de 8 feuillets préliminaires et 151 numérotés, registrés A-a-t; caractères romains et gothiques. Sous le titre gothique le buste lauré de Dante, vu de profil; bois un peu grossier, mais assez bon. A la fin : *Stampata in Venetia per Zuane Antonio: et Fradelli da Sabio: Ad instantia de Nicolo e Dominico dal Iesus fradelli. Nel Anno del Signore. M. D. XXI. Del Mese di Ottobrio.* (Bibl. Nat. de Florence, dont l'exemplaire est annoté en marge par le Tasse. Arsenal, B. L. 4855).

1521

Agostini (Nicolo di). — LO INAMORAMENTO DI MESSER LANCILOTTO E DI MAdonna *geneura nelquale si trattano le horribile prodezze e le strane uenture de tutti li Cauallieri erranti della tauola ritonda.*

In-4°; titre rouge et noir ; la première ligne gothique ; le reste, ainsi que le texte, en lettres rondes, à 2 colonnes. Le premier et le second livres de A à K-viii ; le second livre n'a pas de titre ; au recto K-viii, au-dessous de FINIS, le colophon suivant : *Composta per Nicolo de Agustini e Stampata in Venetia per Nicolo Zopino e Vicentio suo compagno Nel. M. CCCCC. XXI. Adi XXXI de Ottobrio...* Au-dessous se trouve la marque de Zopino : S. NICOLAVS avec .N. .Z. Le troisième livre commence au feuillet A, par ce titre : *Libro terzo e vltimo del innamoramento di Lancilotto e Gineura con li grandissimi torniamenti e battaglie fatti per amor : historiato : e composto per Nicolo di Augustini... Nouamēte stāpato del M. D. XXVj*, imprimé en lettres rondes et gothiques rouges et noires ; le registre de A à K-iiii. Au-dessous du titre, grand bois ombré : un cavalier, tourné vers la droite, lève son épée pour en frapper un homme à terre ; dans le bas, à droite, la signature . z. a. Cette gravure, entourée d'un large encadrement à fond noir, au pointillé, formé de feuilles d'acanthes, est assez bonne, et dans la facture ordinaire de z. a. ; 11 bois pour le premier livre, du même style que le bois du titre, mais non signés ; 5 bois pour le second livre, du même style. Le bois placé au-dessous du titre du troisième livre représente *Lancilotto* à cheval, regardant à gauche et perçant, d'une longue lance qu'il tient des deux mains, un cavalier venant de gauche ; dans le fond, arbres, monticules et combat de cavaliers à gauche. Cette gravure, non signée, est du style des précédentes : 8 bois jusqu'au verso H-iiii qui porte FINIS ; le recto suivant commence par un bois au-dessus duquel se lisent ces mots en gothique : *Fine de tutti li libri de Lancilotto del strenuo milite Marco Guazzo* ; 4 bois y compris celui-ci. Au recto du dernier feuillet : *Stampata in Venegia per Nicolo Zoppino Ferrarese il mese di Marzo del M. D. XXI.* Plusieurs bois répétés.

1521

Opera nuova del conte de Conti da camerino intitvlata Triompho del nuovo mondo et vno inamoramento de egidio in terza rima.

Petit in-8°, en lettres rondes ; mauvais encadrement au titre ; A-ii, bois déjà cité : une couronne traversée par un chapelet sur fond noir au pointillé ; verso A-iiii, copie légèrement ombrée du bois du *Boccaccio* de 1492 ; le personnage, à gauche, jouant de l'orgue, est accompagné par un jeune homme jouant de la guitare ; puis, dans le texte, petit bois à fond noir et au trait ; verso E-iii : *Incomincia sonetti*...: des bergers gardant leur troupeau ; au premier plan, à droite, deux chèvres courant l'une sur l'autre tête baissée ; à gauche, un personnage assis contre un arbre. A la fin : *Stampato in Vinegia per Georgio di Rusconi Milanese nel anno del Signore. M.D.XXI. Adi uinti de nouembrio.* (Arsenal, 5279. B. L.)

1521

LAMENTO DI QUEL TRIBULATO DI *Strascino Cāpana Senese : sopra el male incognito : elqle tratta de la Patiētia, et impatiētia ĩ ottaua rima: opa molto piaceuole.*

Petit in-8°, en vers ; lettres cursives ; 28 feuillets dont un blanc. Au-dessous du titre, bois ombré : sur un lit, un homme nu couvert de pustules, trois personnes le soignent, dont une, le médecin, lui tient le bras ; au-dessus de lui, un diable ailé verse sur lui les pustules dont son corps est couvert ; une banderole à hauteur de sa bouche porte ces mots : HOIME LE DOGHE. Verso du 27° feuillet, marque de Zopino : *S. Nicolavs* avec *. N.. Z.* Au-dessous : *Stampato in Venetia per Nicolo Zopino e Vincentio compagno* *nel M.CCCCC.XXi. Adi. XII. De Decembrio.* Cette édition est la première; Brunet ne cite que celle de 1523. (Marciana, 2166).

·1523. — *Lamento di quel tribulato di strascino campana senese sopra el male incognito el quale tratta de la patientia et impatientia.*

In-8°; lettres rondes; sous le titre, bois de l'édition de 1521. A la fin: *Stampata nella inclyta Citta di Venetia p Nicolo Zopino e Vincētio compagno. Nel. M.CCCCC. XXIII. Adi. I. de Setembrio.* Verso, la marque de Zopino (Marciana).

1521

Epistole e Lectione Evangelii i quali si legono in tutto l'anno alla messa secondo l'uso de la sancta chiesa Romana.

In-4°; 148 jolis bois; la première page du texte est entourée d'un encadrement. *Vinegia per Pietro da Pavia, 1521.*

1521

Rosario de la gloriosa Vergine Maria.

In-8°, avec figures. *Venetiis MDXXI.* Panzer (T. VIII, p. 470) attribue ce livre à *F. Alberti Castellani*, désigné dans le privilège du 5 avril 1521, sous le nom de *Alberto da Castello*. Brunet cite l'édition de 1522 comme la première. D'après Panzer, elle ne serait que la seconde. Toutes les éditions qui se succèdent de 1521 à 1564 sont identiques, sauf quelques légers changements dans l'impression ou les bordures des pages. Libri (catalogue de 1859) cite une édition de ce *Rosario, s. l. n. d.*, in-8°, supposée de

Venise 1521, avec des bordures et des gravures sur bois. Ne serait-ce pas celle de Panzer, dont Libri n'aurait vu qu'un exemplaire incomplet quant au colophon ?

1522. — *Rosario de la gloriosa Vgīe Maria.*

In-8°; caractères gothiques; 252 feuillets et quatre pour la table; signatures A.Z.AA.JJ. 8 feuillets par cahier. Au-dessous du titre, placé en haut de la page sur une seule ligne, un grand bois : l'invention du Rosaire ; dans le bas à gauche, des hommes à genoux tenant des chapelets ; à droite, des femmes ; dans le haut, la Vierge et le Christ tenant une banderole sur laquelle sont écrites des paroles de l'Ecclésiaste ; à droite et à gauche, en haut, un ange portant un livre ouvert, celui de gauche avec ces mots : *EXERCITIVM CHRISTIANO,* celui de droite : *HIC EST LIBER MANDATORVM DEI ;* une banderole partant de chacun des groupes du bas va s'enrouler autour du cou d'un personnage placé au-dessus de lui ; le fond de la gravure figure des branches et des feuilles partant de tiges plantées en terre au milieu dans le bas. Au milieu de la gravure, la lettre P. Verso 2 et recto 3, le privilège daté du 5 avril 1521. 188 bois encadrés ; style médiocre, surtout en ce qui concerne la gravure qui est épaisse, lourde et sans élégance ; néanmoins quelques-unes des vignettes ne sont pas sans intérêt ; c'est tout à fait le style en usage pour l'illustration des livres à cette époque. A la fin : *Questo sacro rosario e sta diligentemente ordinato corretto e emendato e nella Inclita cita de Venetia studiosissimamente impresso per Marchio Sessa e Piero di Ravani compagni nel anno del signore. M. D. XXII adi XXVII de Marzo...* Au-dessous, la marque de Sessa. (Marciana).

1524. — *Rosario della gliosa Vgine Maria.*

In-8° ; 252 feuillets chiffrés et quatre non chiffrés.

180 gravures avec entourage à chaque page. Bois des éditions précédentes. A la fin : *Questo sacro Rosario... Uenetia... impresso per Marchio Sessa e Piero da* (sic) *la Serena compagni nel Anno del signore M. CCCCXXiiij adi XV Dicēbrio.* (Didot, *Cat. raisonné*, colonne cxviii).

1522

Expositiones siue declarationes oīuz Titulorum tam iuris Ciuilisqz Canonici p. D. Sebastianū Brant.

In-4° gothique. Au-dessous du titre gothique, un bois ombré à fond noir : deux putti tenant de la main droite la tête de saint Jean-Baptiste placée sur un plat ; un arbre derrière chaque putto ; au premier plan, trois lapins ; au-dessous de la tête, la marque avec les lettres I. B. P. Assez bon dessin, mais taille lourde. A la fin : *Explicit... Venetiis vero per Alexandrum ac fratres de Bindonis : Summa diligētia impressus. Sumptibus Vo ac impensis Ioannis baptiste de Pedercanis Brixiēsis. Anno... 1522. Die Vo. Xj. mensis januarij.* (Biblioth. du comte Girolamo Soranzo).

1522

La vita del glorioso apostolo e *Euāgelista Ioanni cōposta dal Venerabile patre frate Antōio de Adri de lordine de frati minori della obseruātia.*

Petit in-8° ; 8 feuillets par cahier, registré de A à H ; non chiffré ; lettres rondes, à deux colonnes ; titre rouge et noir, dont la première ligne en gothique. Au-dessous du titre, bois de page fortement ombré de traits lourds et très accusés ; le graveur s'est servi pour ses fonds de traits serrés et un peu courbes ; la vignette représente, dans un paysage, saint Jean nimbé, tenant dans sa main gauche un calice d'où sort un serpent ; dans le coin, à gauche en bas, Z. A. D. V.; au-dessus de A. et D. V. qui sont liés, une croix. Cette signature est celle de Vavassore. Au verso, une *Crucifixion* à nombreux personnages : à gauche, la Vierge assise à terre, soutenue par deux saintes femmes ; à droite, un homme tenant des deux mains une hallebarde dont le fer affecte la forme d'une hache ; il se penche à gauche et regarde à droite ; dans le fond, Jérusalem à droite et une forêt à gauche ; ce bois est entouré d'un encadrement noir au pointillé avec des ornements formés d'animaux fantastiques, de fleurs et de feuilles. Au recto de l'avant-dernier feuillet, un sonnet italien avec ce titre : *Consolatorium ad amicissimum suum*, et deux distiques latins, suivis de ces mots : *Vale: mi Siluester*, puis le colophon ; deux pages pour la table et une page blanche. A la fin : *FINIS*, et au-dessous : *Stampata in venetia per Nicolo Zopino e Vincentio compagno nel M. D. xxii. adi. iiii. de Marzo.*

1522

Guarna (Andreas). — *Bellum grammaticale de Principalitate de orationis Nominis et Verbi Regum inter se contendentium. Nouiter mira quadam arte compendiosa excussum.*

In-8°; 8 feuillets par cahier; au-dessous du titre, un bois ombré : une troupe de guerriers tant à pied qu'à cheval sortant d'un camp dont on voit les tentes à droite; devant ces tentes, un jeune homme qui semble leur parler, tenant une branche d'olivier de la main gauche. Vignette sans style. A la fin : *Explicit... Venetiis uero p Alexãdrũ de bindonis accuratissime ẽpressum. Anno dñi M.D.XXII. Die uero. V. mensis Martii* (Marciana 2167).

1522

Libro de la perfectione humana Thesoro eterno sopra tutti altri Thesori al quale se pvene per uno de tre modi delli quali alanimo dedito al studio de esso... etc... del ven. patre frate Henrico Herp del ordine de'frati miori. de lobservātia.

In-8°, à deux colonnes ; lettres rondes ; registre AA-A-S ; 4 feuillets pour les tables, 8 feuillets par cahier, sauf S qui n'en a que 4 ; le titre est entouré d'un encadrement architectonique, légèrement ombré ; deux pilastres avec des ornements au trait soutenant un chapiteau au milieu duquel est une tête ailée ; au verso : saint François à genoux recevant les stigmates, un livre devant lui ; le Christ à droite ; des traits vont des stigmates au Christ. Au cinquième feuillet : *Specchio de la perfectione humana opera noua...* ; au-dessous, bois ombré, d'un joli style : le Christ debout, dans sa gloire, des flammes s'échappant de ses blessures et allant à six groupes de personnages, trois à gauche et trois à droite ; au-dessous du Christ, une banderole : *Accipite spiritvm sanctũ*, et au-dessous : *Qvi sitit veniat ad me et bibat*. Au verso, même bois ; nous le retrouverons dans le *Specchio della perfectione humana* de Zopino de 1539. Verso D-III, Chemin de la croix : Jésus à genoux succombant sous le fardeau de la croix, qu'un personnage vient soutenir ; à droite, un soldat romain à cheval tenant un étendard ; à gauche les saintes femmes ; dans le fond, deux hommes préparant le terrain pour la Passion ; dans le coin à droite : Z.A.D.V., monogramme que nous avons signalé dans *La vita del glorioso apostolo Euãgelista Ioanni* du 4 mars 1522 de Adri. Nous avons attribué cette gravure à Z. A. Vavassore en raison de la signature et de la taille lourde et sans élégance ; nous y retrouvons le faire et les défauts de l'*Opera contemplativa* imprimé par ce même Vavassore auquel on attribue les bois de cet ouvrage; mêmes arbres, même façon arrondie de traiter les montagnes, mêmes hachures épaisses. Cette vignette commence la 2ᵉ partie. Verso G-ii, pour commencer la 3ᵉ partie : la *Crucifixion* de *La vita del glorioso...* déjà citée. Verso Q, précédant le *prologo della terza parte*, une *Pietà* : le Christ étendu sur les genoux de la Vierge, qui est appuyée le dos contre la croix ; derrière, un groupe nombreux, principalement de femmes ; à gauche, à genoux près du Christ, un religieux. Cette vignette est d'un aspect un peu sec, la taille très fine manque de relief et de fini ; les extrémités sont peu soignées, les attitudes raides. En somme, le tailleur a médiocrement rendu un dessin qui n'était pas sans charme autant qu'on en peut juger par ce que nous voyons. Même encadrement que pour la *Crucifixion;* cet encadrement a déjà été employé dans les Bréviaires de *Iacobus de Leucho.* Verso S-iii, la marque de Zopino : *S. Nicolavs* avec *.N. .Z.;* le saint est seul, de face, bénissant de la main droite; il est assez mal gravé. Au-dessous : *Stampato nella inclita Citta di Venetia per Nicolo Zopino e Vincentio compagno nel M.D.XXII Adi XIIII de Mazo...* Il doit se trouver un feuillet blanc à la fin pour compléter le cahier de 4 feuillets.

Une réimpression de ce volume a été faite par Zopino en 1529 ; elle porte le titre : *Specchio della perfectione humana opera deuotissima e necessaria ad ogni fidel christiano historiata.* A la fin : *Impresso in Vineggia per Nicolo d'Aristotile detto Zoppino nell' Anno di nostra Salute.* MDXXIX. Le bois du titre, le Christ dans sa gloire, et le bois signé Z.A.D.V. sont empruntés à l'édition de 1522. La troisième gravure est une Mise au tombeau, qui serait assez jolie si la taille n'était aussi lourde. Cette dernière reparaît en 1532, chez Zopino, dans l'*Arte del ben pēsare e cōtemplare la passione.*

1522

Sonetti del Burchiello nouamẽte stampati e diligentemẽte correcti.

In-8°, en vers; lettres rondes; mauvais bois au titre. A la fin : *Stampato in Venetia per Georgio di Rusconi nel anno M.D.XXII adi XVIII de Marzo* (Arsenal 4360, B. L).

1522

Opere di Girolamo Benivieni firentino. Novissimamente riuedute et da molti errori espurgate con una canzona dello amor celeste et divino, col commento dello Ill. S. Conte Giovanni Pico Mirandolano distinto in Libri III. Et altre frottole de diversi auttori.

In-8° de 302 feuillets numérotés; caractères cursifs; registré A-Z, AA-BB. Très beau frontispice ombré, dans un encadrement. Il est fort bizarrement disposé. En haut, aux angles, deux guerriers à cheval, en sentinelle; entre eux, ces mots : *fa.che.tu. non. faci a me quelo. che. tu. non. vo. per. te.* En bas, trois autres guerriers à cheval; au-dessous, ces mots : *chi. altri. caza. per. se. non. possa.* A droite, un guerrier à pied, la visière levée; sur une banderole : *chi. non po fare siã el daño so;* à gauche, une figure semblable tenant en main une hache levée avec cette devise : *faza hognum faza hipo.* A la fin : *Stampato in Venetia per Nicolo Zopino e Vincentio compagno nel MCCCCCXXII, a di XII de aprile Regnante lo Inclito Principe messer Antonio Grimani* (Bibl. Nat. de Florence; Arsenal, B. L. 4004). Brunet (T. I, col. 773) parle d'une autre édition de Gregorius de Gregoriis, 1524, in-8°, qui a peut-être le même bois.

1522

PROBAE FALCONIAE CENTONIS *Clarissimæ fœminæ excerptum e Maronis Carminibus.*

Petit in-8°; au-dessous du titre, un bois ombré : à gauche, une femme écrit à son bureau ; à droite, deux femmes causant ensemble ; au-dessus d'elles, une ville : *ROMA* ; à gauche, au-dessus de la femme : *CENT.* Le mot n'est pas complet, il devrait y avoir sans doute *centone*. Bois très médiocre, A la fin : *Finis Probæ Centone... Venetiis impressæ in officina Ioannis Tacuini de Tridino. M.D. XXII. Die XXIIII. Aprilis.* (Marciana 3356).

1522

Viazo. Questo sotto scritto sie tutto el Viazo de andare in Ierusalem E per tutti li lochi sancti.

In-8°; 8 feuillets non chiffrés. Au titre : le Christ sur la croix, entouré des saintes femmes ; quatre autres bois d'un caractère religieux dans le corps du livre. A la fin : *Stampato in Venetia per Alexandro di Bindoni. Nel anno 1522. A di. 21. del mese di Luio.* (Rubriques 10669-8768. *Biblioteca Colombina*, recueil G. 37-34). « Pièce inconnue à *Tobler,* à *Chitrowo,* à *Ponomarew,* à *Ræhricht,* à *Meisner* et à tous les bibliographes. La description qui en approche le plus est celle que donne *Ternaux,* (*Bibliot. africaine,* 442), sous la date 1520. Rien dans le livre ne permet de déterminer quand ce voyage fut accompli ni par qui. On y voit seulement que c'était un noble pèlerin : *Questo viazzo ha fatto uno dignissimo pelegrino gentilhuomo.* Cependant, *Lechi* (*Tipografia bresciana nel secolo XV,* page 110) donne un titre en tout semblable à celui-ci, mais dont le colophon porte : *Stampato in Salo* (ville du

Milanais), *ad instantia de Alex. Paganino di Paganini brixiano, nel anno M. DXVII.* Quant au voyage même; *Lechi* l'attribue à un nommé Francisco de Alexandro da Modena, personnage d'ailleurs complètement inconnu. » (Harrisse, *Excerpta Colombiniana*, page 240).

1522

Sermones Quadragesimales venerabilis viri fratris Ioānis Aquilani Ordinis predicatorũ de obseruantia.

Petit in-8°, gothique, à deux colonnes. Le titre est encadré d'un ornement ombré, d'une médiocre exécution, formé de feuilles d'acanthes, de deux putti ailés dans le bas et de deux autres sans ailes, dans le haut, groupés avec un oiseau. Verso du quatrième feuillet, bois ombré, représentant le saint debout, les bras étendus, tenant une église dans la main gauche et le crucifix dans la droite : à genoux, à sa gauche, des religieux, et des religieuses à droite ; dans le haut, au milieu, la Vierge ayant à sa droite saint Pierre et à sa gauche saint Paul. Ce bois est entouré d'une bordure décrite à propos du *Breviarium Romanum* de 1518, du même Leucho. A la fin : *Expliciũt... : et a Magistro Iacobo pentio de Leucho nouissime impressi. Anno 1522, die vero. 20. Septemb.*

1522

Le cose volgari de Joā bruno Ariminense. Cioe sonetti...

Petit in-8° ; 8 feuillets par cahier ; lettres gothiques ; au-dessous du titre gothique, un très mauvais bois, au trait, avec le terrain noir : un personnage dans son cabinet, assis à un bureau ; copie d'un bois du xv° siècle. A la fin : *Stampato in Venetia per li heredi de Georgio de*

Rusconi M.D.XXII. Adi xvii de Setembrio. (Marciana, 2433 ; Bibl. Nat. rés. Y. 3948). Brunet (T. I, col. 1297) cite deux éditions antérieures, l'une de 1506, l'autre de 1517, de Rusconi, mais ne parle pas de figures.

1522

Opera noua del Magnifico Caualiero Messer Antonio Phileremo Fregoso laqual tracta de doi Philosophi: cioe de Democrito che rideua de le pacie di questo mondo : & Heraclyto che piãgeua de le miserie humane diuisa in. xv. Capi. cosa bellissima.

Petit in-8° de 48 feuillets, registré A-F ; 8 feuillets par cahier ; car. rom. Au-dessous du titre gothique, un bois ombré médiocre : deux personnages assis, se faisant face ; entre eux, le globe du monde que celui de droite, Démocrite riant, montre à Héraclite ; au-dessous, trois distiques latins, *in imagines Heraclyti & Democriti*, par Bartolomeus Simonetta. Puis deux dédicaces. Le poème en tercets commence au recto du troisième feuillet. A la fin : *Stampata in Venetia per li heredi de Zorzi de Rusconi. Nel. M.D.XXII Adi xxvii. del Mese di Setembre* (Bibl. de M. de Landau ; Librairie Techener).

1522

L. Annei Senecœ... Opus Tragœdiaz aptissimisqz figuris excultum Cũ expositoribus luculẽtissimis Bernardino Marmita : et Daniele Caietano.

In-folio ; 140 feuillets chiffrés ; titre encadré et curieuses gravures sur bois. A la fin : *Impressum Venetiis per Bernardinum de Vianis de Lexona Vercellensem. Anno Domini, M.D.XXII die vi. Nouembris.* (Catalogue Didot, juin 1881, page 165.)

1522

Pronostico de Francesco Rvstighello *dello anno M. D. XXII.*

In-4º de 4 feuillets ; au-dessous du titre, bois carré, représentant un personnage assis, tenant le globe céleste ; à ses pieds, un livre, un instrument d'astronomie ; dans le haut, des étoiles. Au-dessus du titre : Al reverendo in christo patre monsignor *Misser Bernardo Ruffi Vescouo de Taruiso conte de Berceto Presidente de la Romagnia e Gubernatore Della inclyta citta de Bologna Dignissimo.* A la fin : *Stampato in Venetia* (Marciana, 2490).

Vers 1522

Lagrimoso Lamento *che fa il gran maestro di Rodi. Con i suoi Caualieri, a tutti i Principi della christianitá nella sua partita. Con la presa di Rodi.*

In-4º en vers, à deux colonnes, en lettres rondes ; 6 feuillets, dont le dernier blanc. Au-dessous du titre, bois au trait, que nous avons décrit à propos de l'*Obsidione di Padua* de 1510. Brunet (T. II, col. 1792) mentionne une édition de Venise de Bindoni (vers 1540), et une autre édition de 4 feuillets à deux colonnes, s. l. n. d., mais paraissant, dit-il, imprimée à Venise ; toutes deux avec une figure sur bois au titre ; il ne cite pas celle-ci. Est-ce la même figure que celle de notre édition ? (Marciana, 1016.)

1523

Agonis Opera.

Au-dessous du titre, un grand bois ombré médiocre : un professeur faisant une leçon d'anatomie devant un nombreux auditoire. Lys de Giunta. A la fin : *Impressum Venetiis. Anno 1523. Die 7 Februarij.* (Bibliothèque de S.-Daniele.)

1523

Nicolai Leonici Thomaei opvscvla Nvper in Lucem aedita.

In-4°; titre en lettres rouges ; encadrement ombré, d'un assez mauvais style. Lettres rondes. A la fin : *Opusculum... Bernardinus Vitalis Venetus. Anno Domini MCCCCCXXV. Die xxiii. Februarii. Ex Venetiis* (Museo Civico e Correr, G. 201).

1523

Erasmus roterodamus. Paraphrasis in evangelivm Matthaei nvnc primvm nata...

In-8° ; 8 feuillets préliminaires et 104 numérotés. Le titre est entouré d'un encadrement formé de petits bois représentant des personnages de l'Ancien et du Nouveau Testament ; dans le haut, entre saint Marc et saint Jean, la marque de Gregorius. Au dernier feuillet : *Impressum Venetiis per Gregorium de Gregoriis. Expensis Laurentii Locii Portesiensis... Anno M.D.XXIII. Die. 19. Maii.* Au-dessous, une marque noire avec les lettres ·L· ·L· et ·P· au-dessous. Au verso, le bois ombré du *Ioannis Candidi Ivrescons. commentarior. aqvileiensium* de 1521, mais avec la marque *L. Lo.* : sainte Catherine couronnée, une palme dans la main gauche, un livre dans la droite, soutenant les plis de son vêtement ; à gauche, la roue dont on ne voit que la moitié ; à gauche également, à la hauteur de sa tête, *L. Lo.* Cette gravure est médiocre et trahit un peu le style allemand.

Les lettres L. L. P. de la marque typographique et

L. Lo. de la gravure ne peuvent que désigner un seul et même personnage, Lorentius Locius (Portesiensis), l'éditeur . (Marciana, 49853.)

1523

Clarissimi atqz eruditissimi viri Alberti Pataui ordinis Eremitarum diui Augu. doctoris Parisiē. sacri eloquij preconis famosissimi: Evangeliorum Quadragesimalium opus aureum nunq. als. impressum.

In-8°, gothique, à deux colonnes ; 8 feuillets préliminaires, 407 numérotés : le titre est entouré d'un encadrement très légèrement ombré en partie, mais bien antérieur à l'époque de l'impression du volume ; dans le bas, un blason avec le chapeau de cardinal. Au verso du dernier feuillet préliminaire, joli bois ombré : *S. AVGVST.* debout, couvrant de son manteau des religieux à genoux. Ce bois est tiré d'un missel de Giunta. Encadrement à fond noir et ornements blancs. Au verso du dernier feuillet : *Explicit... Impressa Venetijs per magistruz Iacobum pentium de Leucho impressorē accuratissimum. Anno... M.D.XXiij.Die.XX. Maij.*

1523

THOSCANELLO DE LA MVSICA DI MESSER PIETRO AARON FIORENTINO CANONICO DA RIMINI CON PRIVILEGIO.

In-folio de 55 feuillets répartis en treize chœurs ; 4 feuillets préliminaires et 51 feuillets (A-M, par 4, à l'exception de B qui est en 5 feuillets et du dernier cahier qui compte 5 feuillets, dont le dernier blanc). Caractères ronds. Titre en rouge et en noir, entouré d'une bordure de feuillages et d'animaux, avec deux médaillons sur les côtés ; l'un représente une licorne se réfugiant dans les genoux d'une jeune fille, l'autre un phénix ; au bas, un écusson vide soutenu par deux sphinx entre un lion et une vache regardant un livre, à terre, ouvert devant eux. Au verso du 4e feuillet préliminaire, un bois ombré prenant toute la page (246 mm. sur 163), représentant Aaron assis dans une chaire de professeur, un groupe d'élèves debout de chaque côté de lui ; au premier plan, une table sur laquelle se trouvent plusieurs instruments de musique : le tout est entouré d'un ornement avec des bustes d'hommes aux angles. Ce bois est signé : *La ;* onze autres gravures, ayant trait à la théorie de la musique, sont intercalées dans le texte. Neuf lettres ornées. Ce traité, qui porte le nom du pays natal de l'auteur, la Toscane, est dédié à Sébastien Michele, patricien de Venise, chevalier de Jérusalem et prieur de Saint-Jean du Temple. Ce volume fut réimprimé par les mêmes en 1525 et en 1529, en 1539 par M. Sessa, et par D. Nicolini en 1557 et 1562. Le colophon au feuillet 52 : *Impressa in Vinegia per maestro Bernardino et maestro Mattheo de Vitali fratelli Venitiani, regnante Andrea Gritti Serenissimo Principe. Nel di. XXIIII. di Luglio M. D. XXIII.* (Weale, *A descriptive catalogue*, page 123 ; Bibl. de M. de Landau.)

1525. — TRATTATO DELLA NATVRA ET COGNITIONE DI TVTTI GLI TVONI DI CANTO FIGVRATO NON DA ALTRVI PIV SCRITTI COMPOSTI PER MESSER PIERO AARON MVSICO FIORENTINO CANONICO IN RIMINI.

In-folio ; 3 feuillets préliminaires pour le titre, la dédicace à *Messer Piero Gritti patritio Veneto*, et les tables ; au verso du troisième feuillet préliminaire, un bois décrit à propos du *Toscanello* de 1523 ; 20 feuillets de texte non chiffrés, registrés a-g. Le titre est entouré d'un joli encadrement ombré ; à droite et à gauche, de chaque côté, cinq portraits en buste d'hommes célèbres ; au milieu de la partie supérieure, en forme de voûte, une femme jouant du violon ; dans le bas à gauche : *Melpomene, Polymnia, Urania, Clio* et *Terpsichore* ; à droite : *Evterpe, Calliope, Thalia et Erato,* faisant de la musique. — C'est le même encadrement qui orne le titre du *Tullius de officiis Cu cōmētarijs* imprimé à Venise par *Guilielmum de Fontaneto Montisferrati : sumptibus vero nobilis viri domini Luce Antonii Junte Florentini*... MD. XXV. IV. *Kale. Aprilis ;* ouvrage contenant 6 gravures sur bois. — Au feuillet 20 : *Impresso in Vinegia per maestro Bernardino de Vitali venitiano al di quarto di Agosto. M. CCCCC. XXV* (Marciana 25962; Weale, p. 124 ; Brunet, T. I, col. 493.)

1523

Comedia de Iacob : e de Ioseph composta del Magnifico Caualiero e Dottore Messere Pandolpho Collenutio da Pesaro..,

In-8°; titre gothique rouge et noir; texte en lettres rondes ; signatures A-K (de A à I par 8, K par 4; le dernier feuillet contient la marque) ; le titre est entouré d'un encadrement à fond noir au pointillé portant ces mots dans de petits carrés blancs : dans le coin à gauche, en haut, *PRO ;* à droite, *BONO ;* en bas, à gauche, *MA ;* à droite, *LVM ;* 6 jolis petits bois très ombrés, d'un style tout différent de ceux employés auparavant par Zopino. A la fin, verso K-III : *Stampata nella inclita Citta di Venetia per Nicolo Zopino e Vicentio compagno. Nel. M. D. XXIII. Adi. xiiii de Agosto.* Au recto suivant, la marque *S. NICOLAVS ;* dans un rectangle au-dessus : *S. A.* et dans un autre rectangle au-dessous : *N. I.* (Collection E. Piot).

La *Drammaturgia* ne cite pas cette édition, elle indique celle de 1525 comme la première. Yemeniz, dans son catalogue (page 424), cite une édition de cette pièce imprimée *primo de Aprile,* qui serait par conséquent antérieure à celle que nous décrivons. Il ne dit pas si il s'y trouve des bois.

1525. — *Comedia de Jacob: e de Josep* (sic): *cōposta dal Magnifico Caualiero e Dottore: Messere Pandolpho Collenutio da Pesaro...*

In-8°, conforme à l'édition précédente. Au verso K-III : *Stampata nella inclyta Citta di Venetia per Nicolo Zopino de Aristotile de Ferrara. Nel. M.CCCCC.XXV. Adi XIX de Mazo*; recto suivant, les marques. (Bib. Nat. Réserve Y, 3771.)

Les mêmes bois se retrouvent dans une édition de Venise de 1564, in-8 de 74 feuillets signés A-I. (Catalogue de M. de Landau, page 142.)

1523

Cornazzano (Antonio). *Proverbii... in facecia et Lvciano De asino aureo uulgari e istoriati nouamente stampati.*

In-8°; lettres cursives; signatures A-H; titre entouré d'un encadrement ombré; 27 petites vignettes ombrées, la première avec fond noir pointillé et les autres dans le style des premières vignettes données par Zoppino se rapprochant du *z. a.*; verso H-III, la marque avec ·S· ·N· et au-dessous: *Stampata nella inclyta Citta di Venetia per Nicolo Zopino e Vincentio compagno. Nel M. CCCCC. XXIII Adi XXII de Agosto*; recto suivant: FAMA. N. Z. VOLAT. (Arsenal, in-8°, 20076, B. L.)

Brunet cite (T. II, col. 277) une édition in-8° de 1518 imprimée à Venise par *Francesco Bindoni e Maffeo Pasini compagni*, réimprimée en 1523; il ne dit pas si elle contient des gravures. Du même Zopino une autre édition en 1526.

1525. — *Prouerbi d' : M. Antonio Cornazano in Facetie: ristāpati di nuouo... MDXXV.*

In-8°; 48 feuillets non chiffrés, registrés A-F, 8 feuillets par cahier; lettres cursives. Frontispice ombré représentant une perspective architecturale avec des colonnes latérales dont les bases sont embrassées par deux *putti*. Au second feuillet, une vignette sur fond noir au pointillé avec trois figures d'hommes et trois figures de femmes discourant ensemble. 18 vignettes ombrées dont quelques-unes sont répétées plusieurs fois. Verso F vi, la marque typographique : S. Nicolas avec N à droite dans le haut; au-dessous le colophon : *Stampata in Venetia per Nicolo Zopino de Aristotile di Rossi de Ferrara MDXXV*. Recto suivant : TABVLA DE LI PROVERBII DI MESSER ANTONIO CORNAZZANO. Le recto du dernier feuillet est blanc. (Bibl. Nat. de Florence.)

« C'est la première édition, dit Brunet (t. II, col. 277), où l'on ait ajouté les *Tre Proverbi*, ou, pour mieux dire, les deux nouveaux proverbes et les *due dialoghi*. Un de ces derniers, celui *del Philosofo col pidocchio*, porte un frontispice séparé, derrrière lequel se trouve un *Proemio*, commençant ainsi: *Necessario è a chi salire...* » Ces mêmes *Proverbes* ont été réimprimés avec gravures, soit par Bindoni, soit par Zopino, un grand nombre de fois après 1525, en 1526, 1530, etc.

1523

Phileremo Fregoso. — *Dialogo de Fortvna del magnifico cavalliero Antonio.*

Petit in-8°, en vers; lettres rondes. Au-dessous du titre, bois ombré, assez médiocre: la Fortune, nue, debout sur les ondes; elle porte de la main droite la vergue d'une voile dont elle maintient l'extrémité de la gauche, et qui est gonflée par le souffle de trois jeunes génies (*putti*) dont on voit la tête dans le coin à droite, en haut ; au verso *P. NON. F. CHE .D. F. F.* Au recto du dernier feuillet, au dessous de Τελος : *Stampata nella inclyta Citta di Venetia p Nicolo Zopino e Vincẽtio compagno. Nel M. CCCCC. XXIII Adi 1 de Setembrio.* Au verso, la marque de Zopino, *S. Nicolavs* ; au-dessus ·N· N· ; au-dessous ·D· (Bibl. Nat., Réserve Y+3936, A ; Bibl. Nat. de Florence). Brunet (T. II, col. 1388) cite trois éditions de cet ouvrage, également imprimées par Zopino, sans mentionner la vignette que nous décrivons ; elles sont de 1521, 1525 et 1531. Il ne cite pas celle de 1523.

1523

THESAVRO *de scritori Opera artificiosa laquale con grandissima arte, si per pratica come per geometria insegna a scriuere diuerse sorte littere :... tutte extratte da diuersi auttori et massimamente da Sigismondo fanto nobile ferrarese... Intagliata per Ugo da Carpi.*

Petit in-4° de 48 feuillets non chiffrés. Une planche représentant des instruments de bureau et un alphabet de grandes lettres copiés sur la *Theorica et Pratica* de S. Fanti 1514 (Voir ci-dessus, p. 366). Une autre édition avec les mêmes bois paraît en 1525 à Rome chez Antonio Blado. Au bas du verso du douzième feuillet on lit : *Ludovicus Vicentius scribebat Romae anno M. D. XXIII.* Une autre édition porte cette date : *Ne lanno di nostro signore MDXXV.* (Brunet, T. V, col. 1001.)

1523

Il modo de temperare le Penne Con le uarie Sorti de

littere ordinato per Ludouico Vicentino, In Roma nel anno MDXXIII.

In-4°; au-dessous du titre, dans un cartouche à fond noir : *Con gratia e Priuilegio.* 16 feuillets non chiffrés ; signatures a-d ; 4 feuillets par cahier. Recto a-3 un canif et une plume se croisant liés par un ruban de la grandeur de la page ; verso b-4 : *Ludovicus Vicentinus scribebat Romæ anno salutis MDXXIII.* Au verso d-3 (15ᵉ feuillet) : *Stalata in Venetia per Ludouico Vicentino Scrittore e Eustachio Celebrino Intagliatore.* Au feuillet suivant un alphabet en capitales ordinaires. (Bibl. Nat. Réserve ; vente Piot, Cat. 1ʳᵉ partie, n. 178). — Nous rencontrons ici pour la première fois cette signature de graveur que nous verrons reparaître plus ou moins complète au bas de plusieurs gravures. Une fois même ses noms, sa patrie et sa profession se trouvent, comme on le verra plus bas, en toutes lettres inscrits sur un cartouche au bas d'une page en ces termes : *Intagliato per Evstachio Cellebrino da Vdene,* les lettres de cette inscription se détachant en blanc sur fond noir. L'ouvrage en question, *Lo presente libro insegna la vera arte de lo excellēte scrivere de diuersi varie... Opera del tagliente nouamente composta... MDXXV,* a été composé un an avant par Tagliente et forme un modèle d'écritures variées, aux alphabets les plus divers, cursifs, ronds, italiques, gothiques, romains, hébraïques, africains, persans, turcs, tartares, chaldéens, affectant les formes les plus bizarres, avec des caractères ornés d'entrelacs compliqués, de jambages fleuris, etc. Plusieurs pages sont exclusivement consacrées à de grands bois sur fond noir criblé dont quelques-uns offrent des alphabets, ou des pancartes à inscriptions en guise de modèles d'écriture. Sur une page empruntée au *Thesauro de scritori* se voient les ustensiles du calligraphe, tels que compas, écritoire, cahier de papier, grattoir, ciseaux, plume d'oie, tampon, bougeoir, flacon rempli d'encre, sablier, lampe, etc. Ces bois sont d'un très bon dessin et d'une taille remarquablement habile, personnelle, fine, déliée, jamais entrecroisée, accusant les ombres avec justesse, et modelant les objets d'une façon précise. De même certaines lettres ornées semées dans le corps de l'ouvrage, surtout un P, répété à plusieurs reprises, et la belle marque d'Antonio Blado de Rome, sur fond noir un écu blanc où on voit un aigle de face éployé, timbré d'une couronne, tenant entre ses griffes un drap qui tombe en larges plis. Ces mêmes gravures avaient paru en 1524 dans le Tagliente vénitien (s. l.) mais sans la marque du graveur. Le tailleur sur bois devait avoir signé avec un légitime orgueil son œuvre.

En cette même année 1525 nous retrouvons le nom d'Eustachio sur le frontispice du petit in-8 intitulé *Duello : libro de re, imperatori, Principe, signori, gentil'homini...* traité de combat, de duel et de bataille composé par Pâris de Puteo, docteur en droit et signé au dernier feuillet : *Stampato in la Inclita citta de Venetia per Marchio Sessa et Piero de la Serena Compagni. Adi. X. Mazzo. M.D.XXV.* Ce frontispice reparaît encore tel quel dans un petit livre de stratégie, *Vallo libro continente appertinente a Capitanij, etc.* Venise, *per Vettor. q. Piero Ravano della Serena et Compagni... MDXXXV. del mese di Nouembre.* Quoique bien différent au point de vue du sujet, ce frontispice trahit une origine commune avec celle des gravures du Tagliente. La facture du bois est la même, habile et fine avec des traits parallèles ne s'entrecroisant pas et laissant aux mouvements et attitudes des personnages toute leur liberté et au dessin sa correction. La partie inférieure de cet encadrement, où se trouve la signature, représentant les deux armées en présence, a été copiée et se trouve, par conséquent, retournée, au bas de l'encadrement du titre de l'Oronte gigante de leximio poeta antonino lenio salentino... *Stampato in Lynclita citta di Vinegia In casa de Aurelio Pincio Veneto. ad instātia de Christophoro dito Stampon libraro e cōpagni, Ne li āni del Signor 1531. del mese de Nouēbrio.* Ici, il y a encore une signature, mais celle-ci : *Mathio f,* le tailleur qui grava les bois du *Dione* de 1533. Un petit livre de piété en vers, de 4 feuillets seulement, *Li stupendi et Marauigliosi miracoli del Glorioso Christo de Sancto Roccho Nouamente Impressa,* offre au-dessous du titre un petit bois qui occupe la grande partie de la page. Sur l'embase, au centre : Eus. F., signature presque superflue pour celui qui a examiné d'autres bois de cet auteur, tant celui-ci rappelle à la manière ordinaire d'Eustachius. Au bas du dernier feuillet se trouve encore cette mention : *Eustachius Utinensis fecit,* qui indiquerait une sorte de propriété d'auteur, non seulement de la gravure, mais aussi du petit opuscule. Eustachius ne serait-il pas son propre éditeur, vendant directement son œuvre ?

1523

Viaggio del Sepolchro di G. Cristo da un valente uomo.

In-8.°, figures. *Venezia MDXXIII* (Panzer, T. VIII, p. 481).

1523

Tommaso Rangone da Ravenna. — *De la vera Pronosticatione de Diluuio del mille e cinquecento e vintiquatro. Composto per lo excellētissimo Philosopho Thomaso da Rauenna.*

In-4° de 6 feuillets ; titre gothique ; texte en lettres rondes. Au-dessous du titre, un joli bois, très légèrement ombré : au premier plan, au milieu, deux hommes qui piochent la terre ; à gauche un Pape, à droite un guerrier ;

dans le haut, le Christ assis sur le monde, les mains étendues ; dans le coin à gauche, le soleil ; à droite, la lune ; entre le pape et le Christ : *TV ORA ;* entre le Christ et le guerrier : *TV DEFEDE*, et au-dessus des deux ouvriers : *TV LABORA*. Quoiqu'il n'y ait aucune indication ni de lieu ni de date, le style permet d'affirmer que ce bois est vénitien. (Marciana, 2490.)

Quant à la date du livre, elle ne peut être que 1523 : les grandes pluies tombées pendant les mois de juin et juillet de cette année firent craindre pour 1524 un second déluge dont parle ici Tommaso da Ravenna. L'alarme fut si vive, que les habitants du territoire de Vicence et du Frioul se firent bâtir sur les montagnes des maisons de bois pour s'y réfugier en cas d'inondation (V. *Diarii di Marin Sanuto.* T. XXX (encore inédit), p. 201.)

Tommaso Rangone da Ravenna, médecin et philologue, professa à l'Université de Padoue, puis vint s'établir à Venise où il mourut plus que centenaire vers 1577.

1523 (?)

Astolfo borioso di Marco Guazzo, poema.

In-4°, figures ; *Venezia, Zoppino,* 1523.

« Ce poème est en deux parties, de XIV chants chacune, et qui, selon Quadrio (VI, 577), auraient été imprimées l'une et l'autre en 1523. La première partie, au moins, a été réimprimée sous ce titre : *Astolfo borioso di Marco Gvazzo tvtto riformato. Et per l'auttore nouamente aggiunto, con somma diligentia ristampato, Et historiato* M. D. XXXII (et portant à la fin) : *Stampato in Vinegia per Guglielmo da Fontaneto di Monferra nel anno* M. D. XXXII. *a di quattro del mese de Aprile ;* in-4 à 2 col., sign. A-P. Il existe une édition de la 2° partie, *ove contiensi le horribile battaglie della Frāza, & della Margiana...* imprim. *per Nicolo d'Aristotile detto Zoppino, del mese di*

Agosto. M.D.XXXIII; in-4° de 59 feuillets chiff. à 2 col. (plus 2 feuillets dont 1 blanc), contenant les chants de xv à xxviii; et le même imprimeur a donné une édition de la première partie, sous la date de MDXXXIX, in-4, de 62 feuillets à 2 colonnes. Ces trois volumes sont décrits par M. Melzi, page 268; mais nous ignorons s'il existe réellement des exemplaires des deux parties sous une même date. » (Brunet, T. II, col. 1781.)

Nous n'avons aucune autre indication; quant aux gravures, elles ne sont citées ni par Melzi ni par Tosi (1865).

Cette édition, que nous n'avons pas vue, et dont nous ne connaissons aucune description complète, ne serait-elle pas la même que celle de 1531 du même imprimeur, qui n'est citée nulle part, ni dans Brunet, ni dans Melzi, ni dans Tosi, ni enfin par le marquis d'Adda? Nous décrivons cette dernière d'après l'exemplaire de M. E. Piot. (Cat., 1re partie, n° 533.)

1531. — *Astolfo borioso di Marco Guazzo... Opera nuovamente stampata et historiata* M. DXXXI.

In-4°, rouge et noir; texte en lettres rondes, à deux colonnes: LX feuillets numérotés. Au-dessous du titre, une grande gravure: *Malacalza* couché à terre, au premier plan; à côté de lui *Astolfo* et *Doralice* à droite; à gauche, dans le fond, des corbeaux qui assaillent une chouette perchée sur un arbre. Cette gravure semble sur métal; elle est d'une taille fine et sèche. Au verso 2: à gauche, un chevalier, assis, écrivant; à droite, un cheval presque de face; sur son poitrail la lettre *F;* derrière, une lance, autour de laquelle une banderole, en partie déroulée, avec une légende. Recto suivant, au-dessus du texte: deux chevaliers, la lance en avant, se précipitant l'un sur l'autre, en présence de leurs troupes; dans le coin à gauche, au bas, un petit cartel blanc rectangulaire qui semble réservé pour un monogramme; au dernier feuillet (**LX**) : *Stampato in Vinegia per Nicolo D'Aristotile detto Zoppino. M. DXXXI;* au-dessous, le registre.

Vers 1523.

Questa sie la profetia del re de francia cosa noua.

In-4°, gothique, de 4 feuillets, en vers ; au-dessus du titre, le grand bois du *Reali di Franza* de 1511 et du *Trabisonda* de la même année, qui reparaît dans l'*Aspramonte* de 1523 : un roi sur un trône, entouré de chevaliers, serre la main de l'un d'eux agenouillé à gauche. Le même sujet, ombré, se trouve au verso A-ii de l'ORONTE GIGANTE DE LEXIMIO POETA ANTONINO LENIO SALENTINO de 1531. Au verso du dernier feuillet, une grande Crucifixion archaïque au trait : à gauche de la croix, la Vierge ; à droite, saint Jean et sainte Madeleine étreignant le pied de la croix ; trois anges recueillant le sang du Christ ; dans le haut, le soleil et la lune ; une ville dans le fond. Zeno indique comme auteur de cette plaquette d'Albano Pietro. (Marciana, 2623.)

Vers 1523

Amaistramenti di Senecha morale. Con certe altre Frottole morale.

In-4°, de 4 feuillets, en vers. Au-dessous du titre, un bois ombré : un professeur dans sa chaire, quatre élèves de chaque côté ; le professeur est démesurément grand (bois de la *Grammatica Georgij Vallae Placentini*, parue chez Simone de Luere en 1514, réédité dans le *Crescentius*, de 1519). Trois feuillets en lettres rondes ; au verso du troisième commencent les *Frottole morale* en lettres gothiques qui occupent aussi le quatrième feuillet ; au bas, *FINIS. S. l. n. d.*, mais du même temps que la *Profetia del re di francia*, les caractères gothiques des deux plaquettes étant les mêmes. Zeno désigne Sereco comme l'auteur de cet opuscule. (Marciana, 2623.)

1524

Petri delphini *Veneti prioris Sacre Eremi: et Generalis totius ordinis Camaldulensis Epistolarum volumen.*

In-4°, de 4 feuillets, en vers. Au-dessous du titre, un joli bois, ombré avec beaucoup de finesse : *Petrus Delphinus* dépose la mitre d'évêque aux pieds de saint Romualdus en signe de son acceptation de la règle des Camaldules. Son nom est écrit à ses pieds : *Petrus. Delphinvs Generalis.* Encadrement ombré imité des entourages au trait; dans le haut à gauche ·*I*· ·*C*· marque du graveur déjà citée à propos du *Lotharius* de 1515 et des ouvrages portant, soit la petite colonne, soit les mêmes lettres. A la fin : *Impressum Venetiis arte et studio Bernardini Benalii impressoris... Anno Dñi... M. D. XXIIII. Die prima Martii.* Suit le registre. Cet ouvrage passe pour être de la plus grande rareté. (Museo Civico e Correr, E. 291).

1524

Comedia nvova del magnifico et celeberrimo poeta signor Galeotto Marchese dal Carretto intitvlata tempio de amore.

In-8°, en vers; 112 feuillets non chiffrés; signatures A-O; 8 feuillets par cahier; lettres rondes. Titre entouré d'un encadrement ombré où se voient des cuirasses, des boucliers, des enfants soufflant dans des trompettes, etc. Verso du troisième feuillet, la gravure connue : Apollon debout, jouant du violon, au bord d'une pièce d'eau;

quatre femmes à gauche et trois à droite jouant de divers instruments. Cette assez jolie gravure, ombrée, non signée, est la même que celle de l'*Opera moralissima de diversi autori* de 1524, signée z. a. A la fin : *Stampato nella inclita Cita di Venetia per Nicolo Zopino e Vicentio compagno nel M. CCCCC. e. XXiiii. Adi iiii de Marzo. Regnante lo inclito Principe messer Andrea Gritti.* Au-dessus du colophon, la marque avec *S. Nicolavs* et les deux lettres ·*N*· ·*Z*· « Pièce singulière dans laquelle sont introduits 42 personnages : la Renommée, l'Amitié, l'Espérance, etc., etc. La pièce est entremêlée de petites nouvelles racontées par les interlocuteurs. » (Libri, 1847, p. 305.) (Arsenal, B. L., 6078; catal. de M. de Landau, page 124 ; Brunet, T. I, col. 1600.)

1524

Oratiões deuotissime continentes vitam dñi nostri Iesu xpi quas qcunqz dixerit quottidie genibus flexis ante crucifixũ, sentiet ipsum ubiqz fauentem : In morte quoqz libēter adjuuātē.

In-12 ; gothique rouge et noir. Au-dessus du titre, un petit bois représentant saint Pierre et saint Paul, ombré, d'une taille fine et délicate ; dans le coin, à gauche en bas, la marque *C*. Au verso, *Annonciation* : à droite, la Vierge à genoux, les cheveux pendants, la figure presque de trois-quarts ; l'ange, debout devant elle, a la main droite levée et tient le lys de la gauche ; des arcades au second plan ; arbres, monticules et maisons dans le fond ; Dieu le Père, dans le coin à gauche, en haut ; un enfant avec la croix, partant de Dieu le Père, se dirige vers la Vierge ; dans le coin en bas à gauche : ·*z*· ·*a*· Verso A-ii : Dieu le Père, tenant de ses deux mains le Christ en croix, dans les nuages. Cette vignette, prenant environ la moitié du feuillet, est d'une taille très fine, mais chargée et serrée ; les ombres, fortement accusées, donnent au bois un aspect assez moderne ; le dessin, habile, est également d'un art avancé ; au pied de la croix, le monogramme .*F V. E.*vii, petite *Crucifixion.* F. iii, répétition de la gravure placée sur le feuillet A ii. Nombreuses et jolies lettres ornées. F xii, le colophon : *Impressuz Venetijs per Bernardinũ Benaliuz. Anno dñice incarnatiõis Domini nostri Iesu Christi. M. D. XXIIII. Die. X. Martij.* (Librairie Rosenthal.)

1524

Pellenegra (J. F.) *Operetta volgare di messer Jacobo Philippa Pelle Negra Troiano alla Serenissima Regina di Pollonia Donna Bona Sforzesca Di Aragona.*

In-8 ; 24 feuillets ; registre A-L ; 8 feuillets par cahier. Caractères romains ; bordure sur le titre et 12 figures intercalées dans le texte, dont une répétée. A la fin : *Stampata nella inclita Citta Di Venetia per Nicolo Zopino e Vicentio cōpagno. Nel. anno. M. D. XXIIII. Adi. X. De Marzo. Regnante lo inclito Principe Messer Andrea Gritti.* Puis, la marque des imprimeurs. (Bibliothèque de M. de Landau.)

1524

Sassoferrato. — *Libro nouo damore chiamato Ardelia : nouamente cōposto per Baldasar Olympo de Sassoferrato.*

Petit in-8° ; frontispice gravé sur bois. A la fin : *Stampata in Venetia per Zouane Tacuino da Trino. A di XXVII Marzo. MCCCCC. xxiiij.* (Deschamps, T. II, col. 593.)

1524

Il Psalterio di Davitte, et di altri propheti del testamento vecchio: per Silvio Phileto Romano già di latino in volgare tradotto...

In-8° à deux colonnes, de 83 feuillets numérotés au recto ; caractères romains ; registre *-a-l*. Titre gothique rouge et noir ; sous le titre, une petite vignette oblongue, ombrée : le roi David, tête nue, agenouillé, priant à mains jointes ; au loin, un groupe de maisons ; dans le coin à droite, en haut, le Père éternel dans une gloire ; en bas, à droite, une harpe. A la fin : *Impresso in Venitia per maistro Stephano de Sabio qual habita a Santa Maria formosa. MDXXIIII, nel mese di maggio.* (Florence, Guicciardiniana.)

1524

Lodovici. — *L'Antheo Gigante.*

In-4° à deux colonnes ; caractères romains ; 162 feuillets. Au-dessous du titre, une grande figure sur bois ; au verso se trouvent deux privilèges, l'un de Clément VII, l'autre de la Seigneurie de Venise. Au recto du second feuillet commence une préface avec le titre : *Lvcretia. M. B. agli Lettori;* au verso, un sonnet de *Francesco de Lodovici alla Magnifica Madonna Lucrezia*. Au feuillet A. 3, la première colonne commence par les mots suivants en majuscules : *L'Antheo gigante di Francesco de Lodovici da Venetia novamente per lui composto ad istanza della magnifica madonna Lucrecia et cetera signora sua*. Au recto du feuillet 162 : *Fine dello Antheo gigāte... cōposto l'anno del nostro signore. M. D. XXIII. e stampato in*

Vineggia per Francesco Bindoni e Mapheo Pasini, compagni. Nell'anno 1524. Adi. 9. del mese di Luglio. Ad istāza della Magnifica Madonna Lucrecia M. B.

Poëme en 30 chants, en octaves, comprenant les premières aventures, supposées, de Charlemagne luttant contre le géant Antée. (Brunet, T. III, col. 1142 ; Melzi, page 32.)

1524

Cortez (Fernand). — *La Preclara narratione di Ferdinando Cortese della Nuoua Hispagna del Mare Oceano, al Sacratissimo et Inuictissimo Carlo di Romani Imperatore sempre Augusto Re Dhispagna, et cio che siegue nellaño del signore. M. D. XX. trasmessa : Nella quale si cōtēgono molte cose degne di scienza et ammiratione, circa le cittadi egregie di quelle Prouincie, costumi dhabitatori, sacrifici di Fanciulli et religiose persone. Et massimamente della celebre citta Temixtitlan* (*trad. per Nicolo Liburnio*).

In-4°, de 74 feuillets non chiffrés. Grand plan de la ville de Mexico ; le dernier feuillet contient un éléphant, marque de l'imprimeur. (Deschamps, T. I, col. 320 ; Harrisse, *Bibliotheca americana vetustissima*, page 241 ; Brunet, T. II, col. 312).

A la fin : *Stampato in Venetia per Bernardino de Viano de Lexona Vercellese. Anno domini M. D. XXIIII. A di XX Agosto.*

Il existe une édition italienne avec ce colophon : *Stampata in Venetia per Zuan' antonio de Nicolini da Sabio Ad instantia de M. Baptista de Pederzani Brixiano. Anno D.* In-4° ; M. Harrisse ne la date pas ; Brunet dit qu'elle a été terminée le 17 août 1524.

Nous indiquons ce volume, tout en ignorant si la carte est sur bois ou gravée en taille-douce; mais il nous semble plus probable que c'est un bois. Dans tous les cas, la marque à l'éléphant est sûrement xylographique.

1524

Constitutiones *Patriæ Foriiulij cum additionibus nouiter impresse.*

In-folio; titre encadré d'un ornement très ombré : de chaque côté des colonnes; dans la partie supérieure, des guerriers et deux monstres ailés, au corps de lion, tenant dans leur bec de perroquet une sorte d'écu; dans la partie inférieure, deux autres monstres bipèdes ailés, à la figure humaine, jouant avec un Amour qui se trouve au milieu, entre eux deux. Ce bois a perdu son caractère italien, il se ressent des influences du nord. A la fin : *Venetiis per Bernardinum De Vitalibus Venetũ Anno Dñi M. CCCCC. XXIIII. Die XX Setembris.* (Marciana, 16220.)

1524

Statuta Fratrum Carmelitarum.

In-4°; le feuillet A-ı, entouré d'un joli ornement légèrement ombré, contient, en tête, un assez bon bois ombré : au milieu, la Sainte Vierge, tenant l'enfant Jésus dans ses bras, avec ces mots au-dessous d'elle : *Decor carmeli.* A droite, *S. Helisevs. P.* tenant sa banderole ; à gauche *S. Helias . P.* tenant l'épée d'une main et la banderole de l'autre. A la fin : *Finis bullæ... Venetiis Coimpressæ per Joannem antoniũ et Fratres de Sabio... Anno salutis M. D. XXIIII. Kalẽdis Septẽbris.* (Marciana, 56654).

1524

Thesauro spirituale vulgare in rima et hystoriato comp. da diuote persone de Dio e della gloriosa Vergine Maria, a consolatione de li catholici et deuoti christiani.

Petit in-8°, de 40 feuillets non chiffrés, signés A.-E., par huit. Volume orné de vignettes gravées sur bois. *Stampato nella īclita citta di Venetia, p Nicolo Zopino e Vicētio cōpagno, nel MDXXIIII, adi II de nouēb, regnāte lo īclito principe messer Andrea Gritti.*

La grande figure du titre, dit le catalogue Yemeniz, est signée *Zoan Andrea de Vavasori*. (Brunet, T. V., col. 805; Yemeniz, p. 61; Libri, 1859, p. 353.)

1524

Confessionale del Beato Antonio Arciuescouo de Firenze del Ordine de Predicatori.

Petit in-8°, gothique; 78 feuillets, plus 2 pour les tables; au-dessous du titre, un bois carré, au trait avec quelques hachures, d'une fort belle exécution et d'un beau dessin; la tête surtout est remarquable: un évêque est représenté dans une salle voûtée dont on aperçoit, de chaque côté de la gravure, une colonne servant d'encadrement: il est assis, nimbé, la crosse dans la main droite et un livre dans la gauche. Nous ne reconnaissons pas dans cette gravure le faire des Vénitiens; elle a plutôt l'aspect d'une vignette française; à cette époque plusieurs ouvrages sont ornés de gravures dans ce style; trois cassures, deux dans le haut et une dans le bas, font supposer que ce bois a déjà servi. A la fin, après la table, le colophon: *Finisse... Stāpato in Venetia per Benedetto e Augustino fradelli di Bindoni. Nel anno del Signore 1524* (Librairie Rosenthal).

1524

Opera noua chiamata itinerario de Hierusalem, ouero dele parte orientale, diuiso in doi volumi. Nel primo se contengono le indulgentie: et altre cose spirituale che sono in quelli lochi santi: Nel secundo la diuersita de le cose che se trouano in quelle parte orientale, differente dale nostre occidentale.

Petit in-8°, gothique, avec figures sur bois au titre. *Venetia, Fr. Bindoni, 1524.*

Ce volume rare est porté sous le nom de *Suriano* dans le catalogue de la librairie Tross, 1861, n° 1402. (Brunet, T. IV, col. 190).

1524

Vita del diuo et glorioso confessore Sancto Nichola da Tollentino.

Petit in-8°, gothique; 46 feuillets; la première page est occupée par un grand et beau portrait de saint Nicolas. *Impressa Venetia per Bernardinum Benalium, 1524.* (Tross, 1878, n° 11, p. 158, n° 1237).

1524

Historia (la) de li doi nobilissimi amanti Ludovicho et madona Beatrice.

In 4°; huit feuillets; une figure grotesque. Le sujet est le même que celui du *Cocu battu et content. Bindoni, 1524, Venetia.* (Brunet, T. III, col. 223. Passano, *I novellieri in verso*, Bologna, 1868, page 70.)

1524

Tagliente (Giov.-Anton). — *Lo presente libro Insegna la vera arte delo Excellēte scriuere de diuerse sorti de litere lequali se fano p̄ geometrica Ragione... Opera del tagliente nouamente composto cum gratia nel anno di n̄ra salute MDXXIV.*

In-4°; signatures A.-L.; 4 feuillets par cahier. Verso du titre, gravure de page représentant les objets de bureau que nous avons signalés dans le *Thesauro de scritori* de 1523. Grandes lettres noires sur fond blanc indiquant la manière de dessiner géométriquement; elles vont du verso E.4 au recto H.3 inclusivement. Ce volume contient les mêmes matières que l'édition de 1525, mais la distribution est différente; les modèles d'écritures sont les mêmes. Cette édition, sans indication de lieu, doit être de Venise, puisqu'on lit au dernier feuillet: *Hauēdo io Giouāniani antonio Taiēte prouisionato dal Serenissimo, dominio Venetiano, per merito de insegnare questa uirtute del scriuere.* D'ailleurs, les caractères, la gravure sont vénitiens. (Catal. Piot, 1891, n° 1525.)

1525. — Tagliente. Même titre que celui de l'édition de 1524.

In-4°; signatures A-K.; 40 feuillets, 4 par cahier; feuillet F. 2, la gravure de page qui est placée au verso du titre de l'édition de 1524; feuillet G. 4, dans un cartouche à fond noir: INTAGLIATO PER EVSTACHIO CELLEBRINO DA VDENI. Les grandes lettres, sur fond noir, occupant, dans l'édition de 1524, du verso E.4. au recto H.3, manquent. La distribution des deux volumes est absolument différente. Au dernier feuillet, la marque d'Antonio Blado de Rome: dans un écusson un aigle couronné; à gauche ·A·, à droite ·B· (Librairie Labitte; cat. Piot).

1525

Niger (Franciscus). — *De modo epistolandi.*

In-4°; 8 feuillets par cahier. Au-dessous du titre rouge et noir, un grand bois ombré, d'une taille lourde et commune : un professeur, dans sa chaire, entouré de nombreux auditeurs assis ou debout. Deux sirènes dos à dos ornent le devant de la chaire. A la fin : *Impressum Venetiis per Ioannem de Tridino alias Tacuinum. Anno Domini. M.D.XXV. Die. VIII. Martii.* Au-dessous, le registre. (Marciana, 2626.)

1525

Andreae Alciati, iurisconsulti mediolan. **MDXXV.** *Opera varia.*

In 4°; 20 feuillets préliminaires ; 340 numérotés et un blanc, registrés A-Z, AA-FF, tous par quatre ; caractères romains. Encadrement au frontispice : un dessin d'architecture avec figures ombrées représentant des monstres et des *putti*, dont un porte, appendu à une lance, un cartel avec I. O. Le même encadrement, très peu modifié, reparaît aux feuillets 1 et 253. Initiales ornées.

A la fin : *Venetiis Ioan. Antonii et fratrum de Sabio, Instantia Ioan. Baptista de Pederzonis Brixiensis. Anno Dñi MD.XXV mense martio.*

1525

Prima Pars Plyniani Iudicij edita per Ioannem Camertem minoritanum : sacrae Theologiae Doc. in qua (tabellae pictae instar) mira litterarum annexione ec...

In-folio de 86 feuillets non chiffrés ; caractères romains, registré *a-i*. Frontispice avec titre gothique et *lapidario romano* rouge et noir ; marque typographique de Sessa. Encadrement formé de petits bois ombrés qui n'ont pas été faits pour le livre : dans la partie supérieure, le combat d'Horatius Coclès ; dans la partie inférieure, les portraits de Tite-Live, de Cicéron, de Virgile et de Sénèque ; le côté gauche offre de petits blocs représentant la mort de Caton, de Camille, de Scipion, de César et de Curtius, plus une vignette montrant un groupe de personnages sans aucune indication ; le côté droit se compose d'autres petits blocs avec Galba, Sertorius, Caton, Pompée, Crassus et Tibère. A l'angle gauche de Crassus, la signature *z · a*. Initiales ornées, à fond noir ou blanc, avec figures et ornements divers. A la fin : *Excussum Venetiis accurata diligentia per Melchiorem Sessam et Petrum Serenae socios, anno domini MDXXV. Die XXIIII aprilis.* (Bibliothèque Nationale de Florence).

1525

Oratione de sancta Helena con la oratione della Magdalena et del crucifixo che fa parturire le donne con poco dolore. Et della inuenzione della croce.

In-4° de 4 feuillets, avec le registre *a*, en caractères ronds. Au-dessous du titre, un bois ; puis le texte à deux colonnes, partie en vers, partie en prose. A la fin : *Stampata in Venetia per Francesco Bindoni. Nel anno. 1525. del mese di Aprile.* (Molini... Operette... p. 165.)

1525

Repertorium alphabeticum. D. Christophori porci eximij Juris vtriusqz interpretis : super primo secundo τ tertio institutionum : nouiter cuz summa diligentia : τ *laboriosissimo studio : a quodam. ll. professore erudito excussum.*

In-folio à deux colonnes ; 10 feuillets préliminaires et cxviii chiffrés ; caractères gothiques. Au-dessous du titre, la marque de l'imprimeur, avec la légende : *Laudate Dominum omnes gentes.* Au commencement du texte de l'ouvrage, un bois représentant l'empereur assis sur le trône ; à gauche, des soldats ; à droite, des jurisconsultes. Sur une colonne, est gravée la marque de l'imprimeur, portant : P H I. P. A la fin : *Venetijs in edibus Philippi pincij Mantuani impressum. Anno Dñi MCCCCCXXV. Die vij. Junij.* (Bibliothèque de M. de Landau.)

1525

Guazzo. — *Belisardo fratello del conte Orlando del strenvo milite Marco di Gvazzi Mantuano.*

In-4° de clxvi feuillets, en lettres rondes, à deux colonnes. La page du titre est entourée d'un encadrement à fond noir avec feuilles ; dans la partie inférieure se trouvent des animaux, à gauche un renard devant un vase au long col, en face d'une cigogne essayant de boire dans un plat. Cette représentation de la fable d'Esope a sans doute paru dans un autre ouvrage ; l'encadrement est d'un joli style, mais le bois est fatigué ; au-dessous du titre, à gauche, *Marco Gvazzo*, en armure, écrit à son pupitre, tandis que dehors son cheval, tout harnaché, attend à côté de sa lance, de son casque, de ses gantelets et de son écu. Cette vignette est d'une taille peu soignée. A la fin : *Impresso in Venetia per Nicolo de Aristotile de Ferrara ditto Zoppino... MDXXV. Adi xviii. Agosto.* (Bibliothèque Nationale, Réserve Y. H. 3509.)

1525

I Dilettevoli dialogi (sic) : *le vere narrationi : le facete epistole di Lucciano philosopho : di greco in volgare novamente tradotte et historiate.*

In-8°; 4 feuillets préliminaires; 130 numérotés au recto. Caractères cursifs; registré de *-A-Z-AA-FF. par quatre, sauf *, qui est par deux. Au frontispice, un encadrement avec de bizarres figures de paysans, de paysannes, d'animaux de toutes sortes, etc. Nombreuses vignettes ombrées, appropriées au texte ; elles sont de la seconde manière de Zopino, c'est-à-dire beaucoup moins raides, plus soignées dans tous les détails ; les ombres ont plus de finesse et en même temps plus de vigueur. C'est un autre art qui commence, peut-être plus élégant, plus fini, plus agréable à l'œil, mais, à coup sûr, d'un style moins pur et moins sérieux que les vignettes antérieures ; les hachures, au lieu d'être employées avec sobriété, pour donner seulement du relief, deviennent l'aide nécessaire de tous les effets et produisent souvent un empâtement déplorable. A la fin : *Stampato in Vinegia per Nicolo di Aristotile detto Zoppino nel' anno del Signore. M.D.XXV del mese di settembre.* Au-dessous, la marque de Zopino avec .*N*. (Arsenal, B. L. 19328; Bibliothèque Nationale de Florence.)

1525

Orlando Furioso di Ludouico Ariosto nobile Ferrarese nuovamente ristampato e con molta diligentia ricorretto e quasi tutto riformato. Di nuouo e ampliato.

In-8° à deux colonnes ; caractères gothiques ; le titre ci-dessus, imprimé en rouge et noir, est entouré d'un encadrement, copié sur celui de l'édition sans figure de

1524 donnée par Zopino ; au verso, au lieu du privilège accoutumé, on lit, pour la première fois, un sonnet adressé *A lo eccellente messer Ludouico Ariosto da Ferrara da Giouan Battista Dragonzino da Fano*, qui commence par *SE dar si deue l'honorata fronde*. Au-dessous, se trouve une petite figure sur bois. Le poème commence au feuillet suivant, numéroté 2 (A. 2) et finit au recto du huitième feuillet du cahier *cc*, page 208, par la souscription : *Finisse Orlando Furioso... Stampato nella inclita citta di Uinegia: apresso santo Moyse nelle case nuoue Justiniane: per Francesco di Alessandro Bindoni e Mapheo Pasini compagni: Nelli anni del signore. 1525. del mese di Settembre...* Suit le registre ; le verso est occupé par la ruche ornée de l'encadrement habituel. L'unique exemplaire connu est celui qui appartenait à Melzi et qui a servi à faire cette description. (Melzi, op. cit., p. 105 ; Ulisse Guidi, *Annali delle versioni dell'Orlando Furioso...* Bologna, 1861, page 8.)

1525

Augustini Dalhi scribe Senensis Elegātiole: nouiter correcte:

In-4° ; titre gothique ; texte en lettres rondes. Au-dessous du titre, un bois ombré médiocre : un personnage écrivant à son bureau ; des livres sur un rayon, et, au-dessus, AEMILIUS PROBVS. A la fin : *Impressum Venetiis Melchiorem Sessam : et Petri de Rauanis socios. Anno dñi MDXXV Die IX mensis Octobris* (Marciana 2052).

1525

INTERPRETATIO PRECLARA ABBATIS *Ioachim in Hieremiam Prophetam sancto dictante spiritu ad hæc vsqz tempora minime prospecta nunc vero eius iam cœpta impletione: intellectumqz dante vexatione in dies magis perspicua fiet.*

In-4° à deux colonnes ; la première ligne du titre gothique, le reste ainsi que le texte en lettres rondes; 28 feuillets préliminaires et 62 numérotés. Titre avec encadrement, formé de petits bois ombrés, représentant des sujets de l'Ancien et du Nouveau Testament ; au milieu, au-dessous du titre, un écusson encadré, avec un ange agenouillé qui tient une palme de la main droite. Au-dessus de l'écu, à gauche *P,* à droite *A.* Après les feuillets de table, un encadrement avec les mêmes bois que celui du titre, mais l'écu, qui se trouve ici au-dessus du texte, contient une rose ; au-dessous, les lettres ·F· ·S·. Les 4 feuillets suivants sont ornés de bois médiocres. Lettres ornées. Feuillet 62 : *Impressum Venetiis per Bernardinũ Benalium. 1525. Die. 20. Nouembris.....* Au-dessous, le registre (Bibl: Nat., Réserve A. 1629 et 2060).

1525

Dragonzino da Fano (Giov. Battista). = *Nobilita di Vicenza.*

In-8° de 20 feuillets ; registre A-E ; 4 feuillets par cahier ; caractères romains. Deux livres *in ottava rima.* Sur le titre, une vue de Vicence, et au verso, deux distiques d'Antonio Forlivese ; des pièces de vers en latin et en italien, à la louange de Dragoncino, occupent les quatre derniers feuillets (Cat. de M. de Landau. T. II, p. 305).

1525

Lassedio di Pavia con la Rotta e presa del Re christianissimo M.CCCCCXXV.

In-4° ; lettres gothiques ; opuscule en vers de trois feuillets suivi d'un feuillet où François Ier raconte son départ de France pour la conquête du Milanais et sa prise par l'Empereur. Au-dessous du titre, un bois ombré, environ de la largeur de la page, offrant la capture du Roi ; hommes et chevaux semblent être en bois. Au-dessous de la dernière pièce: *Finis. Per Giovan Andrea Vavassore detto Guadagnino.* (Bibl. Nat. Rés. PX d. I-L^b 3.) Brunet (T. I, col. 528) cite une édition de ce volume, in-4° de 4 feuillets, s. d. avec ce colophon : *Gio. Andr. Vavassore detto Guadagnino.* Cette édition nous semble être celle que nous signalons ici. Il cite encore l'édition que Libri (An. 1847, p. 208) donne comme « ayant dû paraître à Venise en 1525 » avec le titre suivant: *Lassedio de Pavia, con la rotta e presa del re di Franza christianissimo ;* in-4°, 4 feuillets, 2 colonnes ; une figure sur bois au recto du 1er feuillet.

1525

Arias de Avila (?). — LETTERE DI PIETRO ARIAS *Capitano Generale della conquista del paese del Mar Occeano Scripte alla Maesta Cesarea dalla Cipta di Panama delle cose Vltimamente scorperte nel Mar Meridiano dicto el Mar Sur MDXXV.*

In-16°, sans lieu, mais de Venise ; un bois sur le titre (Harrisse, *Additiones*, p. 88).

1525

Victurii (Ciceronis). Synonima una cum Stephani Flisci synonimis.

In-4°; figures sur bois. *Venetiis, M. Sessa e P. de Ravanis* (Libri, 1861, page 115).

1525

Probus de notis Roma ex codice manuscripto castigator.

In-4°; le 4° feuillet est occupé par une belle gravure sur bois. *Venetiis, I. Tacuinus Tridinensis,* 1525 (Tross, 1878, n° 11, p. 120, n° 951.)

Vers 1525

Ordinationes officii totius anni et agendoz. et dicendorum a sacerdote in missa priuata et feriali iuxta ordinez ecclesie Romane.

Petit in-8° gothique; au-dessous du titre, un bois décrit à propos de : Caraciolo, *Prediche de fra Ruberto* de 1524. A la fin: *Impressum Venetiis p Ioãnem Tachuinum* (Marciana, 2192).

Vers 1525

Li Stupendi et marauigliosi miracoli del Glorioso Christo de Sancto Roccho Nouamente Impressa.

Petit in-8°, en vers; caractères gothiques; 4 feuillets. Au-dessous du titre, une très jolie gravure, qui semble plutôt sur métal que sur bois ; cette gravure, de forme rectangulaire, se compose d'un tympan où se voit Dieu le Père dans des nuages entouré de six figures d'anges qui lui apportent les instruments de la Passion. Au-dessus, cette inscription : SUPER. DORSV̄. MEVM. FABRICA-VERV̄T. PECAT. Ce tympan est supporté par une frise d'ornement et par deux pilastres à chapiteaux très ornés, reposant sur une embase ; le tout forme un encadrement à la scène principale qui représente le Christ portant la croix en face d'un personnage (un juif) lui entourant le cou d'une longue corde, derrière un autre personnage à moitié caché par le pilastre. Ces figures, vues à mi-corps, se détachent sur un fond noir au pointillé. Tout à fait dans le bas, au milieu de la base du portique : .EVS. F. Ces lettres nous sont expliquées par la signature qui se trouve à la fin du poème : *Eustachius Utinensis Fecit;* au-dessous : *Cum gratia.* Ce volume est sans doute de Venise, car il raconte les nombreux miracles faits par le Christ de San-Roccho engageant les fidèles à s'y rendre pour l'honorer et le prier. Il est de la plus grande rareté ; nous n'en connaissons qu'un exemplaire.

M. Harrisse (*Excerpta Colombiana,* p. 203) cite cette édition et une autre, également sans date, décrite ainsi : *Li stupendi & marauigliosi miracoli del glorioso Christo di Santo Rocho nouamẽte stampati.* In-8° gothique, de 4 feuillets, s. l. n. d. Sur le titre : le Christ, la corde au cou; au-dessous de la vignette, on lit, imprimé sur deux colonnes :

| Christo santo glorioso | Humil vai come vn agnello |
| Che patisti vn tal flagello | Mesto in volto et lacurnazo. |

A la fin : *Eustachius Vticensis fecit. Cum gratia.* Cette édition diffère quelque peu de celle que nous venons de décrire, citée également par M. Harrisse. Dans le titre, les majuscules et les minuscules, ainsi que la coupure des lignes, sont disposées autrement. Notre volume porte: *impressa* au lieu de: *stampati;* le bois est revêtu de la signature : EVS. F. non mentionnée par M. Harrisse ; nous avons, dans la souscription de la gravure : *lacrymoso* au lieu de : *lacurnazo,* et, à la fin : *Vtinensis* au lieu de : *Vticensis,* « forme qui d'ailleurs n'était plus guère usitée au xvi° siècle. L'auteur (et non le graveur) serait donc de Udine (*Utinum, Utina*) au lieu de *Uticensis pagus,* du pays d'Ouche dans l'Orne, ou du monastère de Saint-

Evroul, comme l'était, par exemple, Orderic Vital : *cœnobii uticensis monachi.* » D'après les descriptions de M. Harrisse, la gravure nous paraît être la même dans les deux éditions. Il est possible que Eustachius d'Udine soit l'auteur de cette plaquette ; mais, comme nous venons d'établir, par notre description, qu'il exerçait la profession de graveur, il faudrait lui attribuer à la fois et le texte et la gravure.

Vers 1525

Questa sie la regula del glorioso confessore miser Sancto Benedeto in vulgare ad instantia de le venerabile monache de la celestia observāte nouamente stāpata.

In-4° à deux colonnes ; 2 feuillets préliminaires pour le titre et la table (1 et 2 chiffrés) et 24 feuillets pour le texte (de 8 à 25 et le dernier feuillet non chiffré). Cahiers de 4 feuillets de *a* à *f.*, sauf le dernier qui en a six ; lettres rondes. Le titre gothique est encadré d'une bordure dont les trois côtés offrent de simples ornements. Le côté droit est composé d'un petit bloc inférieur représentant une *Annonciation* bien connue, et d'un plus long bloc où se voient quatre enfants nus grimpant sur un tronc d'arbre, celui d'en haut cueillant des fruits. Au-dessous du titre gothique : un religieux (saint Benoît) dans sa cellule, recevant un enfant que lui amène un abbé ; bois ombré, assez joli. Au-dessous, en caractères ronds : *Nel nome del Saluatore nostro miser Iesu Christo & dela sua gloriosa madre Vergine Maria incomenza el prologo del Sanctissimo patriarcha et precipuo reformatore del ordine monastico Miser Sancto Benedeto nela regula sua.*

A la fin, après le registre, en gothiques : *Stampata in Venetia per maistro Andrea de Rota* (1) *de Leucho libraro nela contrada di Santo Apolinaro* (Librairie Techener).

(1) Ce maestro Andrea n'imprima que très peu de volumes et mourut très

Vers 1525

CONFESSIONE GENERALE DEL BEATO *Bernardino da Feltre molto utilissima.*

Petit in-8°; la première ligne du titre gothique, la seconde en lettres rondes; texte en gothique; 8 feuillets registrés A-4. Au-dessous du titre, un bois moins que médiocre, ombré: le saint, de profil, assis à gauche, écoutant un personnage, à genoux devant lui. Cette plaquette nous paraît vénitienne, tant le style de la vignette se rapproche des imitateurs de z. a. et des autres bois vénitiens du premier quart du xvi° siècle. Sans colophon. (Librairie Olschki).

jeune; M. Torre nous dit qu'il est presque inconnu et qu'il ne donna, à sa connaissance, qu'un volume imprimé dans le premier quart du xvi° siècle, orné de gravures de prophètes dans le genre d'Ugo da Carpi et des *preghiere della Vergine* avec une Madone sur le titre, ressemblant à la Madone du frontispice de la *Vie de la Vierge* de Durer.

APPENDICE

MONTEREGIO (JOHAN. DE)
(Voir p. 7)

1476. — *Avreus hic liber est: non est preciosior ulla Gēma Kalendario: quod docet istud opus..... 1476. Bernardus pictor de Augusta Petrus loslein de Langencen Erhardus ratdolt de Augusta.*

In-folio. Edition identique à la version italienne de la même année. Les trois imprimeurs de ce calendrier imprimaient en collaboration à Venise en 1476, 1477 et 1478. (Bibliothèque Nationale, Réserve, g. V. 57.)

1478. — *Das Buchlin Kalendarius durch M. Iohan von Küngsperg.*

In-folio de 30 feuillets ; caractères gothiques. Ce calendrier allemand diffère sur quelques points de l'édition latine, quoique les vignettes, les capitales et les figures soient les mêmes. *Venedig, Bernhart Maler, Erhart Ratdolt von Augspurg,* 1478. (Brunet, T. III, col. 1854.)

1482. — *In laudem operis huius præclari a Iohanne de Monte Regio editi germanoz decore & nostræ aetatis astronomorũ principe Jacobi Sentini Ricinensis Carmina.*

In-4° de 26 ou 28 feuillets non chiffrés ni registrés ; titre en gothiques rouges ; caractères gothiques. La première page est entourée d'une très jolie bordure sur fond noir à entrelacs. Au centre de la partie inférieure, un écu blanc de la même forme que celui de l'*Appien* de 1477. Belle majuscule H ornée, rouge, commençant le texte. Au bas du verso de ce feuillet : *Anno S. 1482. Idus. 5 Augusti Venetijs* ; pas de nom d'imprimeur, mais le volume est évidemment de Ratdolt, les caractères étant les mêmes que ceux du *Fasciculus temporum*. Ce livre n'est qu'une nouvelle édition du calendrier de Monteregio, précédé de distiques en l'honneur du célèbre astronome. Huit pages sont occupées par des bois figurant des éclipses de lune dans leurs diverses phases. L'exemplaire que nous avons sous les yeux (catalogue de la vente Piot 1891, 447), semble incomplet de deux feuillets. Le titre n'est pas conforme à celui que donne le *Répertoire* de Hain, T. IV, 1377 : *In laudem operis Kalendarij. f. huius Iohanne de monte regio editi germano4 decoris nostrae aetatis astronomorũ principis Iacobi Sentini Ricinensis Carmina.*

1483. — *In laudem operis Calendarij a Joanne de monte regio Germanorum decoris nostre etatis Astronomorũ principis editi Jacobi Sentini Ricinensis Carmina.*

In-4° ; gothique, à deux colonnes ; registre A-C ; 8 feuillets par cahier, plus les deux planches d'astronomie. Le titre est entouré d'un fort bel encadrement à fond noir composé d'entrelacs ; au milieu, dans le bas, un écu dans une double circonférence, du style de tous les ornements de Ratdolt à fond noir ; lettres ornées à fond noir. Au verso du titre : *Hoc Augustensis ratdolt Germanus Erhardus Dispositis signis vndiqz pressit opus... Anno. S. 1483. Idus Septemb. Venetijs.* (Bibliothèque Nationale, Réserve, V. 1152. Inventaire V. 1001.)

1485. — *In laudem operis Calendarij a Iohanne de monte regio Germanorum decoris nostre etatis astronomorũ principis editi Jacobi Sentini Ricinensis Carmina.*

In-4°; ornement xylographique; figures sur bois et lettres ornées. A la fin: *Anno. S. 1485. Idus Octobrĩ Venetijs.* (Hain, T. IV, 13779.)

Vers 1478

BARTHOLOMEO DA LI SONNETTI (*Zamberto*). — *Isolario*.

In-4° de 56 feuillets non chiffrés et sans signatures. Il commence ainsi: *Al Diuo cinquecento cinque e diece Tre cinqz ado Til nulla tre e do un cẽto nulla questa opra dar piu altri lecce.* Selon les conjectures de Dibdin (*Ædes Althorp*, II, n° 1305), cet ouvrage aurait été mis au jour à Venise vers 1477. Panizzi, au contraire, pense qu'il a paru de 1478 à 1485 (*Biblioth. Grenvill.*, II, 821)... Les cinq premières pages renferment un prologue en vers, et sur la 6° commence le premier sonnet, relatif à l'île de *Cerigo*, lequel est accompagné d'une carte des environs de cette île et de celle de *Cecerigo*. Il y a dans le volume nombre de cartes du même genre, gravées en bois, avec le texte en vers imprimé au verso. Dans l'exemplaire que j'ai vu, l'avant-dernier feuillet finit par ce vers: *Famagosta nicosia regal stanza*, et le dernier feuillet, dont le verso est blanc, contient une carte imprimée au recto. » (Brunet, T. I, col. 679).

WERNER ROLEWINCK
(Voir p. 11)

1480. — Même titre que dans l'édition de 1479, sauf de légers changements typographiques.

In-folio, 8 feuillets préliminaires, et 68 chiffrés ; bois de l'édition de 1479. A la fin : *Explicit chronica que dicit Fasciculus tempoz... Uenetijs impressa : cura impensisqz Erhardi ratdolt. de Augusta. Anno dñi. M. CCCC. LXXX, xxiiij. menš nouembris. Xisto. iiij. pontifice maximo. et Ioanne mocenico : Duce. Lxvj. hui' alme vrbis Uenet. Laus Deo.* (Hain, T. II, 6926).

1481. — Même titre, sauf de légers changements typographiques.

In-folio, copié de l'édition de 1479. Bois en plus grand nombre. Au verso du dernier feuillet : *Fasciculus tempcrũ... Impressusqz impensa et arte mira Erhardi rodolt* (sic) *de Augusta. 1481. 12. calen. Ian.* (Bibliothèque Nationale, Réserve G. 241 ; Hain, T. II, 6928 ; Librairie Techener.)

1484. — *Tabula cõmodissima super libro sequẽti qui fasciculus dicit temporũ In q̃ qdẽ vbicũqz pũct ante nume r. apparet : gesta ĩ priori folio r. latere : vbi v̄o post ĩ posteriori ut reperient denotaĩ.*

In-folio ; sept feuillets préliminaires, plus le premier feuillet, dont le recto est blanc, et au verso duquel se trouve la dédicace à Mocenigo : *Nicolao Mocenico Magnifici D. francisci patricio veneto Erardhus ratdolt. Salute.* Puis 66 feuillets chiffrés ; caractères gothiques plus gros que ceux de l'édition de 1481 sur laquelle des bois sont copiés, sans être d'un meilleur style et d'une taille plus soignée. Au bas de l'avant-dernier feuillet : *Erhardus Ratdolt Augustensis impressioni parauit. Anno salutis. M. CCCC. Lxxxiiii. v. calen. Iunii. Venetiis Inclyto principe Iohanne Mocenico.* Hain (T. II, 6933) cite une édition de Ratdolt de 1483, de Venise ; il nous a été impossible de la découvrir ; elle n'est pas citée par Panzer. (Bibliothèque Nationale, Réserve G. 233 ; Hain, T. II, 6934.)

1485. — Même titre.

In-folio ; même nombre de feuillets que dans l'édition précédente ; bois empruntés à cette même édition et à celle de 1481. A l'avant-dernier feuillet : *Erhardus Ratdolt Augustensis impressioni parauit : Anno salutis. M. CCCC. LXXXV. vi. idus. Septembris Venetiis Inclyto principe Iohanne Mocenico.* (Bibliothèque Nationale, Réserve G. 488 ; Hain, T. II, 6935.)

Nicolas de Lyra
(Voir p. 11-13)

1495. — *Glossa ordinaria alle postille del Lyrano.*

In-folio, 6 volumes ; caractères gothiques ; à deux colonnes ; bois du même type que ceux de 1489, mais plus petits et transportés de droite à gauche. On peut supposer que les figures de 1489 ont été copiées et réduites dans une édition intermédiaire à laquelle auront été empruntés les bois de 1495, moins nets que ceux de 1489. Comme l'édition sans date, celle de 1495 a un saint Pierre au frontispice du premier volume (Bibliothèque Ambrosienne de Milan). Nous devons les indications qui précèdent à l'obligeance du chanoine Ceriani. — *Venetia, Paganino de Paganis.*

Hygenus
(Voir p. 14-15)

1485. — Même titre que dans l'édition de 1482, sauf de légers changements.

In-4 ; reproduction de l'édition précédente. Ces mêmes figures se retrouvent dans l'édition d'Augsbourg du même Radtolt en 1491. (Bib. Nat., Réserve, V. 979). Au dernier feuillet : *Anno salutifere incarnationis Millesimo quadringentesimo octogesimo quinto mensis Ianuarii dei uigesima secunda. Impressum est presens opusculũ per Erhardũ Radtolt de Augusta Venetiis.* (Bibliothèque Nationale, Réserve, V. 989 ; Hain, T. III, 9063.)

1488. — Même titre, sauf quelques légers changements typographiqnes.

In-4, copie de l'édition de 1482 avec les bois généralement en sens inverse. Au dernier feuillet : *Anno salutifere incarnationis Millesimo quadringentesimo octogesimo octauo mensis Iunii die septima Impressum est praesens opusculum ꝑ Thomam de blauis de alexandria. Venetiis* (Arsenal, in-4, Sciences et Arts, 8749 ; Bibliothèque Nationale, réserve, V. 131 ; Hain, T. III, 9065). Hain (T. III, 9064) cite une édition avec ce colophon : *Venetiis per Thomam de Blavis MCCCCLXXXV*, in-4. Il est probable qu'elle contient les bois que nous venons d'indiquer à propos de l'édition de 1488 ; il en signale également une de 1489 sans autre mention que: *Venetiis 1489*, in-4.

1502. — *Clarissimi Hyginij Astronomi De Mundi Et Sphere Ac Utriusqꝫ Partium Declaratione Cũ Planetis Et Varijs Signis Historiatis.*

In-4 ; 4 feuillets par cahier ; titre gothique, texte en lettres rondes. Au dessous du titre, un grand bois de page, légèrement ombré de tailles fines : *Hyginius*, assis, revêtu d'un costume de magicien, coiffé d'un grand chapeau pointu, tenant de la main gauche un instrument d'astronomie ; à gauche, *Astronomia*, de face, presque nue, tenant de la main gauche un livre d'astronomie qu'elle regarde ; à droite, *Vrania Musa cœlestis* nue, de dos, regardant en l'air et levant sa main gauche au-dessus de ses yeux pour les protéger contre la lumière ; dans le haut de la gravure, les signes du Zodiaque et des étoiles ; dans le bas, deux touffes de fleurs. Cette jolie vignette, entourée d'un encadrement à fond noir au pointillé, est d'une bonne exécution ; elle ne nous semble pas l'œuvre d'un tailleur vénitien, mais bien de l'artiste florentin qui travaillait à cette époque pour Jean-Baptiste Sessa, et dont nous signalerons plus d'un bois au cours de nos descriptions. Au verso : la sphère du monde dont l'axe prolongé est tenu par une main que l'on aperçoit dans le bas de la gravure. Le volume contient de nombreux bois, représentant les constellations et les planètes ; ils sont, les uns au trait, les autres ombrés comme le titre ; quelques-uns sont d'un joli dessin et d'une taille élégante. Au recto du dernier feuillet : *Impressum Venetiis Per Ioannem Baptistam Sessa Anno Domini. M. CCCCC. II. Die. XXV. Mensis Augusti.* Au-dessous, la petite marque de Sessa, le chat et la souris, avec .I. .B. Au verso : une table des distances de la terre à la lune, de la lune à Mercure, etc.

1512. — Même titre, sauf de légers changements typographiques.

In-4 ; sous le titre, bois de page grossièrement copié sur celui du frontispice de 1502 ; dans le bas, un chat. Bois ombrés, copies médiocres de ceux de l'édition de 1482. La gravure de titre a été reproduite dans le *Sphæra Mundi* de J. P. de Leucho, de 1519, qui porte à la fin la marque de Sessa. A la fin : *Impressum Venetiis per Melchiorem Sessa MDXII. die XV. sept.* (Panzer, T. VIII, p. 407.)

1517. — Même titre.

In-4 ; 46 feuillets non chiffrés ; caractères romains ; registre A-M. Bois de l'édition de 1512. Au recto du dernier feuillet : *Impressusqz Venetiis...... per Melchiorem Sessam et Petrum de Rauanis socios Anno dñi. M. CCCCC. xvii. Die. 24. Mar.* Au-dessous, la marque de Sessa. (Mayence, Bibliothèque de la ville ; Bibliothèque Nationale de Florence.)

Iacobus Publicius
(Voir p. 15)

1485. — *Oratoriae artis epitoma: vel qvae brevibvs ad consvmatvm spectant oratorem :... insvper et perqvam facilis memoriae artis modvs iacobi pvblicii florentini...*

Petit in-4; lettres rondes; 65 feuillets; registre A-H; 8 feuillets par cahier, sauf H qui en a 10; le cahier A n'a pas de A-2, mais il n'y a aucune lacune dans le texte, le A-3 faisant la suite du A. Verso A-3 : l'arbre du discours; verso G-5 : une vue avec montagnes; recto G-7 : le globe terrestre, et, au-dessus, les orbites des planètes; verso H : un homme et une femme nus. Ces bois ne se trouvent pas dans l'édition de 1482 ; les autres gravures sont communes aux deux éditions, mais placées dans un ordre différent. Au verso du dernier feuillet: le damier avec les animaux, et, au-dessous: *Erhardus Ratdolt augustensis ingenio miro et arte ppolita impressioni mirifice dedit. 1485. pridie caleñ. februarii. Venetiis.* (Hain, T. IV, 13546 ; Yemeniz, p. 140.)

1482

Libellus ysagogic' abdilazi .i. serui gloriosi dei : q̄ d̄r alchabitī ad magisteriū indicioz astroz : īterpretat' a ioāne hispalēsi : incipit.

In-4 ; caractères gothiques ; 32 feuillets ; registre a-d. Sous le titre, un planisphère avec ces mots au centre : *Figura celi generalis magisterij astrologi.* Le texte commence au-dessous du bois par une initiale. Belles lettres ornées et figures d'astronomie. A la fin : *Libellus introductorius.....: explicit Erhardus ratdolt Augustensis eundē ppolite emendatissimū impssit. xvij. Caleñ. Febr. Anno Salut. M: ccccclxxxij Uenetijs.* (Bibliothèque Nationale de Florence ; Hain, T. I, 616.

1485. — Libellvs ysagogicvs abdilazi id est servi gloriosi dei.....

In-4°; 98 feuillets. Planisphère au trait, sans doute celui de l'édition de 1482. A la fin : *Finit scriptum*...... *Impressũ venetiis arte et impensis Erhard ratdolt*... *M. CCCC. LXXXV. Kalendas Ianuarij*. Ce colophon diffère un peu de celui cité par Hain où le mois n'est pas indiqué. Hain signale au numéro suivant (618) une autre édition de 1491 du 26 juillet, imprimé par Ioanne et Gregorius de forlivio. Cette édition a-t-elle les bois de l'édition précédente ? (Marciana, 41410 ; Hain, T. I, 617.)

1502. — *Alchabitius. Libellus Isagogicus abdilazi id est serui gloriosi dei.*

In-4°, 74 feuillets, avec beaucoup de bois. A la fin : *Finitur scriptũ sup alchabiciũ ordinatum p. Joane de saxonia in villa paris. anno 1331. Correctũ partiũ & medicine doctorẽ magistr. Bartholomeũ de altem & nusia. Impr. Venetiis p. Joan. & Gregoriuz de gregorijs fratres.| a. d. 1502, die XVIII. Februarij*. (Librairie Kende, Vienne.)

Euclide
(Voir p. 16)

1491. In-folio. Réimpression de l'édition vénitienne de 1482. L'encadrement est au trait assez bien dessiné, mais médiocrement gravé ; il est formé d'entrelacs, d'oiseaux, de lapins, de dragons, de *putti*, etc... *Euclidis*... *Impressuz Vincentiæ per Magistrum Leonarduz de Basilea et Gulielmũ de Papia socios Anno salutis M. CCCC. LXXXXI. vigesimo. Calen. Iuñ.*

1509. — Euclidis *megarensis philosophi acutissimi mathematicorumq; omnium sine controuersia principis opa a Campano interprete fidissimo tralata*... A. *Paganius Paganinus Characteribus elegantissimis accuratissime imprimebat.*

Petit in-folio ; 145 feuillets chiffrés et 1 feuillet blanc à la fin, registre *a-s* ; 8 feuillets par cahier, sauf *a* qui en a 10. Initiales, figures de mathématiques ; frontispice rouge et noir. Brunet donne à ce volume 135, et Gresse 136 feuillets. A la fin : *Venetiis impressum per probum Virum Paganinum de Paganinis de Brixia... M.D. VIIII. Klen. XI. Junii.* (Cat. de M. de Landau, p. 184 ; Bibliothèque Nationale, Réserve, V. 104 ; Brunet, T. II, col. 1088.)

1517. — *Euclidis Magaresis philosophi platonii, Mathematicaruz disciplinarũ Janitoris :*.....

In-folio ; titre en gothiques ; texte en caractères ronds ; 8 feuillets par cahier, 10 préliminaires et 230 non chiffrés. Au-dessous du titre : S. Jean-Baptiste, bois signé *bM*, marque de Tridino. Le onzième feuillet est entouré du bel encadrement des *Epistole Heroides Ouidii* de 1512 de Tridino, qui offre aussi le S. Jean-Baptiste. La belle lettre ornée de cette page est rouge ; le texte contient de nombreuses initiales fort intéressantes et des figures de mathématiques. Au dernier feuillet : *Impressum Venetiis..... Ioannis Tacuini librarii... anno... M.D.X.VII. Klendas Aprilis.* Au-dessous, la marque à fond noir avec les lettres Z. T. et les mots : *Deo*, à gauche ; *immortali*, à droite, et *Gloria*, au-dessous. Le registre au verso.

1519

Opera nuoua piaceuole da ridere de vn villano lauoratore nomato Grillo quale volse douentar medico in rima istoriata.

Petit in-8° de 20 feuillets non numérotés, signés A-CII :

lettres rondes. Au-dessous du titre, joli bois ombré représentant, au premier plan, un laboureur avec sa charrue traînée par deux bœufs ; à gauche, au second plan, un homme assaillant de son épée un paysan ; à droite, une maison, dont la fenêtre ouverte laisse apercevoir un personnage dans son lit ; tout à fait en avant au milieu, contre la bordure, une cruche et un panier ; dans le texte, neuf jolies petites vignettes ; au recto du dernier feuillet : *Stampato ĩ Venetia per Nicolo Zopino e Vincentio cõpagno nel. M. CCCCC. XIX. adi. VI. de Octubrio.* Cette édition semble inconnue à tous les bibliographes ; Brunet, T. IV, col. 191, cite celle de 1521 comme la plus ancienne, tandis qu'elle n'est que la seconde.

1521. — *Opera noua piaceuole et da ridere de un villano lavoratore nomato Grillo quale vosje doventar medico in rima istoriata.*

Petit in-8° en caractères ronds, de 20 feuillets non chiffrés. *Stampato in Venetia per Nicolo Zopino e Vincentio compagno nel M. CCCCCXXI adi XXXI de Zengro* (Bibliothèque Nationale de Florence).

TABLE DES TITRES DES OUVRAGES

PAR ORDRE CHRONOLOGIQUE (1)

1469

Plinius secundus novocomensis equestribus militiis industrie functus... 1-2

1470

T. Livii. Patavini. historici ab. vrbe. condita. de .ɪ. liber. P. ïcipit. 2
Publij Virgilij Maronis bucolicorum Liber ïcipit. Aegloga prima Tityre et Melibee. 3

1471

M. Tvllii Ciceronis epistolarum familiarium liber primus incipit ad Lentvlum proconsvlem. 3-4
Valerii Maximi liber primus. 5

1472

Marci Tvlii ciceronis arpenatis : consulisqz Romani. Ac oratorum maximi. Ad. M. Tulium Ciceronem filium suū, officiorum. Liber primus. . . 5-6

Vers 1472

Georgii Trapezuntii viri doctissimi atque eloquentissimi rhetoricorum liber primus. 6-7

1476

Monteregio (Johan. de) (Muller) Qvesta opra da ogni parte e un libro doro. 7

1477

Ad diuum Alfonsum Aragonum et utriusque Sicilie regem in libros civiliū bellorū ex Appiano Alexandrin. in latinū traductos Prefatio incipit felicissime.. 7-8
Coriolanus Cepio Clarissimo Uiro Marco Antonio Mauroceno equiti apud illustrissimū ducem Burgundie Venetorū oratori felicitatem. . . 8

Vers 1477

Pro facillima Turcorum expugnatione epistola. . . 9

1478

Pomponij Melle Cosmographi de situ orbis liber primus. 9-10
Maffei Celso. — Monumentum

(1) Nous ne donnons que la date de l'édition princeps.

compendiosum pro confessionibus Cardinalium... . 10
Gerardi cremonensis viri clarissimi Theorica planetarū feliciter incipit. . . . 11

1479

Werner Rolewinck. — Tabula breuis et utilis super libello quodā q dicitur fasciculus tēporum. 11

Vers 1480

Liber uite. Biblia cum glosis ordinarijs : et interlinearibus : excerptis ex omnibz ferme Ecclesie sancte doctoribz : simulq cum expositioe Nicolai de Lyra : et cum concordantiis in margine. 11-13

1481

Inter ceteros nostri temporis iurisconsultos excellentissimos Baptista de sancto Blasi vtriusqz iuris doctor eximius. 13-14

1482

Clarissimi Viri Iginij Poeticon Astronomicon opus vtilissimmu (sic) Foeliciter incipit.. 14-15
Oratoriæ artis Epitomata Sive quæ ad consumatū spectant Oratorem... per Jacobum Publicium.. 15
Preclarissimus liber elementorum Euclidii perspicacissimi : in artem Geometrie incipit quā faelicissime. . . 16

1483 (?)

Dialogo de la Seraphica uirgine sancta Catherina da Siena. 16-20

1484

Missale secundum morem romane ecclesie.. . . 20

1486

Supplementumchronicarum Iacobi Philippi de Foresta. 20-26

1487

Æsopus.. 27-31

1488

Arithmetica Boetij. . . 31
Avienus. Opera scilicet Arati Phœnomena, lat. . . 32
Spaeræ mundi cōpendiū foeliciter inchoat..., etc. . 32-34
Triumphi del Petrarcha. 35-58
Fragmentū arati phænomenon per germanicum in latinū conuersi cum cōmento nuper in sicilia repertum. . 59
Albumasar. Flores albumasaris. 59-61

1489

Incominciano le devote meditatione sopra la passione del nostro signore cavate et fundate originalmente sopra sancto Bonaventura cardinale del ordine minore sopra Nicolao de Lira. . . . 61-70
Augustinus de civitate dei cum commento. 70

1490

Questa sie vna vtilissima aca-

duno fidel Cristiano Chiamata fior de virtv. . . . 71-74
Divi Bernardi doctoris clarissimi et abbatis clarevallensis. 74
Clarissimi sacre pagine doctoris Fratris Stephani Bruleser ordinis minorum. . . 74
Montibus (Johannes Crispus de). Repetitio tit. institutionum de heredibus. . 75
Biblia vulgare historiata. 75-85
Fioretti di S. Francesco. Opera deuotissima e utilissima a tutti li fideli christiani. 85-86
Officium B. M. V. . . 86-90

Vers 1490

Astrolabii quo primi mobilis motus deprehenduntur canones. 90-91
Questo e el castello de este elquale anticamente si chiamaua Ateste etc. . . 91

1491

Comento di Christophoro Landino fiorentino sopia la comedia di Danthe Alighieri Poeta fiorentino. 91-95
Guido Bonatus de Foligno, decem continens tractatus astronomiæ. 95-96
Vite de Santi Padri. . 97-101
Legenda delle Sᵃ Martha e Magdalena. . . . 101-103
Alberti L. B. Ecatonphyla. 103
Diomedis doctissimi ac diligentissimi Lingve latinæ perscrvtatoris de arte grammatica opvs vtillissimvm.. 103-104
Sancto Ioanne Climacho Altramente Schala Paradisi.
104-105
Fasciculus medicine Johannis de Ketham. . . . 105-112
Incomincia il libro di Atila; el quale fu ingenerato da un cane. 113-115
Virorum illustrium uitæ ex Plutarcho Græco in latinum uersæ.. 115-117

Vers 1491

Questa Operetta Tracta Dellarte Del Ben morire Cioe In gratia di Dio. . . . 117-118

1492

Divi Augustini Episcopi et doctoris ecclesie sermones ad heremitas et ad alios feliciter incipiunt 118
Vita de la preciosa uergene Maria e del suo unico figliolo iesu christo benedicto.
119-121
Albubather.. . . . 121
Bocaccio. — Decamerone over cento novelle. . . 121-125
Novellino de Masuccio Salernitano. 125-127
S. Gregorius (Magnus).
127-128
Incomenza lo piàto de la nostra aduocata uergine Maria cöposto per Miser Antonio Cornazano. . . . 128
Aristoteles. — De natura animalium libri nouem... 128
Trabisonda istoriata nela quale si contiene nobilissime battaglie. 129-130

1493

Epigrammata Cantalycii et aliquorum discipulorum eius.
130-131
Deche di Tito Liuio vulgare historiate. . . . 131-138
El libro de Guerrino chiamato Meschino. . . . 138-139
Isidorus ethimologiarum Idem de summo bono. . 139
Genealogiæ Ioannis Boccatii.
140-141

1494

Herodoti Halicarnasei patris historiæ traductio e græco in

latinum per virum erudissimum laurentium Valensem. 141-143
Voragine. — Legendario de sancti.. 143-150
Regina Ancroia. . . 150
Aretino (Leonardo). Incomincia il Libro intitulato Aquila. 150-151
Bentisberi Gul. Tractatus gulielmi Bétisberi de sensu cōposito et diviso. . 151
Processionariuz ordinis fratrū predicatorum. . . 151-153
Pungy Lingua.. . . . 153-154
Doctrina del Beato Laurēzo patriarcha della vita monastica. 154-155
Zardino de Oration : Fructuoso. 156-157

Vers 1494

Monte dell' Oratione. 157
Trattato della confessione de S. Bernardin. . . 157-158
Incōmincia la vita e li miracoli del glorioso confessore sancto Antonio de padoa. 158-159
Ghi vuol cōdolerse de la passio de Christo. Venga ad audire chōe la madre se tristo. 159
Commentarius Cæsaris. 159-160
Pulci. — Morgante Maggiore di Luigi Pulci fiorentino. 160-162
Pulci (Luca). — Cyriffo Calvaneo composto per Luca Depulci ad petitione del magnifico lorenzo Demedici. 162-163

Avant 1495

Lamento (il) di Pisa con la risposta. 163-164

1495

Sermones de tempore et de Sanctis cū omeliis beati Bernardi abbatis clareuallēsis ordinis cisterciencis cū nōnullis eplis eiusdē. . . . 164-169
In hoc paruo libello qui intitulatur liber cathecumini : quedam valde perutilia impressa sunt. 166
Spechio della Fede. . 166-167
Piero Crescentio De Agricultura. 169-170
Opera deuotissima et utilissima a tutti li fideli Christiāi : laq̄le se chiama li fioretti de Misser sancto Frācesco. . 170-172
Jesus. In hoc volumine continentur infrascripti tractatus. Primo deuotissimus triologus beati Antonini. . . 172-173
Epistole Marsilii Ficini Florentini 173
Epistole evangelii vulgare et Istoriate. 174
Bartolus de Saxoferrato. Consilia questiones et tractatus bartoli cum additionibus nouis. 176
Libro de le virtu de le herbe et prede quale fece Alberto magno vulgare.. . . 176

1496

Johannes Franciscus de Pavinis, solennis z utilis Tractatus de officio z potestate Capītuli sede vacante. . . 176-177
Theophylo. — Libro de locchio morale et spirituale uulgare. 177
Illustrissimi philosophi et theologi : domini Albertini magni Cōpendiosum. . . 177-178
Compendium dialetice fratris silvestri de prierio sacri ordinis fratrum predicatorum. 178
Expositione sopra evangeli. 178
Monteregio. — Epytoma Joānis de mōte regio In almagestū ptolomei. . . . 178-182
S. Vincentius de Valentia s.

ord. praer. Sermones de Tempore. 182
Summaripa (G.). Chronica vulgare in terza rima. . 182
Philippi de Franchis de Perusio. Lectura super titulo de appellationibus :. . 183

1497

Ovidius de Fastis cum duobus commentariis. . . 183-190
Terentius cum tribus commentis :. . . . 190-193
Cavalca. Il nome del padre e del figliuolo e dello Spirito sancto Amen. Quello libro si chiama lo Specchio della croce. 193-194
Sermones quadragesimales fratris Jacobi de Voragine. 194-195
Horae beatissimæ uirginis sec. consuetudinem romanæ curiæ.. 195
Summa aurea de virtutibus et vitiis. 195

1497-1498

Opera diui Hieronymi in hoc volu. cōtenta. . . 195-197

Avant 1498

ΨΑΛΤ' ΗΡΙΟΝ (Psalterium græcum cura Iustini Decadyi). 197

1498

Libro d'l maestro e d'l discipulo chiamoto lucidario. 197-200
Enneades Marci Antonij Sabellici Ab orbe condito Ad inclinationem Romani imperij. 200
Valagusa (Georgius). In Flosculis epistolarum Ciceronis vernacula interpretatio. 200-201

Diui Pauli Ueneti Theologi clarissimi. . . . 201
Horatius cum quattuor commentariis. . . 201-203
Logica magistri Pauli pergulensis. 203
Nicephori logica cum aliis aliorum operibus. Georgio Valla interprete. . . 203-204
Martyrologium Sm morē Romane curie. . . 204-205

1499

Valerii Probi, grāmatici de interpretandis romanorum litteris opusculum feliciter incipit. . . . 205-206
Libro delle battaglie de li Baroni di Franza sotto il nome di ardito et gaiardo giovene Altobello. 206-207
Arnaldus de Villanova. Incipit Tractatus de virtutibus herbarum. 207
Poliphili Hypnerotomachia vbi humana omnia non nisi somnium esse ostendit. 207-208
Firmicus (Jul.). Astronomici veteres. 208-210

1499-1500

Graduale secundum morem sancte Romane ecclesie. 210-214

1500

Foro Real glorado de Spagna Cum priuilegio. . 214-215
Epistole devotissime de Sancta Catharina da Siéna. 215
J. Paulo Veronese. Questa deuota et molto utile opereta come Zardin de infiniti suavissimi :... . . 216
Galeni (Claudini) Therapeuticorum libri XIV et ad Glaucum libri II. . . 216-217
Ammonius parvus Hermeæ fi-

lius. In quinque voces Porphyrii commentarius græce. 217
Lira (N. de, o. Min). Postilla seu expositio litteralis.. 217-218
Macrobius (Aur. Theod.). Somnium Scipionis ex Ciceronis libro de Republica excerptum. 218
Questo e il libro de Labbate Isaac de Syria de la perfectione de la vita contemplativa. 218-219
Regulæ ordinum S. Benedicti, S. Basilii, S. Augustini, etc. 219

Vers 1500

Lamento (El) del Valentino. 219-220
Pronosticatione Ouero Iudicio uolgare. 220-221

Fin du xve siècl

Sulpitius Venet. Regulæ. 221
Abbas Joachim Magnus Propheta. 221-222
Ladichiaratiöe della chiesa di Scā M. delloreto e come ella uēne tucta itera. . 222-223
La Sancta croce che se insegna alli putti in terza rima. 223
Una historia bellissima de un signore duno castello Elquale Regnava in gran tirania. 222
Regimen Sanitatis cū expositione magistri Arnaldi de Villanoua Cathellano. 224
Il lachrimoso lamento. 224
Questa e la vera profetia... 224
Arte del ben pēsare e cōtemplare la Passione del nostro Signor IesuChristo. 224
La Historia del iudicio del figliolo de dio Iesu Cristo. 225
Quattor hic comprensa opuscula. Discordantie sanctorum doctorum, etc. . . - 225
Libro tertio de lo Almansore chiamato Cibaldone. 225

Corona de la Virgine Maria Sive Sete Alegreze. . . 225-226

1501

Alegris (Franciscus de). La Summa gloria di Venetia. 226-227
Diui Thome aquinatis in librū de aīa Aristotelis Expositio. 227
Bulla plenissimæ Indulgētiæ sacri anni Iubilei... . 228
Thomas Aqu. Aurea summa cōtra gentiles. . . 228
Aliegri (Francesco di). Tratato di Astrologia e de la Chiromancia. 228
Secundus dyalogorum liber beati Gregorii pape de vita ac miraculis beatissimi Benedicti.... 228-229

Vers 1501

Lamento de lo sfortunato Reame de Napoli... . . . 230

1502

Lactantius. Opera. . 230
Libro de la natura di Cavalli. 230-231
Priuilegia et indulgentie fratrum minorum ordinis sci francisci. . . . 231-232
Hoc in volumine hæc continentur. Pomponii Epistola ad Augustinum Mapheū. C. Crispi Salustii bellum catilinariū cū cōmēto Laurentii Vallensis.. . . . 232
Gerson (Joannes). De Immitatione Christi et De Contemptu Mundi in Vulgari Sermone. 232-233
Dualogo de Salomone e Marcolpho 233
Opere del fecūdissimo Seraphino Aquilano collette per Francesco Flavio. . 234

1503

Opera de Andre Stagi Anconitato Intitolata Amazonida. 234-235
Libro molto deuoto spirituale de fructi della lingua. 235
Tabula nuper diligenter correcta totius summe beati Antonini archiepiscopi Florentini ordinis predicatorum. 236
Secunda pars totius summe maioris beati Antonini. 236
Soliloquo di Sancto Augustino con il Manuale vulgare. 237
Omar Tiberiadis Astronomi Preclarissimi liber de natiuitatibus et interrogationibus. 237
Preclarissimus in Judiciis Astrorum Albohazen Haly filius Abenragel.... . . 237-238
Opuscula Diui Bernardi Abbatis Clareuallensis.. . 238
Tetragonismus idest circuli quadratura per Capanū archimede Syracusanū atqz boetium mathematicae perspicacissimos adinuenta. 238-239
Flores San | cti Bernardi. 239
Stella (Joannes) Vita Romanorū Imperatorū.. . . 239-240
Acutissime questiones de physico auditu fratris gratia dei esculani ordinis predicator. 240-241
Tariffa de' pesi e misure, cum priuilegio di messer Bartholomeo Paxi de Venetia. 241

1504

Arienti (Giovani Sabadino degli). Settante novelle. 241-243
Seraphici doctoris Sci Bonaventure de balneo regio :... 243-244
Peckham. Io. Archiepiscopi Cantuariensis Perspectiva communis. . . . 244-245
Cum Privilegio. — Platinæ hystoria de Vitis pontificum periucunda :.... . . 245-246
Savonarole. Tractato dello amore di Jesu Christo Coposto de venerādo padre frate Hieronymo da Ferrara. 246-247
Æneas Silvius (Piccolomini). Hystoria Pii Pape de duobus amantibus. Cum multis epistolis amatoriis. 247-248
Epistole ex Registro beatissimi Gregorii pape primi. Per Lazarum Soardum. . 248-249
Mandeville. Dele Cose maravigliose del mondo. . 249

1505

Omelie di Sancto Gregorio Papa sopra li evagelii. 249
Cherubino da Spoleto. Consorto spirituale de caminanti a porto di Salute. . 250-251
Lo sottilissimo deuotissimo libro della verita... per... Sauonarola. 251
Oratione deuota. . . 251
Pianto deuotissimo de la madona hystoriado. Cōposto per el magnifico miser Leonardo Iustiniano. . . . 251-252
Passio domini iesu christi. Composto per Paulo enea. 252
Stella. Vite ducentorum et triginta summorum pontificum.... . . . 252
Savonarole. Expositiones in psalmos. . . . 252-253

1506

M. Tullius Cicero. . 253-254
Lopera de misser Giouanni Boccacio de mulieribus claris. 254-255
Carlo Martello et Ugo Conte Dalvernia. . . . 255-256
Decem continens tractatus Astronomice.... . . 256
Natalibus (Petro de). Catalogus sanctorum et gestorum eorū

ex diuersis voluminibus collectus... . . 256-258
Cranolachs (Bernardo de). Summario de la Luna nouamente correcto. . 258-259
In hoc volumine cōtinent. tractatus ifrascripti venerabilis magistri Hugonis de scō victore..... . . . 259
Queste Sono le Canzonette et stramboti damore composte per el Magnifico miser Leonardo Justiniano di Venetia. 259-260
Tutti li Libri De Orlando Inamorato. . . . 260-261
Narciso (Zanandrea). Libro di battaglia chiamato Passamonte novamēte tradutto di prosa in rima. . . 261-262
Francesco da Fiorenza. Persiano figliolo de Altobello. 262-263
Biblij Czeska W Benatkach cisstena. . . . 263-264
Libro che tratta di Bataglia: chiamato Fioravante. 264
Venerabilis inceptoris fratris Gulielmi de Villa Hoccham Anglie :.... . . . 264-265

1507

Polyanthea Opus suauissimis floribus exornatum compositum per Dominicum Nanum Mirabellium... . . 265-266
La vita de Merlino. . 266-267
Savonarole. Confessionale per instructionē confessor. 267-268
Sinonomi Excellentissimi Ciceronis Veturii. . . 268
Castellanus (Frater Albertus). Constitutiones fratrum ordinis predicatorum, etc. 268-269
Psalmista monasticum noviter impressum.. . 269

1508

Narcisso (Giovanandrea). Libro chiamato Fortunato figliol de Passamonte... . . 269-270
Fossa da Cremona. Libro de Galuano. 270-271
Incomincia el libro chiamato Aspramonte.. . . 271
Opera de Ant. Riccho neapolitano, intitulata Fior de Delia... 272
Durante da Gualdo. Libro chiamato Leandra. . . 272-273
Summa totius logice Magistri Guielme Occham Anglici logicorum argutissimi nuper Correcta. 273-274
P. V. M. omnia opera: diligenti castigatione exculta :... 274-277
Opera nouà de Cesar Torto esculāo : & Augustino da vrbino :. 277
Franciscus de Alegris. Tractato nobilissimo della prudentia et ivstitia. . . . 277-278
Dante. Questio florulenta ac perutilis de duobus elementis aquæ et terræ tractās... 278-279
Breviaria. 279-304
Nota eorum quæ in hoc libro continentur. Oratio de laudibus astrologiæ habita a Bartholomeo Vespucio florentino... 305
Tostado (Alonso). Alphonsi Thostati Episcopi Abulen. in librum paradoxarum. 305-306
Valerii Maximi priscorum exemplorū libri novem... 306-307

1509

Liber novem indicum in iudiciis astrorum. Clarissimi autores huius voluminis : Meschella, Aomar, Alkindus... 307
Jacobi de Dondis Herbarius. 307
Libro ditto el Troiano in rima hystoriado. . . . 307-308
Accipite studiosi omnes Auli

Gellii noctes micantissimas. 308-309
Luca Paciolo di Borgo. Divina proportione. . . . 309-311
Euclidis Opera a Campano Interprete tralata, Lucas Pacciolus de Burgo emendavit et multas necesarias addidit. 311

1510

Pronostico e profecia delle cose debeno succedere gñralmente... 311
Vita di Sam Giouanni gualberto glorioso confessore e institutore del ordine di Valombrosa. 311-313
Imperiale che tratta gli triumphi honori et feste ché ebbe Julio Cesaro ne la citta di Roma :... . . . 312-312
Apuleius cum cōmento Beroaldi et figuris noviter additis. 313-314
Compendio delli Abbati generali di Valembrosa : e di alcuni monaci e conversi di epso ordine. 314
La obsidione di Padua... 315-316
Fioretto de cose noue nobilissime e degne de diuersi auctori. 316-317
Opere del Illustre e Excellentissimo Signor Nicolo da Corregia intitulate la Psyche e la Aurora. . . 317-319
Colletanio de cose noue... 319-321
Lo illustro poeta Cecho Dascoli. 321-323
Epistola di sancto Bernardo alo aunculo suo Raymundo Cavalieri. 323
Tractatulus ualde utilis ad conuincendum Judeos de errore suo. 323-324

Vers 1510

Regimen sanitatis cum expositione magistri Arnoldi De Villa Nova Cathellano. 324
Opera noua chiamata Potulano. 324-325
In questa historia se contiē le Corrarie e Brusamenti che hanno facto li todeschi in la patria del Friulo con alchune Barzellette pauane. 325
Una Aue Maria e alcuni Epigrammi Spirituali Composti per Notturno Napolitano. 325
Incomenza el Libro de contēplatione chiamato Amore Langueo reuelato dalla summa e eterna sapientia ad uno suo discipulo chiamato Isaac... 326

1511

Opera noua della Vita et morte della Diua et Seraphica S. Catarīa. da Siēa. coposta. p. lo excellētissimo et famosissimo Poeta miser Io Pollio Aretino. 326
Ptolemœus (Claudius) — Liber geographiæ. . . . 326-327
Falconetto de la bataie che lui fece con li Paladini de Franza E de la sua morte. 327-328
Tractatus Reuerendi baccalari primi cōuentus sancti Antoni de Padua fratris petri siculi ruuectani Minoritani ordinis i quo impugnatur de punto ad puntum. Tractatulus. . . 328-329
Annei Lucani Bellorum ciuilium scriptoris accuratissimi Pharsalia. . . . 329
Libro del Gigante Morante E de re Carlo. E de tutti li paladini. 329-330
Incomincia il libro del Danese ave regina piena de humiltade uerace madre de li peccatori uita dulcedo sei de dignitade. . . . 330
Ex emendationibus, adque cōmentariis Bernardi Saraceni,

Ioannis Petri Vallæ Plauti Comœdie. XX. . . 330-331
Opere de Miser Antonio Thibaldeo da Ferrara. 331-332
La vita et Transito e li Miracoli del beatissimo Hieronymo doctore. . . . 333
Reali di Franza cum figure nouamente stampato. 333
Inamoramento de Paris e Viena novamente historiado. 333-334
Cieco. Libro d'Arme et d'Amore nomato Il Mambriano. 334-335
Boiardo. Orlando innamorato. 335-336
Horologio della Sapientia : Et Meditationi sopra la Passione del nostro Signore Jesu Christo vulgare. . 336
Vitruvius. De architectura. 336

1512

Opera noua del Fecūndissimo Giouene Pietro Pictore Arretino. 337
Le Laude spirituali. . 337
Manfredi (Hieron.). Opera noua intitulata il Perche. 337-338
Epistole e euāgelii volgari hystoriade. . . . 338-342
Pratica musicae vtriusqz cātus excellētis frāchini gaffori laudēsis. 343-344
Quintilianus (Marc. Fabius). Oratoriarum institutionum. 344
Junius Juvenalis. . . 344-345

1513

Opera C. Crispi Salustij diuini. 346
Chronica sacri Casinensis coenobii nvper impressoriae arti tradita. . . . 346
Eleuterij Leoniceni vicentini Cano. Regul. . . 346-347
Expositio in psalterium Reuerendissimi B. Ioānis Yspani de Turre Cremata. 347

Epistola del potentissimo et Inuictissimo Hemanuel Re de Portogallo et de al garbii etc. 347-348
Libro chiamato Infantia salvatoris. 348
Legenda de la Gloriosa Verzene Sancta Clara. . . 348-349
Prediche de le feste che correno per lāno del Reuerendo padre frate Hieronymo Sauonarola da Ferara. . . . 349-352
Legēda de Sancto Bernardino. 353
Justiniano (Agostino). Precatio pietatis plena ad deum omnipotentem 353
Æneas Sylvius. Epistole de due amāti cōposte dala felice memoria di Papa Pio. 353-354
Savonarole. Opera singulare del doctissimo Padre F... cōtra Lastrologia. . . . 354
Drusiano dal Leone Elquale tracta de le Bataglie dapoi la morte di Paladini. 354-355
Cantorinus Compendium musice. Jesus. In hoc volumine continentur infrascripti tractatus. 355-356
Corvus (Andreas). Liber de Chiromantia. . . 356-357
C. Plinii. Secundi Cheronensis historiæ naturalis. 357-359

1514

Opa ditecteuole et nuoua della Cortesia Gratitudine et Liberalita. 359-360
Grāmatica Georgii Vallæ Placentini. . . . 360
Recetario de Galieno Optimo e probato a tutte le infirmita che achadono a Homini et a Dōne de dentro et di fuora li corpi. 360-361
Dati (Juliano). Incomincia la passione de Christo... 361-362
Incomincia il libro vulgar dicto la Spagna. . . . 362-363
Sola virtus fior de cose nobilis-

sime e degne de diuersi Auctori cioe Sonetti... 363
Caracciolo de Litio (Frate Roberto). Prediche. . 363-364
Marci Valerij Martialis epigrammata. 364-365
Jacopone da Todi. — Laude de lo contemplatiuo. . 365
Theorica et Pratica perpicacissimi Sigismundi de Fantis Ferrariensis in artem mathematice... . . . 365-366
K. C. M. H. Eremita. 366-367
Regule de la vita Spirituale et Secreta Theologica. 367

1515

Stanze bellissime et ornatissime intitulate le Selue damore Composte dal Magnifico Lorenzo di Piero di Cosimo de Medici. . . . 367
Lotharius. Opera... . 367-369
Opera noua del magnifico caualiero misser Antonio Phileremo fregoso ititulata Cerua Biancha. . . . 369-370
Postilla Guillermi super epi | stolas et euägelia. . 370-371
Opera noua de Zoan Francesco Straparola da Carauazo. 371
Doctrina del ben morire composta per el R. P. Dom Petro da Lucha. . . 371
Savonarola (Mich.). Libretto de lo excellentissimo physico maistro 371-372
San Pedro (Diego de). Carcer damore. . . . 372
Bonaventura de Bria (Fr.). Regula musice plane. 372-373
Arcadia del dignissimo homo Messer Iacomo Sannazar... 373-374
Apocalipsis iesu christi. Hoc est reuelatione fatta a sancto giohanni euangelista... 374-377

1516

Opera moralissima di diversi auctori... Fioretto de cose noue nobilissime et de diversi auctori. 377-379
Compēdio de cose noue de Vincēzo Calmeta et altri auctori cioe sonetti Capitoli Epistole Eglogue pastorale Strambotti Barzelette Et una Predica damore. 379
Somnia Salomonis Dauid regis filij vna cum Danielis prophete somnia cū interpretatione 379-380
Aiolpho del Barbicone disceso della nobile stirpe de Rainaldo; el quale tracta delle battaglie dapoi la morte de Carlo magno. . . . 380-381
Iustinianus. — Instituta novissime recognita aptissimisqz figuris exculta, adjunctisqz pluribus in margine additionibus. 381
Rituum Ecclesiasticorum sive Sacrarum Ceremoniarum. S. S. Romanæ Ecclesiæ. Libri tres non ante impressi... Est et in fronte operis Reuerendissimi... Corcyrensis Archiepiscopi Christophori Marcelli ad Sanctissimum D. N. Leonem X Epistola. . 381-382
Tractato della superbia de Vno chiamato Senso: il quale fugiua la Morte: Cosa dellecteuole da intendere. 383
Le cose Vulgare de Missere Colantonio Carmignano gentilhomo Neapolitano Morale e Spirituale. . . . 384
Expositio pulcherrima hymnoruz per annū sm Curiaz nouiter impressa. . . 384-385
Opera nova chiamata Epulario quale tracta il modo de cucignare ogni carne, ucelli, pesci d'ogni sorte ..., composta per maestro Giovanne de Rosselli. 385-386

1517

Prouerbii de Salomone molto vtilissimi a ciascuno. 386

Montalboddo (Fr. de). Paesi nouamente ritrouati per la nauigatione di Spagna in Calicut. Et da Albertutio Vesputio Fiorentino intitulato Mondo Nouo. 387
Opera noua de miser Antonio Cornazano in terza rima : Laql tratta De modo Regedi : De motu Fortune : De integritate rei Militaris... 388-389
Itinerario de Ludouico de Varthema Bolognese ne lo Egypto ne la Suria ne la Arabia Deserta et Felice ne la Persia ne la India et ne la Ethiopia. 390-392
Lo arido Dominico povero servo di cristo iesv al diletto popolo cristiano et a tvtti li prencepi et signori. . . . 392-394
Callenutio (Pandolpho). — Opera noua composta per miser Pandolpho Coldonese allo Illustrissimo et excellentissimo principe Hercule inclito Duca de Ferrara : Intitulata Philotimo. Interlocutori Berretta et Testa. . 394
Fratris Hieronymi. Sauonarolae... Triumphus crucis... 394-395
La conuersione de Sancta Maria Magdalena : E la vita de Lazaro e de Martha : in octaua Rima hystoriata Cōposta per dignissimo poeta maestro Marcho Rasilia de Foligno Opera noua et Deuotissima. 395-396
Lavde devotissime et santissime composte per el nobile et magnifico Misier Leonardo Iustiniano di Venetia. 396-397
Timone Comedia del magnifico Conte Matheo Maria Boyardo Conte de Scandiano traducta de uno dialogo de Luciano.... 397
Triomphi Sonetti Canzone Stantie Et Laude de Dio e de la gloriosa Vergine Maria. 398-399

Inamoramento di Rinaldo de Monte Albano et diverse ferocissime bataglie.... 399

1518

Pacifico (Frate). Summa de Confessione cognominata Pacifica : laquale ordinamēte tracta non solamēte la forma. 400
Justini ex trogo pompeio historiae. 400-401
Libro de Abaco nouamente composto per magistro Francesco de la zesio veronese... 401-402
Vita Della Gloriosa Vergine Maria composta per Misser Antonio Cornazano. 402-403

1518

La Vita e Passione de Christo : Cōposta per Misser Antonio Cornazano. . . . 403-404
Cola (Joanne). Viagio da Venetia al Sancto Sepulchro et al mōte Senaj più copiosamēte descritto de li altri con disegni de Paesi. . . 404-405
Operetta Noua De doi Nobilissimi Amāti Philostato e Pamphila. Cōposta in Tragedia per miser Antonio da Pistoia. 405-406
Psalterio ouero Rosario della Gloriosa Vergine Maria : Con li suoi mysterii. . 406-408

Vers 1518

Opera nova chiamata Portolano la qual narra tutte le terre. 409

1519

Opera del preclarissimo poeta Miser Pamphilo Sasso Modenese. 409-410

Cyrurgia guidonis de Cavliaco et Cyrvrgia Brvni teodorici. Rolandi Lanfranci. Rogerii. Bertapalie. . . . 410
De humilitate et gloria Christi Marci Marvli opus. 410-411
Opera noua del preclarissimo Messer Bernardo Accolti Aretino Scriptore. Apostolico e Abreuiatore... . 411
Celestina. — Tragicomedia de Calisto et Melibea nouamente tradocta de lingua castigliana in italiano idioma... 411-412
C. Pli Caecilij Junioris Nouocomensis Plinij Secondi Veronensis Nepotis libri Epistolarum novem addito nũc et Decimo cum Panegyrico i. oratione de laudibus Traiani ĩperatoris. . . 412
Al Lamento della Femena di Pre Agustino. . . 413
Poggio Fiorentino (Bracciolini). Facetie. . . . 413-414

Vers 1519

Secreti : et modi bellissimi Nouamente inuestigati per Giouambatista Verini Fioretino : e professore de modo scribendi.. 414

1520

Haly de iuditijs. Preclarissimus in Iuditiis Astrorum Albohasen Haly filius Abenragel... 414-416
Folengo (Theophilo). Macaronea. Merlini Cocai poete Mantuani macaronices.... 416-417
Alsaharavius. — Chirurgia Argelate cum Albucasi. 417-418
Secreto De Francesco Petrarcha in dialoghi di latino in vulgar et in lingua toscha... 418
Caviceo (Jacomo). Libro del Peregrino Diligentemente in ligua Toscha correcto. 418-419

La Passione del nostro signore per Bartolomeo Riccio da Lugo. 419
Agostini (Nicolo). Il secondo e terzo libro di Tristano... 419-420
Congestoriuz artificiose memorie v. p. f. Ioãnis rom berch de Kyrspe. . . . 420-421
Pontificale sm Rituz sacrosancte Romane ecclesie. . 421-422
Facetie, Piaceuoleze, Fabule e Motti del Piouano Arlotto prete fiorentino.... 422-424
Auli Flacci Persij satyrographi. 424
Cõstitutiones Sinodales alme ecclesie strigoniensis.... 425
Compilatio Leupoldi ducatus Austriae filii De Astrorum scientia decem continens tractatus. 425
Scamnalia sm ritum ac ordine ecclesie et diocesis Frisingeñ Pars hyemalis. . . 425-426
Corvus. Excellentissimi et Singularis viri... . . 426-427
Apollonio de Tiro nouamente stampato con le figure. 427

Vers 1520

Historia di papa Alessandro III, et di Federico Barbarossa imperatore 427-428
La copia de una littera mandata da Anglia del parlemento del Christianissimo Re de Franza col serenissimo Re de Angilterra... 428
Littera mãdata della Insula de Cuba de India in laquale se cõtiene de le Insule citta gente et animali... 428-429
La copia duna letra dela incoronatioe de lo Imperator Romano... 429
Expositione pacis proemium. 429

1521

Vite de' Philosophi moralissime.

Et de le loro elegantissime sententie... . . . 429-430
Alexander Achillinus de humani corporis Anatomia. 430-431
Libri tre de Orlando innamorato del conte de Scandiano Mattheo Maria Bojardo... 431-434
Puteo (Paris de). Duello libro de Re Imperatori Principi, gentil'homini... . 434-436
Marco Mantovano. L'heremita. 436
Agostini (Nicolo di). Li successi bellici seguiti nelle Italia Dal Fatto Darme di Gieredala. 436-438
Ioannis Candidi iurescons. Commentarior. Aqvleiensium libri octo... . 438
Poliziano. Stanze per la giostra del magnifico Giuliano di Piero De Medici. . 439-440
Opera vtilissima a qualunche fidel christiāo. Intitulata spechio della Sancta matre ecclīa. 440-441
Lo amoroso Cōuinio di Dante. 441
Agostini (Nicolo di). Lo inamoramento di messer Lancilotto e di madonna geneura nelquale si trattano le horribile prodezze e le strane uenture de tutti li Cavallieri erranti della tauola ritonda. 441-442
Opera nuova del conte de Conti da camerino intitulata Triompho del nuovo mondo... 443
Lamento di quel tribulato di Strascino Cāpana Senese. · 443-444
Epistole e Lectione Evangelii i quali si legono in tutto l'anno alla messa secondo l'uso de la sancta chiesa Romana. 444
Rosario de la gloriosa Vergine Maria. 444-446

1522

Expositiones siue declarationes oīuz. Titulorum tam iuris Ciuilisqz Canonici p. D. Sebastianū Brant.. . 446
La vita del glorioso Apostolo e Evāgelista Ioanni cōposta dal Venerabile patre frate Antōio de Adri da lordine de frati minori della observātia. 446-447
Guarna (Andreas). — Bellum grammaticale de Principalitate de orationis Nominis et Verbi Regum inter se contendentium. Nouiter mira quadam arte compendiosa excussum. . . . 447
Libro de la perfectione humana Thesoro eterno sopra tutti altri Thesori... del ven. patre frate Henrico Herp del ordine de frati miori. de lobservātia. 448-449
Sonetti del Burchiello nouamēte stampati e diligentemēte corrȩcti. 450
Opere di Girolamo Beniuieni firentino. Novissimamente riuedute et da molti errori espurgate con una canzona dello amor celeste et divino, col commento dello Ill. S. Conte Giovanni Pico Mirandolano distinto in Libri III. 450
Probae Falconie Centonis Clarissimæ fæminæ excerptum e Maronis Carminibus. 451
Viazo. Questo sotto scritto sie tutto el Viazo de andare in Ierusalem E per tutti li lochi sancti.. 451-452
Sermones Quadragesimales venerabilis viri fratris Ioānis Aquilani Ordinis predicatorū de obseruantia.. . 452
Le cose volgari de Joā bruno Ariminense. Cioe sonetti... 452-453
Opera noua del Magnifico Caualiero Messer Antonio Phileremo Fregoso laqual tracta de doi Philosophi : cioe de Democrito che rideua de le pacie di questo mondo ! &

Heraclyto che piāgeua de le miserie humane diuisa in xv. Capi. cosa bellissima. . 453
L. Annei Senecæ... Opus Tragædiaz aptissimisqz figuris excultum Cū expositoribus luculētissimis Bernardino Marmita : et Daniele Caietano. 453
Pronostico de Francesco Rvstighello.. 454

Vers 1522

Lagrimoso Lamento che fa il gran maestro di Rodi. Con i suoi Caualieri, a tutti i Principi della christianità nella sua partita. Con la presa di Rodi. 454

1523

Agonis Opera. . . . 454-455
Nicolai Leonici Thomaei opvscvla Nvper in Lucem aedita. 455
Erasmus roterodamus. Paraphrasis in evangelium Matthaei nvnc primvm nata... 455-456
Clarissimi atqz eruditissimi viri Alberti Pataui ordinis Eremitarum diui Augu. dectoris Parisiē. sacri eloquij preconis famosissimi : Evangeliorum Quadragesimalium opus aureum nunq. als. impressum. 456
Thoscanello de la mvsica di messer pietro Aaron fiorentino canonico da rimini con privilegio. . . . 456-458
Comedia de Iacob : e de Ioseph composta del Magnifico Cauliero e Dottore Messere Pandolpho Collenutio da Pesaro. 458-459
Cornazzano (Antonio). Proverbii... in faceccia et Lvciano De asino aureo uulgari e istoriati nouamente stampati. 459-460

Phileremo Fregoso. — Dialogo de Fortvna del magnifico cavalliero Antonio. . 460-461
Thesavro de scritori Opera artificiosa laquale con grandissima arte, si per pratica come per geometria insegna à scriuere diuerse sorte littere... 461
Il modo de temperare le Penne Con le uarie Sorti de littere ordinato per Ludouico Vicentino. 461-464
Viaggio del Sepolchro di G. Cristo da un valente uomo. 464
Tommaso Rangone da Ravenna. — De la vera Pronosticatione de Diluuio del mille e cinquecento e vintiquatro. 464-465
Astolfo borioso di Marco Guazzo, poema.. 465-467

Vers 1523

Questa sie la profetia del re de francia cosa noua. . 467
Amaistramenti di Senecha morale. Con certe altre Frottole morale. 467-468

1524

Petri Delphini Veneti prioris Sacre Eremi : et Generalis totius ordinis Camaldulensis Epistolarum volumen. . 468
Comedia nvova del magnifico et celeberrimo poeta signor Galeotto Marchese dal Carretto intitvlata tempio de amore.. 468-469
Oratiões deuotissime continentes vitam dñi nostri Iesu xpi quas qcunqz dixerit quottidie genibus flexis ante crucifixū, sentiet ipsum ubiqz fauentem... . . 469-470
Pellenegra (J. F.). Operetta volgare. 470
Sassoferrato. Libro nouo damore chiamato Ardelia. 470
Il Psalterio di Davitte, et di

altri propheti del testamento vecchio : per Silvio Phileto Romano. 471
Lodovici. — L'Antheo Gigante. 471-472
Cortez (Fernand). La Preclara narratione di Fernandino Cortese della Nuoua Hispagna del Mare Oceano... 472-473
Constitutiones Patriæ Forſiulij cum additionibus nouiter impresse. 473
Statuta Fratrum Carmelitarum. 473
Thesauro spirituale vulgare in rima et hystoriato comp. da diuote persone de Dio e della gloriosa Vergine Maria, a consolatione de li catholici et deuoti christiani. . 474
Confessionale del Beato Antonio Arciuescouo de Firenze del Ordine de Predicatori. 474
Opera noua chiamata itinerario de Hierusalem, ouero dele parte orientale, diuiso in doi volumi. 475
Vita del diuo et glorioso confessore Sancto Nichola da Tollentino. . . . 475
Historia (la) de li doi nobilissimi amanti Ludouicho et madona Beatrice. . 475
Tagliente (Giov. Anton.). — Lo presente libro Insegna la vera arte delo Excellète scriuere de diuerse sorti de litere lequali se fano p geometrica Ragione... . . . 476

1525

Niger (Francescos). De modo epistolandi. 477
Andreae Alciati, iurisconsulti mediolan. Opera varia. 477
Prima Pars Plyniani Iudicij edita per Ioannem Camertem minoritanum : sacrae Theologiae Doc. in qua (tabellae pictae instar) mira litterarum annexione ec.... . 477-478

Oratione de sancta Helena con la oratione della Magdalena et del crucifixo che fa parturire le donne con poco dolore. Et della inuenzione della croce. 478
Repertorium alphabeticum. D. Christophori porci eximij Juris vtriusqz interpretis : super primo secundo tertio institutionum. 478-479
Guazzo. — Belisardo fratello del conte Orlando del strenvo milite Marco di Gvazzi Mantuano. 479
I Dilettevoli dialogi (sic) : le vere narrationi : le facete epistole di Lucciano philosopho : di greco in volgare novamente tradotte et historiate. 480
Orlando Furioso di Ludouico Ariosto nobile Ferrarese nuovamente ristampato e con molta diligentia ricorretto e quasi tutto riformato. 480-481
Augustini Dalhi scribe Senensis Elegãtiole. . . . 481
Interpretatio preclara Abbatis Ioachim in Hieremiam Prophetam sancto dictante spiritu ad hæc vsqz tempora minime prospecta nunc vero eius iam cœpta impletione. . 481-482
Dragonzino da Fano (Giov. Battista). — Nobilita di Vicenza. 482
Lassedio di Pavia con la Rotta e presa del Re christianissimo. 482-483
Arias de Avila (?). — Lettere di Pietro Arias Capitano Generale della conquista del paese del Mar Occeano... 483
Victurii (Ciceronis). Synonima una cum Stephani Flisci synonimis. 483
Probus de notis Roma ex codice manuscripto castigator. 484

Vers 1525

Ordinationes officii totius anni

et agéndoz. et dicendorum a sacerdote in missa priuata et feriali iuxta ordinez ecclesie Romane. 484
Li Stupendi et marauigliosi miracoli del Glorioso Christo de Sancto Roccho... . 484-486
Questa sie la regula del glorioso confessore miser Sancto Benedeto in vulgare ad instantia de le venerabile monache de la celestia observāte nouamente stāpata. . . 486
Confessione generale del Beato Bernardino da Feltre molto utilissima. . . . 487

APPENDICE

Vers 1478

Bartholomeo da li Sonnetti (Zamberto). — Isolario. 491

1482

Libellus ysagogic' abdilazi .i. serui gloriosi dei : q̄ dr alchabiti' ad magisteriũ indicioz astroz : īterpretat' a ioāne hispalēsi. 496-497

1519

Opera nuoua piaceuole da ridere de vn villano lauoratore nomato Grillo quale volse douentar medico in rima istoriata. 498-499

TABLE GÉNÉRALE

PAR ORDRE

ALPHABÉTIQUE

A

Aaron (Pietro). 456. 457.
Abdilazus. 496. 497.
Abenragel. 414.
Achaz. 13.
Adda (marquis d'). 399. 431. 433. 434. 466.
Adri (Antoîo de). 446. 448.
Æmilius Probus. 481.
Æneas Silvius. *Epitole de due amanti.* 353. 247. 248.
Æsopus. xxix. 27-31.
Affo. 62. 439.
Agonis opera. 454.
Agostini (Nicolo). 419-420. 432-434. 436-437.
Agustino da S. Cassiano. 413.
Aiolpho del Barbicone. 380.
Alabastro. 161.
Alano (de Rupe). 407.
Albenait. 307.
Alberti (L. B.) Ecatonphyla. 103.
Albertino (Saint). 52.
Alberto (Magno). 176.
Albertus (dominus). 177-178.
Albohazen. 237. 414.
Alboin. 333.
Albubather. 121.
Albumazar. 59-61.
Alchabitius. 496-497.
Alcharsi. 121.
Alciatus (Andreas). 477.
Alda. 161.
Alde. xxiii. 117. 195. 197. 208. 210. 215.
Alegris (Franciscus de). 226. 277.
Alès (Catalogue). 90. 152. 195. 269. 282. 286. 287. 290. 291. 295. 299. 300. 304.
Alessandro III. 427.
Alexander Achillinus. 430.
Alexander Aphrodiseus. 204.
Alkindus. 307.
Allacci. 318.
Allantze (Leonardo). 282. 287. 288. 293.
Allantse (Lucas). 299-300.
Almageste. 322.
Alsaharavius. 417.
Altobello. 206. 262.
Aluinius Milanesi de Varesi. 138. 207.
Aluuisius de Ztrata. 121.
Amazonida. 235.
Ambros. 212. 213.
Ambrosiana. 11.
Ammonius parvus. 217.
Ancona (M. d'). 383.
Ancône. 395.
Andrea (Zuan). ix. xix. xx. xxi. xxii. xxxii. xl. xlii. 51. 54. 60. 83-84. 88-89. 135-136. 168. 184-185. 208. 283. 284. 286.

296. 298. 301. 302. 303. 304. 313. 355. 375-377. 388-389. 418. 423. 430. 432-433. 437. 442. 469. 478. 487.
Andrea (Zoan). Voir aussi Vavassore.
Andrea (Zoan et ses homonymes). XLII.
Ange (Chateau Saint). 23.
Annales minorum. 213.
Antheo Gigante. 471.
Antiphonarius. 211. 212. 214.
Antoine (S.). 100.
Antoine de Padoue (S.). 328.
Antoninius (frater). 218.
Antoninus archiepiscopus beatus. 236. 355. 474.
Antonio (évêque). 266.
Antonio Romano. 361.
Aomar. 307.
Apocalypse. XLII. 374-377.
Apollinia. 297.
Apollon et Marsyas. 181.
Apparatus decretalium Innocentii quarti. 14.
Appolonio de Tiro. 427.
Appien. X. 7-8. 16. 490.
A propos d'un livre à figures vénitien. XXIX. 208.
Apuleius. 313-314.
Aquila. 150-151.
Aragon (Isabelle d'). 18.
Aragon (Alphonse d'). 167-168.
Arata (Antonius de). 32.
Aratus. 59. 209. 210.
Arcadia. 373. 374. 394.
Archimède. 238.
Archivio Veneto. 20.
Ardelia. 470.
Aretino (Bernard Accolti). 411.
Aretino (Leonardo). 136. 150. 151.
Aretino (Pollio). 326. 337.
Arezzo (Guido d'). 212.
Arezzo (Leonardo). 116.
Arias de Avila (?). 483.
Arido (lo) dominico povero servo di cristo. 392.
Arienti (Giovani Sabadino degli). 241-243.
Ariosto (Ludovico). 480-481.
Aristarchus. 204.
Aristote. 116. 128. 204. 220. 307. 358.

Aristotele (Nicolo da Ferrara). Voir Zopino.
Arlotto. 422.
Arnaldus de Villanova. 207. 224. 324.
Arrivabene (Fr.-Ant. et And.). 111. 112.
Arrivabene (Cesare). 111. 112. 253. 268. 352. 400. 412. 413. 417.
Arrivabenis (Georgius de). 20. 178.
Ars moriendi. 117. 371.
Arsenal (bibliothèque de l'). 7. 335. 337. 350. 351. 352. 374. 379. 391. 410. 411. 420. 438. 441. 443. 450. 459. 469. 480. 494.
Arte della stampa. 349.
Arte del ben pesare e cotemplare la passione. 449.
Aspramonte 262. 271. 467.
Asti. 189.
Astrolabii quo primi mobilis motus deprehenduntur canones. 90-91.
Astrologia. 228.
Astronomia. 32. 256.
Athanase. 103. 104.
Athenagore. 204.
Attila. 113. 114. 115.
Augustin (S.). XXVII. 13. 70. 237. 425. 456.
Augsbourg. 60. 493.
Auli Flacci Persij satyrographi. XL. 424.
Aulu-Gelle. XXVIII.
Autour des Borgia. VII.
Avienus. 32.
Avila (voir Arias).
Azzoguido (Baldassore). 19.

B

.b. XVI. XVII. XVIII. 101. 123. 132. 145. 149. 208. 366.
b. VII. XXVI. XXVIII. XXIX. 12. 78. 82. 93. 97. 119. 120. 124. 126. 132. 133. 134. 169. 174. 175. 243. 324.
b. M. VII. XXVIII. 13. 206. 230. 498.

B. 383. 388.
Babel (tour de). 22-24.
Babylone. 376.
Badio Ascensio. 188. 192. 193.
Baer (librairie). 73. 219.
Bailo (bibliothèque de l'abbé). 82.
Balbi, L. 315.
Bandini. 214.
Baptista de scō Blasio. 13.
Barbarus Hermolaus. 358.
Barbarj (Jacopo de). XIV. XXI. 402.
Barberousse (Frédéric). 427.
Bartholamevs (S.). 53. 254.
Bartholomeo (Zamberto). 491.
Bartholomeo di Bologna. 408.
Bartholomeo di Francesco de Libri. 178.
Bartolomeus. 497.
Bartolus de Saxoferrato. 176.
Bartsch. 42. 415.
Basílico. 48.
Battines (Colomb de). 361. 362. 439.
Bavière (Philippe de). 289-290.
Béatrix. 92.
Beckford (vente). 404. 405.
Belfortis (Gallus ou Gallicus Andreas). 34.
Bellini. XII. XXI. 64.
Bellini (Giovanni). XIV. 20. 82. 148.
Bellini (Gentile). 155.
Bellona. 435..
Bellone (Ant.). 334.
Benali (Bernardino). VII. XVI. XXVIII. 20. 21. 27. 30. 62. 69. 72. 74. 83. 92. 93. 94. 132. 166. 173. 221. 223. 225. 286. 287. 351. 365. 372. 468. 470. 475. 482.
Benalius (Vicentius). XIX. 118.
Benedicto (Alexandro). 358.
Benivieni (Girolamo). 450.
Benoît (S.). 251. 346. 486.
Bentisberus Gul. 151.
Bergomensis. Voir *Supplementum Chronicarum*.
Bergamo (Felice da). 429.
Berlin (bibliothèque de). 241. 242.
Bernardus (Divus). 74. 238-239.
Bernardi (Jacobo). 349.

Bernardus (abbas). 229.
Bernardino (S.). 95. 239. 323. 353.
Bernardino da Feltre. 487.
Bernardino da Novara. 35.
Bernardo. 361.
Bernardo (illicino). 277.
Bernardus pictor. 7. 8. 489.
Bernia (il). Voir Teluccini.
Beroaldus. 313.
Bertapalie. 410.
Bertelli. 135.
Bethsabée. XXXIX.
Bevilaqua. XII. 79. 80. 203.
Bibles. 75-85.
Biblij Czeska W Benatkach cisstena. 263.
Bibliografia delle antiche rappresentazioni italiane. 439.
Bibliografia dei Romanzi e poemi Cavallereschi Italiani. 261. 354. 434.
Bibliografia dei testi di lingua a stampa citati dagli accademici della Crusca. XXXI.
Bibliografia friulana.
Bibliotheca americana vetustissima. 387. 391. 392. 472.
Bibliotheca femminile. 19.
Biblioth. Grenvill. 491.
Bibliotheca Mathematica Italiana. 239.
Bibliothèque Nationale. XXV. XXX. 2. 3. 4. 5. 6. 7. 8. 9. 11. 15. 16. 18. 19. 20. 22. 29. 60. 61. 71. 73. 78. 80. 84. 88. 93. 94. 97. 99. 101. 102. 113. 115. 121. 123. 124. 126. 131. 132. 133. 139. 149. 154. 163. 165. 168. 169. 175. 177. 194. 199. 205. 215. 219. 226. 230. 234. 246. 251. 267. 269. 273. 277. 278. 302. 315. 328. 332. 335. 341. 350. 351. 352. 358. 362. 382. 386. 389. 415. 417. 419. 321. 422. 424. 428. 431. 453. 459. 461. 462. 479. 482. 483. 489. 490. 492. 493. 494. 498.
Bindoni (Francesco). 84. 101. 139. 150. 162. 253. 424. 459. 472. 475. 478.
Bindoni (Bernardino). 26.
Bindoni. VII. 194. 233. 441-454. 460. 475.

Bindoni (Alexandro). 73. 101. 139. 140. 162. 163. 170. 207. 273. 316. 332. 362. 370. 371. 386. 395. 420. 438. 441. 446. 447. 451. 481.
Bindoni (Benedetto di). 335. 386. 414. 420. 474.
Bindoni (Agustino di). 335. 386. 414. 474.
Biogr. Universelle. 424.
Blado (Antonio). 435. 461. 463. 476.
Bladus (Hieronymus). 173.
Blasius (Nicolaus). 217.
Blasio (Baptista de Sancto). 13-14.
Blavis (Thomas de). 494.
Boccace. XXVIII. 65. 77. 122. 123. 126. 128. 133. 140. 141. 242. 254. 275. 313. 349. 374.
Boiardo (Mattheo Maria). 260. 313. 314. 397. 420. 431-437.
Bologne. XVI. XXXI. 19. 114. 383. 405. 427. 475.
Bonaventure (S.). 61. 65. 68. 69. 243. 408.
Bonaventura de Bria (Fr.). Regula musice plane. 372. 373.
Bonello (Manfredo di). 163.
Bonetus (Locatellus). 139. 140. 151. 201. 219.
Bordone (Benedetto). IX.
Borghini. 312.
Borgia (Cesar). 220.
Borgia (Lucrèce). 403.
Botticelli. XXXIII. 45. 226.
Boutourlin (Catalogue). 165.
Brant (Sebastianus). 446.
Brenta (Nicolo). 250.
Brescia. 372.
Brexa (Zuan de). IX.
Bréviaires. VIII. XX. XXI. XXXVII. XLII. 280-304.
Breydenbach (Bernhard de). 22.
Brigida (Sancta). 220. 221.
Briosco de Padoue. 76.
Britannus (Joannes). 344.
Brugis (Francesco de). 210. 211. 213.
Brulefer. 269. 273.
Brulliot. 89. 206. 426.
Brunet. 2. 3. 4. 5. 7. 8. 9. 10. 11. 15. 30. 31. 86. 87. 88. 90. 113. 125. 129. 130. 132. 138. 139. 151. 162. 163. 164. 171. 204. 207. 210. 217. 219. 222. 225. 233. 235. 249. 252. 256. 261. 262. 266. 271. 272. 279. 308. 311. 313. 314. 317. 322. 326. 327. 328. 334. 335. 336. 337. 348. 354. 359. 362. 363. 366. 367. 368. 369. 370. 372. 373. 377. 381. 385. 386. 387. 388. 390. 391. 394. 395. 399. 405. 406. 411. 413. 417. 420. 423. 424. 427. 436. 444. 450. 453. 454. 458. 459. 460. 461. 467. 469. 472. 474. 475. 483. 489. 491. 498. 499.
Bruni. 410.
Bruno (Joa.). 452.
Brusamenti. 325.
Brutus. 312.
Bude. 304.
Bulla plenissimæ Indulgētiæ sacri anni Iubilei. 228.
Bulletin du Bibliophile. XLVI. 1. 183.
Bulletin des Musées. 342.
Burchiello. 450.

C

C (signature). XL. 81. 95. 129. 266. 267. 271. 295. 303. 335. 368. 388. 423. 469.
C. S. (lettres). 58.
Cabinet de l'amateur (V. Piot).
Cadamosto. 409.
Cæsaris (commentarii). 159. 160.
Caietano (Daniele). 453.
Caffi. 213.
Calcedonius (Alex.). 228.
Calliergi. 217.
Calliope. 458.
Calmeta (Vicenzo). 371. 379.
Calphurnius. 190. 193.
Camaldules. 346.
Cambio di Stefano. 313.
Camertes (Joannes). 359. 477.
Campagnola (Giulio). 415.
Campagnola (Dominico). 416.
Campanus de Novare. 238.

Candidus (Ioannes). 438. 455.
Cantalycii epigrammata. 130. 164.
Cantorinus. 153. 355.
Capcasa. Voir Codeca.
Capella (Antonio). 309.
Capponi (catalogue). 162.
Capranica. 117.
Cararia (Jacobo Joanne). 109.
Caracciolo de Litio (Frate Roberto). 363. 364. 484.
Carazola (Fra Roberto). 167.
Carcer d'amore. 372.
Carlo Martello et Ugo Conte Dalvernia. 255.
Carpaccio. XII. XXXIII. 136.
Carpi (Ugo da). IX. XVI. XXI. 110. 461. 487.
Cassiers. 312.
Castel Durante (Lucio de). 336.
Castellani (Alberti). 444.
Castellani. XXIX. 56. 72. 73. 114. 117. 156. 158. 213.
Castellani (Carlo). XXIII.
Castellanus (Frater Albertus). 268.
Castelli (Barth. de Math.). 220.
Castelliono (Joanne de). 112.
Catalogo dei novellieri italiani. 423.
Catalogo delle opere de Francesco Petrarca. 52.
Catalogus codicum. 214.
Catalogus sanctorum. 256. 257. 258.
Catherine de Sienne. 16-18. 34. 102. 315. 326. 438. 455.
Caton. 478.
Cavliaco. 410.
Cavalca. 193. 194.
Cavalli. 230. 231.
Cavalieri (Raymondo). 323.
Caviceo (Jacomo). 418).
Cecco d'Ascoli. XLI. 321. 323.
Cecerigo. 491.
Celestina. — Tragicomedia de Calisto et Melibea. 411.
Cellebrino (Voir Eustachius).
Celso Mapheo. 10.
Celsus (Veronensis). 9.
Cenno bibliografico intorno ad alcune edizioni Venete delle prediche di frate Girolamo Savonarola. 349.

Centone Paduano (Hieronymo). 41. 49.
Cepio (Coriolanus). 8.
Cereto de Tridino (Johannes de). Voir Tacuino.
Ceriani (chanoine). 12. 493.
Cerigo. 491.
Cernuschi (collection de M.). 167.
Cerva Blancha. 369. 370.
César. 312. 478.
Charlemagne. 116. 328. 333. 362. 472.
Charles-Quint. 429.
Cheney. 70.
Cherubino da Spoleto. 72. 73. 250.
Chiromancia. 228. 356. 357.
Chitrowo. 451.
Chi vual codolerse de la passiō de Christo. XXXI. 159.
Chronica sacri Casinensis coenobii nvper impressoriæ arti tradita. 346.
Chronique de Nuremberg. 22. 23.
Cibaldone. 225.
Ciceron. XXII. 1. 6. 200. 253. 254. 263. 268. 478. 483.
Cicogna. 157. 158. 170. 235.
Cicognara. 310.
Cieco. 334. 335.
Cimon. 115.
Civico et Correr (museo). 61. 69. 73. 100. 103. 105. 117. 118. 120. 121. 157. 159. 170. 182. 183. 185. 190. 201. 235. 237. 245. 259. 274. 314. 333. 346. 359. 423. 455. 468.
Ciza (Piero). XVI.
Claris Mulieribus (de). XXXIV. XLI. 275.
Clément VII. 471.
Cleonides. 204.
Climacho. 104. 105.
Clio. 458.
Clovio. 87.
Cocles (Horatius). 478.
Codeca. XVI. XXVIII. 19. 47. 49. 50. 57. 61. 69. 72. 92-94. 99. 102-105. 115. 131. 132. 144. 163-165. 173.
Codrus (Urceus). 316.
Cohn (librairie). 24.

Cola (Joanne). 404. 405.
Colantonio Carmignano. 384.
Coldonese (Pandolpho). 394.
Collenutio (Pandolpho), 373, 394.
Colletanio de cose nove. 319. 320.
Colmar. 297.
Cologne. 77.
Colomb (Fernand). 223.
Colombine (bibliothèque). 223. 251. 252. 323. 330. 353. 369. 386. 406. 419. 451. 485.
Colona (Frate Augustino da). 368.
Colonna. 191. 369.
Compēdio de cose nove. 371. 379.
Compendio delli abbati generali di Valombrosa. 314.
Compendium orationum. xx.
Compilatio Leupoldi ducatus Austriæ filii de astrorum scientia. 425.
Confraternita del Psalterio. 407.
Constitutiones Patriæ Foriiulij cum additionibus. 473.
Conversione (la) de Santa Maria Magdalena. XLIII. 395. 396.
Copia (la) duna letra de la incoronatiōe de lo Imperator Romano. 429.
Copia (la) de una littera mandata da Anglia del parlamento del christianissimo Re de Franza. 428.
Coppo de Isola (Pietro). 409.
Corbinien (S.). 426.
Cordo. 316.
Cornazano (Antonio). 128. 383. 388. 402. 403. 404. 459. 460.
Cornazzari del Borsetti (il). 403.
Cornelius Nepos. 116.
Cornouaglia (Marco di). 419.
Corona de la Virgine Maria. 225.
Corregia (Nicolo de). 317. 318.
Correr (Musée). Voir Civico.
Corsini (palais). 352.
Cortez (Fernand). 472.
Corvin (Matthias). 304.
Corvi (Andrea). 356. 357.

Corvus. XIV. 426.
Costabili de Ferrare. 394.
Cōstitutiones Sinodales alme ecclesie strigoniensis. 425.
Cranolachs (Bernardo de). 258.
Crassis (Paris de). 382.
Crassus. 478.
Création du monde. 20. 22.
Cremona (Bernardino da). 103.
Cremonese (Pietro). XXVIII. 175.
Crescentius. 73. 169. 170. 360. 467.
Crevenna (catalogue de) 113.
Cristoforo detto l'Altissimo. 264.
Curtius. 433. 478.
Cyprien (S.). 97.
Cyrurgia guidonis de Cavliaco et Cyrurgia Bruni. 410.

D

D. 89.
Dalhus (Augustinus). 481.
Dalla. 348.
Danese. 330.
Daniele (bibliothèque de S.). 435.
Daniel. 379.
Dante. XVI. XXVIII. XXXIX. 18. 24. 45. 72. 77. 91. 92. 93. 94. 97. 144. 173. 174. 175. 278. 353. 368. 440. 441.
Danza (Paulo). 221. 223. 325.
Daoust (Claudius, alias de Troyes). 256.
Darmstadt (bibliothèque de). 186. 188. 218. 286. 422.
Dati (Juliano Florentino). 361. 362.
David. XX. XXXIX. 87. 89. 379. 471.
Dazza (Paulo). 379.
Delaborde (vicomte H.). XXII. XXIV. 19. 80. 122.
Della nostra sancta fede. 322.
Della Storia e della ragione d'ogni Poesia. 325.
Della vita della gloriosa vergine Maria. 168.
Delphinus (Petrus Venetus). 267. 286. 468.
Démocrite. 453.
Denis (Cl.). 10.

Denys Janot. 40.
Deschamps. 25. 26. 230. 241. 253. 259. 265. 304. 356. 373. 390. 391. 392. 404. 428. 429. 441. 470. 472.
Devote meditatione. 62. 64.
Diarium. 220. 382.
Diaz (Juan). 429.
Dibdin. 123. 491.
Dict. bibliogr. choisi du XVe siècle. 19.
Dictionnaire des monogrammes. 426.
Dizionario di Opere anonime. 151.
Didot. 87. 149. 203. 224. 266. 371. 446. 453.
Diedo (Lodovico). 75.
Diogène. 358.
Diomedes. 103. 104.
Dione. XIV. 426. 464.
Dionysius Thessalonicensis. 10.
Dirollo. 383.
Dolfino. 125.
Dominicho. 357.
Dominique (S.). 407.
Domitien (empereur). 361. 375.
Dona (la) del Lago. 267.
Donati. 27. 28. 190. 192. 193.
Donato (Accioli). 116.
Dondis (Jacobi de). 307.
Doralice. 466.
Dorotheus. 307.
Dotti. 324.
Dragonzino da Fano (Giov. Batista). 481. 482.
Drammaturgia. 318. 458.
Dreyfus (Gustave). 155.
Drusiano del Leone Elquale tracta de le Bataglie dapoi la morte di Paladini. 354.
Dialogo de Salomone e Marcolpho. 233.
Duello : libro de Re, Imperatori, Principi, Signori, Genti homini. 435.
Duplessis (Georges). 41. 93. 183. 184. 185. 187. 189. 306. 341. 422. 431.
Durante da Gualdo. 272. 273.
Durer (Albert). XLII. 342. 375. 389. 487.
Dutuit. 118.

E

Echard. 353.
Egnatium (Baptista Venetus). 276. 280.
Eitner. 213.
Elegantia linguæ latinæ servanda in epistolis (de). 130.
Elenchus librorum. 306.
Eleutherius Leonicenus Vicentinus. 346. 347. 367.
Elisabeth. 298.
Enea de Parme. IX.
Enea (Paulo). 252.
Epistola del potentissimo et Invictissimo Hemanuel Re de Portogallo et de Algarbii. 347. 429.
Epistola in libros de simplicitate. 349.
Epistole e evāgelii volgari hystoriade. XXVIII. XXX. 145. 168. 174. 178. 338-342.
Epistole e Lectione Evangelii i quali si legono in tutto l'anno alla messa secondo l'uso de la sancta chiesa Romana. 444.
Epulario. 385.
Ephrussi (Charles). VIII. XV. XXXIII. 208.
Erasmus roterodamus. 455.
Erato. 438.
Esculanus. 240.
Esdras. 132.
Esemplario di Lavori. XV.
Este (Béatrice d'). 18.
Etienne (S.). 300.
Euclide. 10-16. 204. 311. 497. 498.
Eusebius. VII. 204.
Eustachio (Cellebrino da Vdeni). XV. 435. 436. 462. 464. 476. 485. 486.
Euterpe. 458.
Evagoras 116.
Evroul (monastère de S.). 485. 486.
Expositio pulcherrima hymnoruz per annū sm Curiaz. 384.
Expositione pacis proemium. 429.

Expositione supra evangeli. 178. 250.
Expositiones in psalmos. 349.

F

F. XIX. XXVIII. 79. 118. 124. 129. 132. 133. 138. 145.
F. S. 482.
F. V. 26. 84. 184. 185. 188. 190. 364. 470.
Falconeto. 327. 328.
Falconia. 225.
Fantis (Sigismundus de). XV. XL. 349. 365. 366. 406. 424. 461.
Fantuzzi. 243.
Fasciculus medicinæ. Voir Ketham.
Fasciculus temporum. 21. 490.
Favola d'Orfeo. 439.
Faye. 310.
Felicianus (Franciscus). 402.
Ferettus (Nicolaus). 130.
Ferrando. 322.
Ferrare. 34. 318. 334.
Ferrario. 207.
Ferri. 19.
Fetis. 213.
Ficinus (Marsilius). 173.
Fioravante. 264.
Fior de Delia. 272.
Fior de Virtu. XXIX. 18. 34. 72. 73. 74.
Fioretti di sancto francesco (li). 85. 86. 182. 200.
Fioretto de cose nove nobilissime e degne de diversi auctori. 316. 317.
Fiorillo. 310.
Fiorita d'Italia. 151.
Firmicus (Jul.). 59. 208.
Flagellation. 143.
Fliscus (Stephanus). 268.
Florence. V. XXXI. XXXIII. XXXIV. XLVI. 22. 43. 52. 56. 65. 69. 83. 125. 139. 162. 168. 214. 221. 242. 312. 313. 314. 315. 324. 333. 341. 349. 352. 359. 361. 370. 382. 414. 430. 435. 441. 450. 460. 461. 471. 478. 480. 495. 496. 499.
Florio. Voir Valvassore.

Folengo (Theophilo) *Macaronea.* 416.
Fontane. (Guielmo da). 362.
Fontenato (G. de). 100. 193. 458. 465.
Foresta (Iacobus Philippus de). 20.
Forlivese (Antonio). 482.
Foro Real glorado de Spagna. 214.
Fortunato. 261.
Fortunato (Joan). 426.
Foscari (Francesco). 147.
Fossa da Cremona. *Libro de Galuano.* 270.
Fossi. 10. 214.
Francesca (Piero della). 310.
Fránceschi. 115.
Francesco da Fiorenza. 262.
Francfort. 73. 162. 219. 239.
Franchis de Perusio (Philippus de). 183.
Franciscus Calcographus. 184.
François (S.). 101. 448.
François I. 215. 483.
Frangipan (Christophorus). 297. 299.
Frangipan (Apollinia). 299.
Franza (Baroni di). 206.
Frascaria (Antonio). 109.
Fregoso (Antonio Phileremo). 369. 370. 453. 460.
Freisingen. 289. 291. 426.
Frioul. 465.

G

G. 147. 148. 341. 400.
Gafforius laudensis XLI. 343.
Galenus. 204. 216. 217.
Galeotto. 468.
Galieno. 360.
Galba. 478.
Gamba. 19. 423. 424.
Gaudoul (Pierre). 136. 137.
Gauricus Neapolitanus (L.). 245.
Gaza (Theodora). 128.
Gazette des beaux-arts. VIII. XV. XXXIV. XLII. 65. 405.
Gênes. 214.
Genève. 334.
Geneviève (bibliothèque Sainte). 200. 215.

Georges (S.). 21. 84. 364.
Georgius Trapezuntius. 6. 7.
Gerard de Sabbionetta. x. 11.
Gerardo Cremonense. 418.
Gerson (Johannes). 232. 233.
Geschichte der Musik. 212.
Gieredada. 436.
Ginguené. 424.
Giolito. XXXVII.
Giovanni e Paolo (San). 75.
Girolamo da Verona. 87.
Giunta (Luc. Anton). VIII. XV.
 XXII. XXXVII. XL. 19. 55. 56.
 66. 77. 78. 80. 81. 82. 83. 87.
 88. 89. 90. 98. 99. 116. 120.
 132. 133. 153. 163. 164. 166.
 173. 203. 205. 210. 211. 212.
 213. 214. 219. 229. 231. 238.
 239. 244. 245. 256. 258. 269.
 274. 275. 276. 277. 279. 280.
 281. 282. 283. 284. 285. 286.
 287. 293. 295. 299. 302. 303.
 312. 314. 355. 356. 371. 381.
 393. 408. 415. 416. 417. 422.
 426. 454. 456. 458.
Giunta (Philippe). 54. 125. 134.
 144. 151.
Giunti. 424.
Glossa ordinaria alle postille del Lyrano. 493.
Gonse (L.). 155.
Gonzaga (Gianfrancesco). 357.
Gordesane (Lazisio). 402.
Gotardo da Ponte. 260.
Graduale secundum morem sancte Romane ecclesie. 210-214. 279.
Graesse. 381. 423.
Gran. 300. 304.
Gravure (la) en Italie avant Marc-Antoine. XXIV. 19.
Greci (Dominico delli). IX.
Gregorius (Sanctus). XXXI. 127. 228. 229.
Gregorius de Gregoriis. VIII. XII. XXXI. XXXIX. 53. 55. 105. 107. 109. 111. 112. 122. 125. 126. 128. 141. 144. 156. 157. 158. 159. 173. 195. 196. 197. 203. 277. 297. 298. 299. 301. 302. 306. 372. 382. 450. 455. 497.
Gresse. 498.
Grignani (Lodov.). 334.

Grijalva. 129.
Grillo. 498. 499.
Grisaluc (Gioan de). 391. 392.
Grossch (Caspar). 182.
Grüninger. XLI.
Gruyer (Gustave). XXXIV. 126. 154. 253. 349. 350. 352. 375.
Gualberto (Giovanni). 311. 312. 314.
Guarino de Verone. 116.
Guarna (Andreas). 447.
Guazzo (Marco). 442. 465. 479.
Guerrino (libro de). 138. 139.
Gueynard (Stephanus). 256.
Guicciardiniana. 471.
Guidi (Ulisse). 481.
Guido Bonatus de Forlivio. XXIX. 95. 96.
Guidone. 190. 192. 193.
Guillermus. 370.
Gulielmus de Papia. 497.

H

Hain. 8. 9. 10. 14. 15. 16. 19. 104. 118. 140. 141. 150. 176. 201. 203. 218. 243. 354. 355. 490. 491. 492. 493. 494. 496. 497.
Haly. 237. 414. 415.
Halys (Voir Tite-Live).
Hanrolt (cat.). 409.
Harrisse. 251. 252. 323. 327. 330. 353. 369. 386. 387. 391. 392. 406. 409. 419. 452. 472. 483. 485 486.
Heber (biblioth.). 264. 270. 336. 420.
Hecatomgraphie. 40.
Helena (Sancta). 478.
Helias (S.). 473.
Heliseus (S.). 473.
Heraclite. 453.
Hercule. 401.
Hercule principe. 394.
Heremita (l'). 436.
Hérodote. XII. 34. 45. 67. 141. 142. 143. 180. 305.
Herp (Henrico). 448.
Hertzog (Joannes Alemanus). 86. 87. 177. 182.
Hibbert. 391.
Hieronymus (divus). VI. 195.

Hieronymo (doctore beatissimo). 333.
Hieronymus Venetus (Voir Sanctis (de). XXIX.
Hieronymus Medesanus Parmensis), 130.
Histoire de l'art pendant la Renaissance. V. XIII.
Historia (la) del iudicio del figliolo de dio Iesu Cristo. 225.
Historia (la) de li doi nobilissimi amanti Ludovicho et madona Beatrice. 475.
Hoccham. Voir Occam.
Holbein. X. 104.
Homère. 116.
Hongrie. 300. 304.
Horace. XL. 201-203. 275.
Hore beatissimæ virginis sec. consuetudinem romanæ curiæ. 195.
Horologio della sapientia. 324. 336.
Hortis. 42. 51. 52. 58.
Hugo (magister). 259.
Huth (Henri). 341.
Hyginius. XXV. 60. 238. 493. 494.
Hyginus. Voir Hyginius.
Hylicini (Bernardo). 359.
Hypnerotomachie. Voir *Poliphile.*
Hypsicles. 204.

I

I. XIX. XXVIII. XXXII. 100. 124. 184. 185. 188.
I. A. (Voir Andrea Zoan).
i a. IX. XIX. XX. XXXII. XLII. 88. 89. 181. 185. 208. 283-286. 296. 298. 301. 303. 304.
I. B. P. 437.
IBV. 82.
I. C. XL. 100. 368. 406. 424. 440. 468.
I. O. 477.
I. O. L. 187.
I. O. B. P. 431.
io-b. 190.
io-G. XIX. XXXII. 184. 185. 188.

I Dilettevoli dialogi (sic): *le vere narrationi.* 480.
Immitatione Christi (de). 232. 233.
Imperiale che tratta gli triumphi honori et feste che ebbe Julio Cesaro ne la cita di Roma. 312.
Inamoramento de Paris e Viena. 333. 334.
Inamoramento di Rinaldo de Monte Albano. 399.
Incomenza el libro de cōtēplatione chiamato Amore Langueo revelato dalla summa e eterna sapientia ad uno suo discipulo chiamato Isaac. 326.
Incomincia il libro vulgar dicto la Spagna. 362.
In hoc parvo libello qui intitulatur liber catecumini. 166.
Innamoramento di Carlo. 328.
Innamoramento de doi fidelissimi amanti. 334.
Innocent III. 368.
Innocent VIII. pontifex. 77. 98. 382.
In questa historia se contiē le corrarie e Brusamenti. 325.
Invidia. 187.
Isabelle (voir Aragon).
Isaac de Syra. 218.
Isaïe. 426.
Isidorus. 139.
Isotta. 419. 420.
Italian wood-engraving in the fifteenth century. 67.
Italienische Holzchnitt (der). 126.
Itinerario de Hierusalem. 475.

J

Jacobus de Dondis. 307.
Jacobus (V. Publicius).
Jacopone da Todi. 365.
Jean-Baptiste (S.). VII. XXVIII. 44. 67. 298. 446. 498.
Jean (S.). 350. 375. 447. 455. 467.
Jenson (Nicolas). 4.

Jergis. 307.
Jérôme (S.). VII. XXXIV. 74. 75. 349. 366.
Jerusalem. IX. 66. 405.
Jessé (arbre de). XXXIX. 75. 398.
Jesus (Nicolo e Dominico del). 148. 341.
Joachim. 298.
Joachim abbas. 221. 222. 481.
Joane (de Saxonia). 497.
Joanes Aquilanus. 452.
Johannes (Parisiensis). 222.
Journal des savants. 279.
Judas. 68. 112.
Jugement dernier. 174. 175.
Jules II. 310. 311.
Justiniano (Agostino). 353.
Justiniano (B. Laur.). 158.
Justiniano (Leonardo). 251. 259. 396.
Justinianus. — *Instituta novissime recognita*. 381.
Justini ex trogo pompeio historiæ. 400. 401.
Juvenal. VII. XXVIII. 34. 190. 344. 345. 424.

K

Karstner. 310.
K. C. M. H. *Eremita*. 366.
Kende (librairie). 497.
Ketham (Johannes de). XXXI. 105. 111-112.
Keutzbach (Léonard de). 295.
Koburger de Nuremberg. 77. 83.
Künsperg (Johan von) (voir Monteregio).
Kussmachen. 213.

L

L. XXI. XL. 1. 68. 126. 186. 188. 190. 202. 254. 255. 262. 263. 265. 274. 275. 283. 285. 303. 322. 331. 332. 344. 355. 356. 408.
L. A. VIII. XXI. 120. 173. 283. 284. 285. 416. 457.
L. F. 60.
L. L. 455.
L. LO. 455.
Laberinto d'amore. 374.
Labitte (librairie). 476.
Lactantius. 230.
La dichiaratioe della chiesa di Sca. M. delloreto e come ella vene lucta itera. 222. 223.
Lagrimoso lamento. 224. 315. 454.
Lahertio. 430.
Lamento de lo sfortunato Reame de Napoli. 230.
Lamento (el) del Valentino. 219.
Lamento (il) di Pisa con la risposta. 163. 164.
Lampridio. 315.
Lancilotto e Gineura. 431. 441. 442.
Landau (biblioth. de M. Horace de). XLVI. 69. 70. 86. 151. 173. 227. 229. 232. 233. 234. 238. 268. 277. 301. 305. 307. 312. 314. 321. 329. 351. 356. 359. 362. 365. 366. 381. 386. 397. 399. 401. 410. 425. 427. 436. 439. 453. 457. 459. 469. 470. 479. 482. 498.
Landino Fiorentino (Christoforo). 91. 92. 93. 94. 358.
Landoia (Joannes Hamanus). 75. 86. 182.
Lanfrancus (Rolandus). 410.
Lapo (le Florentin). 116.
La sancta croce che se insegna alli putti in terza rima. 223.
Lassedio di Pavia con la Rotta e presa del re christiatissimo. 482. 483.
Laude (le) spirituali. 337.
Laure. 36. 40.
Lazaro. 395.
Leandra (libro). 272. 573.
Legenda de la Gloriosa Verzene Sancta Clara. 348.
Legenda delle Sᵃ Martha e Magdalena. XXIX. 101 à 102.
Legendario. XXIX. 101-105. 120. 114. 168. 256. 438. 339. 341. 363. 400. 430.
Légende des Saints. 175.
Legnano (Iohannes de). 187.
Legnano (Ioane Iacobo et Fratelli da). 78. 112.

Lelio de Manfredi. 372.
Lencêsez (Jacobus). 96.
Lenco (Antonino). 463-467.
Leonard. 310. 311.
Leonardus de Basilea. 497.
Leonicus (Nicolaus Thoma). 455.
Léon X. 54. 347. 382. 438.
Lesona (Bernardino di). 427.
Leuco (Pentius de). XXXVIII. 244. 272. 273. 291. 294. 296. 371. 394. 449. 451. 452. 495.
Lezze (Roberto da). 167.
Liber de miseria humanæ Côdicionis. 369.
Liber novem indicum in iudiciis astrorum. 307.
Liber uite. Biblia cum glosis ordinariis. 11 à 13.
Libri. X. 113. 129. 153. 224. 228. 242. 245. 279. 311. 315. 316. 318. 372. 382. 383. 396. 444. 469. 474. 483.
Libro che tratta di Bataglia: chiamato Fioravente. 264.
Libro chiamato Infantia Salvatoris. 348.
Libro de la natura di Cavalli. 230. 231.
Libro de la perfectione Humana. XLIII. 448.
Libro del Gigante Morante E. de re Carlo. 329. 330.
Libro delle battaglie de li Baroni di Franza sotto il nome di ardito et gaiardo giovene Altobello. 206.
Libro ditto el Troiano in rima hystoriado el qual tratta la destrution de troia fatta pli greci. 307-308.
Libro d'l maestro e d'l discipulo chiamato lucidario. 197 à 200.
Libro molto devoto spirituale de fructi della lingua. 235.
Libro tertio de lo Almansore chiamato Cibaldone. 225.
Liburnio (Nicolo). 472.
Lichtenstein (P.). 91. 257. 264. 265. 281. 282. 284. 285. 288. 289. 292. 294. 300. 301. 304. 307. 356. 425. 426.
Lignano (Jac. et Joa. Ant. fratres de). 193.

Linacrus (Thomas Britanus). 210.
Lippmann. XLIV. 14. 23. 27. 67. 75. 126. 144. 155.
Lira (N. de). Voir Lyra.
Lisbonne. 348.
Liseux. XXXIII.
Lisona (Alb. da). 241.
Li stupendi et Maravigliosi miracoli del Glorioso Christo de Santo Roccho. 464. 484. 485.
Littera madata della Insula de Cuba de India. 428.
Livorno. 423.
Livres (les) publiés à Ferrare avec des gravures sur bois. XXXIV.
Lodola. 417.
Lodovici. 471.
Locius Portesiensis (Laurentius). 438. 455. 456.
Logica magistri Pauli pergulensis. 203.
Lombardi. 147. 186. 253.
Londres. 70. 341.
Lorenzo (Beato). 154. 155. 171. 198. 240.
Lorenzo da Bergamo (Zoanne di). 179.
Lorenzo (San). XII. XXXI.
Lorēzo Venetiano. 56.
Lorius Laurentius. 438.
Loslen (Petrus de Langencem). 7. 8. 489.
Lotharius. XL. 367-369. 402. 406. 429. 468.
Louis XII. 230.
Louvre (ancienne biblioth. du). 51.
Luc (S.). 398.
Lucain. 329.
Luca olchiensis. 394.
Lucha (Dom Petro da). 367. 371.
Lucidario. 247. 350.
Lucien. XII. 480.
Lucrèce. 36. 306.
Lucrezia. 471.
Ludovicus (Vicentinus). XV. 461. 462.
Luere (Simon de). 194. 214. 217. 312. 323. 324. 336. 339. 347. 348. 353. 360. 363. 367. 371. 467.
Lulhardus. 220.

Lycinio Bernardino. 54.
Lyon. 85. 192. 256. 257.
Lyra (Nicolas de). XXIX. 11. 12. 18. 61. 66. 68. 69. 143. 217. 218. 493.

M

M. x. 190. 426.
M. F. XIV. 426.
M. P. F. 426.
Mabillon. 382.
Macaronea. 416. 417.
Macrobius (Aur. Theod.). 218.
Madeleine (S^{te}). 102. 395. 467. 478.
Madrigal (Alphonse de). 305-306.
Maffei Celso. 10.
Maffeus. 9.
Magna (Nicholo di Lorenzo della). XXXI.
Malacalza. 466.
Maler (Bernhart). 489.
Mallermi (Bible de). XIV. XVI. XVIII. XIX. XXVIII. XXIX. 23. 24. 34. 65. 66. 75. 78. 80. 81. 85. 97. 99. 115. 119. 127. 131. 132. 134. 144. 145. 166. 168. 169. 174. 242. 256. 264. 266. 267. 307. 326. 349. 363. 364. 365.
Mallermi (Nicolo de). 75.
Mambriano. 335.
Mandelo (Christophoro da). 103. 105. 129. 138. 150. 165. 193. 194.
Mandeville. 249.
Manerbi (Nicolo de). 145. 146. 149. 196.
Manfredi (Hierony.). 337. 338.
Manilius (Marcus). 209.
Manillo Romano Sabastiano. 107. 112.
Mantegna. XII. XIV. XXI. XXXIII. 20. 107. 148.
Mantoue. 439.
Mantoue (musée de). 22.
Mapheus (Augustinus). 232.
Marc (S.). 114. 298. 410. 411. 455.
Marc (couvent de S.). 352.
Marc (lion de S.). 21. 395.
Marc-Antoine. XXII. 342. 437.

Marc-Aurèle. 436. 437.
Marcelliana (biblioth.). 341.
Marcellus (évêque). 381. 382.
Marciana. XXII. XLVI. 10. 11. 61. 74. 84. 100. 105. 111. 113. 124. 127. 144. 148. 152. 156. 158. 160. 166. 170. 172. 182. 188. 189. 190. 192. 194. 197. 199. 200. 206. 207. 214. 227. 232. 233. 235. 237. 238. 239. 240. 244. 247. 248. 253. 258. 259. 260. 263. 271. 275. 315. 317. 318. 319. 320. 322. 323. 325. 326. 329. 337. 344. 345. 347. 348. 350. 354. 357. 360. 363. 364. 367. 370. 371. 374. 378. 379. 380. 383. 384. 387. 395. 396. 398. 404. 406. 413. 423. 424. 425. 428. 429. 440. 444. 447. 451. 453. 454. 456. 458. 465. 467. 468. 473. 477. 481. 484. 497.
Marciani. 312.
Marcolini. XXXVII.
Marco Mantovano. *L'heremita*. 436.
Mariano. 361.
Marion (Johannes). 83.
Marmita (Bernardino). 453.
Marsand. 52.
Martello (voir Carlo).
Marthe (S^{te}). 102.
Martial. 185. 365.
Martinsberg. 300.
Martyrologium S̃m morẽ Romane curie. 204-205.
Massetti. 322.
Masuccio Salernitano. XXVIII. 125. 126. 127.
Matheo di Parma (voir Codeca).
Matheus. F. (voir Matio da Trevisio).
Matio da Trevisio. XIV. 426. 464.
Maur (S.). 346.
Mauroceno (Marco Antonio). 8.
Maximilien. 282. 288. 290. 297. 315.
Mayence. 22. 94. 160. 187. 239. 241. 265. 266. 268. 394. 495.
Mazarine (biblioth.). 24. 116.
Meda (fratelli da) Valerio et Hieronymo. 427.
Medicis (Lorenzo de). 162.
Medicis (Piero de). 367. 439.

Méditations. XIX. 18. 28. 77. 102. 143 168. 174. 175. 237. 275. 319. 408.
Méduse. 39. 40.
Meisner. 451.
Meliadus. 266. 267.
Mella (Pomponius). 9. 10.
Melpomène. 458.
Melzi. 139. 150. 151. 161. 162, 163. 255. 261. 262. 264. 270. 271. 273. 327. 328. 130. 333. 334. 335. 336. 354. 381. 399. 420. 433. 434. 466. 472. 481.
Mercure. 495.
Merlino. XL. 139. 261, 266. 335.
Meschella. 307.
Mexico. 472.
Michele (Sebastien). 457.
Micolo Leoniceo. 426.
Milan (bibliot. Ambrosienne de). 493.
Milan. V. XXXIV. 47. 56. 65. 112. 144. 175. 241. 243. 260. 261. 328. 433.
Milanais. 483.
Minori osservanti. 213.
Miraculi (Eglise dei). 253.
Mirandolano (Pico). 450.
Missale Aquilejensis ecclesie. VIII.
Missale Frisingense. 289.
Missale secundum morem romane ecclesie. 20.
Missale romanum. 18. 257.
Missels. XX. XXXVII. XLII. 185.
Mocenico (Joannes). 16. 492. 493.
Mocenico (Nicolaus) 492.
Modena (Francisco de Alexandro da). 452.
Modène (bibliothèque de). 357.
Modo (il) de temperare le Penne. XV. 461.
Molini. 86. 88. 91. 103. 125. 172. 221. 223. 252. 317. 326. 334. 361. 369. 373. 374. 377. 385. 387. 389. 390. 391. 394. 395. 417. 478.
Moncetus de Castilione (Benedictus). 278.
Montagna. XXI.
Montagna (Benedetto). XXI. 82.
Montalboddo (Fr. de). 387.
Monte dell' oratione. XXXI. 157. 159. 171.

Monteferrato (Gullielmus de Tridino de). 34. 56.
Monteferrato (Ioannes Ragatius de). 72. 98. 115.
Monteferrato (Georgius). 105.
Monteferrato (da Sustreno de Bonelli Manfrino da). 28. 29. 30. 31. 122. 141. 161. 171. 176. 198. 201. 234. 237. 272. 279. 308. 406. 439.
Monteferrato (Guilielmo da Fontanetto di). 100. 162. 263. 271. 329. 365. 410.
Monteregio (Johan de). XI. 7. 178-182. 489-490.
Montibus (Johannes Crispus de). 75.
Morante Gigante. 329.
Morelli (Jacobo). 357.
Moretus (Marcus Antonius). 438.
Morgand (librairie). 19. 37. 414.
Morgante. 161. 163.
Morsiano (Andrea). 109.
Moschini. XLII. 88. 185. 190.
Mosto (Louis de). 409.
Moticiello Toschano (Dominico da), 185.
Moylin al's de Cambray (Joannes). 85.
Moyse. 101.
Muller (voir Monteregio).
Munich (Bibliothèque de). XLVI. 9. 90. 135. 166. 281. 282. 283. 284. 285. 288. 289. 290. 292. 294. 295. 300. 301.
Muntz. V. XIII. XXXV.
Murono (Mathia de). 146.
Museum italicum. 382.

N

N. XIX. XXX. XXXII. 80. 90. 178. 185. 250.
Nagler. XLIV.
Naissance d'Eve. 20.
Nanus Mirabellius (dominius). 265.
Naples (bibliothèque de). 164.
Narcisso (Giovanandrea). 261-262. 269. 270.
Natalibus (Petro de). VI. 256 à 258.
Nice (bibliothèque de). 309. 331.

Nicephorus. 203-204.
Nicolai Leonici Thomaei opvscula Nvper in Lucem aedita. 455.
Nicolaus de fräckfordia. 257.
Nicolas (S.). VII. 379. 460. 475.
Nicolao da Lucha. 323.
Nicoletti. 19. 156.
Nicolini (D.). 457.
Nicolo (Don). 66. 99.
Nicolo. 357.
Niger (Franciscus). 477.
Noé. 24.
Notes sur les xylographes vénitiens des XVᵉ et XVIᵉ siècles. VIII. IX. XVI.
Notizia di alcune edizioni del secolo XV. 56. 72.
Notturno (Napolitano). 325.
Novellieri in Prosa. 124. 125. 241. 243. 258. 423. 424.
Novissime hystoriarum omnium repercussiones noviter a Reverendissimo patre Jacobo Philippo Bergomense... 24-25.

Operetta nova De doi Nobilissimi Amāti Philostato e Pamphila. 405.
Oratione devota. 251.
Oratiōes devotissime continentes vitam dñi nostri. 469.
Ordinationes officii totius anni et agendos. 484.
Orphée. 439.
Orseolo (Pierre). 286.
Orvieto (Angelo Albani di). 334.
Oswalt (Joannes). 290. 292. 294. 295. 301. 426.
Olschki. 12. 133. 151. 203. 244. 274. 306. 401. 487.
Omar Tiberiadis Astronomi Preclarissimi liber de nativitatibus. 237.
Othon. 116.
Otirus (papiensis). 178.
Ottaviano. 212.
Ouche (pays d'). 485.
Ovide. XIX. XX. XXVIII. XXX. XXXII. 67. 183-190. 208. 247. 249. 253. 303. 309. 330. 498.

O

Obsidione (la) di Padua. 315. 316. 454.
Occham (Guielme). 264-265. 273.
Offices de la Vierge. XLII. 86 à 90. 281.
Office des Morts. 356.
Officium romanum beate Marie Virginis. X. XXIX. XXXIX.
Ogier. 330.
Oliverius (Arzignanensis). 306.
Opera devotissima. 171.
Opera moralissima di diversi auctori. 377-378. 469.
Opera nova contemplativa. 407. 469.
Opera novamente composta del Disprezamento. 402. 429.
Opera nuova del conte de Conti da Camerino intitulata del nuovo mondo. 443.
Opera nuova piacevole da ridere de vn villano lauoratore nomato Grillo. 498-499.

P

P. 445.
Pacifico (frate). 400.
Pacini. 349.
Pacini (Piero). 56.
Paciolo. 310. 311.
Padoue (bibliothèque communale de). 41. 49. 53. 202.
Padoue. 29. 107. 135. 180. 192. 315. 437. 465.
Padovano (Giovanni Battista). 431.
Paesi nouamente ritrouati per la Navigatione di Spagna. 387.
Paganinus de Paganinis. 20. 177. 195. 309. 311. 452. 493. 498.
Pagan (Matthio). 114. 235. 392. 420. 428.
Paganino (Alessandro). 151. 353. 375. 384.
Palazzo della Ragione. 135.
Pallavicini (cardinal). 25.

Panizzi. 491.
Pannonien (mont). 300.
Panzer. XXIX. 165. 202. 222. 307. 444. 445. 464. 492. 495.
Papanti. 248. 423.
Paradoxe. 67.
Paris. XXXIII. XLVI. 195.
Parmensis (Matheus). 27.
Parvo (Ioanne). 136.
Pasini (Mapheo). 139. 150. 362. 424. 459. 472. 481.
Passamonte. 161. 261. 262. 270. 271.
Passano. 123. 124. 125. 241. 243. 248. 423. 424. 475.
Passau (bréviaire de). 426.
Passavant. XLIV. 42. 82. 88. 96. 136. 148. 185. 283. 302. 341. 415. 416.
Patavus (Albertus). 456.
Patavino. 14.
Paul (S.). 23. 44. 97. 100. 452. 469.
Paul II. 2.
Paulus Venetus. 201.
Pavia (Pietro de). 216. 444.
Pavinis (Joh. Franciscus de). 176.
Paxi (Bartholomeo). 241.
Peckham. 244. 245.
Pedercanis Brixiesis (Ioannes Baptista de). 446. 472. 477.
Peintre graveur. 105.
Pelegrino de Pasquali. 150.
Pellenegra (J. F.) operetta. 470.
Pentius (Jacobus). 60. 61. 88. 96. 256. 259. 327. 456.
Peranzone (Nicolo). 53.
Perche (il). 337-338.
Peregrinus. 143.
Perigrinationes. 22.
Pérouse. 383.
Pétrarque. XXX. XXXIX. 35. 39. 45. 47. 50. 52. 71. 116. 149. 247. 368. 418.
Petro da Lucha. 371.
Philelpho (Francesco). 35. 50.
Phileto (Silvio). 471.
Philippe de Bavière. 426.
Philippus de Franchis de Perusio. 183.
Philippo Maria Anglo Duca de Milano. 35. 50.
Philotimo. 394.

Pianto devotissimo de la madona hystoriado. 251.
Piazzetta (la). 21 22.
Piccolomineus (Augustinus Patricius) Episcopus Pientinus. 382.
Piccolomini. 247. 248.
Pico de la Mirãdola. 354.
Pierre (S.). 12. 23. 452. 469. 493.
Pietro (Albano). 467.
Pietro da Luca. 367.
Pilate. 68.
Pincius (Philippus Mantuanus). 132. 134. 160. 183. 202. 246. 313. 479.
Pincio (Aurelio) Veneto. 463.
Piot. X. 13. 106. 109. 110. 112. 180. 192. 200. 341. 342. 354. 386. 458. 462. 466. 4764. 90.
Pistoia (Antonio da). 405.
Platina. 245. 246.
Platon. 116. 358.
Plaute. 330. 331.
Pline. XXII. XXIII. XXV. 1. 2. 3. 5. 6. 358. 359. 412. 477.
Plutarque. XXIX. 115. 116. 432.
Poemetti popolari italiani raccolti ed illustrati. 114. 383.
Poggio Fiorentino (Bracciolini). Facetie. 413.
Polia. 208.
Poliphile. XIV. XVIII-XIX. XXXII. XXXIII. 24. 59. 66. 67. 191. 207. 208. 210. 215. 236. 246. 275.
Politien (Ange). 439.
Pollajuolo. XXVI. 352.
Pallio Pollastrino Aretino Ioanni. 326.
Polo (Vincenzo de). 314.
Polyanthea opus suavissimis floribus. 282. 265.
Polymnia. 458.
Pompée. 478.
Pomponius. 232.
Pomponius Atticus. 116.
Ponomarew. 451.
Pontificale sm Ritus sacrosancte romane ecclesie. 421.
Popelin (Claudius). XXXIII. 143. 208.
Porcus (Christophorus). 478-479.
Porphyrius. 217.
Porris (Petrus Paulus de). 214.

Portesio (Laurentius Orius de). 360.
Potulano. 324. 409.
Preclarissimus in Judiciis Astrorum Albohazen Haly filius Abenragel. 237.
Presente (lo) libro Insigna la vera arte delo Excellente scrivere. XV.
Prierio (Silvestri da). 173.
Prischwitz (Michael). 304.
Priscianus. 10.
Privilegia et indulgentie fratrum minorum. 231.
Probus. 484.
Processionale. 355.
Processionariuz ordinis fratrū predicatorum. 151-153.
Proclus. 204. 210.
Pro facillima Turcorum expurgatione epistola. 9.
Pronostico e profecia de le cose debeno succedere gñralmente. 311.
Prose florentine. 312.
Psalmista monasticum noviter impressum. 269.
Psalterium græcum. 197.
Psalterio (il) di Davitte et di altri propheti. 471.
Pselus. 204.
Pthonariis (Vincetius de). 246.
Ptolemæus (Claudius). *Liber geographiæ.* 326-327.
Ptolemæus, princeps astronomorum. 32. 220. 238. 307.
Ptolémée. VI. 131.
Ptolomeo (cardinal). 267.
Publicius (Jacobus). 15. 496.
Pulci. 113. 160-163. 197
Pungy lingua. 153. 154. 350.
Purbach (Georges). 34.
Puteo (Paris de). XV. 434-435. 463.

Q

Quadrio. 325. 419. 465.
Quarenghi Bergamasca. 94. 151. 168. 172. 203. 227. 241. 334.
Quaritch. 265. 287. 342. 397.
Quattor hic comprensa opuscula. Discordancie sanctorum. 225.
Questa e la vera profetia. 224.
Questa operetta Tracta Dellarte Ben morire. 117.
Questa sie la profetia del re de francia cosa nova. 467.
Questa sie la Spagna historiata. 362.
Questo e el castello de este elquale anticamente si chiamaua Ateste. 91.
Quetif. 353.
Quintilianus (Marc. Fabius). 344.

R

Ragazonibus (Theod. de). 115.
Ragazo (Giovanni). 72. 77. 98. 174.
Raimondi (Marc-Antoine). 222.
Raphael (l'ange). VII. 101.
Raphael (rex). 183. 184. 344.
Ratdolt (Erhard). XI. 7-10. 14-16. 31. 34. 59-60. 59. 90. 96. 110. 489-492. 496.
Rasilia (Marcho) de Poligno. 395. 396.
Ravanis (Petrus de). XLI. 117. 136. 205. 231. 322. 331. 334. 358. 380. 425. 439. 445-446. 463. 481-483. 495.
Ravena. 158.
Reali di Francia (di). 264. 333. 335. 467.
Regina (Ancroia). 150).
Regnault. 346.
Regula musicæ. 372. 373.
Regulæ ordinum S. Benedicti S. Basilii. S. Augustini. 219.
Regulæ (Sulpitius). 221.
Renaldo. 335.
Renaud. 316.
Renner de Hailbrun. 9. 11. 12.
Renommée (Triomphe de la). 35. 41.
Renouard. 195. 197. 214.
Résurrection de Lazare. 66. 68.
Résurrection des morts. 356.
Rhazes. 204.
Rhegius Lingobardiæ. 210.
Rhodes. 315.
Ricardiana. 308.

Riccardi (Pietro). 239.
Riccio (Bartolomeo) da Lugo. 419.
Ricius de Nouaria (Bernardinus). 24.
Rinaldo. 129. 272. 399.
Rio. 310.
Rituum Ecclesiasticorum. 381.
Riva. 86.
Rivoli (duc de). VIII. XV.
Rizus de Novaria (Bernardus). 22.
Roberto (frate). 364.
Rocco (San) XV. 253. 436.
Rodi. 315. 454.
Rædiger. XLVI. 173. 233. 351. 359. 397. 399. 401. 407.
Rœhricht. 451.
Roemer (Stephanus). 182.
Rogerius. 410.
Rolewinck (Werner). 11. 491-493.
Romberch de Kyrspe. 420.
Rome. V. XXXIV. 22. 24. 56. 72. 334. 435. 461. 463.
Romito Blaxio. 267.
Romito Elia. 267.
Romualdus (Sanctus). 286. 468.
Rosario de la gloriosa Vergine Maria. 406-408. 444. 445. 446.
Rosenthal (librairie). 82. 90. 135. 166. 193. 280. 281. 294. 296. 302. 303. 336. 344. 356. 373. 409. 426. 441. 470. 474.
Rosselli (Giovanne de). 385.
Rossettiana. 51. 54. 58.
Rossi. 22. 23. 193. 203. 220. 252.
Rosso (Giovanni). 120. 181.
Rota (Andrea de). 486.
Rotta di Marigniano. 432.
Rubiera (Iustiniano de). 405.
Ruffinellus (Venturinus). 239.
Ruffus. 116. 209.
Ruffi (Bernardo). 454.
Rusconi (Francesco et Antonio de). 26. 373. 374. 378.
Rusconi (G.). VIII. XIV. 25. 26. 70. 80. 102. 172. 184. 185. 188. 190. 199. 258. 259. 260. 261. 262. 266. 276. 277. 279. 317. 318. 319. 320. 326. 334. 335. 336. 337. 344. 345. 359. 360. 365. 367. 368. 371. 372. 373. 377. 378. 379. 383. 384. 386. 388. 389. 390. 391. 392. 394. 395. 398. 401. 406. 419. 421. 426. 436. 439. 443. 450. 453.
Rusconi (Helisabeta de). 84.
Rusconi (Salanzio). 22.
Rustighello (Francesco). 454.
Ryman de Aringaw (Joanes). 281. 285.

S

S. 308.
Sabadino de gli Arienti (Joane). 127. 241.
Sabellico (Ant.). VI. 132. 200.
Sabio (Io. Ant. de). 336. 341. 431. 441. 472. 473. 477.
Sabio (Piero de). 336.
Sabio (Stephano de). 471.
Saccon (Jacob). 258.
Sacrobusto. 34. 305.
Saint-Ange (château). 23.
Saint-Esprit. 24.
Salione. 328.
Salo. 452.
Salomon. 77. 82. 84. 324. 379. 386.
Salustius (C. Crispus). 232. 346.
Salzbourg (armes de l'évêque de). 284.
Sanctis (de). XXIX.
Sancto Ioanne Climacho Altramente Schala Paradisi. 104. 105.
Sannazaro Iacobo. 373. 374. 394.
San Pedro (Diego de). 372.
Sancte (Marin). 465.
Sappho. 187.
Saracenus (Bernardus). 330.
Saracino Zuane. 360.
Sasso (Pamphilo). 409.
Sassoferrato. 470.
Savigny (vicomte de). 31.
Savonarola (Mich.). 371. 372.
Savonarole (Jérôme). 126. 153. 154. 165. 242. 246. 250. 251. 252. 253. 267. 349. 350. 351. 352. 354. 366. 394.
Scevola (Mucius). 358.
Schartz (Christiano Gattlieb). 357.

Schedel. 22. 23.
Schefer. 405.
Schæffer (Pierre). 110.
Schiatta de Reali. 264.
Scinzenzeler (Ulrich). 47. 48. 112. 144. 149. 171. 175. 187. 390.
Scipion. 478.
Scoto (Octaviano). XXVII. 13. 34. 71. 101. 139. 140. 151. 201. 238.
Scott (M. W. B.). 24.
Scriptores ordinis minorum. 213.
Scriptoris ordin. prædic. 353.
Secreti et modi bellissimi. 412. 414.
Sénèque. 453. 467. 478.
Senso. 383. 388.
Sentini (Jacobi). 489. 490.
Sereco. 468.
Serenæ (Petrus). XV. 359. 436. 478.
Serlio de Bologne. IX.
Serna (de la). XXIII.
Sertorius. 478.
Servius. 192. 276.
Sessa (J. B.). 61. 73. 113. 117. 118. 161. 199. 230. 232. 237. 238. 239. 244. 248. 249. 495.
Sessa (Melchior). XV. XXXVIII. XLI. 60. 61. 96. 113. 116. 117. 135. 136. 199. 205. 230. 231. 232. 233. 237. 243. 248. 251. 255. 256. 259. 260. 261. 262. 264. 268. 270. 271. 278. 322. 327. 329. 330. 331. 334. 354. 358. 359. 370. 380. 406. 425. 436. 439. 445. 446. 457. 463. 478. 481. 483. 495.
Settanta novelle. 242.
Sibilla. 220.
Sienne. 326.
Silibene (Nicolo). 277.
Silva (Francesco de). 186.
Silva (frères). 189.
Sforza (Galeas). 18.
Sforza (Ludovic). 18.
Sforzesca (Bona). 470.
Sgulmero (Pietro). 9. 10.
Sigismond (S.). 426.
Simon. 228.
Simonetta (Bartolomeus). 453.
Simulachres de la Mort. X.

Sitto e forma della Chiesa di Santo Marcho posta in Venetia. 114.
Sixte Quatre. 11.
Soardi (Lazaro de). 83. 153. 182. 192. 194. 222. 236. 247. 248. 249. 251. 252. 265. 269. 274. 331. 346. 347. 350. 351. 354.
Soderno (Pierre). 311.
Sola virtus flor de cose nobilissime. 363.
Soleinne (catalogue). 318. 362.
Soliman. 315.
Songe de Poliphile (voir Poliphile).
Soranzo (Comte G.). 202. 207. 249. 254. 446.
Spagna (la). 362.
Specchio della perfectione Humana. 448. 449.
Spechio de la Fede. 120. 164. 166. 167. 168. 179.
Spechio della santa matre ecclia. 440-441.
Sphœra mundi. XIX. 32. 33. 34. 121. 238. 495.
Spira (Johannes Emericus de). XXII-XXIII. 2. 3. 6. 18. 90. 152. 165. 166. 173. 205. 211. 213. 219.
Spira (Vindelino da). 3. 213.
Spire (Jean de). XXII. XXIII. 2. 3. 6.
Springinklee. 81. 85. 258.
Staffer (Martin). 292. 301.
Stagi (André). 234. 235.
Stagnino (Bernardino). XXXIX. 55. 88. 89. 95. 219. 280. 281. 284. 286. 291. 292. 298. 368.
Stampon. 464. 478.
Stanze bellissime et ornatissime intitulate le Selue damore. 367.
Statuta Fratrum Carmelitarum. 473.
Stella (Joannes). 239. 252.
Straparola de Caravazo (Zoan Francesco). 371.
Strascino Capana Senese. 443. 444.
Strata Cremonensis (Antonius de). 59.
Strigonie. 304.
Stuttgart. 265.

Subiaco (couvent de). 300.
Successi bellici. 432.
Suenturato Pelegrino. 260.
Suetone. XLI.
Sulpitius Venetus. 221.
Summa aurea de virtutibus et vitiis. 195.
Summario de la luna. 258.
Summaripa (G.). 182.
Supplément au manuel. 390. 392. 404. 429.
Supplementum chronicarum. VIII. XXV. 20-24. 99. 157. 344. 348. 364.
Suriano. 475.
Sibylle. XXVII.
Sylvanus Eboliensis (Bern,). 327.
Sylvestre II. 333.

T

Tacuinus de Tridino (Joannes). VII. XIX. XXVIII. 32. 74. 104. 120. 183. 186. 187. 189. 190. 206. 230. 232. 253. 254. 255. 268. 270. 309. 313. 314. 323. 334. 335. 336. 344. 345. 348. 361. 364. 396. 397. 399. 404. 405. 423. 451. 470. 477. 484. 498.
Tagliente (Giov. Anton.). XV. XVI. 435. 462. 463. 476.
Tanto Monta. 214.
Tariffa de pesi e misure. 241.
Tasse (le). 441.
Taurinus (Antonius Martinus). 214.
Tausignano. 105. 108.
Techener (librairie). XXXIII. 8. 10. 140. 173. 295. 310. 345. 486. 492.
Teluccini (Mario). 334.
Temixtillan. 472.
Térence. XXXII. 190-193. 227. 236. 245. 330.
Ternaux. 451.
Terpsichore. 458.
Tessier. 423.
Testa. 394.
Thalia. 458.

Thausing. 375.
Themistius. 358.
Theon. 209.
Theophilus. 306.
Theophylo. 177.
Thesauro Descrittori opera artificiosa. XVI. 461. 462. 476.
Thesauro spirituale vulgare. XV. 474.
Thésée. 143.
Thibaldeo da Ferrara (Antonio). 331. 332.
Thierry. XXV.
Thomas Aquinas. 227. 228.
Thomaso di Piasi. 128.
Tibère. 478.
Tiburgo. 328.
Timeus. 204.
Tiraboschi (Girolamo). 357. 403.
Tite-Live, XVII. XXIII. XXVIII. XLIII. 1. 2. 77. 79. 120. 124. 127. 129. 131 à 138. 160. 167. 169. 202. 260. 267. 346. 363. 364. 365. 478.
Tite-Live Halys. 135. 145.
Titien. 148.
Titus (imperator). 361.
Tobie. VII.
Tobler. 451.
Tommaso Rangone de Ravenna. 464. 465.
Torcello. 297.
Torquemada (cardinal). 300.
Torre. XXXI. XLVI. 242. 487.
Torresani de Asula (Andreas). 214.
Tortis (Baptista de). 176.
Torto (Cesar). 277.
Tory (Geoffroy). 87.
Toscane. 457.
Tosi (A.). 261. 354. 363. 431. 466.
Tostado (Alonso). 305.
Trabisonda istoriata nela quale si contiene nobilissime battaglie. 129. 467.
Tractatus de Alluuione et Tractatus de insula. 176.
Tractatulus ad Conuincendum Judeos. 336.
Tragicomedia de Calisto e Melibea. 411.
Trajan (histoire de). IX.

Trapezuntius (Georgius). XXIII. XXIV.
Trattato della natura et cognitione di tvtti gli tvoni di canto figvrato. 457.
Trevise. 82. 88. 112. 207.
Tridino (voir Tacuinus).
Tridino (Bernardino de). 53.
Trieste, 58. 195.
Trino (Martio Zano da). 225.
Triomphi Sonetti Canzone Stantie et Laude de Dio e de la gloriosa Vergine Maria: composta da diversi Autori. 398.
Tristano. 419.
Trivulziana (la). 273. 381.
Trojano. 399.
Tromba de Nocera (Jérôme). 330.
Tross. 32. 88. 91. 166. 219. 222. 220. 252. 371. 426. 475. 484.
Tuppo. 28-29.
Turin (bibliothèque de l'Université de). 178. 186. 189. 214. 217.
Turin. 189. 214.
Turpino. 272.
Turre Cremata (B. Ioannis Yspani de). 347.
Tridino (voir Tacuinus).

U

Ubertino. 188.
Udine (bibliothèque d'). 59. 83. 154. 224. 233. 239.
Ugo (voir Carpi).
Ugo (Dalvernia). 255.
Ugone. 440.
Una historia bellissima de un signore duno castello Elquale Regnava in gran tirania. 223.
Urania. 32. 458. 494.
Urbano. 312.
Urie. XXXIX.
Urs Graf. 137.

V

Valagusa (Georgius). 200.
Valensis (Laurentius). 141. 232.
Valentinelli. 115.
Valentino (duca). 220.
Valerius (Maximus). XXIII. XXIV. 306. 307.
Valerius (Probus). XXVII. 13. 205-206.
Valla (Petrus). 330.
Valla (Georgius). 204. 360. 467.
Vallière (catalogue La). 335.
Valombrosa (Bartholomeo monaco di). 222. 223.
Valombrosa (armesde). 312. 314.
Varthema. 389. 390. 391. 392. 402.
Vasari. 310.
Vavassore (J.-A.). IX. XV. XXII. XLII-XLIII. 89. 395. 396. 407. 447-449. 474. 483.
Vavassore (Florio). XV. XLIV.
Vendramin. XII. 253.
Vendramino (Andreas). 9.
Veneti (fratelli). 409.
Venise (bibliothèque du séminaire de). 79.
Vercellese. 94.
Vercellese (Albertini de). 24. 52.
Vercellese (Ioanne et Bernardinus). XLI. 58. 131. 134. 305. 307. 345. 366. 412. 424. 453. 472.
Verini Fiorētino (Giovambatista). 412. 414.
Vérone. XXXIV. XLVI. 22. 24. 27.
Vérone (bibliothèque de). 69. 79, 96. 103. 104. 118. 133. 156. 170. 171. 177. 178. 182. 193. 203. 221. 237. 244.
Veronese (Francesco de la Zesio). 401.
Veronese (Paulo J.). 216.
Veronese (Piero). 41. 93-94. 116.
Vespucio (Bartholomeo). 305.
Vesputio (Albertutio). 387.
Veturius. 268.
Viagio da Venetia al sancto Sepulchro XVI. 404. 405.
Viagio del. Sepolchro di G. Cristo da un valente uomo. 464.

Viano (Alessandro de). 407.
Viano de Zenona (Bernardinus de). 125. 372.
Viazo. Questo sotto scritto sie tutto el viazo de andare in Ierusalem E per tutti li lochi sancti. 451.
Vicence. 107. 465. 482.
Vicentino (Ludovico) (voir Ludovicus).
Vicenzo. XV. XLII. XLIII. XLIV. 50. 55. 319. 321. 332. 359. 367. 368. 369. 370. 374. 378. 383. 385. 386. 388. 389. 394. 395. 396. 398. 399. 401. 403. 404. 405. 411. 418. 419. 423. 430. 432. 433. 438. 439. 440. 442. 443. 444. 447. 449. 450. 458. 459. 469. 470. 474. 499.
Victurius (voir Veturius).
Vidali (Bernardino Venetonai de). 130. 394.
Vidoue (Pierre). 136. 137.
Vie des Saints. 24. 72. 174.
Vienne. 497.
Vigerius. 87. 185.
Villa (Gulielmus de). 264.
Villanova (Arnaldus de). 224.
Villeneuve (M. de). 127.
Villiers Corbonio (Gilberto de). 246.
Vincentius (S.) de Valentia. 182.
Vindelin (voir Spira).
Virgile. VIII. XXIII. XLI. 3. 91. 274. 277. 279. 478.
Visiani (R. de). 114.
Vita de la Madona Storiada (la). 158. 178. 250.
Vita de la preciosa Vergine Maria. XXIX. 119. 120. 350.
Vito de Malco Monaco. 98.
Vita e passione de Christo. 383. 402. 403. 404.
Vitalibus (Bernardinus Venetus de). 228. 240. 252. 324. 397. 410. 411. 455. 457. 458. 473.
Vital (Orderic). 486.
Vite de Philosophi moralissime. 430.
Vite di Sancti Padri. XVI. XXVIII. 18. 97-101.
Viterbe. 223.
Vitruvius. 336.
Volsci (Antonio). 187. 188.

Voragine (Jacob de). 143-150. 194.

W

Waddingo. 213.
Walckenaer. 390.
Walck (Georij.). 11.
Weale. 344. 457. 458.
Wiel. 114.
Winterfeld. 213.
Wolfgang Mägerk de Salzburg. 288.
Wyg (Jacob). 297.

Y

Yriarte. VII. 220.
Yemeniz (catalogue). 225. 367. 369. 396. 458. 474. 496.
Yucatan. 429.

Z

z. a. (voir Andrea (Zuan).
Z. A. (voir Andrea (Zuan).
Z. D. B. 383.
Zanandrea Narcisso. 261.
Z. A. D. V. (voir Vavassore).
Zael. 307.
Zani da Portese (Augustinus). 30. 54. 124. 141. 146. 149. 160. 186. 202. 254. 275. 307. 329. 333. 343. 364. 385.
Zani. 82.
Zanichelli. 114.
Zanne (Bartholomeo de). 49. 53. 54. 79. 80. 94. 100. 116. 123. 124. 126. 133. 134. 241. 252. 256. 274. 306. 346.
Zannis (Aug. de). 356.
Zardino de oration. XXXI. 156. 157. 158. 159.
Zaroto (Antonio). 47-48.
Zeno. 467-468.

Zio (Domenigo). 409.
Zoan Andrea (voir Andrea).
Zoanne Gregorio. 111.
Zoanne di Lorenzo da Bergamo, 167.
Zodiaque. 96.
Zonta (ver Luca Antonio). 131.
Zopino (Nicolo). VII. XIV. XV. XL. XLII. XLIII. XLIV. 50. 55. 314. 319. 320. 321. 326. 332. 337. 359. 367. 368. 369. 370. 374. 378. 379. 383. 385. 386. 388. 389. 394. 395. 396. 398. 399. 401. 403. 404. 405. 411. 418. 419. 423. 426. 430. 431. 432. 433. 434. 438. 439. 440. 442. 443. 444. 447. 449. 450. 458. 459. 460. 461. 465. 467. 469. 470. 474. 479. 480. 481. 499.
Zuanne (Pietro de). 94.
Zucharinum. 27. 28.
Zucho (Accio). 30. 34.

www.ingramcontent.com/pod-product-compliance
Lightning Source LLC
Chambersburg PA
CBHW070408230426
43665CB00012B/1297